관광국사

이현호 편저

이현호

- 서울 통역 외국어 아카데미 관광국사 강의
- 한국 방송 대학교 연구원
- 한국 표준 협회, 산업 인력 공단, 한국 능률 협회 外 다수 출강

(현재)
- 세일 입시 학원 재직 中
- 세종 외국어 학원 재직 中

관광국사

2020년 1월 10일 개정판 1쇄 인쇄
2020년 1월 15일 개정판 1쇄 발행

엮은이   이현호
펴낸이   이장희
펴낸곳   삼영서관
디자인   디자인클립

주소   서울 동대문구 한천로 229, 3F
전화   02) 2242-3668   팩스   02) 6499-3658
홈페이지   www.sysk.kr
이메일   syskbooks@naver.com
등록일   2018년 7월 5일
등록번호   제 2018-000032호
책값   20,000원
ISBN   979-11-965243-8-8 13910

관광 산업은 관광객에게 교통, 숙박, 오락 등을 제공하는 산업으로 보이지 않는 무역, 굴뚝 없는 공장이라 합니다. 1980년대 중반 이후 교통의 발달, 인터넷을 비롯한 정보 통신 산업의 발달, 국민 소득의 증가, 국가 간의 활발한 경제·문화 교류가 이루어지면서 우리 나라를 찾는 외국 관광객의 수요가 급증하고 있습니다. 특히 국제 관광은 외화 획득, 국제 이해, 국제 친선, 문화 교류 등의 효과로 나타나고 있습니다.

이러한 현실을 반영하듯 관광 통역 안내사에 대한 관심이 고조되면서 자격증을 획득하려는 수험생이 점점 증가하고 있으며, 특히 필기·면접 시험에서 수험생들이 가장 힘들어하는 과목이 국사 과목인 것은 누구나 인정하고 있는 사실입니다. 우리나라 역사에 대한 기본적인 지식이 갖추어져야 외국 관광객에게 올바른 역사와 문화 전달이 가능하기 때문에 앞으로 국사 과목의 시험 난이도는 높아지고, 관광 통역 안내사 시험에서 국사 과목의 비중은 더욱 커질 것으로 예상됩니다.

최근 국사 과목의 출제 경향은 수능형 문제가 차지하는 비중이 커지면서 수험생들이 단순한 역사 지식만을 가지고 해결 할 수 있는 문제는 감소하고 있습니다. 따라서 단편적인 역사 사실을 암기하는 데 치중하는 학습은 멀리하고 다양한 역사적 사실을 적용시킬 수 있는 능력을 쌓아야만 합니다. 이러한 사실들을 반영하여 저자는 8차·9차 교육 과정의 내용을 중심으로 새롭게 관광국사 교재를 출간하게 되었습니다.

이번 관광국사 개정판은 오랜 기간 동안 강의 현장에서의 경험을 최대한 반영하여 기존 교재의 내용을 토대로 다양한 관련 자료를 적용시켜 도표식 내용 정리를 좀 더 세밀하게 하였습니다. 특히 기존의 면접을 대비하기 위해 포함시켰던 TEST 부분을 확인 학습으로 개편하여 단원이 끝날 때마다 본인의 실력을 테스트 할 수 있도록 변경하였습니다. 또한 2013년도부터 시험 문제가 공개되고 있기 때문에 이번 교재는 2014년 ~ 2019년 기출 문제를 참고하여 단원별 문제를 강화하는 한편, 정답과 함께 해설을 상세하게 수록하였습니다.

이번 개정판이 많은 수험생들이 자격증을 획득하는 데 큰 도움이 되기를 바라면서 끝으로 교재 출간에 많은 고생을 하신 삼영서관 측에 심심한 감사의 마음을 전하며, 사랑하는 나의 가족에게 이 책을 바칩니다.

저자 이현호

목차

V 근대 사회의 태동

I

선사 시대의 문화와 국가의 형성

① 선사 시대의 전개

■ 민족의 기원

(1) 민족의 계통 : 인종상 - 황인종(몽고인종, 퉁구스족), 언어학상 - 알타이 어족

(2) 민족의 형성 : 신석기 시대에서 청동기 시대를 거치는 과정에서 민족의 기틀 형성

　①**민족의 근간 :** 신석기 시대 빗살무늬 토기인(고아시아족)

　②**민족의 주류 :** 청동기 시대 민무늬 토기인(예맥족)

(3) 동방 문화권 : 요령, 만주, 한반도를 중심으로 형성 → 농경 생활을 바탕으로 하는 독자적 문화

※ **알타이 어족 :** 튀르크 어파, 몽골 어파, 만주 · 퉁구스 어파를 포함하는 어족

※ **시대 구분 :** 선사 시대와 역사 시대의 구분은 문자 사용을 기준으로 한다. 선사 시대는 문자를 사용하지 않던 시대로 구석기 · 신석기 시대가 해당되며, 역사 시대는 문자를 사용한 청동기 시대부터 해당된다.

■ 구석기 시대(약 70만 년 전)

(1) 구석기 시대의 구분 : 석기를 다듬는 수법에 따라 전기, 중기, 후기의 세 시기로 구분

전기	• 특징 : 주먹도끼와 주먹 찌르개 같은 한 개의 큰 석기를 가지고 여러 용도로 사용 • 유적지 : 단양 금굴(最古의 유적지), 평남 상원 검은모루 동굴, 　　　　　연천 전곡리(유럽 아슐리안계 주먹도끼와 동아시아 찍개 발견) 　　　　　공주 석장리(구석기 전기 ~ 후기에 걸친 유물 발견), 제천 점말 동굴
중기	• 특징 : 큰 몸돌에서 떼어낸 격지들을 가지고 잔손질하여 사용 • 유적지 : 함북 웅기 굴포리, 단양 상시 동굴(남한 最古 인골 화석 발견) 　　　　　강원도 양구 상무룡리, 청원 두루봉 동굴(어린아이 인골 발견 – 흥수아이)
후기	• 특징 : 쐐기를 이용하여 같은 형태의 여러 개의 돌날격지를 제작하여 사용 • 유적지 : 단양 수양개, 제주 빌레못 동굴, 평양 만달리 동굴

(2) 구석기 시대의 생활

　1) 유물

　　① **뗀석기**

　　　㉠ 사냥용 : 주먹도끼, 찍개, 찌르개, 팔매돌, 슴베 찌르개(후기 구석기)

　　　㉡ 조리용 – 자르개 · 밀개 · 긁개, 연장용 – 돌마치 · 새기개

　　② **뼈도구(골각기) :** 동물 뼈, 뿔

　2) **경제 :** 수렵 · 어로 · 채집 생활(자연 경제), 불의 발견과 사용

　3) **사회 :** 무리 · 이동 생활, 평등 사회

4) 주거지

① 동굴, 바위 그늘, 강가의 막집

② 구석기 후기 막집 : 기둥 자리, 담 자리, 불 땐 자리 흔적이 남아 있음

5) 예술 : 공주 석장리와 단양 수양개 유적 → 고래 · 물고기 조각 발견 → 사냥감 번성 기원(주술적 의미)

중석기 시대 : 구석기 시대에서 신석기 시대로 넘어가는 과도기적 단계

- 도구 : 잔석기를 이용한 이음도구 사용(톱, 활, 창, 작살 등)
- 유적지 : 웅기 부포리, 평양 만달리, 통영 상노대도 조개더미, 거창 임불리, 홍천 하화계리
- 경제 : 수렵, 어로, 채집

주먹도끼

주먹찌르개

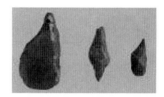

슴베찌르개

흥수아이

흥수아이

❸ 신석기 시대(B.C. 8000년 경)

(1) 유물

1) 간석기 : 농경 굴지구, 돌괭이, 돌보습, 돌삽, 돌창, 돌도끼

2) 토기 : 음식물의 조리와 저장 활동 및 정착 생활 반영

① **초기** : 이른 민무늬 토기, 덧무늬 토기, 눌러 찍기문 토기(압인문 토기)

② **후기** : 빗살 무늬 토기 → 일본 조몬 토기에 영향

㉠ 농경에 의한 식량 생산과 저장 활동 반영

㉡ 유적지 : 강가, 바닷가에서 출토 → 서울 암사동, 김해 수가리, 평양 남경

(2) 경제

1) 농경 생활 시작 → 생산 경제(신석기 혁명)

① 증거 : 황해도 봉산 지탑리, 평양 남경 유적 → 탄화된 좁쌀 발견

② 농기구 사용 : 돌괭이, 돌삽, 돌보습, 돌낫

③ 텃밭과 강가의 퇴적지를 소규모로 경작 → 밭농사(조 · 피 · 수수)

2) 사냥 · 어로

① 농경의 시작으로 경제 활동의 비중 감소 → 식량의 큰 비중 차지

② 활, 창, 그물, 작살, 돌뼈 낚시 등 이용

3) 원시적 수공업 : 가락바퀴, 뼈바늘 이용 → 의복, 그물 제작

4) 기타 : 공동 생산 · 분배 원칙 적용, 목축 병행

(3) 주거지 : 원형 · 방형 움집 → 중앙에 취사 · 난방용 화덕 위치, 저장 구덩, 4~5명 거주

(4) 사회 : 혈연을 바탕으로 한 씨족으로 구성된 부족 사회(족외혼), 평등 사회, 폐쇄적 사회

(5) 원시 종교 : 농경 · 정착 생활과 밀접 → 자연의 섭리를 생각

애니미즘	• 농사에 큰 영향을 끼치는 자연 현상이나 자연물에도 정령이 있다고 믿는 신앙 • 풍요로운 생산 기원 → 태양과 물을 가장 크게 숭배
샤머니즘	영혼이나 하늘을 인간과 연결시켜 주는 존재인 무당과 그 주술을 숭배
토테미즘	부족의 기원을 특정 동식물과 연결시켜 숭배
영혼 · 조상 숭배	사람이 죽어도 영혼은 없어지지 않는다고 생각

※ 웅기 조개더미 : 시체의 머리를 동쪽으로 향하게 하고 음식을 무덤 속에 매장한 것으로 보아 태양을 천신의 대표로 숭상하고 사후 세계를 믿었음을 알 수 있다.(→ 동침 신전 앙와장)

(6) 예술 : 흙으로 빚어 구운 조각품, 조개껍데기 가면, 조가비 또는 짐승의 뼈나 이빨로 만든 치레걸이

빗살 무늬 토기

덧무늬 토기

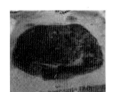

신석기 움집터

가락바퀴

치레걸이

조개껍데기 가면

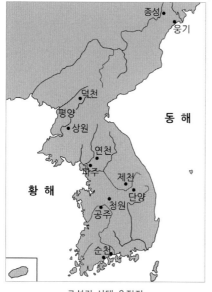

구석기 시대 유적지

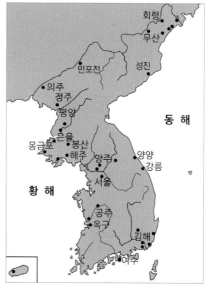

신석기 시대 유적지

 확인 학습

정답: P. 32

1. 유럽 아슐리안 계통의 주먹도끼와 동아시아 찍개가 발견된 구석기 시대 유적지는?

2. 구석기 시대 전기부터 후기까지의 특징을 모두 보여주는 유적지는?

3. 신석기 시대 주거지인 움집의 형태는?

4. 신석기 시대에 원시적 형태의 수공업 활동이 이루어졌음을 입증하는 유물 2가지는?

5. 신석기 시대의 대표적 토기로 주로 강가, 바닷가에서 발견된 것은?

6. 모든 자연물에는 정령이 깃들어 있다고 믿었던 신석기 시대의 원시 종교는?

7. 농경과 목축이 처음 시작된 시기는?

8. 중석기 시대에 사용되었던 도구는?

9. 우리 민족의 기틀이 형성된 시기는?

10. 구석기 시대 공주 석장리와 단양 수양개 유적지의 고래와 물고기 조각을 통해서 알 수 있는 사실은?

1. 우리 민족의 형성에 관한 설명으로 옳지 <u>않은</u> 것은? 1999 기출

① 종족상, 언어학상으로 중국의 한족과 같은 계통이다.

② 요서, 만주, 한반도를 중심으로 넓게 분포하여 살고 있었다.

③ 농경 생활을 바탕으로 독자적인 문화를 이룩하였다.

④ 신석기 시대에서 청동기 시대를 거치면서 민족의 기틀이 형성되었다.

2. 다음과 같이 생활한 시대에 널리 사용한 도구는? 2019 기출

> 사람들은 동굴이나 바위 그늘에서 살며 무리를 이루어 사냥감을 찾아다녔다.

① 반달돌칼   ② 비파형 동검

③ 주먹도끼   ④ 돌괭이

3. 우리나라에서 아슐리안 형 주먹도끼가 출토된 곳은? 2013 기출

① 상원 검은모루 유적   ② 연천 전곡리 유적

③ 공주 석장리 유적   ④ 웅기 굴포리 유적

4. 다음 중 신석기 시대에 사용한 토기를 모두 고른 것은? 2019 기출

> ㄱ. 빗살무늬 토기   ㄴ. 미송리식 토기
> ㄷ. 붉은 간토기   ㄹ. 덧무늬 토기

① ㄱ, ㄴ   ② ㄱ, ㄹ

③ ㄴ, ㄷ   ④ ㄷ, ㄹ

5. 밑줄 친 이 시대의 생활상으로 옳은 것은? 2016 기출

> <u>이 시대</u>의 사람들은 돌을 가는 기술을 터득하면서 도구의 형태와 쓰임새가 다양해졌다. 또 진흙으로 그릇을 빚어 불에 구워서 만든 토기를 사용하여 음식물을 조리하거나 저장할 수 있게 되었다.

① 농경을 시작하였다.

② 세형동검을 제작하였다.

③ 거친무늬 거울을 사용하였다.

④ 불을 사용하는 방법을 처음으로 알게 되었다.

6. 다음 내용과 관련된 시기에 볼 수 있는 생활 모습은?

> 농경은 집 근처의 조그만 텃밭을 이용하거나 강가의 퇴적지를 소규모로 경작하였던 것으로 보인다. 농경 기술이 발달하면서 사냥과 고기잡이가 경제 생활에서 차지하는 비중은 줄었지만 여전히 식량을 얻는 중요한 수단이었다.

① 주먹도끼를 이용하여 사냥을 하였다.
② 배산임수의 지형에 취락을 이루고 살았다.
③ 태양과 물을 숭배하는 종교 의식을 행하였다.
④ 청동제 농기구를 이용하여 농업 생산력을 증가시켰다.

7. 다음의 유물이 사용되던 시기의 모습으로 옳지 <u>않은</u> 것은? `2014 기출`

① 농경과 목축을 통한 생산이 시작되었다.
② 동굴, 막집 등에 살며 이동생활을 했다.
③ 간석기와 낚시, 바늘 등의 뼈 도구가 있다.
④ 사람들은 강가나 바닷가에 주로 살았다.

8. 다음 중 신석기 시대의 유적을 모두 고른 것은? `2017 기출`

> ㄱ. 연천 전곡리 ㄴ. 상원 검은모루 동굴
> ㄷ. 서울 암사동 ㄹ. 양양 오산리

① ㄱ, ㄴ ② ㄴ, ㄷ
③ ㄷ, ㄹ ④ ㄴ, ㄷ, ㄹ

9. 다음 내용과 관련된 시기의 생활 모습으로 옳은 것은? `2006 기출`

> 빙하기가 지나고 기후가 따뜻해지면서 큰 짐승 대신에 토끼, 여우, 새 등 작고 빠른 짐승들이 출현하였다.

① 다른 씨족과의 혼인을 통해 부족을 형성하였다.
② 잔석기를 이용하여 활, 톱, 창과 같은 이음 도구를 만들어 사용하였다.
③ 농경 생활이 시작되었다.
④ 움집에서 거주하였다.

10. 다음 유적지와 관련된 시대에 관한 설명으로 옳지 <u>않은</u> 것은?

2016 기출

> • 양양 오산리 • 부산 동삼동
> • 봉산 지탑리 • 인천 소이도

① 가락바퀴를 이용하여 고기잡이를 하였다.
② 종교적인 필요에 의해 조개껍데기 가면이 제작되었다.
③ 진흙을 빚어 불에 구워 만든 빗살무늬토기를 사용하였다.
④ 탄화된 곡식이 출토되어 식량 생산 단계였음을 알 수 있다.

 정답 및 해설

1. 정답 ①
해설 ②③④ 우리 민족은 요서, 만주, 한반도를 중심으로 농경생활을 바탕으로 독자적인 문화를 이룩하였으며, 신석기에서 청동기 시대를 거치면서 민족의 기틀이 형성되었다.
오답풀이 ① 우리 민족은 종족상 예맥족에 해당하며, 언어학상으로 알타이어 계통에 해당한다. 중국은 한족(漢族)으로 우리와 계통이 다르다.

2. 정답 ③
해설 자료의 내용은 구석기 시대에 대한 설명이며, 주먹도끼는 구석기 시대의 대표적인 뗀석기 도구이다.
오답풀이 ① 반달돌칼은 청동기 시대의 간석기 농기구이다. ② 비파형 동검은 청동기 시대의 청동검이다. ④ 돌괭이는 신석기 시대의 간석기 농기구이다.

3. 정답 ②
해설 ② 연천 전곡리 유적지에서 유럽 아슐리안계 주먹도끼와 동아시아 찍개가 발견되었다.

4. 정답 ②
해설 ㄱ, ㄹ. 빗살무늬 토기와 덧무늬 토기는 신석기 시대의 토기이다.
오답풀이 ㄴ, ㄷ. 미송리식 토기와 붉은 간 토기는 청동기 시대의 토기이다.

5. 정답 ①
해설 ① 자료에서 돌을 가는 기술을 터득했다는 사실은 간석기를 사용했다는 것이고, 토기를 사용했다는 내용을 통해 신석기 시대임을 알 수 있다. 신석기 시대부터 농경이 시작되었다.
오답풀이 ② 철기 시대, ③ 청동기 시대, ④ 구석기 시대

6. 정답 ③
해설 ③ 자료는 농경을 시작한 신석기 시대로서, 신석기 시대에는 농경을 시작하면서 태양과 물을 숭배하는 애니미즘 등의 원시 신앙을 갖게 되었다.
오답풀이 ① 구석기, ② 청동기, ④ 청동제 농기구는 사용되지 않았다.

7. 정답 ②
해설 ①③④ 자료는 신석기 시대의 빗살무늬 토기이다. 신석기 시대는 농경과 목축이 시작되었으며, 간석기와 뼈 도구를 이용하였다. 또한 강가나 바닷가에서 주로 살았다.
오답풀이 ② 구석기 시대에 해당하며 신석기 시대는 정착생활을 하면서 움집에 거주하였다.

8. 정답 ③
해설 ㄷ, ㄹ 서울 암사동과 양양 오산리 외에 부산 동삼동, 평양 남경, 황해도 봉산 지탑리 등이 대표적인 신석기 시대 유적이다.
오답풀이 ㄱ, ㄴ. 연천 전곡리, 상원 검은모루 동굴은 구석기 시대 유적지이다.

9. 정답 ②
해설 ② 자료는 중석기 시대에 대한 설명이다. 중석기 시대는 약 1만 년 전에 구석기에서 신석기 시대로 넘어가는 과도기의 시기를 가리킨다. 이 시기에는 기후가 따뜻해지면서 작고 빠른 짐승이 등장하게 되었고, 잔석기를 이용한 활, 창 등의 이음도구를 이용하여 경제활동을 하였다.
오답풀이 ①③④은 모두 신석기 시대에 해당한다.

10. 정답 ①
해설 자료는 신석기 시대의 대표적인 유적지들이다. ② 신석기 시대는 종교적인 필요성으로 조개껍데기 가면을 이용하였다. ③ 빗살무늬토기는 신석기 시대의 대표적인 토기이다. ④ 황해도 봉산 지탑리 유적에서는 탄화된 좁쌀이 출토되어 신석기 시대에 농경 생활을 하는 식량 생산 단계였음을 알 수 있다.
오답풀이 ① 가락바퀴는 의복이나 그물을 제작하는 데 사용되는 도구이다.

② 국가의 형성

☑ 청동기 · 철기 시대

(1) 청동기의 보급(B.C. 2000년경 - 1500년경)

1) 계통 : 아연 함유, 스키토 시베리안 계통의 동물 문양 → 북방 계통

2) 유적 : 중국 요령성, 길림성을 포함하는 만주 지역과 한반도에 걸쳐 널리 분포

→ 함경도 회령 오도리, 평북 강계 공귀리, 의주 미송리, 평양 사동 구역 금탄리와 남경
경기도 여주 흔암리, 충남 부여 송국리, 충북 제천 황석리, 전남 순천 대곡리

3) 유물

간석기	반달 돌칼, 바퀴날 도끼, 홈자귀
청동기	• 무기, 제기 도구, 장식품으로 사용 → **비파형 동검**, 거친무늬 거울, 화살촉 • 비파형 동검 : 미송리식 토기와 함께 만주 · 한반도 전역에서 출토 → 청동기 시대의 만주와 한반도 　　　　　　 지역이 동일 문화권이었음을 입증
토기	• 덧띠 새김 무늬 토기, 민무늬 토기, 미송리식 토기, 붉은 간 토기 • 덧띠 새김 무늬 토기 : 신석기 말인 기원전 2,000년 경에 중국의 요령(랴오닝), 러시아의 아무르 강과 　　　　　　　　　　 연해주 지역에서 사용 → 빗살무늬 토기와 약 500년 간 공존하여 사용되다가 　　　　　　　　　　 청동기 시대 초기까지 사용 • 민무늬 토기 : 청동기 시대의 대표적 토기 → 적갈색, 팽이형 · 화분형
무덤	• 고인돌, 돌널무덤, 돌무지 무덤 • 고인돌 : 탁자식 · 바둑판식 · 개석식 → 지배층의 정치적 권력과 경제력 반영, 계급 발생 의미, 거석 　　　　　 문화의 상징(선돌)

(2) 철기의 사용(B.C. 5세기 경 ← 중국)

1) 철기 사용의 영향

① 철제 무기와 연모 사용 → 청동기의 의기화(儀器化) 현상

② 만주와 한반도에 새로운 국가 형성

2) 유물

청동기	한반도의 독자적 청동기 문화 발전 → 세형 동검, 잔무늬 거울, 거푸집
토기	민무늬 토기, 덧띠 토기, 검은 간 토기
무덤	널무덤, 독무덤

청동기 · 철기 시대 유물

덧띠 새김무늬 토기

민무늬 토기

미송리식 토기

탁자식 고인돌

바둑판식 고인돌

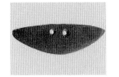
반달 돌칼

청동기 시대 움집 터

비파형 동검

세형 동검

잔무늬 거울

거푸집

(3) 청동기 · 철기 시대의 생활

1) 경제

청동기 시대	• 다양한 기능의 간석기 보급 → 생산 경제 발전 • 농업 : 밭농사 중심(조 · 보리 · 콩 · 수수), 벼농사 시작(저습지) • 가축 사육 증가, 사냥과 어로 비중 감소
철기 시대	• 철제 농기구 사용 → 농업 생산력 증대 → 경제 기반 확대 • 중국과의 교역 활발 : 명도전, 오수전, 반량전, 창원 다호리의 붓(→ 한자 사용 입증)

2) 주거지

① **집자리**

  ㉠ 직사각형 움집 → 지상 가옥화

  ㉡ 화덕은 벽 쪽으로 이동, 저장 구덩 따로 설치, 주춧돌 이용, 4~8명 거주(부부 중심)

② **배산임수의 취락 발달** : 농경의 발달과 인구의 증가로 정착 생활의 규모 확대 → 구릉, 산간 지대에서 형성

③ **제주시 삼양동 집터** : 철기 시대 전기에 계급 사회가 형성되었음을 입증

3) 사회
　① **분업의 발생** : 남 – 농경 · 전쟁, 여 – 가사
　② **계급의 발생** : 농기구의 발달에 따른 생산력 증대 → 잉여 생산물 축적 → 사유 재산 관념 형성
　　　→ 빈부의 차이 → 계급 발생
4) 군장 국가의 성립
　① **선민사상의 대두** : 우세 부족은 스스로를 하늘의 자손이라 믿는 선민사상을 통해 주변 부족 통합
　② **군장의 출현** : 생산력의 증대, 청동 · 철제 무기 사용으로 정복 활동 활발 → 계급 분화 심화
　　　→ 정치적 권력과 경제력을 지닌 군장 출현

(4) 청동기 · 철기 시대의 예술

1) **특징** : 종교 및 정치적 요구와 밀착되어 예술 활동 발달
2) **청동 제품** : 미의식과 생활 모습 표현, 말 · 호랑이 · 사람 손 등 사실적 조각, 기하학적 무늬 조각
　　→ 주술적 의미
3) **토제품** : 사람 · 짐승 모양의 토우 → 풍요를 기원하는 주술적 의미
4) 바위 그림
　① **울산 대곡리 반구대 바위 그림** : 사냥, 물고기 잡이의 성공과 풍성한 수확 기원
　② **고령 양전동 알터 바위 그림** : 동심원, 십자형 등의 기하학적 무늬 조각 → 태양 숭배와 풍요
　　기원하는 제사 터와 같은 의미 사용

울산 대곡리 반구대 바위 그림

고령 양전동 알터 바위그림

② 고조선의 건국

(1) 단군과 고조선

1) 고조선의 건국
- ① **건국** : 단군왕검이 B.C. 2333에 건국 → 청동기 문화 바탕으로 성립
- ② **영역** : 요령 지방을 중심으로 성장하여 한반도까지 세력 확장 → 청동기 시대를 특징짓는 비파형 동검, 탁자식(북방식) 고인돌, 미송리식 토기 출토 지역과 거의 일치

2) 단군 신화
- ① **성격** : 청동기 문화를 배경으로 한 고조선 성립의 역사적 사실 반영
- ② **단군 신화에 나타난 사회상**
  - ㉠ 선민사상, 홍익인간 이념, 농경 사회, 구릉 지대 거주, 사유재산의 성립과 계급의 분화, 토테미즘
  - ㉡ 단군왕검 : 단군 – 제사장, 왕검 – 정치적 군장 → 제정일치 사회
  - ㉢ 역사적 의의 : 홍익인간의 건국 이념은 고려 · 조선 · 근대를 거치면서 우리 민족의 전통과 문화의 정신적 지주 역할
  - ㉣ 단군 건국에 관한 기록 : 삼국유사(최초), 제왕운기, 응제시주, 세종실록지리지, 동국여지승람, 동국통감 등

▶ **단군 신화**
㉠환인의 아들 환웅이 ㉡인간을 널리 이롭게 할 목적으로 ㉢바람(풍백), 비(우사), 구름(운사)을 각각 주관하는 부하들을 거느리고 ㉣태백산에 내려와 신시를 열고, ㉤곡식, 생명, 형벌 등 인간에게 필요한 360여 가지를 주관하며 사람들을 다스렸다. 그러던 중 ㉥곰과 호랑이가 찾아와 사람이 되기를 원하므로 환웅은 쑥과 마늘을 먹고 100일간 햇빛을 보지 않는다면 사람이 될 것이라고 하였다. 곰이 금기를 지키자, 환웅은 곰을 여자로 변하게 하고, 그녀와 결혼하여 아들을 낳았다. 이가 곧 ㉦단군왕검이다.

3) 고조선의 발전
- ① **중심지** : 초기 – 요령 지방 → 후기 – 대동강 유역(왕검성)
- ② **B.C. 3세기 경** : 부왕, 준왕 등 강력한 왕 등장 → 왕위 세습, 상 · 대부 · 장군 등의 관직 설치
- ③ 요서 지방을 경계로 중국 전국 7웅의 하나인 연과 대립 → 연의 진개의 침입으로 요동 상실

(2) 위만 조선의 성립과 발전

1) 위만 조선의 성립
- ① **배경** : 중국의 전국 시대와 진 · 한 교체기에 걸친 유이민의 이주 과정에서 위만이 고조선으로 이주
- ② **위만의 집권** : 이주민 세력을 통솔하면서 세력 확대 → 준왕을 몰아내고 왕이 됨(B.C. 194)
- ③ **성격** : 위만이 이주 당시 상투와 조선인 옷 착용, '조선' 국호 사용, 토착민 출신을 고위 관직에 등용 → 단군의 고조선 계승

2) 위만 조선의 발전
- ① **철기 문화의 본격적 수용** : 농업과 무기 생산 중심의 수공업 발달 → 상업과 무역 발달
- ② **정복 사업 활발** : 우세한 무력을 바탕으로 영토 확장

③ **중계 무역 독점** : 지리적 이점 이용 → 중국의 한나라와 예(濊) · 진(辰)의 직접 교역 차단 →
　　　　　　　　　중계 무역의 이익 독점 → 한과 대립

　3) 고조선의 멸망
　　① **한 무제의 침입**
　　　㉠ 고조선과 흉노의 연합에 따른 위협 세력 제거, 예 · 진과의 직접적 교역을 목적으로 침입
　　　㉡ 장기간의 전쟁으로 지배층의 내분 발생 → B.C. 108년 왕검성 함락으로 멸망
　　② **한 군현(한4군)의 설치**
　　　㉠ 한나라는 고조선 영토에 군현(낙랑, 진번, 임둔, 현도)을 설치하고 직접 통치 → 고구려의
　　　　공격을 받아 소멸(313)
　　　㉡ 영향 : 낙랑 문화 형성 → 점제현 신사비

※ **점제현 신사비** : 평남 용강군에 위치한 비석으로 A.D. 85년에 세워진 우리 나라 최고(最古)의 비석이다. 이 비석
은 열수(列水)가 대동강임을 알려주었으며, 토속 산신(山神)에게 풍요를 기원하는 내용 등이 기록되어 있다.

※ **기자 조선** : 중국 사서에는 주(周) 무왕이 기자(箕子)를 조선에 봉했다는 사실을 기록하고, 그 연대를 B.C. 12세
기 경으로 추정하고 있다. 그러나 기자 조선은 조선의 발전 과정에서 사회 내부에 등장한 새로운 지배 세력 또는
동이족의 이동 과정에서 기자로 상징되는 어떤 부족이 고조선의 변방에서 정치 세력을 형성한 것으로 보는 견해
가 지배적이다.

(3) 고조선의 사회

　1) **8조의 법** : 중국 반고의 「한서지리지」에 수록
　　① **살인자는 처형** : 생명 존중, 노동력 중시, 보복주의 원칙 적용
　　② **남에게 상처를 입힌 자는 곡물로 배상** : 농경 사회, 사유재산 인정
　　③ **절도자는 노비로 삼는다.** : 계급 사회, 사유재산 인정, 형벌과 노비의 발생
　2) **매장 풍습** : 순장 실시
　3) **한 군현 설치 후** : 엄한 율령 실시, 법 조목도 60여 조로 증가, 풍속 각박

고조선의 세력 범위

❸ 여러 나라의 성장

나라	위치	정치	경제	사회	제천 행사
부여	① 만주 송화강 유역 ② 의의 : 고구려와 백제 건국 세력의 원류	① 5부족 연맹체(연맹왕국) • 중앙 : 왕이 통치 • 부족장 : 마가 · 우가 · 저가 · 구가 • 4출도 : 부족장이 통치하는 행정 구역 ② 왕권 미약 : 부족장들이 왕을 추대하거나 교체 ③ 관리 : 대사자, 사자 ④ 중국과 우호 관계 ⑤ 고구려에 통합(494)	① 농경, 목축 ② 특산물 : 말, 주옥, 모피 ③ 하호(下戶) : 농민 계층	① 엄격한 형법 제정 • 살인자는 사형 • 절도자는 12배 배상 (1책12법) → 지배층의 재산 보호 • 간음한 자와 투기한 여자는 사형 → 가부장제 가족 사회 ② 우제점복, 순장, 은력 ③ 형사취수 : 노동력 확보 목적	**영고**(12월) → 수렵사회의 전통
고구려	① 주몽 건국(B.C.37) ② 동가강 유역의 졸본(환인)에 도읍 ③ 압록강 유역의 국내성(통구)으로 천도	① 5부족 연맹체 : 소노부 · 절노부 · 계루부 · 순노부 · 관노부 ② 요동 지역 진출, 옥저 정복 ③ 대가(大加) : 고추가, 상가, 대로, 패자 → 독립된 세력 유지 ④ 관리 : 사자, 조의, 선인 ⑤ 제가 회의 : 왕 선출, 중죄인 → 사형, 가족은 노비	① 졸본 : 산악 지대 → 약탈 경제(부경) ② 특산물 : 맥궁	① 데릴사위제(서옥제) ② 우제점복, 1책 12법 ③ 조상신 숭배 (주몽, 유화부인)	① 동맹(10월) ② 국동대혈에서 왕과 신하들이 함께 제사
옥저	함흥 평야	① 지리적 폐쇄성 → 선진 문화 수용 불리, 고구려의 압력 → 국가적 성장 지체	① 농경, 어로 ② 해산물 풍부 → 소금, 어물	① 민며느리제 ② 골장제 (가족 공동 무덤)	
동예	강원도 북부 동해안	② 왕이 없음 → 후, 읍군, 삼로 등 소족장이 지배 ③ 군장 국가 단계에서 고구려에게 멸망	① 농경, 어로 ② 방직 기술 발달(명주, 삼베) ③ 특산물 : 단궁, 과하마, 반어피	씨족 사회의 전통 → **족외혼 · 책화**	무천(10월)
삼한	① 한강 이남 ② 진(辰) 토착민 + 고조선 유이민 ③ 마한(54국) → 백제 (천안 · 익산 · 나주 중심의 충청, 전라, 경기) ④ 진한(12국) → 사로국 → 신라(대구 · 경주) ⑤ 변한(12국) → 구야국 → 6가야(김해 · 마산)	① 마한 목지국 왕 → 삼한 전체 주도 ② 군장 • 대족장 : 신지, 견지 → 물의 관리권, 지방 통치권 행사 • 소족장 : 읍차, 부례 ③ 천군(제사장) : 농경과 종교에 대한 의례 주관	① 농경의 발달 • 철제 농기구 사용 • 벼농사 발달 → 저수지 축조 • 벽골제(김제) 의림지(제천) 수산제(밀양) • 밭농사 : 가축 이용 ② 철 생산(변한) • 마산 성산동, 진해 등 → 야철지 발견 • 낙랑, 일본에 수출 • 화폐 사용	① 주거 : 반움집, 귀틀집 ② 두레 : 공동 작업 ③ 무덤 : 독무덤, 돌널무덤, 돌무지 무덤 ④ **소도**(別邑) • 천군이 거주하는 신성 금지 구역 → 죄인의 피난처 • 고대 신앙의 변화와 **제정 분리 사회** 입증 ⑤ 편두	① 5월 수릿날(단오) ② 10월 계절제

데릴사위제	혼인을 정한 뒤 신부 집의 뒤껼에 조그만 집을 짓고 살다가 자식을 낳고 장성하면 아내와 자식을 데리고 신랑 집으로 돌아가는 제도이며, 서옥제 또는 예서제라고도 한다.
민며느리제	장래에 혼인할 것을 약속하면, 여자가 어렸을 때 남자 집에 가서 성장한 후에 남자가 예물을 치르고 혼인을 하는 일종의 매매혼으로, 예부제라고도 한다.
책화	동예의 사유재산 보호를 위한 벌칙으로, 읍락 사이에 경계를 정하여 서로 침범하는 경우 침범자 측에서 노비, 소, 말로 배상하게 하였다.
목지국	마한 목지국은 처음에 성환·직산·천안 지역을 중심으로 발달하였으나, 백제의 성장과 지배 영역의 확대에 따라 남쪽으로 옮겨 익산 지역을 거쳐 마지막에 나주 부근(오늘날의 대안리, 덕산리, 신촌리, 복암리)에 자리잡았을 것으로 추정된다. 왕을 칭하던 국가 단계의 목지국이 언제 망했는지는 알 수 없으나, 천안 지역에 근거를 둔 초기 마한은 4세기 후반, 그리고 나주의 마한은 5세기 말에서 6세기 초까지 존속하였던 것으로 보인다. 다시 말하여, 마한의 바탕 위에서 성장한 백제가 시간이 지남에 따라 그 영역을 잠식해 들어갔다.

동예의 철자형 집터

여자형 집터

마한의 주구묘

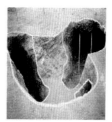
마한의 토실

여러 나라의 성장

정답: P. 32

1. 중국 요령·길림, 러시아의 아무르 강 등에서 들어와 신석기 말에서 청동기 시대 초기에 사용되었던 토기는?

2. 청동기 시대에 추수용 농기구로 사용되었던 간석기는?

3. 청동기 시대를 대표하는 무덤으로 계급 발생을 입증하는 무덤 양식은?

4. 철기 시대에 한반도와 중국 간에 교류가 이루어졌음을 입증하는 유물 4가지는?

5. 철기 시대를 대표하는 무덤 양식 2가지는?

6. 철기 시대에 한반도의 독자적인 청동기 문화가 형성되었음을 입증하는 유물 3가지는?

7. 고조선의 영역이 만주 요령 지방에서 대동강 유역까지였음을 입증하는 유물 3가지는?

8. 단군 신화가 기록된 최초의 역사서는?

9. 단군 신화를 통해서 알 수 있는 사실을 있는대로 들어 보시오.

10. 부여, 고구려, 동예의 제천 행사는?

11. 고구려와 옥저의 결혼 풍속은 각각 무엇인가?

12. 동예에서 씨족 사회의 전통을 계승한 책화란 무엇인가?

13. 소도와 천군을 통해 알 수 있는 삼한 사회의 특징은?

14. 부여가 5부족 연맹체임을 입증해 주는 행정 구역의 명칭은?

15. 삼한에서 시작되어 조선 시대까지 유지되었던 공동 노동 작업 조직체는?

16. 부여와 고구려에서 공통적으로 나타나는 사실 3가지는?

17. 동예의 대표적인 특산물 3가지는?

18. 부여와 옥저의 시체 매장 풍습은?

1. 청동기 시대에 대한 설명으로 <u>틀린</u> 것은?

① 우리나라 청동기 문화는 기원전 약 2000~1500년 경 사이에 시작되었다.

② 사유 재산의 관념이 나타나고 계급이 발생하였다.

③ 이 시기에는 민무늬 토기, 미송리식 토기 등이 사용되었다.

④ 청동제 농기구의 사용으로 생산력이 증가하였다.

2. 고조선 시대의 청동기 문화를 대표하는 유물·유적으로 옳지 <u>않은</u> 것은? `2018 기출`

① 명도전   ② 비파형 동검

③ 미송리식 토기   ④ 고인돌(탁자식)

3. 다음 중 시기적으로 가장 <u>늦게</u> 나타난 생활 모습은?

① 강가의 막집에서 살면서 무리 생활을 하였다.

② 바위 그림에 물고기, 고래 등을 그려 풍요를 기원하는 예술 활동이 전개되었다.

③ 가락바퀴와 뼈바늘을 이용하여 옷과 그물을 제작하였다.

④ 잔석기를 이용하여 활, 창 등의 이음 도구를 제작하였다.

4. 다음은 청동기, 초기 철기 시대의 집터와 관련된 내용이다. 잘못된 것은?

① 집터는 우물을 중심으로 배산임수의 취락을 형성하였다.

② 집터의 형태는 대체로 직사각형 움집이며, 점차 지상 가옥으로 바뀌어 갔다.

③ 움집 중앙에는 취사와 난방을 위한 화덕이 위치하였다.

④ 제주도 삼양동의 집터는 초기 철기 시대에 계급 사회의 발생을 보여 주고 있다.

5. 청동기 시대 사회상에 관한 설명으로 옳지 <u>않은</u> 것은? `2013 기출`

① 사적 소유와 지배·피지배의 관계가 발생하였다.

② 약탈과 정복을 위한 집단 간의 전쟁이 잦았다.

③ 농업생산력의 증가에 따라 잉여생산물이 나타났다.

④ 혈연을 바탕으로 하는 씨족이 사회의 기본 구성 단위였다.

6. 다음 유물과 관련하여 추론할 수 있는 내용은? 2005 기출

> • 거푸집   • 잔무늬 거울   • 세형 동검

① 북방 계통의 청동기 문화의 보급
② 한반도의 독자적 청동기 문화 발달
③ 고조선의 영역을 입증
④ 청동제 농기구의 사용으로 농업 생산력 향상

7. 다음은 단군신화의 내용을 요약한 것이다. 선민(選民)사상과 관련된 부분은? 2013 기출

> (ㄱ) 환인의 아들 환웅이 널리 인간을 이롭게 하기 위해 천부인 3개와 3,000의 무리를 이끌고 태백산 신단수 아래에 내려왔는데 이곳을 신시라 하였다. 그는 (ㄴ) 풍백, 우사, 운사로 하여금 인간의 360여 가지의 일을 주관하게 하였는데, 그 중에서 곡식, 질병, 생명, 형벌, 선악 등 다섯 가지 일이 가장 중요한 것이었다. 이로써 (ㄷ) 인간 세상을 교화시키고 널리 인간을 이롭게 하였다. 이 때 곰과 호랑이가 사람이 되기를 원하였는데, 곰은 21일 만에 여자로 태어났다. 환웅이 임시로 변하여 웅녀와 혼인하여 단군을 낳았다. (ㄹ) 단군왕검은 아사달에 도읍을 정하고 나라를 세워 조선이라 하였다.

① (ㄱ)   ② (ㄴ)
③ (ㄷ)   ④ (ㄹ)

8. 고조선의 8조법에 대한 설명으로 옳지 않은 것은?

① 한서 지리지에 기록되어 있다.
② 한 군현이 설치된 이후에 제정되었다.
③ 당시 사회는 노동력과 사유 재산을 중시하였음을 알 수 있다.
④ 지배, 피지배의 관계가 발생하였다.

9. 고조선 사회에 관한 설명으로 옳지 않은 것은? 2016 기출

① 순장 풍습이 존재하였다.
② 형벌과 노비가 존재하였다.
③ 사유재산을 중시하고 보호하였다.
④ 소도라는 신성 지역이 존재하였다.

10. 다음 중에서 청동기 시대에 접어들면서 나타난 변화가 아닌 것은?

① 원시 신앙의 출현
② 계급의 분화
③ 벼농사의 시작
④ 사유 재산 관념

11. 다음 중 위만 조선에 대한 설명으로 옳지 <u>않은</u> 것은?

① 단군 조선의 청동기 문화를 수용하여 더욱 발전시켰다.

② 진·한 교체기의 혼란기를 피해 고조선으로 이주해왔다.

③ 지리적 이점을 이용하여 예와 진과의 중계 무역의 이익을 독점하였다.

④ 한 무제의 침략으로 왕검성이 함락되어 멸망하였다.

12. 고대의 여러 나라에 관한 설명으로 옳지 <u>않은</u> 것은? 2017 기출

① 부여에서는 흉년이 들면 책임을 물어 왕을 폐위하기도 하였다.

② 옥저에서는 가족이 죽으면 가매장을 했다가 뼈를 추려 커다란 목관에 안치하였다.

③ 동예는 10월에 동맹이라는 제천 행사를 벌였다.

④ 삼한에서는 제사와 정치가 분리되어 있었다.

13. 다음 기록에 해당하는 국가에 관한 설명으로 옳은 것은? 2016 기출

> 큰 산과 깊은 골짜기가 많고 평원과 연못이 없어서 계곡을 따라 살며, 골짜기 물을 식수로 마셨다. 좋은 밭이 없어서 힘들여 일구어도 배를 채우기는 부족하였다. 사람들의 성품은 흉악하고 급해서 노략질하기를 좋아하였다.
> — 삼국지 위서 동이전 —

① 책화라는 제도가 존재하였다.

② 서옥제라는 풍습이 존재하였다.

③ 행정구획인 사출도가 존재하였다.

④ 신지, 읍차 등의 지배자가 존재하였다.

14. 삼한 사회와 관련된 내용으로 옳지 <u>않은</u> 것은?

① 가족 공동 무덤   ② 소도와 천군

③ 철 생산   ④ 5월 수릿날과 10월 계절제

15. 삼한에 관한 설명으로 옳지 <u>않은</u> 것은? 2019 기출

① 변한에서는 철을 화폐처럼 사용하였다.

② 마한에서는 농경이 발달하고 벼농사를 지었다.

③ 진한에는 편두의 풍속이 있었다.

④ 변한에서는 다른 읍락의 생활권을 침범하면 노비와 소, 말로 변상하게 하였다.

16. 다음은 고대 국가 성립 이전 초기 국가 시대를 나타낸 지도이다. 지도에서 (가) – (마)와 관련된 설명으로 잘못된 것은?

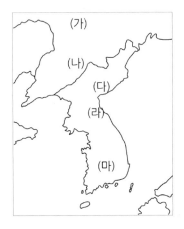

① (가) – 수렵 사회의 전통과 관련된 영고라는 제천 행사가 있었다.
② (나) – 봉사혼의 성격을 띤 서옥제라는 혼인 풍습이 있었다.
③ (다), (라) – 읍차, 부례라는 군장을 중심으로 연맹 왕국으로 발전하였다.
④ (마) – 마한의 목지국 왕이 삼한 전체를 주도하였다.

17. 고대 국가와 그 풍속이 바르게 연결된 것은?   2014 기출

① 고구려 – 소도　　　　　　② 옥저 – 데릴사위제
③ 동예 – 동맹　　　　　　　④ 부여 – 영고

18. 한반도에 발견된 다음 유물을 통해 추론할 수 있는 것은?

> • 명도전　　　• 반량전　　　• 오수전

① 계급 사회의 출현　　　　② 중국과의 교류
③ 제사와 정치의 분리　　　④ 화폐 유통의 발전

19. 다음의 무덤이 만들어진 시대에 관한 설명으로 옳은 것은?   2015 기출

① 붉은 간 토기, 바퀴날 도끼 등을 사용하였다.
② 혈연을 바탕으로 씨족을 기본 단위로 한 부족 사회였다.
③ 창원 다호리 유적지에서 붓이 출토되었다.
④ 주요 농기구로 돌보습, 돌낫 등이 있다.

1. 정답 ④

해설 ①②③ 청동기 시대는 기원전 2000년~1500년경에 시작되었으며, 농업 생산력의 발전으로 사유재산의 관념이 나타나면서 빈부의 차이로 인하여 계급이 발생하였다. 또한 민무늬 토기, 미송리식 토기 등을 사용하였다.

오답풀이 ④ 청동기 시대는 반달돌칼, 홈자귀 등의 간석기 농기구가 사용되었으며, 청동제 농기구는 존재하지 않았다.

2. 정답 ①

해설 ②③④는 청동기 시대의 대표적 문화로서 고조선 영역의 증거가 되는 유물이다.

오답풀이 ① 명도전은 철기 시대에 중국과 고조선의 교류를 보여주는 중국의 화폐이다.

3. 정답 ②

해설 ① 구석기 → ④ 중석기 → ③ 신석기 → ② 청동기 시대

4. 정답 ③

해설 ①② 청동기·철기 시대의 집터는 우물을 중심으로 배산임수취락을 형성하였으며, 집터는 직사각형 움집에서 점차 지상가옥으로 바뀌어 갔다. ④ 제주시 삼양동 집터는 초기 철기의 계급 발생과 관련있다.

오답풀이 ③ 청동기·철기 시대는 집터는 화덕이 한쪽 벽으로 이동하였다.

5. 정답 ④

해설 ①③ 청동기 시대에는 농업 생산력의 증대로 잉여 생산물이 축적되어 사적 소유 관념이 나타나 빈부의 차이가 발생하였으며, 이는 계급이 발생하여 지배·피지배 관계가 형성되는 계기가 되었다. ② 청동기 시대에는 청동제 무기가 보급되면서 정복과 약탈 전쟁이 활발하게 전개되었다.

오답풀이 ④ 신석기 시대에는 혈연을 바탕으로 씨족이 사회의 기본 구성단위를 이루어 부족사회를 형성하였다.

6. 정답 ②

해설 ② 자료의 거푸집, 잔무늬 거울, 세형동검은 철기 시대에 제작된 한반도의 독자적인 청동기 문화와 관련된 유물이다.

7. 정답 ①

해설 ① 환인의 아들 환웅은 천신의 자손이므로 여기서 지배자의 권력을 하늘의 신과 연결시키려는 선민사상을 엿 볼 수 있다.

오답풀이 ② 농경사회, ③ 홍익인간의 이념, ④ 제정일치사회

8. 정답 ①

해설 ①③④ 8조법은 한서지리지에 기록되어 전해지고 있으며, 노동력과 사유재산을 중시하고 지배와 피지배 관계가 형성되었음을 보여주고 있다.

오답풀이 ② 8조법은 한 군현 설치 이전에 제정되었다.

9. 정답 ④

해설 ① 고조선에서 순장의 풍습이 존재했다는 기록이 남아있다. ②③ 8조법에 죄인에게 형벌을 내렸으며, 절도자를 노비로 삼는 조항이 있는 것으로 보아 사유재산을 중시하였음을 알 수 있다.

오답풀이 ④ 소도는 삼한에서 천군이 거주하는 신성 금지 구역이다.

10. 정답 ①

해설 ②③④ 청동기 시대에 해당된다.

오답풀이 ① 신석기 시대

11. 정답 ①

해설 ②③④ 위만은 진·한 교체기에 이주하여 준왕을 축출하고 위만조선을 세웠으며, 한(漢)과 진·예의 중계 무역의 이익을 독점하여 한 무제의 침략을 받아 멸망하였다.

오답풀이 ① 위만조선에서는 철기 문화가 본격적으로 수용되어 발전하였다.

12. 정답 ③

해설 ① 부여에서는 흉년을 비롯한 재난이 발생하면 국왕을 폐위하거나 사형에 처하였다. ② 옥저에서는 가족 공동 무덤(골장제)이 실시되었다. ④ 삼한은 천군이라는 제사장과 신지, 읍차 등의 부족장 세력이 따로 존재하는 제정분리사회였다.

오답풀이 ③ 동예의 제천행사는 무천이며, 동맹은 고구려의 제천행사이다.

13. 정답 ②

해설 ② 자료는 고구려와 관련된 사실이다. 고구려에서는 서옥제(데릴사위제)라는 혼인 풍습이 존재하였다.

오답풀이 ① 책화는 동예에서 사유재산 보호를 목적으로 실시한 제도이다. ③ 사출도는 부여의 행정 구획이다. ④ 신지, 읍차는 삼한의 족장 명칭이다.

14. 정답 ①

해설 ②③④ 삼한과 관련된 내용이다.

오답풀이 ① 가족 공동 무덤은 옥저의 시체 매장 풍습인 골장제에 대한 설명이다.

15. 정답 ④

해설 ① 변한에서는 철을 생산하였으며, 화폐로 사용하였다. ② 마한을 비롯한 삼한 지역은 저수지를 축조하고 농경에 가축을 이용하는 등 벼농사를 비롯하여 농경이 발달하였다. ③ 변한과 진한에서는 돌을 가지고 어린아이의 머리 모양을 일정한 형태로 변형시키는 편두의 풍속이 있었다..

오답풀이 ④ 다른 읍락의 생활권을 침범하면 노비와 소, 말로 변상하는 제도는 동예의 책화에 대한 설명이다.

16. 정답 ③

해설 ① (가)는 부여로서 영고라는 제천행사가 실시되었다. ② (나)는 고구려로서 서옥제(데릴사위제)의 혼인 풍속이 있었다. ④ (마)는 삼한으로 마한의 목지국왕이 삼한 전체를 대표하였다.

오답풀이 ③ (다)는 옥저, (라)는 동예이다. 옥저와 동예의 군장은 읍군과 삼로이다.

17. 정답 ④

해설 ④ 영고는 부여의 제천행사이다.

오답풀이 ① 소도 – 삼한, ② 데릴사위제 – 고구려, ③ 동맹 – 고구려의 제천행사

18. 정답 ②

해설 ② 명도전, 반량전, 오수전은 중국의 화폐로서 철기 시대에 중국과의 교류를 입증하는 유물이다.

19. 정답 ①

해설 ① 자료는 청동기 시대의 고인돌이며, 붉은 간 토기와 바퀴날 도끼는 청동기 시대에 사용된 대표적인 토기와 농기구이다.

오답풀이 ②④ 신석기 시대, ③ 철기 시대

 확인 학습 정답

I. 선사 시대의 문화와 국가의 형성

1. 선사시대의 전개

1. 연천 전곡리 유적   2. 공주 석장리   3. 원형, 방형(모서리가 둥근 사각형)   4. 가락바퀴, 뼈바늘   5. 빗살무늬토기   6. 애니미즘   7. 신석기 시대   8. 잔석기를 이용한 이음도구   9. 신석기 시대~청동기 시대   10. 사냥감의 번성을 기원하는 주술적 의미

2. 국가의 형성

1. 덧띠 새김 무늬 토기   2. 반달돌칼   3. 고인돌   4. 명도전, 반량전, 오수전, 창원 다호리 붓   5. 널무덤, 독무덤   6. 세형동검, 잔무늬거울, 거푸집   7. 비파형동검, 고인돌, 미송리식토기   8. 삼국유사   9. 선민사상, 홍익인간, 농경사회, 구릉지대 거주, 계급사회, 토테미즘, 제정일치사회   10. 부여-영고, 고구려-동맹, 동예-무천   11. 고구려-데릴사위제(서옥제), 옥저-민며느리제   12. 다른 부족의 생활권을 침범하면 노비와 소, 말로 변상하게 한 제도   13. 제정 분리 사회   14. 사출도   15. 두레   16. 5부족 연맹체, 1책12법, 우제점복   17. 단궁, 과하마, 반어피   18. 부여-순장, 옥저-골장제(가족공동무덤)

II

고대 사회의 발전

❶ 고대의 정치적 발전

■ 국가의 발전 과정

군장 국가	—	청동기 문화를 기반으로 성립, 왕이 없고 군장이 통치

⇩

연맹 왕국 (부족 연맹체)	—	• 철기 문화를 기반으로 성립, 국왕 출현, 국가 조직 정비 • 왕권 미약 → 종래의 군장 세력은 자기 부족에 대한 지배권을 행사

⇩

<table>
<tr><td rowspan="9">고대 국가
(중앙 집권 국가)</td><td rowspan="9">—</td><td colspan="2">고도로 발달된 철기 문화를 기반으로 성립</td></tr>
<tr><td>왕권 강화</td><td>왕위 세습제 확립과 중앙 집권적 영토 국가로의 성장을 통해 왕권이 강화되면서 족장 세력은 점차 왕권에 복속</td></tr>
<tr><td>통치 체제 정비</td><td>• 율령 반포 : 왕권 강화에 따라 국왕의 지배 체제 확립과 국가 조직 정비 위해 율령 반포
• 정치 제도(중앙 관제, 관등 조직 등)와 신분 제도 정비</td></tr>
<tr><td>불교 수용</td><td>불교를 수용하여 왕권 강화를 사상적으로 뒷받침하고, 백성의 사상적 통합 도모</td></tr>
<tr><td>영토 확장</td><td>활발한 영토 확장을 통해 정복 국가로 성장</td></tr>
</table>

연맹 왕국

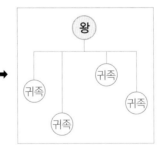
중앙 집권 국가

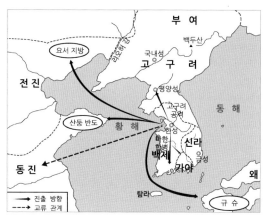

4세기 백제 전성기

5세기 고구려 전성기

6세기 신라 전성기

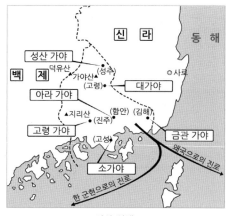

가야 연맹

❷ 삼국의 정치적 발전

연대	1C - 2C	3C	4C
중국 나라	후한	삼국시대(위 · 촉 · 오)	5호 16국 시대
고 구 려	① B.C 37년 주몽 건국 : 부여 유이민 + 압록강 유역 토착민 ② 태조왕(1C 후반) : 중앙 집권 체제 정비 ㉠ 옥저 복속, 낙랑과 대립 ㉡ 계루부 고씨에 의한 왕위 독점 세습(형제 상속) ㉢ 집권적 관료 조직 정비 ③ 고국천왕(2C 후반) ㉠ 왕위 부자 상속제 확립 ㉡ 행정 조직 : 5부 개편 → 부족적 전통 → 행정적 성격 ㉢ 진대법 실시(을파소) ㉣ 왕비족 출현(절노부)	① 동천왕 ㉠ 오와 외교 관계 수립 → 위 견제 ㉡ 서안평 공격 → 위나라 관구검의 침입	① 미천왕 ㉠ 서안평 점령 ㉡ 낙랑 멸망(313) → 중국 세력 축출, 민족의 방파제로 성장 ② 고국원왕 ㉠ 전연의 침략 → 수도 함락 ㉡ 백제 근초고왕의 침략 → 고국원왕 전사 → 국가적 위기 초래 ③ 소수림왕(4C 후반) : 중앙집권 체제 확립 ㉠ 율령 반포 : 국가 지배 체제 정비 ㉡ 불교 수용 : 국가의 정신적 통합 ㉢ 태학 설립 : 관리 양성 ④ 광개토대왕(4C말~5C초) ㉠ 요동 정벌 → 만주 일대 확보 ㉡ 백제 공격 → 한강 이북 점령 ㉢ 신라 원조 → 왜구 격퇴 ㉣ 연호 사용(최초) : 영락 ㉤ 국내성 광개토대왕릉비문에 정복 활동 기록
백 제	① 온조 : 하남 위례성 도읍 (B.C.18) ② 고구려 유이민 + 한강유역 토착민 → 유이민 집단이 지배층 형성 ③ 마한의 소국으로 출발 → 연맹 왕국으로 성장 ④ 초기에는 왕권 미약, 8성 귀족 세력 강화	① 고이왕(중앙 집권 체제 정비) ㉠ 한 군현과 항쟁하며 발전 ㉡ 한성 중심 → 한강 유역 통합 ㉢ 율령 반포 ㉣ 관제 정비 : 6좌평, 16관등제 ㉤ 관리 복색 제정 ㉥ 부여씨 왕위 세습제 확립	① 근초고왕(4C 중반) : 백제 전성기 ㉠ 왕위 부자 상속제 확립 ㉡ 마한 병합 ㉢ 고구려 평양성 공격 → 고국원왕 전사 ㉣ 가야에 대한 지배권 행사 ㉤ 요서, 산둥, 일본 규슈 진출 → 고대 상업 세력 형성 ② 침류왕 : 불교 공인 → 중앙 집권 체제를 사상적으로 뒷받침
신 라	① B.C. 57년 박혁거세 건국 ② 사로국으로 출발 : 경주 지역 토착민 + 유이민 집단 ③ 석탈해 집단 등장 → 박 · 석 · 김 세 부족 연맹 → 이사금 선출 ④ 사로 6촌 → 6부족 연맹체 ⑤ 지리적 요인 → 가장 늦게 중앙 집권 국가 체제 정비	※ 신라 왕호의 변천 거서간 : 군장 ↓ 차차웅 : 무당, 제사장 ↓ 이사금 : 연장자, 계승자 ↓ 마립간 : 대군장 ↓ 왕	① 내물왕(중앙 집권 체제 정비) ㉠ 김씨 왕위 세습 확립 ㉡ 마립간 칭호 사용 ㉢ 진한 병합 → 낙동강 유역 진출 ㉣ 광개토대왕 원조 → 왜구 격퇴 → 고구려의 간섭(경주 호우명 그릇, 광개토대왕릉 비문) ㉤ 고구려를 통해 중국 문물 수용

연대	5C(삼국항쟁 제 1기)	6C(제 2기)	7C(제 3기)
중국나라	남북조 시대	남북조 시대 → 수	수 → 당
고구려	① 장수왕(고구려 전성기) ㉠ 흥안령 일대 장악 → 동북 아시아 대제국 건설 ㉡ 남하 정책 : 국내성 → 평양 천도 ㉢ 백제의 한성 함락 → 개로왕 전사 ㉣ 남양만∼죽령 이북 까지 영토 확장 → 중원고구려비 건립 ㉤ 중국 남북조와 국교 → 중국 견제 ② 문자왕 : 부여 복속 → 최대 영토 확보	※ 6세기 말 – 7세기 국제 정세 남북연합 : 돌궐–고구려–백제–왜 ↕ 동서연합 : 신라 – 수·당	① 살수대첩(612) : 수 양제의 침략 → 을지문덕이 격퇴 ② 연개소문의 대당 강경책과 천리장성 축조(부여성–비사성) ③ 안시성 싸움(645) : 당 태종의 침략 → 양만춘이 격퇴 ④ 고구려 대 중국 항쟁 → 민족 수호의 의의 ⑤ 고구려 멸망(668)
백제	① 비유왕 : 나제 동맹(신라 눌지왕) ② 개로왕 ㉠ 중국 북조의 북위에 원병 요청 ㉡ 장수왕의 공격으로 한성 함락 → 개로왕 전사 ③ 문주왕 ㉠ 웅진 천도(475) → 대외 팽창 위축, 무역 활동 침체 ㉡ 정치적 혼란 → 왕권 약화, 귀족 세력이 국정 주도 ④ 동성왕(5C후반–6C초) ㉠ 신라와 결혼 동맹 → 고구려에 대항 ㉡ 탐라 복속	※ 백제 중흥기 ① 무령왕 ㉠ 22담로 설치 : 왕족 파견 → 지방 세력 통제 ㉡ 중국 남조의 양나라와 교류 ② 성왕 ㉠ 사비 천도, 국호 – 남부여 ㉡ 중앙 관제 : 22부 ㉢ 행정 구역 정비 : 중앙 – 5부, 지방 – 5방 ㉣ 불교 진흥 : 겸익 등용, 노리사치계 → 일본에 불교 전파 ㉤ 중국 남조와 교류 강화 ㉥ 한강 유역 확보 → 진흥왕에게 상실 → 성왕은 관산성에서 전사	① 백제 멸망(660)
신라	① 눌지왕 ㉠ 왕위 부자 상속제 확립 ㉡ 불교 전래 : 고구려 묵호자 ㉢ 나제동맹(백제 비유왕) ② 소지왕 ㉠ 백제와 결혼 동맹 ㉡ 사로 6촌 → 6부(행정 구역) 설치	① 지증왕 ㉠ 한화(漢化) 정책 : 국호 신라, 중국식 '왕' 칭호 사용 ㉡ 수도와 지방 행정 구역 정비 ㉢ 우경 실시, 동시전 설치 ㉣ 우산국(울릉도) 복속 ② 법흥왕(중앙 집권 체제 완비) ㉠ 율령 반포(울진 봉평 신라비) ㉡ 불교 공인(527), 골품 제도 정비 ㉢ 17관등 및 백관 공복 제정 ㉣ 병부, 상대등 설치 ㉤ 연호 사용 : 건원 → 자주성 표현 ㉥ 금관가야 정복 ③ 진흥왕(신라 전성기) ㉠ 한강 유역 확보 → 북한산 순수비, 단양 적성비 ㉡ 대가야 정복 → 창녕비 ㉢ 함경도 진출(마운령비, 황초령비) ㉣ 화랑도 → 국가적 조직으로 개편 ㉤ 불교 교단 정비 → 사상적 통합 도모 ㉥ 국사 편찬(거칠부), 황룡사 건립	① 나·당 연합군 결성 ② 나·당 전쟁 : 매소성, 기벌포 전투 승리 ③ 삼국 통일(676)

경주 호우명 그릇

가야 수레 토기

가야의 금관

❸ 가야 연맹

(1) 성립 : 낙동강 하류 유역의 변한 지역 → 철기 문화를 토대로 농업 생산력 증대 → 6가야 연맹 성립

(2) 전기 가야 연맹 : 김해의 금관 가야 중심

    1) 금관 가야 : 2 · 3세기 경 김수로에 의해 건국, 낙동강 유역 일대 차지

    2) 경제 : 농경 문화 발달, 철 생산, 중계 무역 발달(낙랑 · 왜의 큐슈 지방과 연결)

    3) 변천

        ① 4세기 초 : 신라와 백제의 팽창으로 세력 약화

        ② 4세기 말 – 5세기 초 : 고구려의 낙동강 유역 진출로 가야 중심 세력 해체 → 낙동강 서쪽 연안으로 축소

(3) 후기 가야 연맹 : 고령의 대가야 중심

    1) 5세기 후반 : 이진아시왕이 건국한 고령의 대가야가 연맹 주도

    2) 6세기 초 : 대가야는 신라와 결혼 동맹 체결 → 국제적 고립 탈피 시도

(4) 멸망 : 백제와 신라에 의해 분할 점령 → 금관가야 멸망(신라 법흥왕, 532), 대가야 멸망(신라 진흥왕, 562) → 중앙 집권 국가로 성장하지 못함

(5) 문화

    1) 유물 : 고령 지산동 고분, 부산 복천동 고분 등에서 금동관 · 철제 무기 · 철제 갑옷 · 토기 등 발굴

    2) 가야 토기 : 일본의 스에키 토기에 영향

❹ 삼국 간의 항쟁과 대외 관계

(1) 삼국 간의 항쟁 : 자국의 이해 관계에 따라 적대 또는 우호 관계 전개 → 상호간에 문물 교류 활발히 전개

    1) 제 1기(5세기) : 고구려 전성기

        ① **광개토대왕** : 요동 지방을 비롯한 만주 지역 확보, 한강 이북 차지

        ② **장수왕** : 평양 천도(427) → 남하 정책 → 나 · 제 동맹 결성

        ③ **평양 천도의 의미** : 왕권 강화의 계기, 백제 · 신라에 압박 요인, 서해안 적극 진출 계기

2) 제 2기(6세기) : 신라 전성기

 ① 진흥왕 : 한강 유역 영토 편입 → 나 · 제 동맹 결렬

 ② 낙동강 유역과 한강 유역의 중부 지방 확보, 함경도 진출

 ③ 신라의 한강 점령 의미

  ㉠ 풍부한 인적, 물적 자원 확보 → 경제적 기반 강화

  ㉡ 중국과 직접 교류 가능

  ㉢ 전략 거점 확보 → 삼국 경쟁의 주도권 장악

(2) 삼국의 대외 관계 : 정복과 항쟁의 역사가 주류, 자국의 사회 발전을 위해 중국 문화 적극 수입, 삼국 간의 경쟁에 외세 이용

1) **고구려** : 북조(전진) - 신라(4세기 후반)

 ① 한 군현 축출 → 국가 발전의 기틀 마련

 ② 만주, 요동 진출 → 동아시아 대제국 건설(광개토대왕, 장수왕)

 ③ 장수왕 : 남북조와 외교 관계 수립 → 중국 세력 견제 → 동북 아시아 세력 균형 주도

2) **백제** : 남조(동진) - 왜(4세기 후반)

 ① **근초고왕** : 요서, 산둥 반도 진출 → 해상 세력 형성

 ② **웅진 천도 이후** : 중국 남조와 긴밀한 관계 유지

 ③ **왜와 친교 관계 유지** : 규슈 지방에 진출하여 국가 건설에 기여, 왜를 삼국 항쟁에 이용(칠지도)

※ **칠지도** : 일본 나라현 이소노카미 신궁에 보관된 철제 칼로서, 근초고왕의 아들 근구수왕이 왕자였을 때, 일본 사신을 통해 신공황후에게 하사했다는 것이 일반적인 견해이다. 그러나 일본은 〈일본서기〉의 372년 백제 사신이 신공황후에게 칠지도를 바쳤다는 기록을 근거로 당시 백제가 왜의 속국이었음을 주장하고 있다. 칠지도는 광개토대왕 비문의 기사와 함께 임나일본부설의 증거로 제시되고 있다.

3) **신라**

 ① 지리적 위치 불리 → 초기에는 고구려, 백제를 통해 중국과 교류

 ② 고구려를 통해 주로 북조 문물 수용

 ③ 한강 유역 점령 이후 → 당항성을 쌓고 중국과 직접 교류

> ▷ **임나일본부설(任那日本府設)**
> 1. 내용 : 일본의 야마토 조정이 4세기 후반에 한반도 남부 지역에 진출하여 당시 가야 일본부라는 기관을 설치하고 6세기 중엽까지 직접 지배하였다는 것이다.
> 2. 근거 : 「일본서기」 신묘년 기사, 광개토대왕릉 비문 신묘년 기사, 칠지도
> 3. 광개토대왕릉 비문의 신묘년 기사 : "而倭以辛卯來渡海破百殘□□新羅而爲臣民"
> 4. 비판
> ① 광개토대왕릉 비문의 신묘년 기사는 주어를 광개토대왕(고구려)으로 보면 " 신묘년에 왜가 바다를 건너오니 왜를 격파하고 백제, 신라를 신민으로 삼았다."는 해석이 가능하다.
> ② '일본'이라는 국호를 사용한 것은 7세기 이후인데, 일본이 4세기에서 6세기에 걸쳐 한반도 남부를 지배했다는 사실은 시기적으로 맞지 않는다.
> ③ 칠지도에 새겨진 글을 분석해 보면 "백제왕이 왜왕에게 하사한다."는 내용으로 해석이 가능하다.
> ④ 한반도 남부(가야) 지역에 일본과 관련된 당시의 유물이 현재 발견된 것이 하나도 없다.

5 삼국의 통치 체제

(1) 중앙 통치 조직

구분	고구려	백제	신라	특징
부	5부	5부	6부	• 중앙의 지배 집단, 중앙 왕실에 예속 • 각 부 귀족 : 관리를 거느리고 자신의 영역 지배
합의제 기구	제가 회의	정사암 회의	화백 회의	• 국가 중대사 결정, 왕권 견제, 귀족 세력의 이익 반영 • 국왕 중심의 귀족 연합 정치 실시 반영 • 화백 회의 : 4영지에서 회의, 의장 – 상대등
관등	대대로 이하 10여 관등	좌평 이하 16 관등	이벌찬 이하 17 관등	• 삼국은 성장 과정에서 각 부 귀족과 그 아래의 관리를 왕의 신하로 편제하는 관등제를 정비하여 왕권 강화를 도모하였으며, 각 부의 부족적 성격은 행정적 성격으로 변화되어 중앙 집권 체제가 형성되었다. • 관등제와 관직 체계 운영은 신분제에 의해 제약 → 신라는 관등제를 골품제와 결합하여 운영
수상	대대로 (막리지)	상좌평 (내신좌평)	상대등	• 대대로, 상좌평 → 임기 3년 • 상대등 : 귀족 세력 대표, 왕권 견제 역할
중앙 관제	?	6좌평 ↓ 22부(성왕)	병부, 집사부 등 단계적 설치	

※ **고구려 관직명** : 형(兄) – 부족장 · 연장자 의미, 사자(使者) – 부족장의 행정 관리로서 조세 징수 담당

(2) 지방 행정 조직

구분	고구려	백제	신라	특징
수도	5부	5부	6부	부족적 전통이 행정 구역으로 발전
지방	5부(욕살) | 성 (처려근지) | 촌(촌주)	5방(방령) | 군 (군장) | 촌(촌주)	5주(군주) | 군 (태수) | 촌(촌주)	• 정복 지역을 세력의 크기에 따라 성 · 촌 단위로 개편 • 지방관을 파견하여 지방민의 직접적인 지배 시도 → 실제로는 원래 성 · 촌을 지배하던 지방 세력가에 의한 지배 체제가 유지 • 최상급 지방 행정 단위(부 · 방 · 주) 및 성 · 군에는 지방관 파견 • 촌 : 토착 세력인 촌주가 지배 • 촌주 : 지방관 보좌, 촌락 내의 행정과 군사 실무 담당
특수 구역	3경제 (국내성, 평양성, 한성)	22담로 (왕족 파견)	2소경 (중원경, 동원경)	지방 세력 통제

(3) 군사 조직

고구려	성을 단위로 족장과 성주는 사병 보유, 비상시 중앙에서 대모달, 말객 등 군관 파견
백제	방령 – 군사 지휘관 역할 담당, 군장 – 행정·군사 업무 총괄
신라	• 서당 : 중앙군 → 직업 군인으로 구성 • 6정 : 지방군 → 군주가 관할, 부족적 전통 잔존
특징	• 군사 조직은 지방 행정 조직과 일원화된 체제로 구성 • 지방관 = 군사 지휘관 → 백제의 방령, 신라의 군주 • 국가의 주민 통치는 군사적 지배 성격 뚜렷

> **삼국의 통치 체제**
> • 관등제의 의미
> 관등제는 관리들의 등급을 정한 것으로 종래의 족장적 성격을 띤 다양한 세력 집단이 왕 아래에 하나의 체계로 조직되어 상하 관계를 이룬 것이다. 이것은 초기부터 국가 권력을 독점한 각 집단의 최고 귀족들이 중앙 집권 체제가 정비되는 과정에서 자신들의 특권을 항구적으로 보장하려는 데서 나온 것이다.
> • 삼국의 지방 통치
> 삼국은 외형상 중국의 군현 제도와 유사한 지방 조직을 설치했지만, 실제로는 지방관의 수가 많지 않아서 주요 거점만을 지배하는 데 그쳤고, 나머지 지역은 자치를 허용하여 간접적으로 주민을 지배하였다.

6 대외 항쟁과 삼국 통일

(1) 고구려와 수·당의 전쟁

1) 6세기 말 ~ 7세기 국제 정세 : 수의 남북조 통일 이후 → 남북 연합(돌궐-고구려-백제-왜)과 동서 연합(수·당 – 신라)의 대결 → 십자형 외교 시대

2) 여·수 전쟁

① 배경 : 수의 중국 통일과 세력 확대 → 고구려의 요서 지방 선제 공격 → 수 문제·양제의 침략

② 살수 대첩(612) : 수 양제의 침략 → 을지문덕의 대승 → 수 멸망

3) 여·당 전쟁

① 배경 : 당 건국 → 연개소문의 대당 강경책과 천리장성 축조(부여성~비사성)

② 경과 : 당태종의 침략 → 안시성 싸움에서 승리(645)

4) 고구려 대 중국 항쟁의 의미 : 중국의 침략을 저지 → 백제와 신라를 보호했다는 민족 수호의 의의

(2) 백제와 고구려의 멸망

1) 배경 : 신라의 급격한 팽창 이후 → 여·제 동맹의 신라 압박 → 신라는 고구려와 동맹 시도·실패 → 김춘추의 대당 외교 → 나·당 연합 결성

2) 백제의 멸망

① 원인 : 정치 질서의 문란, 지배층의 향락 생활, 국가적 일체감 상실

② 경과 : 나·당 연합군의 공격 → 김유신의 황산벌 전투 승리, 당 소정방의 금강 하류 침입 → 사비성 함락(660)

③ **부흥 운동** : 주류성(왕족 복신, 승려 도침 → 왕자 풍 추대), 임존성(흑치상지) → 왜의 지원과 백강 전투 패배 → 실패

3) **고구려의 멸망**

① **원인** : 수 · 당과의 전쟁에 따른 국력 소모, 연개소문 사후의 지배층의 권력 쟁탈전에 따른 국론 분열

② **경과** : 나 · 당 연합군의 공격 → 평양성 함락(668)

③ **부흥 운동**

㉠ 한성(검모잠 → 안승 추대), 오골성(고연무)을 근거지로 한 때 평양성 탈환

㉡ 당을 견제하기 위한 신라의 지원 → 세력 확대 → 실패

㉢ 발해의 건국으로 고구려 전통 지속

(3) 신라의 삼국 통일

1) **당의 한반도 지배 야욕** : 웅진 도독부(백제), 계림 도독부(신라), 안동 도호부(고구려) 설치

2) **나 · 당 전쟁(670~676)**

① 신라는 고구려 왕족인 안승을 보덕국 왕으로 임명 → 고구려 부흥 운동 지원

② 매소성 전투 승리(675) → 기벌포 전투(금강 하구)에서 설인귀의 당 해군 격파 → 당군 축출, 삼국 통일 완성(676)

3) **삼국 통일의 의의와 한계**

① **의의**

㉠ 신라가 무력으로 당 축출 → 자주적 통일

㉡ 고구려 · 백제 문화의 전통 수용과 경제력 확충 → 민족 문화 발전의 토대 마련

② **한계** : 외세의 협조, 대동강 ~ 원산만의 불완전한 통일

☑ 남북국 시대의 정치 변화

(1) 통일 신라의 발전

1) **왕권의 전제화**

태종 무열왕	• 최초의 진골 출신의 왕 → 왕권 강화, 진골 무열계 왕위 세습 • 집사부 시중의 기능 강화 → 상대등 세력 억제 → 왕권 전제화 토대 마련
문무왕	삼국 통일 완성
신문왕	• 김흠돌 모역 사건 계기 → 진골 귀족 세력 숙청 → 전제 왕권 확립 • 중앙 정치 기구와 군사 조직(9서당 · 10정) 정비, 지방 행정 조직 완비(9주 5소경) • 녹읍 폐지 → 관료전 지급, 국학 설립(유교 정치 이념 확립 노력) • 만파식적 제작 : 왕실의 번영과 평화 상징

2) 지배 세력의 변화

① **진골 귀족 세력 약화** : 김씨 왕족은 왕권 옹호 세력으로 변질, 박씨 세력과 가야 · 고구려계 귀족은 정권에서 소외

② **6두품의 두각** : 학문적 식견 바탕으로 국왕의 정치적 조언자 역할 담당, 행정 실무 총괄 → 전제 왕권 뒷받침

3) 전제 왕권의 동요

① **경덕왕 이후(8세기 중엽)** : 녹읍 부활, 사원 면세전 증가 → 국가 재정 악화

② 귀족의 사치 · 향락 생활 → 농민 부담 가중

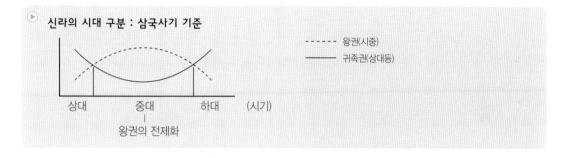

신라의 시대 구분 : 삼국사기 기준

------ 왕권(시중)
—— 귀족권(상대등)

상대 　중대 　하대 　(시기)
|
왕권의 전제화

시대	상대	중대	하대
시기	통일 이전(삼국시대)	통일 이후	왕위 쟁탈전기
왕위	성골 (박혁거세~진덕여왕)	진골 무열계 (무열왕~혜공왕)	진골 내물계 (선덕왕~경순왕)
주도 세력	진골 귀족	왕, 6두품	진골 귀족
수상	상대등	시중(집사부)	상대등
6두품	–	• 전제왕권 강화에 기여 • 집사부 시랑에 등용	호족과 연합하여 반 신라적 경향 → 사회 개혁 요구, 골품제도 비판
토지	녹읍, 식읍	녹읍 폐지 → 관료전 지급, 식읍 제한	녹읍 부활
사상	지배층 중심 불교	• 교종 불교 유행(5교) • 불교의 대중화 • 유교 정치 이념 도입 노력	• 선종 불교 유행(9산 선문) • 풍수지리설 • 도교와 노장 사상

※ **삼국유사에 의한 신라 시대 구분**

상고	중고	하고
고유의 왕호	불교식 왕호	중국식 왕호
박혁거세 ~ 지증왕	법흥왕 ~ 진덕여왕	무열왕 ~ 경순왕

(2) 발해의 건국과 발전

1) 발해 건국 이전 만주 지역의 상황

① 당이 안동 도호부를 통하여 대동강 이북과 요동 지방 지배 → 고구려 유민의 저항

② 당이 보장왕을 요동 도독으로 임명하는 회유책 실시 → 고구려 유민의 동족 의식 강화

2) 발해의 건국과 발전

건국		• 고구려 출신 대조영이 길림성 동모산에서 진(震) 건국(698) → 남북국 시대 형성
		• 국호 – 발해로 변경, 연호 – 천통(天統)
		• 이원적 민족 구성 : 고구려인(지배층) + 말갈족(피지배층)
		• 고구려 계승 의식 표방
		· 일본에 보낸 국서에 고려 또는 고려국왕이라는 명칭 사용
		· 고구려 문화와의 유사성(모줄임 천장 구조의 굴식 돌방 무덤, 온돌, 연화무늬 기와, 석등, 불상 등)
발전	무왕 (8C전반)	• 북만주 일대 장악, 당의 산둥 반도 공격(장문휴), 요서 지역 침략
		• 일본 · 돌궐과 연결 → 신라 · 당 견제
		• 독자적 연호 사용 : '인안' → 왕권 강화, 중국과의 대등한 지위 과시
	문왕 (8C후반)	• 당과 친선 관계 수립 → 당의 문물 수용(3성 6부의 중앙 관제 정비)
		• 신라와의 상설 교통로(신라도) 개설 → 신라와 대립 관계 해소 노력
		• 중경에서 상경으로 천도 → 지배 체제 정비, 연호 – '대흥'
	선왕 (9C전반)	말갈족 대부분 복속, 요동 진출, 지방 제도 정비 → 발해 전성기(해동성국)
멸망		• 귀족의 권력 다툼으로 국력 쇠퇴 → 거란족의 침입으로 멸망(926) → 발해 유민은 고려에 흡수
		• 발해 유민의 부흥 운동(정안국 건국) 실패 → 만주 지역에 대한 우리 민족의 지배력 약화

3) 발해의 대외 관계

① **대당 관계**

㉠ 8세기 초(무왕) : 대립 관계 → 당이 흑수부 말갈족을 이용하여 압박 → 장문휴의 산둥 반도 공격 → 나 · 당 협공 격퇴

㉡ 8세기 후반 이후(문왕) : 친선 관계 → 당에 사신과 유학생 파견, 당 문물 수입 등 교류 활발

② **일본과의 관계** : 우호 관계 유지 → 신라 견제 목적

③ **신라와의 관계** : 경쟁 · 대립 관계

㉠ 신라 지배층의 보수적 자세로 인한 문화적 우월 경쟁, 당의 이이제이(夷以制夷) 정책으로 대립 관계 심화

㉡ 신라도 개설 이후 → 신라와의 대립 해소 시도, 부분적으로는 사신 교환, 무역 교류

(3) 남북국의 통치 체제

구분	통일 신라	발해
중앙 관제	• 집사부 중심으로 관료 기구의 기능 강화 • 집사부 시중의 지위 강화 • 위화부 등의 13부 설치 → 행정 업무 분담	• 3성 6부 체제 → 당의 3성 6부 제도 수용 • 정당성 – ┌ 좌사정 – 충·인·의부 　　　　　└ 우사정 – 지·예·신부 • 독자성 유지 · 정당성 중심의 이원적 체제 운영 · 유교식 관제 명칭 사용
수 상	시중	대내상
합의제 기구	화백 회의	정당성
감찰 기관	사정부/외사정(지방관 감찰)	중정대
국립 대학	국학	주자감
지방 행정	• 9주 5소경 제도 → 중앙 집권 체제 강화 • 9주(총관→도독) – 군(태수) – 현(현령) – 촌(촌주) 　└ 행정적 기능 강화 • 5소경(장관 – 사신) · 군사·행정상 요지에 설치 · 지방 문화의 중심지 · 설치 목적 : 수도의 편재성 보완, 지방의 균형적 　발전, 지방 세력 통제 • 향·부곡 : 특수 행정 구역 → 반란을 일으킨 　지역이나 정복 지역에 설치 • 상수리 제도 : 지방 세력을 수도에 머물게 한 제도 　→ 지방 세력 통제	• 5경 15부 62주 체제 • 5경 : 전략 요충지에 설치 • 15부(도독) – 62주(자사) – 현(현승) • 촌락 : 말갈족이 주로 거주 → 　　　　촌장(고구려인=토인)이 지배
군사 조직	• 9서당(중앙군) : 민족 융합 목적으로 설치 • 10정(지방군) : 9주에 1정씩 배치(한주 – 2정 배치)	• 10위 : 중앙군 → 왕궁과 수도 경비 담당 • 지방군 : 농병 일치의 군사 조직 편성 　→ 지방관이 지휘

남북국의 형세

통일 신라의 9주 5소경

발해의 중앙 관제

(4) 신라 말기의 정치 변동과 호족 세력의 성장

1) 전제 왕권의 몰락

① 골품 제도의 모순과 진골 귀족 세력의 왕위 쟁탈전 → 중앙 정부의 지방 통제력 약화 → 호족 세력 성장

② 왕권 약화 → 귀족 연합 정치 운영 → 상대등 세력 강화

③ 내물계의 왕위 계승 : 무열계의 도전과 지방 반란 빈발(김헌창 · 김범문의 난)

2) 농민의 몰락

① 녹읍의 부활과 진골 귀족의 대토지 소유 확대 → 국가 재정 악화 → 농민에 대한 착취 심화

② 농민은 귀족이나 사원의 노비 · 초적으로 전락 → 농민 봉기가 전국적으로 확산

3) 호족 세력의 대두

① 호족 유형

㉠ 권력 투쟁에서 밀려난 몰락 중앙 귀족, 6두품 계열

㉡ 무역을 통해 부와 군사력을 축적한 해상 세력, 군진 세력

㉢ 지방의 토착 세력인 촌주

② 호족 성향

㉠ 성주, 장군 자처 → 지방의 행정권과 군사권 장악, 경제적 지배력 행사

㉡ 자신들의 지위 정당화를 위해 6두품 지식인과 제휴, 선종 불교 후원, 풍수 지리설 적극 수용

4) 6두품의 개혁 요구

① 6두품 출신의 도당 유학생(숙위학생)과 선종 승려 → 골품제의 모순 비판 → 새로운 정치 이념 제시(최치원의 시무 10여 조)

② 능력 중심의 과거 제도와 유교 정치 이념 제시 → 지방 호족 세력과 연결하여 사회 개혁 추구

(5) 후삼국의 성립

후백제	• **견훤**이 전라도의 군진 세력과 호족 세력을 토대로 완산주(전주)에서 건국(900) • 우세한 군사력과 경제력을 토대로 군사적 우위 확보 • 중국과 외교 관계 수립, 신라와는 적대 관계 • 한계 : 농민에 대한 지나친 세금 징수, 호족 세력의 포섭 실패
후고구려	• **궁예**가 호족과 초적 세력을 토대로 건국(901) • 국호 – 후고구려 → 마진 → 태봉, 도읍지 – 개성(송악) → 철원 • 관제 정비 : 광평성 설치, 9관등제 실시 • 한계 : 가혹한 조세 징수, 미륵 신앙을 이용한 전제 정치 도모

 확인 학습

정답: P. 94

1. 중앙 집권 국가의 특징 4가지는?

2. 삼국 시대 율령을 반포한 각 국의 왕은?

3. 고구려 태조왕, 백제 고이왕, 신라 내물왕의 공통점은?

4. 신라 왕호의 변천 과정 순서는?

5. 고구려 소수림왕의 업적 3가지는?

6. 삼국 시대 각국의 귀족 합의제 기구는?

7. 광개토대왕이 신라를 원조하여 왜구를 격퇴하였음을 입증해 주는 유물 2가지는?

8. 고구려 고국천왕 때 빈민 구제를 목적으로 실시하였던 제도는?

9. 신라 진흥왕이 한강 유역을 점령한 기념으로 세운 비 2가지는?

10. 우리 나라 최초의 국립 대학은?

11. 백제 무령왕 때 왕족을 파견하여 지방 세력을 통제하기 위해 설치하였던 특수 구역은?

12. 가야 연맹의 주도권이 금관 가야에서 대가야로 이동하게 된 이유는?

13. 일본이 임나일본부설의 증거로 제시한 유물 2가지는?

14. 고구려, 백제, 신라 각국의 수상은?

15. 근초고왕 때 일본과의 외교 관계를 입증시켜 주는 유물은?

16. 신라 진골 출신의 최초의 왕은?

17. 고구려 장수왕 때 한강 이남까지 진출하여 죽령에서 남양만에 걸친 영토를 확보하였음을 입증해 주는 유물은?

18. 신라 삼국 통일의 의의와 한계는?

19. 신라의 화백 회의가 개최되었던 장소는?

20. 신라 신문왕 때 만들어진 왕실의 번영과 평화를 상징하는 유물은?

21. 신라가 삼국 통일 과정에서 당의 수군을 물리쳐 나·당 전쟁 승리를 가져왔던 전투는?

22. 통일 신라에서 민족 융합을 목적으로 조직한 중앙군은?

23. 통일 신라와 발해의 국립 대학은?

24. 통일 신라에서 지방 세력을 견제하기 위해 지방 세력을 일정 기간 동안 수도에 머무르게 했던 제도는?

25. 통일 신라에서 5소경을 설치한 목적 3가지는?

26. 통일 신라와 발해의 감찰 기구는?

27. 발해가 고구려를 계승하였음을 입증해 주는 사실 2가지는?

28. 당의 3성 6부제의 영향을 받은 발해의 3성 6부제가 가지는 독자성을 유지하면서 운영되었음을 알 수 있는 사실 2가지는?

29. 고구려가 중국 수나라와 당나라의 침략을 막아냈던 전투와 관련된 인물은?

30. 백제 성왕 때 수도를 사비로 천도한 후 바꾼 국호의 명칭은?

1. 다음 중에서 중앙 집권 국가의 특징에 해당하는 것을 모두 고르면?

> ㄱ. 부족장의 세력 강화   ㄴ. 불교 수용
> ㄷ. 율령 반포   ㄹ. 유교 정치 이념 확립
> ㅁ. 국왕의 출현   ㅂ. 정복 국가로 성장
> ㅅ. 중앙 관제와 관등 조직 정비

① ㄱ, ㄴ, ㄷ   ② ㄱ, ㄴ, ㅁ
③ ㄴ, ㄷ, ㅁ, ㅂ   ④ ㄴ, ㄷ, ㅂ, ㅅ

2. 다음 중 가야에 대한 설명으로 옳지 <u>않은</u> 것은?   `2004 기출`

① 철을 생산하여 낙랑과 일본에 수출하였다.
② 초기에는 김해의 금관가야가 연맹의 주도권을 장악하였다.
③ 가야 토기는 일본 스에키 토기에 영향을 주었다.
④ 칠지도는 일본과 가야의 긴밀한 관계를 보여준다.

3. 다음은 백제의 수도 천도 과정이다. ㉮ 시대와 관련된 설명으로 옳은 것은?   `2008 기출`

> 한성시대   →   웅진시대   →   ㉮   →   백제 멸망

① 지방 세력을 통제하기 위해 22담로를 설치하였다.
② 남조로부터 영향을 받은 벽돌무덤이 만들어졌다.
③ 성왕을 추모하기 위해 불교의 영향을 받은 금동대향로가 만들어졌다.
④ 요서, 산둥, 일본의 규슈 지방까지 진출하였다.

4. 다음은 고대의 발전 과정을 내용별로 정리한 것이다. ㉮, ㉯, ㉰에 들어갈 왕이 맞게 연결된 것은?

	고대국가 성립	율령 제정	영토 확장	불교 수용
고구려	태조왕	소수림왕	장수왕 광개토대왕	㉰
백제	고이왕	㉮	근초고왕	침류왕
신라	내물왕	법흥왕	㉯	법흥왕

	㉮	㉯	㉰
①	근초고왕	법흥왕	소수림왕
②	성왕	진흥왕	장수왕
③	고이왕	진흥왕	소수림왕
④	근초고왕	무열왕	장수왕

5. 고구려의 발전 과정에 대한 설명으로 잘못 연결된 것은?

① 태조왕 – 낙랑군 축출　　　　　　　② 소수림왕 – 불교 공인, 태학 설립

③ 광개토대왕 – 영락 연호 사용, 요동 진출　④ 장수왕 – 남하 정책, 평양 천도

6. 신라의 전통적인 왕호가 아닌 것은? `2015 기출`

① 이사금(尼師今)　　　　　② 대대로(大對盧)

③ 차차웅(次次雄)　　　　　④ 거서간(居西干)

7. 다음을 시대 순으로 바르게 나열한 것은? `2013 기출`

> ㄱ. 장수왕이 백제를 공격하여 한강 유역을 차지하였다.　　ㄴ. 부여가 고구려에 병합되어 멸망하였다.
>
> ㄷ. 신라 법흥왕이 금관가야를 병합하였다.　　　　　　　ㄹ. 고구려가 수도를 평양으로 옮겼다.

① ㄱ → ㄴ → ㄷ → ㄹ　　　　② ㄴ → ㄷ → ㄹ → ㄱ

③ ㄷ → ㄱ → ㄴ → ㄹ　　　　④ ㄹ → ㄱ → ㄴ → ㄷ

8. 다음 시를 지은 고구려의 인물과 관련된 사건으로 옳은 것은? `2016 기출`

> 신묘한 계책은 천문을 꿰뚫어 볼 만하고 오묘한 전술은 땅의 이치를 다 알았도다. 전쟁에서 이겨 공이 이미 높아졌으니 만족함을 알거든 그만두기를 바라노라.

① 안시성에서 당 나라 군대를 격퇴하였다.

② 살수에서 수 나라 군대를 물리쳤다.

③ 아차산성 전투에서 전사하였다.

④ 천리장성을 축조하였다.

9. 한반도의 정세가 지도와 같았던 시기의 사실로서 옳은 것은? `2014 기출`

① 광개토대왕의 군대가 신라에 주둔하였다.

② 신라에서 김씨들의 왕위 세습이 확립되었다.

③ 화랑도를 국가적인 조직으로 개편하여 인재를 양성하였다.

④ 백제와 신라가 동맹을 맺어 고구려에 대항하였다.

10. 신라 신문왕 때 왕권 강화를 바탕으로 신라 왕실의 안녕과 번영을 상징하기 위하여 제작된 것은?

① 불국사　　　　　　　② 다보탑

③ 황룡사 9층탑　　　　　④ 만파식적

11. 고구려가 신라를 원조해서 왜구를 격퇴한 증거를 모두 고르시오. 2007 기출

> ㄱ. 호우명 그릇   ㄴ. 광개토대왕릉비   ㄷ. 칠지도   ㄹ. 스에키 토기

① ㄱ, ㄴ   ② ㄱ, ㄷ
③ ㄴ, ㄷ   ④ ㄴ, ㄹ

12. 삼국시대 대외 관계에 관한 설명으로 옳은 것은? 2015 기출
① 고구려 미천왕은 낙랑군을 축출하여 대동강 유역을 차지하였다.
② 백제 동성왕은 수군을 정비하여 중국 요서 지방에 진출하였다.
③ 신라 내물왕은 백제를 통해 중국 전진과 외교 관계를 맺었다.
④ 전기 가야연맹은 백제와 왜의 공격을 받아 연맹이 무너졌다.

13. 다음 사건을 시기 순으로 바르게 나열한 것은? 2017 기출

> ㄱ. 진흥왕이 대가야를 병합하였다.
> ㄴ. 김춘추가 당 태종과 군사동맹을 맺었다.
> ㄷ. 장수왕의 군대가 백제의 한성을 함락하였다.
> ㄹ. 성왕이 신라와 연합하여 한강 하류지역을 차지하였다.

① ㄱ → ㄴ → ㄷ → ㄹ   ② ㄴ → ㄷ → ㄹ → ㄱ
③ ㄷ → ㄹ → ㄱ → ㄴ   ④ ㄹ → ㄱ → ㄴ → ㄷ

14. 발해 무왕 때의 역사적 사실에 관한 설명으로 옳은 것은? 2019 기출
① 발해를 정식 국호로 삼았다.
② 당의 산둥반도를 공격하였다.
③ 수도를 중경에서 상경으로 옮겼다.
④ 당의 제도를 본떠 3성 6부제를 정비하였다.

15. 고대 여러 왕의 업적을 설명한 것으로 옳지 <u>않은</u> 것은? 2017 기출
① 고구려 소수림왕은 진대법을 제정하여 빈민을 구제하였다.
② 백제 근초고왕은 고국원왕을 전사시키고 지금의 황해도 일대를 차지하였다.
③ 신라 지증왕은 국호를 신라로 정하고 우경을 장려하였다.
④ 발해 무왕은 일본과 교류하고 당의 산둥 지방을 공략하였다.

16. 장수왕의 업적으로 옳지 <u>않은</u> 것은? 2018 기출
① 평양 천도   ② 영락 연호 사용
③ 백제 한성 함락   ④ 광개토 대왕릉비 건립

17. 백제의 부흥운동에 참여한 인물로 옳지 <u>않은</u> 것은? 2018 기출
① 복신   ② 도침
③ 검모잠   ④ 흑치상지

18. 삼국의 통치 체제에 관한 설명으로 옳지 <u>않은</u> 것은? 2019 기출

① 삼국 초기에 연맹을 구성한 각 부의 지배자는 독자적으로 자신의 영역을 통치하였다.
② 백제는 좌평을 비롯한 16등급의 관리가 있어 나랏일을 맡아보았다.
③ 관등제와 관직 체계의 운영은 신분제에 의해 제약을 받았다.
④ 신라에서 집사부 시중은 귀족 회의를 주관하며 왕권을 견제하였다.

19. 통일신라의 지방행정에 관한 설명으로 옳은 것은? 2016 기출

① 정복한 국가의 귀족들을 소경으로 이주시켜 감시하였다.
② 지방관 감찰을 위해 관리를 파견하는 상수리 제도를 실시하였다.
③ 행정적 기능보다 군사적 기능을 강화하여 전국을 9주로 나누었다.
④ 경주의 지역적 편협성을 보완하기 위해 고구려와 백제 지역에 5소경을 설치하였다.

20. 다음 내용의 공통점은 무엇인가?

• 제가 회의　　　　• 정사암 회의　　　　• 화백 회의

① 씨족 사회의 전통 계승
② 국왕 중심의 귀족 연합 정치 실시
③ 지방 세력 통제
④ 왕권 강화

21. 신라 하대에 등장한 호족에 대한 설명으로 옳지 <u>않은</u> 것은?

① 몰락한 중앙 귀족, 촌주, 해상 세력, 군진 세력 등으로 구분된다.
② 성주, 장군의 칭호를 사용하면서 반독립적 세력을 형성하였다.
③ 교종이 전래되어 호족 세력의 사상적 기반을 이루었다.
④ 6두품과 연결되어 새로운 사회 건설을 위한 주체적 세력으로 성장하였다.

22. 신라가 통일 이후 실시한 정책으로 옳은 것을 모두 고른 것은? 2014 기출

ㄱ. 관료전 지급　　　　ㄴ. 불교 공인　　　　ㄷ. 국학 설립　　　　ㄹ. 율령 반포

① ㄱ, ㄴ　　　　　　　　　② ㄱ, ㄷ
③ ㄴ, ㄷ　　　　　　　　　④ ㄴ, ㄹ

23. 다음은 두 나라의 정치 체제를 비교한 것이다. 서로 <u>다르게</u> 연결되어 있는 것은?

		통일 신라	발해
①	지방행정조직	9주 5소경	5경 15부 62주
②	최고교육기관	국학	주자감
③	감찰기구	사정부	어사대
④	합의제 기구	화백회의	정당성

24. 신라 하대에 관한 설명으로 옳지 <u>않은</u> 것은?

① 중앙 귀족들 사이에 권력 다툼이 빈번해졌다.

② 지방에는 새로운 세력으로 호족이 등장하였다.

③ 교종과 선종의 통합 운동이 활발하게 전개되었다.

④ 승려의 사리를 봉안하는 승탑이 유행하였다.

25. 후삼국의 성립에 대한 설명으로 옳지 <u>않은</u> 것은?

① 견훤은 전라도 지역의 군사력과 호족 세력을 토대로 후백제를 건국하였다.

② 견훤은 광평성을 국정 최고 기구로 하고 9관등제를 정비하였다.

③ 궁예는 양길을 몰아낸 후 송악에 도읍을 정하고 후고구려를 건국하였다.

④ 궁예는 미륵 신앙을 이용하여 전제 정치를 도모하여 신하들의 신망을 잃고 축출되었다.

26. 다음 사건을 발생 시기가 앞선 순으로 바르게 나열한 것은?

ㄱ. 관산성 전투   ㄴ. 매소성 전투

ㄷ. 황산벌 전투   ㄹ. 안시성 전투

① ㄱ→ㄴ→ㄷ→ㄹ   ② ㄱ→ㄹ→ㄷ→ㄴ

③ ㄴ→ㄱ→ㄹ→ㄷ   ④ ㄴ→ㄷ→ㄱ→ㄹ

27. 고구려와 당의 전쟁에 관한 내용으로 옳은 것을 모두 고른 것은?

ㄱ. 고구려는 요서 지방을 선제 공격하였다.

ㄴ. 양만춘은 안시성에서 당군을 격퇴하였다.

ㄷ. 연개소문은 당의 침략에 대비하기 위해 천리장성을 축조하였다.

ㄹ. 을지문덕은 당 태종에 의한 2차 침입 때 살수대첩으로 막아내었다.

① ㄱ, ㄴ   ② ㄱ, ㄹ

③ ㄴ, ㄷ   ④ ㄷ, ㄹ

28. 발해의 고구려 계승의식을 보여주는 사례로 옳은 것은?

① 일본에 보낸 국서에 '고려', '고려국왕'이라는 명칭을 사용했다.

② 상경용천부는 고구려 수도의 모습을 본떠 만들었다.

③ 중앙에는 왕 밑에 3성과 6부가 있었다.

④ 정효공주 무덤을 벽돌로 만들었다.

1. 정답 ④

해설 ㄴ. ㄷ. ㅂ. ㅅ. 중앙 집권 국가의 특징은 왕권 강화, 불교 수용, 율령 반포, 정복 국가 성장, 중앙 관제와 관등 조직 정비 등이 해당된다.

오답풀이 ㄱ. 중앙 집권 국가에서는 왕권이 강화되면서 부족장 세력은 약화된다. ㄹ. 유교 정치 이념 확립은 고려 시대에 해당한다. ㅁ. 국왕은 연맹왕국 단계에서 처음 등장한다.

2. 정답 ④

해설 ①②③ 가야는 철을 생산하여 낙랑과 일본에 수출하였으며, 초기에는 김해의 금관가야가 연맹장의 국가로서 주도권을 장악하였다. 가야 토기는 일본의 스에키 토기에 영향을 주었다.

오답풀이 ④ 칠지도는 백제와 왜의 관계를 보여주는 유물이다.

3. 정답 ③

해설 ③ ㉮ 시기는 백제가 6세기 성왕 때 사비(부여)로 천도한 시기이며, 백제는 성왕부터 백제가 멸망할 때까지 사비에 도읍을 하였으므로 성왕을 추모한 금동대향로는 사비 시대에 만들어졌다고 할 수 있다.

오답풀이 ① 22담로는 웅진 시대 무령왕 때 설치되었다. ② 웅진시대에 벽돌무덤이 등장하였으며 대표적인 무덤이 무령왕릉이다. ④ 근초고왕 때(한성 시대 – 4세기)에 해당한다.

4. 정답 ③

해설 ③ ㉮ 백제는 고이왕 때 율령 반포, ㉯ 신라는 진흥왕 때 영토를 확장하여 전성기 이룩, ㉰ 고구려는 소수림왕 때 불교 수용

5. 정답 ①

오답풀이 ① 고구려에서 낙랑군 축출은 미천왕(313년) 때의 사실이다.

6. 정답 ②

해설 ①③④ 이사금은 연장자 · 계승자, 차차웅은 무당 · 제사장, 거서간은 군장의 의미를 갖고 있는 신라의 전통적 왕호이다.

오답풀이 ② 대대로는 고구려의 수상이다.

7. 정답 ④

해설 ㄹ. 장수왕의 평양 천도(427) – ㄱ. 장수왕의 한강 점령(475) – ㄴ. 고구려의 부여 병합(494년) – ㄷ. 법흥왕의 금관가야 병합(532)

8. 정답 ②

해설 ② 자료는 고구려의 을지문덕 장군이 수나라 장군 우중문에 보낸 시이며, 을지문덕은 살수대첩(612)에서 수나라 군대를 크게 물리쳤다.

오답풀이 ① 양만춘, ③ 고구려의 온달, ④ 고구려의 연개소문

9. 정답 ③

해설 ③ 지도는 6세기 진흥왕 때 신라 전성기의 사실이다. 진흥왕 때 신라는 화랑도를 국가적인 조직으로 개편하였다.

오답풀이 ① 5세기 초, ② 4세기 말 내물왕 ④ 5세기 나제동맹 체결

10. 정답 ④

해설 ④ 신문왕 때 제작된 만파식적은 신라 왕실의 안녕과 번영을 상징하는 유물이었다.

11. 정답 ①

해설 ㄱ. ㄴ. 호우명 그릇과 광개토대왕릉비문은 고구려 광개토대왕이 신라를 원조하여 왜구를 격퇴한 증거 유물이다.

오답풀이 ㄷ. 칠지도는 백제와 왜의 친선 관계를 입증하는 유물이다. ㄹ. 스에키 토기는 가야의 영향을 받은 일본 토기이다.

12. 정답 ①

해설 ① 고구려 미천왕은 313년에 낙랑군을 축출하여 대동강 유역을 차지하였다.

오답풀이 ② 백제가 수군을 정비하여 요서 지방에 진출한 것은 근초고왕에 해당한다. ③ 신라 내물왕은 고구려의 도움을 받아 왜구를 격퇴한 이후 고구려를 통해 중국의 전진과 교류하였다. ④ 전기 가야 연맹은 고구려 광개토대왕의 공격을 계기로 무너졌다.

13. 정답 ③

해설 ㄷ. 장수왕(475) → ㄹ. 성왕(551) → ㄱ. 진흥왕(562) → ㄴ. 나 · 당 동맹(649)

14. 정답 ②

해설 ② 무왕은 당이 흑수부 말갈족을 이용하여 발해를 견제하자, 이에 대응하여 장문휴로 하여금 당의 산둥반도를 공격하게 하였다.

오답풀이 ① 발해를 정식 국호로 한 것은 대조영(고왕)이다. ③④ 문왕 때 중경에서 상경으로 천도하였으며, 3성 6부제를 정비하였다.

15. 정답 ①

해설 ② 근초고왕은 평양성을 공격하여 고국원왕을 전사시키고 황해도 일대를 차지하였다. ③ 신라 지증왕은 국호를 신라로 정하고 우경을 장려하였으며, 우산국(울릉도)을 정복하였다. ④ 발해 무왕은 신라를 견제하기 위하여 일본과 교류하였으며, 장문휴에게 당의 산둥 지방을 공격하도록 하였다.

오답풀이 ① 고구려의 진대법은 고국천왕 때 실시하였다.

16. 정답 ②

해설 ①③ 장수왕은 남진정책을 추진하기 위하여 평양으로 천도하였으며, 이후 백제의 한성을 함락하고 한강 유역을 차지하였다. ④ 광개토대왕릉비는 장수왕 때 건립하였다.

오답풀이 ② 영락은 광개토대왕의 연호이다.

17. 정답 ③

해설 ①②④ 복신, 도침, 흑치상지는 의자왕의 아들 풍을 왕으로 추대하고 백제 부흥 운동을 전개하였으나, 실패하였다.

오답풀이 ③ 검모잠은 고구려 보장왕의 조카인 안승을 추대하고 부흥 운동을 전개하였다.

18. 정답 ④

해설 ① 삼국은 초기의 연맹왕국 단계에서 각 부의 지배자가 관리를 거느리고 자기 부족과 영역을 독자적으로 통치하였다. ② 백제는 고이왕 때 1 관등 좌평을 비롯하여 16 관등을 정비하였다. ③ 삼국 시대에는 관등제와 관직 체계는 신분제에 의해 제약을 받았기 때문에 신분에 따라 관직의 상한선이 결정되었다. 신라의 골품제가 대표적인 예이다.

오답풀이 ④ 집사부는 국왕 직속의 최고 정치 기구이며 집사부의 장관이었던 시중은 국왕의 지지 세력이다. 신라의 귀족 회의였던 화백회의를 주관한 것은 상대등이었으며, 상대등은 진골 귀족의 대표자로서 왕권 견제 역할을 담당하였다.

19. 정답 ①

해설 ① 통일 신라의 5소경은 고구려 · 백제 출신의 귀족(지배층)을 이주시켜 통제하기 위한 목적에서 설치되었다.

오답풀이 ② 통일 신라에서 지방관 감찰을 위해 파견한 것은 외사정이었다. 상수리 제도는 지방 세력을 수도 경주에 일정 기간 머무르게 하여 통제하기 위해 실시한 제도였다. ③ 통일 이전 신라는 전국을 5주로 구분하여 군사적 기능을 강화하기 위하여 군사지휘관의 성격이 강한 군주를 지방관으로 파견하였다. 그러나 통일 이후에는 전국을 9주로 나누고 행정적 기능을 강화하기 위하여 행정관리의 성격이 강한 도독을 지방관으로 파견하였다. ④ 5소경은 충주(중원경), 원주(북원경), 김해(금관경), 청주(서원경), 남원(남원경) 등 주로 신라와 옛 백제 지역에 주로 설치하였다.

20. 정답 ②

해설 ② 제가회의, 정사암 회의, 화백회의는 삼국 시대의 귀족 회의 기구로서 국왕을 중심으로 귀족 연합 정치가 실시되었음을 보여준다.

21. 정답 ③

오답풀이 ③ 호족은 신라 하대에 등장하여 선종 불교를 사상적 기반으로 수용하였다. 교종은 중대에 왕실과 귀족층을 중심으로 유행하였다.

22. 정답 ②

해설 ㄱ, ㄷ. 관료전 지급과 국학 설립은 통일 이후 신문왕 때의 사실이다.

오답풀이 ㄴ, ㄹ. 6세기 법흥왕 때의 사실이다.

23. 정답 ③

오답풀이 ③ 발해의 감찰 기구는 중정대이며, 어사대는 고려의 감찰 기구이다.

24. 정답 ③

해설 ① 신라 하대에는 진골 귀족들 사이에 왕위 쟁탈전이 빈번하게 전개되었다. ② 신라 하대에는 견훤, 궁예, 왕건 등의 지방 호족이 새로운 정치 세력으로 등장하였다. ④ 신라 하대에는 선종 불교의 영향으로 승려의 사리를 봉안하는 승탑이 유행하였다.

오답풀이 ③ 교종과 선종 불교의 통합 운동은 고려 시대에 의천과 지눌에 의해 전개되었다.

25. 정답 ②

오답풀이 ② 광평성과 9관등제는 궁예의 후고구려와 관련된 사실이다.

26. 정답 ②

해설 ㄱ. 관산성 전투(554년) → ㄹ. 안시성 전투(645년) → ㄷ. 황산벌 전투(660년) → ㄴ. 매소성 전투(675년)

27. 정답 ③

해설 ㄴ. 양만춘은 안시성 싸움(645)에서 당 태종의 당군을 격퇴하였다. ㄷ. 연개소문은 당의 침략에 대비하여 부여성에서 비사성에 걸쳐 천리장성을 축조하였다.

오답풀이 ㄱ. 고구려가 요서 지방을 선제 공격한 것을 계기로 수 문제가 고구려를 침략하였다. ㄹ. 을지문덕은 수 양제의 침략 때 살수대첩(612)에서 격퇴하였다.

28. 정답 ①

해설 ① 발해는 문왕 때 일본에 보낸 국서에서 '고려', '고려국왕'이라고 표현하여 발해가 고구려를 계승한 국가임을 강조하였다.

오답풀이 ② 상경 용천부는 당의 장안성을 모방하여 만들었다. ③ 3성 6부제는 당의 제도를 수용하여 정비하였다. ④ 정효공주 무덤은 당의 영향을 받은 벽돌무덤이다.

2 고대의 사회

1 신분제 사회의 성립

(1) 사회 계층과 신분 제도

1) 신분 제도의 형성 : 정복과 복속에 의한 부족 통합 과정에서 지배층 사이의 위계 서열 형성 →
신분 제도로 발전

2) 연맹 왕국 단계의 신분 제도(부여 · 초기 고구려 · 삼한)

가 · 대가 (부족장)	• 호민을 통하여 읍락 지배, 관리와 군사력을 지니고 정치에 참여 • 중앙 집권 국가 시기에 귀족으로 편제	
평민층	호민	부유한 평민
	하호	농업에 종사하는 평민
노비	주인에게 예속되어 생활하는 천민층	

(2) 삼국 시대의 신분 제도

특징	• 지배층 위주의 엄격한 신분제 사회 : 지배층의 특권 유지 → 엄격한 율령 제정 • 친족 중심의 공동체 사회 : 개인의 신분은 개인의 능력보다 그가 속한 친족의 사회적 지위에 따라 결정
귀족	왕족, 부족장 세력으로 편성 → 정치 권력과 사회 · 경제적 특권 독점, 별도의 신분제 운영 (신라의 골품제도)
평민	• 대부분 농민으로서 신분적으로 자유민, 귀족에 비해 사회 · 정치적 제약을 많이 받음 • 조세 납부와 노동력 징발 대상
천민	• 노비와 집단 예속민으로 구성 • 노비 : 왕실 · 귀족 · 관청에 예속된 부자유민 → 전쟁 포로, 형벌 · 채무 노비

2 삼국 사회의 모습

(1) 고구려 사회 기풍

1) 지리적 특성 : 압록강 중류 산간 지역에 입지 → 농경에 불리 → 대외 정복 활동에 주력 → 씩씩한
사회 기풍 형성

2) 엄격한 형법 : 통치 질서와 사회 기강 유지 목적 → 반역 · 반란 · 전쟁 패배자는 사형, 절도자는
12배 배상(1책 12법)

3) 사회 계층

구 분		생활 모습	혼인 풍습
지배층	왕족 5부의 귀족	• 계루부 고씨 – 왕위 세습, 절노부 – 왕비 세습 • 지위 세습, 고위 관직 독점 → 국정 운영 참여 • 전쟁 시 전사 계층, 5부 출신의 족장 · 성주는 사병 소유 • 생활 모습 : 쌍영총 등 고분 벽화에서 신분의 귀천에 따라 인물의 크기를 차등 묘사	서옥제, 형사취수제
피지배층	평민	• 대부분 자영 농민 • 조세 부담, 병역 의무, 토목 공사에 동원 • 흉년 · 부채 시 → 노비로 몰락 → 농민 구제책으로 진대법 실시	자유로운 교제를 통해 결혼
	천민 · 노비	• 피정복민, 몰락 평민 • 타인의 소 · 말을 죽인자 → 노비, 채무자는 자식을 노비로 변상	

(2) 백제인의 생활상

1) 사회 기풍 : 중국 선진 문물 수용 → 세련된 모습, 상무적인 기풍 간직

2) 엄격한 형법 : 반역자 · 전쟁 패배자는 사형, 절도자는 귀양과 2배 보상, 뇌물 받은 관리는 3배 배상 및 종신 금고형

3) 지배층 : 왕족(부여씨), 8성 귀족 → 중국 고전과 역사서 탐독, 한문 및 관청 실무에 능숙, 투호 · 바둑 · 장기를 즐겼음

4) 피지배층 : 대부분 농민, 노비도 다수 존재

(3) 신라의 골품 제도와 화랑도

화백 회의	기원	신라 초기의 전통 계승한 귀족 합의제 기구 → 사로 6촌의 부족 회의인 남당(南堂) 제도에서 유래
	회의 장소	4영지 : 청송산, 오지산, 피전, 금강산
	조직	진골 귀족인 대등이 모여 회의, 의장은 상대등
	특징	국가 중대사와 국왕 폐위와 추대에 영향력 행사 → 만장일치 제도의 원칙 적용
	기능	각 집단의 부정 방지와 귀족 단결 강화, 왕권과 귀족 간의 갈등 조절
화랑도	기원	원시 사회의 청소년 집단에서 기원
	성립	진흥왕 때 국가적 조직체로 정비
	조직 체계	화랑(귀족)과 낭도(귀족 · 평민) → 계층 간의 갈등과 대립을 조절 · 완화
	기능	전통적 사회규범 전승, 협동 · 단결 정신 함양, 심신 연마 → 인재 양성의 교육적 기능, 군사적 기능
	근본 정신	• 원광의 세속 5계 → 화랑도의 마음가짐과 행동 규범 제시 • 세속5계 : 사군이충(事君以忠), 사친이효(事親以孝), 교우이신(交友以信) 임전무퇴(臨戰無退), 살생유택(殺生有擇)
	임신서기석	신라 화랑도에서 유교 경전을 학습하였음을 입증
	미륵신앙	화랑은 중생을 구제하기 위해 환생한 미륵불이라는 미륵신앙과 연결

골품 제도	성립		중앙 집권 국가로 발전하는 과정에서 왕권 강화와 통치 기반을 구축하기 위해 지방 족장 세력을 통합 편제한 폐쇄적 신분 제도
	내용	왕족	• 성골 : 부모 모두 왕족으로 왕이 될 자격이 있는 최고 신분 • 진골 : 부모 중 한쪽만 왕족인 경우 → 5관등 이상의 요직 독점, 정치와 군사권 장악
		6두품	• 대족장 출신으로 득난(得難)이라고도 불렸음 • 학문과 종교 분야에서 활동 : 원효, 최치원, 설총 등 • 도당 유학생의 주류 형성, 신라 말에는 반 신라적 경향 뚜렷
		4 · 5두품	소족장 출신에게 부여 → 지배층의 말단 형성
		1~3 두품	통일 이후 1~3 두품의 신분 구별이 희박해져 평민층으로 간주
	성격		• 개인의 신분과 친족의 등급 표시 → 개인의 사회 활동과 정치 활동의 범위를 엄격히 제한 • 일상 생활 규제의 기준 마련 : 가옥의 규모, 관리의 복색, 수레의 크기 등 제한 • 관등 조직은 골품 제도와 관련하여 편제 · 운영 → 골품에 따라 관등 승진의 상한 선 결정

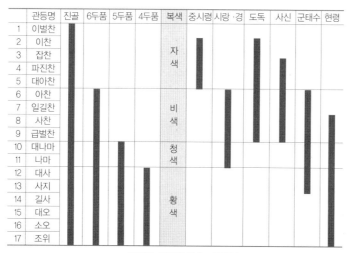

신라의 골품과 관등 · 관직표

❸ 남북국 시대의 사회

(1) 통일 후 신라 사회의 변화

1) 단일 민족 문화와 사회 형성 : 삼국의 혈연적 동질성과 문화적 공통성을 기반으로 형성

2) 신라의 민족 통합책 : 백제 · 고구려의 지배층에게 신라 관등 부여, 백제 · 고구려 유민을 9서당에 편입

3) 왕권의 전제화 : 국왕은 최고 군사령관의 역할 담당, 신문왕 때 진골 귀족 숙청, 갈문왕제 폐지

4) 진골 귀족 : 정치 · 사회적 비중 유지 → 중앙 장관직 독점, 합의를 통한 국가 중대사 결정

5) 6두품 세력의 부각

　① 특징 : 학문적 식견과 실무 능력을 바탕으로 국왕 보좌 → 정치적 진출 활발 → 집사부 시랑에 주로 등용

　② 한계 : 신분적 제약으로 중앙 관청의 고위직이나 지방 장관직 진출에 제한

6) 골품제의 변화 : 3두품 ～ 1두품의 구분 모호, 평민과 동등하게 간주

(2) 발해의 사회 구조

1) 지배층 : 고구려계 유민, 왕족 – 대씨, 귀족 – 고씨 → 주요 관직 독점, 노비와 예속민 거느림

2) 피지배층 : 대부분 말갈인 → 일부는 지배층으로 편입 또는 촌장으로서 국가 행정 보조

3) 이중적 사회 구조

　① 지배층 : 당의 제도와 문화 도입하여 지배 체제 정비, 당의 빈공과 응시

　② 하층 촌락민 : 고구려와 말갈 사회의 전통 유지

(3) 통일 신라인의 생활

1) 도시의 발달

　① 금성(경주) : 정치와 문화의 중심지, 대도시로 번성 → 바둑판 도시 구획, 궁궐 · 관청 · 사원, 귀족의 저택, 소비 도시

　② 5소경 : 백제, 고구려, 가야의 일부 지배층과 수도에서 이주한 귀족 거주 → 지방 문화의 중심지

2) 귀족의 생활

　① 금입택에 거주, 노비와 사병 보유, 주요 수입원 – 대토지 · 목장 수입 · 고리대업

　② 불교 적극 후원, 수입 사치품 선호(→ 신라인 본래의 소박함과 강인함 퇴색)

3) 평민의 생활 : 자신의 토지 경작, 가난한 농민은 귀족의 토지 경작, 귀족의 부채 노비로 전락

(4) 통일 신라 말의 사회 모순

1) 신라 말의 사회 상황

　① 귀족 사회의 모순 : 귀족들의 왕위 쟁탈전, 대토지 소유 확대 → 백성 생활 악화

　② 신흥 세력의 성장 : 지방 토착 세력과 사원 → 대토지 소유를 기반으로 성장

　③ 자영농 몰락 : 귀족의 농장 확대, 대토지 소유자의 세금 부담 기피 → 조세 부담 가중, 빈번한 자연 재해

2) 호족의 등장 : 지방 유력자들이 무장 조직 결성 → 이들을 아우른 큰 세력이 호족으로 성장

3) 정부의 대책 : 수리 시설 정비, 농민 구휼, 재해 지역의 조세 감면 실시 → 효과 미흡 → 농민 몰락

4) 농민 봉기
    ① **사회 모순 심화** : 진성여왕 이후 → 중앙 정부의 기강 문란, 국가재정 악화 → 강압적 조세 징수
    ② **전국적 농민 봉기** : 원종과 애노의 난 → 중앙 정부의 통제력 상실

확인 학습

정답: P. 94

1. 신라에서 씨족 사회의 전통을 계승한 2가지 제도는?

2. 신라 화랑도의 세속5계는?

3. 고구려 지배층의 혼인 풍습 2가지는?

4. 통일 신라 귀족의 사치 · 향락 생활을 입증해 주는 호화 주택과 별장은?

5. 신라 말에 일어난 대표적인 농민 봉기는?

6. 신라에서 학문과 종교 분야에서 주로 활동하였으며, 득난이라 불렸던 계층은?

7. 신라 화백회의의 회의 장소였던 4영지는?

8. 신라가 통일 이후 민족 융합을 목적으로 설치한 군대는?

9. 신라의 화랑들이 유교 경전을 학습하였음을 입증해 주는 유물은?

10. 신라의 화랑도를 기반으로 민족 고유의 정신으로 낭가 사상을 주장한 일제 시대 역사학자는?

기출 및 예상 문제

1. 신라의 골품 제도와 관련된 설명으로 옳지 <u>않은</u> 것은?

① 골품은 개인의 사회 활동과 정치 활동의 범위를 엄격히 제한하였다.

② 중앙 관부의 장관과 지방관은 진골과 6두품이 차지할 수 있었다.

③ 중앙 집권 국가로 발전하는 과정에서 형성되었다.

④ 3두품 이하는 통일 후에는 소멸되어 일반 평민으로 간주되었다.

2. 통일 이후 신라 6두품과 관련된 설명으로 옳지 <u>않은</u> 것은?

① 국왕의 정치적 조언자로 활동하여 전제 왕권을 뒷받침하였다.

② 학문과 종교 분야에서 두드러진 활동을 전개하였다.

③ 집사부 시랑에 등용되어 활발한 정치 활동을 전개하였다.

④ '화랑세기'를 저술한 김대문도 이 신분 출신이었다.

3. 고대의 사회 생활과 관련된 설명으로 내용으로 적절하지 <u>않은</u> 것은?

① 고구려에서는 몰락한 농민을 구제하기 위해 진대법을 실시하였다.

② 백제에서는 엄한 율령을 제정하여 반역자, 전쟁 패배자는 사형에 처하였다.

③ 신라의 골품 제도는 가옥, 복색, 수레까지 제한하였다.

④ 개인의 신분은 친족의 사회적 지위보다는 개인의 능력에 의해 결정되었다.

4. 다음의 글의 밑줄 친 부분에 대한 설명으로 옳지 <u>않은</u> 것은?

> 부여와 초기 고구려의 읍락에는 ㉠가, 대가로 불린 권력자들이 있었다. 이들은 ㉡호민을 통하여 읍락을 지배하였다. ㉢하호는 농업에 종사하였고 최하층에는 ㉣노비가 있었다.

① ㉠ - 관리와 군사력을 지니고 정치에 참여하였다.

② ㉡ - 경제적으로 부유한 평민을 가리킨다.

③ ㉢ - 농업에 종사하는 평민이 대부분이다.

④ ㉣ - 천민층으로 조세 납부의 의무가 있었다.

5. 다음 사회 제도 중 <u>다른</u> 나라에서 실시된 것은?

① 제가 회의   ② 화랑도

③ 서옥제   ④ 형사취수제

6. 밑줄 친 인물에 관한 설명으로 옳은 것은?

2017 기출

> _____ 가(이) 말하기를, "신라는 사람을 쓰는 데 신분을 따져서 그 족속이 아니면 뛰어난 재주와 큰 공이 있어도 한계를 넘지 못한다."라고 하고, 몰래 배를 타고 당나라로 갔다. ──『삼국사기』──

① 승려로서 당나라에서 선종을 공부하였다.
② 육두품 출신으로 골품제도에 대해 불만을 가졌다.
③ 왕자 출신으로 나중에 태봉을 세웠다.
④ 해도 출신으로 귀국 후 청해진을 설치하였다.

7. 고구려 사회와 관련된 설명으로 옳은 것을 모두 고른 것은?

> ㄱ. 지배층의 혼인 풍습으로 형사취수제와 서옥제가 있었다.
> ㄴ. 절도자는 훔친 물건의 12배를 배상하였다.
> ㄷ. 지배층은 왕족인 고씨, 부여씨와 8성 귀족으로 이루어졌다.
> ㄹ. 타인의 소와 말을 죽인 자는 노비로 삼았다.

① ㄱ, ㄴ, ㄷ   ② ㄴ, ㄷ, ㄹ
③ ㄱ, ㄴ, ㄹ   ④ ㄱ, ㄷ, ㄹ

8. 다음 중 통일 신라 사회 모습으로 옳지 <u>않은</u> 것은?

① 향, 부곡에 사는 사람들은 농민보다 더 많은 공물 부담을 져야 했다.
② 귀족들은 당과 아라비아에서 수입한 비단, 양탄자 등의 사치품을 사용하였다.
③ 토지를 상실한 농민은 남의 토지를 빌려 경작하거나, 유랑민 또는 도적이 되었다.
④ 신라 말에는 지배층의 착취에 저항하여 김사미·효심의 난 등의 농민 반란이 일어났다.

9. 다음 중 신라사회에서 원시 씨족 사회의 전통을 계승, 발전시킨 것으로 알맞게 짝지어진 것은?

> ㄱ. 화백회의   ㄴ. 골품제도
> ㄷ. 화랑도   ㄹ. 정사암 회의

① ㄱ, ㄴ   ② ㄱ, ㄷ
③ ㄴ, ㄹ   ④ ㄷ, ㄹ

10. 통일 직후 신라에 대한 설명이다. 잘못된 것은?

① 민족 통합과정에서 골품의 구분이 사실상 희미해졌다.
② 6두품 출신은 국왕을 보좌하면서 활발한 정치 진출을 꾀하였다.
③ 백제·고구려 유민을 9서당에 편성함으로써 민족 통합에 노력하였다.
④ 왕권이 강화되면서 안정된 사회가 유지되었다.

11. 고대의 신분 제도와 관련된 설명으로 옳지 <u>않은</u> 것은?

① 지배층만의 별도의 신분제가 운영되었다.

② 귀족, 평민, 천민으로 신분이 구성되었다.

③ 천민은 조세를 납부하고 노동력을 징발 당하였다.

④ 고려 시대에 비해 신분의 상승이 어려운 폐쇄적인 구조였다.

12. 다음 중에서 발해 사회의 모습을 바르게 설명한 것으로만 골라 묶은 것은?

> ㄱ. 발해의 주민 구성에서 다수를 차지한 것은 고구려인이었다.
> ㄴ. 발해의 지식인은 당에 유학하여 빈공과에 합격하기도 하였다.
> ㄷ. 지배층은 고구려계 사람들이었다.
> ㄹ. 발해의 상층 사회는 말갈족의 문화를 유지하고 있었지만 하층에서는 당의 문화를 받아들였다.

① ㄱ, ㄴ   ② ㄴ, ㄷ

③ ㄷ, ㄹ   ④ ㄱ, ㄹ

13. 신라의 화백 제도와 관련된 설명으로 옳지 <u>않은</u> 것은?

① 의장은 상대등으로 통일 직후에 강력한 권한을 가졌다.

② 만장일치제로 국가 중대사를 결정하였다.

③ 4영지에서 회의를 진행하였다.

④ 귀족과 왕권 사이의 권력 조절 기능을 담당하였다.

14. 신라 6두품에 대한 설명으로 옳지 <u>않은</u> 것은?

① 당의 빈공과에 다수 합격

② 종교와 학문 분야에서 주로 활동

③ 복색은 자색

④ 6관등인 아찬까지 진출 가능

정답 및 해설

1. 정답 ②

해설 ① 신라에서는 골품에 따라 개인의 사회 · 정치 활동의 범위가 엄격히 제한되었다. ③ 골품제도는 법흥왕 때 중앙 집권 국가로 성장하는 과정에서 부족장 세력을 편입하여 정비되었다. ④ 1~3두품은 통일 이후 평민층으로 간주되었다.

오답풀이 ② 골품제도에 따라 중앙 관부의 장관과 지방관은 주로 진골이 차지하였다.

2. 정답 ④

해설 ①②③ 6두품은 학문적 · 종교적 지식을 바탕으로 집사부의 시랑에 등용되어 국왕의 정치적 조언자 역할을 담당함으로써 왕권 강화에 기여하였다.

오답풀이 ④ 김대문은 진골 출신이었다.

3. 정답 ④

오답풀이 ④ 고대 사회는 친족 중심의 공동체 사회로서 개인의 신분은 개인의 능력보다는 개인이 속한 친족의 사회적 지위에 의해 결정되는 폐쇄적 신분제 사회였다.

4. 정답 ④

해설 ① 가 · 대가는 부여와 고구려의 부족장 세력을 가리킨다. ② 호민은 읍락에 거주하는 부유한 평민이다. ③ 하호는 농업에 종사하는 평민(농민)으로 국가에 조세, 역 등의 의무를 부담하였다.

오답풀이 ④ 노비는 천민층으로 지배층에 예속된 부자유 신분의 계층으로, 조세 납부의 의무가 없었다.

5. 정답 ②

해설 ①③④는 고구려에서 실시된 제도이다.

오답풀이 ② 신라에 해당한다.

6. 정답 ②

해설 ② 자료는 6두품 출신의 설계두가 골품제도(신분제도)로 인한 신라 사회의 문제점을 비판하고, 자신은 당으로 건너간 사실을 정리한 것이다.

오답풀이 ① 당에 유학하고 신라에 선종을 전래한 승려는 도의선사이다. ③ 궁예 ④ 장보고

7. 정답 ③

해설 ㄱ. 지배층의 혼인은 형사취수제와 서옥제가 실시되었으며, 평민층은 자유로운 교제를 하였다. ㄴ. 고구려는 절도자에게 훔친 물건의 12배를 배상하는 1책 12법을 실시하였다. ㄹ. 고구려에서는 타인의 소와 말을 죽이면 노비로 삼았다.

오답풀이 ㄷ. 고구려의 왕족은 고씨이며, 부여씨와 8성 귀족은 백제의 왕족과 귀족에 해당한다.

8. 정답 ④

오답풀이 ④ 신라 말 진성여왕 때 지배층의 착취에 저항하여 일어난 농민 반란은 원종과 애노의 난이었다. 김사미와 효심의 난은 고려 무신 정권 시대에 일어난 농민 반란이다.

9. 정답 ②

해설 ② ㄱ. 화백회의는 신라 초기 사로 6촌의 부족 회의였던 남당제도에서 유래된 귀족 회의 기구이다. ㄷ. 화랑도는 원시 사회의 청소년 집단을 토대로 진흥왕 때 조직되었다.

오답풀이 ㄴ. 골품제도는 법흥왕 때 중앙 집권 국가로 성장하는 과정에서 부족장 세력을 왕권에 복속시켜 정비한 신분제도이다. ㄹ. 정사암 회의는 백제의 귀족 회의 기구이다.

10. 정답 ①

오답풀이 ① 신라는 통일 이후에도 골품제도의 원칙이 유지되어 진골 귀족이 정치, 사회, 경제적 특권을 독점하였다.

11. 정답 ③

해설 ① 고대 사회에서는 골품제와 같은 지배층만의 신분제도가 별도로 운영되었다. ② 고대 사회는 귀족, 평민, 천민의 3신분제로 운영되었다. ④ 고대 사회는 신분 상승이 불가능한 폐쇄적 사회였으며, 고려 시대는 신분 상승이 가능한 개방적 사회였다.

오답풀이 ③ 천민은 조세, 노동력 동원의 의무가 존재하지 않았으며, 주로 평민이 담당하였다.

12. 정답 ②

해설 ② ㄴ. 발해의 지식인은 당에 유학하여 빈공과 과거 시험에 합격하기도 하였다. ㄷ. 발해는 고구려 출신 대조영이 건국하여 지배층이 고구려계가 대부분이었다.

오답풀이 ㄱ. 발해의 주민 구성에서는 말갈족이 대부분을 차지하였다. ㄷ. 발해의 상층 사회(지배층)는 당 문화의 영향을 많이 받았으며, 하층 사회에서는 전통 문화를 간직하였다.

13. 정답 ①

해설 ② 신라 화백회의는 귀족 회의 기구로서 만장일치제의 원칙이 적용되었다. ③ 화백회의는 4영지(청송산, 오지산, 피전, 금강산)에서 진행되었다. ④ 화백회의는 왕과 귀족 간의 권력 조절 기능의 역할을 하였다.

오답풀이 ① 화백회의의 의장인 상대등은 귀족 세력을 대표하였으며, 통일 이후에는 왕권 강화의 영향으로 국왕 직속 기구인 집사부의 시중의 권한이 강화되면서 상대등의 권한은 약화되었다.

14. 정답 ③

오답풀이 ③ 신라는 골품제도의 원칙에 의해 1~5관등은 자색의 관복을 입었다. 그러나 6두품은 6관등 아찬까지만 진출이 가능하였기 때문에 자색의 관복을 입을 수 없었다.

3 고대의 경제

1 삼국의 경제 생활

(1) 정복 지역에 대한 경제 정책

1) 고대 국가 성장기의 정복 활동과 경제 정책

① **공물 수취** : 정복 지역의 지배자가 징수

② **전쟁 포로** : 귀족이나 병사에게 노비로 지급

③ **식읍** : 군공을 세운 사람에게 일정 지역의 토지와 농민을 지급

2) 삼국 항쟁기의 피정복민에 대한 지배 정책 : 무리한 전쟁 동원과 가혹한 수취에 따른 도망 현상 방지
→ 피정복민에 대한 차별 완화

(2) 삼국의 경제 정책

토지 제도	• 왕토사상(王土思想) : 모든 국토는 왕의 토지이고, 모든 국민은 왕의 신하라는 전제적인 사상 • 자영 농민 : 개인 토지(민전) 소유 · 경작 • 귀족 : 녹읍 소유 → 토지와 노비의 사적 지배 강화
수취 체제의 정비	• 조세 : 재산 소유 정도를 기준 → 호를 구분하여 곡물과 포를 징수 • 공납 : 지역 특산물 징수 • 역 : 15세 이상의 남자를 동원 → 왕궁, 성, 저수지 등 축조
농민 안정책	• 농업 생산력 증대 : 철제 농기구 보급, 우경 장려, 황무지 개간 권장, 저수지 축조 • 농민 구휼 정책 : 고구려 고국천왕 때 진대법 실시
수공업	• 초기 : 노비를 이용하여 국가 수요의 무기, 장신구 생산 • 체제 정비 후 : 관청 수공업 → 수공업자 배정 → 무기, 비단 등 생산
상업	• 정부와 지배층의 필요, 농업 생산력의 미약 → 수도에만 시장 형성 • 신라 : 5세기 말에 경주에 시장 설치, 6세기 초 동시전 설치(→ 시장 감독)
대외 무역	• 공무역 중심 → 4세기 이후 크게 발달 • 고구려 : 중국 남북조 및 북방 유목 민족과 교역 • 백제 : 남중국 및 왜 • 신라 : 한강 유역 점령 이후 당항성을 통해 중국과 직접 교역 • 수출품 : 고구려 – 금 · 은 · 모피류, 백제 – 인삼 · 직물류, 신라 – 어아주 · 조하주 • 수입품 : 비단, 서적, 도자기, 약재, 장식품

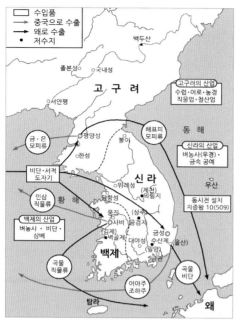

고구려 귀족 저택의 주방

삼국의 경제 활동

(3) 귀족과 농민의 경제 생활

귀족	• 경제 기반 : 본래 소유한 토지, 노비, 녹읍, 식읍
	• 경제 활동 : 노비와 농민을 이용하여 토지 경작, 고리대업 → 토지 수탈
	• 귀족의 생활상 : 기와집 · 창고 · 마구간 · 우물 · 주방 등 소유, 중국산 비단 옷과 보석 등으로 치장
농민	• 경제 기반 : 척박한 토지 소유, 부유층의 토지 경작, 휴경 실시, 철제 농기구 보급(6세기), 우경 확대
	• 농민의 부담 : 국가와 귀족의 과도한 수취와 노동력 징발, 군사로 동원, 전쟁 물자 조달 부담
	• 농민의 몰락 : 자연 재해, 고리대 → 노비 · 유랑민 · 도적으로 전락

2 남북국 시대의 경제적 변화

(1) 통일 신라의 경제 정책

수취 체제		• 조세 : 생산량의 1/10 징수
		• 공물 : 촌락 단위로 특산물 부과
		• 역 : 16세~60세 남자 대상 → 군역, 요역 동원
촌락 지배		촌주를 통해 백성을 간접적 지배 → 민정문서 작성
민정 문서 (정창원 문서)	발견	1933년 일본 도다이사(東大寺) 정창원에서 발견
	시기	경덕왕 때(8세기), 서원경(청주) 지방의 4개 촌락을 조사
	작성자	촌주가 3년마다 작성
	기록 내용	• 호의 구분 : 인정(人丁)의 다과 → 9등급으로 구분
		• 인구 조사 : 남녀, 연령별 기준 → 6등급으로 구분
		• 토지 면적 : 촌주위답, 연수유답(농민 소유의 정전), 내시령답, 관모답
		• 생산 자원 : 소, 말, 뽕나무, 잣나무 등
	목적	노동력과 생산 자원의 철저한 편제 및 관리 → 조세 징수와 부역 동원의 기준 파악

※ 통일신라 토지제도의 개편

목적	귀족에 대한 국왕의 권한 강화, 농민 경제 안정
신문왕(689)	식읍 제한, 녹읍 폐지 → 관료전 지급
성덕왕(722)	• 왕토 사상에 의거하여 백성에게 정전(丁田) 지급 → 조세 징수 • 영향 : 국가의 농민 지배력 강화
경덕왕(757)	녹읍 부활, 사원 면세지 증가 → 국가 재정 파탄

※ 토지의 종류

구분	내용	특징
녹읍	관료 귀족에게 지급한 토지	조세 · 공물 징수와 노동력 징발 가능 → 귀족의 경제적 · 군사적 기반
식읍	왕족과 공신에게 지급한 토지	
관료전	국가와 국왕에 대한 충성의 대가로 관리들에게 봉급 대신에 지급한 토지	조세 징수(○), 노동력 징발(×) → 귀족의 농민에 대한 지배력 제한

민정 문서

사해점촌(沙害漸村)은 11호인데, 중하(中下) 4호, 하상(下上) 2호, 하하(下下) 5호이다. 인구는 147명인데, 남자는 정(丁)이 29명(노비 1명 포함), 조자 7명(노비 1명 포함), 추자 12명, 소자 10명, 3년간 태어난 소자가 5명, 제공 1명이다. 여자는 정녀 42명(노비 5명 포함), 조여자 11명, 추여자 9명, 소여자 8명, 3년간 태어난 소여자 8명(노비 1명 포함), 제모 2명, 노모 1명, 다른 마을에서 이사 온 추자 1명, 소자 1명 등이다. 논은 102결 정도인데, 관모답 4결, 내시령답 4결, 촌민이 받은 것은 94결이며, 그 가운데 19결은 촌주가 받았다. 밭은 62결, 마전(麻田)은 1결 정도이다. 뽕나무는 914그루가 있었고, 3년간 90그루를 새로 심었다. 잣나무는 86그루가 있었고, 3년간 34그루를 새로 심었다.

(2) 통일 신라의 경제 활동

상업	농업 생산력 성장 → 인구 증가, 상품 수요 증가 → 경주에 동시 외에 추가로 서시 · 남시 설치
관청 수공업	왕실과 귀족 수요의 물품 공급 목적 → 관청 소속 장인과 노비에게 물품 제작 · 공급 (금 · 은 세공품, 비단 등)
무역	• 대당 무역 : 공무역 · 사무역 발달 → 양쯔강 하류와 산둥 반도에 신라방(신라인 거주지), 신라소(자치 행정 기관), 신라관(여관), 신라원(절) 설치 ※ 법화원 : 장보고가 산둥 반도 덩저우에 세운 사원 • 대당 무역품 : 수출품 – 마직물 · 금 · 은 세공품 · 해표피 · 인삼, 수입품 – 비단 · 서적 · 약재 · 서역 상품 • 대일 무역 : 8세기 이후 활발 • 무역항 : 당항성(당과 무역), **울산항**(국제 무역항 → 이슬람 상인 왕래) • 장보고의 활약 : 청해진 설치 → 남해 · 황해의 해상 무역권 장악

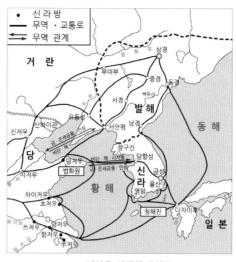

남북국 시대의 무역로

(3) 귀족과 농민의 경제 생활

귀족	• 통일 이전 : 식읍과 녹읍을 통해 농민에게 조세와 공물 징수, 노동력 동원, 세습 토지, 노비, 목장 등 소유, 고리대업 • 통일 이후 : 식읍 제한, 녹읍 폐지 → 녹봉과 관료전 지급 • 생활상 : 당과 아라비아의 수입 사치품 사용, 경주 근처에 호화 별장 소유 • 귀족의 사치 생활 : 금입택(金入宅), 사절유택(四節遊宅), 안압지, 포석정
농민	• 경작 조건 : 시비법 미발달, 토지 척박 → 휴경 후 경작 • 남의 토지를 빌려 경작 → 생산량의 1/2을 지주에게 납부 • 수취의 부담 : 전세 – 생산량의 1/10 납부, 공물 – 삼베 · 명주실 · 삼베실 등 납부, 역 – 부역 · 군역(→ 농사에 지장 초래) • 8세기 후반 이후 : 귀족과 호족의 농장 확대, 고리대의 성행 → 노비, 유랑민, 도적으로 전락
향 · 부곡민	농민보다 과중한 공물 부담 → 일반 농민보다 경제적으로 곤란
노비	왕실 · 관청 · 귀족 · 절 등에 소속 → 필수품 제작, 일용 잡무 담당, 농장 관리 및 경작

(4) 발해의 경제 발달

수취 제도	조세 – 조 · 보리 · 콩, 공물 – 베 · 명주 · 가죽, 부역 – 궁궐 · 관청 건축에 동원
귀족의 생활	대토지 소유, 당의 비단 · 서적 등 수입 → 화려한 생활
농업	• 기후 조건의 한계 → 밭농사 중심(콩, 조, 보리 등) • 철제 농기구 확산, 수리 시설의 확충 → 일부 지방 벼농사 실시
목축업 · 수렵	돼지 · 말(솔빈부) · 소 · 등 사육, 모피 · 녹용 · 사향 등 생산
상업	상경 용천부 등 도시와 교통 요충지에서 상업 발달, 현물 화폐와 외국 화폐 사용
수공업	금속 가공업, 제철 및 제련업, 직물업, 도자기업 등 발달
무역	• 대당 무역 : 당이 산동 반도의 덩저우에 발해관 설치 → 귀족 수요품 수입 • 대일 무역 : 일본과의 외교 관계 중시 → 무역 활발

확인 학습

정답: P. 94

1. 신라 민정 문서가 기록된 조사 대상 지역과 작성 목적은?

2. 신라가 한강 점령 이후 중국과의 무역을 위해 설치한 국제 무역항은?

3. 통일 신라 성덕왕 때 백성에게 지급하였던 토지는?

4. 통일 신라 신문왕 때 녹읍을 폐지하고 관료전을 지급한 목적은?

5. 신라 6세기 초에 경주의 시장을 감독하기 위해 설치한 관청은?

6. 장보고가 중국 산둥반도의 덩저우에 설립한 신라원은?

7. 통일 신라 시대에 이슬람 상인이 왕래하던 국제 무역항은?

8. 삼국 시대와 통일 신라 시대에 중국을 통해 수입한 상품은?

9. 장보고가 황해안과 남해안의 해상권을 장악하기 위해 청해진을 설치한 지역은?

1. 삼국 시대의 경제 정책에 대한 설명으로 옳지 <u>않은</u> 것은?

　① 군공을 세운 자에게는 식읍을 지급하였다.
　② 피정복 지역의 백성들에 대해서 일체의 차별을 금지하였다.
　③ 재산 소유 정도를 기준으로 호를 나누어 조세를 부과하였다.
　④ 흉년이 들면 백성들에게 곡식을 나누어 주거나 빌려주기도 하였다.

2. 삼국 시대 농민의 경제 생활과 관련된 설명으로 옳지 <u>않은</u> 것은?

　① 자기 소유의 토지를 경작하거나 지주의 토지를 빌려 경작하였다.
　② 녹읍의 확대로 농민은 국가뿐만 아니라 귀족의 수취 대상이 되기도 하였다.
　③ 15세 이상의 남자는 노동력 징발의 대상이 되었다.
　④ 퇴비를 만드는 기술이 발달하여 휴경지가 줄어들었다.

3. 삼국의 대외 무역에 대한 설명으로 옳지 <u>않은</u> 것은?

　① 고구려는 남북조 및 북방 유목 민족과 교역을 하였다.
　② 백제는 남중국 및 왜와 무역을 활발하게 전개하였다.
　③ 신라는 한강 유역 점령 후 당항성을 통하여 중국과 교역하였다.
　④ 삼국은 대개 왕실과 귀족의 필요에 의하여 사무역을 하였다.

4. 다음 밑줄 친 ㉠~㉣에 대한 설명으로 옳지 <u>않은</u> 것은?

> 신라는 삼국을 통일하기 전부터 귀족들에게 ㉠식읍과 녹읍 등을 지급하여 경제적 기반으로 삼게 하였다.
> 통일 후에는 귀족의 반발을 누르면서 종래 귀족들이 세습하였던 ㉡녹읍을 폐지하는 한편, ㉢관료전을 지급하
> 였다. 한편 8세기 전반 성덕왕 때에는 백성들에게 ㉣정전을 지급하여 농민 경제를 안정시키려 하였다.

　① ㉠ – 둘 다 조세 수취뿐만 아니라 노동력 징발도 가능하였다.
　② ㉡ – 폐지된 녹읍은 진골 귀족의 반발로 인해 8세기에 부활하였다.
　③ ㉢ – 귀족에게 토지에 대한 소유권을 지급하였다.
　④ ㉣ – 국가의 모든 토지는 왕의 소유라는 왕토 사상이 바탕에 깔려 있다.

5. 통일신라의 경제제도에 관한 설명으로 옳은 것은?　　　　　　　2017 기출

　① 금성(경주)에 동시, 서시, 남시의 시장이 있었다.
　② 신문왕 때 실시된 녹읍 제도는 멸망할 때까지 지속되었다.
　③ 성덕왕 때 관료전 제도를 폐지하고 정전 제도를 실시하였다.
　④ 주전관을 두고 해동통보, 동국통보를 발행하였다.

6. 다음은 통일 신라 시대 민정문서의 내용이다. 다음의 내용을 통해 파악한 사실로 옳은 것은? 2003 기출

> 토지는 논·밭·촌주위답·내시령답 등 토지의 종류와 면적을 기록하고, 사람들은 인구·가호·노비의 수와 3년 동안의 사망·이동 등 변동내용을 기록하였다. 특히 사람은 남녀별로 구분하고, 연령을 기준으로 6등급으로 구분하여 기록하였다. 호는 사람의 많고 적음에 따라 상상호에서 하하호까지 9등급으로 나누어 파악하였다. 기록된 4개 촌은 호구 43개에 총인구 노비 25명을 포함하여 442명이며, 소 53마리, 말 63마리, 뽕나무 4,249그루 등의 재산을 소유하고 있었다.

① 호는 토지 결수에 따라 등급을 나누었다.
② 변동 사항을 조사하여 3년마다 다시 작성하였다.
③ 인구 파악은 16세에서 60세의 남자만 하였다.
④ 고구려의 진대법과 동일한 춘대 추납제이다.

7. 삼국 시대에 중국과의 무역에서 공통적으로 수입하였던 품목은?
① 자기, 모피, 서적　　　　② 비단, 서적, 약재
③ 금·은 세공품　　　　　　④ 나전칠기, 견직물, 인삼

8. 통일 신라 시대의 국제 무역항은?
① 울산항　　　　　　　　　② 당항성
③ 벽란도　　　　　　　　　④ 청해진

9. 고대의 경제 생활에 관한 설명으로 잘못된 것은?
① 6세기 이후 철제 농기구와 우경이 보급되어 생산력이 증대되었다.
② 귀족은 고리대를 이용하여 농민의 토지를 빼앗거나 노비로 만들었다.
③ 신라는 6세기 초에 시장의 상업 활동을 감독하기 위해 동시전을 설치하였다.
④ 군공을 세운 사람에게 일정 지역의 토지와 농민을 지급하는 녹읍을 지급하였다.

10. 통일 신라 성덕왕 때 농민에 대한 지배력 강화 목적에서 지급한 토지는?
① 녹읍　　　　　　　　　　② 과전
③ 식읍　　　　　　　　　　④ 정전

11. 남북국 시대의 무역 활동에 대한 설명으로 옳지 않은 것은?
① 통일 후 신라는 공무역 중심의 무역 활동이 전개되었다.
② 당과의 무역이 활발해지면서 산동반도에는 신라방이라는 집단 거주지가 형성되었다.
③ 장보고는 청해진을 설치하고 남해와 황해의 해상 무역권을 장악하였다.
④ 발해는 신라를 견제하기 위해 일본과 활발한 무역 활동을 전개하였다.

정답 및 해설

1. 정답 ②

해설 ① 삼국 시대에는 전쟁에서 공을 세운 사람에게는 식읍이라는 토지를 지급하였다. ③ 삼국 시대는 재산의 많고 적음을 기준으로 상·중·하로 호를 구분하여 조세를 차등 징수하였다. ④ 고구려에서는 진대법을 실시하여 흉년이 들면 백성들에게 곡식을 빌려주었다.

오답풀이 ② 삼국 시대는 삼국 항쟁기에 전쟁 동원과 가혹한 수취에 따른 도망을 방지하기 위하여 정복 지역의 피정복민에 대한 차별을 완화하는 정책을 실시하였다.

2. 정답 ④

오답풀이 ④ 삼국 시대는 퇴비(비료)를 만드는 기술이 보급되지 않아 일정 기간 동안 농사를 쉬는 휴경 농법이 일반화되었다.

3. 정답 ③·

오답풀이 ④ 삼국 시대는 국가 중심의 공무역만 허용되었으며, 사무역은 금지되었다.

4. 정답 ③

해설 ① 식읍과 녹읍은 조세·공물 징수와 노동력 징발이 가능하였다. ② 녹읍은 신문왕 때 폐지되었으나, 왕권이 약화되면서 8세기 중엽 경덕왕 때 부활되었다. ④ 정전은 왕토 사상을 바탕으로 국가에서 농민에게 지급한 토지였다.

오답풀이 ③ 관료전은 토지에 대한 조세를 징수할 수 있는 권한을 지급하였다.

5. 정답 ①

해설 ① 신라는 통일 이후 금성(경주)에 기존의 동시 외에 추가로 서시와 남시의 시장을 개설하여 운영하였다.

오답풀이 ② 신문왕 때 녹읍을 폐지하고 관료전을 지급하였다. ③ 성덕왕 때는 농민에게 정전을 지급하고 조세를 징수하였다. 관료전은 신문왕 때 관료에게 지급한 토지이다. ④ 고려에서는 주전관을 설치하고 해동통보, 동국통보 등의 화폐를 발행하였다.

6. 정답 ②

해설 ② 민정 문서는 촌주가 매년 변동 사항을 조사하여 3년마다 작성하였다.

오답풀이 ① 호는 인정의 다과(노동력)를 기준으로 9등급으로 구분하였다. ③ 민정문서에서는 인구수를 남자뿐만 아니라 여자도 연령별로 6등급으로 구분하여 기록하였다. ④ 민정문서는 국가에서 조세 징수와 부역 동원을 목적으로 작성하였으며, 빈민 구제와는 관련이 없다.

7. 정답 ②

해설 ② 삼국 시대에는 중국과의 무역을 통해 비단, 서적, 약재 등 귀족의 수요품이 수입되었다.

8. 정답 ①

해설 ① 통일 신라의 국제 무역항은 울산항이다.

오답풀이 ② 당항성은 중국과의 교역이 주로 이루어졌다. ③ 벽란도는 고려 시대의 국제 무역항이다. ④ 청해진은 신라 말에 장복과 완도에 설치한 해상 무역 기지이다.

9. 정답 ④

오답풀이 ④ 군공을 세운 사람에게 일정 지역의 토지와 농민을 지급하는 것은 식읍이다.

10. 정답 ④

해설 ④ 통일 신라 성덕왕 때 왕토 사상을 배경으로 농민에게 정전을 지급하고 국가에서 조세를 징수하였으며, 그 결과 국가의 농민에 대한 지배력이 강화되었다.

오답풀이 ①③은 4번 문제 해설 참조. ② 과전은 고려 전시과와 조선 과전법에서 국가가 관리에게 수조권을 지급한 토지이다.

11. 정답 ①

오답풀이 ① 통일 신라 시대에는 공무역뿐만 아니라 사무역도 실시되었다.

4 고대의 문화

◼1 고대 문화의 성격

(1) 삼국 시대

삼국 문화의 성격	서민 문화	삼국 초기에는 설화, 노래, 음악 등 소박한 전통 문화 잔존
	귀족 문화	중국 남북조 문화의 영향을 받아 세련되고 다채로운 귀족 문화 발달
	불교 문화	사원 건축, 불상 조각 등 불교 예술 발달
삼국 문화의 특징	고구려	중국 문화에 대한 비판적 수용, 북조의 영향 → 패기, 정열
	백제	• 남조의 영향 → 우아 · 세련된 귀족 문화 • 중국 문화 수입과 전달에 큰 역할, 지방 토착 문화 육성과 발전 외면
	신라	• 초기 : 소박한 전통 간직 → 신라 토기, 토우 • 후기 : 고구려와 백제의 영향 → 조화미, 패기

(2) 남북국 시대

통일 신라 문화의 특징	• 고구려 · 백제 문화와 융합하여 민족 문화의 토대 확립 → 조화미, 정제미, 귀족적 • 당 문화 중심의 국제 문화 조류에 참여 → 세련된 문화 발전 • 종교적 열정을 바탕으로 조형 미술, 특히 불교 미술 중심으로 발달 • 이상과 현실의 조화, 통일과 균형의 미를 통해 불국토의 이상 실현 → 불국사, 석굴암 • 아미타 신앙의 보급에 따른 불교의 대중화의 영향, 5소경의 설치 → 민간 문화 수준 향상
발해 문화의 특징	• 고구려 문화를 토대로 당 문화 수용 → 웅장, 건실 • 고구려 문화 계승 : 온돌 장치, 굴식 돌방 무덤(모줄임 천장), 불상, 석등, 기와 등 • 귀족 문화 발달 : 당 문화 수용(상경의 주작대로), 상경은 만주 지역 문화의 중심지 • 말갈 문화 공존 : 문화 저변에 말갈 문화가 광범위하게 공존 → 문화 수준 향상에 한계

◼2 사상의 발달

(1) 원시 종교

1) 민간 신앙 : 천신 · 일월신 · 산신 등을 숭배하는 샤머니즘과 점술 유행

2) 시조신 숭배 : 왕실과 귀족은 시조신 제사 직접 담당 → 후계자의 지위 확보

3) 원시 종교의 한계 : 삼국 사회가 초부족적 사회로 발전하면서 원시 종교는 당시 사회를 이끌어갈 능력 부족 → 새로운 고등 종교의 필요성 대두

(2) 불교의 수용

1) 전래 시기 : 삼국의 중앙 집권 국가 체제 정비기

2) 수용 주체 : 왕실이 선도적 역할 → 귀족과 타협 과정을 거쳐 왕실 · 귀족 중심으로 발달

3) 삼국 불교의 수용과 발전

나라	전래 시기		전래자	내용
고구려	소수림왕 (372)		전진의 순도	• 삼론종 발달 : 공(空) 사상 이해 • 보덕(열반종 창시), 혜자(쇼토쿠 태자의 스승) • 혜관 : 일본에 삼론종 전파 • 담징 : 일본에 유교, 불경, 종이, 먹 제조법 전파
백제	침류왕 (384)		동진의 마라난타	• 율종 발달 : 계율 중시 • 겸익 : 인도에 유학하여 율종 확립 • 노리사치계 : 성왕 때 일본에 불상, 불경 전파 • 관륵 : 일본에 천문, 역법 등 전파 • 혜총 : 일본에 율종 전파
신라	전래	눌지왕 (457)	고구려의 묵호자	• 왕권과 밀착되어 성행 → 불교식 왕명 사용 • 업설에 바탕을 둔 왕즉불 사상 → 왕권 정당화, 귀족의 특권 인정 • 미륵불 신앙 : 미륵불이 나타나 이상적인 불국토 건설 → 화랑도의 신앙적 기반
	공인	법흥왕 (535)	이차돈의 순교	• 자장 : 계율종 창시 • 혜량 : 고구려에서 망명 → 신라의 불교 교단 조직, 최초의 국통이 됨 • 원광 : 진평왕 때 세속 5계, 걸사표 지음

※ **업설** : 사람의 행위에 따라 업보를 받는다는 이론으로서, 왕은 선한 공덕을 많이 쌓아 현재의 높은 지위에 오르게 되었다는 해석을 가능하게 하였다.

※ **미륵불 신앙과 관련된 역사적 사실** : 화랑도, 향도, 익산 미륵사지 석탑, 금동미륵보살반가상, 관촉사 석조 미륵보살 입상, 조선 후기 민간 신앙으로 유행

4) 삼국 시대 불교의 성격

　① 대승 불교 주류, 왕실 · 귀족 중심의 불교 발달

　② 호국 · 현세 구복적 불교, 샤머니즘적 성격(토착 신앙과 결합)

5) 불교의 영향

　① 서역 및 중국 문화의 전달 → 고대 문화 발달에 공헌

　② 철학적 인식의 토대 마련 → 인간 사회의 갈등과 모순 해소

　③ 왕권 강화의 이념적 기반 → 왕즉불 사상, 신라의 불교식 왕명, 원광의 세속5계

　④ 새로운 국가 정신 확립에 기여

(3) 불교 사상의 발달

1) 통일 신라의 불교

　① 삼국 불교의 유산 토대, 중국과의 활발한 교류 → 7세기 중반에 불교 사상 전반에 대한 종합적 이해 체계 수립

② 불교의 대중화로 종교 기반 확대

③ 교종 5교와 선종 9산의 성립 → 교종과 선종의 대립

2) 교종 5교(5敎)의 성립

성격	종파	창시자	중심 사찰
• 불경과 의식 중시 • 왕실·귀족 사회 중심으로 발달(세속적)	열반종	보덕	경복사(전주)
	계율종	자장	통도사(양산)
	법성종	원효	분황사(경주)
	화엄종	의상	부석사(영주)
	법상종	진표	금산사(김제)

3) 불교의 발전

원효	• 「금강 삼매경론」, 「대승 기신론소」 저술 → 불교의 사상적 이해 기준 마련
	• 일심(一心) 사상 : 종파간의 사상적 대립을 조화. 분파 의식 극복 → 「십문화쟁론」 저술
	• 아미타 신앙(정토종) : 불경의 교리를 이해하지 못하더라도 '나무아미타불'을 암송하는 염불만으로도
	  아미타불이 산다는 서방 정토. 즉 극락으로 왕생할 수 있다는 신앙 → 불교의
	  대중화에 공헌
	• 무애(無碍) 사상 : '아무것에도 구애됨이 없는 사람은 단번에 생사(生死)에서 벗어난다.'라고 하여
	  무애의 자유 정신을 강조
	• 법성종 창시 : 교종 5교의 하나로 원효가 독자적으로 경전 해석

의상	• 화엄사상 : 「화엄일승법계도」 저술 → "모든 존재는 상호 의존적인 관계에 있으면서 서로 조화를
	  이루고 있다."(一卽多 多卽一)고 주장 → 전제 왕권 강화에 공헌
	• 교단 형성 → 다수의 제자 양성. 부석사를 비롯한 여러 사원 건립 → 불교 문화의 폭 확대
	• 아미타 신앙과 관음 신앙 전도에 주력
	• 관음 신앙 : 관음보살(관세음보살)을 신봉하는 불교의 신앙 형태로 관음보살은 현세에서 자비로
	  중생의 괴로움을 구제한다는 보살이다.

혜초	「왕오천축국전」 저술 → 인도와 중앙 아시아 풍물 소개
원측	유식(唯識) 불교 통달. 당의 서명사에서 강의. 규기와 사상 논쟁

4) 선종

전래	통일 전후 전래 → 신라 말기에 교종의 권위에 대항하여 크게 유행
성격	• 구체적인 실천 수행(사색·참선)을 통하여 각자의 마음속에 내재된 깨달음을 얻는 것 중시 → 실천적 경향 뚜렷 • 불립문자(不立文字), 견성오도(見性悟道) : 인간의 본성이 곧 부처의 본성임을 깨달음 • 선종은 기존의 교종 중심 체제를 뒤엎는 혁신적인 성향 뚜렷 → 당시 불교계의 개혁 요구 반영
9산 선문	호족과 결합하여 각 지방에 근거지를 둠 → 선종 개조자는 호족과 6두품 출신 대부분
영향	• 개혁적 성향 뚜렷 → 호족의 이념적 지주로 작용 • 호족과 연결 → 지방을 근거지로 성장하여 지방 문화 역량의 증대 • 6두품 지식인과 연결 → 고려 사회 건설의 사상적 바탕 마련 • 선종은 중국에서 문화 운동의 형태로 성립 → 중국 문화 이해의 폭 확대 • 조형 미술의 쇠퇴 초래 → 승탑(부도) 유행

9산	개조자	중심 사찰
가지산문	도의	보림사(장흥)
실상산문	홍척	실상사(남원)
동리산문	혜철	태안사(곡성)
사굴산문	범일	굴산사(강릉)
봉림산문	현욱	봉림사(창원)
사자산문	도윤	흥녕사(영월)
희양산문	도헌	봉암사(문경)
성주산문	무염	성주사(보령)
수미산문	이엄	광조사(해주)

9산 선문

※ 교종과 선종

	종파	특징	시기	지지 세력	영향
교종	5교	• 불경과 불교 의식 중시 • 교단 조직 중시	신라 중대	왕실, 귀족	• 전제 왕권 강화 • 조형 미술 발달
선종	9산선문	• 사색 · 참선 중시 → 　개인주의적 • 개혁적 · 실천적 • 형식과 권위 부정	신라 하대	호족, 6두품	• 지방 문화 역량 증대 • 조형미술 쇠퇴 → 승탑 유행 • 고려 건국의 사상적 배경

5) 발해의 불교

① **성격** : 고구려 불교 계승, 왕실 · 귀족 중심으로 유행

② **문왕** : 불교적 성왕(전륜성왕)임을 자칭

③ **불교 유적** : 상경의 절터, 불상, 석등, 연화무늬 기와, 와당 등 출토 → 불교 융성

④ **정소** : 불교 전도에 노력, 당과 일본 왕래

(4) 도교

특징	노장 사상 + 산천 숭배 + 음양오행 + 신선 사상 결합 → 불로장생과 현세 이익 추구
삼국 시대	• 고구려 · 백제 귀족 사회를 중심으로 전래 • 고구려 : 연개소문 장려 → 불교와 결탁한 귀족 세력 억압 목적 → 보덕은 도교에 대항하여 　열반종개창 • 백제 : 백제 금동 대향로, 산수 무늬 벽돌, 무령왕릉 지석, 사택지적 비문 • 신라 : 화랑도의 명칭 → 국선도, 풍류도 • 기타 관련 유물 : 고구려의 강서 대묘 사신도, 발해 정효 공주 묘지 　　　　　　통일 신라 - 12지신상, 최치원의 4산비명
신라 말	귀족의 퇴폐 풍조에 반발하여 은둔 사상 대두 → 도교 · 노장 사상 유행(→ 반 신라적 경향)
고려	• 국가의 안녕과 왕실 번영 기원 → 초제(제천행사) 성행, 도교 사원 건립 • 교단 조직 미흡, 불교적 요소와 도참 사상 수용 → 일관성 결여 • 팔관회 : 도교와 민간 신앙, 불교 융합 → 명산대천에서 제사
조선	• 소격서 설치, 마니산 초제(참성단) → 민족 의식 고취 • 사대부 사회에 은둔과 신선 사상 전파

★ 도교 관련 유물

강서대묘 현무도

백제금동대향로

산수무늬 벽돌

사택지적비문

(5) 풍수 지리설 : 신라 말에 도선 전래

성격	산세와 수세를 살펴 도읍 · 주택 · 묘지 선정 등에 이용 → 국토의 효율적 이용과 관련
신라 말	도참신앙과 결합 → 지방 중심의 국토 재편성 주장 → 지방의 중요성 자각 계기, 신라 정부의 권위 약화
고려	개경 도읍, 훈요 10조, 3경제, 묘청의 서경 천도 운동
조선	한양 도읍, 양반 사대부의 묘지 선정에 이용 → 산송(山訟) 문제

③ 학문의 발달

(1) 한자의 보급과 교육

1) 한자의 사용 : 철기 시대부터 사용, 삼국 시대의 지배층은 한자를 통해 유교 · 불교 · 도교 서적을 이해

2) 이두와 향찰의 사용 : 한문의 토착화 → 한문학 발달

3) 삼국 시대의 유학 : 충, 효, 신 등의 도덕 규범 장려

4) 교육 기관의 설립과 학문의 발달

고구려	• 태학(소수림왕) : 수도에 건립, 유교 경전과 역사서 교육 • 경당(장수왕) : 평양 천도 이후 지방에 건립한 사립 교육 기관 → 한학과 무술 교육		
백제	• 5경 박사, 의박사, 역박사 → 유교 경전과 기술학 교육 • 사택지적비문 : 노장 사상의 흔적 • 북위에 보낸 개로왕의 국서 : 세련된 한문 문장으로 기록		
신라	임신서기석 : 청소년들의 유교 경전 학습 내용 기록		
통일 신라	국학 (신문왕, 682)	• 목적 : **유교 이념 보급을 통한 왕권 강화** • 과목 : 논어, 효경 등 유교 경전 교육 → 충효 일치의 윤리 강조 • 입학 자격 : 15~30세의 귀족 자제 • 경덕왕 때 '태학'으로 명칭 변경	
	독서삼품과 (원성왕, 788)	• 목적 : 유교 경전의 이해 수준에 따라 관리 채용 → **왕권 강화** • 결과 : 진골 귀족의 반발로 실패 → 학문과 유학 보급에 기여	
발해	주자감 : 귀족 자제를 대상으로 유교 경전 교육		

(2) 역사 편찬과 유학의 보급

1) 역사서의 편찬

① **배경** : 학문의 발달과 중앙 집권적 체제 정비

② **목적** : 국가와 왕실의 권위 고양, 백성의 충성심 고취

③ **고구려** : 「유기」 100권 → 이문진 「신집」 5권 편찬(영양왕)

④ **백제** : 고흥의 「서기」 (근초고왕)

⑤ **신라** : 거칠부의 「국사」 (진흥왕)

2) 통일 신라의 학문 발달

강수(6두품)	문장가, 외교 문서 작성 능통, '답설인귀서'
설총(6두품)	경서에 조예, 이두 정리, '화왕계'(花王戒) 저술 → 국왕의 도덕성 강조
김대문(진골)	• 신라 문화의 주체적 인식 → 「화랑세기」, 「한산기」, 「고승전」, 「계림잡전」 • 민족 문화의 주체성을 강조한 학자 : 김대문(통일신라), 최승로(고려 초), 이규보(고려 후기), 서거정(조선 초)
최치원(6두품)	• 도당 유학생 : '토황소격문' 작성 • 진성여왕 때 개혁안 시무 10여 조 건의 → 귀족의 반대로 실패 → 반 신라적 경향 • 「계원필경」, 「사산비문」 저술(불교와 도교에 조예) • 사산비문 : 4 · 6 변려체 문장으로 기록 → 유교, 불교, 노장사상, 풍수도참 사상 반영 (쌍계사 진감 선사비, 성주사 낭혜 화상비, 봉암사 지증 대사비, 숭복사비)

3) 발해 : 당에 유학생 파견 → 빈공과 급제자 다수 배출

4 과학 기술의 발달

(1) 천문학과 수학

천문학	• 발달 배경 : 농경과 밀접한 관련, 왕의 권위를 하늘과 연결 • 고구려 : 천문도 작성, 고분 벽화에 별자리 그림 흔적 • 신라 : 첨성대(7C 선덕여왕) → 세계 최고(最古)의 천문대
수학	• 조형물 제작에 필요한 수학이 높은 수준으로 발달 → 건축물 축조에 이용 • 고구려 고분의 석실 및 천장 구조, 백제의 정림사지 5층 석탑, 신라의 황룡사 9층 목탑 등에 활용 • 통일 신라의 석굴암 석굴 구조, 불국사 3층 석탑과 다보탑에 수학적 지식 이용
목판 인쇄술	• **무구정광대다라니경** : 현존 세계 최고(最古)의 목판인쇄물(불국사 3층 석탑에서 발견) • 제지술 발달 : 닥나무 종이 사용
금속 기술	• 삼국의 금속 기술 : 청동기 시대와 철기 시대의 기술 계승하여 높은 수준으로 발달 • 고구려 : 제철 기술 발달 → 철제 무기와 도구의 품질 탁월, 고분 벽화에는 철 단련과 수레바퀴 제작 묘사 • 백제 : 금속 공예 기술 발달 → 칠지도, 백제 금동 대향로 • 신라 : 금 세공 기술 발달 → 금관 제작, 성덕 대왕 신종
농업 기술의 혁신	• 철제 농기구의 사용 : 쟁기, 호미, 괭이 등 사용 → 깊이갈이로 지력 회복, 잡초 제거 효과 → 농업 생산력 증대 → 중앙 집권적 귀족 국가 발전의 기반이 됨 • 고구려 : 쟁기갈이 시작, 보습 사용 • 백제 : 수리 시설 축조, 철제 농기구 개량 → 논농사 발전 • 신라 : 5~6세기 경 우경 보급(지증왕)

칠지도

첨성대

무구정광 대 다라니경

5 고대인의 자취와 멋

(1) 고분과 고분 벽화

구분	시기	양식	대표적 고분	특징
고구려	초기	돌무지 무덤(적석총)	장군총	만주 집안에 위치. 7층 계단식 → 벽화 없음
	후기	굴식 돌방 무덤 (횡혈식 석실분) → 벽화 있음 도굴 쉬움	강서대묘	모줄임 천장. 사신도(도교 흔적)
			쌍영총	서역 계통의 영향 → 8각 기둥. 모줄임 천장. (기사도, 부인도)
			무용총	만주 집안에 위치. 수렵도, 무용도
			기타	안악 3호분(지배층의 행렬 모습). 각저총(씨름도)
	고분 벽화 : 초기 – 무덤 주인의 생활 표현, 후기 – 추상화(사신도) → 당시의 생활과 풍습 파악			
백제	한성 시대	계단식 돌무지 무덤	석촌동 고분	백제의 건국 세력이 고구려 계통임을 입증
	웅진 시대	굴식 돌방 무덤	공주 송산리 고분	벽화 있음
		벽돌 무덤	무령왕릉	중국 남조의 영향. 백제 미술의 귀족적 특성 반영. 벽화(×)
			송산리 6호 고분	벽화(○)
	사비 시대	굴식 돌방 무덤	부여 능산리 고분	규모가 작고 세련. 벽화 있음
	벽화 : 돌방무덤과 벽돌 무덤의 벽과 천장에 부드럽고 온화한 기풍의 사신도			
신라	통일 이전	돌무지 덧널무덤	천마총	천마도(회화 작품). 벽화 없음
	통일 이후	굴식 돌방 무덤	성덕대왕릉 김유신 묘	둘레돌에 12지 신상 조각 → 고려, 조선의 왕릉에 까지 계승
		화장법	문무왕 해릉	불교의 영향. 호국 불교
발해	• 정혜 공주 묘(육정산 고분군) : 굴식 돌방 무덤. 모줄임 천장. 고구려의 영향. 돌사자상 발견(힘차고 생동감 있음) • 정효 공주 묘(용두산 고분군) : 벽돌무덤(당의 영향). 묘지와 벽화 발굴			

장군총

석촌동 돌무지 무덤

무령왕릉

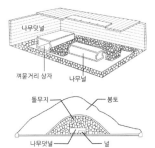
돌무지덧널무덤

(2) 건축과 탑

삼국시대	궁궐	고구려 안학궁 : 장수왕이 평양에 건립 → 남진정책의 기상 반영
	사원	신라 : 황룡사(6세기) – 진흥왕의 팽창 의지 반영 백제 : 미륵사(7세기) – 무왕의 백제 중흥 의지 반영
	토성	몽촌 토성, 풍납 토성 → 백제 초기(서울에 위치)
	산성	공산성(공주), 부소산성(부여) – 백제 산성
	탑 — 고구려	주로 목탑 건립 → 현존하지 않음
	탑 — 백제	• 익산 미륵사지 석탑 : 목조탑 양식 모방, 현존 최고(最古)의 석탑 • 부여 정림사지 5층 석탑 : 백제의 대표적 석탑 → 안정, 경쾌
	탑 — 신라	• 황룡사 9층 목탑(선덕여왕) : 호국 불교의 특성 반영, 백제의 아비지가 건축, 몽고 침입으로 소실 • 분황사 (모전) 석탑 : 석재를 벽돌 모양으로 쌓은 석탑, 3층까지 현존
통일신라	사원 — 불국사	• 경덕왕 때 김대성이 건립 → 혜공왕 때 완성 • 불국토의 이상을 조화와 균형 감각으로 표현 • 청운교 · 백운교 : 입체적 아름다움 표현 • 석가탑 · 다보탑 : 세련미 표현 • **유네스코 선정 세계 문화 유산**
	사원 — 석굴암	• 불교 세계의 이상 표현 → 본존 불상, 인왕상, 보살상 • 인공 석굴 사원 → 천정은 둥근 돔으로 조성, 비례와 균형의 조화미 탁월 • **유네스코 선정 세계 문화 유산**
	탑 — 특징	삼국 시대의 목탑과 전탑 양식 계승 · 발전, 이중 기단 위의 3층 석탑 유행
	탑 — 중대	• 감은사지 3층 석탑 : 삼국 통일 달성의 기상 반영 → 장중, 웅대 • 석가탑(불국사 3층 석탑) : 통일 신라 석탑의 전형 → 날씬한 상승감 및 넓이와 높이의 아름다운 비례를 통해 부처가 항상 가까이 있음을 이상적으로 표현 • 다보탑 : 조형미 탁월
	탑 — 신라 말	다양한 양식 등장 → 양양 진전사지 3층 석탑(기단과 탑신에 부조로 새긴 불상 조각)
	승탑 탑비 — 배경	신라 말기 선종의 유행과 밀접 → 지방 호족의 정치적 역량의 성장 반영
	승탑 탑비 — 승탑	승려들의 사리를 봉안 → 팔각 원당형이 기본(쌍봉사 철감선사 승탑)
	승탑 탑비 — 탑비	승려의 일대기 기록
	정원 — 안압지	인공과 자연의 조화를 보여주는 조경술 탁월, 귀족들의 화려한 생활 짐작
발해	궁궐	상경 : 당의 장안성 모방하여 주작대로 건설, 궁궐의 온돌 장치
	사원	높은 단 위에 금당을 짓고 그 좌우에 회랑으로 연결되는 건물을 배치

※ 삼국 시대의 문화 유산

미륵사지 석탑

정림사지 5층 석탑

황룡사 복원 상상도

분황사모전석탑

※ 통일 신라

감은사지3층석탑

불국사3층석탑

진전사지 3층 석탑

※ 발해

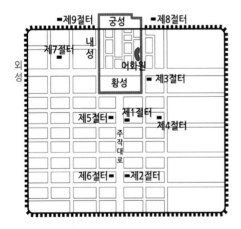
발해 상경 용천부 평면도

(3) 불상 조각과 공예

1) 불상

삼국 시대	공통	금동미륵보살반가상	삼국 시대에 공통적으로 유행. 미륵 신앙 반영
	고구려	연가7년명 금동 여래 입상	중국 북조의 영향 → 강인한 인상과 은은한 미소 → 고구려의 독창성 발휘
	백제	서산 마애 삼존 불상	온화한 미소, 자비와 포용의 태도
	신라	경주 배리 석불 입상	부드럽고 은은한 미소, 신라 조각의 정수
통일신라		석굴암 본존불상 · 보살상	불교의 이상 세계 표현, 사실적 조각
발해		이불 병좌상	상경과 동경 절터에서 발견, 고구려 양식 계승

연가7년명 금동여래입상

서산 마애 삼존 불상

경주 배리 석불 입상

금동 미륵 보살 반가 사유상

석굴암 본존불상

이불 병좌상

2) 조각과 공예

조각	통일 신라	• 무열왕릉비의 이수와 귀부, 성덕대왕릉 둘레돌의 12지 신상 조각 → 사실적인 미 표현 • 불국사 석등, 법주사 쌍사자 석등 → 단아, 균형미 표현
	발해	• 벽돌과 기와 무늬 : 소박하고 힘참, 고구려의 영향 • 석등 : 연꽃 조각, 8각 기단 → 발해 특유의 웅대한 느낌
공예	통일 신라	• 상원사 종 : 현존 최고(最古)의 범종 • 성덕대왕신종(봉덕사 종) : 맑고 장중한 소리, 비천상 무늬
	발해	자기 : 가볍고 광택 → 당에 수출

법주사 쌍사자 석등

발해의 석등

천마도

(4) 글씨 · 그림과 음악

서예	• 한문 사용의 일반화로 발전 • 삼국 시대 : 광개토 대왕릉 비문 → 선돌 형태, 웅건한 서체(예서체) • 통일 신라 : 김인문, 요극일(구양순체), 김생(독자적인 서체 개척 → 「집자비문」)
그림	• 삼국 시대 : 신라의 천마도(힘찬 기풍), 황룡사 소나무 그림(솔거), 화엄경 변상도 (섬세, 유려) • 통일 신라 : 김충의 유명, 불화와 초상화 유행
음악 · 무용	• 종교 · 노동과 밀접한 관련 • 고구려 : 고분 벽화의 무용도, 왕산악(거문고 제작) • 신라 : 백결 선생 → 방아 타령 • 가야 : 우륵 → 가야금, 12악곡

(5) 한문학과 향가

1) 삼국 시대
① **한시** : 황조가(고구려 유리왕), 오언시(고구려 을지문덕 – 여수장우중문시)
② **민중 노래** : 구지가(가야 – 무속 신앙과 관련), 정읍사(백제 – 민중들의 소망 표현)
  회소곡(신라 – 한가위에 여자들이 길쌈을 하면서 부르던 노동요), 혜성가(신라의 향가)

2) 통일 신라 : 향가
① **작가** : 승려 · 화랑 → 월명사(도솔가 · 제망매가), 충담사(안민가 · 찬기파랑가), 득오곡(모죽지랑가)
② **내용** : 화랑에 대한 사모의 심정, 형제 간의 우애, 공덕이나 불교에 대한 신앙심, 지배층의 횡포 비판

③ 현존하는 향가 : 「삼국유사」에 14수, 「균여전」에 11수(보현십원가)

④ 삼대목 : 진성 여왕 때 대구 화상과 각간 위홍이 역대 향가를 수집 → 현존하지 않음

⑤ 설화 문학 : 에밀레종 설화, 설씨녀 이야기, 효녀 지은 이야기

3) 발해의 한문학

① 외교 문서, 국내 공식 문서 기록 → 한자 사용

② 정혜 공주와 정효 공주의 묘지 : 4 · 6 변려체의 한문 기록

③ 한시에 능통한 사신과 승려 다수 : 양태사(다듬이 소리), 왕효렴

6 일본으로 건너간 우리 문화

(1) 삼국 문화의 일본 전파 : 야마토 정권과 아스카 문화 성립에 영향

백제	• 삼국 중 가장 많은 영향 끼침 • 아직기(한자 교육), 왕인(천자문 · 논어 교육) → 문학의 필요성 인식, 유교의 충효 사상 보급 • 단양이 · 고안무(5경 박사 – 유학 전래), 노리사치계(불경과 불상), 관륵(천문 · 역법) • 고류사 미륵 반가 사유상과 호류사 백제 관음상 제작에 영향 • 의박사 · 역박사 · 천문 박사, 채약사 및 화가 · 공예 기술자 등 파견 → 목탑 건립, 백제 가람 양식 등장
고구려	• 혜자(쇼토쿠 태자 스승), 담징(유교 5경 · 종이 · 먹 제조법, 호류사 금당 벽화), 혜관(불교 전파) • 고구려 수산리 고분 벽화 → 다카마쓰 고분 벽화에 영향
신라	조선술, 축제술(한인의 연못) 전파

(2) 일본에 건너간 통일 신라 문화

1) 정치 제도 : 다이카 개신(645) 이후의 강력한 전제 왕권의 확립에 기여 → 다이호 율령 반포(702)

2) 하쿠호 문화 성립에 공헌

① 하쿠호 문화 : 7세기 후반에 당과 통일 신라의 영향을 받아 형성된 일본의 고대 문화 → 불상, 가람 배치, 탑, 율령과 정치 제도에서 신라의 불교와 유교의 영향을 많이 받음

② 일본은 견신라사와 유학생 파견 → 신라 문화 수용

③ 원효, 강수, 설총 등의 불교 · 유교 문화 전파

④ 심상 : 의상의 화엄종 전파 → 일본 화엄종에 큰 영향

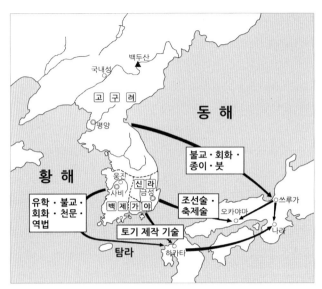

삼국 문화의 일본 전파

금동 미륵 보살 반가 사유상

고류사 미륵반가사유상

고구려 수산리 고분 벽화

일본 다카마쓰 고분 벽화

호류사 금당벽화 복원도

정답: P. 94

1. 삼국 시대 불교가 전래되었던 각 나라의 왕과 전래자는?

2. 미륵불 신앙과 관련된 역사적 사실들을 5가지 이상 들어 보시오.

3. 일본에 유교, 불경, 종이, 먹 제조법 등을 전파한 고구려의 승려는?

4. 고구려의 연개소문이 도교를 장려하고 불교와 결탁한 귀족 세력을 억압하자 이에 반발하여 보덕이 개창
   한 불교 종파는?

5. 원효가 종파 간의 사상적 대립을 극복하기 위해 주장한 사상은?

6. 혜초가 인도와 중앙 아시아의 풍물을 소개한 기행문은?

7. 교종과 선종 불교의 교리상 차이점은?

8. 삼국 시대 도교와 관련된 유물 5가지 이상 들어 보시오.

9. 풍수 지리설이 신라 말에 끼친 영향은?

10. 신라에서 청소년들의 유교 경전 학습 내용을 기록한 유물은?

11. 통일 신라에서 국학과 독서삼품과를 실시한 공통적인 목적은?

12. 삼국 시대 편찬된 각 나라의 역사서는?

13. 통일 신라에서 화랑세기, 고승전, 한산기 등을 저술하여 신라 문화를 주체적으로 인식한 학자는?

14. 신라 선덕여왕 때 만들어진 세계에서 가장 오래된 천문대는?

15. 현존하는 세계에서 가장 오래된 목판 인쇄물과 발견된 장소는?

16. 고구려의 고분 중에서 서역 계통의 영향을 받아 8각 기둥과 모줄임 천장으로 이루어진 고분은?

17. 백제 웅진 시대에 축조된 벽돌무덤은?

18. 통일 신라의 굴식 돌방 무덤과 고구려 · 백제의 굴식 돌방 무덤과의 차이점은?

19. 신라 말에 선종 불교의 영향으로 유행한 불교 관련 유물은?

20. 백제의 석탑으로 목조탑 양식을 모방한 현존하는 가장 오래된 석탑은?

21. 신라 경덕왕 때 김대성이 불국토의 이상을 실현하기 위해 만든 사찰은?

22. 발해 문화가 고구려 문화를 계승했음을 입증해 주는 유물을 3가지 이상 들어 보시오.

23. 백제의 수도였던 부여(사비)에서 볼 수 있는 대표적인 문화 유산을 3가지 이상 들어 보시오.

24. 삼국 시대 각 나라의 대표적인 불상은?

25. 현존하는 가장 오래된 범종은?

26. 통일 신라 진성 여왕 때 향가들을 수집하여 편찬한 향가집은?

27. 삼국 시대의 문화가 일본에 끼친 영향은?

28. 고구려의 승려로서 일본 쇼토쿠 태자의 스승을 지냈던 인물은?

29. 통일 신라 문화의 영향을 받아 성립된 일본의 문화는?

30. 백제의 건국 세력이 고구려 계통임을 입증해 주는 백제의 고분은?

1. 고대의 교육 제도 및 교육 기관에 대한 설명으로 <u>잘못된</u> 것은?

① 고구려는 소수림왕 때 태학을 설립하고 유교 경전과 역사서를 가르쳤다.

② 백제는 5경 박사, 의박사 제도 등을 통해 유교 경전을 가르쳤다.

③ 통일 신라는 신문왕 때 국학을 설립하고 논어, 효경 등을 가르쳤다.

④ 발해는 유학 교육을 목적으로 국자감을 설립하였다.

2. 다음 중 삼국 시대의 불교 문화와 관련된 설명으로 <u>잘못된</u> 것은?

① 고구려의 보덕은 도교에 대항하여 열반종을 개창하였다.

② 백제에서는 계율을 중시하는 율종이 발달하였다.

③ 신라에서는 행위에 따라 업보를 받는다는 업설이 귀족 세력을 견제하는 이념적 역할을 하였다.

④ 삼국 시대의 불교는 토착 신앙과 결합하여 샤머니즘적 성격이 뚜렷하였다.

3. 다음 중 삼국 시대에 전래된 도교와 관련된 사실로 <u>틀린</u> 것은?

① 산천 숭배와 신선 사상과 결합하여 불로장생과 현세 이익을 추구하였다.

② 고구려의 연개소문은 불교와 결탁한 귀족 세력을 억압하기 위해 도교를 장려하였다.

③ 백제의 산수무늬 벽돌은 도교 문화를 반영하였다.

④ 신라의 임신서기석은 도교적 세계관이 뚜렷하게 나타난다.

4. 다음은 신라 불교 사상의 발달에 공헌한 두 승려에 관한 내용이다. 승려 (가), (나)에 대한 설명으로 <u>잘못된</u> 것은?

> (가) 모든 것이 한마음에서 나온다는 일심 사상을 바탕으로 종파간의 사상적 대립을 조화시키고자 십문화쟁론을 지었다.
>
> (나) 화엄일승법계도를 저술하여 모든 존재는 상호 의존적인 관계에 있으면서 서로 조화를 이루고 있다는 화엄 사상을 정립하였다.

① (가)는 금강삼매경론과 대승기신론소를 저술하여 불교의 이해 기준을 확립하였다.

② (가)는 법상종을 개창하여 귀족들로부터 많은 호응을 받았다.

③ (나)는 부석사를 비롯한 여러 사원을 건립하여 불교 문화의 폭을 확대하였다.

④ (나)는 아미타 신앙과 함께 관음 신앙을 전파하는 데 기여하였다.

5. 백제 사비 시대의 문화를 엿볼 수 있는 유적지가 <u>아닌</u> 곳은?　　　　　　　　　　2015 기출

① 무령왕릉　　　　　　　　② 정림사지

③ 궁남지　　　　　　　　　④ 능산리고분

6. 다음 삼국의 역사 편찬에 대한 설명으로 옳은 것으로만 연결된 것을 고르시오.

> ㄱ. 고구려는 이문진이 신집 5권을 편찬하였다.
> ㄴ. 백제는 거칠부가 국사를 편찬하였다.
> ㄷ. 신라는 고흥이 서기를 편찬하였다.
> ㄹ. 왕실의 권위와 충성심 함양 목적으로 편찬되었다.
> ㅁ. 삼국의 역사서는 모두 현존하지 않고 있다.

① ㄱ, ㄴ, ㄹ　　　　　　　　② ㄱ, ㄹ, ㅁ
③ ㄴ, ㄷ, ㄹ　　　　　　　　④ ㄷ, ㄹ, ㅁ

7. 신라 중대의 왕권의 전제화와 밀접한 관련이 있는 불교 종파는?

① 화엄종　　　　　　　　② 삼론종
③ 계율종　　　　　　　　④ 열반종

8. 고대의 과학 기술과 관련된 설명으로 옳지 않은 것은?

① 첨성대 – 농경사회와 밀접한 관련이 있으며 왕의 권위를 높여주었다.
② 석굴암과 불국사 – 조형물을 통하여 당시 수학이 높은 수준으로 발전했음을 짐작할 수 있다.
③ 무구정광대다라니경 – 목판인쇄술과 제지술의 발달을 보여준다.
④ 성덕대왕신종 – 현존하는 가장 오래된 범종으로 비천상 무늬가 탁월하다.

9. 발해 문화에서 고구려의 양식을 계승한 것이 아닌 것은? 2004 기출

① 온돌 장치　　　　　　　　② 연화무늬 기와
③ 상경의 주작대로　　　　　　④ 모줄임 천장 구조

10. 석가탑에 대한 설명으로 옳은 것은? 2005 기출

① 이중 기단 위에 3층탑 양식을 띠고 있다.
② 현존하는 세계에서 가장 오래된 금속 활자본이 발견되었다.
③ 통일 이전의 신라 탑을 대표하는 전형적인 석탑이다.
④ 불국토의 이상 세계를 구현하기 위해 축조하였으며, 화려하고 장식성이 강하다.

11. 다음은 어떤 무덤의 구조와 부분 명칭을 나타낸 것이다. 이에 대한 설명으로 옳은 것은?

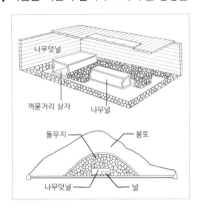

① 이 양식으로 만들어진 대표적인 무덤은 무령왕릉이다.

② 사신도와 같은 벽화가 많이 남아 있다.

③ 고구려, 백제에 많이 있는 고분 양식이다.

④ 도굴이 어려워 많은 꺼묻거리가 그대로 남아 있다.

12. 통일 신라 학술에 대한 설명으로 옳지 <u>않은</u> 것은?

① 강수는 외교 문서에 능통하여 '답설인귀서'를 쓰기도 하였다.

② 김대문은 화랑세기, 고승전 등을 저술하여 신라 문화를 주체적으로 인식하였다.

③ 설총은 이두 문자를 보급하여 학문 보급에 기여하였다.

④ 최치원은 '화왕계'를 저술하여 국왕의 도덕성을 강조하였다.

13. 삼국시대의 문화에 관한 설명으로 옳은 것을 모두 고른 것은? `2016 기출`

> ㄱ. 백제에서는 지방에 경당을 세워 청소년에게 한학을 가르쳤다.
>
> ㄴ. 고구려에서는 수도에 태학을 세워 유교 경전과 역사서를 가르쳤다.
>
> ㄷ. 신라에서는 청소년이 유교 경전을 공부했음을 임신서기석을 통해 알 수 있다.
>
> ㄹ. 신라에서는 5경 박사와 의박사, 역박사 등을 두어 유교 경전과 기술학을 가르쳤다.

① ㄱ, ㄴ

② ㄱ, ㄹ

③ ㄴ, ㄷ

④ ㄷ, ㄹ

14. 다음의 지역으로 관광 안내를 다녀온 후 보고서를 쓸 때 그 내용으로 옳지 <u>않은</u> 것은?

> 서울 → 공주 → 익산 → 경주

① 석촌동에서 백제시대 돌무지 무덤을 보았다.

② 무령왕릉 내부의 방은 벽돌로 쌓았다고 한다.

③ 목탑의 모습을 많이 지니고 있는 석탑도 있었다.

④ 천마총에서 발견된 천마도는 힘찬 화풍을 보여 주는 화려한 벽화였다.

15. 다음 중 금관이 발견된 유적을 모두 고른 것은?
2018 기출

> ㄱ. 장군총　　　　ㄴ. 천마총　　　　ㄷ. 정효공주묘　　　　ㄹ. 황남대총

① ㄱ, ㄷ　　　　　　　　　　② ㄱ, ㄹ
③ ㄴ, ㄷ　　　　　　　　　　④ ㄴ, ㄹ

16. 고대 문화의 일본전파 내용에 대해 <u>잘못</u> 설명한 것은?

① 원효, 강수, 설총의 불교ㆍ유교 문화는 일본의 아스카 문화 성립에 기여하였다.
② 고구려의 담징은 종이와 먹의 제조법을 전하였고, 호류사 금당 벽화를 남겼다.
③ 백제의 관륵은 천문과 역법을 전해 주었다.
④ 신라는 조선술과 제방 쌓는 기술을 전해주었으며, 한인의 연못이 유명하다.

17. 고대의 석탑과 건축물에 대한 설명으로 옳지 <u>않은</u> 것은?

① 감은사지 3층 석탑은 삼국 통일 달성의 기상을 반영하여 축조되었다.
② 신라의 황룡사 9층탑은 호국 불교의 특성을 반영하여 백제의 아비지가 건축하였다.
③ 안압지는 통일 신라의 뛰어난 조경술을 잘 나타내고 있다.
④ 신라 말의 승탑과 탑비의 유행은 진골 귀족의 정치적 역량의 성장을 반영한다.

18. 다음 유적에 관한 설명으로 옳지 <u>않은</u> 것은?
2017 기출

① 중국 남조 문화의 영향을 받았다.
② 무덤에서 묘지석이 발견되었다.
③ 왕과 왕비가 합장되었다.
④ 사비 시기에 만들어진 돌방무덤이다.

19. 통일 신라의 문화와 관련된 설명으로 옳지 <u>않은</u> 것은?

① 분황사 석탑은 벽돌 탑 양식을 모방하여 축조되었다.
② 신라 말에는 선종의 영향으로 승탑과 탑비가 유행하였다.
③ 김유신 묘를 비롯한 굴식 돌방 무덤에는 둘레돌에 12지신 상을 조각하였다.
④ 양양 진전사지 3층 석탑은 기단과 탑신 부분에 부조로 불상을 조각하였다.

20. 우리나라 고대 음악과 관련된 사실로 옳지 <u>않은</u> 것은?

① 신라에서는 노동과 관련된 음악으로 '회소곡'이 민중 사이에서 유행하였다.
② 고구려의 왕산악은 중국의 칠현금을 개량하여 거문고를 제작하였다.
③ 가야에서는 주술적인 노래인 구지가가 만들어졌으며, 우륵은 가야금을 제작하였다.
④ 백제에서는 백결 선생의 방아 타령이 백성들 사이에서 유행하였다.

21. 다음 중 벽화가 그려져 있지 않은 고구려 고분은?

① 무용총   ② 쌍영총

③ 장군총   ④ 강서대묘

22. 다음 사상에 대한 서술로 옳은 것을 모두 고르면?

> 교종의 기성 사상 체계에 의존하지 않고 스스로 사색하여 진리를 깨닫는 것을 중시하고, 개인적인 정신 세계를 찾는 경향이 강하였다.

> ㄱ. 신라 하대의 향락적인 경향에 반발하여 은둔 사상을 주장하였다.
> ㄴ. 지방 사회에서 독자적인 세력을 구축하려는 호족의 취향에 잘 어울렀다.
> ㄷ. 경주 중심의 지리 개념에서 벗어나 지방의 중요성을 자각하는 계기를 마련하였다.
> ㄹ. 6두품의 반 신라적 움직임과 결부하여 고려 왕조 개창의 사상적 바탕이 되었다.
> ㅁ. 승려의 사리를 모시는 팔각 원당형의 승탑이 유행하였다.

① ㄱ, ㄴ, ㄷ   ② ㄱ, ㄴ, ㄹ

③ ㄴ, ㄷ, ㄹ   ④ ㄴ, ㄹ, ㅁ

23. 밑줄 친 '그'의 활동에 대한 설명으로 옳은 것은?

> 그는 속인의 옷을 입고, 스스로 소성거사라 일컬었다. 또 화엄경의 "일체 무애인은 한 길로 생사를 벗어난다."란 문구로 노래를 지어 세상에 퍼뜨렸다. 이것을 가지고 많은 촌락에서 노래하고 춤추며 교화하였으므로, 가난하고 무지몽매한 무리들까지도 부처의 이름을 알게 되었고, 나무아미타불을 부르게 되었다.

① 부석사 등을 건립하여 불교 문화의 폭을 확대하였다.

② 일심사상을 강조하여 불교 종파 간의 융합을 강조하였다.

③ 화랑도의 세속 5계를 제창하여 신라의 국가 정신을 확립하였다.

④ 풍수지리설을 수용하여 호족의 세력 강화에 영향을 미쳤다.

24. 다음은 고대 각 나라의 불상과 관련된 내용이다. 그 설명으로 잘못된 것은?

① 고구려 – 연가 7년명 금동 여래 입상 – 고구려의 불상으로 강인한 인상과 은은한 미소가 돋보인다.

② 서산 마애 삼존불상 – 백제의 불상으로 온화한 미소와 자비와 포용의 모습이 뚜렷하다.

③ 이불 병좌상 – 불교의 이상 세계를 표현한 신라의 대표적인 불상이다.

④ 금동 미륵 보살 반가상 – 삼국 시대에 공통적으로 유행한 불상 양식이다.

25. 다음 밑줄 친 '이 종교'와 관련이 있는 내용을 모두 고른 것은?

> 불로장생과 현세의 구복을 추구하는 이 종교는 여러 가지 신을 모시면서 재앙을 물리치고 복을 빌며 나라의
> 안녕과 왕실의 번영을 기원하였다. 조선 시대에는 성리학의 영향으로 위축되어 종교 행사도 줄어들었다. 그
> 러나 제천행사가 국가의 권위를 높이는 점이 인정되어 참성단에서 일월성신에게 제사를 지냈다.

> ㄱ. 임신서기석   ㄴ. 마니산 초제   ㄷ. 강서대묘의 사신도
> ㄹ. 문무왕 해릉   ㅁ. 사택지적비문

① ㄱ, ㄴ, ㄹ   ② ㄱ, ㄷ, ㅁ
③ ㄴ, ㄷ, ㅁ   ④ ㄷ, ㄹ, ㅁ

26. 삼국과 일본의 문화 교류 내용으로 옳지 <u>않은</u> 것은?　　2015 기출
　① 백제의 노리사치계는 불교를 전해주었다.
　② 신라는 조선술과 축제술 등을 전해주었다.
　③ 백제의 왕인은 천자문과 논어를 전해주었다.
　④ 고구려의 담징은 천문학과 역법을 전해주었다.

27. 신라 선덕여왕 때 만들어진 것으로 옳지 <u>않은</u> 것은?　　2018 기출
　① 첨성대   ② 황룡사
　③ 분황사   ④ 황룡사 9층탑

28. 2015년 7월 세계유산위원회(World Heritage Committee)가 유네스코 세계유산목록에 등재하기로 결정한
'백제 역사 유적 지구'에 포함되지 <u>않는</u> 것은?　　2015 기출
　① 공주 수촌리 고분군
　② 공주 공산성
　③ 부여 부소산성
　④ 익산 미륵사지

29. 다음 유물들을 제작한 나라에 관한 설명으로 옳은 것은?

2013 기출

중국 길림성 돈화현
정혜공주 묘 출토

중국 흑룡강 성 영안현
동경성 출토

① 진한 지역의 사로국에서 시작하였으며, 고구려와 백제를 통합하였다.
② 대조영이 동모산에서 건국한 나라이며, 고구려 계승 의식을 가지고 있었다.
③ 주몽이 부여에서 갈라져 나와 압록강 하류에 세운 나라이다.
④ 후백제와 신라뿐만 아니라, 발해인 까지 받아들여 실질적인 민족 통일을 이루었다.

정답 및 해설

1. 정답 ④
오답풀이 ④ 발해의 국립 대학은 주자감이며, 국자감은 고려의 국립 대학이다.

2. 정답 ③
오답풀이 ③ 신라의 업설은 왕즉불 사상을 바탕으로 왕권을 정당화하고, 귀족의 특권을 인정하는 역할을 담당하였다.

3. 정답 ④
오답풀이 ④ 임신서기석은 신라의 화랑이 유교 경전을 학습한 내용이 기록되어 있는 유교 관련 유물이다.

4. 정답 ②
해설 자료에서 (가)는 원효, (나)는 의상이다. ① 원효는 금강삼매경론과 대승기신론소를 저술하여 불교 교리를 정리하였다. ③ 의상은 부석사를 비롯한 다수의 사원을 건립하였다. ④ 의상은 아미타 신앙과 관음보살이 중생을 구제해 준다는 믿음을 주는 관음 신앙을 전도하였다.
오답풀이 ② 원효는 법성종을 개창하였으며, 법상종은 진표가 개창하였다.

5. 정답 ①
해설 ②③④는 사비 시대의 부여에 현재 남아 있는 백제 유적지이다.
오답풀이 ① 무령왕릉은 백제 웅진 시대, 현재의 공주에 있는 유적지이다.

6. 정답 ②
해설 ② ㄱ. 고구려의 이문진은 유기 100권을 토대로 신집 5권을 편찬하였다. ㄹ. 삼국의 역사서는 왕실의 권위와 충성심을 고양하기 위해 편찬되었다. ㅁ. 삼국의 역사서는 현재 전하지 않고 있다.
오답풀이 ㄴ. 백제는 고흥이 '서기'를 편찬하였다. ㄷ. 신라는 거칠부가 '국사'를 편찬하였다.

7. 정답 ①
해설 ① 의상의 화엄종은 왕권의 전제화에 기여하면서 왕실 중심으로 유행하였다.

8. 정답 ④
오답풀이 ④ 현존하는 가장 오래된 범종은 상원사 종이다.

9. 정답 ③
해설 ①②④ 발해 문화에서 고구려 문화를 계승한 것은 온돌 장치, 기와, 모줄임 천장 구조의 굴식 돌방무덤, 불상, 석등 등이 있다.
오답풀이 ③ 상경의 주작대로는 당의 장안성을 모방하여 만들었다.

10. 정답 ①
해설 ① 석가탑은 통일 신라 시대에 이중 기단 위의 3층 석탑 양식으로 건립되었다.
오답풀이 ② 석가탑에서는 현존하는 가장 오래된 목판 인쇄물인 무구정광대다라니경이 발견되었다. ③ 석가탑은 통일 신라 중대의 석탑이다. ④ 불국사에 대한 설명이다.

11. 정답 ④
해설 ④ 그림은 통일 이전 신라에서 유행한 돌무지 덧널무덤으로 도굴이 어려워 껴묻거리가 남아 있다.
오답풀이 ① 무령왕릉은 벽돌무덤이다. ② 돌무지 덧널무덤은 벽화가 남아 있지 않다. ③ 고구려와 백제는 굴식 돌방무덤이 대부분이다.

12. 정답 ④
오답풀이 ④ 화왕계는 설총이 저술하였다.

13. 정답 ③
해설 ㄴ. 고구려는 소수림왕 때 수도에 태학을 설립하여 유교 경전과 역사 등을 가르쳤다. ㄷ. 임신서기석은 신라의 청소년들이 유교 경전을 공부했음을 보여 주는 내용이 기록되어 있다.

오답풀이 ㄱ. 경당은 고구려의 장수왕 때 지방에 설립한 사립 학교이다. ㄹ. 5경 박사, 의박사, 역박사는 백제와 관련된 내용이다.

14. 정답 ④

해설 ① 서울 석촌동의 돌무지무덤은 백제의 무덤이다. ② 무령왕릉은 벽돌무덤으로 공주에 있다. ③ 익산 미륵사지 석탑은 목탑 양식의 석탑이다.

오답풀이 ④ 천마총에서 발견된 천마도는 회화 작품이다.

15. 정답 ④

해설 ㄴ. ㄹ. 신라의 천마총과 황남대총에서는 금관이 발견되었다.

오답풀이 ㄱ. 고구려의 장군총과 ㄷ. 발해의 정효공주묘에서는 금관이 발견되지 않았다.

16. 정답 ①

오답풀이 ① 원효, 강수, 설총 등 통일 신라의 불교·유교 문화는 일본의 하쿠호 문화 성립에 기여하였다. 아스카 문화는 삼국 문화의 영향을 받아 발달하였다.

17. 정답 ④

오답풀이 ④ 신라 말의 승탑과 탑비는 선종 불교를 수용한 호족의 정치적 역량의 성장을 반영하였다.

18. 정답 ④

해설 ①②③ 사진 자료는 백제 무령왕릉이다. 무령왕릉은 중국 남조의 영향을 받은 벽돌무덤으로, 무덤 내에서 발견된 묘지석의 내용을 통해 무령왕과 무령왕의 왕비가 함께 매장되었음을 알 수 있게 되었다.

오답풀이 ④ 무령왕릉은 웅진(공주) 시기에 축조되었다.

19. 정답 ①

오답풀이 ① 분황사 석탑은 통일 이전 선덕여왕 때 벽돌 탑 양식을 모방하여 건립되었다.

20. 정답 ④

오답풀이 ④ 백결은 신라인이다.

21. 정답 ③

해설 ①②④ 굴식 돌방무덤으로 벽화가 남아 있다.

오답풀이 ③ 장군총은 돌무지무덤으로 벽화가 없다.

22. 정답 ④

해설 자료는 선종에 대한 설명이다. ④ ㄴ. 선종은 신라 하대에 등장한 호족의 후원을 받아 유행하였다. ㄹ. 선종은 신라 말에 6두품의 반 신라적 경향과 연결되어 고려 왕조 개창의 사상적 바탕이 되었다. ㅁ. 선종의 영향으로 팔각 원당형의

승탑이 유행하였다.

오답풀이 ㄱ. 신라 하대에 은둔 사상으로 유행한 것은 도교와 노장사상이다. ㄷ. 신라 말에 유행한 풍수지리설은 지방 중심의 국토 재편성을 주장하여 지방의 중요성을 자각하는 계기를 마련하였다.

23. 정답 ②

해설 ② 자료는 원효에 대한 설명이다. 원효는 일심(화쟁) 사상을 강조하여 불교 종파 간의 융합을 강조하였다.

오답풀이 ① 의상, ③ 원광, ④ 도선

24. 정답 ③

오답풀이 ③ 이불 병좌상은 발해의 대표적인 불상이다.

25. 정답 ③

해설 ③ ㄴ. ㄷ. ㅁ. 자료는 도교와 관련된 내용이다. 마니산 초제는 조선시대 도교의 제천행사이며, 관련된 유물로 강서대묘 사신도, 사택지적비문, 백제금동대향로, 산수무늬벽돌 등이 있다.

오답풀이 ㄱ. 유교 ㄹ. 불교의 화장법

26. 정답 ④

해설 ① 백제의 노리사치계는 성왕 때 일본에 불경과 불상을 전해주었다. ② 신라는 조선술과 축제술을 전해주었으며, 일본에는 '한인의 연못'이 만들어지기도 하였다. ③ 백제의 왕인은 일본에 천자문과 논어를 전해주었다.

오답풀이 ④ 담징은 종이와 먹의 제조법 등을 전해주었으며, 천문학과 역법은 백제의 관륵이 전해주었다.

27. 정답 ②

해설 ① 첨성대, ③ 분황사, ④ 황룡사 9층탑은 선덕여왕 때 축조되었다.

오답풀이 ② 황룡사는 진흥왕 때 자장의 건의로 축조되었다.

28. 정답 ①

해설 ②③④ 백제 역사 유적 지구는 공주 공산성, 송산리 고분군, 부여 사비성과 관련된 관북리 유적(왕궁지) 및 부소산성, 정림사지, 능산리 고분군, 부여 나성, 그리고 익산시의 왕궁리 유적, 미륵사지 등이다.

오답풀이 ① 공주 수촌리 고분군은 해당하지 않는다.

29. 정답 ②

해설 ② 자료는 발해 정혜공주묘에서 발견된 돌사자상과 발해의 석등이다. 발해는 대조영이 698년에 길림성 동모산에서 고구려 계승 의식을 바탕으로 건국하였다.

오답풀이 ① 신라, ③ 고구려, ④ 고려

확인 학습 정답

I. 고대 사회의 발전

1. 고대의 정치적 발전

1. 왕권강화, 통치체제정비(중앙관제, 관등조직 정비, 율령반포), 불교수용, 영토확장

2. 고구려—소수림왕, 백제—고이왕, 신라—법흥왕   3. 중앙 집권 국가 기틀 마련   4. 거서간—차차웅—이사금—마립간—왕

5. 불교수용, 율령반포, 태학설립   6. 고구려—제가회의, 백제—정사암회의, 신라—화백회의   7. 광개토대왕릉비문, 호우명 그릇

8. 진대법   9. 북한산순수비, 단양적성비   10. 태학   11. 22담로   12. 광개토대왕의 가야 원정

13. 광개토대왕릉비문, 칠지도   14. 고구려—대대로, 백제—상좌평, 신라—상대등   15. 칠지도   16. 태종무열왕(김춘추)

17. 중원고구려비   18. 의의—당을 무력으로 축출한 자주적 통일, 민족 문화의 토대 마련, 한계—외세의 협조, 대동강 이남의 불완전한 영토 통일   19. 4영지   20. 만파식적   21. 매소성, 기벌포 전투   22. 9서당   23. 국학ㆍ주자감   24. 상수리제도

25. 수도의 편재성 보완, 지방의 균형적 발전, 지방 세력 통제   26. 통일신라—사정부, 발해—중정대

27. 일본에 보낸 외교문서에 발해왕을 고려국왕이라 칭한 사실, 고구려와의 문화적 유사성

28. 정당성 중심으로 한 이원적 체제 운영, 6부의 명칭을 유교식 명칭으로 사용

29. 수—살수대첩ㆍ을지문덕, 당—안시성싸움ㆍ양만춘 30. 남부여

2. 고대의 사회

1. 화백회의, 화랑도   2. 사군이충, 사친이효, 교우이신, 임전무퇴, 살생유택   3. 데릴사위제, 형사취수제

4. 금입택, 사절유택   5. 원종과 애노의 난   6. 6두품   7. 청송산, 오지산, 금강산, 피전   8. 9서당   9. 임신서기석

10. 신채호

3. 고대의 경제

1. 서원경, 조세징수와 부역 동원 자료 확보   2. 당항성   3. 정전   4. 왕권 강화   5. 동시전   6. 법화원

7. 울산항   8. 비단, 서적, 약재   9. 완도

4. 고대의 문화

1. 고구려—소수림왕, 전진의 순도, 백제—침류왕, 동진의 마라난타, 신라—눌지왕, 고구려의 묵호자

2. 화랑도, 향도, 금동미륵보살반가상, 익산미륵사지석탑, 관촉사석조미륵보살입상   3. 담징   4. 열반종   5. 일심사상

6. 왕오천축국전   7. 교종—불경과 의식 중시, 선종—사색과 참선 중시

8. 강서대묘 사신도, 백제금동대향로, 산수무늬벽돌, 무령왕릉지석, 사택지적비문, 정효공주묘지

9. 국토의 재편성을 주장, 신라 정부의 권위 약화   10. 임신서기석   11. 유교정치이념 보급, 왕권 강화

12. 고구려—신집5권, 백제—서기, 신라—국사   13. 김대문   14. 첨성대   15. 무구정광대다라니경, 석가탑(불국사3층석탑)

16. 쌍영총   17. 무령왕릉, 송산리 6호분   18. 통일신라 굴식 돌방 무덤에는 벽화가 없으며 둘레돌에 12지신상을 조각하였다.

19. 승탑   20. 익산미륵사지석탑   21. 불국사, 석굴암   22. 굴식돌방무덤의 모줄임천장구조, 온돌장치, 불상, 석등, 기와

23. 백제금동대향로, 정림사지 5층석탑, 능산리고분

24. 고구려—연가7년명금동여래입상, 백제—서산마애삼존석불, 신라—경주배리석불입상   25. 상원사종   26. 삼대목

27. 야마토정권과 아스카문화 성립에 영향   28. 혜자   29. 하쿠호문화   30. 서울 석촌동 고분

III

중세 사회의 발전

1 중세의 정치

❶ 중세 사회의 성립과 전개

(1) 고려의 성립과 민족의 재통일

1) 고려의 건국

① 왕건의 등장

㉠ 출신 : 송악 호족으로 예성강 유역의 해상 세력과 연결하여 지배력 강화

㉡ 성장 : 궁예에 귀부한 후 나주 점령하여 후백제 견제

㉢ 정권 장악 : 시중의 지위에 오른 후 궁예 실정을 계기로 정권 장악

② 고려의 건국(918)

㉠ 국호 – 고려(고구려 계승 의식), 수도 – 송악, 연호 – 천수(天授)

㉡ 민심 수습, 호족 세력 회유 · 포섭하여 국가 기반 확고

2) 민족의 재통일

① 왕건의 정책

㉠ 통일 역량 강화 : 호족 세력 흡수 · 통합, 중국 5대 각국과 교류

㉡ 친 신라 정책 : 신라 원조하여 후백제와 무력 대결

② 후삼국 통일

㉠ 신라 병합 : 경순왕의 투항으로 신라 병합(935)

㉡ 후백제 멸망 : 후백제 내분으로 견훤 항복 → 선산에서 후백제군 격파(936)

㉢ 발해 유민 수용 → 민족의 재통일 이룩

(2) 중세 사회의 성립

1) 중세 사회의 성격

문벌 귀족 사회의 형성	호족 · 6두품 · 공신 등이 새로운 지배 세력으로 대두 → 진골 중심의 폐쇄적 사회 개혁하여 개방적 사회로 발전
유교 정치 이념의 확립	• 6두품 계열 유학자와 호족 세력의 정치 참여 → 유교적 윤리에 입각한 정치 · 사회 질서 확립 • 통치 체제 강화 → 교육, 과거 제도 정비 • 농민의 조세 부담 경감 → 민생 안정
중세 문화의 발달	• 통일 신라의 혈족적 관념과 종교의 제약에서 탈피 → 문화의 폭 확대 • 유교 사상의 발달, 선종과 교종의 융합 노력 → 문화 수준 향상 • 송 · 원 · 서역의 문화와 활발한 교류 → 개성 있는 문화 창조 • 지방 세력이 문화의 주인공으로 등장 → 지방 문화 발달

민족 의식의 강화	• 고대 사회의 모순을 극복하고 민족의 재통일 과정 → 강렬한 민족 의식 형성 • 고구려 옛 땅 회복 위한 북진 정책 실시, 거란·여진·몽고 등 북방 민족과의 항쟁 과정 → 민족 의식 더욱 고조

2) **고려 왕조 성립의 의의** : 고려의 건국과 후삼국의 통일은 외세의 간섭 없이 자주적으로 이룩 → 고대 사회에서 중세 사회로의 전환 의미

(3) 태조의 정책

민생 안정책	• 취민유도(取民有度) 표방 : 조세 경감(1/10), 호족의 과다한 조세 징수 금지 • 민심 수습 : 불법 노비 해방, 흑창 설치(빈민 구제) • 불교·풍수지리설 존중 → 연등회, 팔관회 거행 ※ **흑창** : 고구려의 진대법을 계승하여 춘궁기에 곡식을 나누어 주고 추수 후에 갚게 했던 빈민 구제 기구로서 성종 때(986) 의창으로 바뀌었다.
호족 세력 통합책	• 호족 세력 우대 : 중앙 관리 등용, 정략 결혼, 사성(賜姓) 정책, 향촌 지배권 인정, 역분전 지급 • 지방 호족 세력 통제 및 지방 통치 보완 　· **기인 제도** : 호족의 자제를 수도에 머물게 하며 수도 경비와 왕실 수비를 담당 　· **사심관 제도** : 중앙 고위 관리를 출신 지방의 사심관으로 임명 → 부호장 이하의 향리 임명권 부여, 치안 유지의 연대 책임
북진 정책	• 서경(평양) 중시 : 북진 정책의 전진 기지로 개발 → 청천강~영흥의 국경선 확보 • 거란에 대한 강경책 : 북진 정책 추진에 장애(만부교 사건)
정치 안정 도모	• 훈요 10조 : 북진 정책의 지속적 추진 요구, 숭불 정책, 풍수 지리설 등 중시 • 정계·계백료서 : 신하가 지켜야 할 도리 강조(중앙 집권화의 정신적 기반)

훈요 10조
1조 : 우리 나라의 대업은 여러 부처님의 호위와 지덕(地德)에 힘입었으니 사원을 보호·감독할 것.
2조 : 모든 사원은 도선이 산수의 순역을 가려서 개창한 것이니, 함부로 사원을 지어 지덕을 손상시키지 말 것.
4조 : 굳이 중국의 풍습에 얽매이지 말되, 거란은 야만국이니 그 풍속을 본받지 말 것.
5조 : 서경은 수덕이 순조로운 길지이니 국왕은 100일 이상 체류할 것.
6조 : 연등회, 팔관회 등의 중요한 행사를 소홀히 다루지 말 것.
8조 : 차현 이남 금강 이외의 지역의 산세가 반역의 형상이니, 그 지방의 사람을 관리로 등용하지 말 것.
9조 : 백관의 녹봉은 그 직무에 따라 제정할 것.
10조 : 경사(經史)를 널리 읽어 고인(古人)의 말을 교훈으로 삼을 것.

(4) 광종의 개혁 정치 : 왕권의 안정과 중앙 집권 체제 확립 정책 추진

배경	• 왕권의 불안정 : 호족 출신의 공신 세력이 강하여 왕권 불안 → 호족 연합 정권 성격 • 왕규의 난 : 혜종 때 → 복잡한 정략 결혼과 호족과 외척 세력의 개입으로 발생
노비 안검법	• 내용 : 불법으로 노비가 된 자를 양인으로 해방 • 호족과 공신의 경제적, 군사적 기반 약화 → 왕권 강화 • 조세 · 부역 담당자인 양인 수 증가 → 국가 재정 확충
과거 제도 실시	• 후주의 쌍기의 건의로 실시 • 유학을 익힌 신진 인사 등용 → 신구 세력 교체 도모 → 왕권 강화
전제 왕권의 확립	• 관리 공복 제도 도입 : 관료 기강 확립 • 공신과 호족 세력 제거, 황제 칭호와 연호(광덕 · 준풍) 사용 • 개경 – 황도(皇都), 서경 – 서도(西都)로 호칭
주현공부법	국가 수입 증대 도모

(5) 성종 : 유교적 정치 질서 강화

중앙집권체제 강화	• 최승로의 시무 28조 채택 : 유교를 정치 이념으로 채택 • 전국 12목에 지방관 파견 : 지방 세력 발호 방지 • 향리 제도 마련 : 호족을 향리로 강등(호장, 부호장) → 지방 세력 통제
유학 교육 진흥	국자감 설치, 지방에 경학 · 의학 박사 파견, 향교 설치, 과거 제도 정비
중앙 통치 기구 개편	• 당, 태봉, 신라, 송의 관제 참조 • 당의 관제 : 3성 6부제 → 2성 6부제로 정비 • 송의 관제 : 중추원, 삼사 • 고려의 독자적 관제 : 도병마사, 식목도감(귀족 합의제 기구)

▶ 최승로의 시무 28조

7조 : 우리 태조께서 나라를 통일한 후에 외관(外官)을 두고자 하였으나, 대개 초창기이므로 일이 번거로워 겨를이 없었습니다. 이제 가만히 보건대 향호(鄕豪)가 언제나 공무를 빙자하여 백성을 침해하여 횡포를 부리어 백성이 견뎌내지 못하니, 청컨대 외관을 두소서.

11조 : 중국의 제도를 따르지 않을 수 없지만, 사방의 풍습이 각기 그 토성에 따르게 되니 모두 고치기는 어렵습니다. 시서의 가르침과 군신, 부자의 도리는 마땅히 중국을 본받아야겠지만, 그 밖의 거마 · 의복의 제도는 우리의 풍속대로 하여 사치함과 검소함을 알맞게 할 것이며 구태여 중국과 같이 할 필요가 없습니다.

13조 : 우리 나라에서는 봄에 연등회를 열고 겨울에는 팔관회를 베풀어 사람을 많이 동원하고 노역이 심히 번거로우니, 원컨대 이를 감하여 백성이 힘을 펴게 하소서.

14조 : 원컨대 임금께서는 날로 더욱 조심하여 스스로 교만하지 말고, 아랫사람을 대할 적에 공손히 하고, 죄 지은 자는 법에 따라 벌의 경중을 결정하면 태평의 업을 곧 기다릴 수 있을 것입니다.

20조 : 불교를 봉행함은 수신(修身)의 근본이요, 유교를 봉행함은 치국(治國)의 근원이니, 수신은 내생(來生)을 위한 것이며, 치국은 곧 금일에 지켜야할 의무입니다.

고려의 민족 재통일

고려의 5도 양계

2 통치 체제의 정비

(1) 중앙 정치 조직 : 2성 6부

2성	중서문하성	• 최고 관서, 문하시중(수상) – 국정 총괄 • 재신(2품↑) : 국가 정책 심의, 백관 통솔, 6부의 판사 겸임 → 6부 직접 지배 • 낭사(3품↓) : 정치의 잘못 비판 → 언관(言官)
	상서성	정책 집행 기관 → 상서도성과 6부로 구성
6부		이 · 병 · 호 · 형 · 예 · 공부 → 행정 업무 분담, 장관 – 상서
중추원		• 추밀(2품↑) : 군사 기밀 담당, 재신과 함께 국정 총괄 • 승선(3품↓) : 왕명 출납
어사대		정치의 잘잘못 논의, 관리 비리 감찰, 풍속 교정
삼사		화폐와 곡식의 출납에 대한 회계 담당
귀족합의제 기구	구성	• 재신, 추밀 참여 → 국가 중대사 결정, 고려 귀족 정치의 특징 반영 • 재추(재신 · 추밀) : 6부와 주요 관부의 최고 관직 겸직 → 중앙 정치 운영에서 가장 핵심적인 위치 차지
	도병마사	• 국방 문제 담당하는 임시 기구 • 원 간섭기 : 도평의사사로 개편 → 국정 전반 담당하는 국가 최고 기구로 발전
	식목도감	국내 정치에 관한 법의 제정 및 각종 시행 규칙 제정(임시 기구)
대간		• 구성원 : 중서문하성의 낭사, 어사대 • 역할 : 간쟁(국왕의 잘못을 논함), 봉박(잘못된 왕명을 시행하지 않고 되돌려 보냄), 서경(관리 임명과 법령의 개폐에 대한 동의권)

> **고려 중앙 정치 조직의 특징**
> 1. 국왕에게 정부 기구 통할 권한 부여 → 중앙 집권 체제 정비
> 2. 중서문하성 재신 + 중추원 추밀 : 국가 중대사 결정 → 귀족이 정치 권력 독점
> 3. 대간의 서경, 간쟁권 행사 → 정치 운영에 견제와 균형의 원리 추구
> 4. 신라 시대에 비해 관리의 기능이 세분화, 전문화

(2) 지방 행정 조직

1) 정비 과정

   ① **초기** : 호족 자치 허용(지방관 없음)

   ② **성종** : 12목 설치 → 지방관 파견

   ③ **현종** : 4도호부 8목 → 5도 양계와 경기 + 3경 4도호부 8목 + 주 · 군 · 현 · 진

2) 지방 행정 조직

   ① 5도 양계

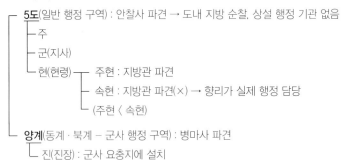

   ② 특수 행정 구역

3경	개경 · 서경 · 동경(경주) → 남경(한양), 풍수지리설과 관련
도호부	군사적 방비의 중심지 역할
향 · 부곡 · 소	• 향리가 지배하는 특수 집단 → 신분은 양민이나 일반 군현의 양민에 비해 천대 • 향 · 부곡(농업에 종사), 소(수공업에 종사)

3) 지방 행정 조직의 특징

   ① 2원적 조직 체제로 구성 → 5도(일반 행정 구역), 양계(군사 행정 구역)

   ② 주현보다 속현이 다수 존재 → 중앙 집권 체제 미완성

   ③ 지방 행정은 향리가 실질적으로 처리(속현, 향 · 부곡 · 소)

   ④ **향리(호장, 부호장)** : 신라 말기의 중소 호족 출신

      ㉠ 지방의 실제 행정 담당 → 조세 · 공물 징수, 요역 징발

      ㉡ 세습직, 외역전 지급 받음, 과거를 통해 중앙의 관료 세력으로 진출

      ㉢ 향촌 사회의 지배층으로 지방관보다 영향력이 더 큼

      ㉣ 일품군 지휘 : 일품군은 5도의 주현군으로 편성된 지방군으로 유사시에 노역에 동원되는 예비군

(3) 군역 제도와 군사 조직

	조직	2군(왕의 친위군 – 응양군 · 용호군), 6위(수도 경비, 국경 방어) → 상장군 · 대장군이 지휘
중앙군	특징	• 직업 군인으로 편성 → 군역 세습, 군인전 지급받음 • 군공을 통해 무반으로 신분 상승이 가능한 중류층
	중방	• 2군 6위의 상장군 · 대장군으로 구성된 무관 합좌 기구로 군사 문제 논의 → 무신 정변 이후 권력의 중추 기구로 발전

	구성	16세 이상의 농민 의무병으로 구성, 군인전 지급(×)
지방군	주현군	5도에 배치 → 외적 방비, 치안 유지, 노역에 동원
	주진군	양계에 배치 → 국방 주역 담당한 상비군, 초군·좌군·우군으로 구성, 최고 지휘관은 도령
특수군		광군(거란 방어), 별무반(여진 정벌), 삼별초(대몽 항쟁)

(4) 관리 등용 제도

과거 제도	응시 자격	법적으로 양인 이상의 신분	
	시험 과목	제술과	문학적 재능과 정책 시험	귀족과 향리의 자제만 응시 가능
		명경과	유교 경전에 대한 이해 능력 시험	
		잡과	법률·회계·지리 등 기술학 시험 → 기술관 선발 → 백정 농민이 응시	
		승과	교종선, 선종선으로 구분 → 합격자는 승직에 등용, 토지 지급	
	특징	• 과거 합격자는 좌주(시험관)와의 결속력 강화 → 관직 진출 시도 • 무과는 거의 실시되지 않았음	
음서		• 공신 및 종실의 자손, 5품 이상의 관료 자손 → 무시험으로 관리 채용 • 고려 관료 체제의 귀족적 특성 반영 • 음서는 공음전과 함께 문벌 귀족 사회 강화의 기반이 되었음	

❸ 문벌 귀족 사회의 성립과 동요

(1) 문벌 귀족 사회의 성립

1) 문벌 귀족의 출신 유형 : 공신, 지방 호족, 신라 6두품 출신 유학자
2) 문벌 귀족의 성격 : 신라 귀족이 골품제에 입각한 혈연 중심의 폐쇄적 존재 ↔ 문벌귀족은 능력 본위의 개방적 존재로 변화(과거제)

(2) 문벌 귀족 사회의 모순

1) 문벌 귀족의 특권
  ① **정치적** : 과거와 음서를 통해 고위 관직 독점, 중서문하성과 중추원의 재상이 되어 정국 주도
  ② **경제적** : 과전, 공음전, 불법적 토지 겸병
  ③ **특권 유지** : 귀족 간의 중첩적 혼인, 왕실과의 혼인 → 정권 장악 시도
2) 대표적인 문벌 귀족 : 경원 이씨(이자연·이자겸), 해주 최씨(최충), 경주 김씨(김부식), 파평 윤씨(윤관)
3) 측근 세력 대두 : 과거를 통해 진출한 신진 관료 출신(예종 때 한안인)으로 국왕을 보좌 → 문벌 귀족과 대립
4) 귀족 사회 내부의 분열 : 전통적인 문벌 귀족과 지방 출신의 신진 관료의 대립 → 이자겸의 난, 묘청의 서경 천도 운동 발생

(3) 이자겸의 난(1126)

1) 배경 : 경원 이씨의 권력 독점(문종~인종의 80년간)과 측근 세력의 대립

    ① **이자겸 세력** : 문벌 중심의 질서 유지 도모, 금과 타협하는 정치적 성향

    ② **측근 세력** : 왕을 중심으로 결집하여 이자겸의 권력 독점 비판

2) 경과 : 이자겸·척준경의 반란 → 척준경의 이자겸 제거 → 정지상의 척준경 탄핵

3) 결과 : 경원 이씨 몰락, 민심 동요, 풍수 도참설 유행 → 문벌 귀족 사회 붕괴 촉진의 계기

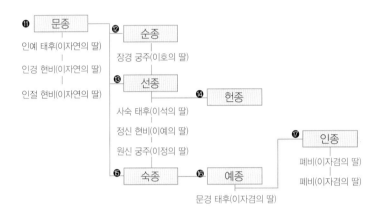

(4) 묘청의 서경 천도 운동(1135)

1) 배경

    ① 이자겸의 난 이후 풍수지리설에 바탕을 둔 서경 천도론의 대두와 분위기 고조

    ② 서경파의 금과의 사대 정책 비판과 개경파의 반발

2) 개경파와 서경파의 대립

구분	개경파	서경파
성격	중앙 문벌 귀족	지방 출신 개혁적 관리
중심 인물	김부식, 윤언이	묘청, 정지상
사상	사대적 유교 사상	풍수지리설 + 자주적 전통 사상
대외 정책	금과 사대 정책	금국정벌론, 북진 정책
역사 의식	신라 계승 의식	고구려 계승 의식
성향	보수적, 사대적	진취적, 자주적

3) 경과

    ① 서경파의 서경(평양) 천도 추진 → 서경에 대화궁 축조, 칭제건원과 금국 정벌 주장 → 김부식
        등 개경파는 정권 유지 위해 반대

    ② 묘청의 반란 : 국호를 대위국, 연호를 천개(天開), 군대를 천견충의군이라 하고 서북 지방 장악
        → 김부식의 관군의 진압으로 실패

4) 결과

    ① 서경 세력의 몰락, 분사제도 폐지

    ② 문신 중심의 문벌 귀족 체제 강화, 숭문천무 풍조의 대두 → 무신 정변의 배경

※ **분사제도** : 서경을 중시하여 개경과 같은 정치 기구를 그대로 옮겨 놓은 것으로, 국왕이 서경에 머무를 때 지체없이 국정을 수행하는 데 그 목적이 있었다.

　　5) 신채호의 서경 천도 운동에 대한 평가 :「조선사연구초」에서 '조선 역사상 1천년 래의 제1대 사건'으로 서술 → 자주적 · 진취적 운동으로 평가

(5) 무신 정권의 성립

　1) 무신정변(1170)

원인	숭문천무 정책에 따른 문 · 무반의 차별 대우, 군인전 미지급, 무학재 폐지, 의종의 실정과 향락 생활
과정	정중부, 이의방, 이고 등 주도 → 의종을 폐하고 명종 옹립
변천	정중부(중방) → 경대승(도방) → 이의민(중방) → 최충헌(교정도감)
영향	• 정치적 : 문신 중심의 정치 조직 붕괴 → 중방 중심의 무신 독재 정치 실시 → 관직 독점, 토지와 노비 소유, 사병 보유 → 권력 쟁탈전 전개 • 사회적 : 하극상의 풍조 만연으로 신분 질서 동요 → 중앙 귀족의 몰락, 농민의 노비화 현상 심화 • 경제적 : 전시과의 붕괴와 지배층의 사전과 농장의 확대 → 농민 몰락 촉진 • 문화적 : 패관문학과 시조 문학의 발생, 무신정권의 후원으로 조계종 발달

　2) 사회의 동요

　　① **반(反) 무신 반란**

　　　㉠ 김보당의 난 : 동북면 병마사 김보당(문신) 주도 → 의종 복위 운동 전개

　　　㉡ 조위총의 난 : 서경 유수 조위총(무신) 주도 → 서북 지방 농민의 불만 이용하여 전개

　　　㉢ 교종 승려의 난 : 문신과 결탁한 귀법사 · 중광사 승려들의 반발 → 최충헌은 선종 계통의 조계종 후원

　　② **농민 · 천민의 반란** : 하극상의 풍조 반영 → 신분 해방 추구

　　　㉠ 망이 · 망소이의 난 : 공주 명학소에서 발생(농민 반란+신분해방) → 충순현으로 승격

　　　㉡ 전주 관노의 난 : 군인 주도아래 관노 합세 → 가혹한 노동력 징발에 항거, 신분 해방 추구

　　　㉢ 김사미 · 효심의 난 : 경상도 지역 농민 반란 → 신라 부흥 운동 표방

　　　㉣ 만적의 난 : 최충헌의 사노비 만적의 주도 → 신분 해방과 정권 장악 시도

　　　㉤ 기타 : 서경 지역 최광수의 난(고구려 부흥 운동), 담양 이연년의 난(백제 부흥 운동)

　3) 최씨 정권 시대(4대 60여 년)

　　① **최충헌의 독재 정치**

　　　㉠ 봉사 10조의 사회 개혁안 제시, 농민 항쟁 진압 → 권력 유지에 치중

　　　㉡ 교정도감 설치 : 최고 집정부 역할 담당, 장관인 교정별감으로 정권 장악

　　　㉢ 도방 설치 : 신변 보호를 위한 사병 집단

　　　㉣ 광대한 농장과 노비 소유 : 진주 지방을 식읍으로 차지

　　② **최우의 집권** : 문신 등용

　　　㉠ 정방 설치 : 문 · 무 인사권 장악(→ 공민왕 때 폐지)

　　　㉡ 서방 설치 : 문신들로 구성된 자문 기구 → 이규보, 이인로 등 등용

　　　㉢ 삼별초 조직 : 사병 기구로서 치안과 방범을 담당하는 야별초를 좌 · 우별초로 재편, 신의군과 함께 구성 → 대몽 항쟁 전개

4 대외 관계의 변화

(1) 북진 정책과 친송 정책

1) 태조의 북진 정책 : 중국의 혼란기를 이용하여 고구려의 옛 땅을 회복하기 위한 정책 추진 → 거란에 대한 강경책

2) 광종의 친송 정책 : 송이 중국을 통일한 후 송과 제휴하여 거란(요) 견제

3) 송과 거란의 관계 : 연운 16주 문제로 서로 대립

4) 정안국(定安國) : 발해 유민이 압록강 중류 지역에서 건국 → 송과 연합하여 거란 협공 시도

(2) 거란의 침입과 격퇴

1) 1차 침입(성종, 993)

  ① **원인** : 고려의 북진 정책에 따른 거란 강경책과 친송 정책, 정안국의 위협

  ② **경과** : 소손녕의 80만 대군 침입 → 서희의 외교 담판(송과의 외교 관계 단절 조건)

   → 강동 6주 획득 → 압록강까지 영토 확장

2) 2차 침입(현종, 1010) : 고려의 친송 정책 유지에 불만 → 강조의 정변 구실 → 성종의 40만 침입 → 개경 함락 → 현종의 입조를 조건으로 철군 → 양규의 귀주 격퇴

3) 3차 침입(현종, 1019) : 소배압의 10만 대군 침입 → 강감찬의 귀주 대첩으로 실패 → 국교 재개

4) 영향

  ① 고려 · 송 · 요의 세력 균형 유지(11C~12C)

  ② 개경에 나성 축조, 거란 · 여진의 침입 방어위해 천리장성 축조(압록강~도련포)

  ③ 7대 실록 편찬, 초조 대장경 조판

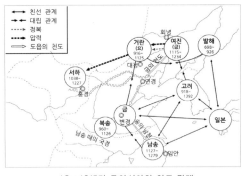

10~12세기 동아시아의 외교 관계

강동6주와 천리장성

(3) 여진 정벌과 9성 개척

1) **여진족의 강성** : 12세기 초에 완옌부 추장 영가가 여진족 통일 → 함경도까지 세력 확장(정주에서 충돌) → 고려는 여진 정벌군 파견 · 패배

2) **동북 9성의 축조** : 윤관의 건의로 별무반(신기군 · 신보군 · 항마군) 편성 → 여진 정벌 → 동북 지방에 9성 축조(1107) → 여진족에게 반환

3) **금의 건국과 여진 관계의 변화** : 여진족의 금 건국(1115) → 요 멸망 후 고려에 사대 관계 강요 → 금국 정벌론 대두 → 이자겸은 정권 유지위해 수락 → 북진 정책 좌절

(4) 몽골과의 전쟁

1) 몽골과의 접촉

① **극동 정세의 변화(13세기)** : 몽골 제국의 건설, 거란족의 대요수국과 여진족의 동진국 건립

② **거란족의 침입** : 몽골에 쫓긴 거란족이 고려에 침입 → 제천 방면에서 김취려가 격퇴

③ **강동의 역(役)** : 고려는 몽골·동진국과 연합 → 강동성에서 거란족 격퇴 → 고려와 몽골 접촉 시작

2) 몽골의 침입(6차)

① **원인** : 강동의 역 이후 고려에 공물 강요, 몽골 사신 저고여의 피살 → 국교 단절

② **1차 침입(1231)** : 살리타 침입 → 의주 점령 → 박서의 항전 → 몽골과 강화 → 다루가치 설치

③ **2차 침입(1232)** : 몽골의 공물 강요 → 최우의 강화도 천도 → 처인성 전투에서 김윤후는 살리타 살해

④ **민중의 항쟁** : 농민과 노비, 부곡민의 항전으로 격퇴

⑤ **몽골 침입의 결과** : 국토 황폐, 민생 도탄, 대구 부인사의 대장경판과 황룡사 9층탑 소실

⑥ **몽골과 강화** : 최씨 정권 붕괴 후 몽골과의 강화론 대두 → 개경 환도(1270)

⑦ **삼별초의 항쟁** : 몽골과의 강화 반대 → 배중손의 지휘 → 강화도 → 진도의 용장성(배중손) → 제주도(김통정)로 이동하며 항쟁 → 여·몽 연합군에 의해 진압

5 고려 후기의 정치 변동

(1) 원의 내정 간섭

1) 일본 정벌에 동원

① 원의 일본 정벌에 군대를 비롯한 인적·물적 자원 징발 → 2차 정벌 때 정동행성 설치

② 2차례의 일본 정벌은 태풍으로 모두 실패

2) 영토의 상실

① **쌍성 총관부** : 화주에 설치 → 철령 이북의 땅을 직속령으로 편입 → 공민왕 때 탈환

② **동녕부** : 서경에 설치 → 자비령 이북의 영토 차지 → 충렬왕 때 반환

③ **탐라 총관부** : 삼별초 항쟁 진압 후 제주도에 설치 → 목마장 경영 → 충렬왕 때 반환

3) 정치상의 변화

① **관제의 격하** : 2성 → 첨의부, 6부 → 4사, 중추원 → 밀직사

② **부마국 지위의 왕실 칭호 사용** : 짐 → 고, 폐하 → 전하, 태자 → 세자

③ **내정 간섭**

㉠ 정동행성 : 일본 원정을 위해 설치 → 일본 원정 실패 후 연락 기구로 삼아 고려 내정 간섭

㉡ 순마소(감찰 기관), 만호부(고려 군사 조직에 영향력 행사), 다루가치(민정 감찰관 → 공물 징수·감독)

4) 경제적 수탈

① 금, 은, 베, 인삼, 약재, 매 등의 특산물 요구

② 응방 : 해동청 매의 징발을 위해 설치

③ 공녀 요구 → 조혼의 풍습 발생

5) 영향
① **정치적** : 고려 자주성에 심각한 손상, 원의 압력과 친원파의 책동으로 고려의 정치는 비정상적으로 운영
② **문화적**
㉠ 몽골풍 : 고려 상류 사회에 몽골어 유행, 몽골식 이름 · 의복 · 변발, 연지 · 곤지, 은장도 등 유행
㉡ 고려양 : 고려 풍속이 몽골 상류 사회에 유행 → 두루마기, 고려병, 생채 등

(2) 공민왕의 개혁 정치(1351~1374)

1) 원 간섭기의 정치적 상황
① 권문세족의 집권
㉠ 왕의 측근 세력과 함께 권력 장악 → 농장 확대, 양민 억압 등 사회 모순 심화
㉡ 신진 관리를 중심으로 개혁 추진의 움직임
② 충선왕과 충목왕의 개혁 → 원의 간섭으로 실패

2) 공민왕의 개혁 정치

배경	원 · 명 교체기에 따른 원의 간섭 약화, 신진 사대부의 성장
반원 자주 정책	• 친원파 숙청, 정동행성 이문소 폐지, 관제 복구, 몽골풍 제거 • 쌍성총관부 탈환(철령 이북 지역 수복), 요동 지방 공략(인당, 최영)
왕권 강화 정책	• 정방 폐지 : 문 · 무 인사권 회복 • 전민변정도감 설치 : 신돈의 건의 → 권문세족의 토지 회수, 노비를 양민으로 해방 　→ 권문세족의 경제적 기반 약화, 국가 재정 확충 • 성균관을 통한 유학 교육 강화, 과거제도 정비 → 신진 사대부 등용
실패 원인	원의 압력, 권문세족의 반발, 개혁 세력(신진 사대부)의 미약, 공민왕의 시해, 홍건적과 왜구의 침입

공민왕의 영토 수복

(3) 신진 사대부의 성장

1) **등장** : 무신 집권기에 과거를 통하여 관리로 진출

2) **출신** : 지방 향리 출신, 중소 지주 → 향촌 사회에 영향력 행사

3) **사상적 기반** : 성리학을 수용 → 사회 개혁의 명분 획득 → 불교 비판

4) **성장** : 공민왕의 개혁 정치를 배경으로 성장

5) **한계** : 권문세족의 인사권 독점으로 관직 진출 제한, 경제적 기반 미약

6) **신흥 무인 세력과 연합** : 홍건적과 왜구를 격퇴하면서 성장한 무인 세력과 연합 → 국가적 시련 해결

(4) 고려의 멸망

1) **사회 모순의 심화** : 권문세족의 정치 권력 독점과 대토지 소유 확대 → 정치 기강 문란, 백성 몰락

2) **신흥 무인 세력 대두** : 홍건적과 왜구의 침입 격퇴 → 최영, 이성계

　① **홍건적 침입** : 원 말기에 백련교도가 중심이 되어 봉기한 한족의 농민 반란군인 홍건적의 침입 → 공민왕은 복주(안동)으로 피난

　② **왜구의 침입**

　　㉠ 경상도, 전라도, 개경 근처까지 진출 → 국가적 위기에 처함

　　㉡ 왜구의 토벌 : 최영(홍산 대첩), 진포 대첩(최무선), 황산 대첩(이성계), 박위(대마도 정벌)

　③ **최영의 집권** : 이성계와 신진 사대부 세력의 지원 → 이인임 등 권문세족 축출 → 정권 장악

3) **위화도 회군(1388)**

　① 명의 철령 이북 점령 시도 → 최영은 이성계에게 요동 정벌 지시 → 이성계는 4불가론을 내세워 요동 정벌 반대 → 위화도 회군 → 정권 장악

　② 이성계의 4불가론 : '소국이 대국을 거역하는 것은 불가하다. 여름철에 군사를 일으킴은 불가하다. 거국적인 원정을 시행할 경우 왜구 침략의 우려가 있어 불가하다. 장마철에는 활의 아교가 녹아 붙고, 전염병이 발생할 가능성이 높아 불가하다.'

4) **조선의 건국(1392)**

　① 이성계와 급진 개혁파 사대부는 우왕 · 창왕 폐위 → 공양왕 옹립 → 과전법(전제 개혁) 실시 → 조선 건국

　② 과전법 : 국가 재정 확보, 민생 안정, 신진 사대부의 경제적 기반 확보 목적으로 실시

※ 고려의 정치적 변천

시 기	정치적 상황	이민족의 침략

10C (호족)	1. 태조
	(1) 민생 안정(조세 경감), 호족 우대(관리 등용, 정략 결혼)
	(2) 기인제도, 사심관제도(→ 유향소, 경재소)
	  → 지방 세력 통제
	(3) 북진정책 : 서경 중시, 거란 배척
	  → 청천강 ~ 영흥만 국경선 확보
	2. 광종 : 왕권 강화 → 노비안검법, 과거제도, 백관 공복 제정, 황제 · 연호 사용
	3. 성종 : 유교적 통치 질서 강화 → 최승로 시무 28조
	(1) 중앙 집권 체제 강화 : 지방관 파견, 향리 제도 실시
	  → 지방 세력 통제
	(2) 중앙 통치 조직 개편(2성 6부제), 국자감 설치(유학 교육 진흥)
		[거란(요)]
		1. 배경 : 고려의 친송 정책과 북진 정책
		2. 1차 침입(993) : 서희 담판 → 강동 6주 획득
		3. 2차 침입 : 양규가 격퇴
		4. 3차 침입 : 강감찬의 귀주 대첩(1019)
		5. 전쟁의 결과
		(1) 고려 · 송 · 요의 세력 균형 유지
		(2) 나성 축조, 천리장성(압록강~도련포)

11C	[문벌 귀족 사회] • 출신 : 호족, 6두품, 공신 • 정치적 – 음서, 경제적 – **공음전**, 보수적 유학, 중첩된 혼인 관계 1. 이자겸의 난(1126) : 문벌 귀족 사회 동요 2. 묘청의 서경 천도 운동(1135)	

12C		[여진(금)]
		1. 윤관은 별무반 편성 → 여진 정벌
		  → 동북 9성 축조 → 반환
		2. 금의 건국 : 거란 멸망시킨 후 고려에 군신 관계 요구 → 이자겸은 정권 유지 위해 수용
		  → 북진 정책 좌절

2. 묘청의 서경 천도 운동(1135)

개경파	중앙 문벌 귀족	보수적 · 사대적 유교사상	금과 사대	신라 계승
서경파	지방 신진 관료	자주적 전통사상 (풍수지리설)	금국 정벌론	고구려 계승

3. 무신정변(1170) → 무신 집권기

배경	문벌 귀족 사회 모순, 무신 차별 및 하급 군인의 불만, 의종의 실정
전개	이의방(중방) – 정중부(중방) – 경대승(도방) – 이의민(중방) – 최충헌(교정도감)
최씨 정권	• 최충헌 : 봉사 10조의 개혁안, 농민 반란 진압 → 대토지와 사병 양성 • 권력기구 : 교정도감, 정방, 서방, 도방 · 삼별초
사회적 동요	• 반(反) 무신 반란 : 김보당, 조위총의 난 • 농민 반란 : 김사미 · 효심의 난 • 신분 해방 운동 : 망이 · 망소이의 난, 만적의 난

시 기	정치적 상황	이민족의 침략
13C	**[원 간섭기]** 1. **영토 상실** : 쌍성총관부, 동녕부, 탐라총관부 2. 관제의 격하, 부마국 지위의 왕실 칭호 사용, 내정간섭(정동행성, 만호부, 다루가치) 3. **수탈** : 공녀 차출, 특산물 징발, 응방 설치 4. **권문세족** : 친원파, 음서(관직 독점), 불교 신봉 정방·도평의사사(정권 장악), 대농장 소유	**【몽골(원)】** 1. 강동성의 역 → 거란족 격퇴 → 몽골과의 관계 시작 2. 1차 침입(1231) : 박서의 항전 → 몽골과 강화 3. 최우의 강화도 천도 : 팔만대장경 조판 4. 2차 침입 : 김윤후 → 살리타 사살 5. 최씨 정권 붕괴 → 개경환도 → 몽골과 강화 6. 민중의 항쟁 : 노비와 부곡민의 항전 7. 삼별초 항쟁 : 강화도 → 진도 → 제주도 8. 결과 : 대장경 판본, 황룡사 9층탑 소실

14C	1. **공민왕의 반원 개혁 정책**
	(1) 반원자주 : 친원파(×), 정동행성 이문소(×),
	   관제복구, 쌍성총관부 탈환, 요동공략
	(2) 왕권 강화 : 정방 폐지, 전민변정도감 설치
	(3) 실패 원인 : 권문세족의 반발, 공민왕의 시해,
	   개혁 세력(신진 사대부)의 미약
	2. **신진 사대부**
	(1) 출신 : 무신 집권기에 과거를 통해 정계 진출한
	   향리 자제
	(2) 성장 : 공민왕 개혁 정치에 참여
	(3) 성리학 수용 → 불교 비판
	3. **고려의 멸망**
	(1) 신흥 무인 세력 대두 : 홍건적과 왜구 침입 격퇴
	   → 최영·이성계
	(2) 위화도 회군 : 명의 철령 이북 점령 시도
	   → 요동 정벌 → 위화도 회군으로 이성계 정권 장악
	   → 과전법 실시
	(3) 이성계 + 급진 개혁파 사대부 → 조선 건국(1392)
		[홍건적·왜구]
		1. 홍건적 침입 : 공민왕은 복주(안동)로 피난
		2. 왜구의 침입 : 경상도, 전라도, 개경 근처까지 진출 → 국가적 위기에 처함

정답: P. 154

1. 태조 왕건이 호족 세력을 견제하기 위해 호족의 자제를 수도에 머물게 하며 왕실 시위 임무를 담당하도록 한 제도는?

2. 태조 왕건 때 고구려의 진대법을 계승하여 빈민 구제를 목적으로 실시한 제도는?

3. 태조 왕건의 북진 정책의 결과로 확보한 북쪽 국경선은?

4. 태조 왕건 때 지방 자치 허용과 지방 세력 통제를 목적으로 실시했던 제도는?

5. 광종이 호족과 공신 세력을 약화시키고 왕권 강화와 국가 재정 확보를 위해 실시한 정책은?

6. 고려 성종 때 시무 28조를 올려 유교를 정치 이념으로 채택할 것을 주장한 인물은?

7. 고려 성종 때 설립된 국립 대학은?

8. 고려 성종 때 서경을 중시하여 개경과 같은 정치 기구를 그대로 옮겨 놓아 국왕이 서경에 머물 때 정책을 원활하게 수행하기 위해 실시한 제도는?

9. 고려에서 국방 문제와 법·시행 규칙의 제정 등을 담당했던 각각의 귀족 합의제 기구는?

10. 고려 귀족 합의제 기구에 참여하여 국가 정책 심의를 담당했던 고위 관료는?

11. 고려 시대 대간에 참여하였던 관리와 담당했던 역할은?

12. 고려 시대 지방 행정 조직인 5도와 양계에 파견하였던 각각의 지방관은?

13. 고려 시대에 풍수지리설과 관련되어 편성된 특수 행정 구역은?

14. 고려 시대의 중앙군과 지방군에 대해 각각 설명하시오.

15. 고려의 상장군, 대장군 등으로 구성된 무신 합좌 기구는?

16. 고려 과거 제도에서 제술과와 명경과에 응시할 수 있는 자격 기준은?

17. 고려에서 과거 합격자의 관직 진출에 절대적인 영향력을 행사하였던 과거 시험관은?

18. 고려 정종 때 거란 정벌을 목적으로 편성된 군대는?

19. 고려 왕족과 공신, 귀족 자제를 대상으로 무시험으로 관직에 진출시킨 제도는?

20. 고려에서 관리 감찰과 풍속 교정을 담당하였던 정치 기구는?

21. 고려의 수상은?

22. 묘청의 서경 천도 운동에 영향을 주었던 전통 사상은?

23. 묘청의 서경 천도 운동을 '조선 역사 1천년 래의 제1대 사건'이라고 평가한 일제 시대 민족주의 역사학자는?

24. 최충헌에 의해 설치된 최씨 정권 시대 최고 집정부는?

25. 최우가 문·무 인사권을 장악하기 위해 설치한 기구는?

26. 최씨 정권의 군사적 기반 역할을 하였던 사병 집단 2가지는?

27. 최씨 정권 시대에 신분 해방과 정권 장악을 목적으로 일어난 대표적인 천민 반란은?

28. 발해 멸망 후 발해 유민에 의해 세워진 나라는?

29. 서희가 거란족의 1차 침략 당시에 소손녕과 담판을 통해 차지한 영토는?

30. 거란 침략 후에 거란족과 여진족의 침략에 대비하기 위해 축조한 천리장성의 위치는?

31. 윤관이 여진족 정벌을 위해 편성한 군대는?

32. 몽골의 침략으로 소실된 대표적인 문화 유산 2가지는?

33. 몽골이 일본 원정을 위해 설치하였다가 내정 간섭 기관으로 바뀐 기구는?

34. 원 간섭기에 해동청 매를 징발하기 위해 설치된 기구는?

35. 공민왕이 권문세족을 약화시키고 왕권 강화를 위해 실시하였던 정책 3가지는?

36. 고려 말에 등장한 신진 사대부의 학문적 배경은?

37. 고려 말 이성계가 정권을 장악하는 계기가 되었던 사건은?

38. 고려 말 최무선이 화포를 이용하여 왜구를 격퇴하였던 대표적인 전투는?

39. 고려 말 이성계와 급진 개혁파 사대부가 실시하였던 토지제도와 실시 목적은?

1. 다음 사건을 시기순으로 바르게 나열한 것은? 2016 기출

> ㄱ. 고려의 건국 ㄴ. 발해의 멸망
> ㄷ. 후백제의 건국 ㄹ. 경순왕의 고려 귀순

① ㄱ → ㄴ → ㄷ → ㄹ ② ㄴ → ㄷ → ㄱ → ㄹ
③ ㄷ → ㄱ → ㄴ → ㄹ ④ ㄹ → ㄷ → ㄱ → ㄴ

2. 고려 태조가 시행한 정책으로 옳은 것을 모두 고른 것은? 2016 기출

> ㄱ. 지방 호족의 자제를 뽑아 인질로 개경에 머물게 하였다.
> ㄴ. 왕에 대한 충성도를 기준으로 토지를 나누어 주었다.
> ㄷ. 《계백료서》를 지어 군주로서 지켜야 할 교훈을 남겼다.
> ㄹ. 신라 경순왕이 귀순해 오자 그를 경주의 사심관으로 삼았다.

① ㄱ, ㄴ, ㄷ ② ㄱ, ㄴ, ㄹ
③ ㄱ, ㄷ, ㄹ ④ ㄴ, ㄷ, ㄹ

3. 다음 중 고려 광종의 정책과 거리가 먼 것은? 2005 기출
① 노비안검법을 실시하여 호족 세력을 억압하였다.
② 백관의 공복을 제정하여 지배층의 위계 질서를 확립하였다.
③ 과거제도를 실시하여 신구 세력을 교체하였다.
④ 12목에 지방관을 파견하여 지방 세력을 견제하였다.

4. 고려 성종 때의 사실로 옳은 것은?
① 황제를 칭하고 광덕, 준풍 등 독자적 연호를 사용하였다.
② 주현공부법을 마련하여 국가 수입을 증대시켰다.
③ 호족을 향리로 재편하여 지방 세력을 통제하였다.
④ 관료들의 경제적 기반을 마련하기 위해 전시과 제도를 실시하였다.

5. 고려의 정치기구에 관한 설명으로 옳지 않은 것은? 2017 기출
① 중서문하성이 최고의 정무기구였다.
② 상서성은 상서도성과 6부로 구성되었다.
③ 중추원은 국방, 대외문제를 논의하는 회의 기구였다.
④ 당, 송 제도의 영향을 받았으나 고려 독자의 기구도 있었다.

6. 다음 내용과 관련된 고려 시대 기관은?

2013 기출

> • 법적 제정을 관장하였다.
> • 중서문하성과 중추원의 높은 관원들이 함께 참여하는 회의 기구였다.

① 상서성 ② 어사대
③ 도병마사 ④ 식목도감

7. 고려의 국왕에 관한 설명으로 옳은 것은?

2019 기출

① 광종은 연등회와 팔관회를 부활시켰다.
② 공민왕은 원의 간섭에서 벗어나 황제를 칭하였다.
③ 인종은 왕권을 강화하기 위해 서경으로 천도하였다.
④ 성종은 주요 지역에 지방관을 파견하였다.

8. 고려 시대의 지방 행정 조직과 관련된 설명으로 잘못된 것은?

① 현종 때 5도 양계와 경기의 행정 구역이 정비되었다.
② 5도에는 안찰사를 파견하여 도내를 순시·감찰하였다.
③ 양계에는 병마사를 파견하고, 국방상 요충지에는 진을 설치하였다.
④ 토착 세력인 향리는 중앙에서 파견된 지방관을 보좌하였다.

9. 고려의 군역 제도와 군사 조직에 대한 설명으로 잘못된 것은?

① 2군 6위의 상장군과 대장군은 중방의 구성원이 되었다.
② 중앙군은 직업 군인으로 구성되었으며, 군역은 세습되었다.
③ 무과에 합격한 자는 중앙군의 지휘관이 되기도 하였다.
④ 지방군은 16세 이상의 농민 장정으로 구성되었다.

10. 고려의 관리 등용 제도에 대한 설명으로 잘못된 것은?

① 백정에게도 과거에 응시할 수 있는 자격이 주어졌다.
② 제술과는 문학적 재능과 정책, 명경과는 유교 경전을 시험하였다.
③ 공신, 귀족은 음서를 통하여 무시험으로 관직에 진출하였다.
④ 음서 출신자는 관직 승진에 일정한 제약을 받았다.

11. 고려 시대의 통치 조직과 제도에 대한 설명으로 옳은 것은?

① 도병마사와 식목도감은 고려 시대를 관료제 사회로 규정짓는 근거가 되었다.
② 향리는 과거에 응시하여 문반 관직에 진출할 수 있었다.
③ 5도에는 상설 행정 기관이 설치되어 안찰사가 상주하며 통치하였다.
④ 향·부곡·소를 제외한 모든 군현에 수령을 파견해 지방 행정을 운영하였다.

12. 고려의 대외 관계를 시대 순으로 바르게 나열한 것은? 2015 기출

> ㄱ. 강감찬은 귀주에서 거란의 침략을 막아냈다.
> ㄴ. 서희는 거란의 소손녕과 외교적 담판을 하여 강동6주를 획득하였다.
> ㄷ. 몽골은 저고여의 피살을 핑계로 고려를 침략하였다.
> ㄹ. 윤관의 건의에 따라 별무반을 조직하여 여진족을 몰아내고 동북 9성을 쌓았다.

① ㄱ → ㄴ → ㄷ → ㄹ   ② ㄴ → ㄱ → ㄷ → ㄹ

③ ㄴ → ㄱ → ㄹ → ㄷ   ④ ㄹ → ㄱ → ㄴ → ㄷ

13. (가), (나)에 들어갈 내용이 바르게 짝지어진 것은? 2016 기출

> 묘청 등이 아뢰기를 "(가)의 임원역 땅을 보니 음양가가 말하는 대화세(大華勢)입니다. 만약 궁궐을 세워 여기에 임하시면 천하를 합병할 수 있을 것이요, (나)가 폐백을 가지고 스스로 항복할 것이며 36국이 다 신하의 나라가 될 것입니다." 하였다.   —『고려사』—

① (가) 서경, (나) 금 나라   ② (가) 서경, (나) 요 나라

③ (가) 남경, (나) 요 나라   ④ (가) 남경, (나) 송 나라

14. 고려 무신 정권 시기 중 정중부~이의민의 집권기에 관한 설명으로 옳지 않은 것은? 2017 기출

① 집권한 무신 사이에 치열한 권력 투쟁이 벌어졌다.

② 이규보 등의 문신이 대거 등용되었다.

③ 무신 집권자에 반대하여 조위총이 반란을 일으켰다.

④ 중방을 통해서 집단지도체제가 운영되었다.

15. 고려 무인집권기에 설치된 기구에 관한 설명으로 옳지 않은 것은? 2016 기출

① 대장경을 간행하기 위해 교장도감을 설치하였다.

② 사병기관인 도방을 설치하여 신변을 경호하였다.

③ 문인들의 전문적인 지식을 활용하기 위해 서방을 설치하였다.

④ 반대 세력을 제거하고 비위를 감찰하기 위해 교정도감을 설치하였다.

16. 고려의 대외항쟁에 관한 설명으로 옳은 것은? 2017 기출

① 서희가 거란 장수 소손녕과 담판을 벌여 북서 4군을 확보하였다.

② 강감찬이 귀주에서 여진족을 크게 물리쳤다.

③ 윤관이 별무반을 이끌고 거란을 정벌하여 동북 9성을 설치하였다.

④ 김윤후와 처인 부곡의 주민들이 힘을 합쳐 몽골 살리타의 군대를 물리쳤다.

17. 다음의 지도를 보고 이와 관계된 왕의 업적으로 잘못된 것은?

① 반원 자주와 왕권 강화를 내세웠다.
② 고려의 영토가 처음으로 압록강 유역까지 확장되었다.
③ 전민변정도감을 설치하여 국가 재정 수입의 기반을 확대하였다.
④ 신진 사대부의 등장을 억제하고 있던 정방을 폐지하였다.

18. 다음 사건을 발생시기가 앞선 순으로 바르게 나열한 것은? `2018 기출`

| ㄱ. 경대승 도방정치 | ㄴ. 묘청 서경천도 운동 |
| ㄷ. 최충헌 교정도감 설치 | ㄹ. 삼별초 대몽항쟁 |

① ㄱ → ㄴ → ㄹ → ㄷ
② ㄱ → ㄷ → ㄴ → ㄹ
③ ㄴ → ㄱ → ㄷ → ㄹ
④ ㄴ → ㄷ → ㄹ → ㄱ

19. 다음 중 삼별초가 항쟁한 곳을 모두 고른 것은? `2019 기출`

| ㄱ. 강동성 | ㄴ. 귀주성 | ㄷ. 용장산성 | ㄹ. 항파두성 |

① ㄱ, ㄴ
② ㄱ, ㄹ
③ ㄴ, ㄷ
④ ㄷ, ㄹ

20. 모 방송국에서 외교 담판으로 유명한 서희를 주인공으로 한 드라마를 제작하고자 할 때, 등장할 수 없는 장면은? `2014 기출`

① 과거를 통해 관직에 진출한 관리와의 대화
② 전시과에 따라 토지를 하사받는 서희의 모습
③ 목화 밭 사이를 지나 소손녕에게 가는 서희 일행
④ 개혁안을 올리는 최승로를 바라보는 서희의 모습

21. 밑줄 친 부분과 같은 일이 일어나게 된 직접적인 원인으로 옳은 것은?

2014 기출

> (공민왕이) 일개 승려에 불과하던 신돈에게 국정을 맡겼다. 신돈은 "오늘날 나라의 법이 무너져 나라의 토지와 약한 자들의 토지를 힘 있는 자들이 모두 빼앗고 양민을 자신의 노예로 삼고 있다. 그러므로 백성은 병들고 나라의 창고는 비어 있으니 큰 문제가 아닐 수 없다. …"
>
> – 『고려사』 –

① 이자겸은 왕실과 혼인관계를 맺으면서 권력가가 되었다.
② 각 지역에 독립적인 세력을 가진 호족들이 등장하였다.
③ 원(元)의 세력을 등에 업은 권문세족이 성장하였다.
④ 세도 가문이 권력을 독점하면서 뇌물로 관직을 사고파는 일이 많아졌다.

22. 다음 내용과 관련된 고려 무신 정권기 천민의 반란은?

2014 기출

> 경인년과 계사년 이래 천한 무리에서 높은 관직에 오르는 경우가 많이 일어났으니, 장군과 재상이 어찌 종자가 따로 있으랴? 때가 오면 누구나 할 수 있을 것이다.

① 김보당의 난
② 망이 · 망소이의 난
③ 전주 관노의 난
④ 만적의 난

정답 및 해설

1. 정답 ③

해설 ㄷ. 후백제 건국(900) → ㄱ. 고려 건국(918) → ㄴ. 발해 멸망(926) → ㄹ. 경순왕의 고려 귀순(935)

2. 정답 ②

해설 ㄱ. 태조는 지방 호족 세력을 통제하기 위하여 호족의 자제를 인질로 삼아 개경에 머무르게 하는 기인제도를 실시하였다. ㄴ. 태조는 고려 건국에 공을 세운 공신들에게 충성도와 공로를 기준으로 '역분전'이라는 토지를 지급하였다. ㄹ. 태조는 신라의 경순왕을 경주의 사심관으로 임명하여 지방 자치를 맡기는 한편 지방 세력 통제의 임무를 부여하였다.

오답풀이 ㄷ. 계백료서는 신하가 지켜야 할 도리를 강조하기 위하여 왕건이 저술하였다.

3. 정답 ④

오답풀이 ④ 12목을 설치하고 지방관을 파견한 것은 성종 때의 사실이다.

4. 정답 ③

해설 ③ 성종 때 호족을 향리 신분으로 강등하고 지방관을 파견하여 지방 세력을 통제하였다.

오답풀이 ①② 광종, ④ 경종

5. 정답 ③

해설 ① 중서문하성은 중앙 최고 정치 기구이다. ② 상서성은 정책 집행 기관으로 상서도성과 6부로 구성되었다. ④ 고려의 중앙 정치 조직은 당의 3성 6부의 영향을 받아 2성 6부로 운영되었으며, 중추원과 삼사는 송의 영향을 받아 조직되었

다. 한편 고려는 도병마사, 식목도감 등의 독자적인 귀족 회의 기구를 운영하였다.

오답풀이 ③ 중추원은 군사 기밀 업무를 담당하는 추밀과 왕명 출납을 담당하는 승선으로 구성되었다. 국방 및 대외 문제를 논의하는 회의 기구는 도병마사이다.

6. 정답 ④

해설 ④ 식목도감은 도병마사와 함께 고려의 귀족 회의 기구로서, 2품 이상의 고위 관료인 중서문하성의 재신과 중추원의 추밀이 참여하여 국가 중대사를 결정지었다. 식목도감은 각종 법과 시행 규칙을 제정하는 역할을 담당하였다.

7. 정답 ④

해설 ④ 성종 때 최승로의 시무 28조를 계기로 지방 행정 조직을 12목으로 정비하고 최초로 지방관을 파견하였다.

오답풀이 ① 연등회와 팔관회는 성종 때 폐지되었다가 현종 때 부활하였다. ② 공민왕은 황제의 칭호를 사용하지 않았다. ③ 인종 때 묘청을 중심으로 서경파 세력이 서경 천도 운동을 전개하였으나, 김부식에 의해 진압되어 실패하였다.

8. 정답 ④

오답풀이 ④ 고려의 향리는 속현과 향 · 부곡 · 소를 지배하면서 조세 · 공물 · 요역 동원의 업무를 담당하였다. 향리가 중앙에서 파견된 지방관을 보좌하는 역할을 담당한 것은 조선 시대에 해당한다.

9. 정답 ③

오답풀이 ③ 고려 시대는 과거 제도에서 무과 시험이 실시되지 않았다.

10. 정답 ④

오답풀이 ④ 고려에서 음서 출신자는 과거에 합격하지 않아도 고위 관직으로 승진하는 데 제약을 받지 않았다.

11. 정답 ②

해설 ② 향리는 제술과와 명경과에 응시하여 문반 관직에 진출할 수 있었다.

오답풀이 ① 도병마사와 식목도감은 귀족 회의 기구로서 고려 귀족 정치의 특징을 보여 준다. 관료제 사회는 조선시대에 대한 설명이다. ③ 5도에 파견된 안찰사는 지방을 순시하고 감찰 하는 업무를 담당했기 때문에 5도에는 상설 행정 기관이 존 재하지 않았다. ④ 고려는 지방관을 파견하지 않은 속현이 지방관이 파견된 주현보다 약 3배 이상 많았으며, 속현은 향 리가 지배하였다. 반면에 조선 시대는 모든 군현에 지방관 이 파견되었다.

12. 정답 ③

해설 ㄴ. 거란의 1차 침략(993) → ㄱ. 거란의 3차 침략(1019) → ㄹ. 윤관의 동북 9성 축조(1107) → ㄷ. 몽골의 고려 침략 (1231)

13. 정답 ①

해설 ① 묘청을 비롯한 서경파 세력은 풍수지리설을 배경으로 서 경 천도를 추진하였으며, 또한 금과의 사대 관계를 거부하 고 금나라를 정벌하자는 금국정벌론을 주장하였다.

14. 정답 ②

해설 ① 무신정권 시기에는 무신들 간에 끊임없이 권력 투쟁이 전개되었으며, 최충헌에 의해 마무리되었다. ③ 무신 정권에 반발하여 조위총, 김보당의 난 등이 발생하였다. ④ 이의방, 정중부 등의 무신정권 초기에는 중방(무신 회의 기구)을 중 심으로 집단 지도 체제로 운영되었다.

오답풀이 ② 무신 정권 시기에는 문신의 정치 활동이 제한되었으며, 이규보는 최씨 정권 시대에 등용되어 활동하였다.

15. 정답 ①

해설 ② 최충헌은 자신의 신변 보호를 위해 사병 기관인 도방을 설치하였다. ③ 최우는 문인 관리를 등용하여 행정 업무에 활용하기 위하여 서방을 설치하였다. ④ 최충헌은 반대 세 력을 제거하고 관리들의 비위(부정, 부패)를 감찰할 목적으 로 교정도감을 설치하였으며, 이후 교정도감은 최씨 정권 시대의 최고 정치 기구로 발전하였다.

오답풀이 ① 최우는 몽골의 침략을 계기로 강화도에 대장도감을 설치 하고 팔만(재조) 대장경을 간행하였다. 교장도감은 대각국사 의천이 교장을 편찬하기 위하여 설치한 것이다.

16. 정답 ④

해설 ④ 김윤후는 용인의 처인 부곡에서 하층민들과 함께 몽골 살리타의 침략을 격퇴하였다.

오답풀이 ① 서희는 거란의 소손녕과 담판을 벌여 강동 6주를 획득하 였으며, 4군 6진은 조선 세종 때 확보하였다. ② 강감찬은 귀주 대첩에서 거란족의 침략을 격퇴하였다. ③ 윤관은 별 무반을 이끌고 여진족을 정벌하여 동북 9성을 설치하였다.

17. 정답 ②

오답풀이 ② 지도는 공민왕이 쌍성총관부를 탈환하여 철령 이북의 영 토를 회복한 사실과 관련 있다. 고려가 압록강 유역까지 영 토를 처음으로 확장한 것은 거란족 1차 침략 당시에 서희가 강동 6주를 획득한 결과와 관련 있다.

18. 정답 ③

해설 ㄴ. 묘청 서경천도 운동(1135) → ㄱ. 무신정변(1170) 이후 경 대승은 정중부를 축출하고 도방정치를 실시 → ㄷ. 최충헌 은 경대승이 죽은 후 정권을 장악한 이의민을 축출하고 교 정도감을 설치하고 정권을 장악 → ㄹ. 삼별초는 1270년에 고려가 몽골과 강화를 맺은 것을 반대하면서 대몽 항쟁을 전개

19. 정답 ④

오답풀이 고려의 삼별초가 몽골과 항쟁하였던 곳은 강화도, 진도의 용장산성, 제주도의 항파두성이었다.

20. 정답 ③

해설 서희는 성종 때 거란 침략 당시에 외교 담판으로 강동 6주 를 획득하였다(993년). ① 고려는 광종 때부터 과거를 실시 하였다(958년). ② 전시과는 976년 경종 때 실시되었으므로 서희는 토지를 받을 수 있었다. ④ 최승로는 성종 때 시무 28조의 개혁안을 올렸다.

오답풀이 ③ 목화는 고려 후기 공민왕 때 문익점이 원나라를 통해 처 음으로 가져왔으므로 성종 때의 사실이 아니다.

21. 정답 ③

해설 ③ 자료는 공민왕 때 신돈의 건의로 설치된 전민변정도감과 관련된 사실이다. 원 간섭기의 지배층이었던 권문세족의 대 토지 소유와 농민의 노비화 현상을 해결하기 위하여 전민변 정도감을 설치하였으나 실패하였다.

오답풀이 ① 고려 중기의 문벌귀족, ② 호족은 신라 말에 등장, ④ 조 선 후기 세도정치

22. 정답 ④

해설 ④ 자료는 최충헌의 사노비였던 만적이 신분 해방과 정권 장악을 목적으로 일어난 반란과 관련된 사실이다.

오답풀이 ① 문신 반란, ② 공주 명학소에서 일어난 하층민의 반란, ③ 전주 관청 소속 노비의 반란

② 중세의 사회

❶ 사회 구조의 개편

(1) 특징

1) 문벌 귀족 사회 : 가문과 문벌을 중시하는 귀족층이 왕실과 함께 지배층으로서의 특권 유지

2) 개방적 사회 : 지방 호족과 6두품 출신의 유학자가 새로운 지배층으로 성장 → 진골 중심의 폐쇄적 사회에서 개방적 사회로 발전

3) 대가족 중심의 친족 공동체 사회 : 귀족에서 평민까지 성과 본관을 사용

4) 신분제 사회 : 가문에 따른 신분 중시 → 귀족, 중류층, 양민, 천민으로 구성

5) 계층 간 이동 가능 : 신분 세습이 원칙 → 개인의 능력과 정치적 상황의 변동에 의해 사회 계층 간의 이동 발생

　① 개인의 능력에 의한 경우

　　㉠ 향리가 과거를 통해 문반 관료로 상승

　　㉡ 군인이 군공을 세워 무반으로 지위 상승

　　㉢ 외거 노비가 재산을 축적하여 양민 신분 획득

　② 정치적 상황 변동에 의한 경우

　　㉠ 무신 정권기 : 공주 명학소가 망이 · 망소이의 난을 계기로 충순현으로 승격

　　㉡ 몽골 침략기 : 몽골의 침략에 저항하였던 충주 다인철소와 처인 부곡이 군 · 현으로 승격

(2) 고려의 신분 제도

1) 귀족 : 왕족, 5품 이상 고위 관직의 문 · 무 양반 → 고위 관직과 경제적 특권 독점, 개경에 거주

구분	문벌 귀족	권문세족	신진 사대부
활동 시기	고려 전기	고려 후기(원 간섭기)	고려 말기(원 · 명 교체기)
출신	호족, 6두품, 공신	친원파가 대부분	지방 향리 (최씨 정권의 서방에 등용)
사상	보수적 유학	친불교적	성리학 → 불교 폐단 비판
관료 진출	음서, 과거	음서 → 고위 관직 독점	과거 (공민왕 때 정치 세력 형성)
성격	가문 중시 → 왕실과의 혼인, 중첩된 혼인관계 → 문벌 형성	도평의사사 → 권력 장악	고려 사회 개혁과 문화 혁신 추구
경제 기반	공음전, 전시과	대농장 소유, 조세 납부(×)	중소 지주 → 사전의 폐단 비판 → 권문세족과 대립
대외 정책	금과 사대 관계	친원 정책	친명 정책

2) 중류층

성립	• 후삼국에서 고려 성립기에 통치 체제의 하부 구조를 맡아 중간 역할 담당 • 지배 기구의 말단 행정직 담당, 직역 세습 → 국가로부터 토지를 받음
구성	서리, 남반, 향리, 군반, 기술관, 역리
향리	• 호족 출신의 향리 : 호장 · 부호장직 전담 → 지방의 실질적 지배층, 통혼관계 · 과거 응시 자격 등에서 하위 향리와 구별 • 하층 향리 : 말단 행정 실무 담당, 직역 세습
말단 행정직	남반(궁중 관리), 군반(직업 군인인 하급 장교), 잡류(중앙 관청의 말단 서리), 역리 → 직역 세습, 토지를 지급 받음

3) 양민 : 주 · 부 · 군 · 현에 거주, 백정 농민이 주류, 상인, 수공업자, 향 · 부곡 · 소 · 역(驛) · 진(津)의 주민

백정 농민	• 국가로부터 토지를 지급받지 못한 농민 → 자기 소유의 민전이나 타인 소유의 토지를 경작 • 자유 신분으로 법적으로 과거 응시 자격 부여, 토지(전지)를 받는 군인으로 선발 가능 • 조세 · 공납 · 역의 의무
상인 · 수공업자	농민보다 천시, 생산 활동 담당
특수 집단민	• 법제적 신분은 양민이나 일반 양민에 비해 심한 규제 • 세금 부담 가중, 거주 이전 금지, 관직 진출과 교육 등에서 차별 대우 받았음 • 향 · 부곡(농업), 소(수공업 · 광업), 역(육로 교통), 진(수로 교통)

4) 천민

① 구성 : 노비가 대부분, 화척(도살업자), 재인(광대)

② 조세 · 공납 · 역의 의무(×), 관직 진출에 제한

③ 노비

　　㉠ 재산으로 간주되어 매매, 상속, 증여 가능

　　㉡ 일천즉천(一賤則賤)의 원칙 적용 → 부모 중 한쪽이 노비이면 노비 신분 세습

　　㉢ 천자수모법(賤子隨母法) 적용 : 노비간의 자식은 어머니의 소유주에 귀속

　　㉣ 소유주에 따라 공노비(공공 기관에 소속)와 사노비(개인이나 사원에 소속)로 구분

구분		내용
공노비	입역 노비	궁중, 중앙 관청, 지방 관아에서 급료를 받고 잡역에 종사
	외거 노비	지방에 거주하면서 농업에 종사, 수입 중 규정된 액수를 관청에 납부
사노비	솔거 노비	귀족이나 사원에서 직접 부리는 노비, 상전 주인과 함께 생활 → 잡일 담당
	외거 노비	• 주인과 따로 거주하면서 농업에 종사 → 일정량을 신공(身貢)으로 납부 • 자신의 토지 소유 및 소작 가능 → 지위 상승 및 재산 축적 가능 • 신분적 – 주인에게 예속, 경제적 – 백정 농민과 비슷한 경제적 생활

❷ 백성들의 생활 모습

(1) 농민의 공동 조직

1) 공동 조직의 기능 : 일상 의례와 공동 노동을 통해 공동체 의식 강화 → 향도가 대표적
2) 향도(香徒) : 불교의 신앙 조직으로 매향 활동하는 무리라는 뜻
   ① 매향(埋香) : 불교 신앙의 한 형태로 큰 위험에 처했을 때를 대비하여 향나무를 바닷가에 묻었
    다가, 이를 통하여 미륵을 만나 구원을 받기 위한 염원에서 나온 활동에서 시작
   ② 향도의 변화
    ㉠ 초기 : 불교 행사에 참여 → 대규모 인력이 동원되는 불상, 석탑, 사찰 건립 때 주도적 역할 담당
    ㉡ 후기 : 신앙적 성격에서 농민 공동체 조직으로 발전 → 마을 노역, 혼례, 상장례, 민속 신앙과
    관련된 마을 제사 등 주도

(2) 사회 시책과 사회 제도

실시 목적		농민 생활 안정을 통한 국가 체제 유지 도모
농민 안정책		농번기 잡역 동원 금지, 재해 시 조세 · 부역 면제, 고리대 금지
권농 정책		• 사직 설치(토지 신과 5곡 신에게 제사), 적전 경작(→ 왕의 농사 시범) • 황무지 · 진전 개간 시에는 일정 기간 면세 혜택
사회 제도	의창	고구려의 진대법 계승 → 춘대 추납의 빈민 구제
	상평창	물가 조절 기관 → 성종 때 개경과 서경 및 12목에 설치
	의료 기관	동 · 서 대비원(빈민 구휼 · 환자 치료), 혜민국(의약 전담)
	제위보	기금을 조성하여 이자로 빈민 구제
	구제 · 구급도감	임시 기관 → 각종 재해 발생 시 백성 구제

(3) 법률과 풍속

법률	• 형법은 당률을 기본으로 제정, 보조 법률 제정 • 일상 생활은 관습법 중시, 지방관에게 재량권 부여(→ 사법 처리 담당, 사형권은 없음) • 반역죄와 불효죄는 중죄로 처벌 → 유교 윤리 강조 • 형벌 : 태 · 장 · 도 · 유 · 사, 사형은 3심제 적용 • 귀양형을 받은 사람이 부모상을 당한 경우에는 장례를 치를 수 있도록 7일 간의 휴가

풍속	• 상장제례 : 토착 신앙과 융합된 도교 · 불교 의식 거행
	 • 명절 : 정월 초하루, 삼짇날, 단오, 유두, 추석
	 • 불교 행사 : 훈요 10조에서 태조가 중시
	    · 연등회 : 전국적으로 거행된 불교 행사 → 가무를 즐기고 나라의 태평과 불덕을 기림
	    · 팔관회 : 토착 신앙과 불교가 융합된 행사 → 개경(11월 15일) · 서경(10월 15일)에서 실시
	                     여진을 비롯한 주변국 상인과 사신들이 조공을
	                     바치고 무역 교류 실시

(4) 혼인과 여성의 지위

혼인	• 일부일처제가 일반적, 왕실에서는 근친혼 성행 • 전기 – 근친혼·동성혼 성행, 후기 – 동성불혼 일반화
상속	토지·노비·곡물이 대상, **자녀 균분 상속**이 원칙
여성의 지위	• 여성 호주 가능, 태어난 순서대로 호적에 기재, 남편의 유산 분배권 행사 • 가정 생활이나 경제 운영에서 남성과 거의 대등함 • 딸의 제사 봉양, 아들·딸이 교대로 제사 담당, 사위의 처가살이, 사위와 외손도 음서 혜택 • **여성의 재가 허용 → 재가녀 자식의 사회적 진출에 차별이 없음** • 여성의 사회적 진출은 제약을 받았음

❸ 고려 후기의 사회 변화

(1) 무신 집권기 하층민의 봉기

1) 배경 : 무신 간 대립과 지배 체제 붕괴에 따른 백성에 대한 통제력 약화, 신분제의 동요, 무신의 수탈 강화

2) 농민 봉기의 발생

① 조위총 반란(서경) 때 다수의 농민 가세, 망이·망소이의 봉기(공주 명학소), 김사미·효심의 봉기(운문·초전)

② 다양한 성격의 봉기 : 왕조 질서 부정(신라 부흥 운동), 지방관의 탐학에 대한 반발

③ 천민의 신분 해방 운동 : 최충헌 집권기 → 만적의 난

(2) 몽골의 침입과 백성의 생활

1) 강화도 천도 시기 : 하층민의 몽골군 격퇴 → 충주 다인철소와 처인 부곡에서 승리

2) 강화 후 : 원의 간섭과 정치 세력의 침탈, 일본 원정 동원 등으로 일반 백성 희생

(3) 원 간섭기의 사회 변화

1) 신분 이동

① 역관·향리·평민·부곡민·노비·환관 → 전공(戰功)과 몽골인과의 혼인, 몽골어 습득 등을 통해 출세

② 친원 세력이 권문세족으로 성장

2) 문물 교류의 확대 : 몽골풍 유행, 고려 풍속의 몽골 전래(고려양), 원의 공녀 요구(→ 심각한 사회 문제로 대두)

3) 왜구의 침략(14세기 중반 이후) : 사회 불안 가중, 국가적 문제로 인식 → 왜구의 격퇴 과정에서 신흥 무인 세력 성장

확인 학습

정답: P.154

1. 고려 중기 지배층이었던 문벌 귀족의 정치적, 경제적 기반이 되었던 것은?

2. 고려 시대에 궁궐에서 근무하는 하급 관리는?

3. 고려 시대 노비의 신분 세습과 관련된 원칙은?

4. 고려 시대에 미륵 신앙과 관련되어 만들어진 불교의 신앙 조직은?

5. 고려의 춘대추납의 빈민 구제 기관은?

6. 고려에서 빈민 구휼과 환자 치료를 담당하던 의료 기관은?

7. 고려 시대 신분 제도에서 '백정'은 어떤 신분의 칭호인가?

8. 고려 시대 재산 상속의 기본 원칙은?

9. 무신 정권기에 경상도 운문, 초전에서 일어난 대표적인 농민 봉기는?

10. 고려 시대에 기금을 조성하여 그 이자로 빈민 구제를 담당하였던 제도는?

11. 고려에서 개경과 서경 및 12목에 설치한 물가 조절 기관은?

12. 고려 시대에 개경과 서경에서 실시된 불교 · 도교 · 민간 신앙의 종교 행사는?

1. 고려시대의 신분제도와 관련된 설명으로 옳지 <u>않은</u> 것은? 2012 기출

① 노비는 매매, 증여, 상속이 가능하였으며 주인에게 예속되었다.

② 양민 중 역과 진에 거주하는 주민은 육로 교통과 수로 교통에 종사하였다.

③ 노비와 관련된 소송 문제는 장례원에서 처리하였다.

④ 양민의 대다수인 농민은 조세, 공납, 역의 의무가 있었다.

2. 고려 시대 백정에 대한 설명으로 맞는 것을 모두 고르면?

> ㄱ. 조세·공납·역의 의무를 부담하였다.
> ㄴ. 매매·증여·상속의 대상이 되었다.
> ㄷ. 신분상 양민이며 토지를 소유할 수 있었다.
> ㄹ. 직역을 세습하면서 국가로부터 토지를 받았다.

① ㄱ, ㄴ   ② ㄱ, ㄷ

③ ㄴ, ㄹ   ④ ㄷ, ㄹ

3. 다음 밑줄 친 ㉠~㉢에 대한 설명으로 옳지 <u>않은</u> 것은?

> 고려의 사회 계층은 ㉠ 귀족과 ㉡ 중류층, ㉢ 양민, 천민으로 구성되어 있었다. 귀족과 중류층이 지배층인 데 반해 양인과 천민은 피지배층이었다. 귀족들은 자신의 특권을 독점하기 위하여 ㉣ 폐쇄적인 사회정책을 만들어 신분 제도의 엄격한 유지를 꾀하였다.

① ㉠ – 보통 5품 이상의 문·무 관료들이 해당된다.

② ㉡ – 6품 이하의 관리와 서리, 남반, 하급 장교 등이 있었다.

③ ㉢ – 이들의 대다수는 농민들로서 백정(白丁)이라고도 하였다.

④ ㉣ – 향리들이 관직에 진출하는 것을 철저하게 차단하였다.

4. 고려 시대 지배층의 변화를 순서대로 바르게 나열한 것은?

① 문벌 귀족 – 무신 – 권문세족 – 신진 사대부

② 문벌 귀족 – 신진 사대부 – 무신 – 권문세족

③ 권문세족 – 문벌 귀족 – 무신 – 신진 사대부

④ 신진 사대부 – 권문세족 – 무신 – 문벌 귀족

5. 고려시대의 사회 상황으로 옳지 <u>않은</u> 것은? 2016 기출

① 궁궐의 잡무를 맡은 남반이 있었다.

② 도살업에 종사하는 계층을 백정이라 하였다.

③ 물가 조절을 위한 상평창이라는 기관이 있었다.

④ 죄 지은 자를 본관지로 보내는 귀향이라는 형벌이 있었다.

6. 고려 시대의 풍속에 대한 설명이 옳지 <u>않은</u> 것은?

① 전기에는 근친혼, 동성혼이 널리 성행하였다.

② 연등회와 팔관회는 국가의 제전으로 중시되었다.

③ 명절인 단오 때에는 격구, 그네뛰기, 씨름 등을 즐겼다.

④ 초기부터 조혼이 널리 일반화되어 후기에는 금지령이 내려졌다.

7. 다음 중 고려 시대의 향도에 대한 설명으로 옳지 <u>않은</u> 것은?

① 미륵을 만나 구원받고자 하는 염원에서 향나무를 바닷가에 묻었다.

② 불상, 석탑을 만들거나 절을 지을 때 역할을 하였다.

③ 혼례와 상장례, 마을 제사 등 공동체 생활을 주도하였다.

④ 초기에는 공동체 조직의 역할을, 후기에는 불교 신앙 조직의 역할을 담당하였다.

8. 고려 사회가 고대 사회에 비해 개방적이라는 사실을 뒷받침할 수 있는 근거로 적절하지 <u>않은</u> 것은?

① 군인이 군공을 쌓아 무반으로 진출할 수 있었다.

② 향리 출신이 과거를 통해 문반 관리로 진출하였다.

③ 5품 이상 고위 관료들의 자제는 음서를 통해 관직에 진출할 수 있었다.

④ 향 · 부곡 · 소가 일반 군현으로 승격되기도 하였다.

9. 고려 시대 천민에 대한 설명으로 옳은 것은?

① 천민의 대다수는 백정이었다.

② 법제적으로 관직 진출에 제약이 없었다.

③ 노비는 양민보다 더 무거운 세금을 부담하였다.

④ 외거 노비 중에는 신분의 제약을 딛고 지위를 상승시킨 사람도 있었다.

10. 고려의 지방 사회에 관한 설명으로 옳은 것은?　　　　　　　　　　2019 기출

① 향 · 소 · 부곡민은 천민 신분으로 과거를 볼 수 없었다.

② 소의 주민은 왕실에 소속된 농장을 관리하였다.

③ 지방 고을은 주현(主縣)과 속현(屬縣)으로 구분되었다.

④ 향리는 중인 신분으로 제술과에 응시할 수 없었다.

11. 다음 중 원 간섭기의 사회 변화에 대한 설명으로 옳은 것을 모두 고르면?

> ㄱ. 고려의 풍습이 몽고에서 유행하였다.
>
> ㄴ. 고려 사회에서는 몽고식 변발, 복장 및 몽고어가 주로 궁중과 지배층을 중심으로 유행하였다.
>
> ㄷ. 신분 해방을 목적으로 한 천민들의 반란이 자주 일어났다.
>
> ㄹ. 친원 세력이 신진 사대부로 성장하였다.
>
> ㅁ. 원의 공녀 요구로 고려에서는 조혼의 풍습이 나타났다.

① ㄱ, ㄴ 　　　　　　　　　　② ㄴ, ㄹ

③ ㄱ, ㄴ, ㅁ 　　　　　　　　④ ㄱ, ㄴ, ㄹ, ㅁ

12. 고려시대의 가족생활에 관한 설명으로 옳지 <u>않은</u> 것은? 2014 기출

① 재산은 자녀에게 균등하게 분배하여 상속하였다.

② 양자(養子)를 들여 집안의 대를 잇게 하는 것이 보편화되었다.

③ 과부의 재혼이 일반적이었으며, 그 자식도 사회적 차별을 받지 않았다.

④ 남녀 구별 없이 태어난 순서에 따라 호적에 기재되었다.

13. 고려 시대 양민에 대한 설명으로 옳지 <u>않은</u> 것은?

① 법제적으로 과거 응시에 제약이 없었다.

② 일반 농민과 상공업에 종사하는 사람들을 의미한다.

③ 직업 군인이 따로 있었기 때문에 군역의 부담은 없었다.

④ 국가에서 토지를 지급받지 못하고 소규모의 민전을 경작하며 살았다.

14. 다음 내용 중 맞는 것끼리 바르게 묶은 것을 고르면? 2008 기출

> ㄱ. 호족 – 선종과 풍수지리설을 사상적 기반으로 고려를 개창하였다.
>
> ㄴ. 문벌귀족 – 유력 가문과 중첩된 혼인 관계를 맺었다.
>
> ㄷ. 무신 – 외적 격퇴 과정에서 권력을 장악하여 사회 개혁을 주도하였다.
>
> ㄹ. 신진사대부 – 원 간섭기에 음서를 통해 신분을 세습하고 대농장을 소유하였다.

① ㄱ, ㄴ   ② ㄱ, ㄹ

③ ㄴ, ㄷ   ④ ㄷ, ㄹ

15. 다음 중 고려 시대 여성들의 지위를 알 수 있는 내용으로 거리가 <u>먼</u> 것은?

① 외손과 사위는 음서의 혜택을 받을 수 없었다.

② 재산은 남녀가 균등하게 상속받았다.

③ 아들이 없을 경우 딸이 제사를 모시기도 하였다.

④ 호적에 남녀 간 차이를 두지 않고 연령순으로 기록하였다.

16. 고려시대의 팔관회에 관한 설명으로 옳은 것을 모두 고른 것은? 2015 기출

> ㄱ. 불교와 유교가 융합된 행사였다.
>
> ㄴ. 태조의 훈요 10조에서 강조되었다.
>
> ㄷ. 매년 정월 대보름에 전국적으로 거행되었다.
>
> ㄹ. 주변국의 상인과 사신들이 와서 조공을 바쳤다.

① ㄱ, ㄷ   ② ㄴ, ㄹ

③ ㄷ, ㄹ   ④ ㄴ, ㄷ, ㄹ

17. 다음 중 고려 시대의 사회상에 대한 설명으로 옳지 <u>않은</u> 것은?

> ㄱ. 혼인 후 남자가 처가에 거주하는 것이 드문 일이 아니었다.
> ㄴ. 호적은 자녀 간에 차별을 두지 않고 연령 순으로 기재하였다.
> ㄷ. 여자의 지위는 비교적 높은 편이었지만 호주가 될 수는 없었다.
> ㄹ. 고려 시대에는 노비들도 본관을 사용할 수 있었다.
> ㅁ. 향·부곡·소의 사람들은 일반 군현의 백성보다 관직 진출에 차별을 받았다.

① ㄱ, ㄴ   ② ㄱ, ㄹ
③ ㄷ, ㄹ   ④ ㄷ, ㅁ

18. 고려 시대 노비에 대한 설명으로 옳지 <u>않은</u> 것은?

① 노비는 매매, 상속, 증여의 대상이 되었다.
② 외거 노비는 자신의 재산을 소유할 수 있었고, 타인의 토지를 소작할 수 있었다.
③ 남자 노비와 양인 여인 사이에 태어난 자녀는 아버지의 신분을 따랐다.
④ 노비 간의 소생은 아버지의 소유주에 귀속되었다.

19. 고려 시대의 사회 제도로서 농민 생활의 안정과 빈민 구휼과 거리가 <u>먼</u> 것은?

① 의창   ② 상평창
③ 구급도감   ④ 식목도감

20. 고려의 법률과 관련된 설명으로 옳은 것을 모두 고르면?

> ㄱ. 고려의 형법은 당률을 참작하여 71조항으로 만들어졌다.
> ㄴ. 일상 생활과 관련된 것은 대개 전통적인 관습법을 따랐다.
> ㄷ. 형벌에는 태, 장, 도, 유, 사의 5종이 있었다.
> ㄹ. 귀양형을 받은 사람이 부모상을 당한 경우에는 장례를 치를 수 있도록 7일 간의 휴가를 주었다.

① ㄱ, ㄴ, ㄷ   ② ㄱ, ㄴ, ㄷ, ㄹ
③ ㄱ, ㄷ, ㄹ   ④ ㄴ, ㄷ, ㄹ

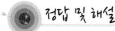

1. 정답 ③

해설 ① 노비는 재산으로 간주되어 주인에게 예속된 존재였으며 매매, 증여, 상속이 가능하였다. ② 역과 진에 거주하는 주민은 육로 교통과 수로 교통에 종사하는 하층 양민으로서 거주 이전의 자유가 없었다. ④ 양민의 대다수를 차지한 농민은 자유민으로서 과거에 응시할 수 있으며 조세 · 공납 · 역 등의 의무를 부담하였다.

오답풀이 ③ 장례원은 조선 시대에 노비와 관련된 소송을 담당하던 관청이었다.

2. 정답 ②

해설 ② ㄱ, ㄷ. 고려의 백정은 신분상 양민으로 농민을 의미한다. 백정 농민은 자신의 토지를 소유할 수 있으며, 조세 · 공납 · 역 등의 의무를 부담하였다.

오답풀이 ㄴ. 노비는 비자유민으로 매매 · 상속 · 증여의 대상이 되었다. ㄹ. 국가에 대한 직역을 세습하면서 국가로부터 토지를 지급받는 계층은 서리, 향리, 남반, 역리 등 중류층에 해당한다.

3. 정답 ④

해설 ① 귀족은 왕족과 5품 이상의 문 · 무 관료가 해당한다. ② 중류층은 6품 이하의 하급 관리와 서리, 향리, 군반(하급 장교), 남반(궁중 관리), 역리 등이 해당한다. ③ 양민의 대다수는 백정이라 불리는 농민이 차지하였다.

오답풀이 ④ 고려는 신분 상승이 가능하여 향리가 과거에 합격하면 문반 관직에 진출할 수 있었다.

4. 정답 ①

해설 ① 고려의 지배층은 문벌귀족 → 무신 → 권문세족 → 신진 사대부의 순서로 변화되었다.

5. 정답 ②

해설 ① 남반은 궁궐의 잡무를 담당하는 하급 관리이다. ③ 상평창은 물가 조절 기관으로 설치되었다. ④ 고려에서는 죄인을 본관지로 보내는 귀향이라는 형벌이 있었다.

오답풀이 ② 고려시대의 백정은 농민을 의미하며, 도살업에 종사하는 신분은 화척이다.

6. 정답 ④

오답풀이 ④ 고려에서 조혼의 풍습은 원 간섭기에 원의 공녀 요구로 인하여 발생한 혼인 풍습으로 조선 시대까지 계속되었다.

7. 정답 ④

오답풀이 ④ 향도는 초기에는 불상 · 사원 · 석탑 건립에 참여하는 불교의 신앙 조직의 역할을 담당하였으나, 후기에는 혼례와 상장례 등을 주도하는 농민 공동체 조직으로 발전하였다.

8. 정답 ③

해설 ①②④ 고려는 신분상승이 가능한 개방적 사회로서 개인의 능력으로 신분 상승을 한 예로는 군인이 전쟁에서 군공을 세우면 무반 관직으로 진출하였으며, 향리가 과거에 합격하여 문반 관직에 진출할 수 있었다. 정치적 상황에 의해 무신 정권 당시에 망이 · 망소이의 난이 일어난 공주 명학소가 충순현으로 승격하면서 하층민이 일반 양민으로 승격되기도 하였다.

오답풀이 ③ 5품 이상의 고위 관료 즉, 귀족의 자제가 음서를 통해 관직에 진출하는 것은 가문과 신분을 배경으로 이루어진 결과이므로 개방적 사회에 해당하지 않는다.

9. 정답 ④

해설 ④ 외거 노비는 주인과 따로 살면서 농업에 종사하고 재산을 축적하여 농민으로 신분 상승이 이루어지기도 하였다.

오답풀이 ① 천민의 대다수는 노비이며, 백정은 양민 신분인 농민이다. ② 천민은 법에 의해 관직 진출에 제한을 받아 과거 응시가 불가능하였다. ③ 노비는 천민이기 때문에 국가에 대한 조세 · 공납 · 역 등의 의무를 부담하지 않았다.

10. 정답 ③

해설 ③ 고려 시대는 5도 아래 주 · 군 · 현을 설치하였는데, 그중에서 현은 지방관이 파견된 주현과 지방관이 파견되지 않은 속현으로 구분하여 통치하였다.

오답풀이 ① 향 · 소 · 부곡민은 과거 응시에 제한을 받았지만, 하층 양민에 속하는 신분으로 천민은 아니다. ② 소의 주민은 왕실과 귀족의 수요품을 생산하는 수공업 활동에 종사하였다. ④ 향리는 중간 계층으로 귀족과 함께 제술과, 명경과에 응시하여 중앙 관직에 진출할 수 있었다.

11. 정답 ③

해설 ③ ㄱ. 원 간섭기에 고려의 풍습으로 두루마기, 고려병 등이 몽골에서 유행하였다. ㄴ. 고려에서는 지배층을 중심으로 몽골식 변발, 호복 및 몽골어가 유행하였다. ㅁ. 원의 공녀 요구로 인하여 고려에서는 조혼의 풍습이 나타났다.

오답풀이 ㄷ. 신분 해방을 목적으로 한 천민 반란은 주로 무신 정권 시대에 일어났다. ㄹ. 친원 세력은 권문세족으로 성장하였다.

12. 정답 ②

오답풀이 ② 고려 시대는 아들이 없는 경우에 딸이 제사를 지내기도 하였다. 양자를 입양하여 대를 잇게 하고 제사를 지내는 것은 조선 후기와 관련된 사실이다.

13. 정답 ③

오답풀이 ③ 고려의 중앙군인 2군 6위는 직업 군인으로 구성되었다. 양민(백정 농민)은 군역의 의무가 있었으며, 지방군인 주현군과 주진군은 농민 의무병으로 구성되었다.

14. 정답 ①

해설 ① ㄱ. 호족은 신라 말에 성장한 지방 세력으로 선종을 후원하고 풍수지리설을 수용하여 사상적 기반으로 삼고 고려 건국을 주도하였다. ㄴ. 문벌 귀족은 가문을 중시하고 중첩된 혼인 관계를 통해서 권력 기반을 강화시켰다.

오답풀이 ㄷ. 무신은 문벌 귀족 사회를 붕괴시킨 무신정변을 계기로 정권을 장악하였으며, 외적을 격퇴하는 과정에서 권력을 장악한 것은 고려 후기에 홍건적과 왜구 격퇴를 주도하였던 최영, 이성계 등의 신흥 무인 세력이다. ㄹ. 신진사대부는 향리 출신으로 과거를 통해 관직에 진출하였으며, 자신의 활동 근거지에 경제적 기반을 둔 중소 지주였다.

15. 정답 ①

오답풀이 ① 고려에서는 외손과 사위도 음서의 혜택을 받을 수 있었다.

16. 정답 ②

해설 ㄴ. 태조 왕건은 훈요 10조에서 불교 행사인 연등회와 팔관회를 중요시하였다. ㄹ. 팔관회는 개경(11월15일)과 서경(10월15일)에서 실시되었으며, 여진을 비롯한 주변국 상인과 사신들이 조공을 바치고 무역 교류를 행하기도 하였다.

오답풀이 ㄱ. 팔관회는 토착 신앙과 불교, 도교가 융합된 종교 행사였다. ㄷ. 팔관회는 개경(11월15일)과 서경(10월15일)에서만 실시되었다.

17. 정답 ③

오답풀이 ㄷ. 고려에서는 여자도 호주가 될 수 있었다. ㄹ. 고려에서는 귀족부터 평민까지만 성과 본관을 사용하였다.

18. 정답 ④

오답풀이 ④ 노비간의 소생은 천자수모법의 원칙에 의해 어머니의 소유주에 귀속되었다.

19. 정답 ④

오답풀이 ④ 식목도감은 법과 각종 시행 규칙을 제정하는 귀족 회의 기구이다.

20. 정답 ②

해설 ② ㄱ. 고려의 형법은 당률을 참작하여 71조항으로 정비되었다. ㄴ. 일상생활에서 발생하는 백성들의 다툼은 대부분 관습법에 의해 해결되었다. ㄷ. 형벌에는 태, 장, 도, 유, 사의 5종이 적용되었다. ㄹ. 귀양형을 받은 죄인이 부모상을 받은 경우에는 장례를 치를 수 있도록 7일 간의 휴가를 주었다.

③ 중세의 경제

❶ 경제 정책

(1) 농업 중심의 산업 발전

중농 정책	• 목적 : 농민 생활 안정, 국가 재정 확보 → 농업 생산력 증대 • 개간지는 일정 기간 세금 면제, 농번기 잡역 동원 금지
농민 안정책	재해 시 세금 감면, 고리대의 이자 제한, 의창 실시
상업 · 수공업	• 농업 중심의 자급 자족적 경제 구조 → 발달 부진 • 상업 : 개경에 시전 설치, 국영 점포 운영, 금속 화폐 유통(쇠 · 구리 · 은 등) • 관청 수공업 : 관청에 기술자 소속 → 왕실, 국가의 필요 물품 생산 • 소(所) 수공업 : 먹, 종이, 금, 은 등 수공업 제품 생산 → 공물로 납부

(2) 국가 재정의 운영

재정 운영	• 양안과 호적 작성 : 조세 · 공물 · 부역 등 부과 → 국가 재정의 안정적 운영 • 운영 원칙 : 국가 · 관청 종사자에게 수조권 지급(왕실, 중앙 및 지방 관리, 향리, 군인 등) • 운영 관청 : 호부 – 호적과 양안 작성 및 관리, 삼사 – 재정 수입과 관련된 사무 담당 • 재정의 지출 : 관리의 녹봉, 일반 비용, 국방비, 왕실 경비

(3) 수취 제도 : 국가 재정의 토대가 농업 → 토지 제도와 연결되어 정비

수취 제도	조세 (토지)	• 논과 밭으로 구분, 토지 비옥도 기준 → 3등급으로 구분 → 1/10 징수(민전) • 소작농 : 공전 – 수확의 1/4을 국가에 지대로 납부, 사전 – 1/2을 전주(田主)에게 지대로 납부 • 조운제도 : 조창 설치, 조운을 통해 개경의 경창(좌 · 우창)으로 운반
	공물	• 호구 기준으로 포(布)나 토산물을 현물로 납부 → 농민에게는 조세보다 큰 부담 • 운영 : 중앙 관청의 수요품을 주현에 부과 → 주현은 속현과 향 · 부곡 · 소에 할당 → 향리가 공물 징수 • 종류 : 상공(정기적), 별공(부정기적)
	역	• 16세~60세의 정남의 노동력을 무상으로 징발 → 군역과 요역 • 요역 : 성곽 · 관아 · 제방의 축조, 도로의 개수 등 토목 공사에 노동력 동원
	잡세	특수 분야 종사자 대상 → 어염세, 상세, 선세 징수
수취체제 문란		귀족 사회의 변질로 가혹한 착취 자행 → 농민의 유민화 → 농촌 사회 동요

(4) 전시과 제도와 토지 소유

1) 토지 제도의 정비 : 전시과 체제를 기본으로 하여 지배층 중심의 토지 분급에 중점

2) 정비 과정

역분전		후삼국 통일 과정에서 공신에게 논공행상을 기준으로 지급
전시과	시정 전시과 (경종)	• 관등, 인품 기준 → 현직 · 전직 관리(직 · 산관) 대상으로 지급 • 최초의 전국적 규모의 토지 제도 • 인품 반영 → 역분전의 성격에서 벗어나지 못함
	개정 전시과 (목종)	• 관등 기준 → 현직 · 전직 관리 대상으로 18과로 나누어 차등 지급 • 문관 우대, 전직 관리보다 현직 관리를 우대
	경정 전시과 (문종)	• 관등 기준 → 현직 관리만 대상으로 지급, 공음전 제도 병행 • 무반의 대우 상승 → 거란과의 전쟁 과정에서 무반의 지위 상승 반영
무신정변 이후		귀족의 토지 독점 및 세습, 조세 수취 대상 토지 감소 → 전시과 제도 완전 붕괴
녹과전 (원종, 1271)		• 원 간섭기에 전시과 붕괴 후 관리의 생계 보장을 위해 일시적으로 지급 • 현직 관리를 중심으로 경기 8현에 한정하여 지급
과전법 (공양왕,1391)		• 배경 : 고려 말 권문세족의 토지 독점과 농장 형성 → 국가 재정 파탄 • 급전도감 설치 → 신진 사대부의 경제적 기반 마련 위해 실시 • 경기도에 한정하여 전지(토지)만 지급, 농민의 경작권 보장

[전시과의 토지 지급 액수]

시기		등급	1	2	3	4	5	6	7	8	9	10	11	12	13	14	15	16	17	18
경종	시정 전시과	전지	110	105	100	95	90	85	80	5	70	65	60	55	50	45	42	39	36	33
		시지	110	105	100	95	90	85	80	75	70	65	60	55	50	45	40	35	30	25
목종	개정 전시과	전지	100	95	90	85	80	75	70	65	60	55	50	45	40	35	30	27	23	20
		시지	70	65	60	55	50	45	40	35	33	30	25	22	20	15	10			
문종	경정 전시과	전지	100	90	85	80	75	70	65	60	55	50	45	40	35	30	25	22	20	17
		시지	50	45	40	35	30	27	24	21	18	15	12	10	8	5				

3) 전시과 제도의 운영 원칙

① 관직과 직역 복무 대가로 문 · 무 관리와 군인, 한인에게 지급

② 18관등 기준 → 전지(곡물을 수취할 수 있는 토지)와 시지(땔감을 공급받을 수 있는 임야)를 차등 지급

③ 토지 자체가 아닌 토지에 대한 수조권 지급

④ 수조권은 사망 · 퇴직 시 국가에 반납 → 수조권 세습 불가

⑤ 관리에게는 수조권과 함께 현물로 녹봉을 1년에 2회 지급

⑥ 토지의 종류는 수조권자의 구분에 따라 공전(관청 · 왕실)과 사전(개인 · 사원)으로 구분

4) 토지의 종류

사전	과전	문 · 무반 현직 관리에게 관등에 따라 지급 → 사후 반납
	공음전	5품 이상 관료에게 지급한 세습지 → 음서와 함께 문벌귀족의 세력 기반
	구분전	6품 이하의 하급 관리와 군인의 유가족에게 지급 → 생계 유지
	한인전	6품 이하의 하급 관리 자제로서 관직에 오르지 못한 자에게 지급 → 관인 신분 세습 목적으로 지급
	군인전	군역의 대가로 지급한 세습지
	외역전	지방 향리에게 향역의 대가로 지급한 세습지
	공신전	공신에게 지급한 세습지
	사원전	사원의 경비 충당 목적으로 지급 → 면세, 면역의 혜택
	별사전	승려, 풍수지리업자에게 지급 → 면세지
공전	내장전	왕실 경비에 충당할 목적으로 지급한 세습지
	공해전	중앙과 지방의 관청 경비 충당 목적으로 지급

※ **영업전 :** 세습이 허용된 토지 → 공음전, 내장전, 외역전, 군인전, 공신전

5) 민전(民田)

① 귀족과 농민(백정)의 사유지로서 조상 대대로 세습된 토지 → 소유권 보장, 매매 · 상속 등 가능
② 국가에 수확량의 1/10을 조(租)로 납부 → 공전에 해당
③ 전시과 제도와 함께 고려 토지 제도의 근간 형성

❷ 경제 활동

(1) 귀족의 경제 생활

경제 기반	• 과전 : 사망 · 퇴직 시 국가에 반납 → 생산량의 1/10을 조세로 징수, 유족의 생계 유지라는 명목으로 일부 세습 • 공음전 · 공신전 : 세습지, 수확량의 1/2 징수 • 녹봉 : 현직 복무의 대가 → 곡식 · 베 · 비단 등 1년에 2회 녹패를 제시하고 지급 받음 • 사적 소유지 : 노비의 경작 · 소작(생산량의 1/2 징수), 외거 노비에게 신공으로 곡식 · 베 징수
농장	고리대를 통해 농민 토지 강탈, 매입 · 개간 등으로 토지 소유 확대 → 지대 징수
귀족의 생활	누각 · 별장 소유, 비단 옷 착용, 차 문화 발달

(2) 농민의 경제 생활

경제 기반	민전, 국 · 공유지나 타인 소유의 토지 경작, 품팔이, 가내 수공업
경작지 확대	• 진전 · 황무지 개간 → 일정 기간 소작료나 조세 감면 혜택 • 12세기 이후 → 연해안의 저습지 · 간척지 개발
농업 기술의 발달	• 수리 시설 발달, 호미와 보습 등의 농기구와 종자 개량 • 시비법 발달(녹비 · 퇴비), 소를 이용한 깊이갈이 일반화 → 휴경지 감소 • 밭농사 : 2년 3작의 윤작법 • 논농사 : 고려 말에 남부 일부 지방에 **이앙법(모내기)** 보급 • 이암 : **농상집요**(원의 농서) 소개 • 목화 재배 : 공민왕 때 문익점의 목화 전래 → 무명(면포) 생산 → 의생활의 혁신
농민의 몰락	고려 말 권문세족의 농장 확대, 과도한 수취 → 노비로 전락

(3) 수공업자의 활동 : 관청 · 소 수공업 중심(전기) → 유통 경제의 발달 → 민간 · 사원 수공업 발달(후기)

전기	관청 수공업	• 공장안에 등록된 기술자(공장)와 농민 부역 → 국가 수요의 무기류와 왕실 · 귀족층의 수요품(도자기, 금 · 은 세공품) 등 제조 • 기술이 뛰어난 공장에게는 녹봉과 토지 지급
	소(所) 수공업	광물 · 특용 작물 · 수공업 제품 등을 공물로 납부
후기	민간 수공업	가내 수공업 중심 → 생활 필수품과 삼베 · 모시 · 명주 등 생산 → 공물로 납부
	사원 수공업	베, 모시, 술, 소금 등 생산

(4) 상업 활동

도시	• 개경에 시전 설치, 개경 · 서경 · 동경 등 대도시에 관영 상점 설치(서적점 · 약점 · 다점 · 주점) • 비정기 시장 : 도시민의 일용품 판매 • 경시서 설치 : 매점매석과 같은 상행위 감독 및 물가 조절 담당
지방	관아 근처에 시장 형성 → 쌀 · 베 등 교환, 행상은 지방 시장에서 소금 · 일용품 등 판매
사원	• 곡물과 수공업품을 민간인에게 판매, 사원에서 원(여관)을 관리 → 사원 중심의 상업 발달 • 농민을 상대로 고리대를 행하여 부를 축적
고려 후기	• 개경 : 인구와 상품 수요 증가, 관청의 물품 구입량 증가 → 시전 규모 확대, 업종별 전문화 • 벽란도를 비롯한 항구 → 교통로와 산업의 중심지로 발달 • 지방 : 행상의 활동 활발, 조운로를 따라 교역 발달, 원(여관) 발달 • 국가 재정 확대 : 소금 전매제 실시 • 관청 · 관리 · 사원 → 농민에게 물품 구입 강요, 조세 대납

(5) 화폐 주조와 고리대의 유행

1) 화폐 발행 : 국가 재정 충당, 국가의 경제 활동 장악 목적으로 발행
   ① **성종** : 최초의 화폐인 건원중보(철전) 주조
   ② **숙종** : 주전도감 설치 → 화폐 유통 장려 → 삼한통보, 해동통보, **활구(은병)** 등 발행
   ③ **공양왕** : 저화(지폐) 발행
   ④ 자급자족의 경제 구조, 귀족들의 불만으로 유통 부진 → 일반적 거래는 곡식 · 삼베가 주된 교환 수단

2) 보(寶)의 발달
   ① **배경** : 귀족과 사원들의 장생고를 통한 고리대업의 성행 → 농민 몰락(토지 상실, 노비로 전락)
   ② **보의 출현** : 기금을 조성하여 그 이자로 공익 사업 활동 → 고리대로 변질 → 농민에게 폐해
   ③ **보의 종류** : 학보(학교 재단), 경보(불경 간행 기금), 팔관보(팔관회 경비), 제위보(빈민 구제 기금), 광학보(승려 장학 기금)

(6) 무역 활동 : 공무역 중심, 국제 무역항 – 벽란도

1) 대송 무역 : 가장 큰 비중 차지, 해로 이용
   ① **무역 활동의 목적**
      ㉠ 고려 : 문화적, 경제적 실리 추구
      ㉡ 송 : 거란(요)과 여진 등 견제하기 위한 정치적 · 군사적 목적

② **수출품** : 금·은·인삼 등 원료품, 종이·먹·붓·나전칠기·화문석 등 수공업품

③ **수입품** : 왕실·귀족의 수요품 → 비단, 서적, 약재, 악기

④ **무역로**

  ㉠ 북송 : 벽란도 – 옹진 – 산둥 반도 – 덩저우

  ㉡ 남송 : 벽란도 – 흑산도 – 밍저우

2) 기타 국가와의 무역

① **거란·여진** : 은, 모피, 말 ⇔ 식량, 철제 농기구, 문방구 등

② **일본** : 11세기 후반부터 내왕(무역항 – 합포), 수은·유황(일본) ⇔ 식량·인삼·서적(고려)

③ **아라비아(대식국)** : 수은·향료·산호 등 판매, 고려(Corea)의 이름을 서방 세계에 전파

3) **원 간섭기** : 공무역과 사무역 발달 → 금, 은, 소, 말 등의 과도한 유출 문제 발생

고려 전기의 대외무역

해동통보   삼한 통보

1. 고려에서 재정 수입과 관련된 사무를 담당하던 기구는?

2. 고려의 공물 징수의 기준은?

3. 고려 전시과제도에서 토지를 지급하는 기준과 그 대상은?

4. 원 간섭기에 관리의 생계 보장을 위해 일시적으로 실시하였던 토지 제도는?

5. 고려 전시과에서 영업전에 해당하는 토지 5가지는?

6. 전시과에서 6품 이하의 하급 관리의 자제로서 관직에 오르지 못한 자에게 지급한 토지는?

7. 고려 시대에 이암이 소개한 원나라의 농업 서적은?

8. 고려의 국제 무역항은?

9. 고려에서 대도시 상인들의 매점매석 등의 불법적 상행위 감독과 물가 조절을 담당했던 관청은?

10. 고려 성종 때 만들어진 우리나라 최초의 화폐는?

11. 고려 숙종 때 우리나라 지형을 본 떠서 만든 고가의 화폐는?

1. 고려의 경제 정책에 대한 설명으로 옳지 <u>않은</u> 것은?

① 농민 생활 안정을 위해 재해 시에 세금을 감면해 주었다.

② 고리대의 이자가 원금을 초과하지 못하도록 제한하였다.

③ 농업을 중시하여 농번기의 잡역 동원을 금지하였다.

④ 국가의 적극적인 장려에 의해 상업과 수공업이 발달하였다.

2. 고려 시대의 수취 제도와 관련된 설명으로 옳지 <u>않은</u> 것은?

① 국가의 민전에 대한 조세 징수는 기본적으로 1/10세였다.

② 공전 가운데 국가 소유지는 1/2조를 징수하였다.

③ 공물은 호구를 기준으로 토산물을 징수하였다.

④ 역의 의무는 16세에서 60세의 정남을 대상으로 하였다.

3. 고려시대 경제에 관한 설명으로 옳지 <u>않은</u> 것은?   2015 기출

① 나전칠기, 서적, 자기, 인삼, 먹 등을 송나라에서 수입하였다.

② 민전은 매매 · 상속 · 증여가 가능한 토지였고, 국가에 10분의 1의 조를 부담하였다.

③ 숙종 때에는 동전과 활구라는 은전을 만들었으나 널리 유통되지 못하였다.

④ 조세의 원활한 운반을 위해 전국에 13개 조창을 설치하고 조운제를 운영하였다.

4. 고려 시대 국가 재정 운영과 관련된 설명으로 옳지 <u>않은</u> 것은?

① 국가 재정을 안정적으로 운영하기 위하여 양안과 호적을 작성하였다.

② 삼사는 호적과 양안의 작성 및 관리를 담당하였다.

③ 왕실, 중앙 및 지방 관리, 향리, 군인 등에게는 수조권을 지급하였다.

④ 재정은 주로 관리의 녹봉, 일반 비용, 국방비, 왕실 경비 등으로 지출되었다.

5. 고려시대 전시과에 관한 설명으로 옳지 <u>않은</u> 것은?   2013 기출

① 문무 관리에게 관등에 따라 전지와 시지를 지급하였다.

② 관직 복무와 직역의 대가로 받은 토지는 사망하거나 관직에서 물러날 때 국가에 반납하였다.

③ 토지의 수조권이 아니라 토지 소유권을 지급하였다.

④ 문종 때에는 현직 관리에게만 토지를 지급하는 경정 전시과가 실시되었다.

6. 고려 시대 '갑'은 9품의 관직에 있던 관리였다. '갑'에 대한 설명으로 옳은 것은?

① 갑의 손자는 음서의 혜택을 받을 수 있었다.

② 갑의 아들은 국자감에서 유학을 공부할 수 있었다.

③ 갑이 사망했을 경우, 갑의 미망인은 구분전을 지급 받을 수 있었다.

④ 갑은 도병마사에 참여하여 국가 정책을 결정할 수 있었다.

3. 중세의 경제 **135**

7. 다음 중 고려 전시과에서 영업전에 해당하지 <u>않는</u> 것은?

① 공음전   ② 한인전

③ 군인전   ④ 외역전

8. 다음 중 고려 전시과 제도에서 토지의 지급 대상이 바르게 연결된 것은?   `2004 기출`

① 외역전-향리에게 직역의 대가로 지급

② 구분전-관직에 오르지 못한 하급 관리의 자제에게 지급

③ 공음전-왕실 경비 충당 목적에서 지급

④ 내장전-중앙과 지방의 관청 경비 충당을 목적으로 지급

9. 전시과 체제 붕괴 후 고려 후기에 일시적으로 관리의 생계를 유지하기 위해 지급한 토지는?

① 과전   ② 녹과전

③ 역분전   ④ 휼양전

10. 고려 시대 경제 활동에 관한 설명으로 바른 것은?

① 농촌의 가내 수공업은 상업이 발달하면서 크게 성행하였다.

② 상거래에서는 대체로 화폐가 주된 교환 수단으로 널리 이용되었다.

③ 송과의 무역은 대체로 육로를 통해서 이루어졌다.

④ 농업 기술면에서 2년 3작의 윤작법이 보급되었다.

11. 고려 성종 때 만들어진 우리 나라 최초의 철전은?

① 해동통보   ② 삼한통보

③ 건원중보   ④ 활구(은병)

12. 고려 민전에 대한 설명으로 옳지 <u>않은</u> 것은?

① 개인 소유의 토지로 매매, 상속, 임대가 가능하였다.

② 귀족이나 농민이 소유할 수 있으며, 함부로 뺏을 수 없는 토지이다.

③ 민전 소유자는 국가에 수확량의 1/10을 조세로 납부하였다.

④ 민전을 소유한 농민은 관료나 귀족에게 공물과 역의 의무를 부담하였다.

13. 고려 시대 농업 기술의 발달에 대한 설명으로 적절하지 <u>못한</u> 것은?

① 우경을 이용한 심경법이 널리 일반화되었다.

② 이앙법이 전국적으로 확대되어 수확량이 증가하였다.

③ 이암은 원의 농서인 「농상집요」를 소개 · 보급하였다.

④ 호미와 보습 등의 농기구와 종자 개량을 위해 노력하였다.

14. 고려 시대 대외 무역 발전과 함께 국제 무역항으로 번성하였던 항구는?

① 벽란도   ② 합포   ③ 울산항   ④ 당항성

15. 고려 시대에 매점 매석과 같은 잘못된 상업 행위를 감독하는 것으로 조선 시대에도 존재했던 기구는 무엇인가?

① 상평창　　　　② 제위보　　　　③ 경시서　　　　④ 장생고

16. 고려 시대의 대외 무역과 관련된 설명으로 옳지 <u>않은</u> 것은?

① 대송 무역은 고려의 대외 무역에서 가장 큰 비중을 차지하였다.

② 거란과 여진은 은을 가지고 와서 농기구, 식량 등과 바꾸어 갔다.

③ 송과의 무역은 왕실과 귀족의 수요품을 수출하고, 수공업품과 토산물을 수입하였다.

④ 아라비아 상인들을 통하여 고려의 이름이 서방 세계에 널리 알려지게 되었다.

17. 고려의 경제 제도에 관한 설명으로 옳지 <u>않은</u> 것은?　　　2016 기출

① 한인전은 6품 이하 관리의 자제에게 지급하였다.

② 국가 재정 확충을 위하여 소금 전매제를 시행하였다.

③ 민전은 매매, 상속, 기증, 임대 등이 가능한 토지였다.

④ 양계의 조세는 13개 조창에 의해 개경으로 운송되었다.

18. 고려 시대의 상공업 활동에 대한 설명으로 잘못된 것은?

① 국가에서는 개경, 서경 등 대도시외에도 지방에서 관영 상점을 운영하였다.

② 사원은 국가의 적극적인 후원으로 막대한 부를 축적하여 상업 활동에 관여하였다.

③ 고려 후기에는 유통 경제의 발달로 민간·사원 수공업이 더욱 발달하였다.

④ 원 간섭기 충선왕 때에는 국가 재정 확보를 위해 소금 전매제를 실시하였다.

정답 및 해설

1. 정답 ④

오답풀이 ④ 고려는 중농정책을 실시하여 농업 중심의 경제가 발달하였다. 반면에 농업 중심의 자급자족의 경제 구조로 인하여 상공업의 발달은 부진하였다.

2. 정답 ②

오답풀이 ② 국가 소유지인 공전은 국가에서 소작농에게 수확량의 1/4을 징수하였다.

3. 정답 ①

해설 ② 민전은 개인 사유지로서 매매·상속·증여가 가능한 토지로서, 국가로부터 소유권을 인정받는 대신에 10분의 1의 조를 부담하였다. ③ 숙종 때에는 삼한통보·해동통보 등의 동전과 활구(은병)를 만들었으나, 자급자족의 경제구조로 인하여 널리 유통되지는 못하였다. ④ 고려 시대에는 전국에 13개의 조창을 설치하고 조세로 거둔 곡식을 보관하였다가, 수도 개경의 경창으로 운반하는 조운제가 운영되었다.

오답풀이 ① 고려는 나전칠기, 종이, 인삼, 먹 등을 송나라에 수출하였으며, 송으로부터는 비단, 서적, 자기, 약재 등을 수입하였다.

4. 정답 ②

오답풀이 ② 호적과 양안 작성은 호부에서 담당하였다. 삼사는 화폐와 곡식의 출납 등의 회계 업무를 담당하였다.

5. 정답 ③

해설 ① 전시과에서는 문·무 관리에게 관등을 기준으로 18등급으로 나누어 곡물을 수취할 수 있는 전지와 땔감을 취할 수 있는 시지를 지급하였다. ② 토지는 사망하거나 관직에서 물러나면 국가에 반납하는 것이 원칙이다. ④ 전시과는 경종 때 시정 전시과, 목종 때 개정 전시과가 실시되었으며, 문종 때에는 현직 관리에게만 토지를 지급하는 경정 전시과가 실시되었다.

오답풀이 ③ 전시과는 토지에 대한 소유권을 지급한 것이 아니라 곡물을 수취할 수 있는 수조권(조세징수권)을 지급하였다.

6. 정답 ③

해설 ③ 갑은 9품의 하급 관리이기 때문에 국가로부터 받은 과전은 사망하면 국가에 반납하고, 갑의 미망인은 생계 유지를 위해 구분전을 지급받았다.

오답풀이 ① 음서는 5품 이상 관리의 자손만 혜택을 받을 수 있다. ② 국자감의 유학부는 7품 이상의 관리 자제만 입학할 수 있다.

④ 도병마사는 2품 이상의 재신과 추밀이 참여할 수 있는 귀족 회의 기구이다.

7. 정답 ②

해설 ①③④ 전시과에서 영업전은 세습이 가능한 토지로서, 공음전, 군인전, 외역전, 공신전, 내장전 등이 있다.

오답풀이 ② 한인전은 하급 관리의 자제가 관직에 오르지 못한 경우에 관직 진출할 때 까지 지급한 토지로서 세습이 불가능하였다.

8. 정답 ①

해설 ① 외역전은 지방 향리에게 직역의 대가로 지급하였다.

오답풀이 ② 한인전, ③ 내장전, ④ 공해전

9. 정답 ②

해설 ② 녹과전은 원 간섭기에 전시과 체제 붕괴 후 관리의 생계 유지를 위해 녹과전을 지급하였다.

오답풀이 ① 과전은 전시과에서 현직 관리에게 지급한 토지이다. ③ 역분전은 태조 왕건이 후삼국 통일 이후 공신을 대상으로 지급하였다. ④ 휼양전은 조선 과전법에서 사망한 관리의 유자녀에게 지급한 토지이다.

10. 정답 ④

해설 ④ 고려 후기에 밭농사에서 조, 보리, 콩을 교대로 재배하는 윤작법이 보급되었다.

오답풀이 ① 가내 수공업은 주로 생활필수품을 생산하고, 삼베 · 모시 등을 생산하여 공물로 납부하였기 때문에 크게 성행하지 못하였다. ② 고려 시대는 농업 중심의 자급자족의 경제구조로 상공업의 발달이 부진하고, 귀족들의 반대가 심하여 화폐 유통이 부진하였다. ③ 송과의 무역은 주로 해로(바닷길)를 통해 이루어졌다.

11. 정답 ③

해설 ③ 고려 성종 때 만들어진 최초의 철전은 건원중보이다.

12. 정답 ④

오답풀이 ④ 민전 소유자는 토지의 소유권을 인정받고, 국가 또는 관료와 귀족에게 토지세(조세)로서 수확량의 1/10을 납부하였으며, 공물과 역은 국가에게만 부담하였다.

13. 정답 ②

오답풀이 ② 이앙법은 고려 말에 처음 남부 일부 지방에서 실시되었으며, 이앙법이 전국적으로 실시된 것은 조선 후기이다.

14. 정답 ①

해설 ① 고려의 국제 무역항은 벽란도이다.

15. 정답 ③

해설 ③ 경시서는 개경 시전 상인들의 매점매석 등 불법적 상행위를 감독하고 물가 조절의 역할도 담당하였으며, 조선 시대에도 계속 운영되었다.

오답풀이 ① 개경과 서경에 설치한 물가 조절 기관이다. ② 빈민 구제를 목적으로 운영한 기금이다. ④ 사원에서 서민(백성)을 대상으로 운영한 금융 기관으로 고리대로 변질하여 폐단을 초래하였다.

16. 정답 ③

오답풀이 ③ 고려는 송과의 무역에서 주로 금 · 은 · 인삼 등 원료품과 종이 · 나전칠기 · 화문석 등 수공업품을 수출하였으며, 송으로부터는 왕실과 귀족의 수요품으로 비단 · 서적 · 약재 등을 수입하였다.

17. 정답 ④

해설 ① 한인전은 전시과에서 6품 이하 관리의 자제 중에서 관직에 오르지 못한 자에게 관인 신분을 유지해주기 위하여 지급한 토지이다. ② 고려는 충선왕 때 국가 재정을 확충하기 위하여 소금 전매제를 실시하였다. ③ 민전은 농민의 개인 사유지로서 매매, 상속, 기증, 임대 등이 가능한 토지였다.

오답풀이 ④ 양계(북계 · 동계)는 잉류 지역으로서 이 지역에서 거둔 조세는 개경으로 운반하지 않고 양계 지역의 자체 경비로 사용하였다.

18. 정답 ①

오답풀이 ① 고려 시대에는 국가에서 직접 운영하는 관영 상점으로 서적점 · 약점 · 다점 등이 개경 · 서경 · 동경 등 대도시에만 설치되었으며, 지방에서는 운영되지 않았다.

4 중세의 문화

❶ 유학의 발달과 역사서의 편찬

(1) 유학의 발달

1) 배경 : 유교 정치 이념의 채택, 과거 제도 실시

2) 발달 과정

시기	특징	내용
초기	자주적 주체적	• 유교주의적 정치와 교육의 기틀 마련 • 태조 : 신라 6두품 계통 유학자 활약 → 최언위, 최응, 최지몽 → 유교주의 입각한 국가 경영 건의 • 광종 : 과거 제도 실시 → 유학자를 관료로 등용 • 성종 : 유교 정치 사상 정립, 유학 교육 기관 정비 → 최승로, 김심언 활약 • 최승로 시무 28조 : 유교를 치국의 근본 → 사회 개혁과 새로운 문화 창조 추구
중기	보수적 현실적 사대적	• 배경 : 문벌 귀족 사회의 발달로 유교 사상의 보수적 현상 • 최충 : 해동공자 칭호, 9재 학당 설립(→ 유학 교육에 주력), 훈고학적 유학에 철학적 경향 반영 • 김부식 : 보수적 · 현실적 유학의 대표자 • 경향 : 시문 중시하는 귀족 취향 뚜렷, 유교 경전에 전문적 이해 심화 • 한계 : 사회 모순 해결 능력 상실 • 무신 정권기 : 문벌 귀족 세력의 몰락으로 유학 침체 ※ 훈고학 : 중국 한(漢)대에서 당(唐)대까지 성행하였던 유학으로 경전의 자구 해석에 치중하였다.
후기	성리학의 전래	• 송의 주희가 완성 → 불교의 선종 사상을 유교적 입장에서 재구성 • 특징 · 인간의 심성과 우주의 원리 문제를 철학적으로 규명 · 신분 제도를 우주의 원리에 연결시켜 현존의 지배 질서를 합리화 · 4서 중시, 왕조의 정통성이나 질서를 강조하는 대의명분에 입각 • 전래 : 충렬왕 때 안향이 소개 → 백이정 → 이제현(원의 만권당에서 원 학자와 교류) → 이색(공민왕) → 정몽주, 권근, 정도전 • 수용 계층 : 신진 사대부는 현실 사회 모순을 개혁하기 위한 목적으로 수용 • 영향 · 일상 생활과 관련된 실천적 기능 강조 : 「소학」, 「주자가례」 권장 → 유교 의식 보급 · 권문세족과 불교의 폐단 비판 : 정도전 – 「불씨잡변」 · 사상계의 변화 : 훈고학적 유학 → 철학적 유학 · 성리학이 새로운 국가 사회의 지도 이념으로 정착

(2) 교육 기관

초기 (성종)	• 중앙 : 국자감(국학) 설치 → 국립 대학, 신분별 입학 기준 마련 · 유학부 : 국자학(3품), 태학(5품), 사문학(7품) → 문 · 무관 7품 이상 관리 자제 대상 · 기술학부 : 율학, 서학, 산학 → 8품 이하 관리와 서민 자제 • 지방 : 향교 – 지방 관리와 서민 자제 교육
중기	• 사학의 융성 : 최충의 문헌공도 등 사학 12도 융성 → 관학 위축 • 관학 진흥책 · 숙종 : 국자감에 서적포 설치 → 서적 간행 · 예종 : 국학에 전문 강좌 7재 개설, 양현고(장학 재단), 청연각 · 보문각(학문 연구소) 설치 · 인종 : 경사 6학 정비 → 유학 교육 강화
후기	• 충렬왕 : 관학 진흥책으로 섬학전 설치, 국학을 성균관으로 개칭, 문묘 건립 • 공민왕 : 성균관 부흥 → 순수 교육 기관으로 개편 → 유교 교육 강화

(3) 역사서의 편찬

시기	특징		내용
초기	고구려 계승 의식, 편년체	7대 실록	태조 ~ 목종, 현종 때 편찬 → 덕종 때 완성(현존 안함)
중기 (12세기)	신라 계승 의식	삼국사기 (김부식)	• 현존하는 최고(最古)의 역사서 • 구삼국사 기본 → 유교적 합리주의 사관에 입각하여 서술 • 신라 중심 서술, 기전체 사서
후기 (13세기)	무신 정변 ~ 원 간섭기 ↓ 민족의 자주 의식을 바탕으로 전통 문화의 이해 강조	동명왕편 (이규보)	동명왕 업적 칭송한 영웅 서사시 → 고구려 계승 의식 반영
		해동고승전 (각훈)	삼국 시대 승려 30여 명의 전기 수록
		삼국유사 (일연)	불교사 중심으로 고대 민간 설화와 야사 수록 → 고유 문화와 전통 중시, 단군을 민족의 시조로 인식
		제왕운기 (이승휴)	• 단군~충렬왕까지의 역사를 한시로 서술 • 중국과의 역사적 대등 의식 표현
말기 (14세기)	성리학적 유교 사관 → 정통의식과 대의명분 중시	사략 (이제현)	• 왕권 중심으로 국가 질서를 회복시키려는 의식 반영 • 사략의 사론(史論)만 현존

역사 서술 체제

구분	기술 방법	사서
기전체	본기(本紀), 세가(世家), 열전(列傳), 지(志), 연표(年表)로 나누어 서술하는 정사체(正史體)	삼국사기, 고려사
편년체	연, 월, 일 별로 사실(史實)을 기록	삼국사절요, 고려사절요 동국통감, 조선왕조실록
기사본말체	사건을 원인과 결과로 나누어 종합적으로 서술	연려실기술
강목체	줄거리 기사의 대강(大綱)과 구체적 내용의 세목(細目) 으로 나누어 서술	동사강목

❷ 불교 사상과 신앙

(1) 불교 정책

1) 고려 불교의 특징 : 현세 구복적, 호국적 → 국가 보호 하에 육성

2) 발달 과정

태조	훈요 10조에서 불교 숭상 강조, 연등회 · 팔관회 개최
광종	• 승과 제도 실시, 왕사 · 국사 제도 마련 → 불교가 국교의 권위를 갖게 됨 • 사원전 지급, 승려에게 면역 혜택 • 불교 통합 노력 : 귀법사 창건 → 화엄종의 본찰 • 의통(중국 천태종의 16대 교조), 제관(「천태사교의」 저술 → 천태종 교리 정리)
성종	유교 정치 사상 중시 → 연등회와 팔관회 폐지
현종	연등회와 팔관회 부활, 대장경 조판 시작, 사찰 건립(현화사, 흥왕사)

3) 일반 백성 : 기복 신앙으로 널리 불교 신봉, 향도는 불교와 토속 신앙 융합, 불교와 풍수지리설 융합

(2) 불교의 발달과 변천 과정

초기			균여의 화엄종 성행(화엄 사상 정비, 보살의 실천행), 선종에 대한 관심 고조
중기			• 왕실과 귀족의 후원 → 화엄종(흥왕사)과 법상종(현화사) 융성 → 선종 위축 • 의천 : 불교 교단 통합 운동 · 원효의 화쟁 사상 계승 → 흥왕사를 근거지로 화엄종 중심의 교종 통합 시도 · **해동천태종 창시** : 국청사 창건 → 교종 중심의 선종과의 통합 시도(교단 중심의 통합) · **교관겸수(教觀兼修)** 제창 : 교학과 선을 함께 수행하되, 교학의 수련을 중심으로 선을 포용하려는 통합 이론 → 이론의 연마와 실천 강조 · 저서 : 「천태사교의주」, 「석원사림」, 「원종문류」, 「신편제종교장총록」 · 한계 : 불교 폐단에 대한 적극적 대책(×) → 의천 사후 교단 분열, 귀족 중심의 불교 지속
후기 (무신 집권기)	신앙 결사 운동		• 배경 : 무신 집권 이후의 불교 본연의 자세 확립 분위기 형성 • 지눌의 수선사 결사, 요세의 백련 결사
	지눌	수선사 결사	• 송광사 중심 → 불교계의 타락 비판 → 승려 본연의 독경과 선 수행 및 노동 강조 • 개혁적 성향의 승려와 지방민의 적극적 호응
		조계종	• 선종 중심의 교종과의 통합 → 교와 선의 대립 극복 시도 → 선 · 교 일치 사상 완성(교리 통합) • **정혜쌍수** : 선과 교학을 병행하여 선 중심으로 교학 포용 → 철저한 수행 선도 • **돈오점수** : 내가 곧 부처라는 깨달음을 위한 노력과 꾸준한 수행으로 깨달음의 확인을 함께 강조
	혜심		유 · 불 일치설 : 심성의 도야 강조 → 성리학 수용의 사상적 토대 마련
	요세		**백련 결사 제창** : 만덕사 중심 → 백성들의 신앙적 욕구 고려 → 참회의 법화 신앙에 중점 → 지방민의 적극적인 호응
원 간섭기			• 불교계의 혁신 운동 단절 → 권문세족의 후원으로 사원 경제 폐단 발생 • 보우 등의 교단 정비 노력 실패 → 신진사대부의 척불론 대두

◉ **천태종과 조계종 → 불교 통합 운동**

구분	천태종	조계종
형성 시기	고려 중기(문벌 귀족 사회)	고려 후기(무신 정권기)
개조	의천(국청사)	지눌(송광사)
지지 세력	귀족	무신 정권
특징	교종 중심 + 선종 통합	선종 중심 + 교종 통합
성격	교단 통합(○), 교리 통합(×)	교리의 통합 → 선·교 일치 사상 완성
수행 이론	교관겸수	정혜쌍수, 돈오점수

(3) 대장경 간행

1) 배경 : 불교 교리 집대성, 호국 불교와 현세 구복적 불교의 성격 반영

2) 대장경 : 경(經 : 경전)·율(律 : 계율)·논(論 : 해석)의 삼장으로 구성

　① **경** : 부처가 설한 근본 교리

　② **율** : 교단에서 지켜야 할 윤리 조항과 생활 규범

　③ **논** : 경과 율에 대한 승려나 학자들의 이론과 해석

3) 간행 과정

초조대장경	현종 때 거란 격퇴 염원 목적으로 간행 → 대구 부인사 보관 중 몽골 침입으로 소실
교장(속장경)	• 의천이 흥왕사에 교장도감 설치 → 송·요·일본의 불경 수집 • 신편제종교장총록(불서 목록) 작성하여 4,760여 권 간행 → 몽골 침입으로 소실
재조대장경 (팔만대장경)	• 몽골 침입 때 최우가 강화도에 대장도감 설치하여 제작 → 합천 해인사에 목판 보존 • 유네스코 지정 세계 기록 문화 유산

(4) 도교와 풍수지리설

도교	• 불로장생과 현세 구복 추구 → 국가의 안녕과 왕실의 번영 기원 → 국가적 도교 행사(초제) 성행, 도교 사원 건립 • 팔관회 : 도교와 민간 신앙 및 불교가 결합된 행사 • 한계 : 교단 조직 미흡, 불교적 요소와 도참 사상 수용 → 일관성 결여 → 민간 신앙으로 전개
풍수지리설	• 발달 : 예언적, 신비적 성격의 도참 신앙 가미 → 고려 시대에 크게 성행 • 고려 초기 : 서경 명당설 → 묘청의 서경 천도 운동과 북진 정책의 이론적 근거 • 문종 대 전후 : 북진 정책 퇴조 → 한양 명당설 대두 → 남경 승격, 궁궐 신축 → 한양 천도의 근거

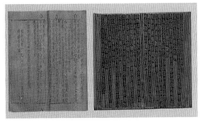

직지심체요절과 복원품

고려 첨성대

❸ 과학 기술의 발달

배경		• 고대 사회의 전통 과학 기술 계승, 중국 · 이슬람 과학 기술 수용
		• 국자감에서 잡학 교육, 잡과 실시
천문학		• 사천대(서운관) 설치 : 천문 관측과 역법 계산 담당 → 첨성대에서 관측 업무 수행
		• 역법 : 당의 선명력(고려 초) → 원의 수시력(충선왕) → 명의 대통력(공민왕)을 수입하여 사용
의학		• 태의감에서 의학 교육 담당, 의과 실시, 자주적 의학 발달
		• 향약구급방 : 현존 최고(最古)의 의학 서적
인쇄술	목판 인쇄술	고려 대장경 판목에서 고려 인쇄술의 최고 수준 입증, 서적포 설치
	금속 활자 인쇄술	• 발달 배경 : 소량의 다양한 서적 인쇄의 필요성 증가, 목판 인쇄술 발달, 청동 주조 기술 발달, 먹과 종이 제조 기술 발달
		• 상정고금예문(1234) : 의례서로서 몽골과의 전쟁 중 강화도에서 인쇄 → 금속 활자로 가장 오래된 기록, 현존하지 않음
		• 직지심체요절(1377) : 청주 흥덕사에서 간행, 현존 세계 최고(最古)의 금속 활자본, 유네스코 지정 세계 기록 문화 유산, 프랑스 국립도서관에 보관
	제지술	닥나무 재배 장려, 종이 제조 전담 관서 설치, 중국에 종이 수출
화약 무기		최무선 : 화통도감 설치 → 화포 · 화약 제작 → 진포 싸움에서 왜구 격퇴
조선 기술		• 송과의 해상 무역 발달 → 대형 범선 제조, 대 · 소형 조운선 운행(조세 운송)
		• 전함에 화포 설치(왜구 격퇴에 이용)

❹ 귀족 문화의 발달

(1) 문학의 발달

전기	• 한문학
	· 초기 : 과거제 실시, 문치주의 성행 → 한문학 발달(박인량 · 정지상) → 독자적 성격
	· 중기 : 고려 사회의 귀족화 → 당 · 송 한문학에 심취 → 보수적 성격
	• 향가 : 보현십원가 11수(균여전) → 불교의 대중화에 기여 → 점차 한시에 밀려 쇠퇴
	※ 보현십원가 : 균여가 중생을 교화하기 위하여 어려운 불경을 향가로 풀이한 것으로 보현보살이 제시한 열 가지를 이루고자 하는 바를 각자 스스로 실천할 것을 다짐하는 내용을 담고 있다.
무신 집권기	• 수필 문학 : 낭만적, 현실 도피적 경향 → 임춘의 국순전, 이인로의 파한집
	• 최씨 무신 집권기 : 형식보다 내용에 치중 → 이규보의 동국이상국집, 최자의 보한집
후기	• 경기체가
	· 향가 형식 계승하여 신진 사대부가 창작 → 유교 정신과 자연의 아름다움 표현
	· 대표적 작품 : 한림별곡, 관동별곡, 죽계별곡
	• 설화 문학 : 현실 비판, 형식에 구애받지 않음
	· 패관 문학 : 이규보의 백운소설, 이제현의 역옹패설
	· 사물 의인화 : 이규보의 국선생전, 이곡의 죽부인전
	• 장가(속요) : 민중 가요 → 청산별곡, 가시리, 쌍화점 → 서민 감정을 대담하고 자유분방하게 표현
	• 한시 : 이제현, 이곡(사회의 부패상 표현), 정몽주 등 유학자 중심으로 성행

(2) 건축과 조각

1) 건축 : 궁궐과 사원 중심 → 현존하는 것은 대부분 고려 후기의 목조 건축물

전기	궁궐	개성 만월대의 궁궐터 → 계단식 배치, 웅장·장엄		
	사원	현화사, 흥왕사 → 현존하지 않음		
후기	주심포식	특징	지붕의 무게를 기둥에 전달하면서 건물을 치장하는 장치인 공포가 기둥 위에만 존재하는 건축 양식	
		안동 봉정사 극락전	현존 최고(最古)의 목조 건축물	
		영주 부석사 무량수전	배흘림 기둥	균형 잡힌 외관과 치밀한 배치 → 고려 건축의
		예산 수덕사 대웅전	맞배 지붕	단아·세련된 특성 반영
	다포식	• 특징 : 공포가 기둥 위뿐만 아니라 기둥 사이에도 배치 → 웅장한 지붕이나 건물에 주로 사용 • 원의 건축 양식의 영향을 받음 • 대표적 건축물 : 사리원 성불사 응진전 • 조선 시대 건축 양식에 큰 영향을 끼침		

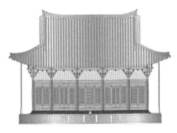

주심포 양식

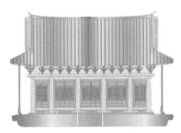

다포 양식

부석사 무량수전

수덕사 대웅전

2) 조각

석탑	특징	신라 양식 계승, 독자적 조형미 가미, 안정감 부족, 다양한 양식 시도(다각 다층)
	전기	개성 불일사 5층 석탑, **월정사 8각 9층 석탑**(→ 송 탑의 영향)
	후기	**경천사 10층 석탑** : 원 탑 양식 모방 → 조선 시대의 원각사지 10층 석탑의 원형
승탑	특징	선종의 유행으로 발달
	팔각원당형	여주 고달사지 원종대사 혜진탑(신라 후기 양식 계승), 공주 갑사 부도, 구례 연곡사 부도
	기타	흥법국사 실상탑, 법천사 지광국사 현묘탑(특이한 형태, 조형미 탁월)
불상		• 특징 : 신라 양식 계승 → 인체 비례의 균형미와 조형미 퇴화, 자유분방함과 향토적 특색 • 초기에는 대형 철불이 유행 → 광주 춘궁리 철불(하남 하사 창동 철조 석가여래 좌상) • **부석사 소조 아미타 여래 좌상** → 신라 양식 계승한 고려의 대표적 불상 • 논산 관촉사 석조 미륵 보살 입상, 안동 이천동 마애여래 입상 → 지역적 특색 뚜렷

월정사 8각 9층 석탑

경천사 10층석탑

고달사지 승탑

광주 춘궁리 철불

부석사 소조 아미타여래 좌상

관촉사 석조 미륵보살 입상

(3) 청자와 공예 : 귀족의 생활 도구와 불교 의식에 사용되는 불구 중심으로 발달

자기 공예	특징	신라 · 발해 전통 + 송의 자기 기술 → 11세기에 독자적 경지 개척
	청자의 발달	순수 비색 청자(11세기) → 상감청자(12세기 중엽~13세기 중엽) → 원 간섭기 이후 상감 청자 퇴조 → 분청사기 등장
	청자의 특징	비색의 아름다움, 음 · 양각 및 상감법에 의한 독특한 무늬가 조화 → 고려 문화의 독창성 창출
	상감법	나전칠기나 은입사 공예에서 응용된 것으로, 그릇 표면을 파낸 자리에 백토, 흑토를 메워 무늬를 내는 방법
	생산지	강진(청자 가마터 발견), 부안, 강화도, 진안
금속 공예	은입사	송에서 기술 전래 → 청동제 은입사 포류 수금무늬 정병, 청동 향로
	범종	신라 양식 계승 → 수원 용주사 종, 해남 대흥사의 탑산사 종
나전칠기		• 통일 신라 시대에 당을 통해서 전래 → 고려 시대에 크게 발달 • 경함, 화장품갑, 문방구 등에 자개를 붙여 무늬를 새김

(4) 글씨 · 그림과 음악

서예	전기	왕희지체, 구양순체(귀족 유행), 신품 4현(김생 · 유신 · 탄연 · 최우)
	후기	송설체(조맹부체) 유행 → 이암
회화	고려 전기	• 도화원 설치 : 화원 양성 • 왕실, 귀족의 취미 생활로 발달 → 이영의 '예성강도', 이광필
	고려 후기	사군자 중심의 문인화 유행 → 공민왕의 '천산대렵도'(원대 북화의 영향)
	불화	고려 후기에 왕실과 권문 세족의 구복적 요구에 의해 발달, 극락왕생 기원 → 혜허의 '관음보살도'(수월관음도)
	사경화	불교 경전 내용을 그림으로 설명
	벽화	부석사 조사당 벽화의 사천왕상과 보살상
음악	아악	송의 대성악이 발전한 궁중 음악
	향악(속악)	고유 음악 + 당악의 영향 → 동동, 한림별곡, 대동강

청자 상감 운학무늬 정병

청자 진사 연화무늬 표주박 모양 주자

청자상감칠보투각향로

정답: P. 154

1. 고려 시대에 9재 학당을 설립하고 해동공자의 칭호를 받았던 대표적인 유학자는?

2. 고려 시대에 성리학을 전래시킨 인물은?

3. 고려의 국립 대학과 학과별 입학 기준은?

4. 고려 중기에 사학의 융성에 따른 관학의 쇠퇴를 해결하기 위해 실시하였던 관학 진흥책을 3가지 이상 서술하시오.

5. 현존하는 우리나라에서 가장 오래된 역사서는?

6. 고려 후기 무신 집권기에서 원 간섭기에 민족적 자주의식을 바탕으로 편찬된 자주적 역사서 4가지는?

7. 고려 중기 대각국사 의천이 창시한 불교 종파와 수행 이론은?

8. 고려 후기 지눌이 창시한 불교 종파와 수행 이론은?

9. 고려 후기 혜심의 유·불 일치설이 끼친 영향은?

10. 고려 후기 만덕사를 중심으로 신앙 결사 운동으로 백련 결사를 제창한 승려는?

11. 몽골의 침략으로 소실된 고려의 대장경 판본 2가지는?

12. 현존하는 우리나라에서 가장 오래된 의학 서적은?

13. 현존하는 세계에서 가장 오래된 금속 활자본은?

14. 고려 후기에 향가 형식을 계승하여 신진 사대부가 창작한 문학 장르는?

15. 현존하는 가장 오래된 고려 시대의 목조 건축물은?

16. 고려 후기에 축조된 다포 양식의 대표적인 건축물은?

17. 조선 시대의 원각사지 10층 석탑의 원형을 이루었던 고려의 대표적인 탑은?

18. 고려에서 신라 양식을 계승한 대표적인 불상은?

19. 고려 후기에 공민왕이 남긴 대표적인 회화 작품은?

20. 고려 후기에 건립된 주심포 양식의 대표적 건축물 3가지는?

21. 고려 전기에 서예로 유명한 신품 4현은?

22. 고려 전기에 송탑의 영향을 받은 대표적인 석탑은?

1. 고려 시대 교육에 대한 설명으로 옳지 <u>않은</u> 것은?

① 율학, 서학, 산학 등 기술학은 해당 관청에서 담당하였다.

② 최충의 9재 학당은 사학의 융성을 가져온 계기가 되었다.

③ 고려 중기에는 관학 진흥책으로 국학에 전문 강좌인 7재가 설치되었다.

④ 성종은 국립 대학인 국자감을 설립하여 유교적 정치 이념을 뒷받침하였다.

2. 고려 후기에 전래된 성리학에 대한 설명으로 옳지 <u>않은</u> 것은?

① 충렬왕 때 안향에 의해서 처음 소개되었다.

② 신진 사대부는 현실 사회의 모순을 해결하기 위한 개혁 사상으로 수용하였다.

③ 성리학이 전래되면서 유교 경전의 자구 해석을 중시하는 경향이 나타났다.

④ 실천적 기능이 강조되어 소학과 주자가례가 중시되었다.

3. 고려 시대 문헌공도에 관한 설명으로 옳은 것을 모두 고른 것은?　　　　　2013 기출

ㄱ. 국자감에 소속되어 있었다.	ㄴ. 문종 때 세운 9재 학당이다.
ㄷ. 사학 12도 중에서 가장 번성하였다.	ㄹ. 장학 재단을 두어 경제 기반을 강화하였다.

① ㄱ, ㄴ　　　　② ㄱ, ㄹ　　　　③ ㄴ, ㄷ　　　　④ ㄷ, ㄹ

4. 고려 시대 역사 서술에 대한 설명으로 옳은 것은?

① 현재 전하는 가장 오래된 편년체 사서는 현종 때 편찬된 7대 실록이다.

② 삼국사기는 합리주의적 유교 사관에 입각한 편년체 사서이다.

③ 무신 정권기에서 원 간섭기에는 전통 문화에 대한 이해를 위한 자주적인 역사서가 편찬되었다.

④ 후기에는 신진 사대부의 성장과 함께 훈고학적 유교 사관이 대두되었다.

5. 다음 역사서 중 고려 시대에 민족적 자주 의식을 바탕으로 전통 문화에 대한 올바른 이해를 강조한 역사서를 고르면?　　　　　2004 기출

• 삼국사기	• 고려사	• 조선왕조실록	• 제왕운기
• 삼국유사	• 동명왕편	• 동국통감	

① 조선왕조실록, 고려사, 동국통감　　② 삼국유사, 제왕운기, 동명왕편

③ 삼국사기, 삼국유사, 동명왕편　　④ 삼국유사, 제왕운기, 동국통감

6. 고려의 인쇄술에 관한 설명으로 옳은 것은?　　　　　2015 기출

① 의천은 대장도감을 설치하여 소위 '속장경'을 편찬하였다.

② 해인사에 보관 중인 팔만대장경은 거란의 침입 때인 현종 때 만들어졌다.

③ 상정고금예문은 서양의 최초 금속활자보다 200여년 앞선 것이다.

④ 청주 흥덕사에서 직지심체요절을 1234년에 금속활자로 인쇄하였다.

7. 고려 시대 불교계의 동향으로 잘못된 것은?

① 태조 왕건은 훈요 10조에서 숭불 정책의 방향을 제시하였다.

② 의천은 흥왕사를 근거지로 화엄종 중심의 교종 통합을 시도하였다.

③ 지눌은 백련 결사를 조직하여 불교의 혁신과 민중 교화에 힘썼다.

④ 혜심은 유 · 불 일치설을 주장하여 성리학 수용의 토대를 마련하였다.

8. 고려 시기 불교계에 관한 설명으로 옳은 것은? 2017 기출

① 의상이 지방에 화엄종 사찰을 설립하였다.

② 균여가 귀법사에서 법상종을 부흥시켰다.

③ 의천이 돈오점수를 주창하며 천태종을 개창하였다.

④ 지눌이 수선사를 결사하고 불교 개혁운동을 펼쳤다.

9. 고려 시대의 도교와 풍수 지리설에 대한 설명으로 옳지 않은 것은?

① 도교는 교단 조직이 정비되어 민간 신앙으로 크게 발전하였다.

② 예종 때 도교 사원인 도관이 처음 건립되었다.

③ 풍수 지리설은 도참 사상과 결부되어 크게 유행하였다.

④ 서경 길지설은 묘청의 서경 천도 운동의 이론적 근거가 되었다.

10. 다음 중 의천과 관련된 설명으로 옳지 않은 것은?

① 국청사를 중심으로 교종 중심의 선종을 통합하여 천태종을 창시하였다.

② 교관겸수를 주장하여 이론의 연마와 실천을 강조하였다.

③ 천태사교의주, 석원사림, 원종문류 등의 저술을 남겼다.

④ 신편제종교장총록을 토대로 초조 대장경을 간행하였다.

11. 고려 시대의 과학 기술에 대한 설명으로 적당하지 않은 것은? 2002 기출

① 역법은 초기에는 당의 선명력을, 후기에는 독자적으로 개발한 수시력을 사용하였다.

② 과거에서는 의학, 천문학, 음양지리 등의 잡과를 시행하였다.

③ 금속 활자 기술이 발달하여 현존하는 최고의 금속 활자본으로 직지심체요절이 만들어졌다.

④ 최무선은 화통도감을 설치하여 화포와 화약을 제조하였다.

12. 다음은 어떤 서적에 대한 설명인가? 2006 기출

> 고려 중기에는 우리나라 실정에 맞는 자주적인 의학이 발달하였는데 13C에 쓰여진 이 책은 우리나라 최고 (最古)의 의서로 각종 질병에 대한 처방과 국산 약재 180여종이 소개되어 있다.

① 향약 집성방   ② 향약 구급방

③ 동의보감   ④ 의방유취

13. 다음은 고려시대 어떤 승려의 주장이다. 이 승려와 관련된 설명으로 옳지 <u>않은</u> 것은?

> 마음의 산란함을 제거하는 것이 정(定)이요, 마음의 혼침함을 극복하는 것이 혜(慧)이다. 정은 본체이고 혜는
> 작용이다. 작용은 본체를 바탕으로 해서 있게 되므로 혜가 정을 떠나지 않고, 본체는 작용을 가져오게 하므로
> 정은 혜를 떠나지 않는다.

① 참선과 수행의 방법으로 돈오점수를 제시하였다.
② 무신 집권 이후 선종을 중심으로 교종을 통합하는 조계종을 창시하였다.
③ 유·불 일치설을 주장하여 성리학 수용의 사상적 토대를 이루었다.
④ 승려 본연의 독경과 선 수행 및 노동을 강조하는 수선사 결사 운동을 전개하였다.

14. 고려시대의 대장경에 관한 설명으로 옳지 <u>않은</u> 것은? `2016 기출`
① 현종 때 대장경을 처음으로 만들기 시작하였다.
② 대장경은 경·율·논 삼장의 불교 경전을 총칭하는 것이다.
③ 초조대장경은 부인사에 보관하였는데 몽고의 침입 때 불에 탔다.
④ 여진의 침입으로부터 왕실을 보호하기 위해 명종 때부터 대장경을 다시 조판하기 시작하였다.

15. 다음은 고려의 대표적인 문화 유산들이다. 각각에 대한 설명으로 옳은 것은?
① 봉정사 극락전 – 고려 후기의 대표적인 주심포 양식의 건축물이다.
② 상정고금예문 – 청주 흥덕사에서 간행된 현존하는 가장 오래된 금속 활자본이다.
③ 경천사 10층 석탑 – 송의 영향을 받은 고려 후기의 대표적인 다각다층 양식의 탑이다.
④ 향약집성방 – 고려 후기에 간행된 현존하는 가장 오래된 의학 서적이다.

16. 고려시대에 건립된 건축물로 옳지 <u>않은</u> 것은? `2018 기출`
① 구례 화엄사 각황전
② 예산 수덕사 대웅전
③ 안동 봉정사 극락전
④ 영주 부석사 무량수전

17. 고려 시대의 천문학에 대한 설명으로 옳은 것은?
① 천문을 담당하는 관리들은 제술과를 통해 선발되었다.
② 고구려의 천문도를 바탕으로 천상열차분야지도를 돌에 새겼다.
③ 사천대(서운관)의 관리들이 첨성대에서 천문 현상을 관측하였다.
④ 우리 나라 역사상 최초로 서울을 기준으로 천체 운동을 정확하게 계산하였다.

18. 고려시대 석탑에 대한 다음의 설명 중 옳지 <u>않은</u> 것을 고르면?
① 다양한 형태의 석탑이 유행하였으며, 안정감이 부족하였다.
② 월정사 8각 9층 석탑은 다각 다층탑의 대표적 작품으로 송의 영향을 받았다.
③ 현화사 7층 석탑은 원나라의 영향을 받은 대표적인 석탑이다.
④ 경천사 10층 석탑은 조선의 원각사지 10층 석탑의 원형이 되었다.

19. 고려 시대 전기의 문화와 관련된 설명으로 옳은 것은?

① 관촉사 석조 미륵 보살 입상과 같은 대형 석불이 많이 제작되었다.

② 상감청자가 퇴조하고 분청사기가 유행하였다.

③ 인간의 심성과 우주의 원리를 연구하는 성리학이 보급되었다.

④ 부석사 무량수전, 수덕사 대웅전 등의 주심포 양식의 건축물이 조성되었다.

20. 고려 시대 예술에 대한 설명으로 옳은 것은?

① 원의 영향을 받아 은입사라는 금속 공예 기술이 발달하였다.

② 서예 분야에서는 전기에는 송설체가, 후기에는 구양순체가 유행하였다.

③ 고려 후기에는 왕실과 권문세족의 구복적 요구에 따라 관음보살도 등의 불화가 유행하였다.

④ 이영의 천산대렵도는 고려 후기의 대표적인 문인화 작품이었다.

21. 다음 중 고려 시대의 관학 진흥책이 <u>아닌</u> 것은? 2004 기출

① 7재   ② 9재 학당

③ 양현고   ④ 청연각, 보문각

22. 고려의 문화와 사상에 관한 설명으로 옳지 <u>않은</u> 것은? 2019 기출

① 토착 신앙과 불교, 유교 등 다양한 신앙과 사상이 공존하였다.

② 북방 민족의 문화에 비해 한족의 문화를 높이 평가하였다.

③ 국사와 왕사 제도를 두어 불교에 국교의 권위를 부여하였다.

④ 고려 말 성리학자들은 이(理)와 기(氣)의 관계에 관한 연구를 심화하였다.

23. 다음 중 건축 양식이 다른 고려의 목조 건축물은?

① 성불사 응진전   ② 수덕사 대웅전

③ 봉정사 극락전   ④ 부석사 무량수전

24. 다음에 제시된 (가)~(다) 불상의 제작 시기를 순서대로 바르게 나열한 것은? 2013 기출

(가)   (나)   (다)

① (가) - (나) - (다)   ② (나) - (가) - (다)

③ (나) - (다) - (가)   ④ (다) - (나) - (가)

1. 정답 ①

해설 ② 고려 중기에 최충의 9재 학당은 사학 발달의 계기가 되어 사학 12도가 융성하였다. ③ 고려 중기에는 사학의 융성으로 관학이 위축되자, 관학 진흥책으로 국학에 전문 강좌인 7재를 개설하였으며, 그 밖에 양현고(장학 재단), 청연각 · 보문각(학문 연구소) 설치 등이 이루어졌다. ④ 성종 때 국립 대학인 국자감을 설립하여 유교 정치 이념을 뒷받침하였다.

오답풀이 ① 율학, 서학, 산학 등 기술학은 국자감에서 담당하였다.

2. 정답 ③

오답풀이 ③ 성리학은 인간의 심성과 우주의 원리를 철학적으로 규명하는 학문이다. 유교 경전의 자구해석을 중시하는 것은 훈고학이다.

3. 정답 ③

해설 ㄴ, ㄷ. 문헌공도는 고려 중기 문종 때 최충이 설립한 9재 학당이라는 사립학교를 의미한다. 당시에 설립된 사학 12도라는 사립학교 중에서 최충의 문헌공도가 가장 번성하여 많은 제자를 양성하였다.

오답풀이 ㄱ. 문헌공도를 비롯한 사학 12도는 사립학교였기 때문에 관학 교육 기관인 국자감과는 별도로 운영되어 오히려 관학을 위축시키는 결과를 초래하였다. ㄹ. 고려 중기에 사학의 발달로 관학이 위축되자 고려 정부는 양현고라는 장학재단을 설립하여 관학의 경제 기반을 강화하였다.

4. 정답 ③

해설 ③ 무신 정권기에서 원 간섭기에는 전통 문화에 대한 이해를 위한 자주적인 역사서가 편찬되었으며, 동명왕편, 해동고승전, 삼국유사, 제왕운기 등이 해당된다.

오답풀이 ① 7대 실록은 현재 전해지지 않고 있다. ② 삼국사기는 기전체 역사서이다. ④ 고려 후기에는 신진사대부가 성리학을 수용하여 정통 의식과 대의명분을 중시하는 성리학적 유교 사관이 대두되었다.

5. 정답 ②

해설 ② 4번 문제 해설 참조

6. 정답 ③

해설 ③ 상정고금예문은 1234년에 제작된 금속 활자 인쇄물로서 독일의 구텐베르크가 만든 금속활자보다 200년 앞서 제작되었다.

오답풀이 ① 의천은 교장도감을 설치하여 속장경(교장)을 편찬하였으며, 대장도감은 팔만대장경을 제작하기 위해 만든 것이다. ② 팔만대장경은 몽골의 침략을 계기로 강화도에서 제작되었다. ④ 직지심체요절은 1377년에 청주 흥덕사에서 제작되었다.

7. 정답 ③

오답풀이 ③ 지눌은 수선사 결사를 조직하여 예불 독경과 선 수행 및 노동의 중요성을 강조하여 불교의 개혁을 추진하였으며, 백련 결사는 요세가 조직하였다.

8. 정답 ④

해설 ④ 지눌은 수선사 결사를 조직하고 불교 개혁운동을 전개하였다.

오답풀이 ① 의상은 통일 신라 시대에 화엄종을 개창한 승려이다. ②

균여는 고려 초기에 화엄종을 보급한 승려이다. ③ 의천은 천태종을 개창하고 수행이론으로 교관겸수를 주장하였다. 돈오점수는 지눌이 개창한 조계종의 수행 이론이다.

9. 정답 ①

오답풀이 ① 고려 시대에 도교는 교단 조직이 정비되지 못하고 불교적 요소와 도참 사상을 수용하여 일관성이 결여되었으며, 단지 민간 신앙으로 전개되었다.

10. 정답 ④

오답풀이 ④ 의천은 송과 요의 불교 관련 자료를 수집하여 불서 목록인 신편제종교장총록을 작성하고 이를 바탕으로 교장(속장경)을 간행하였다. 초조대장경은 현종 때 거란의 침략을 격퇴하려는 염원에서 간행되었다.

11. 정답 ①

해설 ② 고려 시대의 과거 시험에는 기술관을 선발하기 위한 잡과가 실시되었으며, 시험 과목으로는 의학, 천문학, 음양지리 등이 있었다. ③ 고려 시대에는 기존의 목판 인쇄술, 청동 주조 기술 발달, 먹과 종이 제조 기술 발달 등을 배경으로 금속 활자 인쇄술이 발달하였으며, 프랑스 파리 국립 도서관에 있는 직지심체요절은 현존하는 세계에서 가장 오래된 금속 활자본이다. ④ 최무선은 화통도감을 설치하여 화포와 화약을 제조하여 진포 대첩에서 왜구의 침략을 격퇴하였다.

오답풀이 ① 고려 시대에는 독자적인 역법이 없었기 때문에 초기에는 당의 선명력, 후기에는 원의 수시력을 사용하였다. 우리나라 기준의 최초의 역법은 조선 세종 때 만들어진 칠정산이다.

12. 정답 ②

해설 ② 고려 후기 13세기에 간행된 우리나라에서 가장 오래된 의학 서적은 향약구급방이다.

오답풀이 ① 향약집성방은 조선 세종 때 편찬되었으며, 우리나라의 전통적 약재와 치료 방법을 수록하였다. ③ 동의보감은 조선 광해군 때 허준이 편찬한 의학서적으로 유네스코 지정 세계 기록 문화유산이다. ④ 의방유취는 조선 세종 때 편찬된 의학백과사전이다.

13. 정답 ③

해설 자료에서 정혜쌍수와 관련된 내용을 통해 지눌의 조계종임을 알 수 있다. ① 지눌은 참선과 수행의 방법으로 내가 곧 부처라는 깨달음을 위한 노력과 꾸준한 수행으로 깨달음의 확인을 함께 강조하는 돈오점수를 주장하였다. ② 지눌의 조계종은 무신 집권기에 선종을 중심으로 교종을 통합하여 창시되었다. ④ 지눌은 수선사 결사를 조직하여 예불 독경과 선 수행 및 노동의 중요성을 강조하는 신앙 결사 운동을 전개하였다.

오답풀이 ③ 유 · 불 일치설은 혜심의 주장이다.

14. 정답 ④

해설 ① 고려는 현종 때 거란족의 침입을 격퇴하기 위하여 처음으로 초조대장경을 만들기 시작하였다. ② 대장경은 경 · 율 · 논 삼장을 기본으로 제작되었다. ③ 초조대장경은 대구 부인사에 보관되었다가 몽골의 침략을 계기로 불타버렸다.

오답풀이 ④ 고려는 몽골 침략을 계기로 고종 때부터 대장경을 다시 조판하였으며, 이를 재조(팔만)대장경이라고 한다.

15. 정답 ①

해설 ① 봉정사 극락전은 고려 후기에 건립된 주심포 양식의 건축물로서 현존하는 가장 오래된 목조 건축물이다.

오답풀이 ② 청주 흥덕사에서 간행된 현존하는 가장 오래된 금속 활자본은 직지심체요절이며, 상정고금예문은 현존하지 않는다. ③ 경천사 10층 석탑은 원의 영향을 받았다. ④ 향약집성방은 조선 세종 때 편찬된 의학 서적이다. 고려 후기에 간행된 현존하는 가장 오래된 의학 서적은 향약구급방이다.

16. 정답 ①

해설 ② 예산 수덕사 대웅전, ③ 안동 봉정사 극락전, ④ 영주 부석사 무량수전은 고려 후기에 건립된 주심포 양식의 대표적인 건축물이다.

오답풀이 ① 화엄사 각황전은 조선 후기에 건립되었다.

17. 정답 ③

해설 ③ 사천대(서운관)는 고려의 천문 관측 기관으로 첨성대에서 천문 현상을 관측하였다.

오답풀이 ① 천문 담당 관리는 잡과를 통해서 선발하며, 제술과는 문반 관리 선발 시험이다. ② 천상열차분야지도는 조선 태조 때 고구려의 천문도를 바탕으로 검은 돌에 새긴 것이다. ④ 우리나라에서 서울을 기준으로 제작한 최초의 역법은 조선 세종 때 만들어진 칠정산이다.

18. 정답 ③

오답풀이 ③ 원나라의 영향을 받은 대표적인 석탑은 경천사지 10층 석탑이다.

19. 정답 ①

해설 ① 고려 전기에는 관촉사 석조 미륵보살 입상, 안동 이천동 석불 등의 대형 불상이 다수 건립되었다.

오답풀이 ② 상감청자는 12세기 중엽부터 13세기 중엽까지 유행하였으며, 분청사기는 고려 후기 원 간섭기 이후에 유행하였다. ③ 성리학은 고려 후기 충렬왕 때 안향에 의해 보급되었다.

④ 부석사 무량수전, 수덕사 대웅전 등의 주심포 양식의 건축물은 대부분 고려 후기에 건립되었다.

20. 정답 ③

해설 ③ 고려 후기에는 왕실과 권문세족의 극락왕생을 기원하는 구복적 요구에 따라 혜허의 관음보살도를 비롯한 불화가 유행하였다.

오답풀이 ① 은입사는 송의 영향을 받았다. ② 고려 전기는 구양순체, 후기는 송설체(조맹부체)가 유행하였다. ④ 천산대렵도는 공민왕의 작품이다.

21. 정답 ②

해설 ①③④ 1번 문제 해설 참조

오답풀이 ② 9재 학당은 최충이 설립한 사학이다.

22. 정답 ④

해설 ① 고려 시대는 유교를 통치이념으로 채택하였지만, 고려 사회에서는 토착 신앙과 불교가 유행하였다. 토착 신앙과 불교, 도교가 융합된 팔관회가 대표적인 예이다. ② 고려는 송과의 교류를 통해 한족의 문화를 적극적으로 수용하였으나, 거란과 여진족 등의 북방 유목민족의 문화는 경시하였다. ③ 고려 광종 때 국사, 왕사 제도를 실시하여 불교가 국교서의 권위를 갖게 되었다.

오답풀이 ④ 성리학자들 사이에서 이(理)와 기(氣)의 관계에 관한 연구가 심도 있게 이루어진 것은 조선 시대이다.

23. 정답 ①

해설 ① 성불사 응진전은 원의 영향을 받은 다포 양식의 건축물이다. ②③④는 주심포 양식이다.

24. 정답 ③

해설 (나) 백제의 서산마애삼존석불 – (다) 통일 신라의 석굴암 본존불상 – (가) 고려 초기의 관촉사 석조미륵보살 입상

확인 학습 정답

III. 중세 사회의 발전

1. 중세의 정치

1. 기인제도   2. 흑창   3. 청천강~영흥   4. 사심관제도   5. 노비안검법   6. 최승로   7. 국자감   8. 분사제도
9. 식목도감   10. 재신, 추밀   11. 중서문하성의 낭사 · 어사대, 간쟁 · 봉박 · 서경권   12. 5도~안찰사, 양계~병마사
13. 3경(개경, 서경, 동경)   14. 2군6위, 5도~주현군, 양계~주진군   15. 중방   16. 귀족과 향리의 자제   17. 좌주(지공거)
18. 광군   19. 음서   20. 어사대   21. 문하시중   22. 풍수지리설   23. 신채호   24. 교정도감   25. 정방
26. 도방, 삼별초   27. 만적의 난   28. 정안국   29. 강동6주   30. 압록강~도련포   31. 별무반   32. 대장경판본, 황룡사
9층탑   33. 정동행성   34. 응방   35. 전민변정도감 설치, 정방 폐지, 성균관을 통한 유학 교육 강화   36. 성리학
37. 위화도회군   38. 진포대첩   39. 과전법, 신진사대부의 경제적 기반 마련

2. 중세의 사회

1. 정치적~음서, 경제적~공음전   2. 남반   3. 일천즉천   4. 향도   5. 의창   6. 동서대비원   7. 농민
8. 자녀균분상속   9. 김사미 · 효심의 난   10. 제위보   11. 상평창   12. 팔관회

3. 중세의 경제

1. 삼사   2. 호구 기준으로 징수   3. 관등을 기준 현직 관리에게 지급   4. 녹과전   5. 공음전, 외역전, 공신전, 군인전, 내장전
6. 한인전   7. 농상집요   8. 벽란도   9. 경시서   10. 건원중보   11. 활구(은병)

4. 중세의 문화

1. 최충   2. 안향   3. 신분   4. 국자감에 서적포 설치, 양현고, 국학에 7재 개설, 청연각 · 보문각 설치   5. 삼국사기
6. 동명왕편, 해동고승전, 삼국유사, 제왕운기   7. (해동)천태종, 교관겸수   8. 조계종, 정혜쌍수 · 돈오점수
9. 성리학 수용의 사상적 배경   10. 요세   11. 초조대장경, 교장(속장경)   12. 향약구급방   13. 직지심체요절
14. 경기체가   15. 안동 봉정사 극락전   16. 성불사 응진전   17. 경천사지10층석탑   18. 부석사소조아미타여래좌상
19. 천산대렵도   20. 봉정사 극락전, 부석사 무량수전, 수덕사 대웅전   21. 김생, 유신, 탄연, 최우   22. 월정사 8각 9층 석탑

IV

근세 사회의 발전

1 근세의 정치

❶ 근세 사회의 성립과 전개

(1) 조선의 건국(1392)

1) 건국 과정

① 신진 사대부의 분열 : 사원 경제의 폐단과 토지 제도의 개혁 방법에 대한 갈등으로 분열

구분	온건 개혁파	급진 개혁파
인물	정몽주, 이색, 길재	정도전, 조준, 권근
개혁 방향	• 고려 왕조 유지 → 점진적 개혁 추구 • 전면적 토지 개혁 반대 • 불교에 타협적	• 고려 왕조 부정 → 역성혁명 추진 • 전면적 토지 개혁 주장 • 불교의 폐단 비판(정도전 – 불씨잡변)
계승	사림파(사학파)	훈구파(관학파)

② 조선 건국 : 위화도 회군 → 이성계의 정권 장악 → 급진 개혁파와 이성계 연합 → 전제 개혁 (과전법) 단행 → 온건 개혁파 제거 → 조선 건국(1392)

2) 근세 사회의 전개

정치	• 왕권 중심의 권력 구조 개편, 중앙 집권적 양반 관료 체제 정비 • 왕권과 신권의 조화에 노력 → 모범적 유교 정치 추구
사회	• 양인의 수적 증가와 권익 신장 • 과거 제도 정비 → 개인 능력을 더욱 존중
경제	자영농의 수 증가, 농민의 경작권 보장, 조세 경감
문화	• 교육의 기회 확대 → 서당, 서원의 전국적 보급 • 정신 문화와 기술 문화의 발달 → 민족 문화의 기반 마련

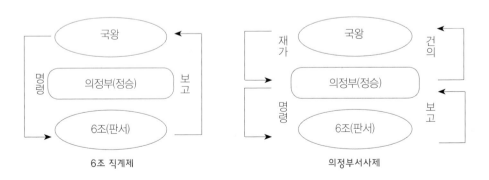

6조 직계제

의정부서사제

(2) 집권 체제의 정비

태조	• 통치 방향 : 통치 질서의 정비, 왕권 안정 추구 • 국가 정책 제시 : 대내적 – 숭유억불과 농본억상, 대외적 – 사대교린 정책 • 국호 – 조선(고조선 계승 의식), 한양 천도 • 정도전 등용 : 민본적 통치 규범 마련(→ 조선경국전 · 경제문감 편찬), 재상 중심 정치, 불씨잡변 　(→ 불교 비판), 성리학적 통치 이념 확립
태종	• 통치 방향 : 왕권 강화와 국왕 중심의 통치 체제 정비에 주력 • 왕권 강화 　· 개국 공신 세력 축출 : 1 · 2차 왕자의 난을 통해 공신 세력 축출 → 정권 장악 　· 도평의사사 폐지 → 의정부 설치, 6조 직계제 실시, 사간원 독립 → 대신 견제 　· 사병 혁파 → 국왕이 군사 지휘권 장악, 왕실의 외척과 종친의 정치적 영향력 약화 • 경제 기반 안정 : 양전 사업, 호패법, 사원전 몰수, 노비 해방 • 호패법 ┬ 실시 목적 : 조세 징수, 유민 방지, 군역 대상자 파악 　　　　├ 대상 : 16세 이상의 남자(노비 포함)는 호패 착용, 여자는 제외 　　　　└ 재질, 크기, 기재 내용은 신분에 따라 다름
세종	• 통치 방향 : 왕권 안정과 경제력 바탕 → 유교 정치의 실현 노력 • 집현전 정비 : 정책 연구 기관 → 경연 참여, 국왕 통치 자문, 한글 창제에 기여 • 왕권과 신권의 조화 추구 　· 의정부 서사제 : 의정부 재상의 합의로 정책 심의 　· 국왕은 인사 · 군사권 장악 • 유교 윤리 정착 시도 : 유교식 국가 행사 거행(오례), 주자가례의 시행 장려 • 왕도 정치와 유교적 민본 사상 실현 : 유능한 인재와 청백리 재상 등용, 백성의 여론 존중 • 대외 정책 : 4군 6진 개척 → 압록강~두만강의 국경선 확정, 쓰시마 섬 정벌(이종무) • 조세 제도 개혁 : 공법(貢法) 실시 → 전분 6등법(토지 비척도), 연분 9등법(풍흉 정도) • 기술 문화 장려 : 측우기, 앙부일구(해시계), 자격루 등 제작, 역법 개정(칠정산)
단종	김종서, 황보인 등 재상의 실권 장악 → 왕권 약화 → 왕족 불만 증대
세조	• 계유정란(1453) : 수양대군이 김종서 · 황보인 제거 → 왕위 차지 • 통치 방향 : 왕권의 재확립, 집권 체제 강화에 주력 • 왕권 강화 : 6조 직계제 부활, 집현전과 경연 폐지, 종친 등용 • 경국대전 편찬 시작, 직전법 실시(→ 국가 재정 확보) • 국방력 강화 : 5위(중앙군), 진관체제(지방군 체제) 실시, 보법 제정 • 기타 : 원각사 10층 석탑 건립, 간경도감 설치(불경 간행), 인지의 · 규형(토지 측량 기구)
성종	• 통치 방향 : 유교적 통치 체제 확립 • 홍문관 설치 : 관원 전체가 경연 참여 • 경연 : 정승과 주요 관리도 참여 → 왕과 신하가 정책 토론, 심의 역할 담당 • 경국대전 완성 : 조선의 기본 통치 방향과 이념 제시 → 조선 왕조의 통치 체제 확립 • 편찬 사업 : 동국통감, 동국여지승람, 삼국사절요 • 도첩제(승려 출가 허가 제도) 폐지 : 유교적 통치 이념 심화

❷ 통치 체제의 정비

(1) 유교적 통치 이념

정치	덕치주의와 민본 사상을 바탕 → 왕도 정치 구현
사회	• 양반 중심의 지배 질서와 가족 제도에 종법 사상을 적용 • 양천의 구분 엄격, 신분별 직역의 법제화 • 유교의 가부장적 가족 원리가 보편화
경제	• 지배층의 농민 지배를 허용하는 사회·경제 관계 관철 • 지배층이 농업 경영에 참여 → 주인과 종의 관계를 종적 질서로 편제 • 지주 전호제 인정 : 경제적인 지배·피지배 관계 일반화
외교	평화 추구의 친선 정책을 기본 정책 → 국제적 긴장 관계 완화(사대 교린 정책)
사상	• 정책 : 불교, 도교, 토속 신앙을 포함하는 종교의 유교 사상화 추구 • 서민 사회 : 불교, 도교, 토속 신앙 등 그대로 잔존

(2) 중앙 정치 체제

1) 문·무 양반 관료 체제 확립 : 경국대전으로 법제화
   ① **관리** : 문반·무반 및 18관등으로 구분 → 당상관, 당하관으로 구성
      ㉠ 당상관 : 정3품 이상 → 정책 논의에 참석, 주요 관서의 책임자
      ㉡ 당하관 : 정3품 이하 → 실무 담당자
   ② **관직** : 경관직(중앙 관직)과 외관직(지방 관직)으로 구분
2) 의정부와 6조
   ① **의정부** : 최고의 관부, 재상(3정승)의 합의로 국정 총괄
   ② **6조**(장관 : 판서) : 왕의 명령 집행, 직능별로 행정 업무 분담 → 행정의 전문성과 효율성 극대화
   ③ **의정부와 6조 관리** : 중요 정책 결정에 참여·협의 → 관서별 업무 조정 → 통일적 정책 추진

※ 6조의 부서별 업무

이조	문관의 인사 및 행정	병조	국방, 무관 인사 및 무과 과거
호조	재정, 조세, 호구, 공부	형조	법률 소송과 노비 문서 관장
예조	의례, 교육, 문과 과거, 외교	공조	토목, 건축

3) 3사(언관 – 청요직) : 사간원, 사헌부, 홍문관 → 권력의 독점과 부정 방지 목적으로 설치
   ① **대간(양사)**
      ㉠ 구성 : 사간원(간쟁), 사헌부(관리 감찰)
      ㉡ 역할 : 간쟁권, 서경권(관리 임명 동의권) 행사 → 국왕 독재 견제
   ② **홍문관** : 학술 기관 → 정책 결정과 행정을 학문적으로 뒷받침
4) 왕권 강화 기구
   ① **승정원** : 왕명 출납 담당 → 국왕 비서 기관
   ② **의금부** : 왕의 특명에 의해 반역 죄인 처단 → 국왕 직속 사법 기관
5) 학술 기관 : 춘추관(역사서 편찬), 예문관(국왕 교서), 승문원(외교 문서), 성균관(최고교육기관)

6) 한성부 : 수도의 행정과 치안 담당

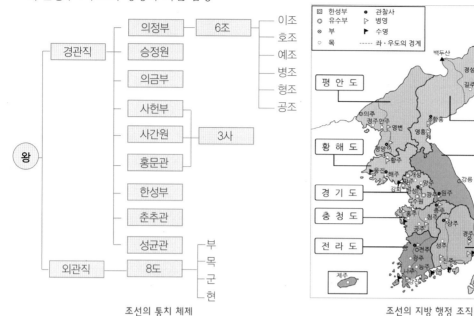

조선의 통치 체제

조선의 지방 행정 조직

(3) 지방 행정 조직

1) 지방 조직 : 8도 ― 부·목·군·현 ― 면·리·통
　① **관찰사**(감사 – 8도)
　　㉠ 지방 수령 감찰, 행정권·사법권·군사권 행사, 임기 1년, 감영 근무
　　㉡ 각 도의 병마 절도사와 수군 절도사 겸직, 상피제 적용
　② **수령**(부·목·군·현)
　　㉠ 부 – 부윤, 목 – 목사, 군 – 군수, 현 – 현령·현감
　　㉡ 행정·사법·군사권 행사, 임기 5년, 조세·공물 징수와 요역 징발 임무 담당, 상피제 적용
　③ **향리**
　　㉠ 6방 조직에 편성, 세습적 아전으로 격하 → 수령 보좌, 행정 실무 담당
　　㉡ 무보수 세습직 → 방납의 폐단 자행, 수령 부재 시에는 호방이 직무 대행
　④ **면·리·통 제도**
　　㉠ 향촌 주민 중에서 책임자 선임 → 면임, 이정, 통주
　　㉡ 수령을 통해 정령 집행 → 인구 파악, 부역 징발 담당
　⑤ **특수 지방 제도**

유향소 (향청)	• 향촌 자치 조직 → 향촌의 덕망있는 인사를 좌수·별감으로 임명하여 운영 • 기능 : 향규 제정, 향회 소집 → 여론 수렴, 백성 교화, 수령의 감시·보좌, 향리 규찰 • 선조(1603) 때 경재소 폐지를 계기로 향청(향소)으로 명칭 변경
경재소	• 구성 : 해당 지방 출신의 중앙 고위 관리를 책임자로 임명 • 기능 : 유향소와 중앙 정부 사이의 연락 담당 → 유향소 통제 • 권한 : 유향소의 임원 임면권, 향안의 작성, 향규의 제정, 부세 운영에 관여 • 경저리(경주인) : 향리의 자제 중에서 서울에 파견된 연락원 → 중앙과 지방의 연락 사무, 왕실의 공납과 연료 조달 임무 등 담당(선조 때 폐지)

2) 지방 행정 조직의 특징 : 중앙 집권 체제 강화에 역점

① 모든 군현에 지방관 파견 → 속현 및 향 · 부곡 · 소 소멸 → 향리의 세력 약화

② 지방관의 권한 강화, 경재소의 유향소 통제, 봉수제 · 역참제 정비

(4) 교육과 관리 등용 제도

1) 교육 제도

특징			• 교육 제도는 관리 양성과 과거 준비를 위해 정비 → 양반 자제 중심의 교육 • 지방에 서당, 향교, 서원 등 설치 → 교육 기회 확대 • 문관 양성을 위한 유학 중시 → 기술학인 잡학 천시, 무관 교육 시설 거의 전무
인문 교육	국립 교육 기관	중등 교육	• 4부학당(중앙) : 중 · 동 · 남 · 서학 → 교관인 교수 · 훈도가 지도 • 향교(지방) · 부 · 목 · 군 · 현에 설립 → 중앙에서 교수 · 훈도 파견 · 기능 : 성현에 대한 제사, 유생 교육, 지방민 교화 • 4부학당(4학)과 향교 학생은 소과 응시 가능
		성균관	• 최고 교육 기관 → 생원 · 진사와 15세 이상의 양반 자제 입학 • 성균관 유생 : 알성시와 권당(등교 거부) 특권, 문과(대과) 응시 가능 • 구조 : 명륜당(유학 강의실), 문묘(공자의 사당), 재(기숙사), 존경각(도서관), 비천당(과거 시험장)
	사립 교육 기관	서당	초등 교육 → 4학과 향교에 입학하지 못한 선비와 평민 자제 대상
		서원	• 최초 : 주세붕의 백운동 서원(→ 소수 서원) • 기능 : 향음주례, 인재 교육, 선현 제사, 향촌 사회 교화에 기여
기술 교육			• 중인 · 서얼 자제가 기술 교육을 받았음 → 양반 자제는 잡학 기피 • 기술 교육은 중앙은 해당 관청에서 지방은 각 지방 관청에서 담당

2) 과거 제도

응시 자격	양인 이상의 신분은 누구나 응시 가능 → 실제로는 양반이 주로 응시	
시험 시기	식년시(정기시 – 3년마다 실시), 별시(부정기시 – 증광시 · 알성시)	
특징	• 문과 시험에 합격해야만 고위 관직 진출 가능 • 무과 실시 → 과거를 통한 문 · 무 양반 제도 확립 • 교육 제도와 유기적 관계를 가지면서 운영	
문과 (대과)	• 시험 절차 : 초시(각 도 인구 비례로 선발) → 복시(33명 선발) → 전시(순위 결정) • 소과(생진과) : 생원 · 진사 → 성균관 입학, 문과 응시, 하급 관리로 임용 • 문과 응시 자격 : 소과 합격생, 성균관 유생, 현직 관료 응시 → 탐관오리의 아들, 재가녀의 자손, 서얼 등은 제한	
무과	병조에서 주관, 문과와 동일한 절차로 선발(28명)	• 양인 신분 내에서 응시 자격에 제한 없음 • 서얼과 중인 자제가 주로 응시
잡과	• 기술관 선발 → 해당 관청에서 3년마다 실시 • 종류 : 역과 · 율과 · 의과 · 음양과 → 분야별로 정원 있음	

3) 특별 채용 제도

취재	재주가 부족, 과거 응시 불가능한 고령자 대상 → 간단한 구술 면접 시험 → 하급 실무직에 임명
천거	기존 관리 대상 → 고관의 추천을 받아 간단한 시험으로 관리로 등용
음서	• 2품 이상 관리의 자손 대상 → 무시험으로 관리에 등용 • 고려 : 5품 이상 대상 → 과거에 합격(×) → 요직으로 승진 가능 • 조선 : 2품 이상 대상 → 문과에 합격해야만 요직으로 승진 가능

4) 합리적인 인사 행정

원칙	품계에 따라 관리 등용, 상피제, 서경제, 근무 성적 평가(승진 · 좌천 자료) → 관료적 성격 강화
상피제	친인척과 동일 부서에 근무(×), 출신 지역 지방관으로 임명(×) → 권력의 집중과 부정 방지
서경제	5품 이하 관리 등용에 대한 자격 심사 → 인사의 공정성 확보

(5) 군역 제도와 군사 조직

군역제도	원칙	• 양인 개병제와 농병 일치제 → 16~60세의 양인 장정 대상 • 종친, 외척, 공신 · 고급 관료의 자제 → 특수군으로 편성(품계와 녹봉 받음) • 노비 : 원칙적으로 군역 면제 → 특수군(잡색군)에 편제 • 면제 대상 : 현직 관료, 학생, 향리, 상인, 수공업자 등
	보법 (保法)	• 세조 때 실시 : 군역 대상자를 정군(正軍)과 보인(保人)으로 편성 • 정군 : 서울 · 국경 요충지에서 근무하는 현역 군인, 복무 기간에 따라 품계 받음 • 보인(봉족) : 2정(丁)을 1보(保)로 하고, 보인은 1년에 포 2필을 정군에게 부담
군사 조직	중앙군 (5위)	• 궁궐과 서울 수비 담당 → 문반 관료가 지휘 → 정군, 특수병, 갑사 • 정군 : 각 도에서 번상된 의무 군역자 → 중앙군과 지방군 간의 유기적 교류 • 갑사 : 무술 시험으로 선발된 직업 군인 → 품계와 녹봉 받음
	지방군 (영진군)	• 육군(병영)과 수군(수영)으로 조직 → 국방상 요지인 영 · 진에서 복무 • 편성 : 농민 의무병인 정군으로 구성, 복무 연한에 따라 품계 받음, 　일부는 교대로 수도에서 중앙군으로 근무 • 진관 체제(세조) : 군 · 현 단위로 편성된 지역 단위의 방위 체제
	잡색군 (예비군)	• 구성 : 서리, 잡학인, 신량역천인(身良役賤人), 노비 • 훈련 : 평상시에는 본업 종사, 유사시에는 향토 방위(일정 기간 군사 훈련)
	교통 · 통신	• 목적 : 국방과 중앙 집권적 행정 체제 강화의 필요성에서 효율적 정비 • 역원제(육로) : 전국의 교통 요지에 설치된 교통 · 통신 기관 　· 역 : 역마 관리, 관청의 공문 전달, 공납물 수송 담당 　· 원 : 공무 여행자를 위한 관영 숙소, 일반인은 주막 이용 • 조운제(수로) : 하천 · 해안 요지에 조창 설치 → 판선(목선)을 이용하여 현물로 　징수한 세곡미를 중앙의 경창으로 수송 • 봉수제(통신) : 군사적 목적으로 설치한 긴급 통신 수단(불, 연기 이용)

❸ 사림의 대두와 붕당 정치

(1) 사림의 정치적 성장

1) 훈구와 사림

구분	훈구파(관학파)	사림파(사학파)
기원	급진 개혁파 사대부	온건 개혁파 사대부
성립	세조 집권 이후 공신으로 정치적 실권 세습	성종 이후 정치 세력으로 등장
특징	• 왕실과의 혼인을 통해 성장 • 대지주층	중소 지주 출신의 지방 사족 → 성리학에 투철
학풍	사장	경학
정치 이념	• 관학파의 학풍 계승 → 문물제도 정비 • 중앙 집권 체제 • 부국강병, 민생 안정	• 향촌 자치제(서원·향약) • 의리와 도덕을 바탕 → 왕도 정치

사림의 계보

2) 사림의 정치적 성장
① **배경** : 성종의 훈구 세력 견제 목적으로 사림 등용

② **정계 진출** : 성종 때 김종직 등이 진출 → 전랑과 3사의 언관직 차지 → 훈구 세력 비판 → 사화 발생

③ **사화의 발생**

원인		훈구파와 사림파의 정치적·학문적 대립
전개 과정	무오사화(연산군)	• 연산군의 정책 : 훈구와 사림 억압 → 왕권 강화, 사림의 언론 활동 억제 • 원인 : 김종직 조의제문 → 김일손 등 영남 사림 제거
	갑자사화(연산군)	폐비 윤씨 사건 주도한 훈구와 사림 함께 피해 → 중종 반정(1506)
	기묘사화(중종)	• 원인 : 조광조 개혁 정치에 대한 훈구파의 반발과 주초위왕(走肖爲王) 모함 사건 → 조광조와 사림파 제거 • 조광조의 개혁 정치 · 목적 : 왕도 정치의 구현, 사림의 정계 진출 확대 · 현량과 실시 : 왕도 정치의 이상 실현 목적 → 천거를 통해 사림 등용 · 위훈 삭제 제기 : 공신의 토지·노비 삭감 → 훈구 세력 제거 시도 · 불교·도교 행사 폐지 : 승과 제도, 소격서 폐지 → 유교식 의례 장려 · 소학과 향약 보급 : 성리학적 사회 질서 강화, 향촌 자치 추구 · 경연 강화, 언론 활동의 활성화, 방납의 폐단 개혁
	을사사화(명종)	외척의 권력 다툼(소윤=윤원형 ↔ 대윤=윤임) → 사림파 피해 입음
영향		• 훈구파는 음서 확대, 관직 세습 → 정치·사회적 폐단 심화 • 사림 몰락 → 서원·향약을 통해 향촌 사회에서 세력 확대 도모

(2) 붕당의 출현

1) 배경

① 16세기 후반 사림의 정국 장악 이후 양반의 수 증가

② 한정된 관직과 경제적 특권을 둘러싼 사림 간의 대립

③ 선조 때 사림이 정국 주도 → 척신 정치의 잔재 청산에 따른 대립, 이조전랑을 둘러싼 관직 다툼

2) 붕당의 형성

구분	출신배경	대표자	정치적 성향	학맥	학파
동인	신진 사림	김효원	사림 정치의 실현을 강력히 주장	이황, 조식, 서경덕	영남학파
서인	기성 사림	심의겸	척신 정치의 개혁에 소극적	이이, 성혼	기호학파

3) 붕당 정치의 전개

선조	• 동인 · 서인 분당 → 동인 우세 • 동인의 분당 : 정여립 모반 사건 → 남인(온건파)과 북인(급진파)으로 분당 → 초기 남인 주도, 임진왜란 이후 북인 집권
광해군	북인 집권 : 명과 후금 사이에서 중립 외교 실시, 북인의 정권 독점(서인 · 남인 배제) → 인조 반정(1623)으로 몰락
인조	서인 집권 : 남인과 연합 정국 운영 → 서로의 학문적 입장 인정, 상호 비판적 공존 체제 형성(인조~현종)
현종	• 예송 논쟁 : 효종의 왕위 계승 정통성과 관련 → 자의대비의 상복 문제로 서인과 남인 대립 • 기해예송(1659) – 서인, 갑인예송(1674) – 남인 ⇒ 남인 집권 → 서인과 공존

4) 붕당 정치의 성격

① **붕당의 성격** : 정치적 이념과 학문적 경향에 따라 결집 → 정파적 · 학파적 성격 공유

② **붕당 정치의 원칙** : 학연과 지연을 바탕으로 붕당 형성 → 견제와 협력을 바탕으로 붕당 정치 전개

③ 공론 중시

㉠ 비변사를 통한 의견 수렴, 3사 언관과 이조 전랑의 정치적 기능 강화

㉡ 재야 여론 수렴 : 산림 출현, 서원 · 향교를 통한 의견 수렴

5) 붕당 정치의 영향

① **긍정적 측면**

㉠ 학문과 이념의 차이에서 출발 → 정치의 활성화와 정치 참여의 폭 확대에 기여

㉡ 정치 세력 간의 상호 비판과 견제 기능

② **부정적 측면**

㉠ 지배층의 의견만 수렴, 백성의 의견 반영되지 않음

㉡ 학벌 · 문벌 · 지연과 연결되어 국가 사회 발전에 지장 초래

㉢ 왕권의 약화, 정치 기강의 문란 → 붕당 간의 대립과 분열 더욱 격화

4 조선 초기의 대외 관계 : 사대 교린 정책

명	• 태조 : 정도전의 요동 수복 운동, 여진 문제 → 갈등 관계 • 태종 : 요동 수복 정책 보류, 여진 정벌 추진 → 친선 관계, 문화 교류 활발, 조공 무역 • 16세기 이후 : 사림의 집권으로 존화주의(尊華主義) 심화 → 친명 사대 관계 • 사대 외교의 성격 : 왕권 안정과 국제적 지위 확보를 위한 자주적 실리외교, 선진문물 흡수를 위한 문화외교, 일종의 공무역

여진	• 교린 정책
	  · 회유책 : 여진족의 귀순 장려, 무역소(국경 무역), 북평관(조공 무역) 설치
	  · 강경책 : 국경 지방에 진(鎭) · 보(堡) 설치하여 방비 강화, 여진족의 본거지 토벌
	• 4군 6진 개척(세종)
	  · 최윤덕 · 이천 · 김종서 등 활약 → 압록강~두만강의 국경선 확정
	  · 성종 때 신숙주, 윤필상 등이 여진족 토벌
	• 사민 정책 : 남방의 민호를 북방으로 이주 → 자치적 지역 방어 체제 확립과 국토의 균형적 발전 도모
	• 토관 제도 : 토착인을 하급 관리로 등용 → 민심 수습(국경 방어의 안전 도모)

일본	• 교린 정책
	  · 강경책 : 쓰시마 섬 토벌(이종무)
	  · 회유책 : 3포 개항(부산포 · 제포 · 염포), 계해약조 → 제한된 조공 무역 실시

동남아시아	• 류큐 · 시암(태국) · 자바 : 조공, 진상 형식으로 물자 교류 • 류큐와의 교역 활발 : 불경, 유교 경전, 범종 등 전래 → 류큐 문화 발전에 기여

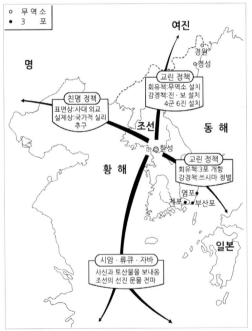

조선 초기의 대외 관계

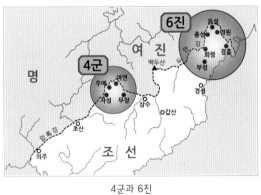

4군과 6진

5 양 난의 극복

(1) 임진왜란의 발발(1592)

1) 왜란 전의 국내 정세

① **왜구의 침입** : 일본의 무역 확대 요구 → 조선 정부의 통제 → 3포 왜란(→ 임신약조, 비변사 설치) → 사량진 왜변(정미약조) → 을묘왜변(국교 단절)

② **국방 대책** : 비변사 설치, 이이의 10만 양병설 주장

③ **정치적 혼란** : 사화와 붕당 정치로 정치적 분열과 혼란 극심

④ **국방력 약화** : 방군수포제의 실시로 군인의 질적 저하 초래

2) 일본의 정세

① 토요토미 히데요시가 전국 시대 통일(1585)

② 정권 안정 목적과 개인의 정복욕 만족 → 조선·명의 침략 준비

3) 왜군의 침략

① **부산진과 동래성의 함락** : 정발과 송상헌이 분전했으나 끝내 함락

② **신립의 패배(충주)** : 선조는 의주로 피난

③ **왜군의 북상** : 평양, 함경도 지방까지 침입 → 조선은 명에 원군 요청

(2) 수군의 승리와 의병의 항쟁

1) 이순신의 활약

① **남해의 제해권 장악** : 옥포 해전(첫 승리) → 사천(거북선 출전) → 당항포 → 한산도 대첩 승리

② 전라도 곡창 지대 방어, 왜군의 수륙 병진 작전 좌절

2) 의병의 항쟁

① 농민이 중심, 의병장(전직 관리, 사림 양반, 승려) → 향토 지리와 조건에 맞는 유격 전술 사용

② 주요 의병장 : 곽재우(의령), 조헌(금산), 고경명(담양), 정문부(길주 – 북관대첩비), 유정, 휴정

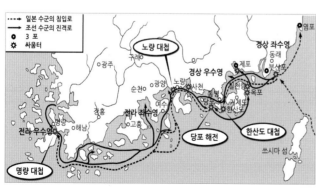

임진왜란 해전도

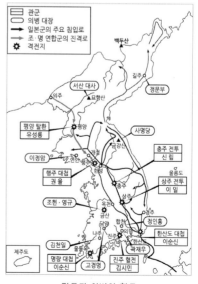

관군과 의병의 활동

(3) 왜란의 극복

1) 명의 참전 : 조 · 명 연합군의 평양성 수복, 권율의 행주대첩 승리 → 왜군의 후퇴 → 휴전 협상(1594)
2) 조선의 전열 정비 : 훈련도감 설치, 속오법 실시(→ 지방군 편제 개편), 조총 제작, 화포 개량
3) 정유재란(1597~1598) : 휴전 회담 결렬 → 왜의 재침략
    ① 육군 : 조 · 명 연합군이 직산 전투에서 일본군의 북상 저지
    ② 수군 : 이순신의 명량 · 노량 해전 승리로 전쟁 종결

※ **우리나라 3대첩** : 살수대첩(을지문덕), 귀주대첩(강감찬), 한산도대첩(이순신)

※ **임진왜란 3대첩** : 진주대첩(김시민), 행주대첩(권율), 한산도대첩

※ **이순신 3대첩** : 한산도, 명량, 노량

(4) 왜란의 영향

대내적	• 정치 : 비변사의 기능 강화, 훈련도감과 속오군 설치
	• 경제 : 양안과 호적 대장 소실, 인구 격감 및 농촌의 황폐화 → 국가 재정 악화
	• 사회
	  · 국가 재정 궁핍 → 공명첩의 대량 남발, 납속책의 확대 → 신분제의 동요
	  · 민란 발생 : 이몽학의 난
	  ※ **공명첩(空名帖)** : 국가 재정을 보충하기 위하여 부유층으로부터 곡식이나 금전을 받고 발급한 명예 관직 수여증
	• 문화 : 불국사, 경복궁, 사고(史庫) 등 소실
	• 새로운 문물의 전래 : 일본을 통해 조총(화승총), 담배, 고추, 호박 등

대외적	• 중국 : 명의 쇠퇴, 여진족의 성장(→ 후금 건국, 1616) • 일본 : 조선의 활자 · 서적 · 도자기 등 문화재 약탈, 도공의 납치, 퇴계 성리학의 전래 → 일본의 문화 발전에 큰 영향

(5) 광해군의 중립 외교

북인의 집권	주전론(主戰論)을 주장한 강경파 북인을 등용하여 현실적 개혁 정책 추진
경제	전후 복구 사업(양안 · 호적 작성), 대동법 실시 → 국가 수입 증대, 산업 진흥
문화	• 허준의 「동의보감」 편찬 • 5대 사고 정비 : 춘추관, 태백산, 오대산, 묘향산(→ 적상산), 마니산(→ 정족산)
대외 정책	• 여진족의 후금 건국(1616) → 명과 후금의 대립 → 명의 원군 요청 • 중립 외교 : 강홍립 군대 파견 → 상황에 따른 대처 지시 → 강홍립 항복 → 명과 후금 사이에서 중립 외교 유지
인조 반정 (1623)	• 배경 : 광해군과 북인 정권의 중립 외교에 대한 반발, 인목대비의 폐위 비판 • 인조 반정 : 서인 주도로 광해군 축출

(6) 호란과 북벌 운동

정묘호란 (1627)	• 원인 : 서인 정권의 친명 배금 정책, 명 장군 모문룡의 압록강 가도 주둔 • 경과 : 후금의 황해도 평산 진출 → 정봉수(용골 산성), 이립(의주)의 의병 항전 • 결과 : 화의 성립 → 형제 관계 수립
병자호란 (1636)	• 원인 : 청의 군신 관계 요구 → 척화 주전론의 대두 • 경과 : 청 태종의 침입 → 남한산성의 항전 → 주화파 최명길의 주장으로 화의 • 결과 : 삼전도의 굴욕 → 청과 군신 관계 수립, 북벌론 대두
북벌 운동	• 배경 : 청에 대한 적개심과 문화적 우월감, 명에 대한 의리 강조(존화주의) • 주도 세력 : 효종 때 송시열, 송준길, 이완 등 서인 정권 → 숙종 때 윤휴도 북벌론 제기 • 한계 : 서인 정권의 유지 수단 → 반대 세력의 정치적 진출 견제

정묘호란과 병자호란

 확인 학습

정답: P. 209

1. 조선 태조 때 재상 중심의 정치, 성리학적 통치 이념 확립, 민본적 통치 규범을 마련한 인물은?

2. 태종과 세조가 왕권 강화를 목적으로 실시한 공통적인 정책은?

3. 태종의 왕권 강화 정책을 3가지 이상 서술하시오.

4. 태종 때 호패법을 실시한 목적은?

5. 세종 때 의정부 재상의 합의로 국가 정책을 심의하여 집행하는 제도는?

6. 세조의 왕권 강화 정책을 3가지 서술하시오.

7. 성종 때 정책 결정과 행정을 학문적으로 뒷받침하기 위해 설치한 통치 기구는?

8. 조선 시대의 삼사는?

9. 조선 시대 왕권 강화를 목적으로 설치된 통치 기구 2가지는?

10. 조선 시대 수도의 행정과 치안을 담당했던 통치 기구는?

11. 조선 시대 유향소의 임원 명칭과 기능을 3가지 이상 서술하시오.

12. 고려와 조선 시대 지방 행정 조직의 가장 큰 차이점은?

13. 조선의 중앙군과 지방군은?

14. 조선 시대 예비군으로 편성된 군대의 명칭과 구성원은?

15. 조선 시대 문과 시험 응시 자격 조건은?

16. 고려와 조선 시대 음서를 비교 설명하시오.

17. 조선 시대 대간을 구성하는 통치 기구는?

18. 친인척과 동일 부서에 근무하지 않도록 하거나 출신 지역의 지방관으로 임명하지 않는 제도는?

19. 김종직의 조의제문이 원인이 되어서 일어난 사화는?

20. 조광조가 사림파를 무시험으로 관직에 등용시키기 위해 실시한 제도는?

21. 붕당 정치가 시작하게 된 원인 2가지는?

22. 현종 때 남인이 정권을 장악하게 된 계기가 되었던 사건은?

23. 조선 세종 때 여진족을 정벌하고 차지한 영토와 당시 조선의 국경선은?

24. 임진왜란 3대첩은?

25. 임진왜란 이후에 국가 재정 확보를 위해 발급한 명예 관직 수여증은?

26. 조광조 개혁 정치를 계기로 일어난 사화는?

27. 우리나라 3대첩은?

28. 임진왜란을 계기로 소실된 문화 유산 3가지는?

29. 선조 때 동인이 남인과 북인으로 나누어지는 계기가 된 사건은?

30. 세조 때 군 · 현 단위로 편성된 지역 단위의 지방 방위 체제는?

1. 고려 말에서 조선 초의 상황을 설명한 것이다. 시대 순으로 바르게 나열한 것은?

> ㄱ. 위화도 회군   ㄴ. 과전법 실시   ㄷ. 조선의 건국   ㄹ. 한양 천도

① ㄱ-ㄴ-ㄷ-ㄹ
② ㄱ-ㄷ-ㄴ-ㄹ
③ ㄱ-ㄴ-ㄹ-ㄷ
④ ㄱ-ㄹ-ㄷ-ㄴ

2. 다음 중 14세기 여말 선 초에 나타난 현상으로 옳은 것은?   2002 기출
① 호족 세력의 성장으로 인하여 왕권이 약화되었다.
② 홍건적과 왜구 등의 침입으로 인한 사회적 혼란이 극심하였다.
③ 공민왕은 전민변정도감을 설치하여 신진 사대부의 경제적 기반을 마련하였다.
④ 이성계는 요동 수복 운동의 성공으로 정치적 실권을 장악하게 되었다.

3. 조선 전기 통치 체제 정비와 관련된 사실을 순서대로 바르게 나열한 것은?   2016 기출

> ㄱ. 호패법 실시   ㄴ. 직전법 실시   ㄷ. 집현전 설치

① ㄱ → ㄴ → ㄷ
② ㄱ → ㄷ → ㄴ
③ ㄴ → ㄱ → ㄷ
④ ㄷ → ㄱ → ㄴ

4. 조선 전기 정치상황에 관한 설명으로 옳은 것을 모두 고른 것은?   2015 기출

> ㄱ. 정도전은 민본적 통치규범을 마련하여 재상 권한을 축소시켰다.
> ㄴ. 성종은 사병을 혁파하고 호패법을 실시하였다.
> ㄷ. 세종은 의정부 서사제를 채택하여 왕의 권한을 분산시켰다.
> ㄹ. 태종은 6조 직계제를 채택하고 사간원을 독립시켜 대신들을 견제하였다.

① ㄱ, ㄴ
② ㄱ, ㄹ
③ ㄴ, ㄷ
④ ㄷ, ㄹ

5. 조선의 중앙 통치 체제에 관한 설명으로 옳지 <u>않은</u> 것은?   2015 기출
① 한성부에서는 서울의 치안과 행정을 담당하였다.
② 승정원은 왕의 명령을 출납하는 비서기관이었다.
③ 의금부에서는 왕명에 의해 중대한 사건의 죄인을 다스렸다.
④ 삼사로 불린 사헌부, 홍문관, 춘추관은 왕권을 견제하였다.

6. 고려와 조선의 중앙 정치 조직을 비교한 것이다. 옳지 <u>않은</u> 것은?

	구분	고려	조선
①	합의제 기구	도병마사	의정부
②	관리 감찰	어사대	사간원
③	왕명 출납	중추원	승정원
④	회계 담당	삼사	호조

7. 세종대왕 때 일어난 일로 옳은 것을 모두 고른 것은? 2014 기출

ㄱ. 집현전 설치   ㄴ. 4군 6진 설치   ㄷ. 호패법 실시   ㄹ. 경국대전 완성

① ㄱ, ㄴ   ② ㄱ, ㄷ   ③ ㄴ, ㄷ   ④ ㄴ, ㄹ

8. 조선 시대 수령의 직무와 관련이 없는 것은?
① 조세 · 공물의 징수   ② 유향소의 운영
③ 사법권과 군사권 행사   ④ 향리의 통할

9. 조선시대 정치기구와 그 기능의 연결이 옳지 않은 것은? 2016 기출
① 중추원 — 관리 비행 감찰   ② 승문원 — 외교 문서 작성
③ 춘추관 — 역사 편찬 및 보관   ④ 한성부 — 수도 치안 담당

10. 조선시대 관리 등용제도에 관한 설명으로 옳지 않은 것은? 2015 기출
① 무과 예비 시험으로 소과가 있었다.
② 잡과는 분야별로 합격 정원이 있었다.
③ 과거, 음서, 천거를 통해 관리를 선발하였다.
④ 권력의 집중과 부정을 막기 위해 상피제를 실시하였다.

11. 조선시대 인재 선발 제도에 관한 설명으로 옳지 않은 것은? 2017 기출
① 소과는 생원시와 진사시를 말한다.
② 기술관을 뽑는 시험으로 잡과가 있었다.
③ 정기 시험으로 증광시와 알성시가 있었다.
④ 문과 식년시의 초시는 각 도의 인구 비례로 선발하였다.

12. 다음의 내용과 관련된 것으로 옳은 것은? 2016 기출

조선시대 서리, 잡학인, 신량역천인, 노비 등이 소속되어 유사시에 대비하게 한 예비군의 일종이다.

① 갑사   ② 삼수병
③ 신보군   ④ 잡색군

13. 다음 조선 초기의 정책이 공통적으로 지향 하는 것은? 2013 기출

• 향 · 소 · 부곡의 소멸   • 면리제 실시   • 전국 군현에 지방관 파견

① 향촌 자치 강화   ② 성리학적 질서 강화
③ 중앙집권적 행정 체제 강화   ④ 사림 지배 체제 강화

14. 다음과 같은 주장을 펼친 정치세력에 대한 설명으로 옳지 <u>않은</u> 것은?   2007 기출

> • 중앙 집권보다는 향촌자치를 추구하였다.
> • 도덕과 의리에 바탕을 둔 왕도정치를 강조하였다.
> • 주로 고려 말 정몽주, 길재의 학풍을 계승하였다.

① 관학파의 학풍을 계승하고 과학 기술 발전에 관심을 가졌다.
② 소격서를 폐지하고 소학 교육을 강조하였다.
③ 기자조선을 존중하며 존화주의적 사관을 가졌다.
④ 16세기 이후 조선의 정치와 사상을 지배하였다.

15. 조선시대 교육기관에 관한 설명으로 옳지 <u>않은</u> 것은?   2018 기출

① 서원과 서당은 사립 교육 기관이었다.
② 성균관의 입학자격은 생원과 진사를 원칙으로 하였다.
③ 잡학은 해당 기술 관청에서 직접 교육을 담당하였다.
④ 중앙에 향교를 두고 지방에 서학, 동학, 남학, 중학의 4부 학당을 두었다.

16. 다음 (   )에 들어갈 내용으로 옳은 것은?   2018 기출

> 남곤, 심정 등과 같은 공신들은 중종반정 이후 개혁을 추진하던 조광조 일파를 모함하여, 죽이거나 유배를 보냈다. 이 사건을 (   )라고 한다.

① 무오사화   ② 갑자사화
③ 기묘사화   ④ 을사사화

17. 조선 태종의 정치에 관한 설명으로 옳지 <u>않은</u> 것은?   2019 기출

① 사병을 혁파하였다.
② 6조의 기능을 강화하였다.
③ 호패법을 실시하였다.
④ 경국대전 편찬을 시작하였다.

18. 조선 초기의 대외 관계에 대한 설명으로 옳지 <u>않은</u> 것은?

① 세종 때는 4군 6진의 개척으로 압록강에서 두만강에 이르는 국경선이 확정되었다.
② 요동 지방과 여진 문제로 명과의 관계가 불편한 때도 있었다.
③ 류큐, 시암, 자바 등의 동남 아시아 국가들과의 교류가 이루어졌다.
④ 왜구의 침략에 대응하여 사민 정책과 토관 제도를 실시하였다.

19. 조선시대 지방행정에 관한 설명으로 옳지 <u>않은</u> 것은?

2017 기출

① 전국 8도에 관찰사를 파견하였다.

② 향리는 행정 실무를 맡아 수령을 보좌하였다.

③ 수령은 왕의 대리인으로 행정 · 사법 · 군사권을 가졌다.

④ 속현과 향 · 부곡은 주현을 통해 중앙 정부의 통제를 받았다.

20. 다음은 조선시대 사화와 관련된 내용이다. 사건 발생 순서를 바르게 나열한 것은?

> ㄱ. 조광조는 개혁 정치를 실시하였으나, 훈구파의 모함으로 정계에서 밀려났다.
> ㄴ. 윤임과 윤원형의 외척 간의 권력다툼으로 윤임과 연결된 다수의 사림파가 희생되었다.
> ㄷ. 김종직이 항우가 의제를 시해한 것을 세조가 단종을 죽인 것에 비유하는 글을 남긴 것을 계기로 영남 지역의 사림이 대부분 몰락하였다.
> ㄹ. 연산군이 자신의 생모인 폐비 윤씨와 관련된 신하들을 다수 죽이는 과정에서 사림파가 화를 입었다.

① ㄱ - ㄴ - ㄷ - ㄹ 　　　② ㄷ - ㄹ - ㄱ - ㄴ

③ ㄴ - ㄹ - ㄷ - ㄱ 　　　④ ㄹ - ㄷ - ㄴ - ㄱ

21. 호란을 전후하여 전개된 당시의 국내외 정세로 옳지 <u>않은</u> 것은?

① 광해군은 국가 재정을 확보하기 위해 양전 사업을 실시하였다.

② 병자호란을 계기로 청과의 사대 관계가 이루어졌다.

③ 효종은 청을 정벌하기 위해 적극적으로 북학 운동을 추진하였다.

④ 청의 요청으로 러시아 세력을 격퇴하기 위해 나선 정벌을 시도하였다.

22. 다음은 임진왜란 당시의 가상 일지이다. (가)와 (나) 사이에 들어갈 내용으로 볼 수 <u>없는</u> 것은?

> (가) 적들의 배가 그 끝이 보이지 않을 정도로 부산포 앞바다를 가득 덮었다. 적들의 공격으로 부산성이 함락되고 첨사 정발이 전사하였다.
> (나) 휴전 회담이 결렬되자, 가토 기요마사 등의 장수가 이끄는 14,500명의 군사를 선봉으로 하여 적군이 다시 쳐들어왔다.

① 조선 정부는 훈련도감을 설치하고 조총을 제작하였다.

② 조 · 명 연합군이 평양성을 탈환하였다.

③ 이순신이 적의 수군을 명량에서 대파하였다.

④ 권율이 행주산성에서 적군의 공격을 물리쳤다.

23. 다음 사료와 관련된 전쟁이 국내외에 끼친 영향으로 옳지 <u>않은</u> 것은?

2013 기출

> "견내량의 지형이 좁고 암초가 많아서 판옥선은 배끼리 부딪치기 쉬우므로 싸움하기가 어려울 뿐 아니라, 적이 만일 형세에 불리하면 기슭을 타고 육지로 올라갈 것이라 생각되어 한산도 앞 바다로 꾀어내어 모두 해치워 버릴 전략을 세웠다."

① 인구 감소 　　　② 문화재 손실

③ 여진 성장 　　　④ 북벌론 대두

1. 정답 ①

해설 ① ㄱ. 위화도 회군(1388) – ㄴ. 과전법(1391) – ㄷ. 조선 건국(1392) – ㄹ. 한양 천도(1394)

2. 정답 ②

해설 ② 고려 말(14세기)에는 홍건적과 왜구의 침략으로 사회적 혼란이 극심하였으며, 홍건적은 개경을 함락하기도 하였다.

오답풀이 ① 호족은 신라 말에 활동, ③ 전민변정도감은 권문세족의 경제적 기반을 약화시키기 위하여 설치하였다. ④ 이성계는 요동 수복을 거부하고 위화도 회군을 계기로 최영 세력을 축출하고 정권을 장악하였다.

3. 정답 ②

해설 ㄱ. 호패법(태종) – ㄷ. 집현전(세종) – ㄴ. 직전법(세조)

4. 정답 ④

해설 ㄷ. 세종은 의정부 서사제를 실시하여 왕의 권한 일부를 신하들에게 분산시키고, 대신에 국왕이 인사권과 군사권을 갖도록 조치하였다. ㄹ. 태종은 왕권 강화를 위하여 6조 직계제를 실시하고 사간원을 독립시켜 대신들을 견제하였다.

오답풀이 ㄱ. 정도전은 민본적 통치 규범을 마련하고 재상 중심의 정치를 주장하여, 왕의 독재를 견제하였다. ㄴ. 사병 혁파와 호패법은 태종 때 실시되었다.

5. 정답 ④

오답풀이 ④ 삼사는 사헌부, 홍문관, 사간원으로 구성되었으며, 춘추관은 역사 편찬을 담당하였다.

6. 정답 ②

오답풀이 ② 조선의 관리 감찰 기구는 사헌부이다.

7. 정답 ①

해설 ① ㄱ. 집현전은 세종 때 설치된 정책 연구 기관이다. ㄴ. 세종 때 최윤덕, 김종서 등이 여진족을 정벌하여 4군 6진을 개척하였다.

오답풀이 ㄷ. 호패법은 태종 때 실시되었다. ㄹ. 경국대전은 세조 때 편찬하기 시작하여 성종 때 완성되었다.

8. 정답 ②

해설 ① 수령은 행정권을 행사하여 조세·공물 징수와 요역(부역) 동원의 역할을 담당하였다. ③ 수령은 사법권·군사권을 행사하여 간단한 민사 사건을 재판하였으며, 유사시에는 군사 지휘관의 역할을 담당하였다. ④ 수령은 6방(아전)의 향리를 통괄하여 수령의 업무를 보좌하도록 하였다.

오답풀이 ② 유향소는 지방의 양반들이 운영하는 향촌 자치 조직으로 수령 보좌, 향리 규찰, 백성 교화 등의 역할을 담당하였다.

9. 정답 ①

해설 ② 승문원은 외교 문서를 담당하였다. ③ 춘추관은 역사 편찬을 담당하였으며, 조선왕조실록을 편찬하였다. ④ 한성부는 수도 한양의 행정과 치안을 담당하였다.

오답풀이 ① 중추원은 고려시대에 군사 기밀과 왕명 출납을 담당하던 관청이었다.

10. 정답 ①

해설 ② 잡과는 해당 관청에서 실시하였으며, 분야별로 정원이 정해져 있었다. ③ 조선의 관리 등용 제도로는 과거, 음서, 천거 등이 실시되었다. ④ 상피제는 친인척과 동일 부서에 근무하지 않도록 하고, 출신 지역의 지방관으로 임명하지 않는 제도로서 권력의 집중과 부정 방지를 위하여 실시되었다.

오답풀이 ① 무과는 예비 시험이 따로 실시되지 않았으며, 소과는 문과의 예비 시험이다.

11. 정답 ③

해설 ① 소과는 생원과 진사를 선발하는 시험으로 생진과라고도 한다. ② 잡과는 기술관을 선발하는 시험이다. ④ 문과의 식년시는 3년마다 실시하는 정기 시험으로 초시·복시·전시로 구분하여 실시하였다. 초시는 각 도의 인구에 비례하여 선발하였다.

오답풀이 증광시(국가의 큰 경사)와 알성시(성균관 유생 대상)는 부정기적으로 실시하는 과거 시험이다.

12. 정답 ④

해설 ④ 잡색군은 조선 시대에 서리, 잡학인, 신량역천인, 노비 등으로 구성한 예비군이다.

오답풀이 ① 갑사는 조선시대에 시험에 의해 선발된 일종의 직업 군인이다. ② 삼수병은 임진왜란 중에 설치된 훈련도감의 군인으로 포수, 살수, 사수 등으로 구성되었다. ③ 신보군은 고려시대 윤관이 조직한 별무반에 소속된 보병 부대이다.

13. 정답 ③

해설 ③ 조선왕조는 고려시대의 향·소·부곡을 면·리제로 개편하여 양인의 신분을 확대하였으며, 전국의 군현에 지방관을 파견하였다. 그 결과 향리가 지배하였던 향·소·부곡과 속현이 소멸되어 지방 세력에 의한 백성에 대한 착취를 차단할 수 있었으며, 향리의 세력도 약화되었다. 이것은 조선 왕조가 중앙 집권적 행정 체제를 강화하려는 의도에서 실시되었던 것이다.

14. 정답 ①

오답풀이 ① 자료에서 향촌자치를 추구하고 왕도정치를 강조하며 정몽주와 길재의 학풍을 계승했다는 사실을 통해 사림파임을 알 수 있다. 관학파의 학풍을 계승하고 과학 기술 발전에 관심을 가진 것은 훈구파에 해당한다.

15. 정답 ④

해설 ① 서당과 서원은 조선시대 전국에 설립된 사립학교이다. 서원은 사림파가 설립하였다. ② 성균관은 원칙적으로 소과(생진과)에 합격한 생원·진사에게 입학이 허용되었다. ③ 기술관을 양성하는 잡학 교육은 해당 관청에서 담당하였다.

오답풀이 ④ 4부 학당은 중앙에, 향교는 지방에서 운영한 국립교육기관이다.

16. 정답 ③

해설 ③ 조광조 개혁 정치에 불만을 가진 훈구파의 모함으로 일어난 사화는 기묘사화이다.

오답풀이 ① 무오사화는 김종직의 조의제문, ② 갑자사화는 폐비윤씨, ④ 을사사화는 외척의 권력 다툼으로 인하여 일어났다.

17. 정답 ④

해설 ①② 조선의 태종은 왕권 강화를 위해 사병을 혁파하여 군사권을 장악하였으며, 6조 직계제를 실시하여 의정부의 권한을 축소시키고 6조의 기능을 강화하였다. ③ 태종은 유민을 방지하고 조세 징수와 군역 대상자를 파악하기 위하여 호패법을 실시하였다.

오답풀이 ④ 경국대전은 세조 때 편찬되기 시작하여 성종 때 완성되었다.

18. 정답 ④

오답풀이 ④ 사민정책과 토관제도는 여진족과 관련된 사실이다. 세종 때 여진족을 정벌한 후 4군 6진을 설치하고 조선 정부는 이 지역을 개발하고 여진족의 침략을 대비하기 위하여 남쪽의 백성을 이주시키는 사민 정책을 실시하였다. 또한 이 지역에 거주하는 토착민들의 불만을 무마하기 위하여 토착민 중에서 관리를 선발하는 토관제도를 실시하였다.

19. 정답 ④

해설 ① 조선 시대는 전국을 8도로 정비하고 관찰사를 파견하였다. ② 향리는 6방 조직으로 편성되었으며, 행정 실무를 맡아 수령을 보좌하였다. ③ 수령은 부·목·군·현에 파견된 지방관으로서 왕의 대리인으로 행정·사법·군사권을 가졌다.

오답풀이 ④ 조선 시대는 전국에 지방관(수령)이 파견되어 속현은 존재하지 않았다. 반면에 고려 시대에는 속현이 존재하였으며, 향리에 의해 운영되었다.

20. 정답 ②

해설 ㄷ. 무오사화(연산군 4년, 1498) - ㄹ. 갑자사화(연산군 10년, 1504) - ㄱ. 기묘사화(중종 14년, 1519) - ㄴ. 을사사화(명종 즉위년, 1545)

21. 정답 ③

해설 ① 광해군 때 임진왜란 이후 악화된 국가 재정을 확보하기 위하여 양전사업을 실시하였다. ② 병자호란 이후 조선은 청과 사대(군신) 관계를 맺었다. ④ 효종 때 청의 요청으로 러시아를 정벌하기 위하여 두 차례에 걸친 나선(러시아) 정벌을 시도하였다.

오답풀이 ③ 효종은 청을 정벌하기 위하여 북벌 운동을 추진하였다. 북학 운동은 청의 선진 문물을 적극 수용할 것을 주장한 것이다.

22. 정답 ③

해설 자료에서 (가)는 임진왜란 초기이며, (나)는 휴전 결렬 이후 일본이 다시 침략한 정유재란(1597)에 대한 내용이다. ① 휴전 직후 조선 정부는 속오법을 제정하여 지방군 편제를 개편하고 훈련도감을 설치하였으며, 조총과 화포를 제작하였다. ②④ 조·명 연합군의 평양성 수복과 권율의 행주대첩의 승리를 계기로 일본과의 휴전이 이루어졌다.

오답풀이 ③ 정유재란 이후 이순신은 명량, 노량 해전에서 일본 수군을 격파하였다.

23. 정답 ④

해설 자료에서 견내량과 한산도 앞바다를 통해 이순신 장군의 임진왜란 당시의 한산도 대첩과 관련된 내용임을 알 수 있다. ①②③ 임진왜란으로 인구가 감소하였으며, 경복궁·불국사·사고(史庫) 등 많은 문화재가 소실되었다. 또한 임진왜란 이후 명의 세력은 약화되고 여진족이 성장하여 후금을 건국하였다.

오답풀이 ④ 북벌론은 병자호란 이후에 명에 대한 의리를 지키고 청에 대한 복수를 위해 효종 때 대두하였다.

② 근세의 사회

① 양반 관료 중심의 사회

(1) 양천 제도와 반상 제도

양천제 (법제적)	• 갑오개혁(1894)까지 지속 → 실제로는 양천제의 원칙이 운영되지 않음
	• 양인 : 과거 응시 및 관직 진출 자격을 가진 자유민(양반·중인·상민) → 조세·국역 의무
	• 천민 : 비자유민으로 개인이나 국가에 소속되어 천역 담당
반상제 (실제적)	• 16세기 이후 양반과 중인이 신분층으로 정착 → 양반과 상민 간의 차별이 일반화
	• 양반·중인·상민·천민의 4신분 제도 정착
신분 이동	• 조선 사회 성격 : 엄격한 신분제 사회, 신분 이동 가능, 고려 사회에 비하면 개방적
	• 법적으로 양인이면 누구나 과거를 통해 관직 진출 가능
	• 양반도 죄를 지으면 노비로 전락, 경제적으로 몰락 → 중인·상민

(2) 신분 구조

1) 양반과 중인

양반	의미 변화	문·무반 통칭(15세기) → 16세기 이후 → 문·무반의 관료와 그 가족 및 가문을 의미하는 특권 신분의 명칭으로 발전	
	양반의 분화	• 양반층의 기득권 유지 목적 → 양반층의 확대 억제	
		• 문무 양반의 관직자만 사족(士族)으로 인정	
		• 이서층(서리)을 하급 지배 신분인 중인으로 격하, 서얼 차별(→ 관직 진출 제한)	
	지위	정치적	관료층 → 과거·음서·천거 등을 통해 국가의 고위 관직 독점, 현직·예비 관료로 활동
		경제적	지주층 → 토지와 노비 소유, 생산 활동에 종사하지 않음
		사회적	유학자로서의 소양과 자질 배양에 노력, 외가·처가로 자유 이주 가능
		특권	법률과 제도로써 신분적 특권 보장 → 각종 국역 면제
중인	의미	• 좁은 의미 – 기술관, 넓은 의미 – 양반과 상민의 중간 계층	
		• 15세기부터 형성 → 조선 후기에 독립된 신분 형성	
	구성	• 서리·향리·기술관 : 직역 세습, 같은 신분 간에 혼인, 관청 주변에 거주	
		• 서얼(중서) : 중인과 같은 신분적 처우, 문과 응시 금지, 무반직에 등용	
	지위	전문 기술이나 행정 실무 담당 → 역관 – 무역을 통해 부 축적, 향리 – 토착 세력으로 수령 보좌	

2) 상민과 천민

상민 (평민)	의미		• 과거 응시 가능 → 현실적으로 많은 제약 받음 • 군공으로 신분 상승 가능, 농본억상 정책(→ 농민 우대, 상공업자 천시)
	구성	농민	상민의 대부분 차지, 조세·공납·부역 의무
		수공업자	관영·민영 수공업에 종사, 공장세 납부
		상인	시전 상인·보부상 → 국가 통제 아래 상거래에 종사, 상인세 납부
		신량역천 (身良役賤)	• 신분은 양인이나 천역을 담당하는 계층 → 칠반천역이라고도 함 • 수군, 조례(관청의 잡역 담당), 나장(형사 업무 담당), 일수(지방 고을 잡역), 봉수군(봉수 업무), 역졸(역에 근무), 조졸(조운 업무)
천민	구성		노비, 백정, 광대, 무당, 창기 등
	노비	내용	• 천민의 대부분 차지, 비자유민으로 교육과 벼슬 금지 → 매매·상속·증여의 대상 • 일천즉천(一賤則賤) 원칙 적용 : 부모 중 한쪽이 노비이면 그 자녀도 노비 • 천자수모법(賤子隨母法) 적용 : 노비간의 자식은 어머니의 소유주에 귀속
		공노비	국가에 신공을 바치거나 관청에 노동력 제공
		사노비	• 솔거 노비 : 주인집에 거주 • 외거 노비 : 주인과 독립된 가옥에서 거주, 주인에게 신공 납부

2 사회 정책과 사회 시설

(1) 사회 정책과 사회 제도

사회 정책	농본정책		성리학적 명분론에 입각한 사회 신분 질서 유지와 농민 생활 안정을 위해 실시
	농민생활의 불안		과중한 조세와 요역 부담, 관리와 양반 지주의 수탈 → 농민 몰락 → 국가 재정 근간 위협
	농민 안정책		양반 지주의 토지 겸병 억제, 농번기의 잡역 동원 금지, 재해 시 조세 경감
사회 제도	환곡제		• 춘대추납의 빈민 구제 → 15세기에는 의창을 통해 운영(빌려준 원곡만 징수) • 16세기 이후 : 상평창에서 운영 → 원곡과 함께 이자 징수 → 고리대로 변질
	사창제	내용	향촌 사회에서 자치적으로 운영한 춘대추납의 빈민 구제
		목적	양반 지주가 향촌의 농민 생활 안정 → 향촌 질서 유지 도모
	의료 시설	혜민국/동·서 대비원	수도권의 서민 환자의 구제와 약재 판매
		제생원	지방민의 구호와 진료 담당
		동·서 활인서	여행자와 유랑민의 수용과 구휼 담당

(2) 법률 제도 : 경국대전과 대명률 등의 법전 근거 → 형벌과 민사 관련 사항 규율

형법	• 대명률 적용 → 태·장·도·유·사의 형벌 제도 운영 • 반역죄와 강상죄 : 연좌제 적용 → 가족 연좌, 범죄 발생 고을의 수령 파면, 고을 호칭 강등
민법	• 관찰사·수령 등의 지방관이 관습법에 의거하여 처리 • 초기 − 노비 관련 소송, 후기 − 산송이 주류 • 상속 : 종법에 의거 → 조상의 제사, 노비의 상속을 중요시 ※ 종법(宗法) : 친족 조직 및 제사의 계승, 상속, 종족의 결합 등을 해결하기 위한 친족 조직의 기본법

사법 기관	중앙	• 사헌부, 의금부, 형조 : 관리 및 중대 사건 담당
		• 한성부(수도 치안, 토지 · 가옥 소송), 장례원(노비 소송)
		• 삼법사 : 사헌부, 형조, 한성부
	지방	관찰사 · 수령이 사법권 행사 → 재판에 불만이 있는 경우 상부 관청에 소송 제기, 신문고 제도

❸ 향촌 사회의 조직과 운영

(1) 향촌 사회의 모습

1) 향촌

① **향** : 행정 구역상 군현의 단위, 지방관 파견

② **촌** : 촌락이나 마을, 면 · 리 설치, 지방관 파견 안함

2) 유향소와 경재소 : 고려의 사심관 제도에서 분화 · 발전

유향소	• 향촌 자치 기구 : 간부직 – 좌수 · 별감, 수령 보좌 · 향리 감찰 · 향촌 풍속 교정 등 역할 담당
	• 향안 – 지방 사족의 명단, 향회 – 향안에 오른 사족의 회의 기구, 향규 – 향회의 운영 규칙
경재소	중앙 정부가 현직관료를 통하여 연고지의 유향소 통제, 중앙과 지방의 연락 업무 담당, 수령 견제

3) 향촌 사회의 변화

① **유향소의 변화** : 경재소 혁파(1603) 이후 → 향소 · 향청으로 명칭 변경

② **사족** : 향안 작성, 향규 제정, 향회를 통하여 결속력 강화 및 지방민 통제

③ **성리학적 사회 질서 유지** : 향약 시행, 소학 보급, 가묘와 사당 건립, 족보 편찬

④ **족보** : 종족 내부의 결속 강화, 다른 종족이나 하급 신분에 대한 우월 의식 고취 → 결혼 상대나 붕당 구별에 이용

(2) 촌락의 구성과 운영

면리제	자연촌 단위의 몇 개 리를 면으로 편제	
오가작통제	다섯 집을 하나의 통으로 묶고 통수가 관장 → 원활한 촌락 주민 지배 도모	
반촌	양반 거주, 다양한 성씨 거주 → 18세기 이후 동성 촌락으로 발전	
민촌	대부분 평민과 천민으로 구성 → 18세기 이후 구성원 중 다수의 신분이 상승됨	
향촌 조직	사족	동계 · 동약 : 촌락민에 대한 사회 · 경제적 지배 강화 목적으로 조직 → 임진왜란 이후 평민층도 참여
	농민	• 두레 : 공동 노동의 작업 공동체
		• 향도 : 불교와 민간 신앙 등의 신앙적 기반 + 공동체 조직 → 상장(喪葬)을 서로 돕는 역할 담당, 상두꾼의 유래
촌락의 풍습	• 석전(돌팔매 놀이) : 상무 정신 신장 목적 → 민간 풍습으로 계승	
	• 향도계 · 동린계 : 농촌의 자생적인 생활 문화 조직, 일종의 마을 축제 → 장례를 돕는 기능으로 전환	

4 성리학적 사회 질서의 강화

(1) 예학과 족보의 보급

예학	의미	상장제례에 관한 학문 → 종족 내부 의례 규제
	성격	• 양반들이 성리학적 도덕 윤리를 강조, 신분 질서의 안정을 추구 목적으로 성립된 학문 • 삼강오륜을 기본 덕목으로 강조 → 가부장적 종법 질서로 구현 • 성리학 중심의 사회 질서 유지에 기여
	성립	• 16세기 중엽 : 주자가례에 대한 학문적 연구로 시작 • 17세기 양난 이후 : 유교 질서의 회복을 위해 예치 강조 → 김장생 · 정구 등에 의해 학문으로 발전 → 김장생은 「가례집람」 편찬하여 보급
	영향	• 양반 사대부의 신분적 우월성을 강조하는 데 이용 • 유교주의적 가족 제도 확립에 기여 • 사림간의 정쟁의 구실로 이용 → 17세기 말 현종 때 예송 논쟁 발생
보학	의미	종족의 내력을 기록 · 암기하는 학문
	발달 배경	사림 양반은 가족과 친족 공동체의 유대를 통해서 문벌 형성, 양반으로서의 신분적 우월성 유지 → 족보 작성
	기능	• 종족의 종적인 내력과 횡적인 종족 관계 확인 • 종족 내부의 결속력 강화, 종가와 방계의 구분에 이용 → 위계 설정 • 문벌의 권위 과시 → 다른 종족이나 하급 신분에 대한 우월 의식 고취 • 결혼 상대자나 붕당 구별의 자료로 이용
	영향	조선 후기 양반 문벌 제도 강화에 기여 ※ **선원록** : 조선 왕실의 족보

(2) 서원과 향약

서원	건립 목적	성리학 연구, 선현 제사, 사림 양반 자제 교육
	기원	중종 때 주세붕이 세운 백운동 서원(안향 봉사) → 이황의 건의로 최초의 사액 서원인 소수 서원으로 명칭 변경
	사액서원	• 국가로부터 서적과 토지, 노비 등을 지원 받고 면세와 면역의 혜택을 누리던 서원 • 고종 때는 전체 서원의 1/3을 차지
	기능	유교 보급과 향촌 사림의 결집, 지방 사림의 지위 강화에 기여
	발전	• 사화로 낙향한 사림들의 새로운 활동 기구로 성장 • 이황과 그의 제자들에 의해 널리 보급 → 임진왜란 이후 1,000여 개로 증가
	영향	• 학문과 교육의 지방 확대, 성리학 연구 심화 • 사림의 세력 기반 형성 : 사림의 학파 · 당파 결속을 강화 → 붕당의 근거지 • **사림의 향촌 지배력 강화 → 국가의 지방 통치력 약화 초래**
향약	보급	중종 때 조광조가 처음 시행 → 16세기 후반 이황(예안 향약)과 이이(해주 향약)에 의해 전국적으로 보급
	구성	전통적 공동 조직(향도 · 계 · 두레)과 미풍 양속 계승 → 삼강오륜의 유교 윤리 가미
	기본 덕목	덕업상권, 과실상규, 예속상교, 환난상휼
	운영	• 향민 전원(양반~노비)을 대상으로 강제적으로 편성 • 사림 양반이 약정 · 직월의 간부직 차지하고 운영 → 규약 위반 시 처벌(농민 통제)
	기능	사회 풍속 교화, 향촌 사회 질서 유지, 치안 담당
	영향	• **사림의 지방 자치 구현과 농민 통제력 강화에 기여** • 향촌 사회에서 사림의 지위 강화 목적으로 운영 → 국가의 농민 지배력 약화
	폐단	지방 유력자들의 농민 수탈 배경, 향약 간부간의 불화로 풍속과 질서에 저해

확인 학습

1. 조선의 신분 제도의 법적인 원칙은?

2. 조선 시대 상민 신분에서 신량역천에 해당하는 직업 7가지는?

3. 조선에서 실시한 춘대추납의 빈민 구제책은?

4. 조선에서 여행자와 유랑민의 수용과 구휼을 담당한 관청은?

5. 성종 때 완성된 조선왕조의 기본 법전은?

6. 조선 시대에서 16세기 이후에 성리학적 사회 질서를 유지하기 위해 양반들이 실시했던 것 4가지는?

7. 조선에서 유향소를 운영하는 지방 양반 세력을 통제하기 위해 중앙에 설치한 기구는?

8. 조선의 삼법사는?

9. 조선 시대 노비 소송과 관련된 업무를 담당하는 관청은?

10. 조선 왕실의 족보를 기록한 것은?

11. 우리나라 최초의 서원은?

12. 향약의 4대 덕목은?

13. 향약의 기능 3가지는?

14. 서원과 향약의 공통적인 영향은?

15. 조선 전기에 만들어진 농촌의 자생적인 생활 문화 조직으로 장례를 돕는 기능을 담당하였던 것은?

1. 조선 전기의 신분 제도에 대한 설명으로 옳지 <u>않은</u> 것은?

   ① 양인은 자유민으로서 조세, 국역, 공납 등의 의무를 지녔다.
   ② 초기에는 반상제가 일반적이었으나 후기에는 양천제가 보편화되었다.
   ③ 양반은 각종 법률과 제도로써 국역을 면제받을 수 있었다.
   ④ 상민 중에서 농민은 상인보다 우월한 지위를 차지하였다.

2. 조선 시대 서얼에 대한 설명으로 옳지 <u>않은</u> 것은?

   ① 일반적으로 양반의 첩의 아들을 가리킨다.
   ② 서얼은 중서라고 불리우며 중인과 같은 신분적 처우를 받았다.
   ③ 문과와 생원 및 진사과 응시가 금지되었다.
   ④ 법적으로 모든 관직에 나아갈 길이 금지되었다.

3. 조선 시대 상민에 대한 설명으로 옳지 <u>않은</u> 것은?

   ① 상민의 대부분은 농민이었으며, 상인과 수공업자를 포함하였다.
   ② 농민들은 조세, 공납, 역 등의 의무를 부담하였다.
   ③ 과거에 응시하는 것은 법적으로 허용되지 않았다.
   ④ 전쟁에서 군공을 세우는 경우가 아니면 신분 상승의 기회는 많지 않았다.

4. 조선 시대 양반에 대한 설명으로 옳지 <u>않은</u> 것은?

   ① 문 · 무 양반뿐만 아니라 현직 향리, 서리, 군교 등을 포함한 지배 계층을 의미한다.
   ② 양반은 현직 관료의 개념에서 특권 신분의 개념으로 바뀌었다.
   ③ 생산 활동에는 종사하지 않고 국역 면제의 특권을 누렸다.
   ④ 관료층으로서 과거 · 음서 · 천거 등을 통해 국가의 고위 관직을 독점하였다.

5. 조선 전기의 노비에 대한 설명으로 옳지 <u>않은</u> 것은?

   ① 노비는 재산 소유 및 결혼은 철저히 금지되었다.
   ② 소유주에 따라 솔거 노비와 외거 노비로 구분하였다.
   ③ 소유주는 노비를 마음대로 매매, 상속, 양도할 수 있었다.
   ④ 부모 중 한 쪽이 노비일 경우에는 그 자녀도 노비가 되었다.

6. 조선의 신분제에 관한 설명으로 옳지 <u>않은</u> 것은?   2019 기출

   ① 법제적인 신분 제도는 양인과 천인으로 구분하는 양천제였다.
   ② 백정은 법제상 양인이지만 관습적으로는 천인으로 취급되었다.
   ③ 서얼은 무과와 잡과에 응시할 수 있었다.
   ④ 노비는 가족을 구성할 수 있었으나 재산은 주인의 소유가 되었다.

7. 조선시대 법률 제도에 관한 설명으로 옳지 <u>않은</u> 것은? 2013 기출

① 노비와 관련된 문제는 의금부에서 처리하였다.
② 형벌에 관한 사항은 대부분 대명률의 적용을 받았다.
③ 범죄 중에 가장 무겁게 취급된 것은 반역죄와 강상죄였다.
④ 관찰사와 수령이 관할 구역 내의 사법권을 가졌다.

8. 환곡에 대한 내용으로 바르지 <u>못한</u> 것은? 2004 기출

① 의창, 상평창을 통해 운영하였다.
② 지방 양반들이 향촌 사회를 통제하기 위해 실시하였다.
③ 조선 후기 삼정의 문란 중 가장 극심한 세제였다.
④ 근본 목적은 양반 지배 체제 유지와 관련이 있다.

9. 조선 시대 유랑자의 수용과 구휼을 담당하였던 사회 시설은?

① 동·서 활인서   ② 장례원
③ 제생원   ④ 경시서

10. 조선 시대 사회에 대한 설명으로 옳지 <u>않은</u> 것은? 2002 기출

① 고급 관료의 자제는 과거를 거치지 않고 관직에 진출할 수 있었다.
② 신분 계층 간의 구분이 엄격하고 상호 교류가 억제되었다.
③ 고려 시대보다 여성의 지위는 향상되었다.
④ 농민의 농촌 이탈을 방지하기 위해 오가작통법과 호패법이 실시되었다.

11. 조선 시대의 호패법과 관련된 설명으로 옳지 <u>않은</u> 것은?

① 16세 이상의 남자와 여자에게 모두 발급되었다.
② 노동력 징발 대상자 파악을 위해 실시되었다.
③ 신분에 따라 호패의 재료를 달리하였다.
④ 양반부터 노비까지 모두 착용하였다.

12. 조선시대 유향소에 관한 설명으로 옳은 것을 모두 고른 것은? 2016 기출

> ㄱ. 향촌 자치를 위하여 설치한 기구이다.
> ㄴ. 소과 합격자를 입학 대상으로 하였다.
> ㄷ. 백성을 교화하고 수령의 자문에 응하였다.
> ㄹ. 중등교육기관으로 성현에 대한 제사를 담당하였다.

① ㄱ, ㄷ   ② ㄱ, ㄹ
③ ㄴ, ㄷ   ④ ㄴ, ㄹ

13. 조선 시대 중인 신분에 해당하지 <u>않는</u> 것은? 2016 기출

① 향리   ② 역관

③ 도고   ④ 서리

14. 16세기 서원에 관한 내용으로 옳은 것은? 2006 기출

① 사액서원은 국가로부터 지원을 받았으므로 경기 지방에 가장 많았다.

② 후진 교육과 선현 봉사의 기능을 담당하였다.

③ 최초의 서원은 중종 때 이황이 세운 소수서원이다.

④ 지방 사림 양반 자제를 위한 국립 중등 교육 기관이다.

15. (   )에 들어갈 내용으로 옳은 것은? 2017 기출

> (   )는(은) 중종 때 조광조 등 사림세력이 처음 시행한 이후 전국적으로 확산되었다. 조선 사회의 풍속을 교화하는 데 많은 역할을 하였으며, 향촌의 질서 유지와 치안을 담당하는 등 향촌 사회의 자치 기능을 수행하였다.

① 의창   ② 향교

③ 향약   ④ 환곡

16. 조선 시대 예학에 대한 설명으로 옳지 <u>않은</u> 것은?

① 예학은 종가와 방계를 구별하여 위계를 정하였다.

② 예학은 삼강오륜을 기본 덕목으로 강조하였다.

③ 삼강오륜의 윤리는 가부장적 종법 질서로 구현되어 성리학적 사회 질서 유지에 공헌하였다.

④ 예학과 예론은 사림 간의 정쟁의 구실이 되어 예송 논쟁이 일어나기도 하였다.

17. 조선 시대 족보와 관련된 설명으로 옳지 <u>않은</u> 것은?

① 종족의 종적인 내력과 횡적인 종족 관계를 확인시켜 주는 기능을 하였다.

② 결혼 상대자를 구하거나 붕당을 구별하는 데 중요한 자료로 활용되었다.

③ 가족과 종족 상호 간의 상장제례 의식을 바로잡는 데 기여하였다.

④ 조선 왕실의 족보로서 선원록이 만들어졌다.

정답 및 해설

1. 정답 ②
오답풀이 ② 조선의 신분제도는 법제적으로 양천제가 원칙이었으나, 16세기 이후에는 양반과 상민을 구분하는 반상제가 보편적으로 적용되었다.

2. 정답 ④
오답풀이 ④ 서얼은 과거 시험에서 문과는 법적으로 금지되었으나, 잡과와 무과는 응시 자격에 제한이 없었다.

3. 정답 ③
오답풀이 ③ 상민은 법적으로 과거 응시가 허용되었다. 그러나 현실적으로 많은 제약을 받아 관직 진출에는 어려움이 있었다.

4. 정답 ①
오답풀이 ① 양반은 문 · 무 관료만 해당하며, 향리 · 서리 · 군교 등은 중인 신분에 편성되었다.

5. 정답 ①
오답풀이 ① 노비는 결혼하여 가정을 가질 수 있었으며, 자신의 재산을 소유할 수 있었다.

6. 정답 ④
해설 ① 조선의 신분제는 법제적으로 양인과 천인으로 구분하는 양천제였으며, 16세기 이후에는 양반과 상민을 구분하는 반상제의 신분제가 실제적으로 적용되었다. ③ 서얼은 문과에는 응시할 수 없었으나, 무과와 잡과에는 응시할 수 있었다.
오답풀이 ② 조선 시대의 백정은 초기에는 양인의 신분이었지만, 실제적으로 도살업에 종사하는 천인 신분에 속하였다. ④ 조선 시대의 노비는 결혼하여 가족을 구성할 수 있었으며, 재산을 소유할 수 있었다.

7. 정답 ①
해설 ② 형벌과 관련된 형법은 경국대전의 내용이 부족하여 주로 중국의 대명률에 의거하여 처리하였다. ③ 범죄 중에서 반역죄와 강상죄를 가장 큰 죄로 취급하여 연좌제를 적용하였다. ④ 관찰사와 수령은 각각 자기 지역 내의 사법권을 행사하였다.
오답풀이 ① 노비와 관련된 장부와 소송 문제는 장례원에서 처리하였다.

8. 정답 ②
해설 ① 환곡은 15세기에는 의창에서, 16세기에는 상평창에서 각각 담당하였다. ③ 삼정의 문란은 세도정치 시기에 발생하였으며, 환곡의 문란이 가장 극심하였다. ④ 환곡은 몰락한 농민을 구제하여 생활을 안정시킴으로써 양반 중심의 지배체제를 유지하는 데 목적이 있었다.
오답풀이 ② 환곡은 춘대 추납의 빈민 구제 제도이다. 지방 양반들이 향촌 사회를 통제하기 위하여 실시한 것은 향약이다.

9. 정답 ①
해설 ① 동 · 서 활인서는 유랑민과 여행자의 수용과 구휼을 담당하였다.

10. 정답 ③
오답풀이 ③ 조선 시대는 과부의 재가가 금지되고, 재가녀 자식의 문과 응시가 금지되는 등 고려 시대에 비하여 여성의 지위는 약화되었다.

11. 정답 ①
오답풀이 ① 호패는 남자만 착용하였다.

12. 정답 ①
해설 ㄱ. 유향소는 조선 시대에 설치된 향촌 자치 기구로서, 양반들이 주로 운영하였다. ㄷ. 유향소는 백성 교화, 수령 감시 및 보좌, 향리 규찰 등의 역할을 담당하였다.
오답풀이 ㄴ. 소과 합격자를 대상으로 설치된 것은 성균관이다. ㄹ. 향교는 지방에 설립된 조선의 중등 교육 기관으로 성현에 대한 제사를 담당하였다.

13. 정답 ③
해설 ①②④ 조선 시대의 중인 신분은 향리, 서리, 역관, 의관 등의 기술관으로 구성되었으며, 서얼도 중인 신분에 포함되었다.
오답풀이 ③ 도고는 조선 후기에 등장한 독점적 도매 상인이다.

14. 정답 ②
해설 ② 서원은 선현 제사(봉사)와 후진 양성을 담당하는 교육 기관이었다.
오답풀이 ① 사액서원은 국가로부터 재정 지원을 받는 서원으로 경상도 지역에 가장 많았다. ③ 최초의 서원은 주세붕이 세운 백운동 서원이다. 소수서원은 이황의 건의로 백운동 서원이 사액서원으로 지정된 후 소수서원으로 이름이 변경된 것이다. ④ 서원은 사림 양반이 설립한 사립학교이다.

15. 정답 ③
해설 ③ 향약은 조선 중종 때 조광조가 처음 실시하였으며, 이후 사림파에 의해 전국으로 확산되었다. 향약은 풍속 교화, 치안 유지 등의 기능을 담당한 향촌 자치 규약이었다.
오답풀이 ① 의창은 고려 시대에 빈민 구제를 목적으로 설치하였다. ② 향교는 고려, 조선 시대에 국가에서 지방에 설립한 중등 교육 기관이다. ④ 환곡은 조선 시대에 빈민 구제를 목적으로 설치하였다.

16. 정답 ①
오답풀이 ① 족보는 양반이 종족 내부의 결속력을 강화하고 종가와 방계의 구분에 이용하여 친족 내의 위계를 설정하는 기능을 담당하였으므로, 족보에 대한 설명이다.

17. 정답 ③
오답풀이 ③ 가족과 종족 상호 간의 상장제례 의식을 바로 잡는 데 기여한 것은 예학이다.

③ 근세의 경제

1 경제 정책

(1) 농본주의 경제 정책

기본 방향	국가 재정 확보, 민생 안정, 왕도 정치 실현 → 농경지 확대, 농업 생산력 증대, 농민의 조세 부담 경감
중농정책	토지 개간, 양전 사업, 조세 경감, 신 농법 개발, 농기구 보급
상공업 정책	• 억상정책 : 사치와 낭비 및 빈부 격차 방지, 사농공상의 차별적 직업관 → 상공업 활동을 국가가 엄격 통제 • 유교적 경제관 : 검약한 생활 강조 → 소비 억제, 도로와 교통 수단 미비 • 자급자족적 농업 중심 경제 : 화폐 유통, 상공업 활동, 무역 등 부진
16세기 이후	국가 통제력 약화 → 상공업과 무역의 자유로운 경제 활동 전개

(2) 과전법의 시행과 변화

과전법 (건국 초)	실시목적	• 농민 생활 안정, 국가 재정 확보, 신진 사대부의 경제적 기반 마련 • 농민 생활 안정 위해 조세율 인하(1/10), 병작 반수제 금지
	원칙	• 전 · 현직 관리에게 경기도 지역의 토지를 대상으로 수조권 지급 → 사망 · 반역 시 → 국가에 반환 • 수조권에 따라 공전(국가)과 사전(개인)으로 구분
	세습지	수신전(미망인), 휼양전(유자녀), 공신전(공신)

↓

직전법 (세조, 1466)	실시 배경	과전법에서 세습지의 증가로 신진 관료에게 지급할 토지 부족 현상 심화
	원칙	현직 관리에게만 수조권 지급, 수신전 · 휼양전 폐지
	영향	양반 관료의 수조권 남용과 과도한 수취 → 농민 부담 가중

↓

관수 관급제 (성종, 1470)	실시 배경	양반 관료의 수조권 남용 방지
	원칙	국가에서 직접 수조권 행사 → 관리에게 수조권 대신에 현물(녹봉) 지급
	영향	국가의 토지 지배력 강화

↓

직전법 폐지 (명종, 1556)	내용	수조권 지급 제도 소멸 → (현물) 녹봉제 일반화
	영향	• 양반 지주의 토지 소유 관념 확산 → 불법적 토지 겸병으로 농장 형성 • 병작반수제 기반으로 하는 지주 전호제 확산 → 농민 몰락 촉진

※ 과전법의 토지 종류

공전	민전	• 농민 소유지인 민전을 국가의 징세 대상으로 파악 • 농민에게 민전에 대한 경작권 보장, 조세 징수(1/10)
사전	과전	• 전 · 현직 관리에게 18과로 나누어 지급 • 경기도의 토지에 한정하여 수조권 지급 • 사망 · 반역의 경우에는 국가에 반환 → 일부는 수신전 · 휼양전의 형태로 세습 가능
	수신전	관리 미망인에게 지급(세습지)
	휼양전	관리의 유자녀에게 지급 → 성인이 되는 20살까지 지급(세습지)
	공신전	공신에게 지급(세습지)
	별사전	준공신에게 지급(3대까지 세습)
	기타	공해전(중앙 관청), 늠전(지방 관청), 학전(성균관 · 4부학당 · 향교에 소속된 토지)

(3) 수취 체제의 확립

조세	원칙	토지 소유자 부담 원칙(쌀, 콩) → 지주가 소작 농민에게 전가
	과전법	1/10 납부(1결 당 30두) → 수조권자가 풍흉에 따라 납부액 조정
	공법(貢法)	전분 6등법(토지 비척도), 연분 9등법(풍흉 정도) → 최고 20두~최저 4두
	조운제	• 지방의 조세를 조창에 보관 → 경창(용산 · 서강)으로 운송 • 잉류(仍留) 지역 : 평안도 · 함경도 · 제주도(운송의 어려움) → 조세를 징수하여 현지에서 사신 접대비(평안도), 군사비(함경도)로 충당
공납	원칙	호구 기준으로 현물(토산물) 납부 → 수공업 제품, 광물, 수산물, 모피 등
	징수 절차	각 지역의 토산물 조사 → 중앙 관청에서 군현에 물품과 액수 할당 → 가호에 할당
	종류	상공(정기적 징수), 별공 · 진상(부정기적)
	폐단	생산량의 감소, 생산지의 변화 → 물품 납부 어려움 → 전세보다 큰 부담
역	원칙	16세 이상의 정남에게 부과(인두세)
	군역	정군과 보인으로 구성 → 양반 · 서리 · 향리는 면제
	요역	• 가호 기준으로 정남 수를 고려하여 차출 • 성종 때 : 토지 8결당 1인 차출, 1년 6일 이내로 제한 → 실제로는 임의 징발 빈번
국가 재정	수입	조세, 공물, 역, 국가 경영의 염전 · 광산 · 산림 · 어장의 수입, 상인세, 공장세
	지출	군량미 · 구휼미 외에 왕실 경비, 공공 행사비, 관리의 녹봉, 의료비 등

② 양반과 평민의 경제 활동

(1) 양반 지주의 생활

경제 기반	과전, 녹봉, 자신 소유의 토지와 노비
농장 경영	노비가 경작, 농민 소작(병작반수제) → 15세기 이후 농장 증가 → 유망민을 노비화시켜 토지 경작
노비 소유	• 구매, 소유 노비의 출산 및 혼인으로 확보 • 외거노비는 주인의 토지를 경작 · 관리 → 신공으로 포 · 돈 납부

(2) 농민 생활의 변화

권농 정책		개간 장려, 수리 시설 확충, 농서 간행 보급(농사직설, 금양잡록)
농업 기술	밭농사	조 · 보리 · 콩의 2년 3작 일반화
	논농사	남부 일부 지방에 이앙법 보급 → 벼 · 보리 이모작 → 농업 생산력 증대
	시비법	밑거름 · 덧거름 사용으로 휴경지 소멸 → 연작 가능
	기타	농기구 개량(낫 · 쟁기 · 호미), 목화 · 약초 · 과수 재배 확대
농민 생활 악화		지주제 확대, 자연 재해, 고리대, 세금 부담 → 소작농으로 전락(병작반수의 과중한 부담)
주민 통제 강화	정부	• 구황 방법 제시 : 잡곡, 도토리, 나무 껍질의 가공 등 소개 • 호패법 · 오가작통법 강화 : 농민 유망 방지
	양반	향약, 사창제 실시 → 농촌 사회 안정 도모

(3) 수공업 생산 활동

관영 수공업	운영	• 공장안에 전문 기술자 등록 → 각 관청에 소속 → 부역에 의한 관청 물품 제작 • 공급 책임량 초과 물품은 세금 내고 판매, 부역 동원 기간 동안 이외에는 사적 생산 가능
	16세기 이후	부역제의 해이, 상업 발달 → 관영 수공업 쇠퇴
민영 수공업		농민들을 상대로 농기구 등의 물품을 제작 · 공급, 양반 사치품 생산
가내 수공업		자급자족의 형태로 생필품 생산(무명 · 명주 · 모시 · 삼베 등), 목화 재배 확대로 무명 생산 증가

(4) 상업 활동

국가 정책	고려 시대보다 정부의 통제 강화 → 종로 거리에 상점가 조성
시전상인 (관허상인)	• 종로에 위치하여 정부는 점포 임대 → 상인은 점포세 · 상세 납부 • 왕실 · 관청에 물품 공급 대가 → 특정 상품에 대한 독점 판매권(금난전권) 획득 • 육의전 번성 : 명주, 모시, 삼베, 무명, 종이, 어물 • 경시서 설치 : 시전의 불법 상행위 통제
장시	• 15세기 후반 : 농업 생산력의 발달 배경 → 서울 근교와 지방에서 형성 • 일부 장시는 정기 시장(5일장)으로 발전 → 16세기 중엽 이후 전국적 확산 • 보부상(관허 상인) : 농산물, 수공업 제품, 수산물, 약재 등 판매
화폐	저화, 조선 통보 발행 → 유통 부진, 쌀과 무명을 화폐로 사용
대외 무역	• 정부의 통제 → 국경 부근의 사무역은 엄격한 감시 • 명(사신 왕래 시 → 공무역 · 사무역 허용), 여진(무역소), 일본(동래의 왜관)

(5) 수취 제도의 문란 : 16세기 이후

배경	16세기 이후 수취 제도 운영 과정의 폐단 심화. 지주전호제의 일반화 → 몰락 농민 증가
공납	• 방납의 폐단 : 중앙 관청의 서리가 공물 대납 → 농민 부담 증가 • 유망 농민 급증 → 족징·인징의 폐단 → 이이·유성룡은 개혁안으로 수미법(收米法) 주장
군역	• 요역제의 폐단 : 임의 징발로 농경에 지장 초래 → 농민의 요역 동원 기피 • 군역의 폐단 : 군역의 요역화 → 방군수포제(放軍收布制)·대립제(代立制) 성행 → 군포 징수제 확산 • 군적 부실 : 군포 부담 과중 → 군역 기피 → 농민 부담 증가
환곡	• 농민 생활 안정 위해 1/10의 이자를 받고 곡물을 대여 • 폐단 : 지방 수령과 향리의 고리 이자 징수
결과	농민 생활 악화 → 유민과 도적 증가(명종 – 임꺽정)

조선시대 조운로

 확인 학습

정답: P. 209

1. 조선의 과전법을 실시한 목적과 지급 원칙은?

2. 세조 때 직전법을 실시한 배경은?

3. 과전법에서 관리의 유자녀에게 지급한 세습 토지는?

4. 조선에서 잉류 지역에 해당하는 곳은?

5. 조선에서 농민의 유망 방지를 위해 정부에서 실시한 정책 2가지는?

6. 조선 시대에 활동한 관허 상인은?

7. 시전 상인에서 육의전에 해당하는 품목 6가지는?

8. 16세기 공납에서 발생하는 방납의 폐단을 해결하기 위해 이이와 유성룡이 주장한 정책은?

9. 조선 태종 때 발행된 지폐는?

10. 시전 상인이 왕실과 관청에 물품을 공급하는 대가로 획득한 권한은?

1. 조선 전기의 경제 정책에 대한 설명으로 옳지 않은 것은?

① 중농 정책을 바탕으로 재정 확충과 민생 안정을 도모하였다.

② 양반 지배층의 사치품을 중심으로 상공업의 발달을 추진하였다.

③ 농업 생산력을 향상시키기 위해 농사직설, 금양잡록 등의 농서를 간행·보급하였다.

④ 16세기에 이르러 국가의 통제력이 약화되면서 상공업이 발달하였다.

2. 과전법에 관한 설명으로 옳지 않은 것은?   `2013 기출`

① 공신전은 세습할 수 있었다.

② 과전을 경기 지방의 토지로 지급하였다.

③ 전세를 토지 1결당 미곡 4두로 고정시켰다.

④ 죽거나 반역을 하면 국가에 반환하도록 정하였다.

3. 다음은 조선의 토지제도의 변천 과정이다. 각각의 내용에 대한 설명 중 옳지 않은 것은?   `2007 기출`

> (가) 과전법   (나) 직전법   (다) 관수관급제   (라) 직전법 폐지

① (가)는 신진 사대부의 경제적 기반을 마련하기 위해 실시하였다.

② (나)는 관리들에게 지급할 토지 부족으로 인하여 실시되었다.

③ (나)에서 (다)로 바꾼 것은 양반 관료의 과도한 수조권 남용이 문제시되었기 때문이다.

④ (라)로 인해 국가의 토지 지배권이 약화되었다.

4. 조선의 조세 제도에 대한 설명으로 옳지 않은 것은?

① 과전법에서는 수확량의 1/10을 징수하였다.

② 평안도와 함경도는 국방을 고려하여 조세를 거두지 않았다.

③ 토지 소유자는 원칙적으로 국가에 조세를 납부할 의무가 있었다.

④ 세종 때는 공법을 실시하여 1결 당 최고 20두에서 최저 4두를 징수하였다.

5. 조선 시대 양반들의 경제 활동에 대한 설명으로 옳지 않은 것은?

① 양반의 경제적 기반은 과전, 녹봉, 자신 소유의 토지와 노비 등이었다.

② 외거 노비에게 매년 신공으로 포와 돈을 징수하였다.

③ 병작반수제의 소작제로 수확량의 1/2을 지대로 징수하였다.

④ 국가에서 양반에게 지급하는 수조지의 면적은 점차 확대되었다.

6. 다음 중 조선의 육의전이 아닌 것은?   `2001 기출`

① 염전   ② 지전

③ 무명전   ④ 명주전

7. 조선 전기 농업에 대한 설명으로 옳지 <u>못한</u> 것은?

① 인삼, 담배 등의 상품 작물이 널리 재배되어 소득 향상이 이루어졌다.
② 남부 일부 지방에서 이앙법이 실시되고, 벼와 보리의 이모작이 보급되었다.
③ 밑거름과 덧거름의 시비법이 보급되어 휴경지가 소멸되었다.
④ 밭농사에서는 조·보리·콩의 2년 3작이 널리 행해졌다.

8. 다음 중 조선 시대의 관허 상인을 바르게 짝지은 것은?

① 시전 상인, 보부상　　　　　　　② 공인, 사상
③ 시전 상인, 경강 상인　　　　　　④ 보부상, 객주

9. 조선 시대의 수공업 활동에 대한 설명으로 잘못된 것은?

① 전문 기술자들을 공장안에 등록시켜 관청에서 필요한 물품을 제작·공급토록 하였다.
② 민영 수공업자들은 농기구나 양반들을 위한 사치품을 생산하였다.
③ 관영 수공업자는 관청에서 근무하는 대가로 국가로부터 녹봉을 지급받았다.
④ 16세기 이후 부역제의 해이와 상업의 발달로 관영 수공업은 쇠퇴하였다.

10. 조선 시대에 실시되었던 전분6등법과 연분9등법에 대한 설명으로 옳은 것은?

① 풍흉에 관계없이 토지 1결 당 수확량의 1/10을 징수하였다.
② 토지 비옥도와 풍흉의 정도를 기준으로 조세를 차등 징수하였다.
③ 세조 때에 이 제도가 처음 실시되었다.
④ 농민의 부담을 줄이기 위해 토지 1결당 4두로 고정하여 조세를 징수하였다.

11. 조선 전기의 상업 활동과 관련된 설명으로 옳지 <u>않은</u> 것은?

① 한양 중심가에는 시전을 조성하고, 지방 각 지역에서는 장시가 확산되었다.
② 개성의 송상, 의주의 만상은 대외 무역을 통해 대상인으로 성장하였다.
③ 저화, 조선통보 등의 화폐가 발행되었으나, 유통은 부진하였다.
④ 시전 상인에게는 특정 상품에 대한 독점 판매권이 보장되었다.

12. 우리 나라의 시대별 농업과 관련된 설명으로 옳은 것은?

① 우경은 신라 법흥왕 때 처음으로 실시되었다.
② 고려 초에는 시비법의 발달로 휴경지가 소멸되었다.
③ 고려 후기에는 남부 일부 지방에서 이앙법이 실시되었다.
④ 조선 전기에는 수리 시설이 확보되어 모내기가 일반적으로 실시되었다.

13. 조선 전기의 경제 상황에 관한 설명으로 옳은 것은? 2018 기출

① 저화, 조선통보가 발행되었다.

② 상평통보가 전국적으로 유통되었다.

③ 조세와 지대의 금납화가 이루어졌다.

④ 시중에 동전이 부족한 전황이 발생하였다.

14. 다음과 같은 상황을 해결하기 위해 조선 정부가 실시했던 정책으로 바르게 묶은 것은?

> 농업 기술의 발달에도 불구하고 농민 생활은 쉽게 나아지지 않았다. 농민들은 자연 재해, 고리대, 세금 부담
> 등으로 자기 소유의 토지를 팔고 소작농이 되는 경우가 증가하였으며, 각 지방에서 유민이 증가하였다. 유민
> 들 중 일부는 도적이 되어 도성에까지 출현하는 사건이 있었으며, 그 중에서도 명종 때 황해도와 경기도 일대
> 에서 활동한 임꺽정이 대표적이었다.

> ㄱ. 상공업 장려　　　　　　　　　　　ㄴ. 향약 시행
> ㄷ. 오가작통법 실시　　　　　　　　　ㄹ. 호패법 강화

① ㄱ, ㄴ　　　　　　　　　　　② ㄱ, ㄷ

③ ㄴ, ㄹ　　　　　　　　　　　④ ㄷ, ㄹ

15. 다음은 행상들의 생활을 잘 보여 주고 있는 조선 시대의 민요이다. 여기에 등장하는 상인에 대해 바르게 설명한 것은?

> 짚신에 감발 차고 패랭이 쓰고/ 꽁무니에 짚신 차고 이고 지고
> 이장 저장 뛰어가서/ 장돌뱅이 동무들 만나 반기며
> 이 소식 저 소식 묻고 듣고/ …중략…
> 손잡고 인사하고 돌아서네/ 다음 날 저장에서 다시 보세

① 주로 왕실이나 관청에 물품을 공급하였다.

② 특정 상품에 대한 독점 판매권을 가지고 있었다.

③ 전국의 장시를 하나의 유통망으로 연결하는데 결정적 역할을 하였다.

④ 이들의 불법적인 상행위를 통제하기 위해 경시서를 두었다.

정답 및 해설

1. 정답 ②

[오답풀이] ② 조선 전기에는 중농억상정책으로 상공업은 국가가 엄격하게 통제하여 상공업의 발달은 부진하였다.

2. 정답 ③

[오답풀이] ③ 과전법에서 징수한 전세(토지세)는 토지 1결당 생산량의 1/10을 징수하였다. 전세를 1결당 미곡 4두로 고정한 것은 조선 후기 영정법과 관련된 내용이다.

3. 정답 ④

[해설] ① 과전법은 위화도 회군을 계기로 정권을 장악한 신진사대부가 경제적 기반을 확보하기 위해 실시하였다. ② 과전법에서 세습지가 증가하면서 신진 관료에게 지급할 토지가 부족해지면서 현직 관리에게만 수조권을 지급하는 직전법이 실시되었다. ③ 직전법 실시 이후 양반 관료의 수조권 남용으로 농민의 세금 부담이 커지자, 성종 때 관수관급제를 실시하여 국가에서 직접 수조권을 징수하여 관리에게 지급하였다.

[오답풀이] ④ 명종 때 직전법이 폐지되면서 국가에서 수조권을 지급하는 제도는 완전히 소멸되고 대신 현물 녹봉제가 실시되면서 국가의 토지 지배력은 강화되었다.

4. 정답 ②

[오답풀이] ② 평안도와 함경도에서도 조세를 징수하였다. 그러나 두 지역은 잉류 지역으로 지정되어 조세를 징수하여 평안도는 사신 접대비, 함경도는 국방비로 충당하였다.

5. 정답 ④

[오답풀이] ④ 수조권을 지급하는 과전법이 직전법으로 바뀌고 직전법이 폐지되면서 양반에게 지급하는 수조지는 소멸되었다.

6. 정답 ①

[해설] 조선시대의 육의전은 시전 상인이 취급한 6가지의 주요 상품으로 비단, 명주, 모시, 무명, 어물, 종이 등이며 염전(소금)은 해당하지 않는다.

7. 정답 ①

[오답풀이] ① 담배는 임진왜란 이후에 전래되어 인삼과 함께 조선 후기에 상품 작물로서 널리 재배되었다.

8. 정답 ①

[해설] ① 조선 시대에 국가의 허락을 받고 합법적인 상업 활동을 전개한 관허 상인은 한양 종로에서 활동하던 시전 상인과 지방 장시에서 활동하던 보부상이 해당된다.

9. 정답 ③

[오답풀이] ③ 관영 수공업자는 관청에서 필요한 물품을 제작하여 공급하였지만, 국가로부터 녹봉(월급)은 지급되지 않았다.

10. 정답 ②

[해설] ② 전분 6등법은 토지 비옥도를 기준으로 전국의 토지를 6등급으로 구분하였으며, 연분 9등법은 풍흉의 정도를 기준으로 9등급으로 구분하여 해마다 차등 징수하였다.

[오답풀이] ① 수확량의 1/10 징수는 과전법에서의 원칙이며, 전분 6등법과 연분 9등법에서는 최고 20두에서 최저 4두를 징수하였다. ③ 전분 6등법과 연분 9등법은 세종 때 공법(貢法)이라는 이름으로 실시되었다. ④ 토지 1결 당 4두를 고정 징수하는 것은 인조 때 실시한 영정법에 해당한다.

11. 정답 ②

[해설] ① 한양 중심가에 시전을 설치하고 상인세를 받고 시전 상인의 상업 활동을 허용하였으며, 15세기 후반 이후에는 지방에서 장시가 개설되어 보부상들이 활발히 활동하였다. ③ 조선 시대에는 저화, 조선통보 등의 화폐가 주조되었으나, 농업 중심의 자급자족적 경제 구조로 화폐 유통은 부진하였다. ④ 시전상인은 왕실이나 관청에 물품을 공급하는 대신에 특정 상품에 대한 독점 판매권(금난전권)을 보장받았다.

[오답풀이] ② 송상과 만상은 조선 후기에 청, 일본 등과 무역을 통해 대상인으로 성장하였다.

12. 정답 ③

[해설] ③ 고려 후기에 최초로 이앙법이 보급되어 남부 일부 지방에서만 실시되었다.

[오답풀이] ① 우경은 6세기 초 지증왕 때 처음 실시되었다. ② 고려 시대에는 녹비, 퇴비 등의 시비법이 보급되어 휴경지가 감소하였으며, 휴경지가 소멸된 것은 조선 전기이다. ④ 모내기(이앙법)가 전국적으로 실시된 것은 조선 후기이다.

13. 정답 ①

[해설] ① 저화(지폐)와 조선통보는 조선 전기에 사용된 화폐이다.

[오답풀이] ②③④ 조선 후기의 경제 활동과 관련된 사실이다.

14. 정답 ④

[해설] ④ 16세기에 자연 재해와 고리대, 방납과 군역의 폐단 등으로 몰락한 농민이 농촌을 이탈하는 유민이 증가하였다. 이를 해결하기 위하여 조선 정부는 오가작통법을 실시하고 호패법을 강화하였다.

[오답풀이] ㄱ. 조선은 상공업을 억제하는 정책을 실시하였다. ㄴ. 향약은 향촌의 사림 양반이 자체적으로 농민을 통제하기 위하여 조직하였다.

15. 정답 ③

[해설] ③ 자료에서 '이장 저장 뛰어가서 장돌뱅이…' 등을 통해 장시를 무대로 활동하는 보부상임을 알 수 있다. 보부상은 전국의 장시를 무대로 활동하면서 조선 후기에 전국의 장시를 하나의 유통망으로 연결시켰다.

[오답풀이] ①② 시전 상인은 왕실과 관청에 물품을 공급하고 그 대가로 특정 상품에 대한 독점 판매권(금난전권)을 가졌다. ④ 경시서는 시전 상인을 통제하기 위해 설치하였다.

4 근세의 문화

1 민족 문화의 융성

(1) 발달 배경

1) 관학파의 정책

① 민생 안정과 부국강병을 위한 과학 기술과 실용적 학문 중시, 민족 문화 발달을 위한 노력

② 성리학 이외의 학문과 사상 수용 → 민족적 · 자주적 민족 문화 발달

2) 한글 창제 : 민족 문화의 기반 확대

(2) 민족 문화

1) 한글의 창제

목적	우리말을 자유롭게 표현, 피지배층의 도덕적 교화 → 양반 중심 사회의 원활한 유지
창제와 반포	집현전 학자(정음청)의 음운 연구 → 한글 창제(1443) → 훈민정음 반포(1446)
보급	용비어천가 · 월인천강지곡 등을 간행, 서리 채용 시험에 훈민정음 채택
의의 및 영향	백성들의 문자 생활 가능, 국문학 발전에 기여 → 민족 문화 확립의 기반 마련

2) 역사서의 편찬

건국 초	특징	왕조의 정통성에 대한 명분 확립, 성리학적 통치 규범 정착
	고려국사	정도전 → 이제현의 고려국사 계승한 편년체 사서, 조선 건국 정당성 확보
	동국사략	권근 → 단군 ～ 고려 말까지의 역사를 편년체로 서술
15세기 중엽	특징	고려 왕조 역사를 자주적 입장에서 재정리, 왕실과 국가 위신 고양
	고려사	조선 건국을 합리화시키기 위해 고려 말의 사실 왜곡, 기전체 사서
	고려사절요	고려사의 편찬과 병행하여 자주적 입장에서 편찬, 편년체 사서
	동국통감	서거정 → 단군 조선 ～ 고려 말까지의 역사를 편년체로 서술한 최초의 통사
16세기	특징	사림파의 존화주의적 역사 의식 반영, 기자 조선 중시
	역사서	기자실기(이이), 동국사략(박상), 동사찬요(오운)
조선왕조실록	서술 방식	편년체 사서
	편찬	국왕 사후 춘추관에 실록청 설치하여 편찬
	자료	사초, 시정기, 승정원 일기, 일성록 등
	편찬 기간	태조 ～ 철종 실록
	사고	4대 사고(춘추관, 충주, 성주, 전주) → 왜란 때 전주본만 보존 → 광해군 때 5대 사고로 정비
	※ 유네스코 지정 세계 기록 문화 유산	

3) 지리서와 윤리서, 법전

지리서	편찬 목적	중앙 집권 체제 강화, 국방력 강화	
	지도	혼일강리 역대국도지도	• 태종 때 이회가 제작 → 현재 필사본이 일본에 현존 • 현존 동양 최고(最古)의 세계 지도 → 중화사상 반영
		팔도도	세종 때 제작된 전국 지도
		동국지도	• 세조 때 정척, 양성지 → 인지의를 이용하여 제작 • 압록강 이북까지 상세히 기록 → 북방에 대한 관심 고조
		조선방역지도	16세기에 제작, 현존
	지리지	신찬팔도지리지	• 세종 때 윤회 · 신색이 편찬 • 각 군 · 현의 연혁, 지리, 인물, 풍속, 산업, 군사, 교통 등 수록 • 최초의 인문 지리서 → 경상도 지리지만 현존
		세종실록지리지	단종 때 정인지 · 노사신이 편찬, 단군 신화 수록
		동국여지승람	• 성종 때 노사신 · 강희맹이 편찬(현존) • 군현의 연혁, 지세, 인물, 풍속, 산물, 교통 등 수록
		신증동국여지승람	중종 때 이행이 동국여지승람을 보완하여 편찬
		읍지(邑誌)	• 16세기에 일부 군현의 읍지가 편찬 • 당시 향토의 문화적 유산에 대한 사림의 관심이 반영

윤리 · 의례서	편찬 목적	유교적 질서 확립		
	윤리서	15세기	삼강행실도	세종 때 설순이 편찬 → 모범이 될 만한 충신, 효자, 열녀 등의 행적을 그림으로 그리고 설명을 붙임
			효행록	고려 말 권준이 편찬한 효행에 관한 책을 설순이 보완하여 개정
		16세기	특징	사림파의 소학과 주자가례의 보급과 실천 목적에서 간행
			이륜행실도	연장자와 연소자, 친구 사이에서 지켜야 할 윤리 강조
			동몽 수지	어린이가 지켜야 할 예절 기록
	의례서	국조오례의		• 성종 때 국가 행사에 필요한 5가지 의례를 정비 • 길례(제사), 가례(관례 · 혼례), 빈례(사신 접대), 군례(군사 의식), 흉례(장례 의식)
		가례집람		김장생이 주자가례와 관련된 이론을 정리하여 편찬

법전	목적	유교적 통치 규범의 성문화
	건국 초	정도전 – 조선경국전 · 경제문감, 조준 – 경제육전
	경국대전	• 세조 때 편찬하여 성종 때 완성 → 6전 체제(이 · 호 · 예 · 병 · 형 · 공전)로 구성 • 조선의 유교적 통치 질서와 문물 제도 완성 의미

❷ 성리학의 발달

(1) 성리학의 정착

구분	훈구파(관학파)	사림파(사학파)
연원	급진 개혁파 사대부(정도전 · 권근) → 역성 혁명에 참여	온건개혁파 사대부(정몽주 · 길재) → 고려 왕조에 충성
출신	관학(성균관, 집현전)	사학(서원)
정치	중앙 집권, 부국강병, 문물제도 정비	향촌 자치(서원 · 향약), 의리 · 도덕 → 왕도 정치
학풍	사장 중시 → 문학 · 예술 발달	경학 중시 → 문학 · 예술 천시
역사 의식	자주적 → 단군 중시	존화주의 → 기자 중시
사상 정책	성리학 이외의 다양한 사상 포용	성리학 이외의 학문 · 종교 · 사상 배격
특징	주례를 국가의 통치 이념	교화에 의한 통치 강조, 공신 · 외척의 비리를 성리학적 명분론에 입각하여 비판
집권기	15세기 민족 문화의 주역	16세기 이후 조선의 정치 · 사상 지배

(2) 성리학의 융성 : 16세기 사림의 도덕성과 수신 중시 → 인간의 심성에 대한 관심 고조

주기론	특징	경험적 현실 세계 중시, 정치 · 경제 · 국방의 개혁 주장
	서경덕	주기론의 선구자 → 기(氣) 중시, 불교와 노장 사상에 개방적
	조식	노장 사상 포용, 학문의 실천성 강조
	이이	• 주기론 집대성, 관념적 도덕 세계와 경험적 현실 세계 중시 • 일원론적 이기이원론 주장, 기(氣)의 역할 강조 → **현실적 · 개혁적 성격** • 다양한 개혁 방안 제시 → 10만 양병설, 수미법 • 저서 :「동호문답」,「성학집요」(현명한 신하가 성학을 가르쳐 군주의 기질을 변화) • 조헌, 김장생에게 계승 → 기호학파 형성
	영향	중상학파 실학 사상 → 개화 사상 → 애국 계몽 운동
주리론	특징	도덕적 원리에 대한 인식과 실천 중시, 향촌의 중소 지주 출신의 사림들이 발전시킴
	이언적	주리론의 선구자 → 기(氣)보다는 이(理) 중심으로 이론 전개
	이황	• 주리론 집대성 → 주자의 이기이원론을 발전시켜 주리 철학 확립 • 도덕적 행위의 근거로서 인간의 심성 중시, **근본적 · 이상주의적 성격** • 일본 성리학에 영향 → '동방의 주자' 칭호 • 저서 :「주자서절요」,「성학십도」(군주 스스로 성학을 준수할 것 제시) • 김성일, 유성룡 등에게 계승 → 영남학파 형성
	영향	위정 척사 사상 → 한말 의병 운동

(3) 학파의 형성과 대립

학파의 형성	16세기 중반부터 서원을 중심으로 학파 형성 → 서경덕 · 이황 · 조식 · 이이 · 성혼 학파	
↓		
정파(붕당)의 형성	사림이 중앙 정계의 주도 세력으로 등장하는 선조 때부터 학파를 기본으로 정파(붕당) 형성	
	동인	• 서경덕 · 이황 · 조식 학파 중심으로 형성 • 정여립 모반 사건 계기 → 남인(이황)과 북인(서경덕 · 조식)으로 분리
	서인	이이 · 성혼 학파 중심으로 형성
↓		
정파의 대립	광해군	• 북인 집권 : 성리학적 의리 명분론에 구애받지 않음 • 임진왜란의 피해 극복 → 대동법 실시, 은광 개발 • 중립 외교 정책 → 서인과 남인의 반발
	인조반정 이후	• 서인 집권 → 서인과 남인 공존 • 이이 · 이황의 학문이 사상계 주도 → 서경덕 · 조식의 사상과 양명학 · 노장 사상 배척 • 서인 · 남인 : 명에 대한 의리 명분론 강화, 반청 정책 추진 → 병자호란 초래 • 인조 말엽 : 송시열 등 서인 산림이 정국 주도 → 척화론과 의리 명분론이 강조

※ **정여립 모반 사건 :** 1589년 전주 출신 정여립이 역모를 일으켰다는 사건이다. 이 사건으로 서경덕, 조식 학파가 피해를 많이 입었으며, 호남 지역은 반역의 향으로 낙인찍혀 중앙 정계로 진출하는 일이 급격하게 감소하였다.

3 불교와 민간 신앙

(1) 불교의 정비

불교 정책	유교주의적 국가 기초 확립과 국가 재정 및 노동력 확보 목적으로 억불 정책 실시	
정비 과정	태조	도첩제 실시 → 승려의 수 제한
	태종	사원의 토지와 노비 몰수, 사원 242개로 제한
	세종	선 · 교 양종으로 통합, 선 · 교 각 18사씩만 인정, 내불당 건립, 월인천강지곡
	성종	도첩제 폐지 → 승려로의 출가 일체 금지, 사림의 비판을 계기로 산간 불교화
불교의 보호	세조	원각사지 10층 석탑 건립, 간경도감 설치, 석보상절 간행 → 불교의 일시적 중흥
	명종	문정왕후 지원 → 보우 중용, 승과가 일시적 부활
	임진왜란	승병의 활약(휴정, 유정) → 불교계의 위상 정립

(2) 도교와 민간 신앙

도교	• 국가의 권위 고양 역할, 소격서 설치(초제 시행) • 마니산 초제 : 강화도 참성단에서 일월성신에게 제사 → 민간 신앙과 연결되어 민족 의식 고취 • 16세기 : 사림 진출 이후 → 소격서 폐지 • 영향 : 양반 사대부 사회에 은둔과 신선 사상 전파
풍수지리설	한양 천도에 반영, 16세기 이후 양반 사대부의 묘지 선정에 작용 → 산송(山訟) 문제 발생
민간 신앙	• 무격 신앙, 산신 신앙, 삼신 숭배, 촌락제 시행 → 서민 사회에 보급 • 세시풍속 : 유교 이념과 융합 → 조상 숭배 의식과 촌락의 안정 기원 의식으로 발전

4 과학 기술의 발달

(1) 발달 배경 : 부국강병과 민생 안정을 위한 국가적 지원, 격물치지(格物致知)의 경험적 학풍 전통 문화 계승, 서역과 중국의 과학 기술 수용

(2) 과학 기술의 침체 : 16세기 이후 사림의 기술 경시 풍조로 침체

(3) 천문 · 역법과 의학

천문학	배경	농업 진흥에 대한 관심으로 농업과 관련된 각종 기구 발명	
	천체 관측	혼의, 간의	세종 때 제작
	시간 측정	해시계(앙부일구), 물시계(자격루)	
	강우량 측정	측우기(세계 최초)	
	토지 측량	인지의, 규형 → 양전 사업과 지도 제작에 활용	
	천문도	천상열차분야지도(고구려의 천문도를 바탕) 제작	
역법	칠정산	세종 때 중국의 수시력 · 대통력, 아라비아의 회회력 참고 → 한양을 기준으로 한 우리 나라 최초의 역법	
수학	배경	천문 역법에 대한 관심, 토지 조사 및 조세 수입의 계산 등의 필요	
	교재	「상명산법」, 「산학계몽」	
의학	향약집성방	세종 때 우리 풍토에 알맞은 전통 약재와 치료법을 개발 · 정리(자주적 의학 서적)	
	의방유취	의학 백과 사전, 한방 의학의 토대 마련	

(4) 농서의 편찬과 농업 기술의 발달

농서의 편찬	농사직설	• 세종 때 정초가 편찬한 우리 나라 최초의 농업 서적 • 중국의 농업 기술 수용 + 우리 실정에 맞게 독자적인 농법 정리 • 씨앗 저장법, 토질 개량법, 모내기법, 시비법 등 농민의 실제 경험담을 이론적으로 정리
	금양잡록	성종 때 강희맹이 편찬 → 시흥(금양) 지방을 중심으로 한 경기도 지역의 농사법 정리
농업 기술	밭농사	조 · 보리 · 콩의 2년 3작 널리 사용
	논농사	• 모내기법 : 남부 일부 지방에서 실시 → 벼 · 보리의 이모작 시행 • 건사리(건경법) : 마른 땅에 종자를 뿌려 일정한 정도 자란 다음에 물을 대주는 방법 • 물사리(수경법) : 미리 물을 댄 논에 종자를 직접 뿌리는 농법
	시비법	밑거름과 덧거름 사용 → 농경지의 상경화 현상 확립, 휴경지 소멸
의생활의 변화		• 목화의 전국적 재배 : 무명 생산 증가 → 무명옷 보급, 무명은 화폐로 사용 • 삼 · 모시의 재배 성행, 누에치기 확산, 양잠에 대한 농서 편찬

(5) 활자 인쇄술과 제지술

   1) 배경 : 교육 진흥과 국가 주도의 편찬 사업 발달

   2) 활자 인쇄술

      ① **태종** : 주자소 설치 → 계미자 주조

      ② **세종** : 갑인자 주조, 식자판을 이용한 활자 고정 방법 창안

   3) 제지술 : 세종 때 조지서 설치 → 전문적으로 종이를 대량 인쇄

(6) 병서 편찬과 무기 제조

1) 병서의 편찬
① 「**진도**」: 태조 때 정도전이 요동 수복 계획을 목적으로 편찬 → 독특한 전술, 부대 편성 방법 창안
② 「**총통등록**」: 세종 때 화약 무기의 제작과 사용법 정리
③ 「**동국병감**」: 문종 때 김종서가 편찬 → 고조선부터 고려 말까지의 중국과 우리나라와의 전쟁사 정리
④ 「**병장도설**」: 군사 훈련 지침서로 사용, 화포 제작과 사용법 수록

2) 무기의 제조
① **화약 제조**: 태종 때 최해산 활약, 화포와 신기전 제작
② **병선 제조**: 태종 때 거북선 제조, 세종 때 비거도선 제조

5 문학과 예술

(1) 다양한 문학

15세기	경향		• 조선 왕조 건설에 참여했던 관료 문인 중심(관학파) • 조선 왕조의 탄생과 자신들의 업적 찬양, 민족의 자주 의식 표현 • 격식 존중, 조화와 질서 중시
	악장		용비어천가(정인지), 월인천강지곡
	한문학		동문선(서거정) : 삼국시대에서 조선 초기까지의 시와 산문 정리 → 우리 글에 대한 자주 의식 표현("우리나라의 글은 송이나 원의 글이 아니고 한이나 당의 글도 아니다. 바로 우리나라의 글일 따름이다.")
	시조		• 중앙 고급 관료 : 새 왕조 건설 찬양, 새 사회 건설의 희망과 정열을 토로, 강토를 개척하는 진취적 기상을 표현(김종서, 남이) • 재야 학자 : 유교적 충절을 노래(길재, 원천석)
	가사		시조의 한계를 극복하고 감정을 구체적으로 표현하기 위해 등장
	설화문학	내용	관리들의 기이한 행적과 서민들의 풍속, 감정, 역사 의식 수록
		금오신화 (김시습)	평양, 개성, 경주 등 옛 도읍지를 배경으로 남녀간의 사랑과 불의에 대한 비판 수록 → 민중의 생활 감정과 역사 의식 표현
		기타	필원잡기(서거정), 용재총화(성현)
16세기	경향		• 사림파의 경학 중시 경향 → 한문학 활동 침체 • 개인적 감정과 심성을 표현하는 가사와 시조가 유행 • 사림 문학이 주류 → 표현 형식보다는 흥취와 정신을 중요시
	시조		• 내용 : 순수한 인간 본연의 감정 노래 • 황진이 : 남녀 간의 애정과 이별의 정한을 표현 • 윤선도 : 오우가, 어부사시사 → 자연의 은둔 생활의 즐거움 노래
	가사		• 정철 : 관동별곡, 사미인곡, 속미인곡 → 풍부한 우리말의 어휘를 마음껏 구사 • 정극인의 상춘곡, 송순의 면앙정가, 박인로 등
	기타		• 어숙권 : 「패관잡기」 → 문벌 제도와 적서 차별의 폐단 지적 • 임제 : 풍자적·우의적인 시와 산문을 통해 당시의 사회적 모순과 유학자의 존화의식 비판 • 여류 문인 : 신사임당, 허난설헌(한시)

(2) 왕실과 양반의 건축

1) 특징
① 신분별로 건물 규모를 법적으로 규제 → 국왕의 권위 고양, 신분 질서 유지 목적
② 주위 환경과의 조화 중시 → 자연미 중시

2) 건축

15세기	특징	궁궐, 성곽, 성문, 학교 등 공공 건물 중심으로 발달
	건축물	• 경복궁, 창덕궁의 돈화문, 창경궁(명정전), 숭례문(고려의 건축 기법과 다른 방식) • 개성 남대문 · 평양 보통문 : 고려 건축의 단정하고 우아한 모습 유지 • 정원 : 창경원, 비원 → 자연미 중시 • 불교 건축물 : 무위사 극락전, 해인사 장경판전(팔만대장경 보관), 원각사지 10층 석탑
16세기	특징	• 사림의 진출로 **서원 건축** 발달 → 주택 · 사원 · 정자 건축 양식 혼합 • 주택 양식(구조) : 유교적 검약 정신의 영향 → 검소 • 사원 양식(배치) : 가람 배치 양식 → 강당 중심으로 사당과 동재 · 서재(기숙사) 배치 • 정자 양식(위치) : 산과 하천을 낀 마을 부근의 한적한 곳 → 자연과의 조화 시도
	건축물	옥산 서원(경주), 도산 서원(안동)

▶ **유네스코 선정 문화 유산**

세계 문화 유산	고창 · 화순 · 강화 고인돌 유적, 불국사 · 석굴암, 경주 역사 유적 지구, 창덕궁, 종묘, 해인사 장경판전, 수원 화성, 조선 왕릉, 안동 하회 마을 · 경주 양동 마을, 남한산성, 백제 역사 유적 지구, 산사 한국의 산지 승원(법주사 · 마곡사 · 부석사 · 봉정사 · 통도사 · 선암사 · 대흥사), 한국의 서원(소수서원, 도산서원, 병산서원, 옥산서원, 도동서원, 남계서원, 무성서원, 필암서원, 돈암서원)
세계 자연유산	제주 화산섬과 용암 동굴
세계 기록 문화 유산	훈민정음, 조선 왕조 실록, 승정원 일기, 직지심체요절, 조선 왕조 의궤, 동의보감 해인사 고려 대장경과 제경판, 일성록, 5 · 18 광주 민주화 운동 관련 기록물, 난중일기, 새마을 운동 기록물, KBS특별생방송 '이산가족을 찾습니다' 기록물, 한국의 유교책판, 조선왕실 어보와 어책, 국채보상운동 기록물, 조선통신사 기록물
세계 무형 유산	종묘 제례 및 종묘 제례악, 판소리, 강릉 단오제, 강강술래, 남사당 놀이, 영산재 제주 칠머리당 영등굿, 처용무, 가곡, 대목장, 매사냥, 줄타기, 택견, 한산 모시짜기, 아리랑, 김장문화, 농악, 줄다리기, 제주 해녀 문화, 씨름(한국의 전통 레슬링)

(3) 분청사기, 백자와 공예

1) 조선 공예의 특징
① 실용과 검소 중시 → 생활 필수품이나 사대부의 문방구 등의 공예품 발달
② 값싼 재료 이용 : 나무, 대, 흙, 왕골

2) 자기
① 자기소 · 도기소 설치 : 분청사기와 옹기 그릇 제작 → 관수용 · 민간용으로 보급(경기도 광주 사옹원이 대표적)

② 15세기 : 분청사기 유행

　　㉠ 청자에 백토의 분을 칠한 것으로 백색의 분과 안료로써 무늬를 만들어 장식한 회청색 자기

　　㉡ 안정된 그릇 모양과 소박 · 천진스러운 무늬가 어우러져 구김살 없는 우리의 멋을 잘 나타냄

③ 16세기 : 백자 유행 → 깨끗 · 담백 · 순백의 고상함 → 사대부의 취향 부합, 서민적 · 실용적

3) 기타

① 목공예와 돗자리 공예 : 재료의 자연미 극대화, 실용성과 예술성의 조화

② 화각 공예, 자개 그릇 공예, 자수와 매듭(→ 부녀자의 섬세하고 부드러운 정취 반영)

(4) 그림과 글씨

1) 그림

15세기	특징	• 중국 화풍의 선택적 수용과 독자적 화풍 형성 → 일본 무로마치 시대 미술에 영향 • 인물 · 산수화 유행 → 낭만적, 진취적으로 묘사
	안견	• 화원 출신의 화가 → 역대 화가들의 기법을 체득하여 독자적 경지 개척 • 몽유도원도 : 자연스러운 현실 세계와 환상적인 이상 세계를 능숙하게 표현, 　대각선적인 운동감 활용, 안평대군의 꿈을 표현
	강희안	• 문인 화가 → 시적 정서가 흐르는 낭만적인 작품이 다수 • 고사관수도 : 간결 호방한 필치로 자연 속에 파묻혀 깊은 사색에 빠진 인간 내면 세계 묘사
	기타	• 강희맹 : 산수 인물도 • 신숙주 : 화기(畵記) → 안평대군의 소장품 소개
16세기	특징	• 15세기 전통을 토대로 다양한 화풍 발달 • 선비의 정신 세계를 사군자로 표현, 자연 속의 서정미 표현
	이상좌	• 노비 출신의 전문 화원 • 송하보월도 : 강인한 정신과 굳센 기개 표현
	이암	민화적 필치로 동물의 모습 묘사, '오견도'
	3절(사군자)	이정(대), 황집중(포도), 어몽룡(매화)
	신사임당	꽃, 나비, 오리 등을 섬세하고 정교한 필치로 묘사

2) 서예

① 15세기 : 조맹부체(송설체) 유행 → 안평 대군

② 16세기 : 왕희지체 유행 → 양사언(초서), 한호(석봉체)

③ 조선 전기 4대 서예가 : 안평대군, 양사언, 한호, 김구

(5) 음악과 무용

1) 음악 : 백성의 교화 수단으로 이용, 국가의 각종 의례와 관련하여 발달

15세기	아악 (궁중음악)	세종	• 관습도감 설치 : 박연이 아악 정리 · 체계화 • 세종 : 여민락 작곡, 정간보 창안(소리의 장단과 높낮이 표현한 악보)
		성종	• 성현 : 악학궤범 편찬 → 음악의 원리와 역사 · 악기 · 무용 · 의상 및 　소도구 등 정리하여 전통 음악 유지 · 발전에 기여, 조선의 궁중 음악 집대성
16세기	속악 (서민음악)		당악과 향악을 속악으로 발달 → 가사 · 시조 · 가곡 등을 음악이나 민요에 활용

2) 무용

① **궁중 무용** : 나례춤, 처용무

② **민간 무용**

　㉠ 농악무, 무당춤, 승무 등의 전통 춤을 계승·발전

　㉡ 연극 : 산대놀이(탈춤), 꼭두각시 놀이(인형극) 유행

　㉢ 굿 : 민간 사회를 중심으로 촌락제, 별신굿, 가정굿 등으로 분화·발전

조선 전기의 문화 유산

혼일강리역대국도지도

천상열차분야지도

화차 복원 모형

평양 보통문

덕천 서원

몽유도원도

고사관수도

묵죽도(이정)

초충도(신사임당)

상감백자연당초문대접

분청사기 철화 어문병

분청사기 조화 어문 편병

순백자병

확인 학습

정답: P. 209

1. 조선 전기에 편찬된 대표적인 기전체 역사서는?

2. 단군조선에서 고려 말까지의 역사를 편년체로 서술한 서거정의 역사서는?

3. 현존하는 동양에서 가장 오래된 세계 지도는?

4. 16세기에 연장자와 연소자 사이에서 지켜야 할 윤리를 강조하기 위해 편찬된 윤리서는?

5. 세종 때 윤회, 신색 등이 편찬한 최초의 인문 지리서는?

6. 조선 왕조에서 실시되었던 5가지의 국가 의례는?

7. 2018년에 세계 문화유산으로 지정된 한국의 산사에 해당하는 사원 7개는?

8. 주기론의 선구자로서 기(氣)를 중시하고 불교와 노장 사상에 개방적이었던 조선 시대의 학자는?

9. 주자의 이기이원론을 발전시켜 주리론을 집대성하고 일본 성리학에 영향을 끼친 학자는?

10. 태조 때 승려의 수를 제한하기 위해 실시하였던 제도는?

11. 수양대군이 석가모니의 일대기를 정리한 불교 서적은?

12. 조선에서 도교의 제천 행사인 초제를 담당했던 기관은?

13. 조선에서 민족 의식 고취를 위해 행하였던 마니산 초제가 이루어졌던 장소는?

14. 세종 때 제작된 한양 기준의 우리나라 최초의 역법은?

15. 세종 때 전통 약재와 치료법을 개발하여 정리한 자주적 의학 서적은?

16. 세조 때 발명된 토지 측량 기구는?

17. 세종 때 정초가 편찬한 우리나라 최초의 농업 서적은?

18. 조선의 설화 문학 작품으로 평양, 개성 등 우리나라 도읍지를 배경으로 남녀 간의 사랑 등을 기록한 김시습의 저서는?

19. 성종 때 삼국 시대에서 조선 초기까지의 시와 산문을 정리한 서거정의 저서는?

20. 조선 전기 16세기에 유행한 건축 양식은?

21. 고려 시대 제작된 팔만 대장경이 보관된 건축물은?

22. 조선에서 15세기, 16세기에 각각 유행한 자기 양식은?

23. 안평대군의 꿈을 묘사한 안견의 대표적인 작품은?

24. 16세기에 활동한 노비 출신의 화가와 그의 대표적인 작품은?

25. 조선 성종 때 음악의 원리와 역사, 악기, 무용 등을 정리하여 전통 음악 발전에 기여한 인물과 저서는?

26. 조선 전기 4대 서예가는?

27. 조선 시대 편찬된 의학 백과 사전은?

28. 조선 시대에 산송(山訟) 문제가 발생하는 데 영향을 끼친 사상은?

29. 세조 때 고려의 경천사 10층 석탑을 모방하여 건립된 탑은?

30. 조선 왕조 실록을 보관한 4대 사고는?

31. 유네스코에서 지정한 우리나라 세계 문화 유산 13개는?

1. 한글 창제와 관련된 설명으로 옳지 <u>않은</u> 것은? 2003 기출

① 월인천강지곡을 편찬하여 한글의 유용성을 실험하였다.

② 서리 채용 시험 과목으로 채택하였다.

③ 피지배층에 대한 도덕적 교화를 목적으로 편찬되었다.

④ 양반들은 한글을 보급하기 위해 적극적으로 사용하였다.

2. 조선 전기 역사서 편찬에 관한 설명으로 옳지 <u>않은</u> 것은?

① 15세기 중엽에 고려의 역사를 자주적 입장에서 서술한 고려사가 편찬되었다.

② 동국통감은 고조선부터 고려말 까지의 역사를 정리한 편년체 통사이다.

③ 16세기에는 사림파의 존화주의적 역사관을 바탕으로 이이가 기자실기를 편찬하였다.

④ 박상의 동국사략은 건국 초에 조선 왕조의 정통성 확립 목적으로 편찬되었다.

3. 조선 시대 왕조 실록에 대한 설명으로 옳지 <u>않은</u> 것은?

① 춘추관에서 작성한 사초와 시정기를 토대로 편찬하였다.

② 태조 실록부터 순종 실록까지 편찬되었다.

③ 광해군 때 전주 사고 본을 토대로 하여 5대 사고에 보관하였다.

④ 유네스코 지정 세계 기록 문화 유산 중 하나이다.

4. 다음 서적들이 편찬된 근본적인 목적으로 옳은 것은?

> • 삼강행실도　　• 국조오례의　　• 동몽수지　　• 이륜행실도

① 민생 안정

② 유교적 질서 확립

③ 조선 왕조의 정통성 확립

④ 신분 질서 유지

5. 조선 시대 건축에 관한 설명으로 옳은 것은? 2019 기출

① 인공적인 기교를 부린 정원 건축이 발달하였다.

② 현존하는 궁궐의 정전(正殿)은 익공 양식으로 건축하였다.

③ 일본의 과학기술을 적용하여 제작한 기구로 수원 화성을 축조하였다.

④ 안채와 사랑채로 구분된 주택 구조가 발달하였다.

6. 다음 내용의 인물과 관련이 있는 것은?

> 그는 왕이 성군이 되기를 바라는 뜻에서 10개의 도표(圖表)와 그에 대한 체계적인 해설이 있는 글을 저술하였다. 여기에서 제1 태극도는 우주의 생성 원리를, 제8 심학도는 마음 수련법을 구체적으로 제시하고 있다.

① 동호문답과 성학집요를 저술하였다.
② 지행합일의 실천성을 강조하는 양명학을 연구하였다.
③ 유성룡, 김성일 등의 영남학파에 영향을 끼쳤다.
④ 주자의 학문 체계를 비판하여 사문난적으로 몰렸다.

7. 다음 중 15세기의 조선 건축물이 <u>아닌</u> 것은?
① 수원 화성 　　　　　　② 숭례문
③ 해인사 장경판전 　　　④ 창덕궁

8. 조선 전기 과학기술의 발달에 관한 설명으로 옳은 것을 모두 고른 것은?

> ㄱ. 물시계인 자격루를 제작하였다.
> ㄴ. 국왕의 행차를 위해 한강에 배다리를 놓았다.
> ㄷ. 최초로 백리척을 사용하여 동국지도를 제작하였다.
> ㄹ. 고구려의 천문도를 바탕으로 천상열차분야지도를 돌에 새겼다.

① ㄱ, ㄴ 　　　　　　② ㄱ, ㄹ
③ ㄴ, ㄷ 　　　　　　④ ㄷ, ㄹ

9. 다음 중 관학파에 대한 설명으로 적절하지 <u>않은</u> 것은?
① 주례를 국가의 통치 이념으로 중시하였다.
② 한글을 창제하여 민족 문화의 발전에 힘썼다.
③ 유교적 통치 규범을 성문화하여 경국대전을 편찬하였다.
④ 도덕성과 수신을 중시하였으며 인간 심성에 대해 깊은 관심을 가졌다.

10. 조선 초기에 우리나라 풍토에 맞는 농사 기술과 품종 등의 개발을 위하여 농민들의 실제 경험을 조사하여 만든 농서는?
① 농상집요 　　　　　　② 농가집성
③ 농사직설 　　　　　　④ 금양잡록

11. 조선시대의 성리학과 사림파에 대한 설명으로 옳은 것은?
① 송나라 왕안석의 유교 경전에 관한 해석이 정통으로 자리 잡았다.
② 백성과는 상관없는 양반들만의 학문에 불과하였다.
③ 중종 때 조광조는 향약 보급에 노력을 기울였다.
④ 여러 차례 사화로 사림파는 조정에서 완전히 축출 당하였다.

12. 다음 글에 나타난 문화 의식이 반영된 사례로 보기 <u>어려운</u> 것은?

> "우리나라의 글은 송이나 원의 글이 아니고 한이나 당의 글도 아니다. 바로 우리나라의 글일 따름이다. 마땅히 중국 역대의 글과 나란히 천지 사이에 행하게 하여야 할 것이다."

① 한양을 기준으로 칠정산이라는 역법을 만들었다.
② 이이는 존화주의적 역사관에 입각하여 기자실기를 편찬하였다.
③ 농민들의 실제 경험을 종합하여 농사직설을 편찬하였다.
④ 이규보는 고구려 계승 의식을 바탕으로 동명왕편을 편찬하였다.

13. 다음의 사실들과 공통적으로 관련 있는 것은?

> • 묘청의 서경 천도 운동   • 한양 천도   • 양반 사대부의 묘지 선정

① 도교   ② 풍수지리설
③ 성리학   ④ 무속 신앙

14. 조선 전기 문화에 관한 설명으로 옳은 것은?   `2016 기출`
① 유득공은 발해고에서 발해의 역사를 본격적으로 다루었다.
② 이중환은 택리지에서 지리적 환경 및 풍속을 자세히 조사하였다.
③ 김정호는 대동여지도에서 산맥, 하천과 함께 도로망을 자세히 표시하였다.
④ 정초는 농사직설에서 우리나라 농토와 현실에 알맞은 농사짓는 법을 소개하였다.

15. 다음의 내용과 관련 있는 정치 세력에 대한 설명으로 옳지 <u>않은</u> 것은?

> • 고려 말 온건 개혁파 출신   • 고려 왕조에 충성을 맹세   • 정몽주, 길재의 학풍 계승

① 성리학 이외의 다른 사상을 이단으로 배척하였다.
② 부국강병과 민생 안정을 위해 개혁을 추진하였다.
③ 향약과 유향소를 통하여 향촌 사회의 지배력을 강화시켰다.
④ 형벌보다는 교화에 의한 통치를 강조하였다.

16. 16세기에 활약한 성리학자들에 대한 설명으로 옳지 <u>않은</u> 것은?
① 이황은 인간의 심성을 중시하였으며, 이상주의적 성격이 강하였다.
② 조식은 노장 사상에 포용적이었으며, 학문의 실천성을 강조하였다.
③ 서경덕은 이(理)의 역할을 강조하였으며, 일본의 성리학 발전에 영향을 끼쳤다.
④ 이언적은 주리론의 선구자로서 이(理)를 중심의 이론을 전개하였다.

17. 유네스코에서 지정한 세계 문화 유산에 해당하지 <u>않는</u> 것은?
① 종묘   ② 수원 화성
③ 불국사 · 석굴암   ④ 경복궁

18. 다음과 같은 문화 유산이 주로 만들어진 시기의 사실로 옳은 것은?

① 궁궐, 관아, 성문, 학교 등의 건축 양식이 유행하였다.
② 선비의 정신 세계를 표현한 사군자가 유행하였다.
③ 송의 영향을 받은 월정사 8각 9층탑이 만들어졌다.
④ 양반의 지원을 받아 법주사 팔상전, 화엄사 각황전 등의 사원 건축이 등장하였다.

19. 다음의 내용이 잘못 연결된 것은?
① 가례집람 – 상장 제례에 관한 내용 정리
② 선원록 – 조선 왕실의 족보
③ 인지의·규형 – 천체 관측 기구
④ 칠정산 – 중국과 아라비아의 역법을 참고하여 제작된 최초의 역법

20. 다음의 내용이 잘못 연결된 것은?   2005 기출
① 농상집요 – 우리나라 농민의 실제 경험담을 토대로 저술한 최초의 농업 서적
② 동문선 – 우리나라 역대 시문을 정리
③ 삼강행실도 – 충신, 효자, 열녀들의 행적을 그림으로 묘사하고 설명한 윤리서
④ 혼일강리역대국도지도 – 현존하는 동양에서 가장 오래된 세계 지도

21. 다음 중 일본에 있는 것이 아닌 것은?   2004 기출
① 칠지도   ② 신라 민정문서
③ 안견의 몽유도원도   ④ 징비록

22. 다음 중 세계 기록 유산이 아닌 것은?   2010 기출
① 해인사 장경판전   ② 직지심체요절
③ 조선왕조실록   ④ 승정원 일기

23. 조선 세종 때 만들어진 것은?   2015 기출
① 칠정산   ② 계미자
③ 동의보감   ④ 원각사지 10층 석탑

24. 우리나라 인쇄 문화에 관한 설명으로 옳지 <u>않은</u> 것은? 2013 기출

① 무구정광대다라니경은 현존하는 가장 오래된 금속활자 인쇄물이다.

② 고려 시대 대장도감에서 만든 재조대장경은 현재 합천 해인사에 보관되어 있다.

③ 청주 흥덕사에서 간행한 직지심체요절은 세계 기록 유산으로 등재되었다.

④ 조선 태종 때에는 주자소를 설치하고 금속활자 계미자를 주조하였다.

25. 다음 자료들과 관련된 왕의 업적으로 옳지 <u>않은</u> 것은? 2013 기출

> • 1년의 길이를 365.2425일, 한 달의 길이를 29.530593일로 계산하고 있을 정도로 지금의 달력과 비교해 보아도 손색이 없을 만큼 매우 정밀한 칠정산이라는 달력을 제작하였다.
> • "근년에 와서 가뭄이 극심하여 비가 올 때마다 땅을 파서 흙 속에 젖어 들어간 깊이를 재었다. 그러나 정확하게 비가 온 양을 알 수 없어 구리를 부어 그릇을 만들고 이를 궁중에 설치하여 빗물이 그릇에 고인 깊이를 실험하였다."

① 철령 이북의 땅을 회복하여 국토를 넓혔다.

② 충신, 효자, 열녀 등의 행적을 그림과 글로 엮은 삼강행실도를 간행하였다.

③ 6조 직계제를 대신해 의정부 서사제를 시행하였다.

④ 궁 안에 내불당을 짓고 월인천강지곡을 편찬하였다.

정답 및 해설

1. 정답 ④
오답풀이 ④ 양반들은 백성들이 글자를 알게 되는 것을 꺼려하여 한글 보급에 대해 부정적인 입장을 취하였다.

2. 정답 ④
오답풀이 ④ 박상의 동국사략은 16세기에 사림파의 중국 중심의 존화주의적 역사의식이 반영되어 편찬된 역사서이다.

3. 정답 ②
오답풀이 ② 조선왕조실록은 태조실록부터 철종실록까지만 인정하며, 고종실록과 순종실록은 일제 강점기에 편찬되었기 때문에 객관성이 결여되어 실록으로 포함하지 않고 있다.

4. 정답 ②
해설 삼강행실도는 유교의 삼강의 모범을 보인 효자, 열녀 등을 그림을 통해 설명한 의례서이고, 국조오례의는 조선의 유교식 국가의례를 규정한 서적이다. 동몽수지는 어린아이가 지켜야 할 도리를 서술하였으며, 이륜행실도는 연장자와 연소자, 친구들 간에 지켜야 할 도리를 서술한 서적이다. 이러한 서적들은 조선왕조가 유교적 사회질서를 확립하려는 의도에서 편찬하였다.

5. 정답 ④
해설 ④ 조선 후기에는 성리학적 사회 질서가 강화되면서 가옥 구조에서 남녀가 따로 거주하도록 안채와 사랑채로 구분하였다.
오답풀이 ① 조선 시대에는 자연미를 강조한 정원 건축이 발달하였다. ② 조선의 궁궐 정전은 대부분이 다포 양식으로 건축하

였다. ③ 수원 화성은 정조 때 정약용이 거중기를 이용하여 건축한 건물로서 전통 건축 양식과 서양 건축 양식을 혼합하여 축조하였다.

6. 정답 ③
해설 ③ 자료는 이황이 저술한 성학십도와 관련된 설명이다. 이황은 주리론을 집대성하고 유성룡, 김성일 등의 영남학파 형성에 영향을 끼쳤다.
오답풀이 ① 이이, ② 양명학은 조선 후기에 정제두에 의해 체계화되었다. ④ 윤휴와 박세당은 주자의 학설을 비판하여 노론으로부터 사문난적으로 배척당하였다.

7. 정답 ①
오답풀이 ① 수원 화성은 18세기 정조 때 건립되었다.

8. 정답 ②
해설 ㄱ. 물시계(자격루)는 조선 전기 세종 때 제작되었다. ㄹ. 천상열차분야지도는 조선 전기 태종 때 고구려의 천문도를 바탕으로 제작한 천문도이다.
오답풀이 ㄴ. 한강의 배다리는 조선 후기 정조 때 제작하였다. ㄷ. 동국지도는 조선 후기 영조 때 정상기가 최초로 백리척을 사용하여 제작하였다.

9. 정답 ④
오답풀이 ①②③ 관학파(훈구파)는 15세기에 주로 활동하면서 주례를 국가의 통치 이념으로 중시하였다. 또한 세종 때 한글 창제와 민족 문화 발전에 힘썼으며, 성종 때 경국대전을 편찬하였다.

오답풀이 ④ 도덕성과 수신을 중시하고 인간 심성에 대한 깊은 관심을 가진 것은 16세기 이후에 활동한 사림파와 관련된 내용이다.

10. 정답 ③

해설 ③ 농사직설은 세종 때 정초가 농민들의 실제 농사 경험을 바탕으로 저술한 최초의 농업 서적이다.

오답풀이 ① 농상집요는 고려 후기에 이암에 의해 소개된 원의 농업 서적이다. ② 농가집성은 조선 후기에 신속이 이앙법을 정리하여 보급한 서적이다. ④ 금양잡록은 성종 때 강희맹이 경기도 시흥 지방 농민의 경험을 토대로 저술한 것이다.

11. 정답 ③

해설 ③ 중종 때 조광조는 향촌 자치를 위하여 향약 보급에 주력하였다.

오답풀이 ① 성리학은 남송 때 주희가 유교 경전 4서를 중심으로 해석한 것을 토대로 성립된 유학이다. ② 성리학은 조선의 통치 이념이었으며, 사림파에 의해 백성들도 성리학에 바탕을 둔 생활을 하였다. ④ 사림파는 사화로 몰락하였으나, 선조 때 훈구파를 축출하고 정권을 장악한 후 붕당 정치를 전개해 나갔다.

12. 정답 ②

해설 ①③④ 자료는 조선시대 서거정의 동문선의 서문으로서 우리 민족 문화의 자주성을 강조한 것이다. 이러한 예에 해당하는 것으로 세종 때 만들어진 우리나라 기준의 최초의 역법인 칠정산, 우리나라 농민의 경험담을 토대로 간행된 최초의 농업서적인 농사직설, 고려 후기 이규보의 동명왕편 등을 들 수 있다.

오답풀이 ② 이이의 기자실기는 중국 중심 존화주의 역사관을 반영하여 편찬한 역사서이다.

13. 정답 ②

해설 ② 묘청의 서경 천도 운동은 서경길지설을 바탕으로 전개되었으며, 조선의 한양 천도는 한양명당설을 근거로 이루어졌다. 또한 조선 시대에는 양반 사대부 사이에서 풍수지리설의 영향으로 묘지 선정을 둘러싼 산송 문제가 발생하였다.

14. 정답 ④

해설 ④ 농사직설은 조선 전기 세종 때 정초가 농민의 실제 농사 경험을 토대로 저술한 우리나라 최초의 농업 서적이다.

오답풀이 ①②③ 조선 후기의 문화와 관련된 사실이다.

15. 정답 ②

오답풀이 ② 자료는 사림파에 대한 설명이다. 사림파는 의리를 바탕으로 한 왕도 정치를 주장하였으며, 부국강병과 민생안정을 중시한 것은 훈구파이다.

16. 정답 ③

오답풀이 ③ 서경덕은 주기론의 선구자로서 기(氣)를 중시하였다. 리(理)의 역할을 중시하고 일본 성리학에 영향을 끼친 것은 이황이다.

17. 정답 ④

오답풀이 ④ 경복궁은 유네스코 지정 세계 문화유산에 해당하지 않는다.

18. 정답 ①

해설 ① 사진 자료는 15세기에 유행한 분청사기로서 15세기에는 궁궐, 관아, 성문, 학교 등의 건축 양식이 유행하였다.

오답풀이 ② 16세기 ③ 고려 전기 ④ 17세기

19. 정답 ③

오답풀이 ③ 인지의와 규형은 지형의 높낮이와 거리를 측정하는 토지 측량 기구이다.

20. 정답 ①

오답풀이 ① 농상집요는 고려 후기에 이암이 원에서 수입하여 소개한 원의 농업서적이며, 우리나라 농민의 실제 경험담을 토대로 저술한 최초의 농업 서적은 세종 때 간행된 농사직설이다.

21. 정답 ④

해설 ① 칠지도는 일본의 이소노카미 신궁에 보관. ② 신라 민정문서는 일본 동대사 정창원에 보관. ③ 안견의 몽유도원도는 일본 덴리대에 보관되어 있다.

오답풀이 ④ 징비록은 유성룡의 저서로서 임진왜란과 관련된 중요한 자료로 평가되어 현재 국보 제132호로 지정되어 국내에 보관되어 있다.

22. 정답 ①

오답풀이 ① 해인사 장경판전은 유네스코 지정 세계 문화유산이다.

23. 정답 ①

해설 ① 칠정산은 세종 때 원의 수시력과 아라비아의 역법 등을 참고로 하여 한양을 기준으로 제작된 최초의 역법이다.

오답풀이 ② 계미자는 태종 때 제작된 금속활자이다. ③ 동의보감은 광해군 때 허준이 저술한 의학서이다. ④ 원각사지 10층 석탑은 세조 때 제작되었다.

24. 정답 ①

오답풀이 ① 무구정광대다라니경은 통일 신라 시대에 제작된 현존하는 가장 오래된 목판인쇄물이다. 현존하는 가장 오래된 금속 활자본은 직지심체요절이다.

25. 정답 ①

해설 자료는 세종 때 만들어진 칠정산과 측우기에 대한 설명이다. ② 세종 때 설순이 유교 윤리를 보급하기 위해 충신, 효자, 열녀 등의 행적을 그림과 글로 엮은 삼강행실도를 간행하였다. ③ 세종은 왕권과 신권의 조화를 통한 정치를 위해 의정부 서사제를 실시하였다. ④ 세종 때 불교를 보호하기 위해 궁궐 안에 내불당을 지었으며, 훈민정음으로 월인천강지곡을 편찬하였다.

오답풀이 ① 철령 이북의 영토를 회복한 것은 고려 말 공민왕 때 쌍성총관부를 탈환함으로써 이루어졌다.

확인 학습 정답

IV. 근세 사회의 발전

1. 근세의 정치

1. 정도전   2. 6조직계제   3. 6조직계제, 사병혁파, 사간원 독립   4. 조세 징수, 유민 방지, 군역 대상자 파악
5. 의정부서사제   6. 6조직계제, 집현전과 경연 폐지, 종친 등용   7. 홍문관   8. 사헌부, 사간원, 홍문관
9. 승정원, 의금부   10. 한성부   11. 임원–좌수·별감, 기능–향규 제정, 향회 소집 → 여론 수렴, 백성 교화, 수령의 감시·보좌, 향리 규찰   12. 고려는 속현이 존재하나 조선시대에서는 모든 군현에 지방관이 파견되어 속현 소멸
13. 중앙군–5위, 지방군–영진군   14. 잡색군, 서리·신량역천인·잡학인·노비   15. 소과합격자, 성균관 학생, 현직 관리
16. 고려–5품 이상 대상, 과거에 합격하지 않아도 고위관직 진출, 조선–2품 이상 대상, 문과에 합격해야만 고위관직 진출 가능
17. 사헌부, 사간원   18. 상피제   19. 무오사화   20. 현량과   21. 척신정치의 잔재청산, 이조전랑을 둘러싼 관직 다툼
22. 예송논쟁   23. 4군6진, 압록강~두만강   24. 한산도, 행주, 진주대첩   25. 공명첩   26. 기묘사화
27. 살수대첩, 귀주대첩, 한산도대첩   28. 경복궁, 사고(史庫)와 조선왕조실록, 불국사   29. 정여립모반사건   30. 진관체제

2. 근세의 사회

1. 양천제   2. 수군, 조례, 나장, 일수, 봉수군, 역졸, 조졸   3. 환곡 4. 동·서 활인서   5. 경국대전
6. 향약 시행, 소학 보급, 가묘와 사당 건립, 족보 편찬   7. 경재소   8. 사헌부, 형조, 한성부   9. 장례원   10. 선원록
11. 주세붕의 백운동 서원   12. 덕업상권, 예속상교, 과실상규, 환난상휼   13. 사회 풍속 교화, 향촌 사회 질서 유지, 치안 담당
14. 사림의 향촌 사회 지배력 강화 15. 향도계, 동린계

3. 근세의 경제

1. 목적–민생안정, 국가재정 확보, 신진사대부의 경제적 기반 마련, 원칙–전·현직 관리에게 수조권을 지급
2. 세습급 증가로 인한 신진관료에게 지급할 토지 부족   3. 휼양전   4. 평안도, 함경도, 제주도   5. 호패법, 오가작통법
6. 시전상인, 보부상   7. 비단, 무명, 명주, 모시, 어물, 종이   8. 수미법   9. 저화   10. 금난전권

4. 근세의 문화

1. 고려사   2. 동국통감   3. 혼일강리역대국도지도   4. 이륜행실도   5. 신찬팔도지리지   6. 길례, 가례, 빈례, 군례, 흉례
7. 법주사·마곡사·부석사·봉정사·통도사·선암사·대흥사   8. 서경덕   9. 이황   10. 도첩제   11. 석보상절
12. 소격서   13. 참성단   14. 칠정산   15. 향약집성방   16. 인지의, 규형   17. 농사직설   18. 금오신화   19. 동문선
20. 서원 건축   21. 해인사장경판전   22. 15세기–분청사기, 16세기–백자   23. 몽유도원도   24. 이상좌, 송하보월도
25. 성현, 악학궤범   26. 안평대군, 양사언, 한호, 김구   27. 의방유취   28. 풍수지리설   29. 원각사지 10층석탑
30. 춘추관, 성주, 충주, 전주   31. 고창·화순·강화 고인돌 유적, 불국사·석굴암, 경주 역사 유적 지구, 창덕궁, 종묘, 해인사 장경판전, 수원 화성, 조선 왕릉, 안동 하회 마을·경주 양동 마을, 제주 화산섬과 용암 동굴, 남한산성, 백제 역사 유적 지구, 산사 한국의 산지 승원

V

근대 사회의 태동

① 근대 태동기의 정치

◪ 근대 사회로의 지향

(1) 농민의 각성

1) 조선 후기 지배 체제의 모순(17세기)

① **지배 체제의 동요** : 양난 이후 국가 재정의 파탄과 관료 기강의 문란 초래, 탐관오리의 수탈 극심

② **농촌의 황폐화** : 양난으로 인한 농토의 황폐, 자연 재해의 빈발 → 농촌 사회의 황폐화 심화

③ **사회 혼란·위기 의식의 증대** : 피역·항조·거세 등 농민 저항 발생

2) 지배층의 개혁 : 통치 질서의 개편, 수취 체제의 개혁(대동법·균역법) 등 실시 → 임시적인 미봉책에 불과

3) 피지배층의 각성

① **농민 봉기** : 지배층의 억압과 횡포로 대다수의 농민은 농촌에서 이탈 → 임노동자·유랑민으로 전락 → 19세기 중엽, 반봉건적·민중 자각적 농민 봉기 전개

② **경제력 향상** : 영농 기술 개발, 경영의 합리화, 상공업 활동

(2) 근대 사회의 성격

1) **정치적** : 국민의 참정권을 전제로 한 민주 정치가 구현되는 사회

2) **경제적** : 자본주의 사회의 성립을 뜻함

3) **사회적** : 사회 각 계층이 평등한 사회

4) **사상적** : 과학적·논리적 사고에 바탕을 둔 합리화를 추구하는 사회

(3) 근대 사회로의 움직임

1) **경제적** : 자본주의 맹아 형성

① **농업** : 영농 기술의 개발, 경영의 합리화 추구 → 농업 생산력 증대(광작)

② **상공업** : 영리성 제고 → 독점적 도매 상인인 도고(都賈) 등장

2) **사회적** : 근대적인 평등 사회로 이행

① 붕당 정치의 변질 → 양반의 계층 분화 → 양반의 사회적 지위 약화

② 부의 축적에 따른 신분 상승 : 납속책 실시, 공명첩 발급, 족보 매입·위조 → 양반의 수 증가

③ 서얼의 지위 상승, 노비의 예속성 약화 → 봉건적 신분제 붕괴

3) **사상적** : 반봉건적·진보적 사상 대두

① **실학** : 사회 개혁과 새로운 발전 방향 제시

② **천주교** : 평등 사회와 개인의 존엄성 강조 → 전통 사회의 질서·가치 규범에 도전

③ **동학** : 농민층을 중심으로 현실 개혁의 사회 운동 전개 → 민족 운동으로 발전

4) 정치적 : 근대 지향적 움직임을 수용 못함

    ① **붕당 정치의 변질과 세도 정치** : 행정 기강과 수취 체제의 문란 → 농민 생활의 도탄

    ② **농민 봉기(민란)** : 양반 중심의 지배 체제 붕괴 시작

2 통치 체제의 변화

(1) 정치 구조의 변화

1) 비변사의 기능 강화

3포왜란 이후	• 중종 때 삼포왜란(1510)을 계기 → 지변사 재상을 중심으로 국방 문제를 담당하는 임시 회의 기구로 설치 • 지변사 재상 : 변방의 상황에 정통한 재상, 종 2품 이상의 무관 중에서 임명
을묘왜변 이후	명종 때 을묘왜변(1555) 계기 → 상설 기구화
임진왜란 이후	• 기능 강화 : 구성원 확대, 군사·외교·재정 등 국정 총괄 → 국정 최고 기구화 • 구성원 : 전·현직 3정승, 공조를 제외한 5조의 판서·참판, 각 군영 대장, 대제학, 강화 유수 • 영향 : **왕권 약화, 의정부와 6조 기능 약화 초래**
세도 정치기	세도 가문의 정치 권력 기반 담당 → 왕권과 의정부·6조 기능 약화
흥선 대원군	비변사 폐지 → 의정부와 삼군부의 기능 부활

2) 3사의 언론 기능 강화 : 공론을 반영하는 대신 붕당의 이해 관계를 대변하는 역할로 변질

3) 이조·병조 전랑의 권한 강화 : 인사권과 후임자 추천권을 통해 자기 세력 확대

4) 영·정조의 탕평 정치기 : 3사의 언론 기능과 전랑의 권한 혁파

(2) 군사 제도의 변화

1) 중앙군 : 5군영

    ① **군제 개편의 배경** : 16세기 군역의 대립제 일반화 → 5위 체제 붕괴, 임진왜란 초기의 패배

    ② **5군영의 설치**

        ㉠ 대외 관계와 국내 정세 변화에 따라 임기응변으로 설치

        ㉡ 서인 정권의 군사적 기반 역할

        ㉢ 후금과의 항쟁 과정에서 국방력 강화 목적으로 설치

        ㉣ 농민 번상병제에서 상비군제(직업 군인)로 전환

훈련도감	선조(1594)	• 임진왜란 중에 설치된 중앙의 핵심 군영 → **삼수병**(포수·살수·사수)으로 편제 • 직업적 상비군으로 구성, 삼수미세로 운영
어영청	인조(1624)	• 이괄의 난 계기로 설치, 북벌 운동의 핵심 군영 • 농민 번상병으로 편성, 수도 방위 담당
총융청	인조(1624)	이괄의 난 계기로 북한산성에 설치 → 속오군으로 편성, 경기 일대 방위 담당
수어청	인조(1626)	정묘호란 후 남한산성과 수도 외곽 방어 위해 설치 → 속오군으로 편성
금위영	숙종(1682)	왕실과 수도 방위 목적으로 설치 → 농민 번상병으로 편성

2) 지방군 : 속오군
　　① **방어 체제의 변천** : 진관체제 → 제승방략체제(16세기 후반) → 임진왜란 이후 → 진관 복구, 속오군 체제
　　② **속오군**
　　　　㉠ 조직 : 양반·농민·노비의 양천 혼성군으로 편제
　　　　㉡ 운영 : 평상시에 생업에 종사, 농한기에 훈련, 유사시에 전투 동원
　　　　㉢ 문제점 : 양반의 군역 기피 → 상민과 노비의 부담 가중

(3) 수취 제도의 개편

1) 배경 : 지주제의 강화로 인한 농민의 몰락
2) 내용 : 영정법(전세), 대동법(공납), 균역법(군역) 실시 → 농민의 부담 감소, 지주 부담의 증가
3) 한계 : 근본적인 개혁이 아닌 운영 방식의 개선에 불과 → 실제로 농민의 부담 미감소
4) 농민 통제책의 강화
　　① 배경 : 수령과 향리 중심의 향촌 지배 체제 → 수령과 향리의 농민 수탈 강화
　　② 호패법과 오가작통제 강화 → 농민의 향촌 사회 이탈 방지 주력

❸ 정쟁의 격화와 탕평 정치

(1) 붕당 정치의 변질

1) 붕당 정치 변질의 배경
　　① 17세기 상품 화폐 경제의 발달 → 상업적 이익 독점을 위한 붕당 간의 대립 심화
　　② 정치적 쟁점의 변화 : 사상 문제(예송논쟁) → 군사력·경제력 확보를 위한 군영 장악 문제로 전환
　　③ 향촌 사회의 변화 : 지주제와 신분제의 동요 → 사족 중심의 향촌 지배력 약화 → 붕당 정치의 기반 붕괴
2) 붕당 정치의 변질 : 숙종 때 환국 발생 → 특정 붕당 권력 독점 → 일당 전제화

환국	경신환국(1680)	• 남인을 역모로 몰아 서인 정권 독점 → 노론과 소론의 분열
		• 노론 : 송시열 중심 강경파, 대의명분과 민생 안정 중시
		• 소론 : 윤증 중심 온건파, 실리 중시, 적극적인 북방 개척
	기사환국(1689)	왕위 계승 문제로 대립 → 남인 집권
	갑술환국(1694)	서인 집권 → 노론과 소론의 대립 → 노론 일당 독재
환국의 영향		• 국왕의 환국 주도 → 외척과 종실의 정치적 비중 증대
		• 고위 관원의 권력 독점 → 언론 기관과 재야 사족의 정치 참여 약화 → 붕당 정치의 기반 붕괴
		• 3사와 전랑의 정치적 비중 약화, 비변사 기능 강화

3) 붕당 정치 변질의 결과
　　① **벌열 가문의 정권 독점** : 국익과 공론보다는 개인이나 가문의 이익을 우선하는 경향 현저
　　② **양반층의 분화** : 양반 계층간의 정치적 갈등 심화 → 양반층의 자기 도태 반복 → 다수 양반 몰락
　　③ **서원의 변질** : 정쟁에서 패배한 양반은 낙향 → 서원·사우(祠宇) 건립 → 몰락 양반의 세력 근거지로 변질

(2) 탕평론의 대두

1) 배경 : 붕당 정치의 변질 → 정치 집단 간 세력 균형 붕괴 → 왕권 약화

2) 성격 : 강력한 왕권 토대 → 국왕 중심의 정치 세력 균형 유지

3) 숙종의 탕평책

   ① 인사 관리를 통한 능력 중심의 인재 기용 → 노 · 소론의 화합 제창

   ② 명목상의 탕평책과 편당적 조처 → 환국 발생 → 노론의 일당 전제화 초래

4) 노론과 소론의 대립 격화 : 왕위 계승 문제(숙종 때), 왕세제인 영조의 대리 청정 문제(경종 때)

(3) 영조와 정조의 탕평 정치

영조	집권 초기	탕평 교서 발표, 탕평비 건립 → 정국 안정 도모 시도 → 노론 · 소론을 교대로 등용 → 정국 혼란 초래 → 이인좌의 난 발생 → 탕평의 필요성 인식	
	왕권 강화	• 왕과 신하 사이의 의리 강조 → 탕평파 중심의 정국 운영 • 산림 부정, 서원 정리, 이조전랑의 후임자 추천권과 3사 관리 선발 관행 폐지	
	개혁 정책	• 민생 안정 : **균역법** 실시, 가혹한 형벌 폐지, 사형수 3심제 시행, 신문고 부활 • 군영 정비 : 훈련도감 · 금위영 · 어영청 → 도성 방위 담당	
	편찬 사업	**속대전** 편찬, 동국문헌비고, 속병장도설, 속오례의, 무원록 등	
	한계	• 강력한 왕권으로 붕당 간의 다툼을 일시적으로 억압 • 소론 강경파의 변란(이인좌의 난, 나주괘서사건) → 소론의 정치적 입장 약화 • 사도 세자 죽음 계기 → 노론이 정국 주도 ※ 시파 : 사도세자의 잘못은 인정하면서, 죽음 자체는 지나치다는 입장을 취했음 ※ 벽파 : 사도세자의 죽음과 영조의 처분은 당연하다는 입장을 취했음	
정조	탕평책	• 배경 : 사도세자의 죽음을 둘러싼 시파와 벽파의 갈등 → 적극적 탕평책 추진 • 탕평 정치 : 척신과 환관 제거 → 노론과 소론 일부 및 남인 중용 → 왕권 강화 시도	
	왕권 강화	**규장각**	• 붕당의 비대화 방지, 국왕의 권력과 정책을 뒷받침하는 강력한 정치 기구로 육성 • 기능 : 왕실 도서관, 비서실, 과거 시험 주관, 문신 교육
		초계문신제	신진 인물과 중 · 하급 관리 중 유능한 인사를 재교육시켜 등용
		장용영	국왕 친위 부대 → 왕권의 군사적 기반 강화
		수원 육성	• **수원 화성** 건립 → 정치적, 군사적 기능 부여 • 상공인 유치 → 자신의 정치적 이상을 실현하는 상징적 도시로 육성
		수령권 강화	**수령이 향약 주관** → 사림의 향촌 지배력 약화 → 국가의 통치력 강화
	개혁 정책	• **신해통공** : 시전상인의 금난전권 폐지 → 국가 재정 확충, 상공업 진흥 도모 • 서얼과 노비에 대한 차별 완화, 중국 · 서양의 과학 기술 수용(고금도서집성 수입)	
	편찬 사업	**대전통편**, 동문휘고, 탁지지, 추관지, 무예도보통지 등	
	한계	국왕에게 권력 집중 → 정조 사후 세도정치의 빌미 제공	

4 정치 질서의 변화

(1) 세도 정치의 전개(19세기)

  1) 성격 : 특정 가문이 권력을 독점하는 정치 형태 → 붕당 정치의 파탄 의미

  2) 전개

    ① 순조

        ㉠ 정순왕후의 수렴 첨정기 : 노론 벽파가 정국 주도 → 신유박해 이후 규장각 출신 인물 축출, 장용영 혁파, 훈련도감 장악

        ㉡ 안동 김씨의 집권 : 정순왕후 사후에 벽파 세력 퇴조 → 순조의 장인인 김조순이 정권 장악

    ② 헌종(풍양 조씨), 철종(안동 김씨) 때까지 세도 정치 전개

(2) 세도 정치기의 권력 구조

  1) 정치 집단의 폐쇄화

    ① 소수의 유력 가문이 권력 장악 → 정치 권력의 사회적 기반 약화

    ② 왕실의 외척, 산림, 관료 가문 중심으로 정치 집단 형성 → 권력과 이권 독점

  2) 권력 구조

    ① 정2품 이상의 고위직만이 정치적 기능 발휘 → 하위직은 행정 실무만 담당, 언론 활동은 불가능

    ② 비변사, 훈련도감 등 장악 → 정권 유지의 토대 확고 → 의정부 · 6조의 기능 약화

(3) 세도 정치의 폐단

  1) 개혁 의지 상실

    ① 19세기의 상업 발달과 서울의 도시적 번영에 만족 → 사회 모순의 해결 회피

    ② 남인 · 소론 · 지방 선비 등의 재야 세력을 권력에서 배제 → 사회 통합 실패

  2) 정치 기강의 문란 : 과거제의 문란, 수령직의 매관매직 성행

    ① 탐관오리의 수탈 → 삼정의 문란 극심(전정 · 군정 · 환곡) → 농촌 경제 피폐

    ② 상인층 착취 → 상품 화폐 경제의 성장 둔화

    ③ 민란의 발생 : 세도 정권의 수탈에 따른 전국적인 민란 발생

  3) 역사 발전 저해 : 사회적 압제, 경제적 수탈, 사상적 경색으로 역사 발전 후퇴

5 대외 관계의 변화

(1) 청과의 관계

북벌 정책	• 효종 때 서인 정권 중심(송시열 · 송준길 · 이완)으로 추진, 숙종 때 윤휴도 북벌론 제기 • 청의 국력 신장으로 실현 가능성 희박 → 서인 정권 유지 수단으로 이용
나선 정벌	• 효종 때 청의 요청으로 변급 · 신유 파견 → 나선(러시아) 정벌
북학론	• 청의 문화적 발전에 영향을 받은 북학파 실학자들은 청 문물의 적극적 수용 주장 • 기행문 작성, 천리경 · 자명종 · 화포 · 만국 지도 · 천주실의 등의 문물 소개
간도 문제	• 청의 만주 지역 성역화 ↔ 조선인의 만주 이주와 정착 → 청과 국경 분쟁 발생 • **백두산 정계비** 건립(1712, 숙종) : 서─압록강, 동─토문강 → 국경선 확정 • 19세기 말 : 토문강에 대한 해석 차이로 간도 귀속 문제 발생 • 간도협약(1909, 청─일) : 일본에 의해 청의 영토로 편입

(2) 일본과의 관계

1) 국교 재개

　① 배경 : 왜란 이후 도쿠가와 에도 막부의 국교 재개 요청

　② 유정(사명대사) 파견 → 기유약조 체결(1609) - 부산포에 왜관 설치 → 제한된 범위 내에서의
　　교섭 허용

2) 통신사의 파견

　① **배경 :** 막부 정권의 권위 강화 목적과 관련하여 파견

　② **역할 :** 외교 사절의 역할, 조선의 선진 문물을 일본에 전파

3) 울릉도와 독도 문제

　① 숙종 때 안용복의 일본 어민 축출 → 우리 영토 확인

　② 19세기 말 : 울릉도 이주 장려, 울릉도를 군으로 승격시켜 독도까지 관할

　③ **러 · 일 전쟁 중 :** 일본이 독도를 무단 점령(1905) → 시마네 현에 편입

통신사 행렬도

 확인 학습

정답: P. 266

1. 비변사가 최고 국정 기구로 발전한 계기가 된 사건과 비변사 기능의 강화가 끼친 영향은?

2. 조선 후기 중앙군인 5군영에 소속된 군대 5개는?

3. 조선 후기 지방군의 명칭과 구성원은?

4. 숙종 때 서인이 남인을 제거하고 일당 전제화의 계기를 이룬 사건은?

5. 숙종 때부터 정조까지 실시되었던 탕평정치의 실제 목적은?

6. 영조가 왕권 강화를 목적으로 실시했던 정책을 3가지 이상 말하시오.

7. 정조가 국왕의 권력과 정책을 뒷받침하기 위해 설치한 학술 기구는?

8. 정조가 신진 인물이나 중 · 하급 관리를 재교육시켜 등용한 제도는?

9. 정조 때 금난전권을 폐지한 신해통공 정책을 실시한 목적은?

10. 숙종 때 청과의 국경선을 확정짓기 위하여 세운 백두산 정계비의 국경선은?

11. 조선 후기 일본의 도쿠가와 막부 정권의 요청에 의해 파견된 외교, 문물 사절단은?

12. 숙종 때 일본 어민을 축출하고 울릉도와 독도가 우리 영토임을 확인시켜 준 인물은?

조선의 정치적 변천
(사화 ~ 붕당 정치 ~ 세도 정치)

〈인조반정〉

15C~16C 중반	16C 후반	17C					18C		19C
연산군·중종·명종	선조 (임진왜란, 1592)	광해군	인조	효종	현종	숙종	영조	정조	순조·헌종·철종
사화	붕당의 형성	북인 집권	서인과 남인의 공존			서인의 일당 전제화 (붕당 정치의 변질)	탕평 정치		세도 정치

15C~16C 중반 (사화)
- 훈구파
  - 무오사화
  - 갑자사화
  - 기묘사화
  - 을사사화
- 사림파

16C 후반 (붕당의 형성)
- 동인 ┌ 북인
- 　　　└ 남인
- ← ─ ─ → 서인

광해군 (북인 집권)
- 북인 (중립 외교)

인조
- 남인 = = = = 서인
- 정묘호란(1627)
- 병자호란(1636)

효종
- 남인 = = = = 서인
- 북벌 운동

현종
- 남인 = 예송 = 서인
- 　　　논쟁
- 기해예송
- 갑인예송

숙종 (서인의 일당 전제화 / 붕당 정치의 변질)
- 남인 ← 경신환국 → 서인 ┌ 노론
- 　　　　　　　　　　　　└ 소론

18C 영조 (탕평 정치)
- 벽파 (사도세자×) → 노론 다수
- 시파 (사도세자○) → 노론 일부, 소론, 남인
- 노론 ┌ 벽파
- 　　　└ 시파

정조
- 시파 (남인)

19C 순조·헌종·철종 (세도 정치)
- 왕권 약화
- → 정치 기강 문란
- → 매관 매직 성행
- → 삼정의 문란
- → 농민 반란

1. 조선 후기 붕당 정치에 대한 설명으로 옳지 <u>않은</u> 것은?

   ① 붕당 정치는 선조 때부터 본격적으로 시작되었다.
   ② 붕당 정치는 척신 정치의 잔재 청산을 둘러싼 사림들의 입장 차이에서 비롯되었다.
   ③ 학연과 지연을 매개로 의식과 정치 이념을 같이하는 사람들끼리 붕당을 이루었다.
   ④ 16세기 이후 붕당 정치가 실시되면서 국왕은 붕당 간의 대립을 이용하여 왕권을 강화할 수 있었다.

2. 다음이 설명하는 군사 기구는?   `2015 기출`

   > • 임진왜란 중에 설치한 군사기구
   > • 포수 · 사수 · 살수의 삼수병으로 편제

   ① 장용영   ② 어영청
   ③ 총융청   ④ 훈련도감

3. 다음에서 속오군에 대한 설명으로 옳지 <u>않은</u> 것은?

   ① 조선 후기 지방군의 주축이었다.
   ② 농한기에 훈련하고 유사시에 동원되는 예비군이었다.
   ③ 양반과 노비로만 구성된 양천 혼성군이었다.
   ④ 조선 후기 신분제 변동의 원인이 되었다.

4. 조선 후기 정치 구조의 변화에 대한 설명으로 옳지 <u>않은</u> 것은?

   ① 이조와 병조의 전랑들도 중하급 관원들에 대한 인사권을 행사하였다.
   ② 붕당 정치가 전개되면서 의정부와 6조 중심의 행정 체계가 강화되었다.
   ③ 3사의 언론 기능이 강화되어 각 붕당의 이해 관계를 대변하기도 하였다.
   ④ 3사의 언론 기능과 전랑의 권한은 영조와 정조의 탕평 정치를 거치면서 혁파되었다.

5. 비변사에 대한 설명으로 옳지 <u>않은</u> 것은?

   ① 16세기 중종 때 3포 왜란을 계기로 임시 기구로 설치되었다.
   ② 전 · 현직 3정승, 6조의 판서와 참판, 5군영 대장, 강화 유수, 대제학 등이 참여하였다.
   ③ 임진왜란 이후에 기능이 확대되어 의정부와 왕권의 약화를 초래하였다.
   ④ 흥선 대원군 집권기에는 그 기능이 축소 · 폐지되었다.

6. 조선 시대 붕당에 관한 설명으로 옳지 **않은** 것은?

① 척신 정치의 잔재 청산과 이조 전랑 임명 문제를 둘러싸고 동인과 서인으로 분열하였다.

② 효종의 적장자 자격 인정 여부를 둘러싸고 서인과 남인 사이에 예송논쟁이 전개되었다.

③ 영조는 노론과 소론의 강경파를 등용하여 서로 견제하게 하는 탕평책을 실시하였다.

④ 사람과 짐승의 본성이 같은지 여부를 둘러싸고 노론이 낙론과 호론으로 나뉘었다.

7. 임진왜란 이후 광해군 때에 실시된 정책으로 옳지 **않은** 것은?

① 비변사 설치   ② 동의보감 편찬

③ 사고(史庫) 재건   ④ 대동법 실시

8. 다음 자료를 읽고 바르게 제시된 내용을 고르면?

> 효종의 사망을 계기로 1659년 1차 예송 논쟁이 발발하여 당시 (가)이 승리하였다. 그 후 효종 비 인선왕후의 사망으로 1674년 2차 예송 논쟁에서는 (나)이 승리함으로써 정국은 새로운 국면을 맞이하게 되었다.

① (가)는 북인과 남인으로 분열되었다.

② (가)에서 승리한 세력은 5군영을 장악하였다.

③ (나)는 효종의 정통성을 부정하였다.

④ (나)는 노론과 소론으로 분열되었다.

9. 다음에서 설명하고 있는 지역은?

> 조선과 청의 두 나라 대표가 백두산 일대를 답사하고 국경을 확정하고 정계비를 세웠다. 이 정계비의 토문강에 대한 해석의 차이에서 문제가 발생하였으나, 결국 우리가 외교권을 상실한 상태에서 청과 일본 사이에 체결된 협약에 따라 청의 영토로 귀속되고 말았다.

① 독도   ② 울릉도

③ 간도   ④ 거문도

10. 조선 후기의 탕평책에 대한 설명으로 옳지 **않은** 것은?

① 영조는 탕평파를 육성하여 정국을 주도하게 하였다.

② 철종 이후에도 탕평책이 계속 실시되어 정국은 안정되어 갔다.

③ 정조는 시파를 관직에 고루 등용하여 왕권의 확립을 꾀하고자 하였다.

④ 탕평책은 붕당 간의 정치적 균형 관계를 통한 왕권의 안정에 그 목적이 있었다.

11. 다음 중 정조의 업적이 <u>아닌</u> 것은?

　　① 산림 강화　　　　　　② 장용영

　　③ 수원 화성　　　　　　④ 초계문신제

12. 다음의 업적과 관련된 왕으로 옳은 것은?　　　　　2016 기출

> - 속대전을 편찬하였다.
> - 지나친 형벌이나 악형을 금지하였다.
> - 백성의 부담을 줄여주기 위해 균역법을 시행하였다.

　　① 성종　　　　　　　　② 숙종

　　③ 영조　　　　　　　　④ 정조

13. 다음 중 조선 후기 세도 정치와 관계 <u>없는</u> 것은?

　　① 소수의 가문 출신들이 중앙 정치를 주도하였다.

　　② 매관매직의 성행으로 수령의 농민에 대한 착취가 심화되었다.

　　③ 세도가문은 비변사와 훈련도감을 장악하여 권력의 토대를 확고히 하였다.

　　④ 붕당 간의 대립이 격화되면서 정치 질서가 문란해졌다.

14. 조선 후기의 대외 관계에 대한 설명으로 옳지 <u>않은</u> 것은?

　　① 일본에 조선 통신사를 파견하여 선진 문물을 전해 주었다.

　　② 일본과 기유약조를 체결하여 부산포에 다시 왜관이 설치되었다.

　　③ 명의 선진 문물을 수용하자는 북학론이 대두하였다.

　　④ 숙종 때 안용복은 울릉도가 조선의 영토임을 확인시켰다.

15. 다음에 해당하는 국왕의 업적으로 옳은 것은?　　　　　2016 기출

> 1789년 아버지인 사도세자의 묘를 당시 수원 읍성이 있던 지역으로 옮겼다. 그 대신 수원 읍성은 오늘날의 수원으로 옮기고 이름을 화성부라 하였다.

　　① 장용영 설치　　　　　② 별기군 설치

　　③ 금위영 설치　　　　　④ 훈련도감 설치

16. 다음 소설이 서술하고 있는 시기에 관한 설명으로 옳지 <u>않은</u> 것은?　　2013 기출

> 이 말을 들은 청나라 왕이 크게 기뻐하며 한유와 용골대를 대장으로 삼고, 날랜 군사 십만을 주어 조선을 공격하게 하였다. "이제 조선 땅을 공격하기 위해 경들을 보내니, 부디 온 힘을 다하여 성공하도록 하라. 북으로는 가지 말고 동으로 가서 동대문을 공격하고 들어가 장안을 몰아치면 큰 공을 이룰 것이다. 경들은 반드시 성공하고 돌아와 이름을 기리 전하도록 하라." 두 장군은 곧장 십만 대병을 거느리고 행군을 시작하였다. 동해를 건너 바로 도성으로 향하면서 중간 중간에 봉화를 끊고 물밀 듯이 내려왔다. 그러나 수천 리 떨어진 조정에서는 이 사실을 아는 이가 아무도 없었다.
> 　　　　　　　　　　　　　　　　　　　　　　　　　　　　　　　　　　　－『박씨전』－

① 서인들이 정치를 주도하고 있었다.
② 친명배금(親明排金) 정책을 실시하고 있었다.
③ 청의 침입에 대항하기 위하여 훈련도감을 설치하였다.
④ 반정(反正)을 통해 인조가 집권하고 있었다.

17. 밑줄 친 '왕'에 대한 설명으로 옳은 것은?　　2012 기출

> 왕은 당파를 가리지 않고 어느 당파든 온건하고 타협적인 인물을 등용하여 왕권에 순종시키는데 주력하였다. 그는 붕당의 배후 세력인 산림의 공론을 인정하지 않았고, 그들의 본거지인 서원을 대폭 정리하였다.

① 초계문신제를 실시하여 관료를 재교육하였다.
② 백두산 정계비를 세워 청과의 국경선을 확정하였다.
③ 이조전랑의 후임자 추천권과 3사 관리 선발의 관행 폐지를 추진하였다.
④ 금난전권을 폐지하여 상인들의 자유로운 상업 활동을 보장하고자 하였다.

정답 및 해설

1. 정답 ④

오답풀이 ④ 붕당정치는 붕당 간의 견제와 협력 속에 공론을 바탕으로 한 정치로서 왕권 강화와는 관련이 없다.

2. 정답 ④

해설 ④ 훈련도감은 임진왜란 중에 설치된 조선 후기 중앙군 5군영 중의 하나이며, 포수 · 살수 · 사수의 삼수병으로 구성되었다.

3. 정답 ③

오답풀이 ③ 속오군은 양반, 농민, 노비 등으로 구성된 양천 혼성군으로, 농민이 대부분을 차지하였다.

4. 정답 ②

오답풀이 ④ 숙종 때 서인의 일당 전제화가 이루어져 붕당 정치가 변질되었다. 집권 붕당인 서인은 비변사를 통해 정권을 장악하였으며, 그 결과 의정부와 6조 중심의 행정 체계는 유명무실해졌다.

5. 정답 ②

오답풀이 ② 비변사는 전 · 현직 3정승, 5군영 대장, 강화 유수, 대제학과 공조를 제외한 5조의 판서와 참판이 참여하였다.

6. 정답 ③

해설 ① 선조 때 정권을 장악한 사림파는 척신 정치의 잔재 청산과 이조 전랑 임명 문제를 둘러싸고 동인과 서인으로 분열하였다. ② 현종 때 효종의 정통성 여부를 둘러싸고 상복 입는 기간을 다투었던 예송 논쟁이 서인과 남인 사이에 일어났으며, 이를 계기로 남인이 집권하였다. ④ 노론은 인간의 심성론을 연구하는 과정에서 사람과 짐승의 본성이 같은지 여부를 둘러싸고 낙론과 호론으로 분열되었다.

오답풀이 ③ 영조는 온건하고 타협적인 인물과 왕권에 순종하는 탕평파를 중심으로 정국을 운영하는 탕평책을 실시하였다.

7. 정답 ①

오답풀이 ① 비변사는 중종 때 3포왜란(1510)을 계기로 설치되었다.

8. 정답 ②

해설 ② 현종 때 일어난 1차 예송에서는 서인이 승리하였으며, 2차 예송 논쟁에서는 남인이 승리하였다. 따라서 (가)는 서인, (나)는 남인이다. 서인은 중앙군인 5군영을 장악하여 군사적 기반으로 이용하였다.

오답풀이 ①④ 서인은 숙종 때 경신환국을 계기로 노론과 소론으로 분열되었으며, 동인이 선조 때 정여립 모반 사건을 계기로 북인과 남인으로 분열되었다. ③ 남인은 왕권을 중시하여 효종의 정통성을 인정하는 입장을 취하였으며, 서인은 신권을 중시하여 효종의 정통성을 인정하지 않았다.

9. 정답 ③

해설 ③ 자료에서 백두산 정계비를 통해 간도임을 알 수 있다. 청과 조선은 숙종 때 백두산 정계비를 세워 서쪽으로 압록강, 동쪽으로 토문강으로 하는 국경선을 확정지었다. 그러나 토문강에 대한 해석 차이로 청과 조선 간에 간도 지역에 대한 영토 분쟁이 일어났으며, 청과 일본 간에 체결한 간도협약(1909)에 의해 청의 영토로 귀속되고 말았다.

10. 정답 ②

해설 ① 영조는 이인좌의 난 이후 왕과 신하 사이의 의리를 바로

세워야 한다는 입장에서 붕당을 없애자는 논리에 동의하는 탕평파를 중심으로 정국을 운영하였다. ③ 정조는 자신의 아버지 사도세자의 죽음을 주장한 노론 벽파를 제거하고 사도세자의 죽음을 반대한 시파(소론, 남인 계열)를 관직에 고루 등용하는 탕평책을 실시하여 왕권 강화를 꾀하였다. ④ 탕평책은 서인, 특히 노론의 일당 전제화로 왕권이 불안한 상황에서 붕당 간의 정치적 균형 관계를 재정립하여 왕권 강화를 이루기 위한 정책이었다.

오답풀이 ② 탕평책은 정조의 갑작스러운 죽음으로 실패로 끝나고, 순조가 즉위한 이후부터 철종 때까지 노론 가문이 권력을 장악하는 세도정치가 실시되어 정치는 더욱 혼란해졌다.

11. 정답 ①

오답풀이 ① 산림은 사림파의 정신적 지주가 되는 인물로서 송시열이 대표적이다. 영조 때부터 왕권 강화를 위해 산림의 존재를 인정하지 않았다.

12. 정답 ③

해설 ③ 속대전 편찬, 균역법 실시, 형벌 제도 완화 등은 영조와 관련된 업적이다.

13. 정답 ④

오답풀이 ④ 세도정치 시기에는 노론의 세도 가문이 정권을 장악하면서 붕당 정치는 완전히 붕괴되었기 때문에 붕당 간의 대립은 존재할 수 없었다.

14. 정답 ③

오답풀이 ③ 북학론은 조선 후기에 대두되어 청의 문물을 적극 수용하자는 입장을 취하였다.

15. 정답 ①

해설 ① 자료에서 사도세자는 정조의 아버지이며, 정조는 사도세자의 묘를 수원으로 옮기고 현륭원이라 하였다. 또한 정조는 수원 화성을 축조하였으며, 국왕 친위 부대로서 장용영을 설치하였다.

오답풀이 ② 별기군은 1880년에 설치한 서양식 신식 군대이다. ③ 금위영은 숙종 때 설치한 중앙군이다. ④ 훈련도감은 임진왜란 중에 직업 군인을 중심으로 설치한 중앙군이다.

16. 정답 ③

해설 자료는 청나라 왕(태종)이 용골대 등을 파견하여 조선을 침략한 병자호란 당시의 사실을 기록한 박씨전의 내용이다. ① 병자호란은 인조 때 일어났으며, 당시의 붕당 정치는 서인 정권이 주도하고 있었다. ② 서인 정권은 친명배금정책을 실시함으로써 여진족이 후금을 자극하여 정묘호란이 일어나는 원인이 되기도 하였다. ④ 서인 정권은 반정을 일으켜 광해군을 축출하고 인조를 왕으로 추대하였다.

오답풀이 ③ 훈련도감은 임진왜란 중에 일본의 침략에 대비하여 설치한 중앙군이다.

17. 정답 ③

해설 ③ 자료에서 산림의 존재를 인정하지 않고 서원을 정리한 사실을 통해 영조임을 알 수 있다. 영조는 탕평 정치를 실시하면서 이조전랑의 후임자 추천권과 3사 관리 선발의 관행 폐지를 추진하였으며, 정조 때 확정되었다.

오답풀이 ① 정조, ② 숙종, ④ 정조

② 근대 태동기의 사회

■ 사회 구조의 변동

(1) 신분제의 동요

1) 조선의 신분 제도

① 법제적 → 양천제, 실제적 → 반상제가 적용 → 양반·중인·상민·천민의 4신분제 운영

② 성리학적 명분론으로 신분 제도 합리화

2) 조선 후기 신분 구조의 변화

① **변화 양상** : 양반 수 증가, 상민·노비 감소 → 양반 중심의 신분제 동요

② **양반 수의 증가**

㉠ 원인 : 양반 자체 수의 증가, 농민의 군역 부담 면제, 지위 향상 목적으로 양반 신분 획득

㉡ 방법 : 합법적 – 납속책·공명첩, 비합법적 – 족보 매입 및 위조

㉢ 결과 : 양반 신분의 사회적 권위와 지위 실추, 상민의 수 감소

울산 호적(단위 : %)

시기	양반호	상민호	노비호
1729	26.29	59.78	13.93
1765	40.98	57.01	2.01
1804	53.47	45.61	0.92
1867	65.48	33.96	0.56

3) 양반층의 분화

배경	붕당 정치의 변질 → 양반 상호간의 정치적 갈등 심화
과정	노론의 일당 전제화 → 다수 양반 몰락 → 벌열양반(권반), 향반(토반), 잔반 등으로 분화
벌열양반	정권을 장악하고 있는 세력 → '권반'이라고도 함
향반	• 정권 다툼에서 밀려난 양반 → 향촌 사회에서 토호와 같이 행사 • 지주로서의 경제력 바탕 → 향약, 서원, 사우 등을 통하여 겨우 위세를 유지
잔반	• 중앙 정계에서 소외된 몰락한 하층 양반 → 생업에 종사(훈장, 농업, 상업) • 19세기 이후 정감록, 서학, 동학 등 심취 → 반란의 주동자 역할 담당(홍경래, 최제우 등)

(2) 중간 계층의 신분 상승 운동

서얼	• 성리학적 명분론에 의해 사회 활동의 제한 → 불만 고조 • 임진왜란 이후 : 차별 완화, 납속책과 공명첩을 통해 관직 진출 • 영 · 정조의 서얼 등용 계기 → 청요직(3사) 진출 요구의 신분 상승 운동 전개 • 정조 때 : 규장각 검서관으로 등용 → 유득공, 이덕무, 박제가
기술직 중인	• 기술직에 종사, 이서로서 행정 실무 담당 → 고급 관료 진출에 제한 • 재산 축적과 실무 경력 바탕 → 신분 상승 추구 → 철종 때 대규모 소청 운동 전개 · 실패 • 역관 : 서학 등 외래 문물 수용 주도 → 성리학 가치 체계 도전, 새로운 사회 수립 추구

(3) 노비의 해방

배경	군공 · 납속 등을 통해 신분 상승, 납공 노비로 전환, 도망 노비의 증가, 노비 종모법의 실시
노비종모법	고려시대부터 시행되었으나, 노비인 남자와 양민 출신의 여자간의 혼인이 법률로 엄격하게 금지되었기 때문에 유명무실해졌다. 그러나 조선 후기에 군역 대상자인 상민의 수가 크게 감소하자 영조 7년(1731)에 노비종모법이 실시되었다. 그 결과 아버지가 노비일지라도 어머니가 양민이면 그 자식은 양민으로 인정되었고, 이는 노비 신분 상승의 수단으로 이용되었다.
공노비 해방	노비 도망과 신분 상승 → 공노비의 노비안 유명 무실화 → 순조 때 중앙 관서의 노비 해방(1801)
사노비 해방	사노비에 대한 가혹한 수탈과 사회적 냉대로 도망의 일상화 → 갑오개혁(1894) 때 공 · 사노비제 폐지

(4) 가족 제도의 변화와 혼인

구분	조선 초기~중기	조선 후기(17세기 이후)
원칙	가족제도에 부계 · 모계 함께 영향을 미침	부계 위주의 가족 제도 확립
혼인	남귀여가혼 : 조선 초기의 혼인 풍속으로 혼인 후 남자가 여자 집에서 생활	친영제도 : 남자가 여자를 자신의 집으로 데리고 와서 혼례를 치르고 남자 집에서 생활
재산 상속	자녀 균분 상속 원칙 → 대를 잇는 자식에게 1/5의 상속분 추가 지급	적장자 중심 상속
제사	형제가 돌아가면서 지내거나 책임 분담	장자가 제사를 지내는 것이 일반화
조선후기 가족제도의 변화	• 부계 중심의 가족 제도 강화 : 양자 입양 일반화, 부계 위주의 족보 편찬, 동성 촌락 형성, 종중의 위치 강화 • 가족제도 유지 : 효 · 정절 강조, 과부 재가 금지, 효자 · 열녀 표창	
혼인	• 일부일처제 기본 → 처첩제 실시 → 부인과 첩의 구분 엄격 • 서얼 차대 : 서얼은 문과 응시 불가능, 제사와 재산 상속에서 차별 대우 • 혼인은 가장이 결정, 법적 혼인 연령 → 남자-15세, 여자-14세	

(5) 인구의 변동

1) 인구 파악 : 호구 조사, 호적 대장 작성(3년마다) → 공물 · 군역 부과, 남성만 기록
2) 지역별 인구 분포 : 경상 · 전라 · 충청(50%), 경기 · 강원(20%), 평안 · 황해 · 함경(30%)

2 향촌 질서의 변화

(1) 양반의 향촌 지배 약화

1) 양반 사회의 변화
- ① **배경** : 경제 변동, 신분제 동요 → 사족 중심의 향촌 질서 변화
- ② **양반의 동향** : 족보 제작, 청금록과 향안 작성 → 향약 등 향촌 자치 기구의 주도권 장악

2) 향촌 질서의 변화
- ① **배경** : 평민과 천민이 부농층으로 성장, 양반층의 몰락 → 양반의 권위 약화
- ② **양반의 지위 강화 노력**
  - ㉠ 거주지 중심으로 촌락 단위의 동약 실시
  - ㉡ 족적 결합 강화 → 동족 마을 형성, 문중 중심의 서원·사우 건립
- ③ **향촌 세력 변화** : 부농층은 관권과 결탁 → 향안 참여, 향회 장악 → 관권과 향리 세력 강화

(2) 부농 계층의 대두

1) 성장 배경 : 정부의 재정 위기 타개 노력, 부농층의 권익 보호를 위한 신분 상승 욕구
2) 신분 상승 : 납속, 향직 매매를 통하여 합법적으로 신분 상승 → 이서·향임직 진출, 관직 진출
3) 부농층의 동향 : 정부의 부세 제도 운영에 참여, 수령이나 기존 향촌 세력과 타협하며 지위 확보
4) 향전(鄕戰)의 발생 : 구향(향반)과 신향(부농층 출신 양반) 간의 향촌 사회 주도권 다툼
5) 요호부민(饒戶富民) : 조선 후기의 부농층 의미 → 자신의 전지를 소유하고 지방에서 일정한 영향력을 행사

3 농민층의 변화

(1) 농민층의 분화

1) 배경 : 양 난 이후 기존 사회 체제의 동요, 새로운 사회 질서의 모색
2) 조선 후기 농민층의 구성 : 중소 지주층(상층), 자영농·소작농이 대부분 차지
3) 농민의 사회적 현실
- ① 호패법 등을 통해 농민의 이동 억제 → 대대로 한 곳에 정착하여 자급 자족의 생활
- ② 양 난 이후 : 국가 재정 파탄, 관리의 기강 해이로 인한 수탈 → 농민 부담 증가
4) 농민층의 분화 : 농민들 스스로 삶을 개척하기 위한 노력 전개 → 경영형 부농, 상공업으로 전업, 도시·광산의 임노동자로 전환

(2) 지주와 임노동자

1) 대지주의 등장 : 상품 화폐 경제의 발달, 양반 지주의 이윤 추구 → 광작을 통해 다수의 대지주가 출현
2) 서민 지주
- ① **부의 축적** : 농업에 종사하면서 농지의 확대, 영농 방법의 개선 등에 노력
- ② **신분 상승** : 공명첩·족보 위조로 양반 신분 획득 → 향촌 사회에서 영향력 확대

3) 임노동자 : 토지에서 밀려난 다수의 농민

　　① 16세기 이후 부역제의 해이 → 국가 부역에 임노동자 고용

　　② 부농층의 임노동자 고용 → 1년 계약 품팔이 노동자 출현

(3) 관권의 강화

　① **배경** : 부농층의 성장 욕구 + 국가 재정 타개를 위한 정부의 이해 관계 일치 → 납속, 향직 매매 허용

　② **관권의 강화** : 기존의 재지 사족의 세력 약화, 부농층 출신의 향촌세력의 힘 미약 → 수령 중심의 관권 강화, 향리 역할 증대

　③ **영향**

　　㉠ 향회는 수령의 세금 징수에 따른 자문 기구 역할로 변질

　　㉡ 수령 중심의 국가 권력 → 향촌 사회에서의 영향력 확대

　　㉢ 세도 정치 시기 : 수령과 향리의 자의적인 농민 수탈 강화

4 사회 변혁의 움직임

(1) 사회 불안의 심화

　1) 농민 항거 발생 : 신분제의 동요에 따른 양반 중심의 지배 체제 위기 심화, 지배층의 수탈로 인한 농민 경제 파탄 → 적극적인 농민 항거 발생

　2) 19세기 사회 불안의 심화 : 탐관오리의 탐학과 횡포, 재난과 질병의 빈번한 발생, 도적의 출몰, 비기 · 도참설의 유행, 이양선의 출몰

(2) 예언 사상의 대두

　1) 유교적 명분론의 설득력 상실 : 비기(정감록) · 도참 유행 → 말세의 도래, 왕조 교체, 변란 예고

　2) 민간 신앙 유행 : 무격 신앙, 미륵 신앙 → 피지배층의 정신적 피난처

(3) 천주교의 전파

천주교의 전래		17세기에 베이징을 왕래하는 사신들에 의해 서학으로 전래
18세기 후반		남인계 실학자들에 의해 신앙으로 수용 → 이승훈의 영세 이후 신앙 활동 활발
천주교 박해	배경	조상 제사 거부, 양반 신분 질서 부정, 국왕의 권위 도전 → 천주교를 사교로 규정하여 탄압
	정조	시파 집권 → 천주교에 비교적 관대
	순조	노론 강경파 벽파의 집권 → 신유박해(1801) → 실학파 및 양반 계층의 교회 이탈
교세의 확장		• 안동 김씨의 세도정치 때 탄압 완화, 조선 교구 설정, 서양인 신부의 포교 활동 → 교세 확장 • 세도 정치기의 사회 불안, 평등 사상과 내세 신앙의 교리에 공감 → 여성, 하층민으로 확산

(4) 동학의 발생

창시	1860년 경주 출신의 몰락 양반 최제우가 창시
성격	19세기 후반의 사회상 반영 → 유 · 불 · 선 사상과 민간 신앙 결합, 반봉건 · 반외세 주장
사상 체계	• 시천주(侍天主)와 인내천 사상(인간 존중, 평등 사상) 강조 • 신분제 타파, 노비 제도의 폐지, 여성과 어린이의 인격을 존중하는 사회 추구
정부의 탄압	신분 질서를 부정하는 동학을 혹세무민을 이유로 탄압 → 최제우 처형
교세 확장	최시형(2대 교조) → 동경대전 · 용담유사 제작 → 교리 정리, 교단 조직 정비

(5) 농민의 항거

배경			세도정치로 인한 탐관오리의 부정과 삼정의 문란 → 농촌 사회 피폐, 농민의 사회 의식 성장
농민의 저항			계 · 두레 조직, 소청과 벽서 → 항조 · 거세 · 민란의 발생
홍경래의 난 (1811)	배경		서북인 차별 대우, 세도 정치에 의한 농촌 경제의 파탄
	주도 세력		몰락 양반, 지방 지식인 → 영세 농민, 중소 상인, 광산 노동자 가담
	경과		평안도 가산 봉기 → 청천강 이북 점령 → 관군의 진압으로 실패
	의의		조선 후기 농민 봉기의 선구
임술 농민 봉기 (1862)	진주 민란 (백건당의 난)	원인	진주 병사 백낙신의 탐학과 토호의 수탈
		경과	몰락 양반 유계춘을 중심으로 농민들이 봉기 → 진주성 점령
		결과	박규수에 의해 진압 → 전국적으로 민란 확대
	정부의 대책		삼정 이정청의 설치, 암행어사 파견 → 정부 능력 한계로 실패
영향			농민의 사회 의식 성장, 양반 중심의 통치 체제 붕괴

※ 천주교 박해

신해박해 (정조, 1791)	윤지충 · 권상연의 신주 소각과 천주교식 장례 사건(진산 사건)
신유박해 (순조, 1801)	노론 벽파의 남인 시파에 대한 타도 수단으로 천주교 탄압 → 이승훈 · 이가환 · 주문모 · 정약종 등 처형 → 남인 세력 위축, 실학 쇠퇴(황사영 백서 사건)
기해박해 (헌종, 1839)	풍양 조씨(노론 벽파)가 집권하면서 프랑스 신부(모방 · 샤스탕 · 앙베르)와 정하상 등 처형 → 오가작통법, 척사윤음(斥邪綸音) 발표
병오박해 (헌종, 1846)	최초 신부인 김대건이 청에서 귀국하여 포교 활동하다가 순교
병인박해 (고종, 1866)	대원군이 프랑스 신부를 통한 러시아의 남하 저지가 실패하자, 유교적 전통 파괴 명목으로 대탄압 → 프랑스 신부 9명과 남종삼 등 수천 명 처형(병인양요의 원인)

※ **황사영 백서 사건** : 신유박해 직후, 박해의 전말 보고와 군사적 도움을 청한 내용을 베이징 주재 서양인 주교에게 전달하려다 발각된 밀서 사건

전정 (田政)	내용		토지로부터 받는 각종 세로서 1결당 4두씩 받는 전세와, 대동미 12두, 삼수미세 2·2두, 결작 2두 및 기타 부가세 등
	문란	진결(陳結)	황폐한 땅이나 미경작지에서 징수
		은결(隱結)	토지 대장에 누락된 땅에서 징수
		백지(白地)	공지(空地)에서 징수
		도결(都結)	정액 이상의 세를 징수
군정 (軍政)	내용		16~60세까지의 장정에게 부과되는 대역세(代役稅)로서 균역법 이후에는 포 1필 부과(포 1필은 6두)
	문란	족징(族徵)	도망자·사망자의 체납분을 친족에게 징수
		인징(隣徵)	도망자·사망자의 체납분을 이웃에게 징수
		황구첨정(黃口簽丁)	어린이를 장정으로 나이를 올려 징수
		백골징포(白骨徵布)	죽은 사람에게 군포를 부과하여 징수
		강년채(降年債)	60세 이상의 면역자에게 나이를 줄여 징수
환곡 (還穀)	내용		춘궁기에 농민에게 양곡을 대여해 주고 추수기에 1/10의 이자를 가산하여 징수 → 삼정의 문란 중 가장 폐단 극심
	문란	늑대(勒貸)	필요 이상의 미곡을 강제로 대여하고 이자를 받는 것
		반작(反作)	허위 장부를 만들어 대여량은 줄이고 회수량은 늘이는 것
		허류(虛留)	재고가 없는데 있는 것으로 허위 문서를 작성 하는 것
		분석(分石)	쌀에 겨를 섞어 늘려서 대여하여 이자를 사취하는 것

확인 학습

정답: P. 266

1. 조선 후기에 중앙 정계에서 소외된 몰락한 하층 양반은?

2. 조선 후기에 정부가 실시하였던 합법적인 신분 상승 정책 2가지는?

3. 조선 후기에 국가 재정 확보와 국방력 강화를 목적으로 노비의 신분 해방과 관련하여 실시된 정책은?

4. 조선 전기에 남자가 여자집에서 혼례를 올리고 여자 집에서 생활하던 혼인 풍습은?

5. 조선에서 서원 및 향교에 출입하는 양반들이 사용한 출석부는?

6. 조선 후기의 재산 상속과 제사 상속의 기본 원칙은?

7. 조선 후기에 토지를 소유하고 영향력을 행사하는 부농층을 의미하는 용어는?

8. 신유박해 직후에 박해의 전말을 보고하고 군사적 도움을 요청한 내용을 청의 서양인 주교에게 전달하려다 발각된 밀서 사건은?

9. 최시형이 제작한 동학의 경전과 포교용 가사집은?

10. 조선 후기 농민 봉기의 선구를 이루었던 농민 반란과 일어난 원인은?

11. 1862년에 세도정치기에 일어난 전국적인 농민 반란은?

12. 삼정의 문란 중에서 어린아이에게 군포를 징수한 방식은?

1. 조선 후기 신분제 동요의 근본적인 원인으로 옳은 것은?

① 동학과 천주교의 보급

② 농업 기술 발달로 인한 경제력의 향상

③ 임진왜란 이후의 급격한 인구 증가

④ 수취 체제 개편으로 인한 국가 수입의 증대

2. 조선 후기 붕당 정치의 변질로 인하여 정권에서 소외된 몰락한 하층 양반은?

① 권반　　　　　　　　② 향반

③ 토반　　　　　　　　④ 잔반

3. 조선 후기 사회모습에 관한 설명으로 옳은 것을 모두 고른 것은? 2015 기출

> ㄱ. 경제적으로 몰락한 양반들은 잔반이 되었다.
> ㄴ. 혼인 후 남자가 여자 집에서 생활하는 경우가 많았다.
> ㄷ. 부농층이 공명첩을 구매하여 신분 상승을 꾀하였다.
> ㄹ. 서얼 출신들이 규장각 검서관으로 등용되기도 하였다.

① ㄱ　　　　　　　　② ㄴ, ㄷ

③ ㄴ, ㄹ　　　　　　④ ㄱ, ㄷ, ㄹ

4. 19세기 초 순조 때 공노비를 해방시킨 궁극적인 이유는?

① 갑오개혁으로 인한 신분제의 폐지

② 국가 재정과 군역 대상자의 확보

③ 종모법 실시에 따른 신분 상승 욕구

④ 노비 수의 급증에 따른 신분제의 문란

5. 조선 후기 신분제의 변화와 관련된 설명으로 옳지 않은 것은?

① 납속책과 공명첩으로 인하여 양반의 수가 급증하였다.

② 노비는 군공과 납속을 통하여 부단히 신분 상승을 추구하였다.

③ 기술직 중인은 철종 때 신분 상승을 위하여 대규모 소청 운동을 일으키기도 하였다.

④ 신분 간의 이동이 가능해지면서 집단 간의 대립이 완화되었다.

6. 조선 후기 향촌 사회의 변화에 관한 설명으로 옳은 것은? 2013 기출

① 경제력을 갖춘 부농층이 향촌 사회에서 영향력을 강화하였다.

② 향촌 사회의 최고 지배층은 중인 계층이 주류를 이루고 있었다.

③ 신앙 조직의 성격을 지닌 향도가 매향 활동을 주도하였다.

④ 많은 속현에 감무를 파견하여 지방에 대한 통제력을 강화하였다.

7. 다음 중 조선 후기 가족제도와 혼인에 대한 설명으로 옳지 <u>않은</u> 것은?

① 부계 중심의 가족 제도가 강화되어 부계 위주의 족보를 편찬하였다.

② 효와 정절을 중시하여 과부의 재가를 금지하고 효자나 열녀를 표창하였다.

③ 자녀 균분 상속제에 따라 자녀들이 돌아가며 부모를 섬기기도 하였다.

④ 혼인 후 여자는 곧바로 남자 집에서 생활하는 친영 제도가 정착되었다.

8. 조선 후기 농민층의 변화에 대한 설명으로 옳지 <u>않은</u> 것은?

① 상품 작물의 재배와 광작을 통해 부를 축적하는 농민이 등장하였다.

② 대동법과 균역법의 실시 효과가 미약하여 농민의 불만은 고조되었다.

③ 일부 농민은 재력을 바탕으로 공명첩을 매입하거나 족보를 위조하여 신분을 상승시키기도 하였다.

④ 일부 부농층은 족적 결합을 강화하기 위하여 문중 중심의 서원과 사우를 건립하였다.

9. 다음의 시기에 나타난 사회 현상으로 볼 수 <u>없는</u> 것은?

> 신분제의 동요는 양반 중심의 지배 체제에 커다란 위기를 가져왔다. 특히 19세기에는 탐관오리들의 착취가 심화되었고, 재난과 질병이 거듭되면서 농민의 생활은 더욱 곤궁해져 갔다.

① 천주교의 전파와 교세의 확장

② 무격 신앙과 미륵 신앙의 확산

③ 비기, 도참을 이용한 예언 사상 대두

④ 수취 체제의 개편을 통한 민생 안정 추구

10. 조선 후기에 전파된 천주교에 대한 설명으로 옳지 <u>않은</u> 것은?

① 전파 초기에는 신앙보다 학문의 하나로 이해되었다.

② 우리나라 최초로 영세를 받은 사람은 이승훈이었다.

③ 정치적으로 소외된 남인 계열에 의해 많이 신봉되었다.

④ 안동 김씨의 세도 정치기에 탄압이 강화되어 대규모의 천주교 박해가 일어났다.

11. 동학에 대한 설명으로 옳지 <u>않은</u> 것은?

① 경주 출신 몰락 양반 최제우가 창시하였다.

② 최시형은 동경대전과 용담유사를 지어 동학 교세 확장에 주력하였다.

③ 인내천과 시천주 사상을 통해 평등사상을 강조하였다.

④ 유 · 불 · 선의 교리는 수용하였으나 민간 신앙적 요소는 배격하였다.

12. 다음 중 삼정의 문란에서 환곡의 문란에 해당하지 <u>않는</u> 것은?

① 늑대   ② 분석

③ 반작   ④ 황구첨정

13. 다음 농민 봉기에 관한 설명으로 옳은 것은?

2016 기출

> 임술년(1862년) 2월 19일, 진주민 수만 명이 머리에 흰 수건을 두르고 손에는 몽둥이를 들고 무리를 지어 진주 읍내에 모여 서리들의 가옥 수십 호를 불사르고 부수어. 그 움직임이 결코 가볍지 않았다. – 임술록 –

① 농민 자치 조직인 집강소를 설치하여 개혁을 주장하였다.
② 경상 우병사인 백낙신의 수탈에 반발하여 일으킨 것이다.
③ 만적 등 천민의 신분 해방 운동을 촉진하는 요인이 되었다.
④ 홍경래의 지휘 아래 영세 농민, 중소 상인 등이 합세하였다.

14. 다음과 같은 내용이 일반화되었던 시기의 사회 현상으로 볼 수 <u>없는</u> 것은?

> 부모와 자식 간의 정과 도리는 아들이건 딸이건 차이가 없지만, 딸은 부모가 살아 있을 때에 봉양하는 도리가 없고, 부모가 죽은 뒤에도 제사를 지내는 예가 없으니, 어찌 토지와 노비를 아들과 동등하게 나누어 주겠는가?

① 적장자가 주로 제사를 주관하였다.
② 혼인 관행이 처가살이에서 시집살이로 바뀌었다.
③ 친딸은 양자보다 상속 재산이 더 많아졌다.
④ 촌락 내에 같은 성씨 집단 거주가 확대되었다.

15. 다음 밑줄 친 부분에 대한 설명으로 옳지 <u>않은</u> 것은?

> 조선 후기에 들어와 향촌 질서에 변화가 나타났다. 그 동안 ㉠ 여러 장치를 통해 지방민을 통제하고 있던 사족이 새로 등장한 ㉡ 부농층의 도전을 받게 되었다. 이들 부농은 ㉢ 관권과 결탁하여 향촌 사회를 장악하고자 하였다. 그에 맞서 사족은 대책을 강구했지만 그들의 권위는 약화된 반면 부농층은 ㉣ 향촌 사회 운영에 적극 참여하여 지위를 확보해 갔다.

① ㉠ – 향안, 향규, 향회가 그 대표적인 통제 수단이었다.
② ㉡ – 주로 광작, 상품 작물 재배를 통해 부를 축적하였다.
③ ㉢ – 납속이나 향직 매입이 주요한 결탁 수단이었다.
④ ㉣ – 경재소에 참여하여 유향소의 감시 임무를 맡아 보았다.

16. 조선 후기 종교계의 상황으로 옳지 <u>않은</u> 것은?

2010 기출

① 전봉준은 동경대전을 간행하여 동학의 보급에 힘썼다.
② 부농, 상공업 계층의 지원 아래 장식성이 강한 불교 건축이 성행하였다.
③ 비기, 도참 등을 이용한 예언사상이 유행하였다.
④ 천주교는 인간 평등사상과 내세 신앙의 교리가 백성들에게 공감을 얻어 교세가 확장되었다.

17. 다음과 같은 사상을 주장하는 종교가 창시될 무렵 일어난 일로 맞지 <u>않는</u> 것은?

> 인내천을 바탕으로 한 평등주의와 인도주의, 그리고 운수사상을 내세워 조선왕조의 교체를 예언하였고 보국안민을 내세워 민족적인 성격을 나타냈다. 이 종교는 19세기 후반에 들어서 주로 삼남 지방의 농민들에게 빠르게 전파되었다.

① 사회 모순을 적극적으로 해결하기 위해 농민 봉기가 전국적으로 일어났다.
② 탐관오리들의 횡포와 탐학이 심해졌다.
③ 서양 세력의 통상 요구로 강화도 조약을 체결하였다.
④ 세도정치로 정치 기강이 문란해졌다.

정답 및 해설

1. 정답 ②

해설 ② 조선 후기에 이앙법의 보급과 상품 작물 재배로 경제력이 향상되어 일부 농민들은 부농층으로 성장하였다. 부농층은 납속책이나 공명첩의 방법을 이용하여 꾸준히 신분 상승을 꾀하였으며, 그 결과 양반의 수가 증가하고 상민의 수가 감소하여 양반 중심의 신분제 사회는 동요되었다.

2. 정답 ④

해설 ④ 조선 후기에 붕당 정치가 변질되면서 양반층의 계층 분화가 발생하였다. 그 결과 노론처럼 권력을 장악한 양반은 권반, 향촌 사회에서 겨우 양반의 위세를 유지하는 향반(토반), 정권에서 소외되고 사회·경제적으로 완전히 몰락한 잔반으로 분화되었다.

3. 정답 ④

해설 ㄱ. 조선 후기에는 붕당 정치가 변질되면서 양반의 계층 분화가 발생하면서 경제적으로 몰락한 양반은 잔반이 되었다. ㄷ. 조선 후기에 부농층은 공명첩(명예 관직 수여증)을 구매하거나 납속책을 통하여 합법적으로 양반으로의 신분 상승을 꾀하였다. ㄹ. 정조는 박제가, 유득공 등 서얼 출신을 규장각의 검서관으로 등용하였다.
오답풀이 ㄴ. 조선 후기에는 여자가 혼인 후 남자 집에서 생활하는 친영제가 일반적인 현상이었다.

4. 정답 ②

해설 ② 조선 후기에 상민층이 납속, 공명첩, 족보 매입 및 위조 등 다양한 방법을 통하여 신분 상승을 하면서 상민의 수가 감소하였다. 그 결과 국가 재정이 악화되고 군역 대상자의 감소로 국방력이 약화되자, 국가 재정과 군역 대상자를 확보하기 위해 순조 때 1801년에 공노비를 해방하였다.

5. 정답 ④

오답풀이 ④ 조선 후기에는 신분 간의 이동이 활발해지면서 하층민들의 신분 상승이 꾸준히 이루어졌다. 그러나 세도정치 시기에는 지배층의 착취가 극심해지면서 신분 집단 간의 대립은 더욱 심화되었다.

6. 정답 ①

해설 ① 조선 후기에는 이앙법의 보급에 따른 생산력의 증대로 부를 축적한 부농이 납속, 향직 매매 등의 다양한 방법을 통해 양반 신분으로 상승하여 향촌 사회에서 영향력을 강화시켜 나갔다.
오답풀이 ② 조선 후기에도 여전히 향촌 사회의 최고 지배층은 양반이었으며, 중인층은 지속적으로 신분 상승을 추구하였다. ③ 불교의 신앙 조직인 향도가 매향 활동을 주도한 것은 고려 시대이며, 조선시대에는 향약으로 흡수되었다. ④ 고려 예종 때 지방에 대한 통제력을 강화하기 위하여 속현에 감무라는 비정규 수령을 파견하였다.

7. 정답 ③

오답풀이 ③ 조선 후기에는 적장자 중심의 재산 상속이 이루어지면서 적장자에 의한 제사도 일반화되어 갔다.

8. 정답 ④

오답풀이 ④ 조선 후기에 양반은 향촌 사회의 지배력이 약화되자, 친족 내부의 결속을 강화하기 위하여 동족마을을 형성하고 문중 중심의 서원과 사우를 건립하였다.

9. 정답 ④

오답풀이 ④ 19세기 세도 정치 시기에는 삼정의 문란을 비롯한 탐관오리의 착취와 질병, 재난 등으로 백성들은 몰락하였지만, 당시 정부는 이를 해결하기 위한 방책을 제시하지 못하였다. 민생 안정을 위한 수취 체제의 개편은 17세기에서 18세기에 걸쳐 영정법, 대동법, 균역법 등이 실시되었으나, 근본적인 해결책은 되지 못하였다.

10. 정답 ④

오답풀이 ④ 천주교는 안동 김씨의 세도정치기에 탄압이 완화되고, 서양인 신부들의 포교 활동이 이루어지면서 그 교세가 오히려 확산되었다.

11. 정답 ④

오답풀이 ④ 동학은 유교, 불교, 도교를 토대로 하여 민간 신앙적 요소를 수용하여 창시되었다. 그 영향으로 동학에서는 주술과 부적을 사용하기도 하였다.

12. 정답 ④

오답풀이 ④ 황구첨정은 군역의 폐단으로 16세 미만의 어린아이에게 군포를 징수하는 폐단이었다.

13. 정답 ②

해설 ② 자료는 1862년에 일어난 진주 민란이다. 진주 민란은 진주 병사 백낙신의 수탈에 반발하여 몰락 양반 출신 유계춘 등이 중심이 되어 일어났으며, 이를 계기로 전국에서 농민 반란이 일어났다.

오답풀이 ① 집강소는 동학 농민군이 설치한 농민 자치 기구이다. ③ 만적의 난은 고려 무신 정권 시기에 일어난 노비 중심의 신분 해방 운동이다. ④ 홍경래의 난은 1811년에 서북인(평안도 지역)에 대한 차별을 계기로 일어난 민란이다.

14. 정답 ③

오답풀이 ③ 자료에서 딸은 부모에 대한 제사를 지낼 수 없으며, 재산 상속에서도 차별을 받고 있다는 사실을 통해 조선 후기와 관련된 내용임을 알 수 있다. 조선 후기에는 적장자 중심의 재산 상속이 이루어졌으며, 여자는 재산 상속에서 차별을 받았다.

15. 정답 ④

해설 ① 지방의 사족 양반들은 향안 작성, 향규 제정, 향회 운영을 통하여 결속력을 강화하고 백성들을 통제하였다. ② 조선 후기에 이앙법의 보급에 따른 광작 실시와 상품 작물 재배를 통해 부를 축적한 일부 농민들은 부농층으로 성장하였다. ③ 부농층은 관권(수령·향리)과 결탁하여 납속이나 향직을 매입하는 방법을 통해 신분 상승을 이루었다.

오답풀이 ④ 부농층은 관권과 결탁하여 향회를 장악하고 유향소의 좌수·별감 등의 향직에 진출하여 향촌 사회에서 지위를 확보해 나갔다. 경재소는 1603년에 혁파되어 조선 후기에는 존재하지 않았다.

16. 정답 ①

오답풀이 ① 동경대전은 최시형이 만든 동학의 경전으로 동학 포교에 큰 역할을 하였다.

17. 정답 ③

오답풀이 ③ 자료는 세도정치 시기에 최제우가 1860년에 창시한 동학에 대한 설명이다. 당시에는 서양 열강의 통상 요구는 여러 차례 있었지만, 강화도 조약은 세도 정치가 끝난 이후 1876년에 민씨 정권이 일본과 체결하였다.

MEMO

③ 근대 태동기의 경제

1 수취 체제의 개편

(1) 배경 : 양난으로 농촌 사회 파괴, 경작지 황폐화, 기근과 질병 → 민생 파탄, 농민의 조세 부담 가중

(2) 목적 : 농촌 사회 안정, 국가 재정 기반 확대 목적

(3) 개혁 추진

영정법 **(1635, 인조)**	배경	양난 이후 → 농경지 황폐화, 전세 제도 문란 → 개간 권장, 양전 사업 실시
	내용	풍흉에 관계없이 1결당 미곡 4두로 통일 → 전세의 정액화
	결과	• 전세율 하락으로 지주와 자작농 유리 • 농민의 대다수를 이루는 소작농(전호)에게는 실질적 도움을 못 줌 • 전세 외에 각종 부가세(수수료 · 운송비 등) 부담 → 농민 부담 증가
대동법 **(1608, 광해군)** ↓ **공납의 전세화**	배경	방납의 폐단 → 농민의 토지 이탈 → 국가 재정 악화, 농민 부담 가중
	실시 과정	• 광해군(1608) : 이원익 건의 → 선혜청 설치 → 경기도 시험적 실시 • 숙종(1708) : 잉류 지역(평안도 · 함경도 · 제주도) 제외 → 전국에서 실시
	내용	• 징수 방식 : 토지 기준으로 1결 당 → 쌀(대동미 12두), 삼베, 무명, 동전 납부 • 공인(貢人)을 통하여 관수품 구입
	결과 및 영향	• 농민 부담 감소, 지주 부담 증가 → 국가 수입 증가 • **조세의 금납화 촉진** : 종래의 현물 징수 대신 화폐로 납부 • **공인의 등장** : 상품 수요 증가 → 상업 · 수공업 발달 → **상품 화폐 경제 발달 촉진** • 기존의 신분 질서 · 경제 체제 와해 → 양반 지배 체제의 붕괴 촉진
	한계	현물 부담 존속(별공 · 진상), 수령과 아전의 착취 → 상납미 비율 증가
균역법 **(1750, 영조)**	배경	• 5군영 성립과 모병제의 제도화로 수포군 증가 → 5군영 · 감영 · 병영에서 중복 징수 • 납속과 공명첩 실시 → 양반 수 증가, 농민의 도망 → 군포 부과량 증가 → 농민의 군역 기피(백골징포, 황구첨정)
	실시 과정	• 호포론(戸布論) : 양반 · 농민 · 천민 모두에게 호를 단위로 부과 • 양반의 반대로 실패 → 감포론으로 조정 → 균역법 실시
	내용	징수 방식 — 연간 부담액을 2필에서 1필로 감축
		부족분 보충 — 선무군관포(1필), **결작**(1결당 2두), 어장세 · 선박세 등의 잡세 수입으로 보충
		선무군관 — 선무군관은 양반층이 아니나 양반 행세를 하던 지방의 토호나 부유한 집안의 자제에게 군포 1필 징수
	결과	군역의 평준화, 농민의 부담 일시 감소, 양반 · 지주의 군역 부담 증가
	한계	지주의 결작 부담 강요, 군적의 문란 → 농민 부담 가중

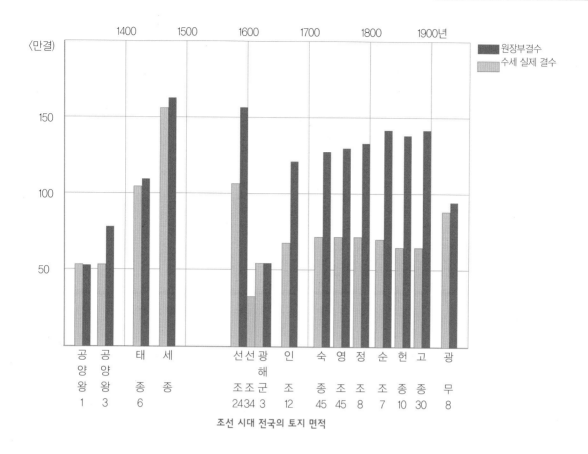

조선 시대 전국의 토지 면적

2 서민 경제의 발전

(1) 양반 지주의 경영 변화

1) 지주 전호제의 실시

① **양반의 토지 집적** : 양 난 이후 양반의 토지 개간과 농민의 토지 매입 → 농토 확대

② **지주 전호제의 일반화(18세기 말)** : 토지를 소작농에게 빌려 주고 소작료 수취(병작반수)

2) 지주 전호제의 변화

① **초기** : 양반 지주는 신분적 · 경제적 지위 이용 → 소작료와 각종 부담을 농민에게 강요

② **소작제의 변화** : 상품 화폐 경제의 발달, 소작인의 저항 → 소작권 인정, 소작료의 인하 · 정액화

③ **지주와 전호의 관계** : 신분적 관계 → 경제적 관계로 변화

3) 양반의 생활

① 소작료로 받은 미곡 판매 → (천석꾼 · 만석꾼 등장), 물주로 상인에게 투자, 고리대로 부 축적

② 경제적 변동에 적응하지 못한 일부 양반은 몰락

(2) 농민 경제의 변화

1) 수취 체제 개편의 한계 : 개편의 궁극적 목적은 양반 중심의 지배 체제 유지 → 농촌 사회 안정에 는 한계

2) 농민의 대응책 : 황무지 개간, 수리 시설 복구, 농기구와 시비법 개량, 새로운 영농 방법 시도 → 농업 생산력 증대 도모

   ① **씨뿌리기 방법의 개선**

       ㉠ 논농사 : 직파법 → 모내기법 ┐

                  (이앙법)   ├ → 노동력 절감, 생산력 증대

       ㉡ 밭농사 : 농종법 → 견종법 ┘

※ **견종법** : 밭 두둑을 높이 만든 후 씨를 뿌리는 방법으로 씨앗이 겨울 바람을 덜 타서 추위를 잘 견디고 수분을 쉽게 확보하여 가뭄에 강하다는 장점이 있다.

   ② **모내기법의 전국적 실시**

       ㉠ 벼 · 보리의 이모작 가능 → 단위 면적당 생산량 증가 → 소득 증대

       ㉡ 보리는 수취 대상에서 제외 → 보리 농사 선호

   ③ **수리 시설의 개선** : 정부는 모내기법 억제 → 농민들은 보와 저수지 축조 → 모내기법 확대

   ④ **농업 경영 방식의 변화** : 모내기법 보급 → 1인당 경작지 규모 확대 → 광작 경영 → 농가 소득 증대 → 일부 농민은 부농으로 성장

   ⑤ **상품 작물의 재배** : 18세기 상품 유통의 활발 → 쌀, 담배, 인삼, 채소, 목화, 약재, 면화 등 재배 → 쌀의 상품화 → 밭을 논으로 바꾸는 현상 활발

※ **광작(廣作)** : 모내기법으로 제초 노동력이 감소하여 농민 1인당 경작 할 수 있는 면적은 종래보다 약 5배로 늘어났고, 단위 면적당 경작 노동력은 80% 감소. 따라서 경작 능력이 증대하여 직파법으로는 10두락도 못 짓던 농가가 모내기법으로 20~40두락까지 증가하였다. 이러한 광작 경영 방식은 조선 후기에 농민 계층 분화의 원인이 되었다.

3) 지대의 변화

배경	• 소작농의 지위 향상 : 광작 실시와 상품화폐 경제의 발달로 지주권 약화 → 전호권 성장 • 소작 쟁의 : 병작반수제에 반발하여 소작료 인하 운동 전개
내용	소작농의 소작권 인정, 소작료의 정액화(타조법 → 도조법), 지대를 곡물이나 화폐로 납부
타조법 (정률지대)	• 병작 반수제로 소작인이 지주에게 수확량의 1/2을 납부 → 조선시대 일반적인 지대 • 소작인은 생산비 부담 → 전세, 종자, 농기구 등 • 작황에 따라 지주의 이익 좌우 → 자유로운 영농에 제약 • 전호(소작농)는 지주가 요구하는 사적인 부담이나 노역에 동원
도조법 (정액지대)	• 풍흉에 관계없이 정액 소작료(도지) 약 1/3을 곡물이나 화폐로 납부 • 타조법보다 소작인에게 유리, 전호권의 신장과 지주권의 약화 반영 • 도지 소작농은 자기 소작지를 영구히 경작, 도지권을 타인에게 매매 · 양도 · 전대 가능 • 영농 방법과 작물을 자유로이 선택, 총 생산량 중에서 계약된 도지 이외의 분량은 자기 소유 • 영향 : **지대의 금납화 현상**, 일부 농민은 소득 증가로 지주로 성장

4) 몰락 농민의 증가

   ① **원인** : 부세의 부담, 고리채의 이용, 관혼상제의 비용 부담 → 토지 판매

   ② **농민층의 분화**

       ㉠ 지주의 광작 경영 : 소작지 회수 → 노비와 머슴을 고용하여 직접 경영 → 소작지 상실

       ㉡ 농민의 토지 이탈 → 상공업자, 농촌 · 도시 · 광산 · 포구의 임노동자로 전환

(3) 민영 수공업의 발달

배경	• 상품 화폐 경제의 진전, 도시 인구 증가 → 상품 수요의 증가
	• 대동법의 실시에 따른 관수품의 수요 증가
발달 과정	• 관영 수공업 쇠퇴, 품질과 가격에서 우위 → 민영 수공업이 수요 충족
	• 18세기 정조 때 장인 등록제 폐지, 장인세 부담 → 자유로운 생산 활동 가능 → 납포장 증가
	• 점(店)의 발달 : 민영 수공업자의 작업장 → 철점, 사기점 등이 도시를 중심으로 발달
	• 농촌 수공업 : 자급자족의 부업 형태 → 상품생산 활동으로 전환 → 옷감과 그릇 등 생산

수공업 형태의 변화	선대제 수공업	• 상인 · 공인이 자금과 원료를 선대(先貸)하고 수공업자가 제품을 생산 · 납품 → 종이, 화폐, 철물 분야
		• 상업 자본의 수공업 지배 → 17 · 18C의 보편적 현상
	독립 수공업	18세기 후반 이후 → 수공업자가 독자적으로 생산 · 판매

(4) 민영 광산의 증가

광산 개발 과정	조선 전기	• 15세기 : 농민의 부역 노동에 의한 국가 직영 체제, 사적 광산 경영 통제
		• 16세기 : 농민의 부역 노동 거부로 광산 채굴 곤란
	조선 후기	• 17세기 : 설점수세제(設店收稅制)를 실시하고 사채(私採) 허용
		• 18세기 후반 : 민간인의 자유로운 광산 채굴 활발
발달 배경		• 민영 수공업 발달에 따른 광물 수요 증가, 대청 무역으로 은 수요 증가 → 은광 개발 성행(17세기 말)
		• 18세기 말 이후 : 상업 자본의 참여로 금광 개발 활발 → 잠채(潛採) 성행
광산 경영 방식		• 상인 물주의 자본 조달 → 덕대(경영자) → 채굴업자(혈주:穴主), 채굴 노동자, 제련 노동자 등 고용하여 운영
		• 특징 : 분업에 의한 협업으로 진행(굴진 → 운반 → 분쇄 → 제련)

※ **설점수세제(設店收稅制)** : 1651년 효종 때 민간인에게 금 · 은광 경영을 허가하고 그 대가로 세금을 거두었는데, 그 의도는 악화된 국가 재정을 보충하고, 중국과의 무역을 활성화하는 데 있었다.

❸ 상품 화폐 경제의 발달

(1) 사상의 대두

배 경	• 농업 생산력의 증대와 수공업의 발달 → 상품 유통 경제 활성화
	• 부세 · 소작료의 금납화, 인구 증가, 농촌 인구의 도시 유입 → 상품 화폐 경제 진전
공인의 성장	대동법의 실시로 등장한 어용 상인 → 초기 상업 활동 주도 → 도고(독점적 도매 상인)로 성장
사상의 활동	• 17세기 이후 : 사상들은 종루 · 이현 · 칠패 등의 난전 형성 → 시전과 대립
	• 18세기 이후 : 개성(송상) · 평양(유상) · 의주(만상) · 동래(내상) 등 지방 도시에서 활동 → 장시 를 무대로 상권 확장
	• 신해통공(1791, 정조) : 육의전을 제외한 시전의 금난전권 철폐 → 사상들의 자유로운 상업 활동 보장
사상의 종류	• 송상(개성상인) : 송방(松房) 설치, 인삼의 재배 · 판매, 대외 무역 종사
	• 경강 상인 : 한강을 근거지로 미곡 · 어물 · 소금 등의 운송 · 판매업에 종사, 선박 건조업에도 진출

(2) 장시의 발달

발달 과정	15세기 말 남부 지방에 개설 → 18세기 중엽 전국에 1천여 개소로 증가
기능	• 5일 정기 시장 : 지방민의 교역 장소(농산물, 수공업 제품) • 인근 장시와 연계하여 지역적 시장권 형성, 일부 장시는 상설 시장화 → 상업 도시로 성장 • 사상 성장의 토대
전국 유통망 형성	18세기 말에 송파장(광주), 강경장(은진), 원산장(덕원), 마산포장(창원) 등 → 상업의 중심지로 성장
보부상의 활동	• 장시를 전국적 유통망으로 연계시키면서 상업 활동 • 보부상단(조합)을 결성 → 보부상의 이익과 단결 도모

(3) 포구에서의 상업 활동

1) 발달 배경 : 도로와 수레의 미발달로 물화의 대부분을 육로보다는 수로를 통하여 운송
2) 포구의 성장
   ① 세곡과 소작료의 운송 기지로 발달 → 18세기 이후 상업의 중심지로 성장
   ② 칠성포, 강경포, 원산포 등 전국 각지의 포구가 하나의 유통권 형성
3) 선상(船商)의 활동 : 선박을 이용한 운송·판매 담당 → 경강상인이 대표적
4) 객주와 여각 : 상품 매매 및 위탁 판매업, 보관·숙박·운송·금융업 등에 종사

(4) 중계 무역의 발달

1) 대청 무역 : 국경 지대 중심 → 17세기 중엽 이후 성행
   ① 공무역(개시) : 두만강 유역(경원, 회령)
   ② 사무역(후시) : 압록강 유역(책문, 중강)
   ③ 만상(의주)이 주로 종사
   ④ 무역품 : 비단·약재·문방구(수입품), 종이·은·무명·인삼(수출품)
2) 대일 무역
   ① 기유약조(1609) 이후 왜관 개시를 중심으로 동래 상인(내상)들이 활동
   ② 무역품 : 인삼·쌀·무명(수출품), 은·구리·황·후추(수입품)
   ③ 청에서 수입한 물품을 일본에 판매하는 중계 무역 실시
3) 무역상 : 만상(의주), 내상(동래), 송상(개성)

(5) 화폐 유통

1) 배경 : 상공업의 발달, 세금과 소작료의 금납화 → 상평통보 유행
2) 전황(錢荒) 현상 : 지주·대상인이 화폐를 고리대나 재산 축적에 이용 → 유통화폐의 부족 현상
3) 신용 화폐 보급 : 대규모 상거래에 환, 어음 등의 신용 화폐 이용 → 상품 화폐 진전과 상업 자본의 성장을 반영

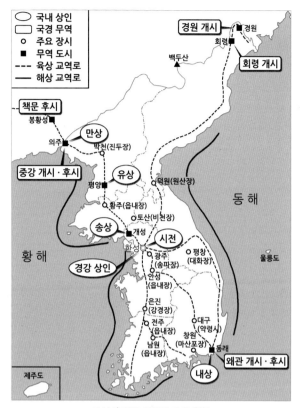

조선 후기의 상업과 무역 활동

정답: P. 266

1. 조선 인조 때 실시한 전세 납부법과 1결 당 납부 세금 액수는?

2. 조선 후기 대동법 실시를 계기로 등장한 어용상인은?

3. 대동법의 실시에 따른 결과와 영향을 3가지 이상 서술하시오?

4. 균역법 실시를 계기로 일부 상류층에게 군포 1필을 징수한 제도는?

5. 이앙법(모내기) 농법의 장점과 이앙법을 계기로 등장한 새로운 농업 경영 방식은?

6. 조선 후기에 풍흉에 관계없이 정액 소작료 1/3을 납부한 지대 방식은?

7. 조선 후기에 상인이 제품의 원료와 자금을 미리 지급하고 상품을 제작, 공급한 수공업 경영 방식은?

8. 조선 후기에 의주 지역을 중심으로 청과의 무역 활동을 전개하였던 사상은?

9. 조선의 장시를 무대로 활동하였던 관허 상인은?

10. 조선 후기에 포구를 중심으로 상품 매매 및 위탁 판매업, 숙박업 등에 종사하였던 중간 상인은?

11. 조선 후기에 지주, 대상인 등이 화폐를 고리대나 재산 축적에 이용하여 발생한 유통 화폐의 부족 현상은?

1. 조선 시대 전세 제도의 변화에 대한 설명으로 옳지 **않은** 것은?

① 과전법에서는 토지 1결 당 수확량의 1/10을 징수하였다.

② 세종 때에는 전분 6등법과 연분 9등법이 실시되어 최고 20두에서 최저 4두를 징수하였다.

③ 양 난 이후 풍흉에 관계없이 4두를 징수하는 영정법이 실시되었다.

④ 영정법의 실시로 농민의 부담이 감소되어 대부분의 농민이 자영농으로 성장할 수 있었다.

2. 다음 중 대동법과 관련된 설명으로 옳은 것은?

① 경기도에서 처음 실시되었으나, 전국적으로 확대되지는 못하였다.

② 과세 기준이 기존의 토지 결수에서 호(戸)로 바뀌어 농민의 부담이 크게 감소하였다.

③ 대동법의 실시로 물품 조달을 위해 공인이란 어용상인이 등장하였다.

④ 공물 납부 방식은 여전히 각 지방의 토산물을 징수하였다.

3. 조선시대 균역법의 시행에 관한 설명으로 옳지 **않은** 것은? `2017 기출`

① 농민은 1년에 군포 2필을 부담하게 되었다.

② 어장세와 선박세의 수취를 균역청에서 관할하였다.

③ 지주에게 결작으로 토지 1결당 미곡 2두를 부담시켰다.

④ 일부 상류층에게 선무군관이라는 칭호를 주고 군포 1필을 부과하였다.

4. 다음 중 조선 후기 개혁 정책에 관한 설명으로 옳은 것을 모두 고른 것은? `2019 기출`

> ㄱ. 모든 양반에게 선무군관포를 거두었다.
> ㄴ. 토산물 공납을 토지에 부과하는 대동법을 실시하였다.
> ㄷ. 시전 상인의 금난전권을 일부 품목만 남겨두고 철폐하였다.
> ㄹ. 토지의 비옥도와 풍흉의 정도에 따라 전세를 차등 있게 거두었다.

① ㄱ, ㄴ   ② ㄱ, ㄹ

③ ㄴ, ㄷ   ④ ㄷ, ㄹ

5. 다음의 농업 기술 보급 이후에 나타난 현상으로 옳은 것을 고르면?

> 가뭄의 피해 때문에 정부에서는 억제하였지만, 농민들은 정부의 금지령에도 불구하고 수리 시설을 확충하면서 이앙법을 계속 확산시켜 나갔다.

> ㄱ. 광작의 성행   ㄴ. 도고의 성장   ㄷ. 지주 전호제 완화   ㄹ. 농민의 계층 분화

① ㄱ, ㄴ   ② ㄱ, ㄹ

③ ㄴ, ㄷ   ④ ㄷ, ㄹ

6. 조선 후기 경제적 상황에 대한 설명으로 바른 것은? 2004 기출

① 장시가 전국적으로 발달하여 농촌 경제가 활성화되었다.
② 신해통공 결과의 실시로 시전상인의 자유로운 경제활동이 허용되었다.
③ 경강상인은 청과의 대외 무역을 통해 도고로 성장하였다.
④ 포구를 거점으로 상행위를 한 상인은 공인이었다.

7. 조선 후기의 농업에 관한 설명으로 옳지 <u>않은</u> 것은? 2015 기출

① 담배, 인삼과 같은 상품 작물이 재배되었다.
② 밭고랑에 곡식을 심는 건종법이 보급되었다.
③ 농사직설, 금양잡록과 같은 농서가 간행되었다.
④ 농법 개량으로 노동력이 절감되어 광작이 성행하였다.

8. 조선 후기 수공업에 대한 설명으로 옳지 <u>않은</u> 것은?

① 부역제의 해이로 각 관청의 작업장에서는 민간 기술자를 고용하여 물품 제조에 나섰다.
② 18세기 말 장인의 등록제를 폐지하고 장인세를 징수하였다.
③ 종이, 자기, 철물 등의 분야는 여전히 관청 수공업이 중심을 이루었다.
④ 자금이 부족한 영세 수공업자는 상인 자본의 지배를 받아 선대제로 운영하였다.

9. 조선 후기의 상업 활동에 대하여 <u>잘못</u> 설명한 것은?

① 신해통공을 계기로 육의전을 포함한 모든 시전상인의 금난전권이 철폐되었다.
② 도고 상업의 발달은 유통 경제를 활성화시키고 상업 자본의 축적을 가져왔다.
③ 지방의 사상들은 장시를 중심으로 전국적인 상업망을 형성하였다.
④ 경강상인들은 한강을 이용한 운수업과 조선업을 통해 부를 축적하였다.

10. 다음에서 설명하고 있는 상인의 명칭은? 2015 기출

> • 생산자와 소비자를 이어주는 역할을 한 행상이었다.
> • 이들을 보호하기 위한 기관으로 혜상공국이 설치되었다.
> • 일정 지역 안이나 전국적인 장시를 무대로 활동하였다.

① 사상   ② 공인
③ 보부상   ④ 객주 · 여각

11. 조선 후기의 경제에 관한 설명으로 옳은 것은? 2019 기출

① 관영 수공업이 확대되었다.
② 자작농이 증가하고 지주가 감소하였다.
③ 의주를 중심으로 평안도 지역에서 인삼을 재배하여 청에 수출하였다.
④ 국가에서 개인의 광산 개발을 허용하고 세금을 거두었다.

12. 조선 후기 상품 화폐 경제의 발달에 관한 설명으로 옳지 <u>않은</u> 것은? 2016 기출

① 철전인 건원중보를 만들었으며, 삼한통보, 해동통보 등의 동전도 사용하였다.

② 개성의 송상은 전국에 지점을 설치하고 대외 무역에도 깊이 관여하여 부를 축적하였다.

③ 동전의 발행량이 늘어났지만 제대로 유통되지 않아 동전 부족 현상이 발생하기도 했다.

④ 상품 매매를 중개하고 운송, 보관, 숙박, 금융 등의 영업을 하는 객주와 여각이 존재하였다.

13. 조선 후기 서민경제에 나타난 변화상으로 옳은 것은? 2012 기출

① 상품 작물 재배가 활발하였으며 장시에서는 목화가 가장 많이 거래되었다.

② 민영수공업자가 생산한 제품은 품질, 가격면에서 관영수공업자 제품보다 경쟁력이 떨어졌다.

③ 이모작 시행으로 늘어난 보리농사는 수취대상에서 제외되었다.

④ 광업은 국가로부터 자본을 조달받아 노동자를 고용하여 광산을 운영하는 경영전문가가 출현하였다.

14. 다음 그림이 그려진 시기의 경제상황에 관한 설명으로 옳지 <u>않은</u> 것은? 2014 기출

① 곡식, 채소, 담배 등의 상품작물이 경작되었다.

② 광산 개발이 장려되었다.

③ 도시에는 대상인이 등장하였다.

④ 이앙법(모내기법)이 시작되어 생산량이 증가하였다.

15. 조선 후기 화폐 유통에 대한 설명으로 옳지 <u>않은</u> 것은?

① 상공업의 발달로 상평통보가 전국적으로 유통되었다.

② 신용 화폐인 환, 어음 등이 대규모 거래에서 이용되기도 하였다.

③ 지주나 대상인들이 화폐를 고리대나 재산 축적의 수단으로 이용하였다.

④ 18세기 말에는 전황 현상이 발생하자 정부는 저화를 발행하였다.

16. 조선 후기 대외 무역의 발달 내용으로 <u>잘못된</u> 것은?

① 청과의 무역이 활발해지면서 국경에서 개시와 후시 무역이 이루어졌다.

② 만상은 청과의 무역을 주도하면서 거상으로 성장하였다.

③ 기유약조 이후 유상은 왜관개시를 중심으로 일본과 무역을 하였다.

④ 송상은 청에서 수입한 물품을 일본에 판매하는 중계 무역을 통하여 부를 축적하였다.

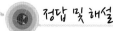
정답 및 해설

1. 정답 ④

오답풀이 ④ 영정법의 실시로 토지를 소유한 지주와 자영농은 부담이 크게 감소하였으나, 토지를 소유하지 않은 대부분의 소작농에게는 혜택이 전혀 없었기 때문에 자영농으로의 성장은 불가능하였다.

2. 정답 ③

해설 ③ 대동법은 방납의 폐단을 해결하기 위하여 토산물 대신에 조세를 징수하여 국가에서 고용한 공인(어용상인)으로 하여금 국가 관청에서 필요한 물품을 조달하도록 하였다.

오답풀이 ① 대동법은 광해군 때 경기도에서 시험적으로 실시된 후, 숙종 때 전국으로 확대되어 실시되었다. ② 대동법을 계기로 기존에 가호를 기준으로 토산물을 징수하던 방식 대신에 토지를 기준으로 조세를 징수하였다. 그 결과 토지를 소유하지 않은 농민(소작농)의 부담은 크게 감소하였다. ④ 대동법을 실시하면서 토산물을 직접 납부하던 방식에서 토지를 기준으로 쌀 12두 또는 삼베와 무명, 동전으로 징수하는 방식으로 바뀌었다.

3. 정답 ①

해설 ②③④ 균역법은 조선 영조 때 군역의 폐단을 해결하기 위하여 실시한 제도이다. 군포 수입의 부족분을 보충하기 위하여 어장세와 선박세를 균역청에서 징수하도록 하였으며, 지주에게는 결작의 명목으로 토지 1결당 미곡 2두를 징수하였다. 또한 일부 상류층에게 선무군관이라는 칭호를 주고 군포 1필을 부과하였다.

오답풀이 ① 균역법에서는 농민의 부담을 줄여주기 위하여 군포를 1년에 2필에서 1필로 줄여 징수하였다.

4. 정답 ③

해설 ㄴ. 대동법은 조선 후기 광해군 이후에 방납의 폐단을 개혁하기 위하여 실시되었다. 대동법은 가호를 기준으로 토산물을 납부하는 방식에서 토지를 기준으로 변경하여 쌀, 동전, 삼베 등으로 납부하였다. ㄷ. 정조 때 신해통공을 실시하여 시전 상인의 금난전권(특정 상품의 독점 판매권)을 육의전을 제외하고 폐지하였다.

오답풀이 ㄱ. 영조 때 균역법을 실시하여 농민의 군포 부담을 2필에서 1필로 감축하는 대신에 일부 상류층에게 선무군관포라는 이름으로 군포 1필을 징수하였다. 그러나 균역법 실시 이후에도 양반은 군포를 납부하지 않았다. ㄹ. 인조 때 실시되었던 영정법은 풍흉을 구분하지 않고 토지 1결 당 4두를 징수하였다. 토지의 비옥도와 풍흉을 기준으로 전세를 차등 있게 징수한 것은 조선 전기 세종 이후 실시되었던 전분 6등법과 연분 9등법에 대한 설명이다.

5. 정답 ②

해설 ② 이앙법의 실시로 노동력이 절감되어 1인당 경작지 면적이 증가하고 생산량이 증가하게 되자 농경지의 면적을 확대하여 운영하는 광작 경영이 성행하였다. 그 결과 농민의 계층 분화가 촉진되어 일부 농민은 부농층으로 성장하였고, 반면에 소작지를 상실한 다수의 농민은 도시 · 광산 · 포구의 임노동자나 품팔이를 하는 신세로 전락하였다.

6. 정답 ①

해설 ① 조선 후기에는 장시가 전국적으로 발달하면서 상품의 유통량이 증가하여 농촌 경제가 활성화되었다.

오답풀이 ② 신해통공은 시전상인의 특권인 금난전권을 폐지한 정책

으로 그 결과 다수의 사상들의 자유로운 경제 활동이 허용되었다. ③ 경강상인은 한강을 무대로 선박을 이용하여 운송 · 판매업에 종사하던 사상이다. ④ 포구를 거점으로 상행위를 한 상인은 선상 · 객주 · 여각 등이며 공인은 대동법을 계기로 국가에서 고용한 어용상인이다.

7. 정답 ③

해설 ① 조선 후기에는 담배, 인삼, 채소 등과 같은 상품 작물이 재배되어 소득 향상에 기여하였다. ② 밭농사에서는 기존의 이랑에 곡식을 심는 농종법에서 고랑에 곡식을 심는 견종법이 보급되어 생산량이 증가하였다. ④ 논농사에서는 이앙법(모내기)이 전국적으로 실시되면서 노동력이 절감되어 광작이 성행하였으며, 그 영향으로 일부 농민은 부농으로 성장하였다.

오답풀이 ③ 농사직설(세종), 금양잡록(성종)은 조선 전기에 편찬된 농업 서적이다.

8. 정답 ③

오답풀이 ③ 조선 후기에는 종이, 자기, 철물 등의 분야에서 관영 수공업이 쇠퇴하고 품질과 가격면에서 우위를 차지한 민영 수공업이 발달하였다.

9. 정답 ①

오답풀이 ① 신해통공으로 시전상인의 금난전권이 폐지되었으나, 육의전은 그 대상에서 제외되었다.

10. 정답 ③

해설 ③ 보부상은 합법적인 상인으로 전국의 장시를 무대로 활동하면서 생산자와 소비자를 연결하여 주는 역할을 담당하였다. 19세기에는 정부에서 이들을 보호하기 위한 기관으로 혜상공국이 설치되었다.

오답풀이 ① 사상은 불법적인 상업 활동을 하는 상인으로 조선 후기에는 난전을 형성하기도 하였다. ② 공인은 대동법을 계기로 정부에서 고용한 어용 상인이다. ④ 객주와 여각은 포구에서 숙박, 금융, 물품 보관 등을 담당하는 중간 상인이었다.

11. 정답 ④

해설 ④ 조선 후기에는 효종 이후 설점수세제를 실시하여 국가에서 세금을 징수하고 민간인의 광산 개발을 허용하였다.

오답풀이 ① 조선 후기에는 관영 수공업이 쇠퇴하고 민영 수공업이 발달하였다. ② 조선 후기에는 이앙법의 보급으로 광작이 일반화되면서 일부 농민은 부농층으로 성장하게 되면서 지주는 증가하였으나, 양반 지주의 토지 겸병으로 인하여 다수의 농민들은 토지를 잃게 되어 자작농은 감소하였다. ③ 조선 후기에 평안도의 의주에서 활동한 상인은 만상으로 청과의 무역으로 성장하였다. 반면에 개성을 중심으로 활동한 송상은 인삼을 재배하고 청에 수출하여 많은 부를 축적하였다.

12. 정답 ①

해설 ② 송상은 개성을 중심으로 활동한 상인으로 전국에 송방이라는 지점을 설치하여 운영하였으며, 청 · 일본 등과의 대외 무역에도 종사하였다. ③ 조선 후기에 양반 지주와 대상인 등이 화폐를 고리대나 재산 축적에 이용하면서 동전의 발행량이 증가하였는데도 시중에 동전이 부족해지는 '전황' 현상이 나타났다. ④ 객주와 여각은 주로 포구를 중심으로 상품 매매 및 운송 · 보관, 숙박, 금융업 등에 종사하는 중간 상인이었다.

오답풀이 ① 건원중보, 삼한통보, 해동통보는 고려 시대에 사용된 동전이다.

13. 정답 ③

해설 ③ 조선 후기에 이앙법(모내기)의 전국적인 보급으로 인하여 벼와 보리의 이모작이 확대되면서 보리농사도 늘어났으며, 특히 보리농사는 수취대상에서 제외되었기 때문에 농민들이 선호하였다.

오답풀이 ① 장시에서 가장 많이 거래된 상품작물은 쌀이었다. ② 조선 후기에는 관영 수공업이 쇠퇴하고, 민영 수공업자가 생산한 제품은 품질, 가격 면에서 경쟁력이 탁월하였다. ④ 조선 후기에는 광산 개발을 허용하면서 사채가 활발해졌으며, 광산 개발은 상인 물주가 자본을 조달하고 덕대라는 전문 광산 경영업자가 광산 노동자를 고용하여 운영하는 형태로 이루어졌다.

14. 정답 ④

오답풀이 ④ 사진 자료는 조선 후기 김홍도의 풍속화와 민화이다. 이앙법(모내기법)은 고려 말에 처음 시작되었다.

15. 정답 ④

오답풀이 ④ 조선 후기에는 화폐 유통이 일반화되면서 지주와 대상인이 화폐를 고리대나 재산 축적에 이용하면서 화폐 유통량이 부족해지는 전황현상이 발생하였다. 그러나 저화는 조선 전기에 사용되었던 지폐이다.

16. 정답 ③

오답풀이 ③ 유상은 평양에서 활동한 사상이며, 동래의 왜관개시를 중심으로 일본과의 무역에 종사한 사상은 내상이다.

4 근대 태동기의 문화

1 성리학의 변화

(1) 성리학의 교조화 경향

성리학의 절대화	• 서인 : 사회 모순 해결 위해 의리 명분론 강화. 주자 중심의 성리학을 절대화				
	• 송시열 : 주자의 본뜻에 충실 → 조선 사회 모순의 해결이 가능하다고 주장				
성리학의 상대화	17세기 후반 이후	주자 중심의 성리학에서 탈피 → 6경과 제자백가 등을 통해 모순 해결의 사상적 기반을 찾으려는 경향			
	윤휴 · 박세당	• 윤휴 : 서경덕의 영향을 받아 유교 경전의 독자적 해석			
		• 박세당 : 양명학과 노장 사상의 영향을 받아 주자의 학설 비판			
		• 서인(노론)에 의해 윤휴와 박세당은 **사문난적(斯文亂賊)**으로 배척당함			
이기론 논쟁	16세기 후반	이황 학파의 영남 남인 ⇔ 이이 학파의 노론			
	주리론	동인 (영남학파)	남인(이황)	유성룡	향촌 사회에 영향력 행사. 학문 연구에 주력
			북인 (조식 · 서경덕)	정인홍	절의 중시. 의병장 배출(정인홍 · 곽재우)
	주기론	서인 (기호학파)	노론(이이)	송시열	• 이이의 학문을 성리학의 정통으로 주장 • 주자 중심의 성리학을 절대시 • 17세기 이후 일당 전제화, 호락 논쟁
			소론(성혼)	윤증	성리학의 이해에 탄력적 → 양명학 연구, 노장 사상 수용
호락논쟁 (湖洛論爭)	심성론을 둘러싼 **노론** 중심의 논쟁				
	구분	지역	주장		계승
	호론(湖論)	충청도	**인물성이론(人物性異論)** → 인간과 사물의 본성이 다름		위정 척사 사상
	낙론(洛論)	서울, 경기	**인물성동론(人物性同論)** → 인간과 사물의 본성이 같음		북학파 실학 사상 → 개화사상

(2) 양명학의 수용

배경	성리학의 교조화와 형식화 비판 → 실천성 강조	
수용 과정	• 중종 때 전래 → 서경덕 학파와 종친 중심으로 연구 • 18세기 초반 이후 → 정제두와 소론 학자에 의해 본격적으로 수용	
사상 체계	지행합일 (知行合一)	앎과 행함이 분리되거나 선후가 있는 것이 아니라 앎은 행함을 통해서 성립한다는 이론
	심즉리(心卽理)	인간의 마음이 곧 이(理)이다.
	치양지 (致良知)	인간이 상하 존비의 차별 없이 본래 타고난 천리(天理)로서의 양지를 실현하여 사물을 바로 잡을 수 있다.
학파의 형성	형성 시기	18세기 초 정제두에 의해 학문적 체계 형성
	정제두	• 「존언」, 「만물일체설」 저술 → 일반민을 도덕 실천의 주체로 상정 • 양반 중심의 신분제 폐지 주장
	강화학파	• 대표적 학자 : 정제두, 이광사, 이긍익, 이건창 • 역사학, 국어학, 서화, 문학 등에서 새로운 경지 개척 → 실학자와 상호 영향
영향	한말과 일제 강점기의 박은식·정인보 등의 국학자가 계승 → 민족 운동 전개	

2 실학의 발달

(1) 실학의 등장

1) 실학의 개념 : 17·18세기의 사회 경제적 변동에 따른 사회 모순을 해결하기 위한 진보적 사회 개혁론
2) 실학 발생의 배경
　① 양란 이후 통치 질서의 와해, 조선 후기 경제적 변화와 발전, 조선 후기 양반 중심의 신분 질서 붕괴
　② 성리학의 현실 문제 해결 능력 상실, 고증학과 서양 과학의 영향, 영·정조의 학문 장려
3) 초기의 실학 운동
　① 이수광 : 「지봉유설」 저술 → 문화 인식의 폭 확대
　② 한백겸 : 「동국지리지」 저술 → 우리나라의 역사 지리 고증

(2) 농업 중심의 개혁론 : 중농학파(경세치용 학파)

1) 특징
　① 서울 부근의 경기 지방에서 활약한 남인 출신 실학자로 구성
　② 농촌 사회의 안정을 위해 토지·군사·조세·교육 제도 등의 개혁 추구
　　㉠ 토지 제도의 개혁 → 자영농 육성, 농촌 경제 안정 도모
　　㉡ 국가 제도의 개편 → 유교적 이상 사회의 재건 도모
　③ 영향 : 한말 위정척사 사상에 영향

2) 주요 학자와 개혁 사상

학자	저서	개혁 내용		
유형원 (선구자)	반계수록	균전론	관리, 선비, 농민 등에게 토지를 차등 재분배 → 자영농 육성	
		개혁 이론	• 자영농 중심의 농병 일치의 군사 조직과 사농일치의 교육 제도 주장 • 양반 문벌 제도, 과거 제도, 노비 제도의 모순 비판 • 적서차별, 노비 제도, 문음 제도 자체는 인정 → 학문적 한계	
이익 (학파 형성)	성호사설 곽우록	성호학파	안정복, 이긍익, 이중환, 이가환, 정약용 등 제자 양성	
		한전론	한 가정의 생활을 유지하는 데 필요한 일정한 토지를 영업전으로 하고, 영업전은 매매 금지, 기타 토지는 매매 허용 → 점진적 토지 소유의 평등 주장	
		6좀 폐단	양반 문벌 · 노비 · 과거 제도, 사치와 미신, 승려, 게으름 → 나라의 빈곤과 농촌 피폐의 원인으로 규정	
		역사 의식	화이론적 세계관 부정 → 실증적, 고증적, 주체적 역사학 연구	
		폐전론	고리대와 화폐 유통의 폐단 비판	
		사창제 실시	환곡 제도의 문란에 대한 해결책으로 제시	
정약용 (집대성)	목민심서 경세유표 흠흠신서	신유박해 때 강진에서 유배 생활 → 500여 권의 「여유당전서」 저술		
		목민심서	지방관의 치민(治民)에 관한 도리 서술 → 지방 행정 제도 개혁론 제시	
		경세유표	중앙 정치 제도 개혁론 제시	
		흠흠신서	형옥(刑獄)에 관한 법률 정치서(사법 제도)	
		논설	탕론	주권재민의 왕도 정치 주장 (혁명론)
			원목	목민관의 이상 정치론 제시
			전론	토지제도 개혁론 → 여전론, 정전제
		토지 개혁론	여전론	한 마을을 단위(1여 30가호)로 한 공동 농장제도 → 노동량 기준으로 공동 분배
			정전제	국가가 토지 매입하여 농민에게 재분배 → 자영농 육성 주장 (여전제의 대안으로 제시)
		정치 · 국방	정치	주권재민의 왕도정치 주장 → 백성의 의사가 반영될 수 있는 정체 제도의 개선 방안 모색
			국방	향촌 단위의 방위 체제
		과학 기술	• 거중기 이용 → 수원 화성 축조, 한강 주교 설계, 종두법(마과회통) • 기예론 : 인간이 다른 동물보다 뛰어난 것은 기술 때문 → 기술의 발달이 인간 생활의 풍요를 가져온다고 확신	

(3) 상공업 중심의 개혁론 : 중상학파(이용후생학파 · 북학파)

1) 특징
① 서울의 노론 출신 실학자가 대부분

② 상공업의 진흥과 기술 혁신 등 물질 문화에 관심

③ 농업 기술의 개발 → 생산력 향상에 관심

④ 청의 선진 문물 적극적 수용 → 부국강병 실현 주장

⑤ 신분 제도의 철폐 주장

⑥ 한말 개화 사상가에게 영향

2) 주요 학자와 사상

학자	저서		개혁 내용
유수원 (선구자)	우서	우서	중국과 우리나라의 문물 비교 → 정치 · 경제 · 사회 · 문화 전반의 개혁안 제시
		상공업 진흥책	• 상인 간의 합작을 통한 경영 규모의 확대 • 선대제 경영론 주장 → 상인 자본의 수공업 지배 • 사 · 농 · 공 · 상의 직업적 평등화와 전문화 강조
		농업	농업의 상업적 경영과 기술 혁신 주장 → 생산력 증대 도모
		기타	대상인의 지역 사회 개발 참여 제시 → 학교 건립, 교량 건설, 방위 시설 구축
홍대용	임하경륜 의산문답	균전제	성인 남자에게 2결의 토지 지급, 선비들은 생업에 종사할 것 주장
		부국강병책	기술의 혁신과 문벌 제도의 철폐, 성리학의 극복을 통한 부국강병 추구
		지전설	중국 중심의 세계관 비판
박지원	열하일기 과농소초	농업 진흥책	• 한전론 주장, 지주제 인정 • 영농 방법의 개선, 상업적 농업의 장려, 농기구 개량, 관개 시설의 확충 → 농업 생산력 증대에 관심
		상공업 진흥책	수레와 선박 이용, 화폐 유통의 필요성 강조(열하일기)
		기타	양반 문벌제도의 비생산성 비판(양반전, 허생전, 호질)
박제가	북학의	북학론	청의 문물 적극 수용 주장
		상공업 진흥책	• 청과의 통상 강화, 수레 · 선박의 이용 확대 주장 • 절약보다 소비 권장 → 생산 자극의 필요성 강조 (소비와 생산의 관계를 우물물에 비유)

(4) 실학의 성격과 한계

1) 실학의 성격 : 실증적, 민족적, 근대 지향적, 민중적
① **민족적** : 전통 문화에 대한 독자적 인식 강조

② **근대 지향적** : 사회 체제의 개혁과 생산력 증대를 통한 근대 사회 지향

③ **민중적** : 피지배층의 입장과 권익 대변

2) 실학의 한계 : 정치적 실권과 거리가 먼 몰락한 재야 지식인의 개혁론 → 국가 정책에 반영되지 못함

(5) 국학 연구의 확대

1) 배경 : 실학의 발달과 함께 민족의 전통과 현실에 대한 관심 고조

2) 역사 · 지리 · 국어 연구

<table>
<tr><td rowspan="7">역사</td><td>이익</td><td colspan="2">실증적 · 비판적 역사서술, 중국 중심의 역사관 비판 → 민족사의 주체적 자각에 이바지</td></tr>
<tr><td rowspan="2">안정복</td><td rowspan="2">동사강목</td><td>• 고조선~고려 말까지 서술 → 고증사학의 토대 마련</td></tr>
<tr><td>• 한국사의 독자적 정통론 체계화 → '삼한정통론' 제시(단군 – 기자 – 마한 – 신라 – 고려 – 조선)</td></tr>
<tr><td>한치윤</td><td>해동역사</td><td>550여 종의 중국과 일본의 자료를 참고하여 편찬 → 민족사 인식의 폭 확대</td></tr>
<tr><td>이긍익</td><td>연려실기술</td><td>조선 시대의 정치와 문화를 실증적 · 객관적으로 서술(기사 본말체)</td></tr>
<tr><td>김정희</td><td>금석과안록</td><td>북한산비가 진흥왕 순수비임을 밝힘</td></tr>
<tr><td>유득공</td><td>발해고</td><td>발해사</td></tr>
<tr><td></td><td>이종휘</td><td>동사</td><td>고구려사</td></tr>
</table>

(위 표의 유득공·이종휘 행: 발해사/고구려사 옆 "고대사 연구의 시야를 만주 지방까지 확대", "→ 한반도 중심의 협소한 사관 극복")

<table>
<tr><td rowspan="7">지리</td><td rowspan="4">지리서</td><td>특징</td><td>• 국토에 대한 학문적 이해 축적과 서양식 지도의 전래 → 중국 중심의 세계관에서 탈피
• 경제적 · 문화적 목적에서 주로 제작</td></tr>
<tr><td>역사지리서</td><td>「아방강역고」(정약용), 「동국지리지」(한백겸)</td></tr>
<tr><td rowspan="2">인문지리서</td><td>• 「여지지」(유형원), 「대동지지」(김정호), 「택리지」(이중환)</td></tr>
<tr><td>• 택리지 : 8도의 자연 환경과 물산, 풍속, 인심의 특색, 가거지 조건</td></tr>
<tr><td rowspan="3">지도</td><td>특징</td><td>산업 · 문화 · 경제에 대한 관심 반영 → 산맥 · 하천 · 포구 · 도로망 등 표시
(상인들에게 널리 이용)</td></tr>
<tr><td>동국지도</td><td>정상기가 제작 → 최초로 100리 척을 사용</td></tr>
<tr><td>대동여지도</td><td>• 김정호가 제작 → 산맥, 하천, 포구, 도로망의 표시가 정밀하게 기록, 목판으로 인쇄
• 10리 마다 눈금 표시 → 거리 파악 가능</td></tr>
</table>

<table>
<tr><td rowspan="3">국어</td><td>특징</td><td>문화적 자아 의식 고취(← 한글의 우수성 인식)</td></tr>
<tr><td>음운연구</td><td>「훈민정음 운해」(신경준), 「언문지」(유희)</td></tr>
<tr><td>어휘수집</td><td>「재물보」(이성지), 「대동운부군옥」(권문해), 「고금석림」(이의봉 – 방언과 해외 언어 정리)</td></tr>
</table>

3) 백과 사전의 편찬 : 문화 인식의 범위 확대로 다수 편찬

서적명	저자	시대	내용
지봉유설	이수광	광해군	천문 · 지리 · 동식물 등 문화의 각 영역을 항목별로 나누어 기술, 천주실의 소개
성호사설	이익	영조	천지 · 만물 · 경사 · 인사 · 시문의 5개 부문으로 나누어 고증에 의해 정리
청장관전서	이덕무	정조	이덕무의 시문 등을 아들 이광규가 수집 · 편찬
오주연문장전산고	이규경	헌종	우리나라와 중국 등 외국의 고금 사물에 대해 고증한 책
동국문헌비고	홍봉한	영조	우리나라의 정치 · 경제 · 문화 · 지리를 체계적으로 정리한 한국학 백과 사전

3 과학 기술의 발달

(1) 서양 문물의 수용

  1) 수용 과정 : 17세기 이후 중국을 왕래하는 사신과 이익의 제자 및 북학파 실학자들이 주로 관심

  2) 서양 문물의 수용

    ① **선조**

       ㉠ 이수광 :「지봉유설」에서「천주실의」소개

       ㉡ 이광정 : 세계 지도 전래

    ② **인조** : 정두원(화포 · 천리경 · 자명종), 김육(시헌력), 소현 세자(아담 샬과 교류)

    ③ **숙종** : 이이명은 서양의 천문, 수학 서적 등 도입

  3) 서양인의 등장

    ① **벨테브레** : 훈련도감에 소속 → 서양식 대포 제조법과 조종법 전래

    ② **하멜** : 하멜 표류기 저술

  4) 영향 : 실학자들에게 과학과 기술에 대한 관심 고취 → 과학 발달에 기여

(2) 천문학과 지도 제작 기술의 발달

  1) 천문학

    ① **이익** : 서양 천문학 연구

    ② **이수광** :「지봉유설」에서 일식, 월식, 벼락, 조수의 간만에 대한 내용 언급

    ③ **지전설의 주장** : 김석문, 홍대용, 이익, 정약용 등 → 성리학적 세계관 비판

  2) 역법 : 김육 → 청의 시헌력 도입

  3) 수학

    ① 마테오리치가 유클리드 기하학을 한문으로 번역한 기하원본 도입

    ② 홍대용 :「주해수용」저술 → 우리나라 · 중국 · 서양 수학의 연구 성과 정리

  4) **지리학** : 곤여만국전도(세계 지도) 전래

       → 성리학적 세계관 비판

곤여만국전도

(3) 의학의 발달과 기술의 개발

  1) 의학

학자	저서	내용
허준	동의보감	• 전통 한의학 집대성, 의료 지식의 민간 보급에 기여 • 일본 의학에 큰 영향
허임	침구경험방	침구술 집대성
정약용	마과회통	마진(홍역)을 연구, 박제가와 함께 종두법 연구 · 실험
이제마	동의수세보원	체질 의학 이론서, 사상 의학 확립(태양인, 태음인, 소양인, 소음인)

2) 정약용의 기술 연구

　　① **기예론**

　　　　㉠ 인간이 다른 동물보다 뛰어난 것은 기술 때문

　　　　㉡ 기술의 발달이 인간 생활의 풍요를 가져온다고 확신

　　　　㉢ 선진 기술의 과감한 수용을 통해 기술 혁신 주장

　　② **수원 화성 축조** : 거중기 사용

　　③ 한강 주교(배다리) 설계, 선박의 건조, 총포 · 병차의 제조

(4) 농서의 편찬과 농업 기술의 개발

1) 농업 서적

학자	저서	내용
신속	농가집성	17세기 중엽 → 벼농사 중심의 농법 소개, 이앙법 보급에 공헌
박세당	색경	곡물 재배법, 채소 · 과수 · 원예 · 양잠 · 축산 등의 농업 기술 소개
홍만선	산림경제	
서호수	해동농서	
서유구	임원경제지	농업과 농촌 생활에 필요한 내용 정리 → 농촌 생활 백과사전

2) 농업 기술의 발달

　　① **논농사** : 이앙법의 보급 → 노동력의 절감과 생산량 증대에 기여

　　② **밭농사** : 견종법 보급 → 이랑의 간격 축소, 깊이갈이 시작

　　③ **농기구의 개선** : 소를 이용한 쟁기의 사용 보편화

　　④ **시비법의 발달** : 토지의 생산력 증대

　　⑤ **수리 시설 개선** : 저수지 축조(당진의 합덕지, 연안의 남대지 등) → 정조 때 밭보다 논의 비율 증가

　　⑥ **경지 면적 확대** : 황무지 개간, 간척 사업(서해안과 큰 강 유역)

4 문학과 예술의 새 경향

(1) 서민 문화의 발달

1) 배경 : 상공업의 발달, 농업 생산력의 증대 → 서당 교육의 보급, 서민의 경제적 · 신분적 지위 향상

2) 문학 · 예술의 새 경향

　　① 서민이 창작하고 향유하는 문학과 예술 대두

　　② 중인층(역관 · 서리) 및 상공업 계층과 부농층의 문예 활동 활발, 상민 · 광대의 활동도 활발

3) 문학 · 예술의 특징 : 사실적 묘사, 서민적 성격

　　① 인간 감정의 적나라한 묘사, 양반의 위선적인 모습과 사회의 부정과 비리를 풍자하고 고발

　　② 서민적 인물이 주인공으로 등장, 현실적 인간 세계 표현

　　③ **서민 문화의 장르** : 판소리, 탈춤, 한글소설, 사설시조, 풍속화, 민화, 시사(詩社) 조직

(2) 판소리와 가면극 : 상품 화폐 경제 발달과 함께 성장 → 사회 모순 비판 → 서민 자신의 존재를 자각하는 데 기여

판소리	구성	한 편의 이야기를 창(노래)과 아니리(이야기), 발림(발놀림)으로 표현
	특징	광대가 창과 사설로 이야기 진행하면서 관중이 추임새로 함께 어울림
	영향	• 서민을 포함한 넓은 계층에서 호응 → 서민 문화의 중심 형성 • 조선 후기 서민의 풍요로운 문화생활에 기여
	작품	열두 마당이 있으나 현재는 춘향가 · 심청가 · 흥보가 · 적벽가 · 수궁가 등 만 존재
	신재효	19세기 후반 판소리 사설의 창작과 정리에 공헌
가면극	탈놀이	향촌에서 마을굿의 일부로 공연
	산대놀이	• 산대라는 무대에서 공연되던 가면극이 민중 오락으로 정착 • 도시 상인과 중간층의 지원으로 성행 • 하층 서민인 말뚝이와 취발이를 등장 → 양반의 허구성과 승려의 부패와 위선 등을 풍자

(3) 한글소설과 사설시조

한글소설	홍길동전(허균)		최초 한글소설, 서얼 차별 철폐와 탐관오리에 대한 응징 → 이상사회 건설 묘사
	춘향전		판소리 형태, 신분 차별의 비합리성 비판
	기타		「별주부전」, 「장화홍련전」, 「콩쥐팥쥐전」 등
사설시조	형식		격식에 구애받지 않음, 초 · 중 · 종장이 무제한 긴 사설시조
	내용		서민의 생활상, 남녀간의 사랑, 현실에 대한 비판을 사실적으로 묘사
	시조집		김천택의 「청구영언」, 김수장의 「해동가요」
한문학	특징		실학의 유행과 함께 사회의 부조리한 현실을 비판
	정약용		삼정의 문란을 폭로하는 한시
	박지원	내용	양반 사회의 허구성 지적, 실용적 태도 강조
		특징	현실을 올바르게 표현할 수 있는 문체의 혁신 주장
		작품	「양반전」, 「허생전」, 「호질」, 「민옹전」
시사 (詩社)	시사		중인층과 서민층이 조직한 시인 동우회
	조직		천수경의 옥계 시사, 최경흠의 직하 시사, 박원묵의 서원 시사
	동인지		「소대풍요」, 「풍요속선」
	풍자 시인		정수동, 김삿갓(병연)

> ▶ **조선 후기 문학의 경향**
>
> | 17세기 | • 특징 : 애국 사상과 사회 비판을 담은 작품 창작
• 애국 사상 : 선상탄, 임진록, 임경업전
• 사회 비판 : 홍길동전, 전우치전, 사씨남정기, 구운몽
• 야담 잡기류 : 어우야담, 대동야승 |
> |---|---|
> | 18세기 | • 특징 : 양반 사회 풍자, 서민 생활의 애환 묘사
• 박지원의 한문 소설, 한글 소설, 사설시조 잡가 유행 |
> | 19세기 | • 서민 문학의 전성기
• 판소리와 가면극 유행, 시사 조직, 풍자 시인 등장 |

(4) 진경산수화와 풍속화

진경산수화	특징	• 17세기 전반~18세기 전반 → 우리 고유의 정서와 자연을 표현하는 예술 운동으로 등장 • 중국의 남종화와 북종화의 화법을 고루 수용 → 우리의 자연을 사실적으로 묘사 → 회화의 토착화
	정선	진경산수화의 개척자, '인왕제색도', '금강전도'
	기타	윤두서, 심사정, 김두량
풍속화 (18세기후반)	김홍도	• 특징 : 농촌 서민의 일상생활 묘사(소탈 · 익살스러운 필치), 산수 배경 생략 • 작품 : 밭갈이, 씨름도, 대장간, 추수, 서당도
	신윤복	• 특징 : 양반 풍류, 부녀자 풍습, 남녀 애정 묘사(감각적 · 해학적), 산수 배경 가미 • 작품 : 선유도, 단오 풍정, 그네 뛰는 여인
민화 (18세기)	특징	민중의 기복적 염원과 미의식 표현, 생활 공간 장식 목적으로 그렸음 → 한국적 소박한 정서가 짙게 반영
	소재	해, 달, 나무, 꽃, 동물, 물고기, 농경이나 무속의 풍속
기타	18세기	서양 화법의 영향으로 원근법 · 명암법 도입 → 강세황(영통골 입구도)
	19세기	• 문인화의 부활 → 실학적 화풍 퇴조 → 진경산수화와 풍속화 일시적 침체 • 장승업 : 군마도 → 사실적, 생동적 필치(화원 출신) • 김정희 : 세한도 → 선비의 높은 이념 세계 표현(문인 출신) • 신위 : 대(竹) 그림의 일인자
	서예	• 이광사 : 동국진체 → 우리의 정서와 개성을 추구하는 단아한 서체 • 김정희 : 추사체 → 굳센 기운과 다양한 조형성을 가진 서체

※ **조선의 3대 화가 :** 안견, 김홍도, 장승업
※ **조선 후기의 3원 :** 김홍도(단원), 신윤복(혜원), 장승업(오원)

무동(김홍도)

단오풍정(신윤복)

인왕제색도

민화

(5) 건축의 변화

1) 조선 후기 건축의 특징
　① 양반과 부농, 상공업 계층의 지원 → 사원 건립
　② 정치적 필요 → 대규모 건축물 건립

2) 대표적 건축물

시기		내용
17세기	특징	사원 건축 유행 → 불교의 사회적 지위 향상과 양반 지주층의 경제적 성장 반영
	건축물	금산사 미륵전, 화엄사 각황전, **법주사 팔상전**(현존 最古의 5층 목조탑)
18세기	사원건축	• 특징 : 부농과 상인의 지원 → 지방에 장식성이 강한 사원 건립 • 건축물 : 논산 쌍계사, 부안 개암사, 안성 석남사
	수원화성 (정조)	• 정약용이 거중기를 사용하여 축조 • 종래의 성곽과는 달리 화포를 배치하여 적을 공격할 수 있도록 건축 • 우리의 전통적인 성곽 양식의 장점 위에 서양식 건축 기술 도입 • 주위의 경치, 평상시의 생활과 경제적 터전을 조화시킨 종합적 도시 계획으로 건설 • **유네스코 지정 세계 문화 유산**
19세기		경복궁 근정전, 경회루 → 전제 왕권 강화 목적에서 건립

법주사 팔상전　　　　　화엄사 각황전　　　　　수원 화성

(6) 백자 · 생활 공예와 음악

도자기	• 백자가 민간에 널리 사용 → **청화백자** 유행 • 안료로서 청화, 철화, 진사 등 사용 → 생활용품을 제작(제기, 문방구) • 서민은 주로 옹기를 사용
생활 공예	목공예(장롱, 책상, 문갑, 소반, 의자, 필통 등), 화각 공예
음악	• 양반층 – 가곡 · 시조 애창, 서민층 – 민요 • 상업의 발달 → 직업적 광대 · 기생 → 판소리, 산조와 잡가 등 창작

청화백자죽문각병　　　　　　　달항아리

정답: P. 266

1. 조선 후기에 주자의 학설을 비판하여 서인에 의해 사문난적으로 배척받았던 2명의 학자는?

2. 조선 후기에 노론 내에서 인간의 심성을 둘러싸고 일어난 사상 논쟁은?

3. 조선 후기에 유행한 양명학의 사상 체계 3가지와 정제두에 의해 형성된 학파는?

4. 중농학파 실학자의 주된 개혁 방향은?

5. 중농학파의 선구자로 반계수록을 저술한 학자와 그의 토지 개혁론은?

6. 성호 이익이 주장한 토지 개혁론의 특징과 6좀의 폐단은?

7. 정약용의 토지 개혁론으로 한 마을을 단위로 한 공동 농장 제도의 형태로 운영된 것은?

8. 중상학파 실학자로서 청과의 통상, 절약보다 소비의 중요성을 주장한 학자와 그의 저서는?

9. 한국사의 독자적 정통론을 체계화하여 '삼한 정통론'을 제시한 학자와 그의 저서는?

10. 조선 후기의 역사서 중에서 고대사 연구의 시야를 만주 지방으로 확대하여 한반도 중심의 협소한 역사관을 극복한 2명의 학자와 각각의 저서는?

11. 조선 8도의 자연 환경과 물산, 풍속, 인심의 특색을 저술한 이중환의 인문지리서는?

12. 영조 때 편찬된 한국학 백과사전은?

13. 조선 후기에 훈련도감에 소속되어 서양식 대포 제조법과 조종법을 소개한 외국인은?

14. 인간의 체질을 4가지로 분류하고 치료 방법을 서술한 체질 의학서와 저자는?

15. 조선 후기 서민 문화의 대표적인 장르 7가지는?

16. 조선 후기 판소리 사설의 창작과 정리에 공헌한 사람은?

17. 우리나라 최초의 한글 소설은?

18. 진경 산수화의 대표적 화가와 작품은?

19. 김홍도와 신윤복의 화풍을 비교하라.

20. 조선의 3대 화가는?

21. 조선 후기의 대표적인 화가로서 3원이라고 불리우던 화가 3명은?

22. 현존하는 가장 오래된 목조 5층탑은?

23. 조선 후기에 유행한 대표적인 도자기 양식은?

24. 유네스코 지정 세계 기록 문화 유산 16개는?

1. 다음 학자들의 공통점으로 옳은 것은? 2011 기출

> • 윤휴　　　• 박세당　　　• 정제두　　　• 이광사

① 양명학의 수용과 연구   ② 주자학 비판
③ 세계관 확대에 기여   ④ 반도 중심의 역사관 극복

2. 조선 후기 사상계의 동향에 관한 설명으로 옳지 않은 것은?

① 소론은 성리학에서 탈피하여 양명학에 관심을 가졌다.
② 경기 남인은 토지 소유의 불균형을 지적하고 토지 제도의 개혁을 주장하였다.
③ 인조 이후에는 이이와 이황의 사상이 조선 후기 사상계를 주도하였다.
④ 노론과 소론은 심성론을 둘러싸고 호락논쟁을 전개하였다.

3. 다음 중 양명학에 대한 설명으로 옳지 않은 것은? 2004 기출

① 지행합일(知行合一)의 실천성을 중시하였다.
② 정제두는 강화학파를 형성하였다.
③ 노론 계열의 학자들에 의해 주로 연구되었다.
④ 이건창, 박은식 등의 한말 국학자에게 계승되었다.

4. 다음 중 실학의 등장 배경으로 옳지 않은 것은?

① 조선 후기의 사회 경제적 변화
② 청의 고증학의 영향
③ 성리학에 대한 반성과 비판
④ 서원을 중심으로 한 사림의 성장

5. 실학자들에 대한 설명으로 잘못 연결된 것은?

① 이 익 – 성호사설 – 6좀의 폐단 지적
② 유형원 – 반계수록 – 균전론
③ 정약용 – 여유당전서 – 주권 재민의 왕도 정치
④ 이수광 – 의산문답 – 지전설

6. 다음은 조선 후기 실학자들의 개혁안이다. 잘못 연결된 것은? 2012 기출

① 박제가 – 수레와 선박의 필요성, 청과의 통상을 적극 주장하였으며, 절약보다 소비를 강조하였다.
② 유형원 – 균전론을 주장하여 자영농의 육성을 강조하였다.
③ 이익 – 토지의 공동 소유와 노동량을 기준으로 공동 분배하는 여전론을 주장하였다.
④ 홍대용 – 지전설을 주장하여 중국 중심의 세계관을 비판하였다.

7. 다음 도자기를 유행 시기가 앞선 순으로 바르게 나열한 것은? 2019 기출

ㄱ. 순청자　　　ㄴ. 청화백자　　　ㄷ. 분청사기　　　ㄹ. 상감청자

① ㄱ→ㄷ→ㄹ→ㄴ　　　　　　② ㄱ→ㄹ→ㄴ→ㄷ
③ ㄱ→ㄹ→ㄷ→ㄴ　　　　　　④ ㄴ→ㄷ→ㄹ→ㄱ

8. 북학파의 개혁 사상에 대한 설명으로 옳지 않은 것은?

① 농업 기술의 개발을 통한 생산력의 증대를 중시하였다.
② 한말 위정척사 사상의 형성에 큰 영향을 끼쳤다.
③ 청나라 문물의 적극적 수용을 통한 부국강병을 주장하였다.
④ 원활한 상품 유통을 위한 수레와 선박의 이용을 강조하였다.

9. 다음과 같은 토지 개혁안이 공통적으로 지향했던 목표는? 2013 기출

- 관리, 선비, 농민 등 신분에 따라 차등 있게 토지를 재분배하고 조세와 병역도 조정하자.
- 한 가정의 생활을 유지하는 데 필요한 규모의 토지를 영업전으로 정한 다음, 영업전은 법으로 매매를 금지하고, 나머지 토지만 매매를 허용하자.

① 관리의 경제 기반 보장　　　② 자영농 육성을 통한 농민 생활 안정
③ 지주 전호제 강화　　　　　　④ 공동 농장 제도 실현

10. 다음 (   )에 들어갈 인물로 옳은 것은?

2018 기출

> (   )은 실학자로서 '의산문답', '임하경륜' 등을 저술하고, 성리학의 극복과 지전설을 주장하였다.

① 이익   ② 홍대용
③ 유수원   ④ 박지원

11. 다음과 같은 주장을 한 학자에 대한 설명으로 옳지 <u>않은</u> 것은?

> 비유하건대 재물은 대체로 샘과 같은 것이다. 퍼내면 차고, 버려 두면 말라 버린다. 그러므로 비단옷을 입지 않아서 나라에 비단 짜는 사람이 없게 되면 여공이 쇠퇴하고, 쭈그러진 그릇을 싫어하지 않고 기교를 숭상하지 않아서 공장(工匠)이 도야하는 일이 없게 되면 기예가 망하게 되며, 농사가 황폐해져서 그 법을 잃게 되므로 사농공상의 사민이 모두 곤궁하여 서로 구제할 수 없게 된다.

① 개화사상의 형성에 영향을 주었다.
② 청 문물의 적극적인 수용을 주장하였다.
③ 생산 촉진을 위해 절약보다 소비의 중요성을 강조하였다.
④ 청의 고증학을 도입하여 금석학 분야에서 응용하였다.

12. 역사서에 관한 설명으로 옳지 <u>않은</u> 것은?

2013 기출

① 연려실기술 – 조선시대 역사와 문화를 정리하였다.
② 택리지 – 자연 환경과 물산, 풍속, 인심 등을 서술하였다.
③ 금석과안록 – 북한산비가 진흥왕 순수비임을 밝혔다.
④ 동사강목 – 독자적 정통론으로 고려와 조선 시대 역사를 체계화하였다.

13. 조선 후기 국학 연구 활동에 대한 설명으로 옳은 것은?
① 김정호 – 각 지역의 자연 환경과 풍속, 인심, 산물 등을 기록한 택리지를 저술하였다.
② 한백겸 – 아방강역고라는 역사 지리서를 편찬하였다.
③ 김정희 – 북한산 순수비가 진흥왕 순수비임을 밝혔다.
④ 정상기 – 고금석림을 통해 우리나라의 방언과 외국 언어를 정리하였다.

14. 영조의 왕명으로 우리나라의 문물을 체계적으로 정리한 한국학 백과사전은?
① 동국문헌비고
② 지봉유설
③ 오주연문장전산고
④ 아방강역고

15. 다음 중 정약용에 대한 설명으로 옳지 <u>않은</u> 것은?

① 거중기를 이용하여 수원 화성을 축조하였다.

② 자영농 육성을 위한 토지 개혁론으로 한전론을 주장하였다.

③ 천주교를 신봉하였으며, 실학을 집대성하였다.

④ 마과회통에서 종두법의 실시를 강조하였다.

16. 조선 후기 과학 기술에 대한 설명으로 옳지 <u>않은</u> 것은?

① 김육은 청으로부터 역법인 수시력을 도입하였다.

② 벨테브레는 훈련도감에 소속되어 서양식 대포의 제조법을 가르쳤다.

③ 홍대용과 김석문은 지전설을 주장하여 성리학적 세계관을 비판하였다.

④ 곤여만국전도의 전래는 조선인의 세계관 확대에 기여하였다.

17. 우리나라 의학서에 관한 설명으로 옳은 것을 모두 고른 것은? 2013 기출

> ㄱ. 의방유취는 의학책들을 망라한 의학백과사전이다.
> ㄴ. 동의보감은 일본 의학 발전에 큰 영향을 준 서적이다.
> ㄷ. 향약집성방은 현재 전하는 가장 오래된 의학 서적이다.
> ㄹ. 침구경험방은 홍역 치료법과 종두법을 소개한 의학 서적이다.

① ㄱ, ㄴ   ② ㄱ, ㄹ

③ ㄴ, ㄷ   ④ ㄷ, ㄹ

18. 조선 후기에 서민 문화가 대두하게 된 배경으로 옳지 <u>않은</u> 것은?

① 상공업의 발달과 농업 생산력의 증대

② 천주교의 만민 평등사상의 전래

③ 서민의 경제적 · 신분적 지위의 향상

④ 서당 교육의 보급에 따른 서민 의식의 향상

19. 다음 중 조선 후기에 대두한 서민 문화에 해당하지 <u>않는</u> 것은? 2006 기출

① 한글소설   ② 사설시조

③ 진경산수화   ④ 판소리

20. 다음에서 설명하고 있는 문화재는? 2013 기출

> • 영의정 채제공의 지휘 아래 만들어졌다.
> • 팔달문, 화서문, 장안문 등으로 이루어져 있다.
> • 거중기 등 새로운 기계를 사용하여 만들어졌다.
> • 유네스코 세계 문화 유산으로 등재되었다.

① 남한산성   ② 정족산성

③ 행주산성   ④ 수원 화성

21. 조선 후기 회화에 대한 설명으로 옳지 <u>않은</u> 것은?

① 김홍도는 주로 농촌 서민들의 생활상을 소탈하고 익살스럽게 묘사하였다.
② 신윤복은 주로 양반과 부녀자들의 생활, 남녀 간의 애정 등을 묘사하였다.
③ 정선은 원근법, 명암법 등의 서양화 기법을 반영하여 표현하였다.
④ 우리 민족의 소박한 정서가 담겨 있는 민화가 유행하였다.

22. 다음의 건축물을 순서대로 바르게 나열한 것은?

ㄱ. 수원 화성	ㄴ. 법주사 팔상전	ㄷ. 도산 서원	ㄹ. 경복궁 중건

① ㄱ - ㄴ - ㄷ - ㄹ   ② ㄴ - ㄷ - ㄱ - ㄹ
③ ㄷ - ㄴ - ㄱ - ㄹ   ④ ㄱ - ㄷ - ㄴ - ㄹ

23. 다음에 제시된 그림을 보고 당시의 사회상으로 옳은 것을 고르면? <u>2008 기출</u>

① 상품 화폐 경제 발달
② 양반들의 지위 강화와 관권의 약화
③ 농업 생산력의 증가에 따른 자영농 증가
④ 일부일처제 정착과 여성의 지위 상승

24. 다음 중 조선시대 3원에 속하지 <u>않는</u> 사람은? <u>2006 기출</u>

① 신윤복   ② 김홍도
③ 장승업   ④ 강세황

25. 다음은 정선의 인왕제색도이다. 이 그림에 대한 설명으로 옳은 것은? 2007 기출

① 안평대군의 꿈을 대각선 구도를 활용하여 그렸다.
② 호복을 입고 말을 모는 무사의 모습을 세밀하게 표현하였다.
③ 우리나라의 자연을 실제 그대로 묘사한 진경산수화이다.
④ 중국의 화풍을 모방한 대표적 작품이다.

26. 조선 후기 인물과 작품이 바르게 연결된 것은? 2015 기출

① 강희안 – 송하보월도   ② 김정호 – 대동여지도
③ 안 견 – 몽유도원도   ④ 이상좌 – 고사관수도

27. 다음 (   )에 들어갈 농업서로 옳은 것은? 2018 기출

> 조선 후기 신속은 (   )에서 이앙법과 그 밖의 벼농사 농법을 자세히 소개하였다.

① 농사직설   ② 농상집요
③ 농가집성   ④ 농정신편

28. 조선 후기 문화에 관한 설명으로 옳은 것을 모두 고른 것은? 2017 기출

> ㄱ. 민화와 진경산수화가 유행하였다.
> ㄴ. 의학 백과사전인 의방유취를 간행하였다.
> ㄷ. 금속활자로 상정고금예문을 인쇄하였다.
> ㄹ. 중인층의 시인들이 시사를 조직하여 활동하였다.

① ㄱ, ㄴ   ② ㄱ, ㄹ
③ ㄴ, ㄷ   ④ ㄷ, ㄹ

1. 정답 ②

해설 ② 윤휴와 박세당은 주희의 학설을 비판하고 독자적으로 유교 경전을 해석하여 노론으로부터 사문난적으로 배척을 받았으며, 정제두와 이광사는 양명학자로서 주자학(성리학)의 교조화를 비판하면서 실천성을 강조하는 입장을 취하였다.

2. 정답 ④

오답풀이 ④ 호락논쟁은 인간의 심성론을 둘러싸고 노론내에서 호론과 낙론으로 나뉘어 벌인 사상 논쟁으로 소론은 관련이 없다.

3. 정답 ③

오답풀이 ③ 양명학은 소론을 중심으로 연구되었다.

4. 정답 ④

해설 ①②③ 실학은 조선 후기의 사회·경제적 모순을 해결하기 위해 조선의 통치 이념이었던 성리학에 대한 반성과 비판을 바탕으로 서학과 청의 고증학의 영향을 받아 성립된 진보적인 사회 개혁론이었다.

오답풀이 ④ 사림이 서원을 중심으로 성장한 것은 16세기 조선 전기의 사실이다.

5. 정답 ④

오답풀이 ④ 의산문답을 통해 지전설을 주장한 학자는 홍대용이다.

6. 정답 ③

오답풀이 ③ 이익은 토지 개혁론으로 한전론을 주장하였으며, 여전론은 정약용의 토지 개혁론이다.

7. 정답 ③

해설 ㄱ. 순청자(고려 초기) → ㄹ. 상감청자(고려 중기) → ㄷ. 분청사기(고려 후기~조선 초기) → ㄴ. 청화백자(조선 후기)

8. 정답 ②

오답풀이 ② 북학파 실학자의 사상은 개항 이후 한말 개화사상에 영향을 끼쳤다.

9. 정답 ②

해설 ② 자료는 중농학파 실학자인 유형원의 균전제와 정약용의 여전론에 대한 설명이다. 실학자의 토지 개혁론은 농민들에게 토지를 분배하여 자영농을 육성함으로써 농민 생활을 안정시키는 데 그 목적이 있었다.

10. 정답 ②

해설 ② 의산문답, 임하경륜은 홍대용의 저술이다.

11. 정답 ④

해설 ①②③ 자료는 박제가가 생산을 촉진시키기 위해서는 절약보다 소비가 더 중요함을 강조한 내용이다. 그는 청의 문물을 적극 수용할 것을 주장하였으며, 그가 속한 북학파 실학은 개화사상에 영향을 끼쳤다.

오답풀이 ④ 김정희는 금석학의 대표적인 학자로서 북한산비가 진흥왕순수비임을 밝혀냈다.

12. 정답 ④

오답풀이 ④ 안정복의 동사강목은 우리 역사의 독자적 정통론으로 고조선부터 고려 말까지의 역사를 서술하였으며, 조선과 관련된 내용은 서술되지 않았다.

13. 정답 ③

해설 ③ 김정희는 금석학의 대표적인 학자로서 북한산비가 진흥왕순수비임을 밝혀냈다.

오답풀이 ① 이중환, ② 정약용, ④ 이의봉

14. 정답 ①

해설 ① 동국문헌비고는 영조의 명을 받아 홍봉한이 우리나라의 문물을 체계적으로 정리한 한국학 백과사전이다.

오답풀이 ② 이수광, ③ 이규경, ④ 정약용

15. 정답 ②

오답풀이 ② 정약용의 토지 개혁론은 여전론과 정전론이다. 한전론은 이익의 토지 개혁론이다.

16. 정답 ①

오답풀이 ① 김육이 청으로부터 수입한 역법은 시헌력이며, 수시력은 원의 역법이다.

17. 정답 ①

해설 ㄱ. 의방유취는 세종 때 편찬된 의학백과 사전이다. ㄴ. 동의보감은 광해군 때 허준이 우리의 전통 한의학을 정리한 의학서적으로, 중국과 일본에서도 간행되어 일본 의학 발전에 큰 영향을 끼쳤다.

오답풀이 ㄷ. 현재 전하는 우리나라에서 가장 오래된 의학 서적은 고려 후기에 편찬된 향약구급방이다. ㄹ. 침구경험방은 허임이 침구술을 집대성하여 편찬하였다.

18. 정답 ②

해설 ①③④ 조선 후기에 상공업의 발달과 농업 생산력이 증대되어 서민의 경제적·신분적 지위가 향상되고 서당 교육의 보급으로 서민 의식이 향상되면서 서민 중심의 문화가 등장하였다.

오답풀이 ② 천주교의 만민 평등사상은 양반 중심의 신분제 사회의 동요에 큰 영향을 끼쳤지만, 서민 문화의 등장에는 직접적인 영향을 끼치지 않았다.

19. 정답 ③

해설 ①②④ 조선 후기의 서민 문화로는 한글 소설, 사설시조, 판소리, 탈춤, 민화, 풍속화, 시사 조직 등이 있다.

오답풀이 ③ 진경산수화는 우리나라의 자연을 사실적으로 묘사한 자주적 화풍으로 서민 문화에 해당하지는 않는다.

20. 정답 ④

해설 ④ 자료는 정조 때 영의정 채제공의 지휘 아래 정약용이 거중기를 이용하여 축조한 수원 화성이다. 수원 화성은 팔달문·화서문·장안문 등으로 구성되어 있고, 적을 공격할 수 있는 화포가 배치되었으며, 유네스코 지정 세계 문화유산으로 등재되었다.

21. 정답 ③

오답풀이 ③ 정선은 진경산수화의 대표적인 화가이다. 원근법과 명암법 등의 서양화 기법과 관련된 화가는 강세황이다.

22. 정답 ③

해설 ③ ㄷ. 도산 서원(16세기) – ㄴ. 법주사 팔상전(17세기) – ㄱ. 수원 화성(18세기) – ㄹ. 경복궁 중건(19세기)

23. 정답 ①

[해설] ① 그림은 조선 후기에 발달한 서민 문화의 대표적인 풍속화 작품으로 김홍도의 무동과 신윤복의 단오풍정이다. 서민 문화가 조선 후기에 발달하게 된 것은 상품화폐 경제의 발달, 농업 생산력의 증대에 따른 서당 교육의 보급, 서민의 경제적·신분적 지위 향상 등이 이루어지면서 가능했다.

24. 정답 ④

[해설] 조선 시대의 3원은 호가 원으로 끝나는 3대 화가를 말한다. ① 신윤복 – 혜원, ② 김홍도 – 단원, ③ 장승업 – 오원

25. 정답 ③

[해설] ③ 정선은 진경산수화의 대표적인 화가로서 우리의 자연을 사실적으로 묘사하였으며, 대표적인 작품으로 인왕제색도와 금강전도가 있다.

[오답풀이] ① 안견의 몽유도원도, ② 강세황의 영통골 입구도, ④ 진경산수화는 중국화풍을 수용하여 정선이 개척한 자주적인 화풍이다.

26. 정답 ②

[해설] ② 김정호는 조선 후기에 전국을 직접 답사하고 산맥, 하천, 포구, 도로망 등을 정확하게 표시하여 대동여지도를 제작하였다.

[오답풀이] ①③④ 조선 전기의 대표적인 회화(그림)이다.

27. 정답 ③

[해설] ③ 농가집성은 조선 후기에 신속이 편찬한 농업 서적으로, 이앙법 보급에 크게 기여하였다.

[오답풀이] ① 농사직설은 세종 때 정초가 편찬한 우리나라 최초의 농업 서적이다. ② 농상집요는 원나라의 농업 서적으로 고려 후기에 전래되었다. ④ 농정신편은 1885년(고종)에 안종수가 편찬한 최초의 근대적 농업 서적이다.

28. 정답 ②

[해설] ㄱ, ㄹ. 조선 후기에는 서민의 경제력 향상과 서당 교육의 보급을 배경으로 서민 문화가 발달하였다. 대표적인 분야로는 민화, 풍속화, 시사 조직(중인층), 판소리, 탈춤 등이 유행하였다. 뿐만 아니라 우리나라의 자연을 사실적으로 묘사하는 진경산수화도 유행하였다.

[오답풀이] ㄴ. 의방유취는 조선 전기 세종 때 간행된 의학백과 사전이다. ㄷ. 상정고금예문은 고려 후기(1234)에 간행된 금속활자본이다.

확인 학습 정답

V. 근대 사회의 태동

1. 근대 태동기의 정치
1. 임진왜란 계기, 왕권 약화 및 의정부와 6조 기능 약화   2. 훈련도감, 어영청, 수어청, 금위영, 총융청
3. 속오군, 양반·농민·노비   4. 경신환국   5. 왕권 강화
6. 산림 부정, 서원 정리, 이조전랑의 후임자 추천권과 3사 관리 선발 관행 폐지   7. 규장각   8. 초계문신제
9. 국가 재정 확충, 상공업 진흥   10. 서—압록강, 동—토문강   11. 통신사   12. 안용복

2. 근대 태동기의 사회
1. 잔반   2. 납속책, 공명첩   3. 노비종모법   4. 남귀여가혼   5. 청금록   6. 적장자 중심   7. 요호부민
8. 황사영 백서 사건   9. 동경대전, 용담유사   10. 홍경래의 난, 서북인 차별대우   11. 임술농민봉기   12. 황구첨정

3. 근대 태동기의 경제
1. 영정법, 4두   2. 공인   3. 농민부담 감소, 지주부담 증가, 조세의 금납화 촉진, 상품화폐경제 발달 등   4. 선무군관포
5. 광작   6. 도조법   7. 선대제 수공업   8. 만상   9. 보부상   10. 객주, 여각   11. 전황

4. 근대 태동기의 문화
1. 윤휴, 박세당   2. 호락논쟁   3. 지행합일·심즉리·치양지설, 강화학파   4. 토지제도 개혁을 통한 자영농 육성
5. 유형원, 균전론   6. 한전론, 6좀—양반 문벌·노비·과거 제도, 사치와 미신, 승려, 게으름   7. 여전론   8. 박제가, 북학의
9. 안정복, 동사강목   10. 유득공의 발해고, 이종휘의 동사   11. 택리지   12. 동국문헌비고   13. 벨테브레
14. 이제마, 동의수세보원   15. 판소리, 탈춤, 한글소설, 사설시조, 풍속화, 민화, 시사(詩社) 조직   16. 신재효   17. 홍길동전
18. 정선, 인왕제색도, 금강전도   19. 김홍도—농촌 서민 생활을 주로 묘사, 익살·소탈, 산수배경 생략, 신윤복—양반 풍류, 부녀자 풍습, 남녀 애정 묘사(감각적·해학적), 산수 배경 가미   20. 안견, 김홍도, 장승업
21. 김홍도(단원), 신윤복(혜원), 장승업(오원)   22. 법주사 팔상전   23. 청화백자, 진사백자, 철사백자
24. 훈민정음, 조선 왕조 실록, 승정원일기, 직지심체요절, 조선 왕조 의궤, 동의보감, 해인사 고려 대장경과 제경판, 일성록, 5·18 광주 민주화 운동 관련 기록물, 난중일기, 새마을운동 기록물, 한국의 유교 책판, KBS 특별 생방송 '이산가족을 찾습니다.' 기록물, 조성왕실 어보와 어책, 국채보상운동 기록물, 조선통신사 기록물

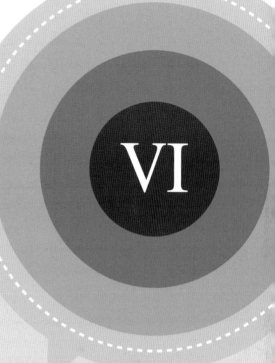

VI

근대 사회의 전개

외세의 침략적 접근과 개항

1

1 통치 체제의 재정비 노력

(1) 19세기 중엽의 국내외 정세

1) 대내적 : 세도정치 → 왕권 약화 → 정치기강 문란 → 매관매직 성행 → 삼정의 문란 → 민란 발생

2) 대외적 : 서양세력 침략 → 이양선 출몰(통상 요구), 천주교 확산, 중국 · 일본의 문호 개방
  → 위기 의식 고조

(2) 흥선 대원군의 개혁 정치 : 통치 체제의 정비

왕권강화	세도정치 폐단 제거	안동 김씨 축출 → 능력에 따른 인재 등용 → 왕권 기반의 강화 도모
	제도 개편	• 비변사 기능 축소 → 의정부와 삼군부 기능 부활 • 법전 편찬 : 대전회통, 육전조례
	경복궁 중건	• 목적 : 왕실의 위엄 과시 • 원납전(기부금) 징수, 당백전 발행(→ 유통경제 혼란), 문세 · 결두전 징수 • 백성의 노역 동원 → 백성 불만 고조, 양반의 묘지림 벌목
서원정리	서원의 폐단	• 국가의 재정 지원과 면세 혜택을 받는 사액 서원 증가 → 국가 재정 악화 • 양반의 백성 착취 장소로 악용, 붕당의 근거지
	서원 철폐	47개의 서원만 유지, 만동묘 철폐
	결과	국가 재정 확충, 민생 안정, 붕당 근거지 일소 → 왕권 강화 → 양반 불만 最고조
삼정의 문란 해결 (민생 안정)	전정	양전사업 → 은결 색출, 지방관과 토호의 토지 겸병 금지
	군정	**호포법** 실시 → 양반도 군포 징수
	환곡	**사창제** 실시
의의	의의	국가 재정 확충, 민생 안정에 기여
	한계	전제 왕권 강화를 목적으로 한 전통 체제 내에서의 개혁

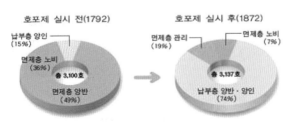

호포제 실시 전(1792)
납부층 양인
(15%)
면제층 노비
(36%)
총 3,100호
면제층 양반
(49%)

호포제 실시 후(1872)
면제층 관리
(19%)
면제층 노비
(7%)
총 3,137호
납부층 양반 · 양인
(74%)

호포제 실시로 나타난 부담층 변화(경상도 영천 지방)

당백전

(3) 통상 수교 거부 정책과 양요

1) 통상 수교 거부 정책

① **배경** : 천주교 확산, 서양 상품의 유입, 서구 열강의 통상 요구, 러시아의 연해주 획득에 따른 위기 의식 고조

② **흥선대원군의 정책** : 위정척사 사상 배경 → 통상 거부, 국방력 강화, 서양 상품 유입 엄금 조치 실시

2) 서구 열강의 침략

1866	병인박해	러시아 견제를 위한 프랑스와의 교섭 실패 → 프랑스 선교사와 다수의 천주교 신자 처형
	↓ 제너럴셔먼호 사건	미국 상선 제너럴셔먼호가 대동강에서 통상 요구 → 평양 군민의 공격으로 침몰
	↓ 병인양요	• 원인 : 병인박해 당시 프랑스 선교사 처형 구실, 문호 개방 요구 • 경과 : 프랑스 로즈 제독의 침략 → 양헌수(정족산성)·한성근(문수산성)이 격퇴 → 외규장각 문화재 약탈(조선 왕실 의궤)
1868	↓ 오페르트 도굴 사건	독일 상인 오페르트의 통상 요구 거부 → 남연군 묘 도굴 → 통상 수교 거부 정책 강화
1871	↓ 신미양요	• 원인 : 제너럴셔먼호 사건 • 경과 : 미국 로저스 제독 침략(초지진·덕진진) → 어재연의 항전(광성보)
	척화비 건립	통상 수교 거부 정책 강화(洋夷侵犯 非戰則和 主和賣國)

3) 의미 : 서구 열강의 침략을 일시적 저지, 근대화 지연

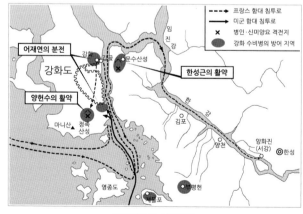

병인양요와 신미양요

❷ 개항과 불평등 조약 체제

(1) 강화도 조약과 개항

  1) 개항전의 정세

    ① 국내 정세 : 대원군 하야(1873) → 민씨 정권의 등장, 통상 개화론의 대두, 운요호 사건(1875)

    ② 일본의 개항 요구

      ㉠ 메이지 유신(1868) 이후 일본의 수교 요청 → 대원군 거절 → 일본 내 정한론 대두

      ㉡ 운요호 사건 : 운요호의 강화도 초지진과 영종도 포격 → 문호 개방 강요

      → 강화도 조약 체결

  2) 강화도 조약(조·일 수호 조규, 1876)

    ① 조약의 성격 : 외국과 체결한 최초의 근대적 조약, 불평등 조약

    ② 내용

〈제1관〉 조선국은 자주의 나라이며, 일본과는 평등한 권리를 갖는다.	청의 종주권 부인 → 일본의 조선 침략 의도	
〈제4관〉 조선국은 부산 외에 두 곳을 개항하고, 일본인이 왕래 통상함을 허가한다.	부산(경제적), 원산(군사적), 인천(정치적) 침략 목적	
〈제7관〉 일본국의 항해자가 자유로이 해안을 측량하도록 허가한다.	해안측량권	불평등 조약
〈제10관〉 일본국 인민이 조선국 지정의 각 항구에 머무르는 동안에 죄를 범한 것이 조선국 인민에게 관계되는 사건일 때에는 모두 일본 관원이 심판할 것이다.	치외법권 (영사재판권)	

  3) 일본의 경제적 침략 발판 구축

    ① 조·일 수호 조규 부록(1876) : 일본 외교관의 여행 자유 허용, 일본 화폐의 유통 허용, 일본 거류민의 거주지 설정(개항장 10리 이내)

    ② 조·일 통상 장정(1876) : 일본의 수출입 상품에 대한 무관세, 양곡의 무제한 유출 허용

(2) 각국과의 조약 체결

조·미 수호 통상 조약 (1882)	배경	• 황쭌셴(黃遵憲)의 조선 책략 유포 • 청의 알선 : 러시아·일본 견제, 청의 종주권 국제적 확인 목적	
	성격	서양과 체결한 최초의 조약, 불평등 조약	
	내용	• 거중 조정 : 양국 중 한 나라가 제 3국의 압박을 받을 경우 상호 원조 • 최혜국 대우(최초로 포함), 치외법권 인정, 관세 협정	
기타 국가와의 수교	청의 알선	영국(1883), 독일(1883)	치외법권, 최혜국대우 조항 모두 적용 → 불평등 조약
	직접 수교	러시아(1884), 프랑스(1886, 천주교 포교권 허용)	

※ 황쭌셴(黃遵憲)의 조선책략

소개	1880년 일본에 파견되었던 2차 수신사 김홍집이 고종에게 바쳤음
내용	러시아의 침략을 견제하기 위해서는 '친중국·결일본·연미국(親中國·結日本·聯美國)'할 것을 주장
영향	조·미 수호 통상 조약 체결, 위정척사 운동 격화(영남 만인소)

확인 학습

정답: P. 316

1. 흥선 대원군이 실시한 왕권 강화 정책을 3가지 이상 서술하시오.

2. 흥선 대원군이 경복궁 중건을 위해 발행한 화폐는?

3. 흥선 대원군이 군정과 환곡의 폐단을 해결하기 위해 실시한 각각의 정책은?

4. 흥선 대원군 집권기에 일어난 병인양요와 신미양요의 원인이 되었던 각각의 사건은?

5. 강화도 조약이 불평등 조약임을 보여주는 2가지 조항은?

6. 황쭌센의 조선책략이 끼친 영향 2가지는?

7. 서양 국가 중 최초로 우리나라와 조약을 체결한 나라는?

기출 및 예상 문제

1. 흥선 대원군이 집권할 당시의 국내외 정세에 대한 설명으로 옳지 <u>않은</u> 것은?

① 세도 정치에 따른 매관매직의 성행으로 정치 기강이 문란하였다.
② 삼정의 문란으로 농민 반란이 빈발하였다.
③ 동학과 천주교가 널리 확산되고 있었다.
④ 운요호 사건을 계기로 강화도 조약이 체결되었다.

2. 밑줄 친 인물이 실시한 정책으로 옳은 것은?

2017 기출

> _____는(은) 붕당의 근거지로 인식되어 온 서원을 47개만 남기고 철폐하였으며, 전국에 척화비를 세우고 통상수교를 거부하는 정책을 확고하게 유지하였다.

① 삼수병으로 편성된 훈련도감을 설치하였다.
② 무예도보통지를 편찬하여 병법을 정리하였다.
③ 대전통편을 편찬하여 통치 규범을 재정비하였다.
④ 비변사를 폐지하고 의정부의 기능을 회복하였다.

3. 대원군이 경복궁 중건 시 징수한 것이 <u>아닌</u> 것은?

① 결작   ② 결두전   ③ 원납전   ④ 통행세

4. 다음 밑줄 친 부분에 대하여 <u>잘못</u> 설명한 것은?

> 흥선 대원군은 안동 김씨 세력을 제거하고 ㉠ 비변사 기능을 축소시켰다. 삼정의 문란을 시정하기 위하여 은결을 철저히 파악하고, 환곡제를 개선하여 ㉡ 사창제를 실시하였으며, 군포 징수의 폐단을 줄이기 위해 ㉢ 호포법을 실시하였다. 그리고 경복궁 중건을 위해 ㉣ 당백전을 발행하였다.

① ㉠ – 전제 왕권을 강화하려는 것이었다.
② ㉡ – 농민의 부담은 감소하였다.
③ ㉢ – 군포 납부층이 늘어나 국가 재정이 확충되었다.
④ ㉣ – 경제 활동이 활발해지고 물가가 안정되었다.

5. 흥선 대원군의 대외 정책과 관련된 설명으로 옳지 <u>않은</u> 것은?

① 프랑스는 병인박해를 구실로 강화도로 침범하였다.
② 오페르트 도굴 사건은 흥선 대원군의 통상 수교 거부 정책을 더욱 강화시켜 주었다.
③ 미국은 제너럴셔먼호 사건을 계기로 신미양요를 일으켰다.
④ 신미양요 때 미국은 외규장각의 도서를 약탈하였다.

6. 강화도 지역을 관광객에게 안내하려고 한다. 안내할 곳을 <u>잘못</u> 설명한 것은?

① 몽골 침략 때 배중손의 삼별초 부대가 대몽 항쟁을 하였던 장소를 안내한다.
② 조선이 최초로 문호 개방을 하게 된 불평등 조약이 체결된 곳을 안내한다.
③ 러시아의 남하를 견제하고자 영국이 점령했던 곳을 안내한다.
④ 조선 후기 지행합일을 중시하는 학문을 연구했던 학파와 관련된 곳을 안내한다.

7. 대원군이 통상 수교 거부 정책의 표시로 척화비를 세우는 계기가 된 사건은?

① 병인양요
② 신미양요
③ 강화도 조약
④ 오페르트 도굴 사건

8. 다음은 개항기에 일어난 사건들이다. 원인과 결과를 바르게 연결한 것은?

① 조선책략 – 조 · 러 수호 통상 조약
② 제너럴셔먼호 사건 – 신미양요
③ 병인양요 – 강화도 조약
④ 오페르트 도굴 사건 – 조 · 미 수호 통상 조약

9. 다음은 강화도 조약의 일부이다. 이 강화도 조약을 분석한 내용이 <u>잘못된</u> 것은?

> (가) 조선국은 자주국이며 일본국과 평등한 권리를 가진다.
> (나) 조선국은 부산 외에 두 곳을 개항하며 일본인의 통상을 허가한다.
> (다) 조선국은 일본국의 항해자가 자유로이 해안을 측량하도록 허가한다.
> (라) 일본국 인민이 조선국이 지정한 개항장에 머무르는 동안 죄를 범한 것이 조선국 인민에게 관계되는 사건일 때에는 모두 일본 관원이 심판한다.

① (가) – 청의 간섭을 배제하기 위한 의도가 숨겨져 있다.
② (나) – 부산 외에 인천, 목포를 개항하게 되었다.
③ (다) – 영해를 침범하는 불평등 조약의 성격이 엿보인다.
④ (라) – 치외법권을 인정하는 불평등 조약의 성격이 나타난다.

10. 다음의 사건들을 순서대로 바르게 나열한 것은?

> ㄱ. 제너럴셔먼호 사건   ㄴ. 병인양요   ㄷ. 오페르트 도굴 사건   ㄹ. 신미양요

① ㄱ - ㄴ - ㄷ - ㄹ
② ㄴ - ㄱ - ㄷ - ㄹ
③ ㄴ - ㄷ - ㄱ - ㄹ
④ ㄷ - ㄴ - ㄱ - ㄹ

11. 다음에서 제시한 글과 관련된 역사적 사건은 무엇인가?   2005 기출

> 우리 정부는 이와 같은 유혈의 폭행을 용서할 수 없다. 우리 국민을 죽인 그 날이 바로 조선 국왕의 최후가 될 것이다. 나는 오늘 엄숙히 그가 최후를 맞게 되었음을 선포한다. 이제 수일 내로 우리 군대는 조선 정복을 위해 떠날 것이다.

① 병인양요
② 신미양요
③ 제너럴셔먼호 사건
④ 거문도 점령

12. 강화도 조약에 대한 설명으로 옳지 <u>않은</u> 것은?

2005 기출

① 운요호 사건을 계기로 체결되었다.

② 근대국가 간에 대등한 자격으로 맺어진 평등한 조약이다.

③ 부산, 원산, 인천의 세 항구를 개항하게 되었다.

④ 치외법권을 이용하여 조선에서 거주하는 일본인을 보호하였다.

13. 조·미 수호 통상 조약과 관련된 내용으로 옳지 <u>않은</u> 것은?

① 서구 열강과의 최초의 조약　　② 최혜국 대우 인정

③ 조선책략의 영향을 받음　　④ 일본의 알선으로 체결

 ## 정답 및 해설

1. 정답 ④

오답풀이 ④ 강화도 조약은 흥선 대원군이 물러난 후 민씨 정권에 의해 1876년에 체결되었다.

2. 정답 ④

해설 ④ 흥선대원군은 대내적으로는 왕권 강화와 민생 안정을 위해서 서원을 정리하였으며, 비변사를 폐지하고 의정부와 3군부의 기능을 부활시켰다. 또한 대외적으로는 통상 수교 거부 정책을 실시하여 척화비를 건립하였다.

오답풀이 ① 훈련도감은 임진왜란 중에 설치되었다. ②③ 무예도보통지와 대전통편은 정조 때 편찬되었다.

3. 정답 ①

해설 ②③④ 흥선 대원군은 경복궁의 중건 비용을 마련하기 위하여 토지를 기준으로 결두전을 징수하였으며, 강제 기부금의 형태로서 원납전을 징수하였다. 또한 지방에서 한성(한양)의 4대문을 통과할 때 납부하는 통행세를 징수하기도 하였다.

오답풀이 ① 결작은 균역법에서 부족한 재정을 채우기 위하여 토지 1결당 2두씩의 쌀을 징수한 제도이다.

4. 정답 ④

오답풀이 ④ 당백전은 당시 사용되던 상평통보의 100배가 되는 고액의 화폐이다. 당백전의 발행으로 화폐 유통량이 증가하여 물가가 폭등하는 등 유통 경제의 혼란이 극심하였다.

5. 정답 ④

오답풀이 ④ 외규장각의 도서를 약탈한 것은 병인양요를 일으켰던 프랑스이다.

6. 정답 ③

해설 ① 삼별초의 몽골과의 항쟁은 강화도에서 시작하여 진도, 제주도에서 전개되었다. ② 조선의 문호 개방과 관련된 불평등 조약은 강화도 조약이다. ④ 양명학을 연구한 정제두에 의해 강화학파가 형성되었다.

오답풀이 ③ 영국이 러시아의 남하 정책을 견제하기 위해 점령한 곳은 거문도이다.

7. 정답 ②

해설 ② 흥선 대원군은 신미양요 이후 통상 수교 거부 정책을 강화하겠다는 의지로 전국에 척화비를 세웠다.

8. 정답 ②

해설 ② 미국의 제너럴셔먼호가 평양에서 침몰된 것을 구실로 미국이 강화도로 침략하여 신미양요가 발생하였다.

오답풀이 ① 조선책략을 배경으로 체결된 조약은 조·미 수호 통상 조약이다. ③ 강화도 조약은 운요호 사건을 계기로 체결되었다. ④ 오페르트 도굴 사건을 계기로 흥선 대원군은 통상 수교 거부 정책을 강화하였으며, 조·미 수호 통상 조약과는 관련이 없다.

9. 정답 ②

해설 ② 강화도 조약을 계기로 조선은 일본에게 부산, 원산, 인천을 개항하였다.

10. 정답 ①

해설 ① ㄱ. 제너럴셔먼호 사건(1866.7) – ㄴ. 병인양요(1866.9) – ㄷ. 오페르트 도굴 사건(1868) – ㄹ. 신미양요(1871)

11. 정답 ①

해설 ① 자료는 병인박해와 관련된 내용이다. 병인박해는 조선 정부가 프랑스에게 러시아 견제를 요청한 것을 거부당하자, 그 보복으로 일어난 사건이다. 이 사건을 계기로 프랑스의 침략에 의한 병인양요가 발생하였다.

12. 정답 ②

오답풀이 ② 강화도 조약은 일본에게 조선의 연근해 바닷가를 측량할 수 있는 해안 측량권과 치외법권을 인정한 불평등 조약이었다.

13. 정답 ④

오답풀이 ④ 조·미 수호 통상 조약은 청의 알선으로 체결되었다.

2 개화운동과 근대적 개혁의 추진

1 개화 세력의 대두

(1) 개화사상의 형성과 개화 세력의 대두

1) 개화사상의 형성 배경
   ① **대내적** : 북학파 실학사상 계승, 통상 개화론의 대두
   ② **대외적** : 청의 양무운동과 일본의 문명 개화론의 영향

2) 개화 세력의 대두
   ① 초기 개화 사상가 : 박규수, 오경석, 유홍기 등이 선구적 역할
   ② 박규수의 영향 → 김옥균, 박영효, 홍영식, 김윤식 등의 개화 세력 형성 → 1880년대 정부의 개화 정책과 개혁 운동 추진

(2) 개화파의 형성

2 개화 정책의 추진과 반발

(1) 개화 정책의 추진

1) 수신사 파견(일본) : 김기수(1차), 김홍집(2차, 조선책략 유포)
2) 통리기무아문 설치
   ① 통리기무아문 : 최초의 근대적 행정 기구 → 개항 이후 외국 문물 수용, 외국과의 교섭·통상 업무 담당
   ② 12사를 두어 외교·군사·산업 등 전반에 걸쳐 개화 정책 추진
3) 군사제도의 개편 : 5군영 → 2위영(무위영·장어영), 별기군 창설(신식 군대)

4) 근대 문물 시찰단 파견

조사 시찰단(1881)	일본의 정부 기구 및 산업 시설 시찰 → 박정양, 어윤중, 서재필 등
영선사(1881)	김윤식 등 유학생 청에 파견 → 근대 무기 제조 기술 및 군사 훈련법 습득 → 경비 등의 이유로 조기 귀국 → 기기창(근대 무기 제조 공장) 설립
보빙사(1883)	최초의 구미 사절단 → 미국 순방(민영익, 홍영식, 유길준 등)

(2) 위정척사(衛正斥邪) 운동

1) 배경 : 개화 정책과 외세의 침략에 대한 반발

2) 위정척사 사상의 의미

   ① 위정(衛正) : 正學과 正道를 수호 → 성리학적 정통 질서 수호

   ② 척사(斥邪) : 성리학 이외의 모든 종교와 사상을 이단으로 배격 → 천주교와 서양 문화 배격

3) 주도 세력 : 이항로·기정진 등 보수 유생층 주도 → 유인석·최익현 등 계승

4) 위정 척사 운동의 전개

1860년대	통상 반대 운동	척화주전론(斥和主戰論), 대원군의 쇄국 정책 뒷받침 → 이항로·기정진
1870년대	개항 반대 운동	개항 불가론, 최익현의 5불가소 → 왜양일체론(倭洋一體論)
1880년대	개화 반대 운동	정부의 개화 정책 추진과 조선책략 유포에 반발 → 이만손의 영남 만인소, 홍재학의 척사론
1890년대	항일 의병 운동	을미사변·단발령 → 을미의병 항쟁 전개(유인석, 기우만)

5) 의의 : 열강의 침략에 따른 경제적 파멸과 정치적 예속을 저지 → 반침략·반외세의 자주적 민족 운동

6) 한계 : 전통적 통치 체제 및 성리학적 질서와 가치관 수호, 개화 정책 반대 → 역사 발전 지체 (개화와 근대화에 장애물)

(3) 임오군란의 발발(1882)

배경		개화와 보수 세력의 대립, 구식 군대에 대한 차별 대우, 쌀값 폭등에 따른 도시 빈민층의 불만
과정		정부 고관과 일본인 교관 살해, 일본 공사관 습격 → 도시 빈민층 합세 → 흥선 대원군 재집권 → 청군의 조선 출병 → 흥선 대원군 압송 → 민씨 일파 재집권
결과	제물포 조약 (조선-일)	배상금 지불, 일본군 주둔 허용, 일본에 사과 사절 파견 (→ 박영효 태극기 고안)
	청의 내정 간섭 강화	위안스카이 군대 주둔, 고문 파견(내정 – 마젠창, 외교 – 묄렌도르프)
	조·청 상민 수륙 무역 장정	청의 종주권 확인, 치외법권 인정, 청 상인의 내지 통상권 허용

❸ 개화당의 근대화 운동

(1) 개화당의 활동

   ① 임오군란 이후 : 수신사로 박영효 파견 → 일본 정계와 접촉

   ② 박문국(한성순보 간행), 우정국 설치

(2) 갑신정변(1884)

배경	• 청의 내정 간섭 강화, 민씨 정권의 개화당 탄압, 김옥균의 일본에서의 차관 교섭 실패 • 민씨정권의 소극적인 개화정책, 청·프 전쟁으로 인한 청군의 일부 철수, 일본의 지원 약속		
주도세력	김옥균, 박영효, 홍영식 등의 급진 개화파(개화당)		
과정	우정국 개국 축하연을 이용하여 개화당 정부 수립 → 14개 조 개혁 정강 발표 → 청군의 개입으로 실패 (3일 천하) → 개화당 세력 대부분 외국으로 망명		
개혁 방향	정치	1. 청에 잡혀간 흥선 대원군을 곧 돌아오게 하고, 청에 대한 조공의 허례를 폐지한다.	청과의 사대 관계 폐지
		4. 내시부를 없애고, 그 중에 우수한 인재를 등용한다.	국왕의 권한 제한
		7. 규장각을 폐지한다.	
		13. 대신과 참찬은 의정부에 모여 정령을 의결하고 반포한다.	입헌군주제 실시
	사회	2. 문벌을 폐지하여 인민 평등의 권리를 세워, 능력에 따라 관리를 임명한다.	인민 평등권 확립 신분제 폐지
	경제	3. 지조법(地租法)을 개혁하여 관리의 부정을 막고 백성을 보호하며, 국가 재정을 넉넉하게 한다.	조세제도의 개혁 → 민생 안정, 국가 재정 확보
		9. 혜상공국을 혁파한다.	보부상의 특권 폐지
		12. 모든 재정은 호조에서 통할한다.	호조의 재정의 일원화
	기타	8. 급히 순사를 두어 도둑을 방지한다.	근대적 경찰제도 실시
		11. 4영을 합하여 1영으로 하되, 영중에서 장정을 선발하여 근위대를 급히 설치한다.	군제 개편
결과	• 한성조약(일) : 배상금 지불, 공사관 신축비 부담 • 텐진조약(청−일) : 청·일 군대 철수, 조선에 군대 파병 시 상대국에게 사전 통고 → 청·일 전쟁의 원인 • 청의 내정 간섭 강화, 보수 정권의 장기 집권 초래, 개화 운동의 흐름 단절		
실패 원인	개화당의 세력 미약, 청의 무력 간섭, 민중의 지지 기반 결여		
의의	★ 근대 국민 국가 건설을 위한 최초의 정치 개혁 운동, 근대화 운동의 선구 • 정치 : 내각 중심의 입헌 군주제 시도 • 사회 : 봉건적 신분 제도 타파 → 인민 평등권 확립		
한계	위로부터의 개혁, 외세 의존적 태도, 토지제도 개혁 미실시 → 민중의 지지 기반 결여		

(3) 갑신정변 이후의 국제 정세

1) 조선 정부의 청 간섭 배제 노력
   ① 조·러 통상 조약 체결(1884) : 러시아의 적극적인 조선 진출 시도
   ② 조·러 비밀 협약 추진 → 청의 방해로 실패
2) 거문도 사건(1885) : 러시아의 남하 정책 견제를 구실 → 영국이 불법적으로 거문도 점령(해밀턴 항)
3) 한반도 중립화론 대두 : 독일 영사 부들러(한반도의 영세 중립화 건의), 유길준(한반도의 중립론
   구상)

◢ 근대적 개혁의 추진 : 갑오 · 을미 개혁

(1) 개혁의 배경
    1) 대내적 : 동학 농민군의 개혁 요구 수용 → 온건 개화파를 중심으로 교정청 설치 → 자주적 개혁 추진

    2) 대외적 : 일본군 주둔 명분 확보 및 조선 침략 기반 마련 목적 → 일본의 개혁 강요

(2) 개혁 과정

1894	**1차 동학농민운동**	황토현 전투 → 전주성 점령 → 청 · 일 군대 주둔 → 일본의 내정 개혁 강요 → 민씨 정권 거부
	1차 갑오개혁 (1894.7~11)	• 조선 정부의 자주적 개혁 추진(교정청 설치) → 일본의 경복궁 점령 → 청 · 일 전쟁 발발(1894.6) • 흥선대원군 섭정 → 1차 김홍집 내각 수립 → **군국기무처** 설치 → 개혁 추진 • 일본은 방관적 입장 → 조선의 온건개화파 주도 아래 개혁 진행
	2차 동학농민운동	삼례에서 2차 봉기(1894.9) → 우금치 전투 패배(1894.11) → 청 · 일 전쟁에서 일본 우세 → 흥선 대원군 퇴진
	2차 갑오개혁 (1894.11~1895.5)	• 군국기무처 폐지, 2차 김홍집 · **박영효** 연립 내각 수립 → 2차 갑오개혁 추진 (일본의 적극적 개입) • 독립서고문과 **홍범 14조** 반포(1895.1), 교육입국조서 발표
1895	**청 · 일 전쟁 (1894.6~1895.4)**	청 · 일전쟁 종결(1895.4) → 시모노세키 조약 체결(청의 조선 지배권 포기, 일본은 요동반도 · 타이완 할양)
	삼국 간섭 (러 · 프 · 독)	러 · 프 · 독의 압력 → 일본의 요동반도 반환 → 박영효 실각(민비 폐위 음모) → 3차 김홍집 친러 내각 수립(1895.7) → 민씨 정권의 배일 정책 강화
	3차 을미개혁 (1895.8~1896.2)	을미사변(1895.8, 민비 시해) → 4차 김홍집 친일 내각 → 3차 을미개혁 추진 → 을미의병(을미사변, 단발령)
1896	**아관파천**	을미개혁 중단(단발령 철회, 의병 해산 권고), 러시아의 내정 간섭 강화, 열강의 이권 침탈 심화

(3) 개혁 내용

1차 갑오개혁	정치	• 왕실 사무와 정부 사무의 분리(궁내부 · 의정부) → 국왕의 전제권 제한 • 개국 연호 사용, 과거제 폐지, 6조 → 80아문, 문 · 무관 차별 폐지, 경무청 신설
	경제	탁지아문의 재정의 일원화, 은본위 화폐 제도, 조세의 금납제, 도량형 통일
	사회	• 신분제도 폐지 : 양반과 평민 간의 계급 타파, 공 · 사노비법 혁파 • 봉건적 악습 타파 : 조혼 금지, 과부 재가 허용, 고문과 연좌제 폐지

2차 갑오개혁	정치	• 청의 간섭과 왕실의 정치개입 배제, 80아문 → 7부, 지방제도 개편(8도 → 23부)
		• 지방관의 권한 제한 : 지방관의 사법권과 군사권 배제 → 행정권만 행사
		• 사법권의 독립 : 체포 · 구금 · 재판 업무는 경찰관과 사법관만 담당 → 행정권과 분리
		• 군사 개혁 소홀 : 일본의 조선의 군사력 강화와 군제 개혁 견제 의도
	교육	입국조서 반포(1895) : 소학교, 사범학교, 외국어 학교 설립, 교과서 편제
3차 을미개혁		• 태양력, 종두법, 건양 연호 사용, 단발령 , 우편 사무 시작, 소학교 설치
		• 군제 변경 : 친위대 · 진위대 설치

(4) 갑오 · 을미 개혁에 대한 평가

긍정적 평가	봉건적 전통 질서를 타파한 근대적 개혁, 개화파와 동학 농민층의 개혁 의지가 반영 → 자율적 개혁
부정적 평가	일본의 조선 침략을 위한 체제 개편에 불과, 군사 개혁 소홀 → 타율적 개혁
한계	위로부터의 소수에 의한 개혁, 토지제도 개혁 외면 → 민중의 지지 기반 결여

홍범 14조
1. 청에 의존하는 생각을 버리고 자주 독립의 기초를 세운다.
2. 왕실 전범(典範)을 제정하여 왕위 계승의 법칙과 종친과 외척과의 구별을 명확히 한다.
3. 임금은 각 대신과 의논하여 정사를 행하고, 종실(宗室), 외척의 내정 간섭을 용납하지 않는다.
4. 왕실 사무와 국정 사무를 나누어 서로 혼동하지 않는다.
5. 의정부(議政府) 및 각 아문(衙門)의 직무, 권한을 명백히 규정한다.
6. 납세는 법으로 정하고 함부로 세금을 징수하지 아니한다.
7. 조세의 징수와 경비 지출은 모두 탁지아문(度支衙門)의 관할에 속한다.
8. 왕실의 경비는 솔선하여 절약하고, 이로써 각 아문과 지방관의 모범이 되게 한다.
9. 왕실과 관부(官府)의 1년 회계를 예정하여 재정의 기초를 확립한다.
10. 지방 제도를 개정하여 지방 관리의 직권을 제한한다.
11. 총명한 젊은이들을 파견하여 외국의 학술, 기예를 견습시킨다.
12. 장교를 교육하고 징병을 실시하여 군제의 근본을 확립한다.
13. 민법, 형법을 제정하여 인민의 생명과 재산을 보전한다.
14. 문벌을 가리지 않고 인재 등용의 길을 넓힌다.

1. 1880년에 조선 정부가 개화 정책을 추진하기 위해 설치한 우리나라 최초의 근대적 행정기구는?

2. 1880년대 초에 청과 일본에 파견한 문물 시찰단은?

3. 급진 개화파가 모델로 삼았던 일본의 근대화 운동은?

4. 성리학적 가치와 질서를 수호하고 서양과의 교류를 배척한 한말 민족 운동은?

5. 임오군란을 계기로 청, 일본과 체결한 조약은?

6. 박영효가 태극기를 만드는 계기가 되었던 사건은?

7. 갑신정변 당시에 급진 개화파가 추구하였던 국가 정치 체제는?

8. 갑신정변을 계기로 체결된 2가지 조약은?

9. 영국이 러시아의 남하 정책을 견제하기 위해 일으킨 사건은?

10. 조선 정부가 개화파와 동학 농민군의 요구를 반영하여 자주적으로 개혁을 추진하기 위해 설치한 기구는?

11. 1차 갑오개혁을 추진하기 위해 설치되었던 초정부적 회의 기구는?

12. 2차 갑오개혁 당시에 반포되었던 근대적 헌법은?

13. 우리나라에서 신분제가 폐지되어 평등 사회의 기틀을 마련한 사건은?

14. 청 · 일 전쟁 이후 청과 일본이 체결한 조약은?

15. 을미개혁의 주요 개혁 내용을 5가지 이상 서술하시오.

기출 및 예상 문제

1. 우리나라 개화 사상의 형성과 거리가 먼 것은?

① 청의 양무운동
② 조선 후기의 북학 사상
③ 황쭌셴의 「조선 책략」
④ 일본의 메이지 유신

2. 문호 개방 이후 조선 정부가 추진한 개화 정책의 내용이 아닌 것은?

① 통리기무아문과 12사를 두었다.
② 조사 시찰단과 영선사를 파견하였다.
③ 5군영을 2영으로 축소하고 별기군을 두었다.
④ 비변사를 축소하고 의정부의 기능을 회복하였다.

3. 다음의 (가), (나) 두 정치 세력에 대하여 바르게 설명한 것은?

> (가) 청의 양무 운동을 모델로 점진적인 개혁을 추구하였다.
> (나) 일본의 메이지유신을 모델로 급진적인 개혁을 추구하였다.

① (가)는 청의 내정 간섭과 정부의 친청 정책을 비판하였다.
② (가)에는 소장파 관료들인 김옥균, 박영효, 홍영식, 서광범 등이 속하였다.
③ (나)에는 당시의 대표적 정치가들인 김홍집, 김윤식, 어윤중 등이 속하였다.
④ (가), (나) 모두 문호 개방 이후 개화 정책 추진을 지지하는 정치 세력이다.

4. 위정척사 운동의 시대적 흐름이 시대 순으로 바르게 나열된 것은?

> ㄱ. 을미 의병 운동
> ㄴ. 이만손의 영남 만인소
> ㄷ. 최익현의 왜양일체론
> ㄹ. 이항로의 척화주전론

① ㄱ－ㄴ－ㄷ－ㄹ
② ㄴ－ㄷ－ㄹ－ㄱ
③ ㄷ－ㄹ－ㄴ－ㄱ
④ ㄹ－ㄷ－ㄴ－ㄱ

5. 다음의 '이 사건'이 일어난 배경으로 옳은 것은?

> 조선에서 대신들이 살해되고 왕비가 실종되었다. 이 과정에서 일본 공사관이 불에 타 일본이 군대를 파견하려 하였다. 그래서 오장경에게 군함 세 척을 인솔하여 일본보다 먼저 도착하도록 명하였다. 우리가 이 사건을 조사해보니, 조선 국왕의 부친 이하응이 주동자였다. 그를 체포한 후 톈진으로 압송하니, 난당(亂黨)이 흩어지고 왕비가 궁으로 돌아왔다.

① 청·프 전쟁으로 조선에 주둔한 청군의 일부가 철수하였다.
② 일본이 경복궁을 점령하고 내정 개혁을 강요하였다.
③ 정부가 별기군을 우대하여 구식 군인의 불만이 커졌다.
④ 급진 개화파가 민씨 정권의 친청 정책에 반발하였다.

6. 다음 설명과 관련된 조약으로 옳은 것은?

2019 기출

> 개화 정책의 일환으로 신식 군대인 별기군을 창설한 이후, 신식 군인에 비해 구식 군인에 대한 대우가 열악하였다. 이에 구식 군인들의 불만이 폭발하여 임오군란이 일어났다.

① 강화도조약　　　　　　　② 제물포조약
③ 한성조약　　　　　　　　④ 을사조약

7. 다음 중 갑신정변과 관련된 사실이 <u>아닌</u> 것은?

2005 기출

① 일본 공사관에 군대가 주둔하기 시작하였다.
② 입헌군주제 최초 시도
③ 조선의 자주와 개화에 중대한 영향을 끼쳤다.
④ 청의 내정 간섭 강화

8. 다음의 내용과 관련된 사건으로 옳은 것은?

2015 기출

> • 청과의 의례적 사대 관계를 폐지하고 입헌 군주제적 정치 구조를 지향하였다.
> • 혜상공국을 폐지하여 자유로운 상업의 발전을 꾀하였다.
> • 지조법을 실시하고 호조로 재정을 일원화하였다.

① 갑신정변　　　　　　　　② 갑오개혁
③ 임오군란　　　　　　　　④ 105인 사건

9. 갑신정변의 역사적 의의로 적합하지 <u>않은</u> 것은?

① 중국과의 전통적인 사대 관계를 청산하려 하였다.
② 봉건적 신분제도의 타파로 민족 운동의 방향을 제시하였다.
③ 근대 국민 국가 건설을 위한 최초의 정치 개혁 운동이었다.
④ 민중의 지지를 기반을 바탕으로 전개된 사회 개혁 운동이었다.

10. 다음은 개항 이후 외국과 체결된 조약의 내용이다. 이 조약과 관련된 사건은?

2004 기출

> • 박영효가 일본에 사과 사절단으로 파견됨
> • 일본 공사관의 경비병 주둔. 배상금 지불
> • 처음으로 태극기를 사용하는 계기가 됨

① 갑신정변　　　　　　　　② 임오군란
③ 동학농민운동　　　　　　④ 을미사변

11. 갑오개혁을 추진함에 있어서 1차 개혁을 주도하였던 기구는?

① 통리기무아문　　　　　　② 중추원
③ 군국기무처　　　　　　　④ 교정청

12. 다음에서 제시된 내용은 어떤 사건과 관련이 있는가? 2004 기출

> • 조 · 러 비밀 협약   • 영국의 거문도 점령과 한반도 중립화론 대두

① 아관파천
② 청 · 일 전쟁
③ 갑신정변
④ 임오군란

13. 갑오개혁기 홍범 14조의 내용으로 옳은 것을 모두 고른 것은? 2015 기출

> ㄱ. 토지를 평균하여 분작한다.
> ㄴ. 공사채를 막론하고 지난 것은 모두 무효로 한다.
> ㄷ. 조세의 과징과 경비의 지출은 모두 탁지아문에서 관할한다.
> ㄹ. 나라의 총명한 젊은이들을 파견하여 외국의 학술과 기예를 전습한다.

① ㄱ, ㄴ
② ㄱ, ㄷ
③ ㄴ, ㄹ
④ ㄷ, ㄹ

14. 다음 중 단발령과 관련 있는 사실은? 2012 기출

① 갑오개혁
② 임오군란
③ 을미개혁
④ 갑신정변

15. 다음은 주일(駐日) 중국 외교관이 저술한 서적의 일부 내용이다. 이 서적이 끼친 영향으로 맞는 것을 모두 고르시오.

> 조선의 땅 덩어리는 실로 아시아의 요충을 차지하고 있어서 형세가 반드시 다투게 마련이며, 조선이 위태로우면 아시아의 형세도 위태로워질 것이다. 따라서 러시아가 강토를 공략하려 할진대 반드시 조선에서 시작할 것이다. …… 그렇다면 조선은 러시아를 막는 일보다 더 급한 일은 없을 것이다. 러시아를 막는 책략은 어떠한가? 중국과 친하고, 일본과 맺고, 미국과 연합함으로써 자강을 도모할 따름이다.

> ㄱ. 거문도 사건
> ㄴ. 강화도 조약 체결
> ㄷ. 이만손의 영남 만인소
> ㄹ. 조 · 미 수호 통상 조약 체결

① ㄱ, ㄴ
② ㄱ, ㄷ
③ ㄴ, ㄷ
④ ㄷ, ㄹ

16. 한반도 중립화론이 제기될 당시의 국내외 정세에 대한 설명으로 옳지 않은 것은?

① 청 · 일 양국은 톈진조약을 체결하였다.
② 러시아, 프랑스, 독일의 삼국 간섭이 직접적인 배경이 되었다.
③ 영국은 러시아의 남하 견제를 구실로 거문도를 점령하였다.
④ 조선 정부는 청의 간섭에서 벗어나기 위해 조 · 러 비밀 협약을 추진하였다.

17. 다음은 조선 후기에 추진된 근대적 개혁의 전개 과정이다. (가)에 들어갈 역사적 사실을 모두 고르시오.

> 정부는 교정청을 설치하여, 당상관 15명을 두고 동학 농민 운동에서 제기된 폐정 몇 가지를 개정하였다.

↓

> (가)

↓

> 고종이 종묘에 나아가 독립 서고문을 바치고 홍범 14조를 발표하여 개혁의 기본 방향을 밝혔다.

> ㄱ. 개혁을 주도하던 내무대신 박영효가 실각하였다.
> ㄴ. 개혁 법안의 심의·의결 기구로 군국기무처가 설치되었다.
> ㄷ. 온건 개화파와 친러파의 연립으로 새로운 내각이 구성되었다.
> ㄹ. 흥선 대원군을 섭정으로 하는 1차 김홍집 내각이 성립되었다.

① ㄱ, ㄴ
② ㄱ, ㄷ
③ ㄴ, ㄹ
④ ㄷ, ㄹ

18. 다음은 어느 개혁 과정에서 발표된 내용이다. (가)~(라)의 의미를 잘못 분석한 것은?

> (가) 대원군을 가까운 시일 안에 돌아오게 하고 청에 조공하는 허례의 행사를 폐지할 것.
> (나) 문벌을 폐지하고 인민 평등의 권리를 제정하고 능력에 따라 관리를 등용할 것.
> (다) 대신과 참찬은 합문 안의 의정부에서 회의 결정하고 정령을 공포해서 시행할 것.
> (라) 지조법을 개정하여 간사한 관리를 뿌리 뽑고 백성의 곤란을 구제하며, 국가 재정을 넉넉하게 할 것.

① (가) - 청에 대한 사대 관계를 끊겠다.
② (나) - 신분 차별이 없는 사회를 실현하겠다.
③ (다) - 국왕이 임의로 정책을 결정하는 폐단을 없애겠다.
④ (라) - 농민에게 토지를 분배하여 민생을 안정시키겠다.

19. 한말 위정척사 운동과 관련된 설명으로 옳지 않은 것은?

① 성리학적 전통 질서를 수호하고 천주교와 서양 문화를 배격하면서 전개되었다.
② 이항로의 척화주전론은 흥선 대원군의 통상 수교 거부 정책의 배경이 되었다.
③ 최익현은 민씨 정권의 개화 정책을 반대하는 5불가소를 올렸다.
④ 봉건적 지배체제를 고수하여 역사 발전의 역기능을 초래하였다.

20. 다음 (가), (나)의 공통점으로 가장 적절한 것은?

2010 기출

> (가) 폐정 개혁안 12개조   (나) 군국 기무처

① 입헌군주제
② 토지제도의 개혁
③ 신분제 폐지
④ 복고주의 개혁

21. 다음 내용과 관련된 역사적 사실은?

2011 기출

> • 종두법 실시　　• 양력 사용　　• 소학교 설치　　• 건양 연호 제정

① 갑신정변　　　　　　　　② 을미개혁
③ 갑오개혁　　　　　　　　④ 광무개혁

22. 1894년 조선은 일본의 간섭 아래 정치 · 행정 · 사법 · 경제 · 신분과 관련된 대대적인 개혁을 단행하였고, 이를 갑오개혁(갑오경장)이라고 한다. 갑오개혁(갑오경장)에 관한 설명으로 옳지 <u>않은</u> 것은?

2014 기출

① 군국기무처를 설치하여 개혁을 추진하였다.
② 과거제도를 정비하여 새로운 관리를 임용하였다.
③ 개국기원을 사용하여 청과의 종속관계에서 벗어났다.
④ 양반 · 상민이나 문반 · 무반의 차별 등을 없앴다.

정답 및 해설

1. 정답 ③

해설 ①②④ 개화사상은 북학파 실학 사상을 계승하여 청의 양무 운동과 일본의 메이지 유신의 영향을 받으면서 발전하였다.

오답풀이 ③ 조선책략은 조선이 러시아의 침략을 견제하기 위해서는 미국과 수교를 체결해야 한다고 주장하였으며, 그 결과 조 · 미 수호 통상 조약이 체결되었다.

2. 정답 ④

오답풀이 ④ 비변사의 기능을 축소하고 의정부의 기능을 회복한 것은 흥선 대원군이 왕권 강화를 목적으로 실시한 정책이었다.

3. 정답 ④

해설 ④ 자료에서 (가)는 온건 개화파, (나)는 급진 개화파이다. 온건 개화파와 급진 개화파는 모두 개화 정책의 추진을 지지하였다. 그러나 개화 정책을 추진하는 방법에 차이만 있었을 뿐이다.

오답풀이 ① 온건 개화파는 친청 사대 정책을 추진하였다. ② 온건 개화파는 김홍집, 김윤식, 어윤중 등이 대표적인 인물이다. ③ 급진 개화파는 김옥균, 박영효, 홍영식 등이 대표적인 인물이다.

4. 정답 ④

해설 ④ ㄹ. 이항로의 척화주전론 – 1860년대 통상 반대 운동. ㄷ. 최익현의 왜양일체론 – 1870년대 개항 반대 운동. ㄴ. 이만손의 영남만인소 – 1880년대 개화 반대 운동. ㄱ. 을미의병운동 – 1895년

5. 정답 ③

해설 ③ 자료는 임오군란에 대한 설명이다. 임오군란은 신식 군대인 별기군을 우대하고 구식 군인을 차별한 것이 원인이 되어 일어났다.

오답풀이 ①④ 갑신정변의 배경이다. ② 일본이 경복궁을 점령하고 조선 정부에게 내정 개혁을 강요하여 1차 갑오개혁이 추진되었다.

6. 정답 ②

해설 ② 자료의 내용은 구식 군인에 대한 차별 대우를 계기로 일어난 임오군란(1882년)에 대한 설명이다. 이 사건이 진행되는 과정에서 일본 공사관이 파괴되어 조선 정부는 일본과 제물포 조약을 체결하고 배상금을 지불하였다.

오답풀이 ① 강화도 조약은 임오군란 일어나기 전에 일본과 체결하였다(1876). ③ 한성조약(1884)은 갑신정변을 계기로 체결하였다. ④ 을사조약(1905)은 일본에 의해 외교권이 박탈되고 통감부가 설치된 조약이다.

7. 정답 ①

오답풀이 ① 일본 공사관에 군대가 주둔하기 시작한 것은 임오군란 이후 제물포 조약이 체결된 것이 계기가 되었다.

8. 정답 ①

해설 ① 자료에서 청과의 사대 관계 폐지, 입헌군주제 실시, 혜상공국 폐지, 지조법 실시 등은 갑신정변 당시에 개화당 세력이 발표한 14개 조 개혁 정강에 해당하는 내용이다.

9. 정답 ④

오답풀이 ④ 갑신정변은 일본의 지원을 받아 추진되었으며, 토지 제도의 개혁이 이루어지지 않아 민중의 지지를 받지 못하였다.

10. 정답 ②

해설 ② 임오군란이 끝난 후 일본 공사관 습격과 관련하여 사과 사절단으로 박영효가 3차 수신사로 파견되었으며, 당시 박영효에 의해 태극기가 최초로 제작되었다. 또한 제물포 조약을 체결하고 일본 공사관의 군대 주둔을 허용하고 배상금을 지불하였다.

11. 정답 ③

해설 ③ 일본이 경복궁을 점령한 후 내정 개혁을 강요하자, 조선 정부는 군국기무처를 설치하고 1차 갑오개혁을 추진하였다.

오답풀이 ① 통리기무아문은 1880년에 민씨 정권이 개화 정책을 추진하기 위하여 설치한 최초의 근대적 행정 기구이다. ② 중추원은 독립 협회가 의회 설립 운동을 추진한 것을 계기로 의회 역할을 담당하는 기구로 재편되었다. ④ 교정청은 1차 동학 농민 운동 이후 농민군의 개혁 요구를 반영하여 조선 정부가 자주적으로 개혁을 추진하기 위하여 설치하였다.

12. 정답 ③

해설 ③ 조·러 비밀 협약(1885)은 갑신정변 이후 청의 내정 간섭이 강화되는 상황에서 민씨 정권이 추진하였으며, 이후 러시아가 본격적으로 조선에 진출하게 되자 러시아의 남하정책을 견제하기 위해 영국이 거문도를 점령(1885)하였다. 이 사건을 계기로 부들러와 유길준은 한반도 중립화론을 주장하였다.

13. 정답 ④

해설 홍범 14조의 내용으로는 ㄷ. 탁지아문에서 모든 조세 징수와 경비 지출을 담당한다. ㄹ. 총명한 젊은이들을 파견하여 외국의 학술, 기예를 견습시킨다. 외에 왕실 사무와 국정 사무를 혼동하지 않는다. 납세는 법으로 정하고 함부로 세금을 징수하지 아니한다. 문벌을 가리지 않고 인재 등용의 길을 넓힌다. 등의 내용이 포함되어 있다.

오답풀이 ㄱ, ㄴ. 동학 농민군이 요구한 폐정 개혁 12조의 내용이다.

14. 정답 ③

해설 ③ 을미개혁에서는 단발령, 태양력, 종두법, 건양 연호 사용, 우편 업무 실시, 소학교 설치 등이 실시되었다.

15. 정답 ④

해설 ④ 자료는 황쭌셴의 조선책략이다. 조선책략은 조선이 러시아의 침략을 견제하기 위해서는 '친중국·결일본·연미국'을 해야 한다고 주장하였으며, 특히 미국과의 수교를 강조하였다. 조선책략의 유포를 계기로 조선 정부는 조·미 수호 통상 조약(1882)을 체결하였으며, 이를 반대하는 위정척사 운동이 격화되어 이만손의 영남 만인소와 홍재학의 척사론 등이 대두하였다.

16. 정답 ②

해설 12번 문제 해설 참조

오답풀이 ② 한반도 중립화론은 거문도 사건(1885) 이후 제기되었으며, 러·프·독의 삼국 간섭은 1895년에 일어났다.

17. 정답 ③

해설 ③ 자료는 조선 정부가 1차 동학 농민 운동 이후 농민군의 폐정 개혁안을 수용하여 교정청을 설치하고 개혁을 추진한 사실과 홍범 14조를 반포하고 2차 갑오개혁을 추진한 내용이다. 따라서 (가)는 1차 갑오개혁과 관련된 사실임을 알 수 있다. 일본은 경복궁 점령 이후 흥선대원군을 섭정으로 하는 1차 김홍집 친일 내각을 구성하고 개혁을 강요하였으며, 이후 군국기무처가 설치되어 1차 갑오개혁을 추진하였다.

오답풀이 ㄱ, ㄷ. 박영효가 내무대신에서 실각하고 온건개화파와 친러파의 연합으로 친러 내각이 구성된 것은 러시아의 주도로 일어난 삼국간섭(1895) 이후의 사실이다.

18. 정답 ④

오답풀이 ④ 지조법의 개혁은 조세(수취)제도의 개혁을 통해 민생 안정과 국가 재정을 확보하기 위하여 실시한 것이며, 토지 제도의 개혁과는 관련 없다.

19. 정답 ③

오답풀이 ③ 최익현은 강화도 조약 체결과 개항을 반대하기 위하여 5불가소의 상소를 올렸다.

20. 정답 ③

해설 ③ 동학 농민군은 폐정개혁 12조를 통해 노비 문서 소각과 7종 천인의 차별 폐지를 주장하여 신분제의 폐지를 주장하였으며, 이를 반영하여 추진된 1차 갑오개혁에서 군국기무처를 중심으로 신분제 폐지가 법적으로 확정되었다.

21. 정답 ②

해설 ② 을미개혁에서는 단발령, 태양력, 종두법, 건양 연호 사용, 우편 업무 실시, 소학교 설치 등이 실시되었다.

22. 정답 ②

오답풀이 ② 갑오개혁에서는 과거제가 공식적으로 폐지되고 새로운 관리 임용제도가 마련되었다.

MEMO

③ 구국 민족 운동의 전개

❶ 동학 농민 운동(1894)

(1) 배경

농민층의 불만 고조	일본에 막대한 배상금 지불, 근대 문물 수용 경비 지출로 국가 재정 악화 → 농민에 대한 수탈 심화
외세의 경제적 침투	• 일본의 영국산 면제품 판매, 대량의 미곡 유출 → 가내 수공업 몰락, 쌀값 폭등 • 조 · 청 상민 수륙 무역 장정 체결 이후 청국 상인의 침투
동학의 교세 확장	• 동학의 성립 : 최제우가 창시 • 동학의 인간 평등(인내천 · 시천주), 사회 개혁 사상(후천개벽 · 보국안민 · 제폭구민)이 농민 요구에 부응 → 농민 세력 규합 • 교리 및 교단 정비 : 최시형의 「동경대전」, 「용담유사」 간행, 포접제 조직 정비 • 포접제 : 동학 조직 체제 → 남접(전라도 – 전봉준, 손화중), 북접(충청도 – 최시형, 손병희)

(2) 교조 신원 운동

1) 삼례 · 서울 집회 : 교조 최제우의 누명을 벗기고 동학 포교의 자유 요구
2) 보은 집회 : 탐관오리 숙청, 외세 배척 → '보국안민(輔國安民), 제폭구민(除暴救民), 척왜양창의
(斥倭洋倡義)' → 정치 운동으로 전환

(3) 동학 농민 운동의 전개(1894)

발단	고부 민란	고부 군수 조병갑의 착취(만석보)에 항거하여 전봉준이 주도 → 안핵사 이용태의 탄압
1차 농민운동 **(반봉건)**	주도 세력	남접(전라도) 중심 → 전봉준, 손화중, 김개남
	전개 과정	• 고부의 백산에서 봉기 → 4대 강령 발표 → **황토현 전투 승리** → 전주성 점령(4월) • 정부의 요청으로 청군 파병 → 텐진조약을 구실로 일본군 동시 출병 → 정부의 청 · 일 군대 철병 요구 • 전주 화약 체결 → 폐정 개혁 약속 → 농민군 해산 → 집강소 설치 • **집강소** : 동학 농민 자치 기구 → 폐정 개혁안 실천, 불량한 지주와 부호 처벌, 치안 유지 등의 역할 담당
2차 농민운동 **(반외세)**	배경	일본의 경복궁 점령 → 청 · 일 전쟁 발발 → 일본의 조선에 대한 내정 간섭 심화
	전개 과정	남북접 연합 부대 형성 → 논산 집결 → 공주 우금치 전투 패배 → 전봉준, 손화중, 김개남 등 처형

(4) 폐정 개혁 12조

1. 동학도는 정부와의 원한을 씻고 서정에 협력한다.	봉건 지배층 타파
2. 탐관오리는 그 죄상을 조사하여 엄징한다	
3. 횡포한 부호를 엄징한다.	
4. 불량한 유림과 양반의 무리를 징벌한다.	
5. 노비 문서를 소각한다.	신분제 타파
6. 7종의 천인 차별을 개선하고 백정이 쓰는 평량갓은 없앤다.	
7. 청상과부의 개가를 허용한다.	봉건적 악습 타파
8. 무명의 잡세는 일체 폐지한다.	조세 제도 개혁
9. 관리 채용에는 지벌(地閥)을 타파하고 인재를 등용한다.	신분제 타파
10. 왜와 통하는 자는 엄징한다.	반외세
11. 공사채를 물론하고 기왕의 것을 무효로 한다.	농민 부채 탕감 → 농민 생활 안정
12. 토지는 평균하여 분작(分作)한다.	토지 제도의 개혁

(5) 동학 농민 운동의 성격과 영향

1) 성격 : 반봉건 · 반외세 민족 운동

2) 영향

대내적	반봉건	신분제 타파(노비 문서 소각), 조세제도의 개혁(무명 잡세 폐지) → 갑오개혁에 영향
	반외세	동학 농민군의 잔여세력은 항일 의병 운동에 가담 → 구국 무장 투쟁 활성화
대외적		청 · 일 전쟁 유발 → 일본의 조선 침략 발판 확립 계기

3) 한계 : 근대 사회 건설을 위한 구체적 방안 제시 미흡

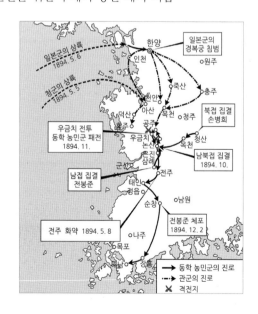

❷ 독립협회의 활동과 대한제국

(1) 독립협회의 활동

1) 독립협회의 창립(1896)

배경	• 아관 파천 이후 : 친러 내각 성립 → 러시아 내정 간섭 강화, 열강의 이권 침탈 심화
	• 일본 군대의 조선 주둔 → 러 · 일 간의 갈등 심화
목적	자유 민주주의 개혁 사상의 보급 → 자주 독립 국가 수립
참여 세력	진보 지식인(서재필 · 윤치호), 개혁 유학자(남궁억 · 정교) 주도 → 관료, 시민층, 학생, 노동자, 여성, 천민 등 참여 → **민중을 기반으로 활동**(갑신정변과 갑오 · 을미개혁의 한계 극복)

2) 독립협회의 주요 활동

초기	민중계몽운동	독립신문 발간, 독립문 · 독립관 건립, 강연회와 토론회 개최 → 근대적 지식과 국권 · 민권 사상 고취
후기 **(정치 단체)**	자주국권운동	• **만민 공동회 개최**(1898.3) : 최초의 근대적 민중 대회 • 열강의 내정 간섭 및 이권 요구, 토지 조차에 대항하여 투쟁 • 러시아의 재정 고문과 군사 교관 철수, 러시아의 절영도 조차 요구 저지
	자유민권운동	• 국민 기본권 보장 운동 : 신체의 자유와 재산권, 언론 · 출판 · 집회 · 결사의 자유 보장 • 국민 참정권 운동 : 의회 설립 추진 → 민의를 국정에 반영
	자강개혁운동	• 박정양 진보 내각 수립 → 관민 공동회 개최(1898.10) → 헌의 6조 채택 • 의회 설립 운동 추진 : 의회식 중추원 관제 반포 → **입헌 군주제 추진**
헌의 6조	1. 외국인에게 의지하지 말고, 관민이 합심하여 전제 황권을 공고히 할 것.	자주 국권 확립
	2. 외국과의 이권에 관한 계약과 조약은 각 대신과 중추원 의장이 합동 날인하여 시행할 것.	외세의 이권 침탈 저지
	3. 국가 재정은 탁지부에서 전관하고 예산과 결산을 국민에게 공포할 것.	재정의 일원화
	4. 중대 범죄를 공판하되, 피고의 인권을 존중할 것.	인권 존중
	5. 칙임관을 임명할 때에는 정부에 그 뜻을 물어서 중의에 따를 것.	입헌 군주제
	6. 정해진 규정을 실천할 것.	법 질서 유지

※ **중추원 관제** : 갑오개혁 때 의정부 산하 기구로 법률 · 칙령안의 개폐, 의정부의 건의 및 자문 사항, 국민의 청원 사항 등을 심의 · 의결하는 기관으로 설치되었다. 의장 · 부의장 50인의 의원으로 구성되었는데, 정부 관료와 독립 협회 인사를 각각 반씩 선임하여 최초로 의회 설립 이전 단계까지 도달하였다.

3) **독립협회의 해산** : 보수 세력의 모함(익명서 사건) → 황국협회와 군대 동원 → 독립협회 탄압 · 해산(1898)

4) **의의와 한계**
   ① **의의** : 민중을 개화 운동과 결합 → 자주적 근대화 운동 추진, 민권 신장에 기여 → 애국계몽 운동에 영향
   ② **한계** : 외세 배척 운동이 러시아에 집중(→ 미 · 영 · 일에는 우호적), 의병 활동 비판

(2) 대한제국과 광무개혁

1) **성립 배경** : 고종의 환궁 여론(독립협회), 조선에서 러시아의 독점 세력 견제 → 국제적 여론의 고조
2) **대한제국의 성립(1897)** : 고종의 경운궁 환궁 → 연호 – 광무, 황제 칭호 사용, 원구단 축조
3) 광무개혁의 실시
- ① **원칙** : 구본신참(舊本新參)에 입각한 점진적 개혁 추구(복고주의) → 갑오 · 을미개혁의 급진성 비판 → 독립협회 탄압
- ② **개혁 내용**

정치	• 대한국 국제 선포(1899) : 일종의 헌법 → 황제권 강화(전제 군주제 표방)
	• 한 · 청 통상 조약 체결(1899) : 청과 대등한 주권 국가 입장에서 체결
	• 해삼위(블라디보스토크) 통상 사무 설치, 간도 관리사 파견 → 해외 이주 교민 보호
	• 지방 행정 구역 개편 : 23부 → 13도
군사	원수부 설치(황제가 군권 통솔), 시위대(서울)와 진위대(지방) 증강, 무관 학교 설립
경제	• 양전사업 실시, 지계(근대적 토지소유 인정서) 발급 → 근대적 토지 소유권 제도 확립
	• 상공업 진흥책 : 섬유, 철도, 운수, 광업, 금융 분야에서 근대적 공장과 회사 설립
	• 근대 시설 도입 : 교통, 통신, 전기, 의료 분야의 근대 시설 확충
교육	실업학교와 기술 교육 기관 설립, 외국에 유학생 파견

- ③ **개혁의 한계** : 집권층의 보수적 성향(전제 군주제 강화), 열강의 간섭 → 성과 미흡

> ▶ 대한국 국제 9조
> 제1조 : 대한국은 세계 만국이 공인한 자주 독립 제국이다.
> 제2조 : 대한국의 정치는 만세 불변의 전제 정치이다.
> 제3조 : 대한국 대황제는 무한한 군권을 누린다.
> 제5조 : 대한국 대황제는 육 · 해군을 통솔한다.
> 제6조 : 대한국 대황제는 법률을 제정하여 그 반포와 집행을 명하고, 대사, 특사, 감형, 복권 등을 명한다.
> 제7조 : 대한국 대황제는 행정 각부의 관제를 정하고, 행정상 필요한 칙령을 발한다.
> 제9조 : 대한국 대황제는 각 조약 체결 국가에 사신을 파견하고, 선전, 강화 및 제반 조약을 체결한다.

(3) 간도와 독도

간도	• 백두산 정계비(1712,숙종) : 19세기 토문강의 해석 문제 → 간도 귀속 문제 발생
	• 대한 제국 시기 : 함경도의 행정 구역으로 편입 → 간도 관리사 파견(이범윤)
	• 간도 협약(1909) : 일본이 남만주 철도(안봉선) 부설권 획득 대가 → 간도를 청의 영토로 인정
독도	• 숙종 때 안용복은 우리의 영토임을 확인
	• 대한 제국 시기 : 울릉도를 군으로 승격시켜 독도 관할(1900)
	• 러 · 일 전쟁 중 : 일본은 자국의 영토로 강제 편입

❸ 항일 의병 전쟁의 전개

(1) 사상적 배경 : 위정척사 사상

(2) 전개 과정

구분	원인	내용
을미의병 (1895)	을미사변 단발령	• **구성원** : 양반 유생이 주도 → 일반 농민과 동학 농민군 잔여 세력 가담 • **의병장** : 유인석, 이소응, 문석봉, 허위 → 친일파와 일본인 처단 • **해산** : 아관파천으로 친일 정권 붕괴 → 단발령 철회, 고종의 해산 권고 조직 • **활빈당 조직** : 해산된 일부 농민들이 조직 → 반봉건 · 반침략 운동 전개
을사의병 (1905)	을사조약	• 최익현(태인 · 순창), 민종식 등 유생 주도 → 조약 폐기 및 친일 내각 타도 주장 • **평민 의병장 등장** : 신돌석(울진 · 영해 · 평해)
정미의병 (1907)	고종 황제 퇴위 군대 해산	• **의병 전쟁으로 확산** · 시위대 대장 박승환 자결 → 서울 시위대는 일본군과 시가전 전개 · 해산 군인 가담 → 전투력 강화 → 농민, 노동자, 소상인 등 각 계층 참여 · 간도와 연해주까지 활동 범위 확대 • **서울진공작전**(1908) : 13도창의군 결성(이인영 · 허위) → 평민 의병장 제외 → 실패 • 서울 주재 각국 영사관에 의병을 국제법상의 교전 단체로 승인 요구 • 국내 진공 작전 추진 : 홍범도 · 이범윤 의병 부대 중심 • 안중근 의사 의거 : 이토 히로부미 처단(1909) • 일본군의 **남한 대토벌 작전**(1909) → 의병 항쟁 위축 → 간도 · 연해주로 이동 → 항일 독립 운동 전개

(3) 항일 의병 전쟁의 의의

성격	광범위한 사회 계층이 참여한 대표적인 구국 운동
의의	• 국권 회복을 위한 무장 투쟁으로 민족의 강인한 저항 정신 표출 • 일제하 항일 무장 독립 투쟁의 기반 마련 • 세계 약소 민족의 반 제국주의적 독립 운동사적 의미
한계	• 유생층의 봉건적 지배 질서 고집 → 신분간의 갈등으로 내부 결속력 약화 • 외교권의 상실로 국제적 지원을 얻지 못함

정미의병

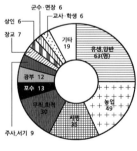

정미 의병장 출신

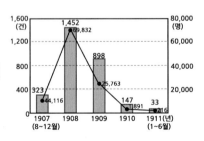

정미의병 전개 과정

4 애국 계몽 운동의 전개

(1) 애국 계몽 운동의 의미

    1) 주도 세력 : 개화 운동과 독립 협회 활동을 계승한 개화 지식인 + 관료 + 개혁적 유학자 등

    2) 성격 : 사회 진화론의 영향으로 당시 국제 관계를 약육강식과 적자생존의 원리가 지배하는 세력의 각축장으로 인식 → 교육 활동과 산업 진흥을 통한 실력 양성 → 국권 회복 운동

(2) 애국 계몽 단체의 활동

보안회(1904)		일제의 황무지 개간권 요구 저지 운동 전개 → 성공
헌정연구회 (1905)		• 이준 · 윤효정 · 양한묵 등이 조직 → 국민의 정치의식 고취와 입헌 군주제 추진 • 일진회의 반민족 행위 규탄 → 해산 → 대한자강회로 계승
대한자강회 (1906)		• 윤효정 · 장지연 등 조직 : 월보 간행 · 연설회 개최 → 국권 회복을 위한 실력 양성 운동 • 고종 황제 퇴위 반대 운동 전개 → 일제의 탄압으로 해산 → 대한 협회로 계승
신민회 (1907)	조직	안창호 · 양기탁 중심으로 결성된 비밀 결사 단체
	운동 방향	국권 회복과 공화정체의 근대 국민 국가 건설

	활동	표면적
		• 문화적 · 경제적 실력 양성 운동 전개
		  · 민족 기업 : 태극서관(대구), 자기회사(평양) 운영
		  · 민족 교육 : 대성학교(평양), 오산학교(정주) 설립
		  · 대한 매일 신보 간행
		• 국채 보상 운동 지원
		
		내면적
		• 독립전쟁론 제시 : 독립군을 양성하여 적절한 시기에 일제와의 전쟁을 통해 국권 회복
		• 국외 독립 운동 기지 건설 : 서간도 삼원보(신흥 무관 학교 설립)

	해산	105인 사건(데라우치 총독 암살 조작)을 계기로 해산(1911)

(3) 교육 운동과 언론 활동

    1) 교육 운동 : 서북 학회, 기호 흥학회, 국민 교육회 등의 교육 단체 중심

      ① 목표 : 교육 진흥에 의한 향토 발전, 민족 실력 양성을 통한 국권 회복

      ② 성격 : 국권 회복을 목적으로 정치와 교육을 결합시킨 구국 운동 단체

    2) 언론 활동 : 국민 계몽과 애국심 고취

      ① 황성신문 : 남궁억이 창간한 민족주의적 항일지, 국 · 한문 혼용, 장지연의 '시일야 방성 대곡' 게재

      ② 제국 신문 : 민중과 부녀자 층의 계몽, 순한글 신문

      ③ 대한 매일 신보 : 베델과 양기탁 발행, 국 · 한문 혼용 신문, 국채 보상 운동에 참여

(4) 애국 계몽 운동의 의의

긍정적 평가	• 국권 회복과 공화 정체의 근대 국민 국가 건설이라는 민족 독립 운동의 방향 제시 • 국외 독립 운동 기지 건설, 교육 · 산업의 진흥을 통해 인재 양성, 경제적 토대 마련 → 장기적 민족 독립 운동의 기반 마련 • 민족 독립 운동의 전략 제시 → 독립 전쟁론(신민회)
부정적 평가	• 사회진화론 입장에서 제국주의 열강의 침략을 인정하고 일제의 한국 지배를 용인 • 의병 운동을 부정적으로 평가
한계	일제에 의해 정치적, 군사적으로 예속된 상태에서 추진됨

 확인 학습

정답: P. 316

1. 동학의 교세 확장을 위해 만든 조직 체제는?

2. 동학 농민 운동이 일어난 계기가 된 사건은?

3. 1차 동학 농민 운동에서 농민군이 승리를 거두었던 첫 번째 전투는?

4. 동학 농민군이 폐정 개혁안 12조를 실천하기 위해 설치한 농민 자치 기구는?

5. 2차 동학 농민 운동에서 농민군이 패한 마지막 전투는?

6. 동학 농민 운동을 계기로 거의 같은 시기에 일어난 역사적 사건 2가지는?

7. 독립협회가 갑신정변, 갑오 · 을미 개혁과 가장 큰 차이점은?

8. 독립협회가 개최한 최초의 근대적 민중 대회는?

9. 독립협회가 추진하였던 국가 정치 체제는?

10. 대한제국 수립 이후 황제 즉위식을 거행하기 위해 설치한 건축물은?

11. 대한제국이 추진한 광무개혁의 기본 원칙은?

12. 광무개혁에서 양전사업과 지계 발급을 실시한 목적은?

13. 대한제국에서 황제권 강화를 위해 발표한 헌법은?

14. 일본이 독도를 일본의 영토로 강제 편입한 시기는?

15. 한말 을미, 을사, 정미의병이 일어나게 된 각각의 원인은?

16. 을사의병 당시에 등장한 최초의 평민 의병장은?

17. 정미 의병 당시에 서울 진공 작전을 전개한 의병 부대는?

18. 정미 의병 당시에 일본군이 의병 부대를 초토화시키기 위해 전개한 작전은?

19. 애국 계몽 운동의 사상적 배경이 되었던 이론은?

20. 1904년 일제의 황무지 개간권 요구를 저지시켰던 애국 계몽 운동 단체는?

21. 1907년 안창호와 양기탁이 설립한 애국 계몽 운동 단체는?

22. 신민회가 서간도에 건설한 국외 독립 운동 기지와 독립군 양성 교육 기관은?

23. 신민회가 국권 회복과 함께 추진했던 국가 정치 체제는?

24. 을미의병 해산 이후 농민군이 중심이 되어 조직하여 반봉건, 반침략 활동을 하였던 단체는?

기출 및 예상 문제

1. 다음에서 설명하고 있는 인물이 살았던 시기에 발생한 사건들을 모두 고른 것은? 2013 기출

> • 천안 출신, 몸이 야위고 왜소하여 녹두라고 불렸음
> • 동학에 입교, 고부 지방의 접주로 임명됨
> • 고부 군수 조병갑의 폭정에 항의함
> • 교수형을 당함

> ㄱ. 동학 창시   ㄴ. 이토 히로부미의 통감 부임
> ㄷ. 갑신정변 발생   ㄹ. 윤요호 사건 발생

① ㄱ, ㄴ, ㄷ   ② ㄱ, ㄷ, ㄹ
③ ㄴ, ㄷ, ㄹ   ④ ㄱ, ㄴ, ㄷ, ㄹ

2. 동학 농민군이 설치한 일종의 자치적 행정 기구로서, 신분제의 폐지와 토지의 균등 분배 등을 목표로 개혁을 추진하던 농민 자치 기구는?

① 교정청   ② 집강소
③ 통리기무아문   ④ 군국기무처

3. 다음의 역사적 사건 중에서 동학 농민 운동의 결과로 일어난 것은?

> ㄱ. 갑오개혁   ㄴ. 아관파천   ㄷ. 청·일 전쟁   ㄹ. 갑신정변

① ㄱ, ㄴ   ② ㄱ, ㄷ
③ ㄴ, ㄷ   ④ ㄴ, ㄹ

4. 다음의 사실들을 일어난 순서대로 바르게 나열한 것은?

> ㄱ. 독일, 프랑스, 러시아는 일본에 압력을 가하여 청으로부터 빼앗은 요동 반도를 반환하게 하였다.
> ㄴ. 김홍집 내각은 태양력 사용, 단발령 실시 등의 개혁을 추진하였다.
> ㄷ. 고종은 일본의 간섭을 벗어나기 위해 러시아 공사관으로 피신하였다.
> ㄹ. 조선 정부는 교정청을 설치하여 자주적 개혁을 추진하였다.

① ㄱ-ㄴ-ㄷ-ㄹ   ② ㄴ-ㄷ-ㄹ-ㄱ
③ ㄷ-ㄴ-ㄱ-ㄹ   ④ ㄹ-ㄱ-ㄴ-ㄷ

5. 독립협회에 관한 설명으로 옳지 <u>않은</u> 것은? 2015 기출

① 개화파 지식인들이 중심이 되어 설립하였다.
② 회원자격에 제한을 두지 않아 사회적으로 천대받던 계층도 참여하였다.
③ 지방에도 지회가 조직되어 전국적인 단체로 발전하였다.
④ 황국협회와 협력하여 개혁을 추구하였다.

6. 1907년 대한 제국 군대 해산 이후의 의병 활동과 관련하여 잘못 설명한 것은?

① 전술과 전투력이 강화되어 의병 전쟁의 규모로 확대되었다.

② 호남 지방에서 일본군의 이른바 남한 대토벌 작전이 전개되었다.

③ 평민 의병장 신돌석이 등장하는 계기가 되었다.

④ 13도 창의군을 결성하여 서울 진공 작전을 전개하였다.

7. 다음이 설명하는 단체는 무엇인가?

> • 헌정 연구회를 모체로 1906년에 설립되었다.
> • 국권 회복을 목표로 정치 운동보다 교육 운동과 산업 진흥 활동을 전개했다.
> • 일제의 고종 퇴위 강요에 반대해 대규모 반일 투쟁을 전개했다

① 보안회

② 대한 자강회

③ 대한 협회

④ 신민회

8. 다음은 신민회와 관련된 내용이다. 각각에 대한 설명으로 옳지 않은 것은?

> 신민회는 (가) 일제의 탄압으로 인해 활동이 어려운 시기에 사회 각층의 인사들로 조직된 단체로, 국권 회복과 더불어 (나) 근대적 국민 국가 건설을 목표로 삼았다. 표면적으로는 (다) 문화적 · 경제적 실력 양성 운동을 전개하면서 내면적으로는 (라) 군사적 실력 양성 운동을 전개하였다.

① (가) – 이로 인하여 비밀 결사의 형태로 활동하였다.

② (나) – 입헌 군주제를 추구하였다.

③ (다) – 대성학교와 오산학교를 설립하였다.

④ (라) – 독립 운동 기지를 건설하고 무관학교를 설립하였다.

9. 광무개혁의 내용과 관계 없는 것은?　　　　　　　　　　　　　　　2002 기출

① 의회 민주주의를 실시하였다.

② 지계를 발급하여 근대적 토지 소유권 제도를 확립시키고자 하였다.

③ 교통 · 통신 · 전기 · 의료 시설 개선을 강조하였다.

④ 양전 사업을 추진하고 상공업 진흥을 강조하였다.

10. 독도에 관한 설명으로 옳지 않은 것은?　　　　　　　　　　　　　　2013 기출

① 일제는 1910년에 우리나라의 국권을 침탈하면서 독도를 자국의 영토로 편입시켰다.

② 숙종 때 안용복은 울릉도와 독도에 출몰하는 왜인을 쫓아내고 우리 영토임을 확인하였다.

③ 독도는 울릉도의 부속 섬으로 신라 시대에 우리 영토로 편입되었다.

④ 19세기에 조선 정부는 적극적인 울릉도 경영을 추진하고 독도까지 관할하였다.

11. 다음 사건을 시기 순으로 바르게 나열한 것은? 2016 기출

> ㄱ. 만민공동회 개최   ㄴ. 임오군란
> ㄷ. 우정국 신설   ㄹ. 아관파천

① ㄱ → ㄹ → ㄷ → ㄴ   ② ㄴ → ㄷ → ㄹ → ㄱ
③ ㄷ → ㄴ → ㄱ → ㄹ   ④ ㄹ → ㄱ → ㄴ → ㄷ

12. 다음은 어떤 비문의 내용이다. 이 비문과 관련된 설명으로 옳지 <u>않은</u> 것은? 2008 기출

> 西爲鴨綠 東爲土門 故於分水嶺上……
> 오라총관 목극 등이 국경을 조사하라는 교지를 받들어 이곳에 이르러 살펴보고, 서쪽으로는 압록강, 동쪽으로는 토문강으로 경계를 정하여 강이 갈라지는 고개 마루에 비석을 세워 기록하노라.
> ─강희 51년(숙종 38년 1712) 5월 5일─

① 청은 그들의 본거지였던 만주 지방에 관심을 기울여 이 지역을 성역화 하였다.
② 한일 합방 전 고종은 간도에 관리를 파견했다.
③ 을사조약을 고종이 체결하고 인정하였기에 간도 협약은 유효하다.
④ 토문강의 위치에 대한 차이로 문제가 있었다.

13. 다음의 사건들을 순서대로 바르게 나열한 것은? 2008 기출

> ㄱ. 단발령을 철회하라.
> ㄴ. 우리 힘으로 빚을 갚자.
> ㄷ. 영은문을 헐고 독립문을 세우자.
> ㄹ. 토지를 균등하게 나누어 경작하자.

① ㄹ-ㄱ-ㄴ-ㄷ   ② ㄱ-ㄹ-ㄷ-ㄴ
③ ㄹ-ㄴ-ㄱ-ㄷ   ④ ㄹ-ㄱ-ㄷ-ㄴ

14. (가)와 (나) 사이에 있었던 사건으로 옳은 것을 모두 고른 것은? 2018 기출

> (가) 고부군수 조병갑의 횡포로 농민들이 고부관아를 습격하였다.
> (나) 외세의 개입으로 사태가 악화될 것을 우려한 농민군과 관군은 전주화약을 맺었다.

> ㄱ. 전라도 삼례에서 교조신원운동이 일어났다.
> ㄴ. 농민군이 황토현 전투에서 관군을 격파하였다.
> ㄷ. 공주 우금치 전투에서 농민군은 크게 패하였다.
> ㄹ. 정부는 진상조사를 위해 이용태를 안핵사로 파견하였다.

① ㄱ, ㄴ   ② ㄱ, ㄷ
③ ㄴ, ㄹ   ④ ㄷ, ㄹ

15. 다음 (가), (나), (다) 운동과 관련된 설명으로 옳은 것을 모두 고른 것은?

> (가) 오적(五賊)에게 매국의 죄를 물어 참형에 처하고 일본 공사관에 조회하여 그 조약을 무효로 하고……
>
> (나) 우리 부모에게서 받은 몸을 금수로 만드니 무슨 일이며, 우리 부모에게서 받은 머리털을 풀 베듯이 베어 버리니 이 무슨 변고입니까.
>
> (다) 오호, 통재라! 원통한 말을 어이 차마 할 수 있으랴. 왜적이 국권을 임의로 조정하여 황제를 양위할 꾀가 결정되었고……

> ㄱ. (가)가 해산된 이후 활빈당이 등장하였다.
>
> ㄴ. (나)는 고종의 조칙으로 해산되었다.
>
> ㄷ. (다)는 의병 부대의 전국적 연합을 이루었다.
>
> ㄹ. (가), (나), (다)의 순서로 전개되었다.

① ㄱ, ㄴ   ② ㄱ, ㄷ

③ ㄴ, ㄷ   ④ ㄷ, ㄹ

16. 신민회의 활동으로 옳은 것을 모두 고른 것은? `2016 기출`

> ㄱ. 만민공동회 개최   ㄴ. 연통제 실시
>
> ㄷ. 대성학교 설립   ㄹ. 독립군 기지 건설

① ㄱ, ㄴ   ② ㄱ, ㄷ

③ ㄴ, ㄹ   ④ ㄷ, ㄹ

1. 정답 ②

해설 ② 자료는 1894년의 동학농민운동을 주도하였던 전봉준에 대한 설명이다. 전봉준은 1855년에 전라북도 정읍에서 출생하였으며, 본관은 천안이다. 전봉준은 1890년에 동학에 입교하여 고부의 접주가 되었고, 1894년에 조병갑의 폭정에 대항하여 고부민란을 주도하였으며, 1894년에 일어난 동학 농민운동이 실패로 끝난 후 1895년에 교수형을 당하였다. ㄱ. 동학은 1860년에 최제우가 창시하였다. ㄷ. 갑신정변은 1882년에 발생. ㄹ. 운요호 사건은 1875년에 발생하여 강화도 조약(1876) 체결의 원인이 되었다.

오답풀이 ㄴ. 이토 히로부미가 통감부의 통감으로 부임한 것은 1905년 을사조약이 체결된 이후의 사실이다.

2. 정답 ②

해설 ② 1차 동학 농민 운동에서 농민군은 정부와 전주화약을 체결한 후 자신들이 요구했던 폐정개혁을 실천에 옮기기 위해서 농민 자치 행정 기구로서 집강소를 설치하였다.

3. 정답 ②

해설 ② 동학 농민 운동을 계기로 갑오개혁이 추진되고 청·일 전쟁이 일어났다.

4. 정답 ④

해설 ④ ㄹ. 교정청 개혁(1894.6) - ㄱ. 삼국간섭(1895.4) - ㄴ. 3차 을미개혁(1895.8) - ㄷ. 아관파천(1896)

5. 정답 ④

해설 ①②③ 독립협회는 개화파 지식인(서재필·윤치호들)이 중심이 되어 개혁적 유학자, 관료, 시민, 학생뿐만 아니라 여성과 천민 등 여러 계층이 참여하여 설립되었다. 독립협회는 전국에 지회 조직을 설치하여 민중 계몽 활동을 전개하였다.

오답풀이 ④ 독립협회는 시전상인이 조직한 황국중앙 총상회와 협력하여 활동하였으며, 보부상이 조직한 황국협회는 오히려 정부의 지시를 받고 독립협회 해산을 주도하였다.

6. 정답 ③

오답풀이 ③ 평민 의병장 신돌석은 을사의병을 계기로 의병 활동을 시작하였다.

7. 정답 ②

해설 ② 대한자강회는 헌정연구회를 모체로 국권 회복을 위한 실력 양성 운동을 전개하였으며, 고종 퇴위 반대 운동을 전개하여 일제에 의해 강제 해체되었다.

8. 정답 ②

오답풀이 ② 신민회는 공화정체의 근대 국가 건설을 목표로 하였다.

9. 정답 ①

오답풀이 ① 대한제국은 독립 협회의 입헌군주제를 목표로 한 의회 설립 운동을 탄압하고, 광무개혁을 추진하면서 황제권을 강화하는 전제 군주제의 정치 체제를 확립하였다.

10. 정답 ①

해설 ② 숙종 때 안용복은 울릉도와 독도에 출몰하는 왜인을 쫓아내고 2차례에 걸쳐 일본으로 직접 건너가 독도가 우리의 영토임을 주장하였다. ③ 독도는 6세기 초 신라 지증왕 때

이사부가 우산국(울릉도)을 복속한 이후 우리의 영토로 편입되었다. ④ 조선 정부는 19세기에 울릉도 경영을 적극적으로 추진하면서 울릉도 이외 지역 주민들의 울릉도 이주를 장려하는 한편 독도를 함께 관할하였다.

오답풀이 ① 일제는 1905년 러·일 전쟁 당시에 독도를 일방적으로 점령하여 일본의 영토로 편입시켰다.

11. 정답 ②

해설 ㄴ. 임오군란(1882년) → ㄷ. 우정국(1884년) → ㄹ. 아관파천(1896년) → ㄱ. 만민공동회(독립협회, 1898년)

12. 정답 ③

오답풀이 ③ 자ㄴ ㄹ 조선 숙종 때 청과 조선 간에 국경선을 확정짓기 위해 세워진 백두산정계비의 내용이다. 일본이 강제로 을사조약(1905)을 체결하여 대한제국의 외교권을 박탈한 후, 청과 간도협약을 체결하고 간도를 청에게 넘겨주었으므로 간도협약은 무효이다.

13. 정답 ④

해설 ④ ㄹ. 동학농민운동 폐정개혁 12조(1894) - ㄱ. 을미개혁의 단발령(1895) - ㄷ. 독립협회(1896) - ㄴ. 국채 보상 운동(1907)

14. 정답 ③

해설 (가) 고부민란 이후에 ㄹ. 안핵사 이용태가 파견되어 농민을 탄압한 것을 계기로 1차 동학 농민 운동이 시작되었다. 농민군은 고부에서 봉기하여 ㄴ. 황토현 전투에서 승리하고 전주성을 점령한 후, (나) 정부와 농민군 간에 전주화약이 체결되었다.

오답풀이 ㄱ. 교조신원운동은 고부민란이 일어나기 전에 전개되었다. ㄷ. 공주 우금치 전투는 (나) 이후 2차 동학 농민 운동에서 농민군이 패배한 전투이다.

15. 정답 ③

해설 ③ (가)는 을사조약 체결을 계기로 일어난 을사의병, (나)는 단발령과 을미사변을 계기로 일어난 을미의병, (다)는 고종이 일본에 의해 강제로 퇴위당한 내용이므로 정미의병임을 알 수 있다. ㄴ. 을미의병은 1896년 아관파천을 계기로 단발령이 철회되면서 고종의 해산 권고 조칙을 받고 해산하였다. ㄷ. 정미의병 당시에는 13도 창의군이라는 전국 의병 연합 부대가 결성되어 서울 진공 작전이 전개되었다.

오답풀이 ㄱ. 을미의병 해산 이후에 농민군이 중심이 되어 활빈당을 조직하였다. ㄹ. 순서는 (나) - (가) - (다)이다.

16. 정답 ④

해설 ㄷ. ㄹ. 신민회는 1907년에 안창호·양기탁 등이 설립한 애국 계몽 운동 단체이다. 신민회는 표면적으로는 실력 양성 운동을 전개하여 대성학교·오산학교 등을 설립하였으며, 내면적으로는 장기적인 독립 운동의 거점을 마련하기 위하여 국외 독립 운동 기지를 건설하였다.

오답풀이 ㄱ. 만민공동회는 독립협회가 1898년에 개최한 최초의 근대적 민중 대회이다. ㄴ. 연통제는 대한민국임시정부가 상하이와 국내를 연결시키기 위해 조직한 비밀 행정 조직망이다.

※ 근대의 정치적 변천

1800~1863	세도정치┌ 대내적 : 왕권 약화 → 정치기강 문란 → 삼정의 문란(전정·군정·환곡) → 민란 발생 　　　　└ 대외적 : 서구 열강의 통상 압력, 중국·일본의 문호 개방 → 외세 침략에 대한 위기 의식 고조
1863	• 흥선대원군 집권(고종 즉위) 1. 대내적 : 왕권강화(경복궁 중건, 비변사 기능 축소→ 의정부·삼군부 기능 부활), 서원 정리 　　　민생안정 = 삼정의 문란 해결(전정 – 양전사업과 은결 색출, 군정 – 호포법, 환곡 – 사창제) 2. 대외적 : 통상 수교 거부 정책(병인양요 → 오페르트 도굴사건 → 신미양요 → 척화비 건립)
1873	대원군 하야 → 고종 친정과 민씨 정권의 등장
1876	• 강화도 조약 : 최초의 근대적 조약, 개항(부산·인천·원산), 불평등 조약(치외법권, 해안측량권) • 조·일 통상 장정(일본상품 무관세, 양곡의 무제한 유출), 조·일 수호 조규 부록(일본 화폐 유통 허용)
1882	• 외국과의 조약 : 미국(1882), 영국, 독일, 러시아, 프랑스 등 → 불평등 조약(치외법권, 최혜국 대우) • 조선 정부의 개화 정책 : 통리기무아문 설치 → 기기창, 박문국, 전환국, 별기군 　　　　　　　　　　　　↕ • 위정 척사 운동 : 양반 유생 주도 → 성리학적 전통·질서 수호, 서양 문물 수용 및 교류 반대 　　통상반대운동(척화주전론) →개항반대운동(왜양일체론)→개화반대운동(영남 만인소) → 항일의병운동(을미의병) • 임오군란(1882)┌ 배경·전개 : 구식 군인 차별 → 군인 폭동 → 흥선대원군 재집권 → 청의 개입 → 실패 　　　　　　　└ 결과 : 제물포 조약(일), 청의 내정 간섭 강화, 조·청 상민 수륙 무역 장정(경제적 침략)
1884	갑신정변┌ 개화당 주도(김옥균·박영효) → 신분제 폐지, 지조법(조세제도) 개혁, 입헌 군주제 실시 등 주장 　　　　└ 결과 : 청의 내정간섭 강화, 한성조약(일), 텐진조약(청–일), 한계 – 외세에 의존, 민중 지지(×)
1885	거문도 사건 : 영국의 거문도 점령(러의 남하 견제) → 한반도 중립화론 대두(유길준, 부들러)
1894	• 동학 농민 운동 → 갑오개혁, 청·일 전쟁 　┌ 1차(반봉건) : 고부 민란 → 황토현 전투 승리 → 전주성 점령 → 전주화약 체결, 폐정개혁 12조 요구 　├ 폐정개혁 : 노비문서 소각(신분제 폐지), 무명잡세 폐지(조세제도 개혁), 토지 평균 분작 　└ 2차(반외세) : 공주 우금치 전투 패배 → 실패 • 갑오개혁┌ 1차 : 왕실사무와 정부사무 분리, 과거제 폐지, 신분제 폐지, 과부 개가 허용, 연좌법 폐지 　　　　　└ 2차 : 지방관의 권한 제한, 사법권 독립, 각종 재판소 설치, 교육입국조서 반포
1895	청·일 전쟁에서 일본 승리 → 시모노세키 조약 → 삼국간섭 → 을미사변 → (3차) 을미개혁 → 을미의병
1896	• 아관파천 : 고종의 러시아 공사관 이동 → 러시아의 내정 간섭 강화, 열강의 이권 침탈 본격화 • 독립협회┌ 민중을 기반으로 근대화 운동 전개, 만민 공동회 개최, 관민 공동회에서 헌의 6조 채택 　　　　　└ 자주국권운동(이권수호), 자유민권운동(참정권, 자유, 평등), 자강개혁운동(의회설립운동)
1897	• 대한제국 : 황제 칭호, 연호 – 광무(원구단 축조) • 광무개혁 : 구본신참 원칙 → 황제권 강화(대한국국제 반포), 지계 발급, 상공업 진흥(회사, 공장, 은행)
1902~1903	1차 영·일 동맹(1902) → 용암포 사건(1903)
1904	러·일 전쟁(1904~05)
1905	• 을사조약 : 외교권 박탈, 통감부 설치 • 국권회복운동┌ 항일의병운동 : 을미의병(을미사변·단발령), 을사의병(을사조약), 정미의병(고종퇴위·군대해산) 　　　　　　　└ 애국계몽운동 : 교육·산업의 진흥을 통한 실력양성(신민회, 보안회, 대한자강회)
1907	• 헤이그 특사 파견 → 고종 황제 퇴위 • 한·일 신협약(정미 7조약) : 차관 정치, 통감부의 권한 강화, 군대 해산 • 신민회 : 안창호·양기탁이 조직한 비밀결사 → 공화정체 국가 건설, 국외 독립 운동 기지 건설(삼원보)
1910	한일합병(경술국치)

4 개항 이후의 경제와 사회

1 열강의 경제 침탈

(1) 청·일 상인의 상권 침탈 경쟁

개항 초기 (1876–1882) ↓ 일본 상인의 무역 독점	거류지 무역	일본 상인의 활동 범위를 개항장 10리 이내로 제한 → 조선 토착 상인(객주·여각·보부상)을 이용하여 중개 무역 실시
	약탈 무역	불평등 조약에 바탕을 둔 일본 정부의 정책적 지원 아래 약탈 활동 전개
	중계 무역	영국산 면직물 판매 → 조선의 곡물·쇠가죽·금 등 수입 → 국내 면직물 공업 타격, 쌀값 폭등
임오군란 이후 (1882–1894) ↓ 청 ↔ 일	조·청 상민 수륙무역장정 (1882)	• 개항장·서울·양화진에서 상점 개설, 연안 무역, 영사 재판권 등의 특권 보장 • 청 상인의 내지 통상 허용 → 청·일 상인 간의 경쟁 치열 • 청 상인의 내지 통상 허용 이후 → 최혜국 대우 규정 근거 → 외국 상인 내륙 진출 본격화 → 조선 토착 상인 타격
	조·일통상장정 (1883)	관세 협정 체결, 방곡령 실시 규정, 최혜국 대우
청·일 전쟁 이후 (1894)		일본 상인이 조선 시장을 독점적으로 지배(청〈일)

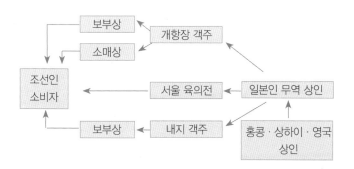

청·일 양국으로부터의 수입액 비율(%)

연도	청	일본
1885	19	81
1888	28	72
1889	32	68
1890	35	65
1891	40	60
1892	45	55

(2) 제국주의 열강의 경제 침탈

1) 이권 탈취 : 아관파천 이후 → 최혜국 대우 규정을 근거로 본격화
2) 열강의 이권 침탈 내용 : 삼림 채벌권(러), 철도 부설권(일), 광산 채굴권

철도	경인선(미→일), 경의선(프→일), 경부선 · 경원선(일본) → 일본의 경제적 · 군사적 침략 도구로 이용
삼림	러시아가 독점 → 압록강, 두만강, 울릉도 채벌권/ 러 – 목포 · 진남포 토지 조차 요구
광산	미국(운산 – '노다지'), 영국(은산), 일본(직산), 러시아(경성) 등
기타	전신 가설권(청 · 일), 연해 및 하천 운항권 침탈

(3) 일본의 금융 지배

화폐정리사업 (1905)	주도	재정 고문 메가타 주도 → 일본 제일은행이 조선의 중앙은행으로 등장
	내용	기존 백동화와 엽전을 폐기 → 제일 은행권을 본위 화폐로 사용
	결과	조선의 은행 파산, 국내 상공업자 몰락, 농촌 경제 파탄, 전황 현상
일본의 차관 강요	목적	일제의 대한 제국 재정 예속화
	내용	청 · 일전쟁 이후(내정간섭과 이권획득), 러 · 일전쟁 이후(화폐정리와 시설개선)

(4) 일본의 토지 약탈

개항 직후	고리 대금업 등으로 일본인의 토지 소유 확대
청 · 일 전쟁 이후	일본인 대자본가 침투 → 전주 · 나주 · 군산 일대에 대규모 농장 설치
러 · 일 전쟁 이후	토지 약탈 본격화 → 황무지 개간권 요구, 철도 부지 · 군용지 확보 구실 → 국유지와 역둔토 약탈
동양척식주식회사 (1908)	일본인 농업 이민에게 토지 불하 → 식민지 지배와 대륙 진출을 위한 인적 기반 확보를 위해 농업 이민 추진

※ **역둔토** : 역토와 둔토의 합성어로서, 역토는 교통의 중심지에 설치되어 있는 역의 경비를 충당하기 위하여 지급된 토지이며, 둔토는 관청의 경비를 충당하기 위해 지급된 토지를 말한다.

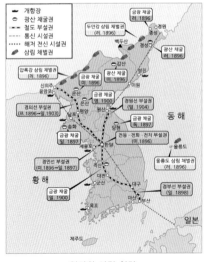

열강의 이권 침탈

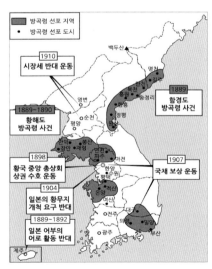

경제 자주권 수호 운동

❷ 경제적 구국 운동의 전개

(1) 경제적 침탈 저지 운동

방곡령 선포 (1889~1890)	배경	일본 상인의 농촌 시장 침투, 곡물 반출 → 곡가 폭등
	과정	함경도 감사 조병식의 방곡령 선포
	결과	조 · 일 통상 장정(1883)을 근거로 일본 항의 → 방곡령 철회, 배상금 지불
상권 수호 운동 (1880년대~1890년대)	배경	1882년 이후 외국 상인의 내륙 진출 허용 → 청 · 일 상인의 상권 침탈 → 국내 토착 상인(시전상인, 객주, 공인)의 몰락
	1880년대	서울 상인들의 철시 투쟁, 외국 상점의 서울 퇴거 요구
	1890년대	시전상인 → 황국중앙총상회 조직(1898) → 외국 상인의 내륙 상업 활동 금지 요구
이권 수호 운동	배경	아관파천 이후 열강의 이권 침탈 심화
	독립협회	러시아의 절영도 조차 요구 저지, 한 · 러 은행 폐쇄, 독일 · 프랑스의 이권 요구 저지
황무지 개간권 요구 반대 운동(1904)	보안회	일제의 황무지 개간권 요구 저지 운동 전개 → 성공
	농광회사	관료 · 실업인 중심 → 우리 손으로 황무지를 직접 개간할 목적으로 설립
국채 보상 운동 (1907)	성격	일본의 차관 제공에 의한 경제적 예속화 정책에 대한 저항 운동
	전개	대구에서 시작(서상돈 · 김광제) → 국채 보상 기성회 조직 → 전국적 모금 및 금주 · 금연 운동 → 대한 매일 신보 등 언론 기관과 애국 계몽 단체의 지원
	결과	일제 통감부의 탄압으로 실패, 양기탁 구속

(2) 근대적 민족 자본의 성장

시전 상인	황국 중앙 총상회 조직 → 독립 협회와 함께 상권 수호 운동 전개, 근대적 생산 공장 투자
경강 상인	일본의 증기선을 이용한 세곡 운송업 독점으로 타격 → 증기선 구입으로 일본 상인에 대항
객주 · 여각 · 보부상	• 개항 초기 : 개항장과 내륙 시장 연결 → 일시적 부 축적 • 1882년 이후 : 외국 상인의 내륙 진출로 타격 → 상회사 설립(대동상회, 장통회사)
산업 자본	조선 유기 상회, 대한 직조 공장, 종로 직조사
금융 자본	조선은행(최초의 민간 은행, 관료 자본이 중심), 한성은행, 천일은행 설립 → 화폐 정리 사업을 계기로 몰락
운수 회사	민간인의 철도회사 설립(한성–원산–경흥 간 철도 부설권 획득), 해운회사 설립 등

> ▶ **국채 보상 운동**
> 지금은 우리들이 정신을 새로이 하고 충의를 떨칠 때이니, 국채 1,300만 원은 바로 우리 제국의 존망에
> 직결된 것이라. 이것을 갚으면 나라가 존재하고 갚지 못하면 나라가 망할 것은 필연적인 사실이나 지금
> 국고는 도저히 상환할 능력이 없고 만일 나라에서 갚는다면 그 때는 이미 삼천리 강토는 내 나라 내 민족
> 의 소유가 못 될 것이다. …… 그러므로 국채를 갚는 방법은 2,000만 인민들이 3개월 동안 금연하고 매
> 달 20전씩 거두면 1,300만 원을 모을 수 있다.
> — 대한 매일 신보 —

❸ 사회 구조와 의식의 변화

(1) 평등 사회로의 이행

갑신정변	• 문벌폐지, 인민 평등권 확립, 지조법 개정, 행정 기구 개편 → 최초로 근대사회로의 개혁 시도 • 실패 원인 : 보수 세력의 방해, 청의 무력 개입, 민중의 지지 기반 미약
동학 농민 운동	• 폐정개혁 12조 : 신분제 타파(노비 문서 소각, 7종 천인 차별 폐지), 토지 제도 개혁 주장 • 양반중심의 전통적 신분제 사회 붕괴에 기여
갑오 · 을미 개혁	• 신분제 폐지 : 양반 · 평민 계급의 타파, 공 · 사노비 제도 혁파, 천민 신분 폐지(백정, 광대) • 봉건적 폐습의 타파 : 조혼 금지, 과부 개가 허용, 고문과 연좌법 폐지, 인신 매매 금지 • 의의 : 근대적 평등 사회의 기틀 마련

※ 근대화 운동의 한계
- 동학 농민 운동 : 신분 제도 타파 의식 확고 → 근대적 사회 의식 결여
- 갑신정변, 갑오 · 을미개혁 : 근대적 사회 의식 확고 → 민권 의식 부족, 민중과 유리

(2) 사회 의식의 변화

1) 독립 협회의 활동
① 민중 계몽 운동, 자유 민권 운동, 의회 설립 운동 → 민중들의 민권 의식 성장, 근대적 사회 의식 함양
② 자유 · 민권에 입각한 민주주의 · 민족주의 사상 보급
③ 민중에 바탕을 둔 자주적 근대 개혁 사상 정착

2) 애국 계몽 운동
① 독립 협회 운동 계승 : 자유 민권 운동 전개 → 근대 정치 · 사회 · 민족 의식 고취
② 영향 : 근대 교육 보급, 근대 지식과 사상 보편화 → 사회 의식 전환에 공헌, 신민회는 공화정체 주장

3) 평민과 천민의 활동
① 독립 협회와 의병 운동에 가담, 활빈당의 활동 → 민족의식을 지닌 사회적 존재로 성장
② 만민 공동회 회장에 시전 상인 선출, 관민 공동회에서 천민 출신 연설

4) 여성의 사회 활동
① 여성단체의 설립 : 순성회, 찬양회, 여자 교육회 → 여성들의 사회 활동과 사회적 역할 추구
② '소학교령' 발표 – 남녀의 교육의 기회 균등 규정
③ 국권 회복 운동과 국채 보상 운동에 참여 → 사회의 한 구성원으로서 자각

> **백정 출신 박성춘의 관민 공동회 연설문(1898)**
> 나는 대한의 가장 천한 사람이고 무지 몰각합니다. 그러나 충군애국의 뜻은 대강 알고 있습니다. 이에, 이 국편민(利國便民)의 길인즉, 관민이 합심한 연후에야 가하다고 생각합니다. 저 차일에 비유하건대, 한 개의 장대로 받친즉 역부족이나, 많은 장대를 합한즉 그 힘이 공고합니다. 원컨대, 관민이 합심하여 우리 황제의 성덕에 보답하고, 국운(國運)이 만만세 이어지게 합시다.

4 생활 모습의 변화

(1) 서양 문물의 도입과 생활의 변화

1) 의복 : 관복 간소화, 서양식 복제 도입(양복 · 양장), 한복 개량 운동, 장옷 폐지

2) 음식 : 서양 음식과 예절 보급, 기호 식품(커피 · 케이크) 유입

3 주택 : 신분에 따른 가옥 규모의 폐지, 한옥과 양옥을 절충한 건물 축조, 개항장과 서울 등에 서양식 건물 등장

(2) 해외 이주민의 증가

1) 원인

① 19세기 후반 : 경제적 빈곤과 사회적 혼란 → 생계 유지 목적으로 이주

② 20세기 초 : 독립 운동 기지 건설

2) 해외 이주 동포들의 생활

만주(간도)	19세기 후반 이주 시작, 황무지 개척, 벼농사 실시 → 한인 사회 형성 → 독립 운동 기지화
연해주	1860년대 이후 이주 → 블라디보스토크, 하바로프스크 일대에 100 여 개의 **신한촌** 건설 → 독립 운동 기지화
미주	• 하와이 노동 이민(1902) : 최초의 합법적 이민 → 사탕 수수 농장 취업 • 멕시코 이주, 한인 사회 형성, 독립 운동 지원(대한인 국민회)

확인 학습

정답: P. 316

1. 조 · 청 상민 수륙 무역 장정 체결을 계기로 청 상인의 내지 통상권을 허용함으로써 나타난 경제 상황을 아는대로 서술하시오.

2. 제국주의 열강의 이권 침탈이 본격적으로 이루어진 계기가 된 사건은?

3. 1905년 메가타의 화폐 정리 사업이 당시 우리나라 경제에 끼친 영향을 3가지 이상 서술하시오.

4. 러 · 일 전쟁 이후 우리나라의 토지를 약탈하여 일본인 농업 이민에게 토지를 불하시키기 위해 일본이 설립한 회사는?

5. 한말 외국 상인의 상권 침탈로 위기에 빠진 시전 상인이 상권 수호 운동을 전개하기 위해 설립한 단체는?

6. 아관파천 이후 열강의 이권 침탈을 저지하기 위한 이권 수호 운동을 주도하였던 단체는?

7. 일제의 차관 제공에 의한 경제적 예속화 정책에 저항하기 위해 전개되었던 경제적 항일 구국 운동은?

8. 강화도 조약 체결을 계기로 개항한 3개의 항구는?

9. 갑신정변, 동학농민운동, 갑오 · 을미 개혁의 공통점 2가지는?

10. 연해주 블라디보스토크를 중심으로 형성된 한인 집단촌의 명칭은?

1. 다음은 한말 경제적 저항 운동의 하나로 전개된 것이다. 이 운동의 원인에 대한 설명으로 옳은 것은?

> • 대구에서 시작하여 전국으로 확산
> • 각종 계몽 단체, 언론 기관이 모금 운동에 참여
> • 이 운동은 일본에까지 알려져 800여 명의 조선인 유학생도 동참
> • 남자들은 담배를 끊고, 여자들은 비녀와 가락지를 냄

① 미국, 일본 등 열강의 광산 채굴권 탈취로 민족 자본을 축적하기 어려웠다.
② 러시아가 한 · 러 은행을 설치하고 대한 제국의 재정을 장악하려 하였다.
③ 대한 제국의 화폐 정리와 시설 개선 명목으로 대규모 차관을 들여왔다.
④ 일제는 철도 부지와 군용지 수용을 명분으로 대규모 토지 약탈을 자행하였다.

2. 황국 중앙 총상회를 결성하여 상권 수호 운동을 전개한 상인은?
① 보부상
② 객주
③ 경강상인
④ 시전상인

3. 다음 중 본격적인 열강의 이권 침탈이 이루어지게 되는 것과 가장 밀접한 관련을 가진 사건은?
① 강화도 조약
② 임오군란
③ 갑신정변
④ 아관파천

4. 일본의 화폐 정리 사업에 관련된 설명으로 바른 것은 무엇인가?
① 조선 화폐인 백동화와 엽전을 같은 비율로 일본의 신식 화폐로 바꿔 주었다.
② 국내 자본에 의해 설립된 조선은행, 한성은행 등의 은행이 발전했다.
③ 이 때 마련된 비용은 대한 제국의 근대화를 돕기 위한 비용으로 사용되었다.
④ 국내 상공업자들, 농민 등은 금융 공황으로 큰 타격을 입었다.

5. 다음 내용과 관련 있는 우리 동포들의 국외 이주 지역은?

> 강한 민족의식을 바탕으로 신한촌을 건설하여 한인 학교를 설립하고 해조신문, 권업 신문 등의 신문을 발행하여 민족의식을 고취시켰으며 항일 유격대 활동을 전개하였다.

① 연해주
② 미국
③ 일본
④ 간도

6. 다음은 열강의 경제적 침탈과 그 대응이다. 잘못 연결된 것은?
① 곡물 유출과 가격 폭등 – 방곡령 시행
② 화폐 정리 사업 – 한 · 러 은행 폐쇄 요구
③ 청 · 일 상인의 상권 침탈 – 황국 중앙 총상회 조직
④ 러시아의 절영도 조차 요구 – 독립 협회의 저지 운동

7. 개항 후 관료 자본이 중심이 되어 설립된 최초의 민간 은행은?

① 한성 은행   ② 조선 은행

③ 천일 은행   ④ 제일 은행

8. 다음은 신분제가 폐지되고 평등 사회가 실현되는 과정을 차례대로 나열한 것이다. (가) 시기에 들어갈 사건은?

연대	내용
1801년	공노비 해방
1882년	모든 계층의 관직 진출 허용
1886년	노비 세습제 폐지
(가)	문벌 폐지, 양반·평민의 계급 타파, 천민 신분 폐지, 공·사노비제 철폐, 과거제 폐지
1896년	호적에는 신분을 빼고 대신 직업을 기재

① 갑신정변   ② 동학 농민 운동

③ 갑오개혁   ④ 독립 협회 운동

9. 개항 이후 경제활동에 관한 설명으로 옳지 <u>않은</u> 것은?   2003 기출

① 경강상인은 증기선을 도입하여 일본 선박업에 대항하였다.

② 객주, 여각, 보부상은 개항 초기에 일본의 경제적 침투로 대부분 몰락하였다.

③ 보안회가 일본의 황무지 개간권 반대 운동을 전개하여 성공시켰다.

④ 대한 제국의 상공업 진흥책으로 근대적 공장과 회사가 설립되었다.

10. (가)~(다) 조약에 대한 설명으로 옳지 <u>않은</u> 것은?

> (가) 부산 외에 두 곳의 항구를 개항하고 일본인이 오가며 통상을 하도록 허락한다.
>
> (나) 다른 나라에 본 조약에서 부여되지 않은 특혜를 허가할 경우 동등한 특혜는 미국 관민에게도 무조건 균점된다.
>
> (다) 중국 상인이 조선의 양화진과 서울에 들어가 상점을 차릴 수 있도록 허락한다.

① (가)는 해안 측량권과 개항장 설치를 허용하였다.

② (나)는 러시아를 견제하기 위한 청의 알선으로 체결되었다.

③ (다)는 청 상인과 일본 상인 간의 상권 경쟁을 초래하였다.

④ (가)와 (다)로 인해 개항장 객주가 몰락하게 되었다.

정답 및 해설

1. 정답 ③

해설 ③ 자료는 국채 보상 운동(1907)에 대한 설명이다. 일본은 러·일 전쟁 이후 대한 제국의 재정을 장악하기 위하여 대한 제국의 화폐 정리 사업 실시와 시설 개선 명목으로 대규모 차관을 강요하였다.

2. 정답 ④

해설 ④ 시전 상인은 1898년에 황국 중앙 총상회를 결성하여 독립 협회와 함께 외국 상인에 대항하여 상권 수호 운동을 전개하였다.

3. 정답 ④

해설 ④ 아관파천 시기에 러시아가 조선 정부로부터 삼림 채벌권을 비롯한 각종 이권을 차지하자, 다른 열강들도 최혜국 대우 조항을 근거로 각종 이권을 차지하였다.

4. 정답 ④

해설 ④ 일제는 재정 고문 메가타의 주도 아래 1905년부터 화폐 정리 사업을 추진하여 일본의 제일은행 화폐를 본위 화폐로 사용하여, 기존의 백동화와 엽전을 폐기 처분하였다. 그 결과 국내 자본으로 설립된 은행은 파산 또는 일본 은행에 흡수되었으며, 국내의 상공업자들은 몰락하게 되었다.

오답풀이 ① 백동화와 엽전을 제일은행 화폐보다 적은 액수로 교환해 주었다. ② 조선은행, 천일은행 등은 몰락하였다. ③ 화폐 정리 사업은 일제가 한국 경제를 예속화시키기 위한 목적에서 추진되었다.

5. 정답 ①

해설 ① 신한촌은 연해주에 거주하던 한인 집단촌이며, 해조 신문과 권업 신문은 연해주에서 한국 동포가 간행한 신문이다.

6. 정답 ②

오답풀이 ② 한·러 은행은 독립 협회의 요구에 의해 화폐 정리 사업이 추진되기 전에 폐쇄되었다.

7. 정답 ②

해설 ② 조선은행은 관료 자본이 중심이 되어 1896년에 서울에서 설립된 최초의 은행이다.

8. 정답 ③

해설 ③ 갑오개혁(1894)에 의하여 문벌 폐지, 양반·평민 계급 타파, 공·사노비제 폐지, 과거제 폐지 등이 이루어져 근대적 평등 사회의 기틀이 마련되었다.

9. 정답 ②

오답풀이 ② 객주, 여각, 보부상은 개항 초기에 일본이 개항장 10리 이내로 활동을 제한받게 되자, 일본 상품을 대신 판매해 주는 중개무역을 통해 많은 부를 축적하였다. 그러나 임오군란 이후 조·청 상민 수륙 무역 장정을 체결을 계기로 청 상인뿐만 아니라 일본을 포함한 외국 상인들이 본격적으로 한양과 내륙 지역으로 활동 무대를 넓히면서 객주, 여각, 보부상 등은 급격하게 몰락하게 되었다.

10. 정답 ④

오답풀이 자료에서 (가)는 강화도 조약, (나)는 최혜국 대우 규정을 포함한 조·미 수호 통상 조약, (다)는 조·청 상민 수륙 무역 장정이다. ④ 강화도 조약과 부속 조약(조·일 수호 조규 부록) 체결로 일본 상인에게 개항장 10리 이내로 활동 범위를 제한하여, 조선의 토착 상인인 객주·여각·보부상 등은 중개 무역을 통하여 부를 축적하였다. 그러나 조·청 상민 수륙 무역 장정 체결 이후 청을 비롯한 외국 상인의 내륙 진출이 허용되면서 객주·여각·보부상 등의 토착 상인은 몰락하게 되었다.

5 근대 문물의 수용과 근대 문화의 형성

1 근대 문물의 수용

(1) 과학 기술의 수용

1) 과학 기술 수용의 태도

① **17세기 이후** : 실학자들이 서양의 과학 기술에 관심을 갖기 시작

② **개항 이후** : 개화 사상가들이 동도 서기론(東道西器論) 주장

③ **동도서기론** : 조선의 정신 문화와 전통 체제는 유지하면서 서양의 과학 기술을 수용

2) 과학 기술 수용 과정

① **흥선 대원군 집권기** : 서양의 무기 제조술에 관심

② **1880년대** : 조사시찰단·영선사 파견 → 서양 기술 도입, 외국 기술자 초빙

③ **갑오개혁 이후** : 교육 제도 개혁의 필요성 인식 → 유학생 해외 파견, 기술 교육 기관 설립

(2) 근대 시설의 수용

1) 배경 : 정부의 개화 정책에 따른 근대 산업 시설 설립 → 박문국, 기기창, 전환국

2) 근대적 시설

인쇄술		박문국 – 한성 순보 발간(1883), 광인사(1884) – 최초의 민간 출판사
통신	우편	우정국 설치(갑신정변으로 폐지) → 을미개혁으로 부활, 만국 우편 연합 가입(1900)
	전신	한성 전보 총국 설치 → 서울 – 인천(1885, 일본), 서울 – 의주(청)
	전화	궁중에 처음 설치(1898) → 서울 시내 민가 확대
교통	철도	• 경인선(1899) : 미국인 모스에 의해 착공 → 일본이 완성(최초의 철도) • 경부선(1905)·경의선(1906) : 러·일 전쟁 중 일본의 군사적·경제적 목적으로 부설
	전차	서대문 ~ 청량리(1899)
전기		전등 가설(1887.경복궁), 한성 전기 회사(황실과 콜브란 합작) – 발전소 가설
의료		• 광혜원(1885년) : 알렌에 의해 설립된 최초의 근대식 병원 → 제중원으로 명칭 변경 • 광제원(1889), 자혜의원(1909, 도립 병원), 세브란스(1904), 종두법 보급(지석영)
건축		독립문, 명동 성당(1898, 고딕 양식), 덕수궁 석조전(1910, 르네상스 양식)

3) 의의와 한계

① **의의** : 민중의 사회·경제적 생활 개선에 기여

② **한계** : 외세의 이권 침탈, 침략 목적과 결부되어 도입

☑ 언론 기관의 발달

(1) 신문의 간행

한성순보(1883)	박문국에서 간행, 최초의 근대적 신문(순 한문), 관보적 성격 → 갑신정변으로 폐간
한성주보(1886)	국·한문 혼용, 최초로 상업 광고 게재 → 1888년 폐간
독립신문(1896)	정부의 지원으로 서재필 간행, 최초의 민간 신문 → 한글판과 영문판 간행

(2) 대한 제국기의 언론 활동

제국신문(1898)	순 한글 신문, 서민층과 부녀자가 주된 독자층 → 한글의 중요성 인식, 신교육 발달과 실업 발달 강조
황성신문(1898)	남궁억 창간, 유생층 대상, 국한문 혼용, 장지연의 '시일야방성대곡' 게재, 의병에 비판적 입장
대한 매일 신보	양기탁·베델 창간(1904), 순한글 (→ 국·한문 혼용), 의병 투쟁에 호의적, 국채 보상 운동의 확산에 공헌
만세보(1906)	천도교 기관지, 국민 교육에 관심(→ 특히 여성 교육과 여권 신장에 기여)
국민신보	일진회에서 발행한 친일 신문(1906)

(3) 일제의 탄압 : 신문지법 제정(1907) → 언론 기관 통제, 반일 논조 탄압

☑ 근대 교육과 국학 연구

(1) 근대 교육의 발전

도입기 (1880년대)	원산학사(1883)	함경도 덕원 주민이 설립한 최초의 근대식 학교 → 근대 학문과 무술 교육
	동문학(1883)	정부가 설립한 영어 강습 기관 → 통역관 양성
	육영공원(1886)	최초의 근대식 관립학교 → 상류층 자제 대상, 미국인 선교사 초빙(길모어·헐버트)
	개신교 선교사	1886년 이후 → 배재학당(아펜젤러), 경신학교(언더우드), 이화학당

↓

갑오개혁기 (1890년대)	• 근대식 교육 제도 마련 : 학무아문(학부) 설립, 교과서 편찬, 과거 제도 폐지 • 교육입국조서 반포(1895) : 관립학교 설립 → 소학교, 사범학교, 외국어 학교

↓

광무개혁기	관립 중학교, 실업 학교, 기술 교육 기관 설립

↓

애국계몽 운동기 (1900년대)	• 민족주의 계열 : 대성학교(안창호), 오산학교(이승훈), 보성학교 등 → 을사조약 후 애국계몽운동의 영향으로 설립 • 일제의 탄압 : 사립 학교령(1908) 발표 → 사립학교의 설립과 운영 통제, 교과서 검정 규정 마련

(2) 국학 연구의 진전

배경	을사조약 이후 국권 상실의 위기 속에서 국사와 국어 연구 → 민족의식 고취, 민족의 주체성 확립	
국사 연구	주도	신채호, 박은식 → 근대 계몽 사학 성립
	민족 영웅전 저술	「이순신전」, 「을지문덕전」, 「강감찬전」 등 → 애국심과 민족의식 고취
	외국의 건국 · 흥망사 번역	「이태리 건국 삼걸전」, 「월남 망국사」, 「미국 독립사」 등 → 독립 의지와 역사 의식 고취
	독사신론(1908)	신채호가 대한매일신보에서 발표 → 일제시대 민족주의 사학의 연구 방향 제시
조선 광문회	최남선 · 박은식 조직(1910) → 민족 고전 정리 · 간행	
국어 연구	• 국 · 한문체와 국문체 문장의 보급 → 한성주보, 황성신문, 유길준의 「서유견문」 • 한글 전용 신문 간행 : 독립신문, 제국신문, 대한 매일 신보 • 국문 연구소(1907) : 지석영 · 주시경 주도 → 국어 문법 연구 · 정리	

4 문예와 종교의 새 경향

(1) 문학의 새 경향

신소설 (1905년 이후)	• 순 한글 소설, 언문일치의 문장, 계몽 문학적 성격 뚜렷 → 남녀평등, 신분타파, 자유 연애, 자주 독립 등 • 작품 : 이인직의 「혈의 누」, 이해조의 「자유종」, 안국선의 「금수회의록」
신체시	최남선의 '해에게서 소년에게'
외국 문학 번역	「성경」, 「천로역정」, 「이솝 이야기」 등
영향	• 긍정적 측면 : 민족 의식 고취 • 부정적 측면 : 외국 문학의 무분별한 수입으로 식민지 문학의 터전 형성

(2) 예술계의 변화

음악	찬송가 보급, 창가 유행(독립가 · 권학가 · 애국가 · 학도가 등), 서민층에서는 판소리 유행(신재효)
연극	민속 가면극 성행, 신극 운동 → 원각사(최초의 서양식 극장) 설립 → 은세계, 치악산 등 창극 공연
회화	서양 화풍 소개, 서양식 유화 도입(안중식 · 고희동 · 이도영)

(3) 종교의 새 경향

천주교	1886년 프랑스와 수교 이후 선교의 자유 획득, 자선 사업, 애국 계몽 운동에 참여
개신교	서양 의술 보급, 근대 교육 발전에 기여, 한글 보급, 평등 사상 전파
천도교	일진회에 대항하여 손병희가 동학을 천도교로 개명(1906), 민족 종교로 발전, 만세보 발간
유교	박은식의 **유교구신론**(1909) → 양명학 입장에서 국민의 지식과 권리를 개발하는 유교 정신을 강조, 실천적인 유교 정신의 회복을 주장
불교	한용운의 불교 유신론 → 불교의 자주성과 근대화 운동 추진
대종교	나철 · 오기호가 단군 신앙을 바탕으로 창시(1909), 간도 · 연해주에서 항일 독립 운동 전개

확인 학습

정답: P. 316

1. 개항 이후 온건 개화파가 서양 문물을 수용하기 위해 주장하였던 이론은?

2. 우리나라 최초의 철도는?

3. 우리나라 최초의 서양 근대식 병원은?

4. 개항 이후 도입된 근대 시설 중에서 외세의 침략적 목적에서 설치된 시설 2가지는?

5. 한말 서양의 고딕, 르네상스 건축 양식을 도입하여 만들어진 각각의 건축물은?

6. 우리나라 최초의 근대적 신문은?

7. 우리나라 최초의 민간 신문은?

8. 장지연의 '시일야방성대곡'이 실린 근대적 신문은?

9. 국채 보상 운동이 전국으로 확산되는 데 기여한 대표적인 신문은?

10. 우리나라 최초의 근대식 학교와 최초의 관립 학교는?

11. 신민회가 설립한 2개의 민족 교육 기관은?

12. 신채호가 일제시대 민족주의 사학의 연구 방향을 제시하였던 역사 이론은?

13. 박은식과 최남선이 민족 고전을 정리하고 간행하기 위해 설립한 단체는?

14. 우리나라 최초의 서양식 극장은?

15. 1907년 지석영과 주시경이 국어 문법 연구를 위해 설립한 단체는?

16. 나철, 오기호가 단군 신앙을 발전시켜 만든 민족 종교는?

17. 유교구신론을 주장하여 양명학을 바탕으로 유교의 실천 정신의 회복을 주장한 역사학자는?

1. 다음 중 근대 시설의 기능이나 역할이 바르게 연결된 것은?

① 제중원 – 근대식 병원 ② 기기창 – 화폐 발행

③ 박문국 – 전기 가설 ④ 전환국 – 무기 제조

2. 다음 중 개화기 근대 교육에 대한 설명으로 옳은 것은?

① 근대적 교육 제도의 마련은 갑오개혁 이후에 이루어졌다.

② 우리나라 최초의 근대적 관립 학교는 원산 학사이다.

③ 육영 공원은 영어 통역관을 양성하기 위한 학교이다.

④ 동문학은 관립학교로 양반 자제들을 대상으로 설립된 학교이다.

3. 개화기 우리나라 국학 연구로 옳지 <u>않은</u> 것은?

① 박은식은 독사신론을 써서 민족주의 사학의 연구방향을 제시하였다.

② 박은식, 최남선은 조선 광문회를 설립하여 고전에 대한 정리 작업을 실시하였다.

③ 이 시기 민족의식과 애국심을 고취하기 위하여 근대 계몽 사학이 성립하였다.

④ 국문 연구소가 설립되었고, 주시경은 「국어문법」을 저술하였다.

4. 다음의 내용과 관련된 것으로 옳은 것은? `2016 기출`

> 영국인 베델이 발행인으로 참여하여 통감부의 극심한 통제에도 불구하고 일본의 침략에 반대하는 논설을 실어, 민족의 여론을 불러일으키는 데 커다란 공헌을 하였다.

① 독립신문 ② 제국신문

③ 황성신문 ④ 대한매일신보

5. 한말 종교 활동에 대한 설명으로 옳지 <u>않은</u> 것은?

① 대종교 – 나철, 오기호 등이 단군 신앙을 계승 발전

② 불교 – 한용운은 조선 불교 유신론 주장

③ 동학 – 박은식이 천도교로 개명하여 민족 종교로 발전

④ 개신교 – 서양 의술과 근대 교육 발전에 기여

6. 다음 우리나라 근대 문물의 수용 과정 중에서 일제의 침략적 성격이 가장 큰 것은?

① 전화 ② 기기창 ③ 경의선 ④ 우편

7. 아래에서 제시된 내용과 잘 부합되는 것은?

2005 기출

> 군신, 부자, 부부, 붕우, 장유의 윤리는 인간의 본성에 부여된 것으로서 천지를 통하는 만고불변의 이치이고, 위에 존재하는 것으로서 도(道)가 됩니다. 이에 대해 배, 수레, 군사, 농사, 기계의 편민이국(便民利國)하는 것은 외형적인 것으로서, 기(器)가 됩니다. 신(臣)이 변혁을 꾀하고자 하는 것은 기(器)이지 도(道)가 아닙니다.

> ㄱ. 통리기무아문   ㄴ. 영남만인소   ㄷ. 기기창   ㄹ. 척사론

① ㄱ, ㄴ   ② ㄴ, ㄹ   ③ ㄱ, ㄷ   ④ ㄷ, ㄹ

8. 개화기 예술 활동에 대한 설명으로 옳은 것을 모두 고르면?

> ㄱ. 서민층에서는 판소리와 민화가 유행하였다.
> ㄴ. 신극 운동이 전개되어 서양식 극장인 원각사가 설립되었다.
> ㄷ. 창가가 널리 유행되어 민족의식 고취에 크게 기여하였다.
> ㄹ. 민속 가면극이 양반들 사이에 크게 유행하였다.
> ㅁ. 개화기의 예술 활동은 근대적·민중적 성격을 띠었으며, 민족의식을 표현하였다.

① ㄱ, ㄴ, ㄷ   ② ㄱ, ㄷ, ㄹ   ③ ㄴ, ㄷ, ㅁ   ④ ㄴ, ㄹ, ㅁ

9. 신문학에 대한 설명으로 잘못된 것은?

① 최남선은 '해에게서 소년에게'라는 신체시를 발표하였다.
② 신소설의 내용은 미신 타파, 남녀평등 사상과 자주 독립 의식을 고취한 계몽적인 성격이 강하다.
③ 금수회의록은 이인직의 대표적인 작품이다.
④ 신소설은 순한글의 언문일치의 문장으로 씌어졌다.

10. 다음의 역사서를 통해 알 수 있는 역사학 연구의 목적으로 알맞은 것은?

> • 을지문덕전, 강감찬전, 이순신전
> • 미국독립사, 월남망국사, 이태리건국 삼걸전

① 전쟁 영웅을 강조하여 군국주의를 조장하였다.
② 새로운 지식의 확대로 근대 역사학을 정립하였다.
③ 조선의 영웅들을 통해 성리학적 세계관을 극복하고자 하였다.
④ 민족의식과 애국심을 고취시키고자 하였다.

11. 다음에서 설명하는 책을 저술한 인물은?

2015 기출

> 1895년 간행된 책으로 서양의 여러 나라를 돌아보면서 듣고 본 역사, 지리, 산업, 정치, 풍속 등을 기록하였다.

① 김윤식   ② 박은식
③ 유길준   ④ 최남선

1. 정답 ①

해설 ① 알렌이 1885년에 설립 한 최초의 근대식 병원인 광혜원이 제중원으로 바뀌었다.

오답풀이 ② 기기창 – 근대식 무기 제조 공장, ③ 박문국 – 정부 인쇄 기관, ④ 전환국 – 화폐 발행 기관

2. 정답 ①

해설 ① 갑오개혁기에 교육을 전담하는 학무아문(학부)이 설립되고 과거제가 폐지되었으며, 새로운 교과서가 편찬되는 등 근대식 교육 제도가 마련되었다.

오답풀이 ② 최초의 근대식 관립학교는 육영공원이다. ③ 영어 통역관을 양성하는 교육 기관은 동문학이다. ④ 양반 자제를 대상으로 설립된 관립학교는 육영공원이다.

3. 정답 ①

오답풀이 ① 독사신론을 저술하여 민족주의 사학의 연구 방향을 제시한 역사학자는 신채호이다.

4. 정답 ④

해설 ④ 대한매일신보는 1904년에 영국인 베델과 양기탁이 함께 간행한 신문으로, 일본의 침략을 반대하는 논설을 발표하였으며 국채보상운동을 지원하기도 하였다.

5. 정답 ③

오답풀이 ③ 동학을 천도교로 개명한 것은 손병희이다.

6. 정답 ③

해설 ③ 서양식 근대 문물 중에서 철도(경의선)와 전신은 일제의 침략적 목적에 의해 설치되었다.

7. 정답 ③

해설 ③ ㄱ, ㄷ. 자료는 윤선학의 동도서기론과 관련된 내용이다.

동도서기론은 조선의 성리학적 전통을 유지하면서 서양의 과학 기술만을 수용하는 입장의 근대 문물 수용론으로 주로 온건개화파의 입장이다. 1880년대 이후 온건개화파는 민씨 정권과 함께 통리기무아문을 중심으로 개화 정책을 추진하였으며, 기기창·전환국·박문국 등 근대 시설들이 설치되었다.

오답풀이 ㄴ, ㄹ. 위정척사 운동으로 서양 문물 수용을 철저하게 배척하는 입장을 취하였다.

8. 정답 ③

해설 ③ ㄴ. 원각사는 신극을 공연하기 위해 설치한 최초의 서양식 극장이다. ㄷ. 애국가, 권학가, 학도가 등의 창가가 유행하여 민족 의식 고취에 크게 기여하였다. ㅁ. 개화기의 예술 활동은 민중을 깨우치고 근대 의식을 보급하기 위한 목적에서 전개되었다.

오답풀이 ㄱ. 판소리와 민화가 서민 문화로 유행한 것은 조선 후기이다. ㄹ. 민속 가면극은 서민층에서 주로 유행하였다.

9. 정답 ③

오답풀이 ③ 금수회의록은 안국선이 친일파와 일제의 침략 행위를 비판하여 저술한 신소설이다.

10. 정답 ④

해설 ④ 자료는 을사조약 이후 애국 계몽 운동기에 편찬된 민족 영웅전과 외국 흥망사이다. 이러한 저술 활동을 전개한 것은 신채호, 박은식 등이었으며 민족의식을 고취와 애국심을 함양하기 위한 의도로 진행되었다.

11. 정답 ③

해설 ③ 자료는 1883년에 미국에 보빙사로 파견되었던 유길준이 미국과 유럽 등 서양 여러 나라를 돌아보고 1895년에 국한문 혼용으로 저술한 서유견문에 대한 설명이다.

확인 학습 정답

VI. 근대 사회의 전개

1. 외세의 침략적 접근과 개항
1. 비변사의 기능 축소와 의정부·삼군부의 기능 부활, 경복궁 중건, 법전 편찬, 인재등용   2. 당백전
3. 군정–호포법, 환곡–사창제   4. 병인양요–병인박해, 신미양요–제너럴셔먼호사건   5. 치외법권, 해안측량권
6. 조·미 수호 통상 조약 체결, 위정척사운동(영남 만인소 사건)   7. 미국

2. 개화운동과 근대적 개혁의 추진
1. 통리기무아문   2. 청–영선사, 일본–조사시찰단   3. 메이지유신   4. 위정척사운동
5. 청–조·청 상민 수륙 무역 장정, 일본–제물포 조약   6. 임오군란   7. 입헌군주제(내각중심의 정치)
8. 한성조약, 텐진조약   9. 거문도사건   10. 교정청   11. 군국기무처   12. 홍범14조   13. 갑오개혁   14. 시모노세키조약
15. 태양력, 종두법, 단발령, 건양 연호 사용, 우편 업무 시작

3. 구국 민족 운동의 전개
1. 포접제   2. 고부민란   3. 황토현전투   4. 집강소   5. 공주 우금치 전투   6. 갑오개혁, 청·일 전쟁
7. 민중의 지지를 기반으로 활동   8. 만민공동회   9. 입헌군주제   10. 원구단   11. 구본신참
12. 근대적 토지 소유권 제도 확립, 외국인의 토지 소유 제한   13. 대한국국제   14. 러·일 전쟁 중
15. 을미의병–을미사변·단발령, 을사의병–을사조약, 정미의병–고종 강제 퇴위와 군대해산   16. 신돌석   17. 13도창의군
18. 남한대토벌작전   19. 사회진화론   20. 보안회   21. 신민회   22. 삼원보, 신흥무관학교   23. 공화주의 국가 건설
24. 활빈당

4. 개항 이후의 경제와 사회
1. 청·일 상인의 상권 경쟁 치열, 최혜국대우를 근거로 외국상인의 내륙진출이 일반화되면서 조선 상인은 몰락
2. 아관파천 이후   3. 국내 상공업자 몰락, 조선의 은행 파산·흡수, 농촌 경제의 파탄   4. 동양척식주식회사
5. 황국중앙총상회   6. 독립협회   7. 국채보상운동   8. 부산, 인천, 원산   9. 신분제 폐지, 조세제도의 개혁   10. 신한촌

5. 근대 문물의 수용과 근대 문화의 형성
1. 동도서기론   2. 경인선   3. 광혜원(제중원)   4. 전신, 철도   5. 고딕–명동성당, 르네상스–덕수궁석조전   6. 한성순보
7. 독립신문   8. 황성신문   9. 대한매일신보   10. 원산학사, 육영공원   11. 대성학교, 오산학교   12. 독사신론
13. 조선광문회   14. 원각사   15. 국문연구소   16. 대종교   17. 박은식

VII

민족 독립 운동의 전개

1 일제의 침략과 민족의 수난

1 일제의 침략과 국권의 피탈

(1) 러 · 일의 대립

러 · 일 전쟁 (1904–1905)	1차 영 · 일 동맹(1902)	일본은 영국과의 동맹을 통하여 국제적 지위 강화 노력
	용암포 사건(1903)	러시아가 압록강 유역의 용암포 불법 조차
	국외 중립 선언(1904.1)	러 · 일간의 전쟁 분위기 고조 → 대한 제국은 국외 중립 선언
	러 · 일 전쟁 발발(1904.2)	일본의 승리 → 포츠머스 조약 체결

(2) 일제에 의한 국권 피탈

한 · 일의정서 (1904.2)	군사 요지 사용권 획득, 대한 제국의 제 3국과의 조약 체결 시 사전 동의권 획득

↓

1차 한 · 일협약 (1904.7)	고문정치 실시 : 재정 – 메가다, 외교 – 스티븐스 → 본격적 내정 간섭

↓

일제의 한국 지배에 대한 열강의 승인 (1905)	• 가쓰라 · 태프트 밀약(1905.7) : 일본의 한국 · 미국의 필리핀 지배 상호 인정 • 2차 영 · 일 동맹(1905.8) : 영국의 인도 · 일본의 한국 지배 상호 인정 • 포츠머스 조약(1905.9) : 일본의 한국 지배 국제적으로 인정받음, 러시아는 요동반도와 사할린 남부를 일본에 양도

↓

을사조약(1905)	• 외교권 박탈, 통감부 설치 → 보호 정치 실시 • 민족의 저항 : 상소(이상설), 자결(민영환), 장지연의 시일야방성대곡, 을사의병, 5적 암살단 (나철 · 오기호), 헤이그 특사 파견(이준 · 이상설 · 이위종), 안중근의 이토 히로부미 암살

↓

헤이그 특사 파견(1907) → 고종 강제 퇴위(1907)

한 · 일 신협약(1907)	통감부의 권한 강화, **차관 정치** 실시 → 내정 완전 장악, 군대 해산 → 정미 의병

↓

기유각서(1909)	사법권 · 감옥 사무권 박탈 → 경찰권 박탈(1910)

↓

한 · 일 합병(1910.8)	일진회의 한 · 일 합병 청원서 제출 → '한국 합병에 관한 조약' 체결 · 공포, 조선 총독부 설치

일제의 국권 피탈 관련 자료

1. 한 · 일 의정서(1904.2)

제1조. 한 · 일 두 제국은 영구불변의 친교를 유지하고 동양 평화를 확립하기 위하여 대한 제국 정부는 대일본 제국 정부를 확신하여 제도 개선에 관한 충고를 받아들일 것.

제4조. 제3국의 침해 또는 내란으로 대한 제국 황실의 안녕과 영토의 보전에 위험이 있을 경우에 대일본 제국 정부는 곧 필요한 조치를 취하고, 대한 제국 정부는 대일본 제국이 용이하게 행동할 수 있도록 충분히 편의를 제공할 것. 대일본 제국 정부는 전 항의 목적을 달성하기 위하여 전략상 필요한 지점을 수시로 사용할 수 있다.

2. 1차 한 · 일 협약(1904.7)

• 대한 정부는 대일본 제국 정부가 추천한 일본인 1명을 재정 고문에 초빙하여 재무에 관한 사항은 모두 그의 의견을 들어 시행할 것

• 대한 제국 정부는 대일본 제국 정부가 추천한 외국인 1명을 외교 고문으로 외부에서 초빙하여 외교에 관한 중요한 업무는 모두 그의 의견을 들어 시행할 것

3. 을사조약(1905.11)

제2조 일본국 정부는 한국과 타국 간에 현존하는 조약의 실행을 완수하는 임무를 담당하고 한국 정부는 지금부터 일본국 정부의 중개를 거치지 않고서는 국제적 성질을 가진 어떤 조약이나 약속을 맺지 않을 것을 서로 약속한다.

제3조 일본국 정부는 그 대표자로 한국 황제 폐하 밑에 1명의 통감을 두되 통감은 오로지 외교에 관한 사항을 관리하기 위하여 경성에 주재하고 친히 한국 황제 폐하를 만날 수 있는 권리를 가진다.

4. 시일야방성대곡

…… 천하의 일 가운데 예측하기 어려운 일도 많도다. 천만 뜻밖에 5조약이 어찌하여 제출되었는가? 이 조약은 비단 우리 한국뿐만 아니라 동양 3국의 분열을 빚어 낼 조짐인즉, 그렇다면 이등 후작의 본뜻이 어디에 있었던가? 우리 대황제 폐하의 거룩하신 뜻이 강경하여 거절하였으니 조약이 성립되지 않은 것인 줄 이등 후작 스스로도 잘 알았을 것이다. 그러나 슬프도다. 저 개돼지만도 못한 이른바 우리 정부의 대신이란 자들은 자기 일신의 영달과 이익이나 바라면서 위협에 겁먹어 머뭇대거나 벌벌 떨며 나라를 팔아먹는 도적이 되기를 감수하였던 것이다.

아, 4000년의 강토와 500년의 사직을 다른 나라에 갖다 바치고, 2000만 국민들을 타국의 노예가 되게 하였으니, …… 아! 원통한지고, 아! 분한지고. 우리 2000만 타국인의 노예가 된 동포여! 살았는가, 죽었는가? 단군, 기자 이래 4000년 국민 정신이 하룻밤 사이에 갑자기 망하고 말 것인가. 원통하고 원통하다. 동포여! 동포여!

— 황성신문, 1905년 11월 20일, 장지연

5. 한 · 일 합병 조약(1910.8)

제1조 한국 황제 폐하는 한국 전부에 관한 모든 통치권을 완전 또는 영구히 일본 황제 폐하에게 양여한다.

제5조 일본국 황제 폐하는 훈공 있는 한국인으로서 특히 표창에 적당하다고 인정된 자에게 영작(榮爵)을 수여하고 또 은급을 부여한다.

제8조 본 조약은 일본국 황제 폐하 및 한국 황제 폐하의 재가를 받은 것으로서 공포일로부터 시행한다.

❷ 민족의 수난

통치 체제	내용
무단통치 **(1910–1919)**	★ **조선 총독부** : 식민 통치의 중추 기관 → 한민족에 대한 정치적 탄압과 경제적 착취 자행 　• 조선 총독 : 일본 국왕에 직속, 일본군 현역 대장 임명 → 행정 · 사법 · 입법 · 군통수권 장악 　• 총독부 조직 : 정무총감(행정), 경무총감(치안 담당, 조선 주둔 헌병 사령관 겸임) 　• 중추원 : 친일파로 구성된 총독부의 조선인 자문 기구 → 형식적 위장 단체 ★ **헌병 경찰 통치** : 경찰 업무 대행, 즉결 처분권 　• 조선 태형령(1912), 경찰범 처벌 규칙(1912), 관리 · 교원 제복과 대검 착용 　• 언론 · 출판 · 집회 · 결사 자유 박탈(보안법 · 신문지법 · 출판법 적용), 민족 운동 탄압(105인 사건)
문화통치 **‖** **민족분열통치** **(1919–1931)**	★ 배경 : 3 · 1 운동의 전개, 국제 여론의 압력 → 통치 방식 전환 ★ 문화 통치의 내용과 실상

	내용	실상
	보통 경찰 통치	경찰 수와 장비 증가 → 감시와 탄압 강화, 고등 경찰제 실시
	문관 출신 총독 임명 규정	실제로 문관 총독 임명(×)
	언론 · 출판의 자유 허용 (조선 · 동아일보 간행)	검열, 기사 삭제, 정간, 폐간 자행
	교육 기회 확대	초등 · 실업 교육만 허용 → 식민 통치에 필요한 하급 기술 인력 양성
	조선인의 지방 행정 참여 허용 (도 평의회, 부 · 면 협의회 설치)	일부 친일파 인사에게만 선거권 부여

	★ 문화 통치의 본질 　• 소수의 친일파 양성 → 민족의 분열과 이간 조장 　• 가혹한 식민 통치를 은폐하기 위한 기만적 통치 방식 ★ 치안 유지법 제정(1925) : 사회주의자 탄압
민족말살통치 **(1931–1945)**	★ 배경 : 경제공황 타개책으로 대륙침략 본격화 → 만주사변(1931), 중 · 일 전쟁(1937), 태평양 전쟁(1941) ★ 민족 말살 통치의 목적 : 조선의 문화 · 전통 말살 → 한국인을 일본인으로 동화 → 전쟁 수행을 위한 인적 · 물적 자원 수탈 강화 　• 구호 : 내선 일체, 일선 동조론 　• 황국 신민화 정책 : 황국 신민 서사 암송(1937), 궁성 요배, 신사 참배 　• 민족 말살 정책 : 창씨개명(1939), 조선어 사용 금지, 우리말 · 우리 역사 교육 금지, 조선 · 동아 일보 폐간(1940), 조선어 학회 사건(1942) 　• 조선 사상범 보호 관찰령(1936), 국민정신 총동원 조선 연맹(1938), 애국반 설치(1940)

❸ 경제적 수탈의 심화

무단통치 **(1910–1919)**	**★ 토지 조사 사업**(1912 – 1918) • 명분 : 근대적 토지 소유권 확립 선전 • 목적 : 토지 약탈, 일본인 토지소유 합법화, 토지세의 안정적 확보 → 식민통치의 경제적 기반 확보 • 내용 : 토지 조사령 공포 → 토지 가격 조사, 지형 · 지목 조사, **기한부 신고주의, 증거주의** 원칙 적용 • 결과 　· 미신고 토지, 공공 기관 · 문중 · 마을 소유 토지 약탈 → 전 국토의 40%를 총독부가 탈취 　→ 동양척식주식회사와 일본인에게 불하 　· 식민지 지주제 확대 : 지주의 권한 강화, 조선인 지주의 친일적 경향 대두 　· 농민의 몰락 : 농민의 도지권 · 경작권 · 입회권 박탈 → 기한부 소작농으로 전락, 만주 · 연해주로 이주 **★ 산업의 침탈** • 회사령 : 기업 설립의 총독 허가제 → 민족 기업의 성장 억압 • 총독부의 전매 사업(인삼 · 소금 · 담배), 산림령 · 어업령 · 광업령 • 기간 산업 독점 : 철도, 항만, 도로 등을 일본인 독점 → 경제 수탈과 일본 상품 수출
문화통치 ‖ **민족분열통치** **(1919–1931)**	**★ 산미 증식 계획**(1920 – 1934) • 배경 : 일본의 공업화 추진에 따른 식량 부족 해결 • 방법 : 토지 개량 사업 실시(밭 → 논), 수리시설 확충, 종자 개량 등 → 식량 생산 증대 도모 • 과정 : 증산 계획 실패 → 미곡 수탈은 목표대로 강행 → **증산량 〈 수탈량** • 결과 　· 식량 사정 악화로 만주에서 잡곡 수입, 벼농사 중심의 단작형 농업 구조화 　· 식민지 지주제 강화 : 종자 개량, 수리 시설 비용 부담 → 농민의 부채 증가 → 농민 몰락 　· 자작농 감소, 화전민 · 도시 빈민(토막민) · 만주와 연해주의 이주민 증가 **★ 일본 자본의 침투** • 회사령 철폐 　· 회사 설립 신고제로 전환 → 일본 독점 자본의 자유로운 한국 침투 목적에서 실시 　· 일본 기업 진출 본격화 → 면방직 · 식료품 부문의 중소 자본과 미츠이 · 미츠비시 등 대자본 진출 • 일본 상품에 대한 관세 철폐 : 일본 상품의 조선 수출 확대 → 조선의 공업 기반에 타격 • 신은행령 : 조선인 소유 은행의 강제 합병
민족말살통치 **(1931–1945)**	**★ 1930년대(만주사변) 이후 경제 침탈** • 배경 : 경제 대공황(1929)에 따른 일본 경제 악화 → 군국주의 대두 → 대륙 침략 정책 → 만주사변, 　중 · 일 전쟁, 태평양 전쟁 • **병참 기지화 정책** : 대륙 침략 전쟁에 필요한 군수 물자 공급 → 경제 블록 체제 형성 　· **남면북양 정책**(1934) : 공업 원료 증산 정책 → 원료 공급지화 　· 군수 공업 육성 : 금속 · 기계 등 중화학 공업 육성, 발전소, 광산 개발 • 농촌 진흥 운동(1932–40) : 조선 농민의 불만을 무마하고 농촌 통제를 강화하기 위한 미봉책 **★ 중 · 일 전쟁 이후 :** 침략 전쟁 확대 → **국가 총동원령**(1938) • 인적 수탈 : 지원병제(1938), 징용령(1939), 학도 지원병제(1943), 징병제(1944), 군 위안부 동원(1944) • 물적 수탈 : 산미 증식 계획 재개, 가축 증식 계획, 미곡 공출 및 식량 배급제 실시, 금속 강제 공출

정답: P. 364

1. 가쓰라 · 태프트 밀약, 2차 영 · 일동맹, 포츠머스 조약의 공통점은?

2. 일본에 의해 외교권이 박탈되고 통감부가 설치된 사실과 관련된 조약은?

3. 일본이 러 · 일 전쟁 중에 한국으로부터 군사 기지 사용권을 획득하기 위해 체결한 조약은?

4. 을사조약의 체결을 계기로 전개되었던 우리 민족의 저항을 5가지 이상 서술하시오.

5. 일제가 한국인을 회유하기 위해 친일파를 중심으로 설치한 총독부의 자문 기관은?

6. 일제의 통치 방식이 무단 통치에서 문화 통치로 전환하는 계기가 된 사건은?

7. 일제가 사회주의자를 탄압하기 위해 제정한 법은?

8. 일제가 민족 말살 통치 시기에 한국인을 일본인으로 동화시키기 위해 내세웠던 구호 2가지는?

9. 일제가 무단 통치 시기에 실시한 대표적인 경제 침략 정책을 3가지 이상 서술하시오.

10. 일제가 중 · 일 전쟁을 계기로 전쟁에 필요한 인적, 물적 자원을 약탈하기 위해 실시한 정책은?

11. 일제시대 농민의 몰락을 촉진시켰던 무단통치와 문화통치기에 각각 실시하였던 일제의 대표적인 경제 침탈 정책은?

1. 국권 피탈 과정에서 체결된 조약과 그 내용을 잘못 연결한 것은? 2001 기출

① 한 · 일 의정서 – 군사 요지 점령권과 내정 간섭

② 제 1차 한 · 일 협약 – 고문 정치 시작

③ 을사조약 – 외교권 박탈과 통감부 설치

④ 한 · 일 신협약 – 사법권 · 감옥 사무권 박탈

2. 다음은 일제가 대한제국의 국권을 침탈하는 과정에서 나타난 사실들이다. 이를 순서대로 바르게 나열하면?

> ㄱ. 대한 제국의 외교와 재정 분야에 일본이 추천하는 외국인 고문을 두도록 하였다.
>
> ㄴ. 대한 제국의 군대가 해산되고, 각 부에 일본인 차관이 임명되었다.
>
> ㄷ. 대한 제국의 외교권이 박탈되고, 일본인 통감이 파견되어 내정을 깊숙이 간여하였다.
>
> ㄹ. 포츠머스 조약이 체결되어 일본의 대한 제국에 대한 독점적 지배권이 인정되었다.

① ㄱ－ㄷ－ㄹ－ㄴ   ② ㄷ－ㄱ－ㄹ－ㄴ

③ ㄱ－ㄹ－ㄷ－ㄴ   ④ ㄴ－ㄷ－ㄱ－ㄹ

3. 러 · 일 전쟁 시기 중 발생한 사건이 아닌 것은? 1995 기출

① 한 · 일 의정서   ② 카쓰라 · 태프트 밀약

③ 제1차 한 · 일 협약   ④ 신민회 설립

4. 다음 중 을사조약 체결을 계기로 일어난 민족 저항의 움직임으로 거리가 먼 것은?

① 전국 의병 부대의 서울 진공 작전

② 장지연의 '시일야방성대곡'

③ 헤이그 특사 파견

④ 나철 · 오기호의 오적 암살단 조직

5. 다음 중 일제의 헌병 경찰 통치 시기의 사실이 아닌 것은?

① 자문 기관인 중추원을 설치하여 친일 인사를 우대하였다.

② 토지 조사 사업을 실시하여 토지를 약탈하였다.

③ 학교에서 한국어와 한국사 교육을 금지하였다.

④ 일본국 현역 대장을 조선 총독으로 임명하였다.

6. 일제의 1920년대 식민 통치와 관련된 설명으로 옳지 않은 것은?

① 무관 총독 대신 문관 총독을 임명하였다.

② 보통 경찰제가 실시되었으나, 경찰관의 수와 장비는 증가되어 감시와 탄압은 더욱 강화되었다.

③ 조선 · 동아 일보 등의 신문 발행을 허가하였으나 사전 검열, 기사 삭제 등이 이루어졌다.

④ 사회주의자를 탄압하기 위해 치안 유지법을 제정하였다.

7. 다음 설명에 해당하는 사건은 무엇인가? 2008 기출

> • 1905년에 일본의 강요에 의해 체결되었다.
> • 고종이 비준을 하지 않기 때문에 조약의 효력은 없다.
> • 통감 정치와 외교권 박탈

① 한 · 일 의정서　　　　　② 을사조약
③ 한성조약　　　　　　　　④ 시모노세키조약

8. 일제가 다음과 같은 주장을 내세우면서 실시하였던 정책이 아닌 것은?

> 내선 일체는 반도 통치의 최고 지도 목표이다. 내가 항상 역설하는 것은 내선 일체는 서로 손을 잡는 다든가, 형태가 융합한 다든가 하는 그런 미적지근한 것이 아니다. 손을 잡은 것은 떨어지면 또한 별개가 된다. 물과 기름도 무리하게 혼합하면 융합된 형태로 되지만 그것으로도 안 된다. 형태도, 마음도, 피도, 육체도 모두 일체가 되지 않으면 안 된다. 내선 일체의 강화 구현이야말로 동아 신 건설의 핵심을 이루는 것이고 그것이 아니고서는 만주국을 형제국으로 하고 중국과 제휴하는 어떠한 것도 말할 수 없다.

① 경성 제국 대학 설립　　　② 신사 참배 강요
③ 창씨 개명　　　　　　　　④ 황국 신민의 서사 암송 강요

9. (　　　　)에 들어갈 내용으로 옳은 것은? 2015 기출

> 일제는 근대적 토지 소유 관계 확립을 명분으로 (　　　　)을/를 실시하여 식민지 경제 정책의 기반을 마련하였다.

① 방곡령　　　　　　　　　② 회사령
③ 국가 총동원법　　　　　　④ 토지 조사 사업

10. 다음은 일제의 경제 수탈 정책과 그 목적을 나타낸 것이다. 옳지 않은 것은?
① 광업령 – 일본인의 광산 독점 및 지하 자원 약탈
② 농촌 진흥 운동 – 한국인의 식량 증대를 위한 농업의 근대화 정책
③ 회사령 – 민족 자본의 성장 저지 및 일제의 독점적 상품 시장화
④ 병참 기지화 정책 – 일제의 침략 전쟁에 필요한 군수 물자 공급

11. 다음 조약들의 공통된 성격을 바르게 나타낸 것은?

> • 제2차 영 · 일 동맹   • 가쓰라 · 태프트 밀약   • 포츠머스 조약

① 조선에 대한 청의 종주권 배제
② 조선에 대한 열강의 세력 각축 심화
③ 한국에 대한 일제의 독점적인 지배권 인정
④ 열강의 최혜국 조항 인정

12. 다음 중 의사들의 의거 활동이 <u>잘못</u> 연결된 것은?

① 나철, 오기호 – 5적 암살단 조직   ② 안중근 – 이토 히로부미 처단
③ 이재명 – 이완용 암살 시도   ④ 나석주 – 스티븐슨 암살

13. 일제가 실시한 산미 증식 계획에 대한 설명으로 옳지 <u>않은</u> 것은?

① 공업화 추진에 따른 일본의 부족한 식량을 보충하기 위해서 실시하였다.
② 증산량은 본래의 계획을 초과 달성하였다.
③ 농민은 수리 조합비, 운반비 등 식량 증산에 필요한 각종 비용을 부담하였다.
④ 농민의 부채가 증가하여 몰락을 촉진시켰다.

14. 민립대학 설립 운동이 시작된 시기에 해당하는 일제 통치 정책으로 옳은 것은?   `2016 기출`

① 창씨개명을 강요하였다.
② 헌병경찰제를 실시하였다.
③ 산미증식계획을 실시하였다.
④ 황국신민화 정책을 실시하였다.

15. 다음 자료에 나타난 시기의 사회상으로 볼 수 <u>없는</u> 것은?

> • 정거장에 도착할 때마다 드나드는 순사와 헌병 보조원은 차례 차례로 한 번씩 휘돌아 나갔다.
> • 소학교 선생님이 긴 칼을 차고 교단에 오르는 나라가 있는 것을 보셨습니까? 나는 그런 나라의 백성이외다.

① 조선 총독부의 허가를 받지 못하여 회사를 설립할 수 없었다.
② 토지 신고서를 제출하지 않아서 대대로 내려오던 토지를 빼앗겼다.
③ 독서회에 가입했다가 발각되어 치안 유지법 위반 혐의로 체포되었다.
④ 마을 뒷산에서 땔감을 모으다가 삼림령 위반죄로 태형 수십 대의 처벌을 받았다.

16. 일제 강점기에 관한 설명으로 옳지 <u>않은</u> 것은? 2013 기출

① 총독부를 설치하고 총독을 군인으로 임명하여 무단 지배를 추진하였다.

② 경찰 업무를 헌병이 담당하도록 하여 치안, 사법, 행정에 관여할 수 있도록 하였다.

③ 영친왕을 강제로 일본으로 이주시키고, 친일적인 관료들에게는 작위를 내렸다.

④ 일본식 교육을 확대하기 위하여 사립학교를 크게 늘렸다.

17. 다음 자료를 발표한 시기의 정책이 <u>아닌</u> 것은?

> 나는 일시 동인(一視同人)의 정신을 존중하고 동양 평화의 확보와 민중의 복리 증진을 조선 통치의 대원칙으로 삼는다.……이에 총독부 관제를 개혁하여 관리 임용을 확대하고 일반 관리나 교원 등의 무관 복제를 폐지한다.

① 회사령 철폐   ② 국가 총동원령

③ 산미 증산 계획 실시   ④ 일본 상품 관세 철폐

18. 일제시대 식민지 수탈과정을 시대 순으로 바르게 나열하면? 2010 기출

> ㄱ. 토지조사사업   ㄴ. 회사령 반포   ㄷ. 산미증식계획   ㄹ. 조선 공업화 정책

① ㄱ-ㄴ-ㄷ-ㄹ   ② ㄴ-ㄱ-ㄷ-ㄹ

③ ㄱ-ㄴ-ㄹ-ㄷ   ④ ㄴ-ㄱ-ㄹ-ㄷ

1. 정답 ④

오답풀이 ④ 한 · 일 신협약(1907)은 일본인을 대한제국의 관리로 임명하여 내정을 간섭하는 차관 정치와 군대 해산 조항을 포함하고 있다. 사법권, 감옥 사무권 박탈은 기유각서(1909)와 관련된 내용이다.

2. 정답 ③

해설 ③ ㄱ. 1차 한 · 일 협약(1904) - ㄹ. 포츠머스 조약(1905.9) - ㄷ. 을사조약(1905.10) - ㄴ. 한 · 일 신협약(1907)

3. 정답 ④

오답풀이 ④ 러 · 일 전쟁은 1904년에서 1905년까지 전개되었으며, 신민회는 1907년에 설립되었다.

4. 정답 ①

오답풀이 ① 전국 의병 부대인 13도 창의군의 서울 진공 작전은 정미의병 당시인 1908년에 전개되었다.

5. 정답 ③

오답풀이 ③ 헌병 경찰 통치는 1910년대에 실시되었으며, 한국어와 한국사 교육을 일제가 금지시킨 것은 1940년대의 사실이다.

6. 정답 ①

오답풀이 ① 일제는 문화 통치(1920년대)기에 총독을 문관으로 임명하는 규정을 제정하였으나, 실제로는 한 번도 문관 총독을 임명하지 않았다.

7. 정답 ②

해설 ② 1905년에 일본이 고종의 비준을 받지 않고 체결하여 통감 정치를 실시하고 외교권을 박탈한 조약은 1905년에 체결된 을사조약이다.

8. 정답 ①

해설 ②③④ 자료에서 내선일체는 1930년대 이후에 일제가 추진한 민족 말살 정책의 기본 구호이다. 이 시기에 일제는 신사 참배 강요, 창씨개명, 황국신민서사 암송, 한국어 사용 금지 등의 정책을 실시하였다.

오답풀이 ① 경성제국대학은 1924년에 설립되었다.

9. 정답 ④

해설 ④ 자료는 1912년에서 1918년에 걸쳐 일제가 실시한 토지 조사 사업에 대한 설명이다. 일제는 근대적 토지 소유권 확립을 명분으로 토지 조사 사업을 실시하여 토지를 강탈하고 식민 통치에 필요한 경제적 기반을 마련하였다.

10. 정답 ②

오답풀이 ② 농촌 진흥 운동(1932~1940)은 소작쟁의를 전개하며 일제 타도를 주장하는 조선 농민의 불만을 무마하고 농촌 통제를 강화하기 위하여 실시한 정책이다.

11. 정답 ③

해설 ③ 제2차 영 · 일 동맹을 통해 영국의 인도 지배와 일본의 한국 지배를 상호 인정하였으며, 가쓰라 · 태프트 밀약을 통해 미국의 필리핀 지배와 일본의 한국 지배를 상호 인정하였으며, 러 · 일 전쟁이 끝난 직후 러시아는 일본의 한국에 대한 독점적 지배권을 인정하였다.

12. 정답 ④

오답풀이 ④ 나석주는 의열단 소속으로 동양척식주식회사에 폭탄을 투척하였으며, 스티븐슨은 장인환과 전명운에 의해 암살되었다.

13. 정답 ②

오답풀이 ② 일제는 산미 증식 계획을 실시하였으나, 목표량은 달성하지 못하였다. 오히려 부족분을 보충하기 위해서 많은 양의 쌀을 수탈하여 일본 내의 식량 문제를 해결하였다.

14. 정답 ③

해설 ③ 민립 대학 설립 운동은 1920년대 초에 한국인 중심의 고등 교육을 목표로 전개되었던 민족 실력 양성 운동이었다. 산미 증식 계획은 1920년에서 1934년까지 일제가 일본의 부족한 쌀 문제를 해결하기 위하여 실시한 정책이다.

오답풀이 ①② 창씨개명과 황국신민화 정책은 일제가 중 · 일 전쟁(1937년) 이후에 실시한 민족 말살 정책이다. ④ 헌병 경찰제는 일제가 1910년대에 실시한 식민 통치 방식이다.

15. 정답 ③

오답풀이 ③ 자료에서 헌병 보조원이 등장하고 선생님이 긴 칼을 차고 있다는 내용을 통해 1910년대 무단 통치 시기임을 알 수 있다. 치안유지법은 1925년에 제정되었다.

16. 정답 ④

오답풀이 ④ 일본은 한국인을 어리석은 국민으로 만들기 위한 우민화 교육 정책을 실시하여 한국인에게 교육의 기회를 철저히 차단시켰으며, 오히려 사립학교의 설립을 제한하였다.

17. 정답 ②

오답풀이 ② 자료는 사이토 마코토 총독이 발표한 1920년대 이후의 문화 통치 방침과 관련된 내용이다. 국가 총동원령은 1938년에 발표되었다.

18. 정답 ②

해설 ② ㄴ. 회사령 반포(1910년) - ㄱ. 토지조사사업(1912-1918) - ㄷ. 산미증식계획(1920-1934) - ㄹ. 조선공업화 정책(1930년대 이후)

MEMO

2 3·1 운동과 대한 민국 임시 정부

1 1910년대 민족 운동

국내	비밀결사 조직	특징	• 각종 선언문, 격문 통해 민중의 독립 사상 고취 • 주도 세력 : 지식인 · 교사 · 학생 · 종교인 규합 → 농민 · 노동자와 연계
		독립의군부 (1912)	• 고종의 밀지 → 임병찬 등 전국 의병장과 유생 주도 아래 조직 • 조선 총독부와 일본 정부에 국권 반환 요구, **복벽주의 표방**
		대한광복회 (1915)	• 대구에서 결성 : 의병 출신, 양반, 상민 등 참여 • 군대식 조직 : 총사령 – 박상진, 부사령 – 김좌진 • 활동 : 독립군 기지와 사관학교 설립 목표 → 군자금 모금, 친일파 처단, **공화주의 표방**
		조선국권회복단 (1915)	• 조직 : 이시영, 서상일 등 경북 지역 유생이 조직 • 활동 목표 : 단군을 받들고 신명을 바쳐 국권 회복 운동을 전개, 국외 독립 운동과의 연계 아래 대규모 항일 운동 전개 • 활동 내용 : 3 · 1 운동 참여, 파리 강화 회의에 제출할 독립 청원서 작성
		송죽회(1913)	평양의 숭의여학교 여교사와 학생 중심 → 여성계몽과 실력양성운동 전개
		기타	조선 국민회, 선명단, 기성단, 자립단
	기타		의병 항쟁(채응언 – 서북 지방)과 애국계몽운동 지속 → 일제의 탄압(안악 사건, 105인 사건)
국외	• 독립 운동 기지 건설 : 신민회 주도 → 장기적인 항일 독립 운동 거점 마련		
	만주	남만주 (서간도)	• 신민회(이회영 · 이상룡) 주도 → **삼원보 설치** • 삼원보 : 경학사(→ 부민단 → 한족회), 서로군정서(지청천), 신흥 무관 학교
		북간도 (용정 · 왕청)	중광단(→북로군정서), 서전서숙(이상설) → 명동학교
		북만주	밀산부 한흥동
	중국	상하이	신한 청년당(김구 · 여운형) → 파리 강화 회의에 김규식 파견
	연해주	활동	블라디보스토크 신한촌 중심 → 성명회, 권업회, 13도 의군 등의 항일 결사 조직
		대한광복군정부	권업회 주도로 조직(1914) → 정통령 – 이상설, 부통령 – 이동휘
		대한국민의회	전로 한족회 중앙 총회를 중심으로 결성(1919) → 손병희(대통령)
	미주	대한인국민회	안창호 · 이승만 · 박용만 등이 조직(1910) → 간도 · 연해주 지역에 독립 운동 자금 지원
		하와이	박용만이 항일 군사 조직인 대조선 국민 군단 결성

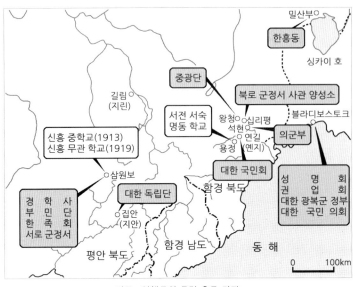
만주 · 연해주의 독립 운동 기지

② 3 · 1 운동의 전개

(1) 배경

    1) 윌슨의 민족 자결 주의 : 식민지 약소민족의 민족 해방 운동 자극

    2) 신한 청년단의 활동 : 김규식을 파리 강화 회의에 파견하여 독립 청원

    3) 독립 선언 : 만주 지역의 대한 독립 선언서 발표(1918), 동경 유학생의 2 · 8 독립 선언(1919)

    4) 국내의 독립 운동 : 고종의 죽음을 계기 → 종교계를 중심으로 거족적 독립 운동 준비(불교 · 천도
교 · 기독교)

(2) 만세 시위 운동의 전개

점화기	고종 인산일 → 태화관(민족대표 33인), 탑골공원(학생) → 독립선언 낭독 → 비폭력주의 원칙으로 만세 시위
도시 확산기	학생 주도 아래 상인 · 노동자층 참여, 상인 철시
농촌 확산기	무력 저항 운동으로 발달 → 식민 통치 기관 파괴 → 일제의 탄압 강화(제암리 학살 사건)
해외 확산기	만주, 연해주, 일본, 미주(필라델피아 한인 자유 대회 → 독립 선언식)

(3) 의의

    1) 독립 운동의 분수령 : 무장 독립 투쟁 활성화

    2) 독립 운동의 주체 확대 : 학생 운동, 농민 운동, 노동 운동 등 활성화

    3) 반제국주의 민족운동의 선구 : 중국의 5 · 4 운동, 인도의 비폭력 · 불복종 운동 등에 영향

    4) 독립 운동의 조직화 · 체계화 · 활성화 계기 : 대한 민국 임시 정부 수립

    5) 일제 식민 통치의 변화 : 무단 통치에서 문화 통치로 전환

❸ 대한 민국 임시 정부의 수립과 활동

(1) 임시 정부의 수립

1) 각지의 임시 정부 수립

연해주	대한국민의회	전로 한족회 중앙 총회를 개편하여 수립(대통령 – 손병희)
상하이	상하이 임시정부	상하이에서 민주 공화제 정부로 수립(국무총리 – 이승만)
국내	한성정부	13도 대표 회의를 거쳐 수립(집정관 총재 – 이승만)

2) 임시 정부의 통합

① 통합 정부 위치 : 상하이(외교 독립론) ↔ 만주 · 연해주(무장 독립 투쟁론) → 상하이로 결정

② 정통 : 국내의 한성 정부를 정통 → 대한 국민 의회 흡수 → 대한 민국 임시 정부 수립

3) 정체 : 3권 분립(임시 의정원 · 법원 · 국무원)에 입각한 최초의 민주 공화제 정부

4) 구성 : 대통령 – 이승만, 국무총리 – 이동휘

(2) 활동

연통제	• 임시 정부와 국내외를 연결하는 비밀 행정 조직망 • 조직 체계 : 서울 – 총판, 도 – 독판, 군 – 군감, 면 – 면감 • 역할 : 국내외 독립 운동 지휘 · 감독 → 군자금 조달, 정부 문서와 명령 전달
교통국	통신 기관 – 정보 수집 · 분석 · 교환 · 연락 업무
군자금 조달	애국 공채 발행, 의연금 → 연통제, 교통국, 이륭양행(만주), 백산상회(부산)를 통해 전달
외교 활동	구미 외교 위원부 설치(이승만), 파리 위원부(파리 강화 회의에 김규식 파견)
군사 활동	• 상하이에 육군 무관 학교 설립 → 초급 지휘관 양성 • 만주 지역 독립군을 직할 부대로 개편 → 광복군 사령부, 광복군 총영, 육군 주만 참의부 결성 • 한국 광복군 창설(1940)
문화 활동	독립신문 간행, 사료 편찬소 설치(한 · 일 관계 사료집 간행) → 독립 의식 고취

(3) 임시 정부 활동의 침체(1920년대 중반)

1) 배경

① 일제의 감시와 탄압 → 연통제 · 교통국 조직 파괴 → 자금난 · 인력난 발생

② 민족주의 계열과 사회주의 계열의 갈등

③ 독립 운동 방략의 대립 : 무장 독립 투쟁론(이동휘 · 신채호), 외교 독립론(이승만), 실력 양성론(안창호)

2) 국민 대표 회의 개최(1923)

① 배경 : 이승만의 국제 연맹 위임 통치 청원서 제출 계기 → 무장독립 투쟁파의 외교활동 노선에 대한 비판

② 창조파와 개조파의 대립 → 국민 대표 회의 결렬 → 임시 정부 분열

㉠ 창조파 : 임시 정부 해체 → 새로운 정부를 수립(신채호)

㉡ 개조파 : 임시 정부의 조직 체제만 개편(안창호)

㉢ 현상 유지파 : 임시 정부를 그대로 유지(이동녕, 김구)

③ 임시 정부의 침체 : 이승만 탄핵 → 박은식 2대 대통령 취임, 국무령제 개헌 → 김구 등에 의해 명맥 유지 → 침체 극복 위해 한인애국단 결성(1931)

(4) 지도 체제의 변화

구분	체제	정부 수반	중점 활동	위치
1차(1919)	대통령 중심제, 3권 분립	이승만	민족운동 통합과 국제외교	상하이
2차(1925)	국무령 중심의 내각 책임제	이동녕, 김구 등	임시정부 내부 혼란 수습	
3차(1927)	국무위원 중심의 집단지도 체제	국무위원	좌우 이념 대립 통합	이동기
4차(1940)	주석 중심 체제	김구	대일, 대독 선전 포고	충칭
5차(1944)	주석 · 부주석 지도 체제	김구, 김규식	광복 대비	

(5) 충칭 이동 이후의 임시 정부 체제 정비

1) 배경 : 일본의 상하이 점령, 윤봉길 의거 이후 일제의 탄압 가중, 중 · 일 전쟁 → 충칭 이동

2) 체제 정비와 한국광복군 창설

체제 정비		• 김구 주석 중심의 단일 지도 체제 강화 → 한국 독립당 결성(1940) • 대한 민국 건국 강령 발표(1941) → 조소앙의 삼균주의 채택(정치, 경제, 교육) • 좌 · 우 통합 정부 수립 : 김원봉의 조선 민족 혁명당 합류(1942)
한국광복군 (1940)	창설	김구 · 지청천 주도 → 중국 국민당의 지원 → 충칭에서 창설
	활동	• 김원봉의 조선 의용대 흡수(1942) → 군사력 강화 • 대일 · 대독 선전 포고(1941) : 태평양 전쟁 직후, 연합군 일원으로 참전 • 대일전 참전 · 중국에서는 중국군과 연합 · 미얀마 · 인도 전선 : 영국군과 연합 작전 수행 → 포로 심문, 암호문 번역, 선전 전단 작성, 대적 회유 방송 • 국내 진입 작전 시도 : 지청천 · 이범석을 중심 → 국내 정진군 편성 · 훈련(미국 OSS의 지원)하여 국내 진입 작전 추진 → 일제의 항복으로 무산

정답: P. 364

1. 1910년대 독립군 기지 건설, 사관 학교 설립, 공화주의 국가 건설을 목표로 설립된 비밀 결사는?

2. 고종의 밀지를 받아 양반 의병장을 중심으로 복벽주의를 표방하며 활동한 비밀 결사는?

3. 1910년대 간도 지역에 이상설이 설립한 민족 교육 기관은?

4. 미주 지역에서 안창호, 이승만 등이 중심이 되어 조직한 독립 운동 단체는?

5. 연해주에서 권업회를 중심으로 이상설과 이동휘를 정 · 부통령으로 하여 조직된 독립 운동 단체는?

6. 3 · 1 운동이 일어나게 된 배경으로 3가지 이상 서술하시오.

7. 3 · 1 운동이 농촌으로 확대되면서 무력 저항 운동으로 바뀌는 계기가 된 이유는?

8. 3 · 1 운동의 영향을 받아 중국과 인도에서 일어난 반제국주의 민족 운동은?

9. 3 · 1 운동 이후 국내와 연해주에서 설립된 임시 정부는?

10. 대한 민국 임시 정부가 국내와의 연결을 위해 조직한 비밀 행정 조직망은?

11. 이승만의 위임 통치 청원을 계기로 임시 정부의 방향을 결정하기 위해 개최된 회의는?

12. 대한민국 임시정부가 충칭에서 중국 국민당의 지원을 받아 조직한 직속 부대는?

기출 및 예상 문제

1. 1910년대 국내에서 조직된 독립 운동 단체를 모두 고른 것은? 2015 기출

ㄱ. 권업회   ㄴ. 독립의군부
ㄷ. 대한광복회   ㄹ. 경학사

① ㄱ, ㄴ   ② ㄱ, ㄹ
③ ㄴ, ㄷ   ④ ㄷ, ㄹ

2. 한말 국외 독립 운동 기지 건설을 주도하였던 단체는?
① 선명단   ② 신민회
③ 독립 의군부   ④ 조선 국민회

3. 다음은 3·1 운동의 전개 과정을 단계별로 정리한 것이다. 각각의 단계에 대하여 바르게 설명한 것은?

1단계 : 만세 시위 운동의 점화기
↓
(가)
↓
2단계 : 만세 시위 운동의 도시 확산 단계
↓
(나)
↓
3단계 : 3·1 운동의 농촌 확산 단계

① 제 3단계는 무력 저항 운동의 형태로 변화하였다.
② 제 2단계는 2·8 독립 선언의 영향을 받았던 시기이다.
③ (가) 시기에 결정적인 역할을 한 것은 농민들이었다.
④ (나) 시기는 종교계를 비롯한 지식인들이 운동을 조직·확대하였다.

4. 다음 글에 관한 설명으로 옳은 것은? 2014 기출

"우리는 이에 우리 조선(朝鮮)의 독립국(獨立國)임과 조선인(朝鮮人)의 자주민(自主民)임을 선언하노라. 이로써 세계만방에 알려 인류가 평등하다는 큰 뜻을 밝히며, 이로써 자손만대에 일러 민족이 스스로 생존하는 바른 권리를 영원히 누리게 하노라. 반만년 역사의 권위를 의지하여 이를 선언함이며, 2천만 민중의 충성을 합하여 이를 선명함이며, 민족의 한결같은 자유 발전을 위하여 이를 주장함이며, 인류 양심의 발로에 기인한 세계 개조의 큰 기운에 순응해 나가기 위하여 이를 제기함이니…"

① 일본의 가혹한 식민통치에 대하여 무장 항일 운동의 실천을 촉구하는 독립신문의 사설이다.
② 유학생들이 동경(東京)에서 조선의 독립을 요구하며 내건 2·8 독립선언의 결의문이다.
③ 을사조약이 체결되자, 장지연이 황성신문에 게재한 '시일야방성대곡(是日也放聲大哭)'의 내용이다.
④ 종교계를 중심으로 한 민족 대표 33인이 발표한 3·1 독립선언서이다.

5. 3·1 운동에 관한 설명으로 옳지 <u>않은</u> 것은?

2019 기출

① 아시아 각국의 민족운동에 자극이 되었다.

② 일제가 무단 통치에서 문화 통치로 바꾸는 계기가 되었다.

③ 비폭력, 무저항주의로 출발하였으나 점차 폭력적인 양상을 띠었다.

④ 비타협적 민족주의자와 사회주의자가 주도하였다.

6. 연해주에서 이상설과 이동휘 등이 조직한 대표적인 독립 운동 단체는?

① 대한 광복군 정부　　　　　　　② 대한 독립군

③ 대한 광복회　　　　　　　　　④ 신민부

7. 다음 중 임시 정부의 통합 과정과 조직에 대한 설명으로 옳은 것은?

① 연해주의 대한 국민 의회를 정통으로 하고 국내의 한성 정부를 흡수하였다.

② 통합된 임시 정부는 국무령 중심의 내각 책임제로 구성되었다.

③ 국내와의 연락 및 군자금 조달을 위해 연통제를 조직하였다.

④ 수립 직후 한국 광복군을 창설하여 항일 투쟁을 주도하였다.

8. 대한민국 임시정부에 대한 설명으로 옳은 것은?

2012 기출

① 일제의 잔재 청산을 위해 반민족 행위 처벌법을 제정하였다.

② 민중에 의한 혁명을 통해 평등사회를 건설하는 것을 목적으로 하였다.

③ 만주에 사관학교를 설립하고 공화정 국가의 수립을 목표로 활동하였다.

④ 연통제와 교통국을 통해 독립 운동 자금을 모금하고 정보를 수집하였다.

9. 다음 중 1923년 상하이에서 열린 국민 대표 회의에 대한 설명으로 <u>틀린</u> 것은?

① 국내외에 수립된 임시 정부들의 통합 문제를 다루었다.

② 이 회의에서 정부 인사들 간에 무장 투쟁론, 외교론, 실력 양성론이 대립하였다.

③ 국민 대표 회의의 결과 창조파와 개조파로 나뉘어 결국 회의는 성과 없이 결렬되었다.

④ 국민 대표 회의 이후에도 김구, 이동녕 등은 끝까지 남아서 임시 정부를 지켰다.

10. 다음 중 3·1 운동의 배경이 <u>아닌</u> 것은?

2011 기출

① 윌슨의 민족자결주의　　　　　② 2·8 독립 선언

③ 김규식의 파리강화회의 파견　　④ 대한 민국 임시 정부의 지원

1. 정답 ③

해설 ㄴ, ㄷ. 독립의군부(1912)와 대한광복회(1915)는 1910년대 국내에서 활동한 비밀 결사 조직이다.

오답풀이 ㄱ. 권업회는 1911년 러시아 연해주 블라디보스크의 신한촌에서 결성된 항일 독립 운동 단체이다. ㄹ. 경학사는 1911년 남만주 삼원보에서 신민회가 중심이 되어 결성한 항일 독립 운동 단체이다.

2. 정답 ②

해설 ② 신민회는 장기적인 항일 독립 운동의 거점을 마련하기 위하여 서간도의 삼원보, 밀산부의 한흥동 등의 국외 독립 운동 기지 건설에 주력하였다.

3. 정답 ①

해설 ① 3·1 운동의 3단계인 농촌 확산 단계에서는 토지 조사 사업으로 토지를 빼앗긴 농민들에 의해 무력 저항 운동의 성격으로 발전하였다.

오답풀이 ② 2·8 독립 선언은 3·1 운동이 시작하기 전에 동경 유학생이 발표하였다. ③ (가) 시기는 종교계 중심의 민족 33인과 학생들이 3·1 운동을 준비하던 단계이다. ④ (나) 시기에는 종교계를 비롯한 지식인이 일제에게 체포된 상황에서 학생들을 중심으로 전개되었다.

4. 정답 ④

해설 ④ 자료는 3·1 만세 운동 당시에 최남선이 기초하여 종교계를 중심으로 민족 33인이 발표한 3·1 독립 선언서이다.

5. 정답 ④

해설 ① 3·1 운동은 중국의 5·4 운동과 인도의 비폭력·불복종 운동 등에 영향을 끼쳤다. ② 3·1 운동을 계기로 일제는 무단 통치에서 문화 통치로 전환하였다. ③ 3·1 운동은 초기에는 비폭력주의 원칙에 의거하여 평화적인 만세 운동을 전개하였으나, 농촌 지역으로 이동하면서 점차 폭력적인 저항 운동으로 바뀌어갔다.

오답풀이 ④ 비타협적 민족주의와 사회주의 세력이 연합하여 활동한 것은 신간회와 관련되며, 3·1 운동 당시에는 아직 사회주의 사상이 보급되지 않았다.

6. 정답 ①

해설 ① 대한광복군 정부는 1914년 연해주에서 권업회를 토대로 결성되었으며, 정통령 – 이상설, 부통령 – 이동휘를 중심으로 활동하였다.

7. 정답 ③

해설 ③ 대한민국 임시정부는 상하이에 위치하였기 때문에 국내와의 연락 및 군자금 조달을 위해 연통제(비밀 행정 조직망)를 조직하였다.

오답풀이 ① 대한민국 임시정부는 국내의 한성정부를 정통으로 하고 연해주의 대한국민의회를 흡수하여 조직되었다. ② 통합된 임시정부는 민주 공화정체를 바탕으로 대통령 중심제의 정부로 구성되었다. ④ 한국광복군은 1940년에 충칭에서 창설하였다.

8. 정답 ④

해설 ④ 대한민국 임시정부는 상하이에 위치하였기 때문에 국내와의 원활한 연락과 군자금 확보를 위해 연통제라는 비밀행정 조직망을 구성하였으며, 교통국을 통해 독립운동에 필요한 정보를 수집하였다.

오답풀이 ① 친일파 청산과 관련된 반민족 행위 처벌법은 제1공화국 이승만 정부에서 제정되었다. ② 김원봉의 의열단은 신채호의 조선 혁명 선언의 방침을 반영하여 민중에 의한 폭력적인 방법을 통한 혁명으로 독립을 이루고자 하였다. ③ 신민회, 대한광복회와 관련된 설명이다.

9. 정답 ①

오답풀이 ① 국민대표회의(1923)는 이승만의 국제연맹 위임 통치 청원을 계기로 임시정부 내의 분열을 해결하고 임시정부의 방향을 결정하기 위하여 개최되었다.

10. 정답 ④

오답풀이 ④ 대한민국 임시정부는 3·1 운동 이후에 설립되었다.

③ 무장 독립 전쟁의 전개

1 국내 항일 민족 운동(1920년대)

(1) 항일 민족 운동의 분화

민족주의 계열	타협적 민족주의 (민족 개량주의)	이광수 최린	자치 운동	일제의 식민 지배 인정 → 자치권 획득 운동 전개, 민족성의 개조 주장
	비타협적 민족주의	이상재 안재홍	실력양성운동	• 타협적 민족주의 비판 → 즉각적인 독립 추구 • 교육 · 경제 분야에서 실력 양성 운동 전개 • 사회주의 계열과의 연대 시도
사회주의 계열	3 · 1운동 이후		국외 독립 운동가, 일본 유학생 중심 → 국내에 사회주의 이념 전파
	영향		청년 · 학생 운동, 노동 쟁의, 소작 쟁의 등의 사회 · 경제 운동 활성화에 기여

(2) 국내 무장 항일 투쟁

1) 무장 단체 : 보합단(평북 동암산), 천마산대(평북 천마산), 구월산대(황해도 구월산)
2) 주요 활동 : 만주 독립군과 연락 관계 유지 → 일제 식민 통치 기관 파괴, 친일파 처단, 군자금 모금
3) 천마산대 : 만주의 광복군 사령부와 협조하며 유격전 전개 → 대한 통의부에 편입

(3) 학생 항일 운동

6 · 10 만세 운동 (1926)	배경	일제의 수탈과 식민지 교육에 대한 반발, 사회주의 세력의 성장 → 순종의 죽음 계기
	주도 세력	사회주의 + 학생 + 민족주의(천도교 계열)의 지원 → 사회주의 세력은 사전 발각되어 참여 무산
	전개	조선 학생 과학 연구회를 비롯한 학생 주도 → 순종 인산일에 대규모 만세 시위 운동 전개 → 일제의 탄압으로 좌절
	영향	• 학생 운동이 민족 운동의 주체로 등장 • 민족주의 계열과 사회주의 계열 연대의 계기 마련 → **민족 유일당 운동 전개**
광주 학생 항일 운동 (1929)	배경	• 일제의 차별과 차별적인 식민지 교육에 대한 반발 • 학생 운동의 조직화 : 비밀 결사(독서회 등), 동맹 휴학 → 식민지 교육 철폐 요구 • 신간회의 결성 → 민족 의식 고취
	전개	광주에서 한 · 일 학생 충돌 → 광주 학생 총궐기 → 신간회의 지원 → 전국적인 항일 투쟁으로 발전 → 만주 및 일본 지역으로 확산
	의의	3 · 1운동 이후 최대 규모의 민족 운동 → 항일 민족 운동으로 발전

② 의열단과 한인 애국단의 활동

의열단	조직	김원봉, 윤세주 등이 만주 길림성에서 신흥 무관 학교 출신 중심으로 조직(1919)
	활동 지침	• 신채호의 조선 혁명 선언 → 일제 요인 암살, 식민 통치 기관 파괴 • 조선 혁명 선언 : 실력양성론, 외교 독립론, 자치론, 문화 운동 등 비판 → 민중에 의한 폭력적 방법을 이용한 직접적 혁명 주장
	활동 (1920년대)	• 나석주(동양척식 주식회사 투탄), 김상옥(종로 경찰서 투탄) • 김익상(조선 총독부 투탄), 김지섭(일본 황궁 투탄), 박재혁(부산 경찰서 투탄)
	방향 전환	배경 : 개별적 의거의 한계 인식 → 조직적 · 대중적 무장 투쟁의 필요성 군대 육성 : 중국 황포 군관 학교에서 군사 교육, 조선 혁명 간부 학교 설립(1932) 민족혁명당 : 중국 관내의 독립 운동 단체 통합 추진하여 결성(1935)
한인 애국단	배경	국민 대표 회의 이후 임시 정부의 침체를 극복하기 위해 조직
	조직	김구가 중국 상하이에서 조직(1931)
	활동	• 이봉창의 일본 국왕 폭살 기도 사건(1932) → 상하이 사변(1932)의 계기 • 윤봉길의 상하이 훙커우 공원 의거(1932) : 중국 국민당 정부의 임시정부 지원 강화 → 한국광복군 탄생 계기

❸ 1920년대의 무장 독립 전쟁

봉오동전투 (1920.6)	홍범도의 대한 독립군 중심 + 군무 도독부군(최진동) + 국민회 독립군(안무)		
↓	혼춘사건(1920) : 일본이 만주 마적단을 매수하여 일본 영사관을 공격한 사건 → 일본군의 대규모 만주 출병 계기		
청산리대첩 (1920.10)	김좌진의 북로 군정서 중심 + 대한 독립군 + 국민회 독립군 → 어랑촌, 백운평, 천수평 전투 등에서 승리		
간도참변 (1920.10)	봉오동 · 청산리 전투의 대패 → 일제는 만주의 한국 독립 운동 근거지 소탕 → 독립군과 한국인 무차별 학살, 마을 초토화		
↓	대한 독립군단 결성(1920, 총재 − 서일) → 소련령으로 이동		
자유시참변 (1921)	독립군 부대 간의 지휘권 분쟁(상해파↔이르쿠츠크파), 소련 적색군의 무장 해제 요구 → 독립군 희생 → 독립군의 만주 및 중국 본토 이동		
↓	독립군 재정비 : 대한 통의부 결성(1922) → 정의부 · 참의부로 분리		
3부 성립 (1923~1925)	3부의 성격	민정기관(자치 행정) + 군정기관(독립군 훈련과 작전 담당) → 자치 정부 형태로 운영	
	참의부(1923)	육군주만참의부 → 대한 민국 임시 정부 직할 부대 역할 담당	
	정의부(1925)	3부 통합 운동 주도	
	신민부(1925)	자유시 참변 피해 독립군을 중심으로 결성(김좌진 등)	
미쓰야협정 (1925)	일제와 만주 군벌 간에 체결된 독립군 탄압 협정		
독립군 통합 운동 (1920년대후반)	배경	국내 민족 유일당 운동의 영향, 만주 지역 민족 운동 단체의 통합 필요성	
	통합 과정	정의부 중심 → 통합 운동 추진 → 실패(부분적 통합)	
	남만주	국민부(1929) : 조선 혁명당으로 개편, 조선 혁명군 조직(양세봉)	
	북만주	혁신의회(1928) : 한국 독립당으로 개편, 한국 독립군 조직(지청천)	

※ **자유시 참변(1921)**

간도참변 이후 만주 지역의 독립군들은 소련 · 만주 국경 지대인 밀산부에 집결하여 대한 독립군단을 조직한 후 소련령 자유시로 이동하였다. 그러나 군 지휘군을 둘러싸고 분열이 일어났으며, 때마침 소련 영토 내에 무장 한인 단체를 주둔시키지 말라는 일본의 요구에 굴복한 소련 정부는 독립군에게 무장 해제를 요구하였다. 독립군이 이를 거부하자, 소련군과 적색군은 독립군의 무장을 강제로 해산시키려 하였고, 이 과정에서 수 백 명의 독립군이 사살되고, 900여 명이 포로가 되었다.

※ **미쓰야 협정(1925)**

조선 총독부 경무국장 미쓰야와 중국의 봉천성 경무처장 우진이 맺은 협정으로, 이 협정의 내용은 일제와 만주 군벌이 공동으로 독립군을 소탕하고 체포된 독립군을 일본측에 인도한다는 것이었다. 그 결과 만주의 독립군 활동은 크게 위축되었다.

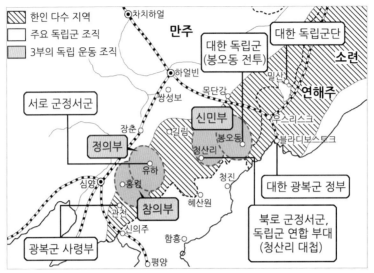

1920 · 30년대 만주 지역 무장 독립 전쟁

4 1930년대의 무장 독립 전쟁

(1) 한 · 중 연합군의 활동

배경		만주 사변(1931)과 만주국 수립(1932) → 중국내 항일 감정 고조	
활동	한국독립군 (지청천)	북만주	중국 호로군과 연합 → 쌍성보 전투(1932), 대전자령 전투, 사도하자 전투
	조선혁명군 (양세봉)	남만주	중국 의용군과 연합 → 영릉가 · 흥경성 전투(1932) → 양세봉의 암살로 조선 혁명군 세력 약화
변화		일본의 대토벌 작전, 중국군의 사기 저하, 한 · 중 양국군의 의견 대립 → 세력 약화 → 중국 관내로 이동	

(2) 만주 지역의 항일 유격 투쟁

동북인민혁명군(1933)	중국 공산당 주도 + 한인 사회주의자
↓	
동북항일연군(1935)	중국 공산당 + 항일 유격대(한국인 사회주의자) → 보천보 전투(1937)
↓	
조국광복회(1936)	• 동북 항일 연군의 조선인 간부 주도 + 국내 민족주의자 · 사회주의자 연합 • 동북 항일 연군과 연합 → 국내 진공 작전 시도 → 1941년 이후 일제의 공세로 세력 약화

(3) 민족 연합 전선의 형성 노력(중국 관내 − 1930년대 후반)

1) 배경 : 일제의 본격적인 중국 침략, 독립 운동 단체의 좌·우 이념 대립에 대한 반성, 중국 국민당의 지원

2) 각 단체들의 활동

민족혁명당	• 한국 독립당 + 조선 혁명당 + 의열단 → 민족 혁명당 결성(1935) • 김원봉의 의열단 주도권 장악 → 조소앙·지청천 탈퇴 • 조선 민족 혁명당으로 재편(1937) : 조선 민족 전선 연맹 결성(1937), 조선 의용대 조직
한국국민당	• 김구 중심의 대한 민국 임시 정부 인사의 주도로 결성 • 조선 민족 전선 연맹과 제휴 → 항일 독립 운동 전개
조선의용대	• 김원봉의 조선 민족 혁명당에 의해 우한(한커우)에서 결성(1938) • 중국 국민당 정부와 연합 대일 항전 전개 → 정보 수집, 포로 심문, 후방 교란 등 • 1940년 이후 ┬ 김원봉과 잔류 세력 → 한국광복군으로 흡수(1942) 　　　　　　　└ 조선 의용대 화북 지대 → 옌안으로 이동 조선 의용군에 흡수
조선독립동맹	• 화북 조선 청년 연합회와 조선 의용대 화북 지대 중심으로 결성(1942) → 김두봉(위원장) • 조선 의용군(1942) : 조선 독립 동맹의 직속 군대 　· 조선 의용대 화북 지대 중심 결성 → 중국 공산당(팔로군)과 연합 → 항일 운동 전개 　· 해방 이후 : 중국의 국·공 내전 참여 → 북한 인민군에 편입

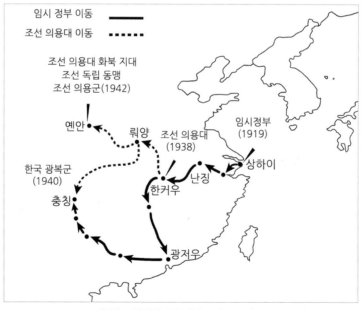

1930~40년대 중국 관내 무장 독립 운동

정답: P. 364

1. 1920년대 만주의 광복군 사령부와 연결아래 국내에서 활동한 무장 독립 운동 단체는?

2. 순종의 죽음을 계기로 사회주의 계열과 학생의 주도 아래 1926년에 전개되었던 항일 민족 운동은?

3. 일제의 식민지 차별과 교육 정책에 대한 불만을 계기로 1929년에 전개되었던 최대 규모의 학생 운동은?

4. 김원봉이 3 · 1 운동 이후에 만주 길림성에서 결성한 항일 의거 단체는?

5. 중국 국민당 정부가 대한 민국 임시 정부의 독립 운동을 지원하는 계기가 되었던 항일 의거 사건은?

6. 김좌진의 북로 군정서가 일본군 1개 연대를 섬멸시킨 항일 투쟁은?

7. 소련 적색군의 강제 무장 해제로 독립군이 피해를 입었던 사건은?

8. 1920년대 후반 독립군 통합 운동의 결과로 남만주와 북만주에 각각 설립된 독립 운동 단체는?

9. 의열단 소속으로 동양 척식 주식 회사에 폭탄을 던진 항일 의사는?

10. 김구가 임시 정부의 침체를 극복하기 위해 상하이에서 조직한 항일 의거 단체는?

11. 1920년대 중반에 만주 지역에 설립된 3부 중에서 대한민국 임시정부의 직할 부대를 역할을 담당하였던 독립 운동 단체는?

12. 만주사변 이후 한 · 중 연합 항일 운동을 전개하였던 독립군 부대와 각각의 대표적인 전투를 2가지 서술하시오.

13. 만주 지역의 사회주의 무장 단체였던 동북 항일 연군의 대표적인 국내 진공 작전은?

14. 김원봉의 조선 민족 혁명당에 의해 창설되어 한국 광복군에 흡수된 독립 운동 단체는?

15. 중국 화북 옌안 지역에서 사회주의 세력을 통합하여 만들어진 독립 운동 단체와 직속 군대는?

16. 의열단의 활동 지침으로 '조선 혁명 선언'을 저술한 인물은?

17. 중국 관내에서 의열단, 조선혁명당, 한국독립당이 중심이 되어 결성된 단체는?

1. 다음 중 1920년대의 항일 민족 운동이 <u>아닌</u> 것은?

① 보합단, 천마산대, 구월산대의 항일 무장 투쟁
② 독립 의군부, 대한 광복회의 비밀 결사 조직 활동
③ 대한 독립군의 봉오동 전투
④ 참의부, 정의부, 신민부의 항일 무장 투쟁

2. 1920년대 학생 항일 운동에 대한 설명으로 옳지 <u>않은</u> 것은?

① 사회주의 계열과 함께 6 · 10 만세운동을 주도하였다.
② 차별적인 식민지 교육에 대한 반발을 배경으로 활동하였다.
③ 신분상의 제약으로 조직적인 항일 운동까지 발전시키지는 못하였다.
④ 1920년대 후반에는 주로 동맹 휴학과 같은 방법으로 항일 투쟁을 전개하였다.

3. ( ) 시기에 발생한 사건으로 옳은 것은?

2017 기출

> 봉오동 전투 → ( ) → 참의부 · 정의부 · 신민부 조직

① 간도 참변　　　　　　　　　② 만보산 사건
③ 한국광복군 창설　　　　　　　④ 상해 대한민국 임시정부 수립

4. 다음은 일제 강점기에 활동한 항일 무장 투쟁 조직들이다. 이에 대한 설명으로 옳지 <u>않은</u> 것은?

> (가) 대한독립군단　　　　　　　(나) 조선 의용대
> (다) 조선 의용군　　　　　　　　(라) 한국 광복군

① (가)는 간도참변 이후 밀산부에서 서일을 총재로 조직된 독립군 연합 부대였다.
② (나)의 일부는 중국 충칭으로 이동하여 (라)에 의해 통합되었다.
③ (다)는 해방 직전에 미국의 지원을 받아 국내 진공 작전을 계획하였다.
④ (라)는 태평양 전쟁 이후 대일 선전 포고를 하였다.

5. 다음에서 만주 사변 이후 독립군과 중국군 사이의 연합 작전으로 전개되었던 것을 모두 고르면?

> ㄱ. 쌍성보 전투　　　　　　　　ㄴ. 영릉가 전투
> ㄷ. 봉오동 전투　　　　　　　　ㄹ. 보천보 전투

① ㄱ, ㄴ　　　　　　　　　　　② ㄴ, ㄷ
③ ㄴ, ㄹ　　　　　　　　　　　④ ㄷ, ㄹ

6. 다음 사건들의 공통점은?

> • 6 · 10 만세 운동 • 광주 학생 항일 운동

① 학생이 중심이 되어 전개되었다.
② 사회주의 계열의 주도 아래 전개되었다.
③ 무단 통치기에 일제의 탄압에 저항하여 전개되었다.
④ 3 · 1운동이 전국적인 만세운동으로 확대되는 데 영향을 끼쳤다.

7. 조선 민족 혁명당에 대한 설명으로 옳은 것을 모두 고르면?

> ㄱ. 약화된 민족 연합 전선을 강화할 목적으로 조선 민족 전선 연맹을 조직하였다.
> ㄴ. 중국 정부의 협조 아래 1938년에 조선 의용대를 창설하였다.
> ㄷ. 조소앙, 지청천 등이 조선 민족 혁명당을 이끌었다.
> ㄹ. 중국 공산당이 결성한 동북 항일 연군에 참여하여 활동하였다.

① ㄱ, ㄴ   ② ㄱ, ㄷ
③ ㄴ, ㄹ   ④ ㄷ, ㄹ

8. 밑줄 친 '이 단체'에 속한 인물로 옳지 <u>않은</u> 것은?   `2018 기출`

> 이 단체는 신채호에게 의뢰하여 작성한 조선 혁명 선언을 활동 지침으로 삼아 일제 요인 암살과 식민통치 기관 파괴에 주력하였다.

① 윤봉길   ② 나석주
③ 김익상   ④ 김상옥

9. 다음 연표의 각 시기에 전개된 독립군의 활동에 대하여 옳게 설명한 것은?

1919	1920	1931	1937	1945
(가)	(나)	(다)	(라)	
3 · 1운동	간도참변	만주사변	중 · 일전쟁	광복

① (가) – 조선의용대가 민족 연합 전선 운동에 참여하였다.
② (나) – 한국독립군이 한 · 중 연합 작전을 전개하였다.
③ (다) – 북로군정서가 일본군에게 큰 승리를 거두었다.
④ (라) – 한국광복군이 항일전을 전개하였다.

10. 다음 활동을 한 (가), (나) 단체에 대한 설명으로 옳은 것은?

> (가) 김원봉 등이 일제를 타도하기 위해 조직한 단체로서, 나석주는 동양 척식 주식 회사에 폭탄을 투척하는 등 활발한 투쟁을 벌였다.
>
> (나) 청년은 뜻한 바를 기어이 성공하려고 이틀 전 식장인 홍커우 공원으로 가서 모든 식장 배치를 세밀하게 살펴보고 …… 4월 29일 새벽이 되자, 공원으로 달음질쳐 갔으니, 왜인 군경의 경계 경비가 아무리 철통같다 해도 마침내 한 사람의 한국인을 막지 못했던 것이다.

① (가)는 단원들을 중국의 군관 학교에 파견하여 간부 훈련을 받게 하였다.
② (가)의 활동으로 중국 국민당 정부는 대한민국 임시 정부가 중국 내에서 무장 투쟁을 할 수 있도록 허용하였다.
③ (나)는 인도, 미얀마 전선에서 영국군과 연합 작전을 전개하였다.
④ (나)의 강령은 정치적, 경제적, 교육적 균등을 실현한다는 삼균주의에 기초하였다.

11. 다음은 일제 시대에 일어났던 주요 의거 활동이다. 그 내용이 잘못 연결된 것은?

① 이봉창 – 일본 국왕 폭탄 투척
② 윤봉길 – 상하이 홍커우 공원 의거
③ 김상옥 – 종로 경찰서 폭탄 투척
④ 김익상 – 일본 황궁 폭탄 투척

12. 다음 (가)와 (나) 사이의 시기에 있었던 만주 무장 항일 운동에 대한 설명으로 옳지 않은 것은?

> (가) 경신년에 왜병이 내습하여 31명이 살고 있는 촌락을 방화하고 총격을 가하였다. 나도 가옥 9칸과 교회당, 학교가 잿더미로 변한 것을 보고, 그것이 사실임을 알았다. 11월 1일에는 왜군 17명, 왜경 2명, 한인 경찰 1명이 와서 남자들을 모조리 끌어내서 죽였다.
>
> (나) 북만주와 동만주 일대의 항일 무장 독립 운동은 한국 독립군의 활동으로 대표되었다.……그 때는 만주에 전운이 감돌고 일제는 군사 행동을 일으켜 북만주 지역까지 마수를 뻗치므로, 한국 독립군은 항일 중국군과 제휴하여 쌍성보 전투에서 승리하였다.

① 조선 민족 혁명당은 직속 부대로서 조선 의용대를 창설하였다.
② 미쓰야 협정으로 독립군 기지의 유지가 어려웠다.
③ 임시 정부와 연계된 참의부가 국내 침투를 감행하였다.
④ 독립군이 전력을 보전하기 위하여 자유시로 이동하였다.

13. 한국 광복군에 대한 설명으로 옳지 않은 것은?

① 신흥 무관 학교 출신들을 중심으로 창설되었다.
② 태평양 전쟁이 일어나자 대일·대독 선전 포고를 하였다.
③ 미국 전략 정보국과 합작하여 국내 정진군을 편성하고 특수 훈련을 실시하였다.
④ 조선 독립 동맹 계열의 조선 의용군을 흡수하여 군사력을 증강시켰다.

정답 및 해설

1. 정답 ②

오답풀이 ② 독립의군부와 대한광복회는 1910년대에 국내에서 활동한 비밀 결사 단체이다.

2. 정답 ③

오답풀이 ③ 학생 항일 운동은 1920년대에 독서회를 비롯한 학생 비밀 결사 조직을 결성하여 신간회의 지원을 배경으로 조직적인 항일 운동을 전개하였다.

3. 정답 ①

해설 ① 봉오동 전투(1920), 청산리 대첩에서 패배한 일본은 간도 참변(1920)을 일으켜 많은 한국인을 학살하였다. 이후 독립군은 러시아에서 자유시 참변(1921)의 피해를 겪은 후 참의부·정의부·신민부의 3부를 조직하였다.(1923~1925)

오답풀이 ② 만보산 사건(1931), ③ 한국광복군(1940), ④ 대한민국 임시정부 수립(1919)

4. 정답 ③

오답풀이 ③ 조선의용군은 중국 화북 지방의 옌안을 중심으로 활동한 사회주의 단체였다. 해방 직전에 미국의 지원을 받아 국내 진공 작전을 계획한 것은 한국광복군이다.

5. 정답 ①

해설 ① 한·중 연합 항일 운동은 만주사변 이후에 전개되었다. 한국독립군은 중국호로군과 쌍성보·대전자령 전투에서, 조선혁명군은 중국의용군과 영릉가·흥경성 전투에서 큰 승리를 거두었다.

6. 정답 ①

해설 ① 6·10 만세 운동(1926)과 광주 학생 항일 운동(1929)은 일제의 차별적 식민지 교육 정책과 일제의 수탈 정책에 대항하여 일어난 대표적인 학생 항일 운동이었다.

7. 정답 ①

해설 ① ㄱ, ㄴ. 조선민족혁명당은 1937년에 김원봉이 결성한 사회주의 단체로 민족주의와 사회주의의 민족 연합 전선을 강화할 목적으로 조선민족 전선연맹을 조직하였으며, 1938년에는 중국 국민당의 지원을 받아 직할 부대로 조선의용대를 창설하였다.

오답풀이 ㄷ. 조선민족혁명당은 김원봉이 지휘하였으며, 조소앙과 지청천은 각각 한국독립당과 조선혁명당을 이끌었다.
ㄹ. 동북 항일 연군은 만주에서 중국 공산당과 한국인 사회주의자가 함께 결성하여 활동하였다.

8. 정답 ②

해설 ① 자료에서 신채호의 조선혁명선언과 관련된 단체는 의열단이다. ② 나석주는 동양척식주식회사, ③ 김익상은 조선총독부, ④ 김상옥은 종로경찰서에 폭탄을 던진 의거 활동을 전개하였다.

오답풀이 ④ 윤봉길은 한인애국단 소속으로 상하이 훙커우 공원 의거 활동을 전개하였다.

9. 정답 ④

해설 ④ 한국광복군은 1940년에 충칭에서 창설되어 중국 국민당과 연합하여 항일 운동을 전개하였다.

오답풀이 ① 조선의용대는 1938년에 한커우에서 창설되었다. ② 한국독립군의 한·중 연합 작전은 만주사변 이후인 (다) 시기에 전개되었다. ③ 북로군정서를 중심으로 한 청산리대첩은 1920년 (가) 시기에 전개되었으며, 그 영향으로 간도참변이 일어났다.

10. 정답 ①

해설 ① 자료에서 (가)는 의열단, (나) 한인 애국단이다. 의열단 단원은 개별적 투쟁에 한계를 인식하고 대중적인 무장 투쟁을 위해 중국의 황푸 군관 학교에서 군사 훈련을 받았으며, 이를 토대로 조선 혁명 간부 학교를 설립하였다.

오답풀이 ② 중국 국민당 정부가 대한민국 임시정부의 무장 투쟁을 지원하게 된 계기는 한인 애국단 소속인 윤봉길의 상하이 훙커우 공원 의거이다. ③ 인도와 미얀마 전선에서 영국군과 연합 작전을 전개한 것은 한국광복군이다. ④ 대한민국 임시정부는 조소앙의 삼균주의를 토대로 하여 1941년에 건국 강령을 발표하였다.

11. 정답 ④

오답풀이 ④ 김익상은 조선 총독부에 폭탄을 투척하였으며, 일본 황궁 투탄은 김지섭이다.

12. 정답 ①

오답풀이 ① 자료에서 (가)는 1920년에 일어난 간도(경신)참변이며, (나)는 만주사변 이후 전개된 한국독립군의 한·중 연합 항일 운동이다. 조선민족혁명당의 직속부대인 조선의용대는 1938년에 창설되었다.

13. 정답 ④

오답풀이 ④ 한국광복군은 1942년에 조선민족혁명당의 조선의용대를 흡수하여 군사력을 강화시켰다.

4 사회 · 경제적 민족 운동

1 사회적 민족 운동의 전개

(1) 사회주의 사상의 유입

배경	외교 독립론과 급진적 항일 투쟁의 한계, 러시아 혁명 이후 레닌의 약소 민족 독립 지원 약속
수용	3 · 1 운동 이후 청년, 지식인층을 중심으로 전파
조선 공산당 (1925)	• 국내 및 만주 · 일본에 조직 결성 → 조선 노동 · 농민 총동맹 중심 → 노동 · 농민 운동 전개 • 일제의 탄압(치안 유지법)과 내부 분열 → 1928년 해산
영향	• 사회 · 경제 운동의 활성화 : 청년 · 소년 · 여성 운동 및 농민 · 노동 운동에 영향 • 민족 운동의 분열 : 사상적 이념과 노선 차이로 인한 민족주의와 사회주의의 대립 격화

(2) 사회주의 운동의 활성화

청년 운동	청년단체 활동	품성도야, 지식 계발, 풍속개량, 미신 타파, 민족 역량 향상 → 자주 독립의 기초 확립
	조선청년총동맹 (1924)	민족주의 · 사회주의 계열 분열 수습 → 노동 · 농민 운동 지지, 식민지 교육에 저항
여성 운동	1920년대 초	조선 여자 교육회, 조선 여자 기독교 청년회 → 문맹 퇴치, 구습 타파, 생활 개선 등에 주력
	조선여성동우회	사회주의 계열 → 여성 해방과 사회주의 운동 결합
	근우회(1927)	신간회의 자매 단체 → 민족주의 · 사회주의 계열 여성 단체 통합 → 1931년 해체
소년 운동	천도교 소년회	방정환 중심 → 어린이날 제정(1922), 잡지 '어린이' 발간
형평 운동	성격	백정에 대한 관습적인 신분 차별 타파 운동 → 민족 해방 운동으로 발전
	전개	진주에서 조선 형평사 창립(1923) → 평등한 대우 요구
	내용	계급 타파, 공평 사회 건설, 교육 균등, 모욕적 칭호 폐지 등 주장
	쇠퇴	반 형평 운동과 온건파 · 급진파의 분열, 일제의 탄압 → 1940년대 이후 종식

> **조선 형평사 발기 취지문**
> 공평은 사회의 근본이고 애정은 인류의 본령이다. 그러한 까닭으로 우리는 계급을 타파하고 모욕적인 칭호를 폐지하여, 교육을 장려하고 우리도 참다운 인간이 되는 것을 기하자는 것이 우리의 주장이다. 지금까지 조선의 백정은 어떠한 지위와 압박을 받아왔던가? 과거를 회상하자면 종일 통곡하고도 피눈물을 금할 수 없다. …… 천하고 가난하고 연약해서 비천하게 굴종하였던 자는 누구였는가? 아아, 그것은 우리 백정이 아니었던가? 그러나 이러한 비극에 대한 사회의 태도는 어떠했던가? 소위 지식 계층에 의한 압박과 멸시만이 있지 않았던가? 직업의 구별이 있다고 한다면 금수(禽獸)의 생명을 빼앗는 자는 우리들만이 아니다.

(3) 민족 유일당 운동(민족 협동 전선)

의미		민족주의 계열과 사회주의 계열 → 이념 대립 극복 → 단일화된 민족 운동 전개
국외	중국	중국의 1차 국 · 공 합작(1924)의 영향 → 한국 독립 유일당 북경 촉성회 결성(1926)
	만주	3부(참의부 · 정의부 · 신민부) 통합 운동 → 국민부, 혁신 의회로 부분적 통합
국내	민족주의	• 민족주의 분열 : 민족 개량주의(자치론) 등장 ↔ 비타협적 민족주의 세력 • 비타협적 민족주의 : 자치운동 비판 → 사회주의와의 연대 모색 → 조선 민흥회 조직(1926)
	사회주의	일제의 탄압과 내부 분열로 위기 → 민족주의 계열과의 연대 모색 → 정우회 선언(1926)

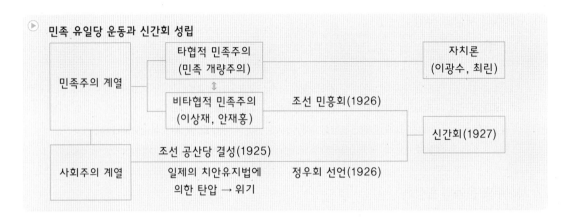

민족 유일당 운동과 신간회 성립

(4) 신간회의 창립과 활동

창립(1927)	이상재(회장), 홍명희(부회장) → 합법적 단체로 결성
기본 강령	• 우리는 정치적 · 경제적 각성을 촉구한다. • 민족의 단결을 공고히 한다. • 기회주의자를 배격한다.
활동	• 전국 각지와 만주 · 일본에 지회 설립 → 순회 강연회, 민중 계몽 활동 전개 • 노동 · 농민 · 학생 운동 지원, 청년 · 여성 · 형평 운동과 연계 • 광주학생 항일운동 진상 조사단 파견 → 광주학생운동의 전국적 확산을 위해 민중 대회 개최 시도
해소	• 1929년 민중 대회 사건 → 일제의 탄압 → 신간회 간부 및 회원 검거 • 집행부의 우경화, 타협적 합법 운동론자들의 등장, 코민테른의 노선 변화(민족주의 계열과의 제휴 포기) → 해소안 가결 → 해산(1931)
의의	• 민족주의 계열과 사회주의 계열이 연합한 최초의 민족 협동 전선 • 일제 시대 최대 규모의 항일 사회 운동 단체

정우회 선언
…… 우리가 승리를 향해 나아가기 위해서는 현실적으로 가능한 모든 조건을 충분히 이용하지 않으면 안될 것이며, …… 민족주의적 · 부르주아적 성격을 분명히 인식함과 동시에 과정상의 동맹자적 성질도 충분하게 인정하여, 그것이 타락되지 않는 한 적극적으로 제휴하여 대중의 개량적 이익을 위해서도 종래의 소극적인 태도를 버리고 싸워야 한다.

❷ 민족 실력 양성 운동

민족실력 양성론의 대두	배경		3·1 운동 이후 일부 지식인들 사이에서 즉각적인 독립에 회의론 대두 → 사회 진화론에 입각한 '선 실력 양성, 후 독립' 대두
	내용		민족주의 계열 중심 → 신교육 보급, 민족 자본 육성, 전 근대적 의식과 관습 타파
민족 기업의 성장	배경		3·1 운동 이후 민족 산업 육성을 통한 경제적 자립의 움직임 고조, 일제의 회사령 철폐
	기업유형	지주 출신	지주·대상인 자본 바탕으로 설립 → 김성수의 경성 방직 주식 회사
		서민 출신	서민 출신 상인 자본 바탕 → 평양 메리야스 공장, 양말 공장, 고무신 공장
물산 장려 운동	배경		회사령 폐지, 일제의 관세 철폐 추진 → 일본 자본의 침투 → 민족 자본의 위기 심화
	전개		**평양에서 시작** → 조만식 등 자본가 계층 주도 → 조선물산장려회 조직(1923)
	구호		'내 살림 내 것으로, 조선 사람 조선 것으로'
	유사단체		자작회, 토산 애용 부인회, 조선 상품 소비 조합, 토산 장려회 등
	활동		국산품 애용, 근검저축, 생활 개선, 금주·단연 운동 등 추진 → 민족의 경제적 자립 도모
	한계		• 경제적 어려움으로 민중의 외면, 민족 자본의 생산 능력 미흡 • 자본가 계급의 이익 추구에 이용 → 토산물 가격의 상승 초래 → 사회주의 계열의 비판
민립 대학 설립 운동	배경		3·1 운동 이후 교육열 고조, 민족 역량 강화를 위한 대학 설립의 필요성 대두
	전개		• 민립 대학 기성 준비회 결성(1922) : 조선 교육회의 이상재·이승훈 주도 • 조선민립대학 기성회 발기 총회(1923) → '**한민족 1천만이 한 사람이 1원씩**' 구호 → 모금 운동 전개
	결과		• 일제의 감시와 탄압, 남부 지방의 가뭄과 전국적 수해로 실패 • 일제는 경성 제국 대학 설립 → 민립 대학 설립 운동을 무력화시킴
문맹 퇴치 운동	배경		일제의 식민지 차별 교육 정책에 따른 문맹자 증가
	야학운동 (1920년대)		• 민족 교육 : 조선어 교과 중심 교육 → 문맹 퇴치, 자주 의식과 항일 의식 고취 • 일제의 탄압 : 야학 폐쇄 → '1면 1교주의 시책 강행 → 공립 보통 학교 증설
	한글보급 운동 (1930년대)	조선일보	문자 보급 운동(1929~1934) → "아는 것이 힘, 배워야 산다"
		동아일보	**브나로드 운동**(1931~1934) → 농촌계몽, 한글보급, 미신타파, 구습제거
		조선어학회	한글 강습회를 통해 한글 보급 운동 전개
	결과		조선 총독부의 문맹 퇴치 운동 금지로 실패

3 농민 운동과 노동 운동

조선 노동 공제회(1920) → 조선 노·농 총동맹(1924) → 조선 농민 총동맹·조선 노동 총동맹(1927)

농민 운동 **(소작 쟁의)**	배경		토지 조사 사업, 산미 증식 계획 → 식민지 지주제 강화 → 고율 소작료, 세금과 비료 대금 부담
	1920년대	성격	**생존권 투쟁** → 소작료 인하, 소작권 이전 반대 요구(암태도 소작 쟁의– 1923)
		단체	조선 농민 총동맹 조직(1927) → 전국적인 농민 조합으로 활동
	1930년대	성격	식민지 지주제 철폐, 농민의 토지 소유 요구, 일본 제국주의의 타도 → 항일 민족 운동의 성격으로 발전
		전개양상	• 일제의 탄압 → 혁명적 농민 조합 중심으로 전개 • 1930년대 후반 이후 : 일제의 탄압으로 세력 약화
노동 운동 **(노동 쟁의)**	배경		일제의 식민지 공업화 정책 → 노동자 수 급증 → 저임금, 열악한 노동 환경
	1920년대	성격	**생존권 투쟁** → 임금 인상, 노동 조건 개선 요구
		단체	조선 노동 총동맹 조직(1927) → 사회주의 사상의 영향으로 활성화
	원산노동자 총파업 (1929)		• 항일 운동의 성격을 띤 일제 강점기 최대 규모의 노동 운동 • 신간회와 일본 노동 단체의 지원을 받음
	1930년대	성격	병참 기지화 정책 → 노동자 수 급증 → 한국인 노동자의 노동 조건 악화 → 일본 제국주의 타도, 농민계급 해방 등 주장(정치적 투쟁 성격 뚜렷)
		전개양상	일제의 탄압 강화 → 사회주의와 연결된 비합법적 조직인 혁명적 노동 조합 형태로 전개

※ 암태도 소작 쟁의

1923년 8월부터 1년여에 걸쳐 전라남도 신안군 암태도 지역에서 지주 문재철의 소작료 착취에 맞서 소작인 서태석을 중심으로 전개된 시위 사건으로, 일본 경찰의 강력한 탄압으로 시위가 더욱 확산되었다.

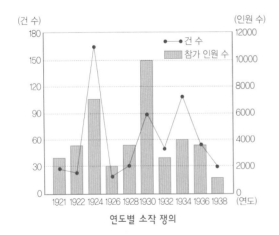

연도별 소작 쟁의

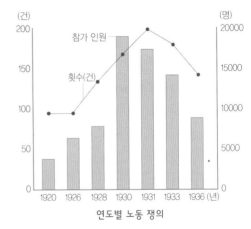

연도별 노동 쟁의

❹ 국외 이주 동포의 활동

만주	이주 배경	19세기 후반 – 농민의 생활 터전 확보, 20세기 초반 – 독립 운동 기지 건설 추진
	3 · 1운동 이후	만세 시위 운동 전개, 독립 운동 단체와 무장 독립군 결성
	시련	간도 참변(1920), 미쓰야 협정, 만보산 사건(1931) 등으로 큰 피해
연해주	이주 배경	러시아의 이주민 정책 → 1905년 이후 한인 집단촌 형성, 독립 운동 기지 건설
	의병 활동	유인석 → 13도 의군 결성(1910)
	독립 운동	• 대한 광복군 정부(1914) : 블라디보스토크에서 정부 수립 (이상설, 이동휘) • 3 · 1 운동 이후 : 만세 시위 운동 전개, **대한 국민 의회** 수립(대통령 – 손병희)
	시련	• 자유시 참변(1921) : 볼셰비키 정권 → 한국인의 무장 활동 금지 • 1937년에 소련 당국에 의해 한인들은 중앙 아시아로 강제 이주
일본	이주 배경	• 19세기 말 : 정치적 망명이나 유학생 중심으로 이주 • 국권 피탈 이후 : 농민들이 산업 노동자로 취업
	관동대지진 (1923)	일본 정부는 민심 안정 목적 → 사회 불안 원인을 한국인에게 전가 → 재일 동포 6,000여 명 학살
	1930년대 이후	중 · 일 전쟁, 태평양 전쟁에 동원 → 석탄 광산, 금속 공업 등에 징용 동원(150만 명)
미주	20세기 초	주로 농민 출신의 남자들이 이주 → 하와이 사탕수수 농장에 취업
	생활 양상	• 미국 서해안 : 철도 공사장, 채소 농장에 고용 → 값싼 임금, 열악한 노동 환경 • 멕시코 · 쿠바 : 노예와 같은 생활로 착취당함
	대한인국민회 (1910)	독립운동 자금 지원, 신문사 설립, 임시 정부 활동 지원, 외교 활동 전개
	하와이	신민회, 한인 협성회, 대조선 국민군단 결성(항일 군사 조직 → 박용만이 조직)

※ 만보산 사건

1931년 중국 길림성 장춘현 만보산 지역에서 벌어진 한국 농민과 중국 농민 사이의 유혈 사태. 한국인과 중국인이 이 지역 농지 개척을 둘러싸고 충돌하자 일본 경찰이 고의적으로 한국인 편을 들어 한국인과 중국인을 이간질 시켰다.

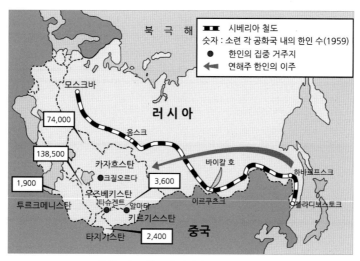

연해주 동포의 중앙 아시아로의 강제 이주

정답: P. 364

1. 1927년 단일된 민족 운동을 전개하기 위한 목적으로 민족주의와 사회주의 계열이 연합하여 결성한 최초의 민족 협동 전선 단체는?

2. 일제 시대 소년 운동과 어린이 날 제정 등과 관련된 종교 단체는?

3. 일제 시대 백정들에 대한 관습적인 신분 차별 타파를 목적으로 전개되었던 사회 운동은?

4. 민족 유일당 운동 과정에서 민족주의 계열이 사회주의와의 연합을 목적으로 설립된 단체는?

5. 신간회의 지원을 받아 전국적인 항일 운동으로 확대되었던 항일 학생 운동은?

6. 사회주의 계열이 민족주의 계열과의 연합을 주장하며 발표하였던 선언은?

7. 조만식을 비롯한 평양 출신의 자본가 계층의 주도 아래 전개되었던 국산품 애용 운동은?

8. 1931년부터 동아일보의 주도 아래 전개되었던 문맹 퇴치 운동은?

9. 일제 시대 1929년에 전개되었던 최대 규모의 노동 운동은?

10. 1920년대 지주의 착취에 저항하여 전개되었던 대표적인 소작 쟁의는?

11. 1920년대, 1930년대 전개되었던 농민 운동과 노동 운동은 각각 어떠한 성격을 가지고 전개되었는가?

12. 1931년 만주에서 한국 농민과 중국 농민 간에 발생하였던 유혈 투쟁은?

13. 1937년 소련 정부에 의해 연해주 지역의 한국인이 강제 이주한 지역은?

14. 1927년 신간회와 함께 설립된 여성 계열의 민족 유일당 운동 단체는?

15. 조선 교육회가 중심이 되어 한국인 본위의 고등 교육 실시를 목표로 전개한 교육 운동은?

기출 및 예상 문제

1. 일제 시대 농민·노동 운동과 관련된 설명으로 옳지 <u>않은</u> 것은?

① 사회주의 사상의 영향을 받아 격렬하게 전개되었다.

② 1920년대는 생존권 투쟁의 성격을 띠고 전개되었다.

③ 1930년대에는 항일 민족 운동의 성격으로 발전하였다.

④ 1930년대 후반 이후에는 조선 농민 총동맹과 조선 노동 총동맹을 중심으로 더욱 격화되었다.

2. 일제강점기 신간회(1927년~1931년)에 관한 설명으로 옳은 것은? `2014 기출`

① 을사조약 후 독립협회의 전통을 이은 기독교계의 인사들이 조직한 항일 비밀결사단체이다.

② 상해임시정부가 독립운동의 자금을 지원할 목적으로 조직한 단체이다.

③ 일본 제품을 배격하고 국산품을 애용하자는 운동을 전개한 단체이다.

④ 민족주의자와 사회주의자가 힘을 합쳐 조직한 전국적인 민족운동단체이다.

3. 일제하에서 전개되었던 형평 운동에 대한 설명으로 옳지 <u>않은</u> 것은?

① 노비 출신의 하층민이 전개한 관습적인 신분 차별 타파 운동이었다.

② 진주에서 조선 형평사가 1923년에 창립되었다.

③ 계급 타파, 공평한 사회 건설, 교육 균등 등을 내세워 평등한 대우를 요구하였다.

④ 고려 무신 정권 때 일어난 망이·망소이의 난, 만적의 난은 형평 운동과 같은 맥락에서 전개된 신분 해방 운동이었다.

4. 민립 대학 설립 운동에 대한 설명으로 옳지 <u>않은</u> 것은?

① 조선 교육회를 중심으로 민족 실력 양성 운동의 일환으로 전개되었다.

② '한민족 1천만 1사람이 1원씩'이라는 구호 아래 전국적인 모금 운동이 전개되었다.

③ 조선인에 의한 조선인 본위의 고등 교육을 목표로 전개되었다.

④ 전 국민의 적극적인 호응으로 경성 제국 대학 설립이라는 목표를 달성하였다.

5. 일제 강점기 해외 한인 사회에 관한 설명으로 옳지 <u>않은</u> 것은? `2013 기출`

① 미주 동포들은 각종 의연금을 거두어 대한민국 임시정부에 송금하는 등 독립 운동을 지원하였다.

② 러시아 연해주의 동포들은 1920년대 일제의 탄압을 피해 중앙아시아로 이주하였다.

③ 일본에서는 관동 대지진 때에 조작된 유언비어로 많은 동포들이 학살당하였다.

④ 간도로 이주한 동포들은 황무지를 개간하고 벼농사를 지었다.

6. 원산 노동자 총파업에 대한 설명으로 적절하지 <u>못한</u> 것은?

① 광주 학생 항일 운동이 발생했던 시기에 일어났다.

② 조선 노·농 총동맹을 중심으로 전개된 최대 규모의 노동 운동이었다.

③ 일본 노동자들이 동조 파업을 전개하였다.

④ 전국 곳곳의 사회 단체, 청년 단체, 노동 단체 등에서 성금을 보냈다.

7. 일제시대 문화 통치기에 전개되었던 사회 · 경제적 민족 운동과 관련된 설명으로 옳지 <u>않은</u> 것은?

① 천도교 소년회는 어린이날을 제정하고 잡지 '어린이'를 제정하였다.

② 민족주의, 사회주의 계열의 여성 단체를 통합하여 1927년에 근우회가 결성되었다.

③ 6 · 10 만세 운동 이후 학생 운동은 동맹 휴학, 비밀 결사 형태로 더욱 격렬하게 전개되었다.

④ 신간회의 지원 아래 조선 청년 총동맹이 결성되어 청년운동이 활발하게 전개되었다.

8. 다음 (가), (나) 운동에 관한 설명 중 옳은 것을 모두 고른 것은?

> (가) 이것을 갚으면 나라가 보존되고 이것을 갚지 못하면 나라가 망할 것은 필연적인 사실이나, 지금 국고에서는 도저히 갚을 능력이 없으며……
>
> (나) 첫째, 조선 사람은 조선 사람이 지은 것을 사 쓰고, 둘째, 조선 사람은 단결하여 그 쓰는 물건을 스스로 제작하여 공급하기를 목적하노라.

> ㄱ. (가)는 국산품 애용과 금주 · 금연을 장려하였다.
> ㄴ. (나)의 영향으로 국산 면직물의 판매 가격이 하락하였다.
> ㄷ. (가)는 대구에서, (나)는 평양에서 시작되었다.
> ㄹ. (가), (나)는 경제적 실력 양성 운동에 해당된다.

① ㄱ, ㄴ   ② ㄱ, ㄷ

③ ㄴ, ㄷ   ④ ㄷ, ㄹ

9. 다음 중 일제시대에 전개된 문맹 퇴치 운동과 관련된 설명으로 옳지 <u>않은</u> 것은?

① 일제의 차별적인 식민지 교육 정책이 배경이 되어 전개되었다.

② 1920년대는 야학을 중심으로 조선어 교과 중심의 교육이 이루어졌다.

③ 1930년대의 브 나로드 운동은 조선일보의 주도 아래 전개된 대표적인 문맹 퇴치 운동이었다.

④ 조선어 학회는 한글 강습회를 통해 한글 보급 운동을 전개하였다.

10. 다음 어느 단체의 강령이다. 이 단체와 관련된 설명으로 옳지 <u>않은</u> 것은?

> • 우리는 정치적 · 경제적 각성을 촉진함
> • 우리는 민족의 단결을 공고히 함
> • 우리는 기회주의자를 일체 부인함

① 일제의 황무지 개간권 요구 저지 운동을 전개하였다

② 광주 학생 항일 운동과 노동 · 소작 쟁의를 후원하였다.

③ 민족의 단결, 정치적 · 경제적 각성 촉구, 기회주의자 배격 등을 기본 강령으로 하였다.

④ 이념과 노선의 갈등, 코민테른의 지시, 일제의 탄압 등에 의해 1931년에 해체되었다.

1. 정답 ④

오답풀이 ④ 1930년대에는 일제의 탄압이 강화되면서 조선 농민 총동맹, 조선 노동 총동맹과 같은 전국 단위의 단체를 중심으로 한 농민·노동 운동이 불가능하였으며, 비합법적 혁명 조합을 중심으로 전개되었다.

2. 정답 ④

해설 ④ 신간회는 1927년에 비타협적 민족주의와 사회주의 세력이 연합하여 설립된 민족 유일당 단체로서 전국에 지회 조직을 설립하여 활동한 전국적인 민족운동단체이다.

3. 정답 ①

오답풀이 ① 형평운동은 일제 강점기에 백정에 대한 관습적인 차별을 타파하기 위한 운동으로 전개되었다.

4. 정답 ④

오답풀이 ④ 민립대학 설립운동은 일제의 방해와 남부 지방의 가뭄과 전국적 수해로 실패하였으며, 일제는 한국인의 불만을 무마하기 위하여 경성제국대학을 설립하였다.

5. 정답 ②

오답풀이 ② 러시아 연해주 동포들은 1937년 중·일 전쟁이 일어나자 소련 정부에 의해 강제로 중앙아시아로 이주 당하였다.

6. 정답 ②

오답풀이 ② 원산 노동자 총파업은 1929년에 일어났으며, 조선 노·농 총동맹(1924년)은 1927년에 조선 농민 총동맹과 조선 노동 총동맹으로 분리되었으므로 원산 노동자 총파업을 주도할 수 없었다.

7. 정답 ④

오답풀이 ④ 조선 청년 총동맹은 1924년에 결성되었으므로 1927년에 결성된 신간회의 지원을 받을 수 없었다.

8. 정답 ④

해설 ④ 자료에서 (가)는 대한 제국 말기 일제의 차관 제공에 맞서 1907년에 대구에서 시작되었던 국채 보상 운동에 관한 것이고, (나)는 1920년대 문화 통치기에 일제의 경제 침략에 저항하여 민족의 경제적 자립을 위해 평양을 중심으로 전개되었던 물산 장려 운동이다. ㄷ. 국채보상운동은 대구에서 서상돈과 김광제의 주도 아래 시작되었으며, 물산 장려 운동은 조만식을 비롯한 자본가층이 평양에서 시작하여 각국 전국으로 확대되었다. ㄹ. 국채보상운동과 물산장려운동은 일본의 경제적 침략 정책에 저항하여 일어난 경제적 실력 양성 운동이다.

오답풀이 ㄱ. 국산품 애용과 관련된 것은 물산 장려 운동이다. ㄴ. 물산 장려 운동 당시에 자본가 계층은 자신들의 이익을 추구하여, 오히려 면직물 판매 가격을 인상하였다.

9. 정답 ③

오답풀이 ③ 브나로드 운동(1931)은 동아일보의 주도 아래 전개된 문맹 퇴치 운동이었다.

10. 정답 ①

오답풀이 ① 자료는 신간회의 기본 강령이며, 일제의 황무지 개간권 요구 저지 운동을 전개한 것은 보안회(1904)이다.

⑤ 민족 문화 수호 운동

❶ 일제의 식민지 문화 정책

(1) 식민지 교육 정책

1) **목표** : 민족의식 말살, 식민 지배에 필요한 하급 기술 인력 양성, 식민 지배에 순응하는 황국 신민 양성

2) **내용** : 일본어 교육 강요 → 우리말 교육 금지, 교과서 왜곡 날조, 사립학교 · 서당 등 민족주의 교육 기관 억압

3) 식민지 교육의 내용

1910년대	• 제 1차 조선 교육령(1911) • 교육 기회 축소 : 사립 학교 축소, 보통 교육 수업 연한 단축(4년제), 중등 교육 기회 제한 • 우민화 교육 : 보통 교육, 실업 교육 위주의 기술 교육, 대학 교육 금지 • 서당 규칙령(1918) : 개량 서당 탄압
1920년대 | 1930년대 후반	• 제 2차 조선 교육령(1922) : 일본 학제로 변경 → 일본식 교육 강화 • 3 · 1 운동의 영향 : 유화 정책 → 보통 교육 수업 연한 연장(6년), 학교 수 증대, 조선어 필수 과목 지정
중 · 일 전쟁 이후	• 제 3차 조선 교육령(1938) : 황국 신민화 교육 강화 → 한국어 선택 과목으로 전환, 황국 신민 서사 암송 강요 • 1941년 : '국민학교'령 제정 • 일제시대 초등교육 기관 명칭 : 보통학교 → 소학교(1938) → 국민학교(1941) • 제 4차 조선 교육령(1943) : 전쟁 동원을 위한 군사 체제화(군사 교육 강화), 한국어 · 한국사 교육 금지

(2) 한국사의 왜곡

1) **목적** : 한국사의 부정적 측면 강조, 한국사 왜곡 → 일제의 식민 통치 합리화

2) 식민 사학 연구 기관

① **조선사 편수회** : 민족 문화 말살 및 왜곡 목적으로 설립 → 「조선사」 편찬(식민 사관에 입각하여 한국사를 재구성)

② **청구 학회(1930)**

㉠ 경성제국대와 조선사 편수회가 중심이 되어 조직

㉡ 식민사학의 이론 확립과 보급에 주력 → 「청구학총」 간행

3) 내용

타율성론		한국 역사는 독자적 발전 없이 외세의 간섭과 압력에 의해 진행 → 사대성, 반도성, 만선(滿鮮)사관
정체성론	내용	근대 사회 이행에 필수적인 중세 봉건 사회 단계가 존재하지 않았다는 논리
	비판 근거	사회 · 경제사학 관점 → 세계사의 보편적 발전 법칙 근거 → 우리나라도 중세 사회가 존재했음을 주장
식민지 근대화론	내용	일제 식민지 지배 기간 동안 → 일제에 의해 한국의 근대화가 실현
	비판 근거	조선 후기 → 근대 사회 태동기(자본주의 맹아 – 상품 경제 발달), 내재적 발전론
당파성론		조선 왕조 멸망의 원인이 우리 민족의 파쟁 의식과 분열주의에 있다는 논리
일선동조론		일본과 조선의 조상은 같다는 주장(← 임나일본부설 근거)

(3) 종교계에 대한 탄압

개신교	• 안악 사건, 105인 사건 조작, 기독교 계통의 사립 학교 통제 • 중 · 일 전쟁 이후 : 신사 참배 강요 → 종교 지도자 체포 · 투옥
천도교	3 · 1 운동에서 주도적 역할 담당 → 1930년대 일제의 탄압 가중
불교	사찰령, 승려법 제정 → 한국 불교 말살 시도
대종교	일제의 감시와 탄압 강화 → 만주로 본거지 이동

❷ 국학 운동의 전개

(1) 한국사의 연구

민족주의 사학	특징	• 한국사의 자주적 발전과 우리 민족의 자율성 · 주체성 강조 • 독립 운동의 일환으로 역사 연구에 주력, 민족의 고유 정신 강조(→ 정신사학)
	박은식	• 「한국통사」(1915) : 근대 이후 일본의 침략 과정 서술 • "나라는 형(形)이요, 역사는 신(神)이다" 라고 강조 • 「한국 독립 운동지혈사」(1920) : 갑신정변 이후 일제의 침략에 대항하여 투쟁한 한민족의 독립 운동 서술 • 민족 정신 : 혼(魂)
	신채호	• 고대사 연구에 치중, 주체적 한국사 정리 → 민족주의 사학 기반 확립 • 「조선상고사」 : "역사는 아(我)와 비아(非我)의 투쟁" • 「조선사 연구초」 : 묘청의 서경 천도 운동 자주적 측면 강조 • 민족 정신 : 낭가사상
	정인보	• 「조선사 연구」 : 신채호의 민족주의 사학 계승 • 민족 정신 : '조선의 얼'
	문일평	• 「호암 전집」, 「한 · 미 교섭 50년사」 • 민족 정신 : '조선 심' 강조 → 한국사 이해에 주력
	기타	안재홍, 남궁억 등에 의해 계승
사회 · 경제 사학	특징	• 유물 사관의 입장에서 한국사의 보편적 발전 법칙 체계화 • 세계사적 보편적 발전 법칙을 바탕 → 일제 식민 사관의 정체성론 비판
	백남운	「조선 사회 경제사」, 「조선 봉건 사회 경제사」 저술
실증 사학	특징	랑케 사학의 기반 위에 개별 사실의 객관적 연구에 주력
	진단학회	청구 학회에 대항하여 이병도 · 손진태 등이 조직 → 「진단 학보」 발간

(2) 국어 연구와 한글 보급

국문 연구소(1907)	지석영 · 주시경 주도 → 국어 문법 연구 · 정리
↓	
조선어 연구회(1921)	• 이윤재 · 최현배 등이 국문 연구소의 전통 계승하여 조직
	• 잡지 「한글」 간행, '가갸날' 제정 → 한글 대중화에 기여
↓	
조선어 학회(1931)	• 한글 교재 출판, 한글 맞춤법 통일안과 표준어 제정
	• 「우리말 큰사전」 편찬 시도 → 일제의 방해로 실패
	• 조선어 학회 사건(1942) : 일제가 독립 운동 단체로 간주 → 이윤재 · 최현배 등 투옥 → 조선어 학회 해산

❸ 교육과 종교 활동

(1) 민족 교육 운동

1) 배경

① 일제의 식민지 교육 정책

㉠ 초등학교 취학률은 일본인의 1/6 수준

㉡ 교육 시설은 일본인 위주로 확장 → 민족 차별 교육 → 한국인을 위한 민족 교육 부재

② 식민지 동화 교육에 반대하는 민족 교육 진흥 운동 전개

2) 조선 교육회(1920) : 「신교육」 발간, 지방 순회 강연, 한글 강습, 민립 대학 설립 운동 전개

3) 민족 교육 기관

① 사립학교 : 1910년대 근대적 지식 보급, 항일 민족 운동의 거점 역할

② 개량서당 : 유교적 덕목과 조선어 및 근대적 교과와 항일적 교재 사용 → 일제는 1918년에 서당 규칙 제정하여 탄압

③ 야학(1920년대) : 우리말과 역사 · 지리 교육 실시 → 민족 의식과 반일 사상 고취

(2) 종교 활동

개신교	• 국권 피탈 이후 경제 · 사회 · 문화 각 방면에서 민족 운동 전개
	• 안악 사건, 105인 사건, 신사 참배 거부 운동 → 일제의 심한 탄압
천주교	• 개화기 이후 사회 사업의 지속적 확대, 「경향」 발행 → 민중 계몽
	• 만주에서 의민단 조직 → 무장 항일 투쟁 전개
천도교	• 제2의 3 · 1 운동 계획(1922), 「개벽」, 「신여성」 간행 → 신문화 운동 전개
	• 1930년대 일제의 탄압 가중
대종교	• 일제의 감시와 탄압 강화 → 만주로 본부 이동 → 단군 숭배 사상 전파 → 민족 의식 고취
	• 중광단 · 북로 군정서 결성 → 무장 항일 투쟁에 참여(청산리 대첩)
불교	한용운 → 조선 불교 유신회 조직(1921) → 일본의 불교 통합 정책에 대항 → 사찰령 폐지
원불교	박중빈이 창시 → 민족 자립 정신 고취(개간사업, 저축운동), 새생활 운동 – 남녀평등, 허례허식 폐지

(3) 과학 대중화 운동

1) 배경

① 부국 강병을 위한 과학 교육의 필요성 대두

② 안창남의 고국 방문을 계기로 언론사에서 과학의 대중화 주장

2) 발명 학회의 활동(1924) : 김용관이 주도

① 「과학 조선」 창간, '과학의 날' 제정

② 과학 지식 보급회 설립 → 생활의 과학화, 과학의 대중화 주장

(4) 문학과 예술 활동

1) 문학 활동

1910년대	• 계몽 문학 성격 : 자주 사상 고취 • 최남선 : 신체시 발표 → 근대시 발전에 공헌, 언문일치 문장 확립에 기여 • 이광수 : 「무정」을 통해 계몽기 소설 문학 대표
3·1 운동 이후	• 동인지와 잡지 발간 활발 : 「창조」, 「폐허」, 「백조」 → 퇴폐적 낭만주의 • 항일 문학 : 김소월(진달래 꽃), 한용운(님의 침묵), 이상화(빼앗긴 들에도 봄은 오는가), 심훈(그날이 오면)
1920년대 중반	• 신경향파 문학 : 사회주의의 영향, 카프(KAPF) 결성 → 식민지 현실 고발, 계급 의식을 지나치게 강조 • 국민 문학 운동 : 민족주의 계열이 신경향파에 반대하여 전개 → 민족 의식 고취
1930년대	• 문학 장르 다양화, 순수 문학 경향 • 민족 말살 정책 이후 일제의 군국주의 찬양 요구 → 문인들의 작품 활동 중단 • 친일 문학 : 이광수, 최남선, 서정주 • 저항 문학 : 이육사, 윤동주

2) 문화 · 예술

음악	홍난파(봉선화), 현제명(고향), 안익태(코리아 환상곡 · 애국가)
미술	안중식(전통 회화), 고희동 · 김관호(서양화), 이중섭(시대의 아픔 묘사), 친일 화가(김은호 · 김기창)
연극	• 민중 계몽으로 독립 정신 고취 → 일제 탄압 가혹 • 1910년대 : 신파극 유행 • 토월회(1922) : 동경 유학생 중심 조직 → 신극 운동을 통하여 남녀 평등, 봉건적 유교 사상의 비판, 일제에 대한 저항 등을 표출 • 극예술 연구회(1930년대) 등 → 피압박 민족의 비참한 사회 현실 고발, 민중 계몽 • 중 · 일 전쟁 이후 : 일제의 탄압 → 일제 찬양
영화	나운규의 아리랑(1926) → 항일 의식 고취, 일제는 1940년 조선 영화령으로 탄압

정답: P. 364

1. 일제 시대에 한국사 왜곡을 주도하였던 대표적인 식민 사학 연구 단체 2가지는?

2. 일제 식민 사학에서 한국 역사 발전 과정에서 중세 봉건 사회가 존재하지 않았다는 이론은 무엇이며, 이것을 사회·경제 사학에서 어떠한 사실을 근거로 비판하였는지 설명하시오.

3. 이병도, 손진태 등이 중심이 되어 실증 사학을 주도하였던 역사 연구 단체는?

4. "나라는 형(形)이요, 역사는 신(神)이다."라고 주장한 역사학자와 그의 대표적인 저서 2가지, 민족 정신은 각각 무엇인지 서술하시오.

5. 일제 시대 대표적인 역사학자로서 민족주의 사학의 토대를 확립하고, 고대사 분야에 대한 집중적인 역사 연구를 하였던 인물과, 그의 역사 이론, 민족 정신을 각각 서술하시오.

6. 일제 식민 사학에서 일본이 4세기에서 6세기까지 한반도 남부 지역을 지배하였다는 주장은?

7. 일제 식민 사학에서 한국 역사는 독자적 발전 없이 외세의 간섭과 압력에 의해 진행되었다고 주장한 이론은?

8. 일제 시대 사회·경제 사학을 주도하였던 대표적인 역사학자는?

9. 국문 연구소의 전통을 계승하여 설립된 국어 연구 단체와 주요 활동 2가지를 서술하시오.

10. 조선어 학회가 국어 연구와 관련하여 활동한 내용을 2가지 이상 서술하시오.

11. 일제의 신사 참배 강요에 저항하여 탄압을 받았던 종교 단체는?

12. 일제 시대 천주교의 주도로 만주 지역에서 결성된 무장 독립 운동 단체는?

13. 1920년대 청산리 대첩을 주도하였던 무장 독립 운동 단체와 관련된 종교 단체는?

14. 일제 시대 남녀 평등, 허례 허식 폐지 등의 새생활 운동을 주도하였던 종교 단체는?

15. 1926년에 나운규가 만든 우리나라 최초의 영화 작품은?

16. 1920년대 중반 사회주의의 영향으로 등장한 문학 동인 단체는?

1. 일제의 식민지 교육 정책과 관련된 설명으로 옳지 <u>않은</u> 것은?

① 교육 정책 목표는 일제의 식민 통치에 순응하는 국민 양성이었다.

② 1910년대에는 보통 학교의 교육 기간을 6년제로 하고 중등 교육의 기회를 제한하였다.

③ 문화통치 시기에는 3·1 운동의 영향으로 조선어를 필수 교과목으로 지정하였다.

④ 1930년대 이후에는 전쟁 동원을 위한 군사 교육 체제를 강화하였다.

2. 다음 중 일제시대 민족주의 사학에 대한 내용으로 맞지 <u>않는</u> 것은?　　　　　2004 기출

① 정인보는 민족의 얼을 강조하였다.

② 박은식은 민족정신으로 '혼'을 강조하였다.

③ 신채호는 조선사연구초와 조선상고사를 통해 낭가사상을 강조하였다.

④ 조선사편수회는 민족의 자주성과 주체성을 강조하였다.

3. 일제시대 각 종교 단체의 활동 내용으로 바르게 연결된 것은?

① 천주교 – 만주에서 의민단을 조직하여 무장 항일 투쟁에 적극 참여

② 대종교 – 제2의 3·1 운동을 계획

③ 개신교 – 허례허식 폐지, 미신 타파 등의 새생활 운동 전개

④ 원불교 – 농촌 계몽과 농민의 의식 개혁 촉구, 신사 참배 거부

4. 1920년대 중반에 신경향파 문학이 대두하였다. 이에 대한 서술로 바르지 <u>않은</u> 것은?

① 프로 문학이 대두하게 되는 계기가 되었다.

② 현실과 생활을 반영하는 문학을 추구하였다.

③ 순수 예술을 표방하는 문인들의 각성이 촉구되었다.

④ 민족 의식, 조국애 고취의 국민 문학 운동을 적극적으로 전개하였다.

5. 일제 시대 문학과 예술 활동에 대한 설명으로 옳지 <u>않은</u> 것은?

① 나운규는 영화 아리랑을 발표하여 우리 고유의 향토적 정서를 표현하였다.

② 토월회, 극예술 연구회의 활동으로 근대 연극이 보급되었다.

③ 사회주의 계열은 「창조」, 「백조」 등의 동인지를 간행하였다.

④ 일제의 통치에 항거하여 심훈, 한용운 등은 항일 문학 작품을 발표하였다.

6. 다음 작품들의 공통점으로 옳은 것은?

> • 님의 침묵　　　• 그날이 오면　　　• 빼앗긴 들에도 봄은 오는가

① 민족의식 고취　　　　　② 봉건적 신분제 타파

③ 신경향파 문학 작품　　　④ 문맹 퇴치 운동에 기여

7. (   )에 들어갈 인물은?

2017 기출

> (   )는(은) 우리 민족의 정신을 '혼'으로 파악하였으며, 한국통사와 한국독립운동지혈사를 저술하여 일제의 불법적인 침략을 규탄하였다.

① 박은식　　　　　　　　　② 백남운
③ 신채호　　　　　　　　　④ 정인보

8. 조선어 학회에 관한 내용으로 옳지 <u>못한</u> 것은?

2006 기출

① 한글 기념일인 '가갸날'을 제정하고 우리말 큰 사전을 편찬하였다.
② 일제는 독립 운동 단체로 간주하여 강제로 해산시켰다.
③ 한글 맞춤법 통일안과 표준어를 제정하였다.
④ 이윤재, 최현배, 이희승 등이 주축이 되어 한글 연구를 통한 민족 문화 수호 운동을 이끌어갔다.

9. 일제시대의 역사 경향에 대한 설명으로 옳지 <u>않은</u> 것은?

2006 기출

① 청구학회는 역사적 사실의 객관적 인식을 강조하여 실증사학을 발전시켰다.
② 신채호는 주로 고대사 연구에 치중하여 민족주의 사학의 기반을 확립하였다.
③ 조선사편수회는 '조선사'를 편찬하여 민족문화를 왜곡하였다.
④ 박은식은 한국통사를 저술하여 혼이 담겨있는 민족사의 중요성을 강조하였다.

10. 다음은 어느 역사가가 자신의 역사서에서 밝힌 내용이다. 이 역사가와 관련된 설명으로 옳은 것을 모두 고르시오.

> 역사란 무엇이뇨. 인류 사회의 아(我)와 비아(非我)의 투쟁의 시간부터 발전하며 공간부터 확대되는 심적 활동의 상태 기록이니, 세계사라 하면 세계 인류의 그리 되어 온 상태의 기록이며, 조선사라 하면 조선 민족의 그리되어 온 상태의 기록이니라. …… 그러므로 역사는 아(我)와 비아(非我)의 투쟁의 기록인 것이다.

> ㄱ. 조선 광문회를 통하여 민족 고전 정리 간행에 앞장섰다.
> ㄴ. 「조선상고사」, 「조선사 연구초」 등을 저술하여 민족주의 사학의 토대를 마련하였다.
> ㄷ. 세계사의 보편적 발전 법칙을 근거로 일제의 정체성론을 비판하였다.
> ㄹ. 무정부의자로서 강력한 무장 투쟁만이 독립을 위한 확실한 방법임을 강조하였다.

① ㄱ, ㄴ　　　　　　　　　② ㄱ, ㄹ
③ ㄴ, ㄹ　　　　　　　　　④ ㄷ, ㄹ

정답 및 해설

1. 정답 ②

`오답풀이` ② 1910년대 일제는 1차 조선 교육령을 발표하고 한국인의 보통 교육 기간을 4년제로 정하였으며, 중등 교육의 기회를 제한하였다.

2. 정답 ④

`오답풀이` ④ 조선사편수회는 한국사 왜곡을 주도하였던 일제 식민 사학 연구 단체이다.

3. 정답 ①

`해설` ① 천주교는 만주에서 의민단을 조직하여 무장 항일 투쟁을 전개하였다.

`오답풀이` ② 제2의 3 · 1 운동 계획은 천도교이다. ③ 허례허식 폐지와 미신 타파 등의 새생활 운동은 원불교의 활동이다. ④ 신사 참배 거부 운동은 개신교(기독교)의 활동이다.

4. 정답 ④

`오답풀이` ④ 민족 의식과 조국애를 고취하는 국민 문학 운동은 신경향파 문학에 반발하여 민족주의 계열의 문학가들에 의해 전개되었다.

5. 정답 ③

`오답풀이` ③ 창조와 백조는 사회주의 계열과는 관련이 없으며, 사회주의 계열과 관련된 문학 동인 잡지는 '조선지광'이다.

6. 정답 ①

`해설` ① 한용운의 '님의 침묵', 심훈의 '그날이 오면', 이상화의 '빼앗긴 들에도 봄은 오는가' 등은 1920년대에 항일 민족의식을 고취시키는 데 기여한 문학 작품들이다.

7. 정답 ①

`해설` ① 박은식은 일제 강점기에 활동한 민족주의 역사학자로서 민족 고유의 정신으로 '혼'을 강조하였으며, 한국통사와 한국독립운동지혈사를 저술하여 일제의 불법적인 침략을 규탄하였다.

8. 정답 ①

`오답풀이` ① 가갸날은 조선어연구회에 의해 제정되었으며, 조선어학회가 우리 말 큰 사전 편찬을 추진하였으나, 일제의 탄압으로 실패하였다.

9. 정답 ①

`오답풀이` ① 청구학회는 일제 식민 사학 연구 단체이다. 실증사학을 주도하였던 단체는 이병도와 손진태가 중심이 되어 결성한 진단학회이다.

10. 정답 ③

`해설` ③ 자료는 신채호의 역사 이론이다. ㄴ. ㄹ. 신채호는 고대사를 중심으로 연구하여 조선상고사와 조선사연구초 등의 저술을 남겼으며, 대한민국 임시정부에서 이탈한 후 무정부주의자(아나키스트)가 되어 무장 투쟁에 의한 독립을 강조하였다.

`오답풀이` ㄱ. 박은식, ㄷ. 사회 · 경제 사학의 백남운

확인 학습 정답

VII. 민족 독립 운동의 전개

1. 일제의 침략과 민족의 수난

1. 열강이 일본의 한국 지배를 인정 2. 을사조약 3. 한·일 의정서
4. 상소(이상설 등), 자결(민영환), 장지연의 시일야방성대곡, 을사의병(최익현, 신돌석), 5적 암살단(나철, 오기호), 헤이그 특사 파견, 안중근의 이토 히로부미 암살 5. 중추원 6. 3·1 운동 7. 치안유지법 8. 내선일체, 일선동조론
9. 토지조사사업, 회사령, 총독부의 전매사업, 산림령·어업령·광업령 등 10. 국가 총동원령
11. 무단통치–토지 조사 사업, 문화통치 – 산미증식계획

2. 3·1 운동과 대한민국 임시정부

1. 대한광복회 2. 독립의군부 3. 서전서숙 4. 대한인국민회 5. 대한광복군 정부
6. 윌슨의 민족자결주의, 신한청년당 김규식의 파리 강화 회의 파견, 대한독립선언서, 2·8 독립 선언, 고종의 죽음
7. 토지조사사업에 의한 토지 상실 8. 중국의 5·4 운동, 인도의 비폭력 불복종 운동
9. 국내–한성정부, 연해주–대한국민의회 10. 연통제 11. 국민대표회의 12. 한국광복군

3. 무장 독립 전쟁의 전개

1. 천마산대 2. 6·10 만세 운동 3. 광주학생 항일운동 4. 의열단 5. 윤봉길의 상하이 훙커우 공원 의거
6. 청산리대첩 7. 자유시참변 8. 남만주–국민부, 북만주–혁신의회 9. 나석주 10. 한인애국단 11. 육군주만참의부
12. 조선혁명군–영릉가·흥경성 전투, 한국독립군–쌍성보·대전자령·사도하자 전투 13. 보천보전투 14. 조선의용대
15. 조선독립동맹, 조선의용군 16. 신채호 17. 민족 혁명당

4. 사회·경제적 민족 운동

1. 신간회 2. 천도교 3. 형평운동 4. 조선민흥회 5. 광주학생 항일운동 6. 정우회선언 7. 물산장려운동
8. 브나로드 운동 9. 원산 노동자 총파업 사건 10. 암태도 소작 쟁의
11. 1920년대–생존권 투쟁, 1930년대–항일민족운동(정치적성격) 12. 만보산 사건 13. 중앙 아시아 14. 근우회
15. 민립대학 설립운동

5. 민족 문화 수호 운동

1. 조선사편수회, 청구학회 2. 정체성론, 세계사의 보편적 발전 법칙을 근거로 우리나라에도 중세 봉건 사회가 존재하였음을 주장하여 비판 3. 진단학회 4. 박은식, 한국통사, 한국독립운동지혈사, '혼' 5. 신채호, '역사는 아와 비아와의 투쟁', 낭가사상 6. 임나일본부설 7. 타율성론 8. 백남운 9. 조선어연구회, '한글' 잡지 간행, '가갸날' 제정
10. 한글 맞춤법 통일안 및 표준어 제정, 우리말 큰 사전 편찬 시도 11. 개신교(기독교) 12. 의민단 13. 북로군정서, 대종교
14. 원불교 15. 아리랑 16. 카프(신경향파문학)

현대 사회의 발전

대한민국의 수립

①

🔳 8 · 15 광복과 분단

(1) 광복 직전의 건국 준비 활동

대한 민국 임시 정부	• 충칭 중심으로 활동 → 한국 독립당 조직(민족주의 계열 통합) • 대한민국 건국강령 발표 : 조소앙의 3균주의에 기초, 보통 선거에 의한 민주 공화정 수립 • 한국광복군 조직 : 조선 민족 혁명당의 조선 의용대 흡수 → 항일 전쟁 가속화
조선 독립 동맹	• 중국 화북 지방의 사회주의 계열 독립 단체 통합하여 결성 • 건국 강령 : 보통 선거에 의한 민주 공화국 수립, 남녀평등, 토지분배 • 조선 의용군 조직 → 독자적 항일 운동 전개
조선 건국 동맹	• 여운형 중심 → 국내 민족주의 계열과 사회주의 계열 연합하여 조직 • 건국 강령 : 일제 타도와 민주주의 국가 건설

(2) 8 · 15 광복과 국토 분단

1) 8 · 15 광복

  ① 배경

    ㉠ 독립 운동의 결과 : 무장투쟁, 외교활동, 민족 문화 수호 운동, 실력 양성 운동 전개의 결실

    ㉡ 미국 · 영국 · 중국 · 소련 등 연합군의 승리의 결과

  ② 한국 독립의 국제적 약속

    ㉠ 카이로 회담(1943) : 미 · 영 · 중 → 최초로 한국의 독립을 결의(적절한 시기에…)

    ㉡ 포츠담 회담(1945.7) : 국제 사회에서 한국의 독립 약속 재확인, 일본에게 무조건 항복 요구

2) 국토의 분단

  ① 얄타 회담(1945.2)

    ㉠ 미 · 영 · 소의 정상 회담 → 소련군의 대일전 참전 결의 → 소련의 북한 점령

    ㉡ 미국의 38도선 분할 점령 제안 : 소련의 한반도 단독 점령 방지, 일본군의 무장해제를
      목적으로 제안

  ② 38도선 분할 : 남 – 미 군정, 북 – 소련 군정 실시 → 분단의 고착화

(3) 광복 직후의 남북한 정세

1) 남한 : 미군정 통치

  ① 통치 방식

    ㉠ 건국 준비 위원회, 조선 인민 공화국, 대한민국 임시정부 불인정

    ㉡ 일제의 총독부 체제 이용하여 직접 통치

② 주요 정치 단체의 활동

단체	중심 인물	활동 내용
한국 민주당	송진우, 김성수	민족주의 우익 계열(친일지주 출신), 미군정의 지원(→ 친미정권 수립 목적)
독립 촉성 중앙 협의회	이승만	반탁 운동 및 단독 정부 수립 운동 전개
한국 독립당	김구, 조소앙	임시 정부 지도부가 주축, 반탁 운동 및 통일 정부 수립을 위한 활동 전개
조선 건국 준비 위원회	여운형, 안재홍	• 좌익 · 우익 연합 → 치안대 설치, 전국적 지부 조직 운영, 인민위원회 조직 • 조선인민 공화국 선포(1945.9) → 좌익 주도권 장악 → 일부 민족주의 세력 탈퇴
조선 공산당	박헌영	미군정의 탄압 → 남로당 결성

2) 북한 : 소련 군정

① 소련의 지원으로 김일성 등의 공산주의자 정권 장악

② 평남 건국 준비 위원회 해체 → 조만식 등 민족주의 계열 숙청

③ 인민 위원회 설치 : 소련군이 북한 통치에 이용 → 행정권과 치안권 행사, 친일파 배제

(4) 모스크바 3국 외상 회의와 좌 · 우익의 대립

1) 모스크바 3국 외상 회의(1945.12)

① 미 · 영 · 소 외상 → 한반도 문제 처리 논의

② 내용 : 조선 민주주의 임시정부 수립, 미 · 소 공동 위원회 설치, 최고 5년간 미 · 영 · 중 · 소의 신탁 통치 결정

2) 반탁 운동

① **우익 계열** : 김구 · 이승만 · 한국 민주당 등 중심 → 반탁 운동 전개 → 반소 · 반공 운동으로 확대

② **좌익 계열** : 초기 반탁 운동 → 모스크바 협정의 본질이 임시 정부 수립에 있다고 인식 → 찬탁 운동으로 전환 → 좌 · 우익의 이념 대립 심화

모스크바 3국 외상 회의 결정 내용

1. 한국을 독립 국가로 재건하기 위해 조선 민주주의 임시 정부를 수립하여 이로써 조선의 산업 · 교통 · 농업 발전과 민족의 문화 향상을 도모하게 할 것이다.
2. 한국 임시 정부 수립을 실현하며, 이에 대한 방책으로 남조선의 미군군 사령부 대표와 북조선의 소련군 사령부 대표로서 공동 위원회를 설치한다.
3. 위 공동 위원회는 조선 민주주의 임시 정부를 기타 각 민주주의 단체와 협력하여 조선을 정치적 · 사회적 및 경제적으로 발전시키며, 민주주의적 자치 정부를 수립하여 독립 국가로 육성시키는 데 사명이 있다. 공동 위원회의 제안은 조선 임시 정부와 타협한 후 미 · 영 · 중 · 소 정부에 제출하여 최고 5년 기한의 4개국 신탁 통치에 관한 협정을 할 것이다.

❷ 5 · 10 총선거와 대한민국의 수립

(1) 대한민국 수립 과정

모스크바 3국 외상 회의 (1945.12)	임시정부 수립과 미 · 소 공동 위원회 설치, 5년간 신탁 통치(미 · 영 · 중 · 소)
↓	
1차 미 · 소 공동 위원회 (1946.3)	임시정부 수립 참여 단체에 대한 미 · 소의 입장 대립 → 결렬
↓	
이승만의 정읍 발언 (1946.6)	남한 단독 정부 수립 주장
↓	
좌 · 우 합작 운동 (1946.10 - 1947.12)	• 김규식 · 여운형 주도 → 미군정의 지원 → 좌우 합작 위원회 결성 → 좌우 합작 7원칙 발표 • 미군정 : 좌우 합작 위원회 + 한국 민주당 → 남조선 과도입법 의원 구성 (의장 - 김규식) → 여운형 탈퇴 • 김구 · 이승만 · 조선공산당의 불참, 미국의 지원 철회, 여운형의 암살 → 좌우 합작 위원회 해체
↓	
2차 미 · 소 공동 위원회 (1947.4)	임시 정부 수립에 참가를 신청한 정당, 단체 등을 놓고 미 · 소 대립 → 결렬 → 모스크바 협정 실행 불가능
↓	
미국의 한반도 문제 유엔 상정 (1947.11)	• 유엔 총회에서 인구 비례에 의한 남북한 총선거를 통한 정부 수립 결의 → 소련 반대 • 유엔 한국임시 위원단 파견 → 소련의 입북 거부 → 유엔 소총회(1948.2)에서 남한만의 총선거 실시 결정
↓	
남북 협상 (1948.2)	• 김구 · 김규식 중심으로 단독 정부 수립 반대 → 평양에서 김일성 · 김두봉 등과 남북 지도자 회의 개최(1948.4.) • 단독 정부 수립 반대, 미 · 소 양군 철수 결의문 채택 → 결렬
↓	
제주도 4 · 3 사건 (1948)	• 단독 정부 수립을 반대하는 좌익 세력과 주민들의 무장 폭동 • 제주도 일부 지역은 5 · 10 총선거 실시되지 못함
↓	
5 · 10 총선거	남한만의 총선거 실시 → 김구 · 김규식 등 중도 세력과 공산주의자 불참 → 제헌국회 구성 → **국회의원 간접선거에 의한 대통령 선출 규정 제정**
↓	
대한 민국 정부 수립 (1948.8.15)	대통령 - 이승만, 부통령 - 이시영 당선 → 유엔 승인
↓	
여수 · 순천 10 · 19 사건 (1948)	제주도 4 · 3 사건의 진압 명령을 거부한 여수 주둔 군대 내 좌익 세력의 반란

○ 대한민국 정부 수립 관련 자료

1. 이승만의 정읍 발언

이제 무기 휴회된 미·소 공동 위원회가 재개될 기미도 보이지 않으며, 통일 정부를 고대하나 여의치 않게 되었으니, 우리는 남쪽만이라도 임시 정부, 혹은 위원회 같은 것을 조직하여 38°선 이북에서 소련이 철퇴하도록 세계 공론에 호소해야 할 것이니 여러분도 결심하여야 될 것이다.

2. 좌·우 합작 7원칙

(1) 모스크바 3국 외상 회의 결정에 의하여 좌·우 합작으로 임시 정부를 수립할 것.
(2) 미·소 공동 위원회 속개를 요청하는 공동 성명 발표
(3) 몰수·유(有) 조건 몰수 등으로 농민에게 토지 무상 분여 및 중요 산업 국유화
(4) 친일파, 민족 반역자 처리 문제는 장차 구성될 입법 기구에서 처리할 것
(5) 남북 좌·우의 테러적 행동을 일체 제지하도록 노력할 것
(6) 입법 기구의 구성 방법 및 운영 등은 본 합작 위원회에서 작성, 적극 실행할 것
(7) 전국적으로 언론, 집회, 결사, 출판 등의 자유를 절대 보장할 것

3. 김구의 '3천만 동포에게 읍고(泣告)함

조국이 있어야 한국 사람이 있고, 한국 사람이 있고야 민주주의도 공산주의도 무슨 단체도 있을 수 있는 것이다. 그러면 우리의 자주 독립적 통일 정부를 수립하려는 이 때에 있어서 어찌 개인이나 자기 집단의 사리사욕에 탐하여 국가 민족의 백년대계를 그르칠 자가 있으랴? …… 현실에 있어서 나의 유일한 염원은 3천만 동포가 다 손을 잡고 통일된 조국의 달성을 위하여 공동 분투하는 것뿐이다. 이 육신을 조국이 필요로 한다면 당장에라도 제단에 바치겠다. 나는 통일된 조국을 건설하려다 38선을 베고 쓰러질지언정 일신의 구차한 안일을 위하여 단독 정부를 세우는 데 협력하지 않겠다.

(2) 친일파의 청산과 농지 개혁

1) 친일파 청산

① **내용** : 반민족행위 처벌법 제정(1948.9) → 반민족행위 특별조사 위원회 설치 → 친일파 체포 (박흥식·노덕술·최남선·이광수 등)

② **결과** : 이승만 정부의 소극적 태도, 친일파의 방해 공작, 국회 프락치 사건, 반민 특위 습격 사건(1949.6) → 실패

2) 농지 개혁(1949)

배경	• 지주 중심의 토지 소유 편중 심화, 북한의 토지 개혁 전면 실시 • 경자유전(耕者有田)의 원칙 아래 자영농 육성 실현
시행 과정	농지 개혁법 통과(1949) → 6·25 전쟁으로 시행 중단 → 개혁 완료(1957)
원칙	3정보 이내의 토지 소유 제한 → 유상매입·유상분배 → 상환액은 1년 평균 생산물의 1.5배를 5년 동안 균등 상환
결과	지주 중심의 토지 소유 폐지 → 농민 중심의 토지 소유 구조 확립, 남한의 공산화 방지에 일정한 기여
한계	• 농경지에 국한, 과수원·임야 제외, 실시 기간 지연으로 인한 지주의 임의 처분 농지 증가 • 일부 농민은 농지 대금 상환 부담으로 소작농으로 전락

❸ 6 · 25 전쟁

북한 정권의 수립	과정	북조선 임시 인민 위원회 구성(1946) → 북조선 노동당 → 조선 민주주의 인민 공화국 수립(1948.9)
	사회 개혁	공산주의 지배 체제 확립 → 토지 개혁(무상 몰수 · 무상 분배),남녀 평등법, 산업 국유화법
	군사력 강화	소련과 중국의 지원 → 인민군 창설
배경	국제 정세	트루먼 독트린 이후 미 · 소 대립 격화, 중국 대륙의 공산화(1949)
	남북한 대립	이승만 정부의 북진 통일론, 남한 내의 공산주의 세력의 책동
	애치슨 선언	미국 극동 방위선에서 한국과 타이완 제외를 선언, 미군 철수 → 북한을 자극
전개		• 북한군의 남침 → 낙동강 전선까지 후퇴 → 인천 상륙 작전(9.15) → 서울 수복(9.28) → 압록강까지 진격 → 중공군의 개입 → 1 · 4 후퇴(1951) → 38도선 일대에서 접전 지속 • 민간인 희생 사건 : 국민 보도 연맹 사건, 거창 양민 학살 사건, 국민 방위군 사건
휴전		휴전 회담 개최 → 휴전 반대 운동, 이승만의 반공 포로 석방 → 미국의 경제 원조 약속 → 휴전 성립 (1953.7.27) → 한 · 미 상호 방위 조약 체결
영향	전쟁의 피해	수백 만 명의 사상자 발생, 전쟁 고아, 이산가족 발생, 민족 간 불신 심화, 국토의 황폐화
	정치	이승만 독재 정권 강화(→ 반공 체제를 정권 유지에 이용), 북한에서 김일성의 권력 강화
	사회	권위 질서 붕괴, 촌락 공동체의 의식 약화 → 전통적인 사회 구조 붕괴
	문화	서구 문물의 무분별한 침투와 수용 → 가치관과 생활 풍속의 변화

확인 학습

정답: P. 393

1. 한국의 해방과 독립을 최초로 결의한 국제 회담은?

2. 남북한의 분단에 영향을 준 국제 회담은?

3. 모스크바 3국 외상 회의에서 결정된 주요 사항 3가지는?

4. 해방 이후 조선 건국 동맹을 모체로 여운형과 안재홍이 중심이 되어 결성한 좌우 통합 단체는?

5. 1946년 1차 미 · 소 공동 위원회 결렬을 계기로 통일 정부 수립을 위한 좌 · 우 합작 운동을 주도했던
두 인물은?

6. 1948년 5 · 10 총선거 실시를 반대하면서 일어난 좌익 세력의 무장 폭동 사건은?

7. 이승만 정부가 실시하였던 농지 개혁의 원칙은?

8. 미국이 극동 방위선에서 한반도와 타이완을 제외시켜 6 · 25 전쟁의 계기가 되었던 선언은?

9. 6 · 25 전쟁이 중단되고 휴전이 이루어지는 데 결정적인 계기가 되었던 사건은?

기출 및 예상 문제

1. 다음은 우리나라와 관련된 국제 회담이다. 그 내용이 <u>잘못</u> 연결된 것은?

① 카이로 선언 – 최초로 한국의 독립 약속
② 모스크바 3국 외상 회의 – 신탁 통치 결정
③ 포츠담 회담 – 미 · 소 공동 위원회 설치
④ 얄타 회담 – 전후 처리, 소련군 대일 참전

2. 다음은 해방을 전후한 시기에 활동한 단체들이다. 공통점으로 맞는 것은?

> • 대한민국 임시 정부   • 조선 독립 동맹   • 조선 건국 동맹

① 임시 민주 정부의 수립   ② 만주에서 활동한 무장 독립 운동 단체
③ 노동 계급의 해방   ④ 민주주의 공화국 수립

3. 광복 직후 정부 수립을 위한 활동을 순서대로 바르게 나열한 것은?

2016 기출

> ㄱ. 남북협상회의 개최
> ㄴ. 조선건국준비위원회 결성
> ㄷ. 신탁통치반대 국민총동원위원회 결성

① ㄱ → ㄴ → ㄷ   ② ㄱ → ㄷ → ㄴ
③ ㄴ → ㄷ → ㄱ   ④ ㄷ → ㄴ → ㄱ

4. 해방 이후 실시된 반민족 행위 처벌법에 대한 설명으로 옳지 <u>않은</u> 것은?

① 이승만 정부는 친일파 청산에 대하여 소극적인 입장을 취하였다.
② 미국의 적극적인 지원 아래 친일파를 처단하였다.
③ 국회는 반민족 행위 특별 조사 위원회를 설치하여 박흥식, 노덕술, 최남선 등을 체포하였다.
④ 친일파는 국회 프락치 사건을 조작하여 반민 특위의 활동을 방해하였다.

5. 해방 이후 실시된 농지 개혁과 관련된 설명으로 옳지 <u>않은</u> 것은?

① 1949년에 농지 개혁법이 제정되었으나, 6 · 25 전쟁으로 중단되었다가 1957년에 개혁이 완료되었다.
② 개인 토지 소유 한도를 3정보로 한정하고 유상 매입, 유상 분배의 원칙 아래 실시되었다.
③ 개혁 대상의 토지는 농경지 뿐만 아니라, 과수원과 임야도 포함되어 실시되었다.
④ 개혁의 결과 농민 중심의 토지 소유 구조가 확립되었으며, 남한의 공산화 방지에 일정한 기여를 하였다.

6. 1946년 이후 전개된 좌 · 우 합작 운동에 대한 설명으로 옳지 <u>않은</u> 것은?

① 여운형, 김규식의 주도 아래 전개되었다.
② 전국적으로 치안대를 조직하여 사회 질서를 유지하였다.
③ 미 군정의 지원을 받고 좌 · 우 합작 위원회를 구성하였다.
④ 여운형의 암살, 미군정의 지원 철회 등을 이유로 실패하였다.

7. 모스크바 3국 외상 회의와 관련된 내용으로 옳지 <u>않은</u> 것은?

① 조선 임시 정부 수립, 미 · 소 공동 위원회 설치, 5년간 신탁 통치를 결정하였다.

② 이승만, 한국민주당은 반탁 운동을 전개하였다.

③ 좌익은 반탁에서 모스크바 협정을 지지하는 입장으로 전환하였다.

④ 김구는 미 · 소 양국 군대의 철수와 남북 지도자의 협상에 의해 총선거를 실시하자고 주장하였다.

8. 다음 인물의 활동과 관련된 것을 모두 고르시오.

> 나의 유일한 염원은 3천만 동포가 다 손을 잡고 통일된 조국의 달성을 위하여 공동 분투하는 것뿐이다. 이 육신을 조국이 필요로 한다면 당장에라도 제단에 바치겠다. 나는 통일된 조국을 건설하려다 38선을 베고 쓰러질지언정 일신의 구차한 안일을 위하여 단독 정부를 세우는 데 협력하지 않겠다.

> ㄱ. 한인 애국단을 조직하여 항일 의거 활동을 주도하였다.
> ㄴ. 김규식과 함께 해방 이후 남북 협상을 주도하였다.
> ㄷ. 조선 건국 준비 위원회를 결성하고 남한의 치안 유지에 일정한 기여를 하였다.
> ㄹ. 제주 4 · 3 사건을 주도하여 남한 단독 정부 수립을 반대하였다.

① ㄱ, ㄴ   ② ㄱ, ㄹ

③ ㄴ, ㄷ   ④ ㄷ, ㄹ

9. 다음의 사실들을 순서대로 바르게 나열한 것은?

> ㄱ. 모스크바 3국 외상 회의   ㄴ. 제주도 4 · 3 사건
> ㄷ. 대한민국 정부 수립   ㄹ. 이승만의 정읍 발언
> ㅁ. 좌우 합작 운동   ㅂ. 조선 민주주의 인민 공화국 수립

① ㄱ-ㄹ-ㄴ-ㅁ-ㅂ-ㄷ   ② ㄱ-ㄹ-ㅁ-ㄴ-ㄷ-ㅂ

③ ㄹ-ㄱ-ㄴ-ㅁ-ㄷ-ㅂ   ④ ㅁ-ㄱ-ㄹ-ㄴ-ㅂ-ㄷ

10. 6 · 25 전쟁 직전의 국내외 상황에 대한 설명으로 옳지 <u>않은</u> 것은?

① 북한은 소련과 중국의 지원을 받아 인민군을 창설하였다.

② 미국은 애치슨 선언을 발표하여 태평양 지역 방위선에서 한반도를 제외하였다.

③ 이승만 정부는 친일파를 청산하고 국민들의 지지를 얻고 있었다.

④ 트루먼 독트린 이후 미 · 소 간의 대립이 격화되었다.

11. 유엔군이 한국 전쟁 초반 인민군의 공세를 깨고 전세를 역전시킨 계기는?

① 낙동강 전선의 방어   ② 인천 상륙 작전의 성공

③ 평양 폭격   ④ 중국군의 참전

12. 조선 건국 준비 위원회에 관한 설명으로 옳은 것을 모두 고른 것은?

> ㄱ. 조선 건국 동맹을 바탕으로 결성하였다.
> ㄴ. 치안대를 설치하여 질서 유지에 힘썼다.
> ㄷ. 김성수, 송진우 등이 주도하였다.
> ㄹ. 이승만을 주석으로, 여운형을 부주석으로 추대하였다.

① ㄱ, ㄴ
② ㄱ, ㄹ
③ ㄴ, ㄷ
④ ㄷ, ㄹ

정답 및 해설

1. 정답 ③
오답풀이 ③ 포츠담 회담에서는 일본에게 무조건 항복을 요구하였으며, 한국의 독립을 재확인하였다. 미·소 공동 위원회 설치는 모스크바 3국 외상 회의에서 결정되었다.

2. 정답 ④
해설 ④ 대한민국 임시정부, 조선 독립 동맹, 조선 건국 동맹은 해방 이후에 민주 공화국 수립을 목표로 활동하였다.

3. 정답 ③
해설 ㄴ. 조선건국준비위원회(1945.8) - ㄷ. 신탁통치반대 국민총동원위원회(1945.12) - ㄱ. 남북협상회의(1948.4)

4. 정답 ②
오답풀이 ② 친일파 청산을 위한 반민족 행위 처벌법은 이승만 정부의 소극적 입장과 친일 세력의 방해 공작으로 실패하였으며, 미군정은 오히려 친일파를 이용하여 남한을 통치하였다.

5. 정답 ②
오답풀이 ③ 남한의 농지 개혁은 농경지만을 대상으로 실시되었으며, 과수원과 임야는 제외되었다.

6. 정답 ②
오답풀이 ② 치안대를 설치하여 사회 질서를 유지한 것은 건국 준비 위원회이다.

7. 정답 ④
오답풀이 ④ 모스크바 3국 외상 회의는 1945년에 개최되어 임시정부 수립, 미·소 공동 위원회 설치, 5년간 신탁 통치를 결정하였으며, 당시 김구는 신탁 통치를 반대하는 반탁 운동을 전개하였다. 김구는 김규식과 함께 평양에서 남북 지도자 협상(1948)을 통해 미·소 양국 군대 철수와 통일 정부 수립을 추진하였다.

8. 정답 ①
해설 ① ㄱ, ㄴ. 자료는 김구가 남북 협상 당시에 통일 정부 수립을 주장한 글이다. 김구는 1931년에 상하이에서 한인 애국단을 결성하여 항일 의거 활동을 전개하였으며, 김규식과 함께 남북 협상을 추진하였다.
오답풀이 ㄷ. 조선 건국 준비 위원회는 여운형과 안재홍이 결성하였으며, 치안대를 설치하여 남한의 치안 유지에 기여하였다. ㄹ. 제주 4·3 사건은 좌익 세력이 남한 단독 정부 수립을 반대하여 일어난 사건이다.

9. 정답 ②
해설 ② ㄱ. 모스크바 3국 외상회의(1945.12) - ㄹ. 이승만 정읍 발언(1946.6) - ㅁ. 좌·우 합작 운동(1946.10) - ㄴ. 제주도 4·3 사건(1948.4) - ㄷ. 대한민국 정부 수립(1948.8) - ㅂ. 조선민주주의 인민공화국 수립(1948.9)

10. 정답 ③
오답풀이 ③ 이승만 정부는 친일파 청산에 소극적인 입장을 취하였으며, 친일파의 방해로 실패하였다.

11. 정답 ②
해설 ② 6·25 전쟁 직후 북한군의 남침으로 낙동강 전선까지 후퇴하였던 남한은 유엔군의 인천 상륙 작전의 성공을 계기로 전쟁의 주도권을 회복하고 서울을 수복하여 평양에서 압록강 유역까지 진출하였다.

12. 정답 ①
해설 ㄱ, ㄴ. 조선 건국 준비 위원회는 1945년에 조선 건국 동맹을 바탕으로 여운형과 안재홍이 좌우세력을 연합하여 결성하였다. 또한 조선 건국 준비 위원회는 치안대를 설치하여 남한의 치안 질서 유지를 주도하였다.
오답풀이 ㄷ. 김성수와 송진우가 설립한 단체는 친일 지주를 중심으로 결성된 한국 민주당이다. ㄹ. 조선 건국 준비 위원회는 여운형을 위원장, 안재홍을 부위원장으로 추대하였다. 이승만을 주석으로 여운형을 부주석으로 추대하여 설립한 것은 조선 인민 공화국이다.

② 민주주의의 시련과 발전

이승만 정부 (제1 공화국)	체제		대통령 중심제(국회의원 간접 선거), 단원제, 지방 자치제 실시
	정책		반공 정책 강조, 미국 등 우방과의 외교 강화
	발췌개헌 (1952)	배경	2대 국회의원 선거에서 반 이승만 세력이 다수 당선 → 이승만의 당선 희박
		경과	이승만은 자유당 창당 → 계엄령 선포 → 대통령 직선제 개헌 → 이승만 재선
	사사오입개헌 (1954)		'초대 대통령 중임 제한 규정 철폐' 개헌 시도 → 사사오입 논리로 개헌안 불법 통과
	3대 대통령선거 (1956)		• 이승만 · 이기붕(자유당)vs신익희 · 장면(민주당)vs조봉암 • 신익희의 급사 → 대통령 – 이승만, 부통령 – 장면
	독재 체제 강화		• 반공 정책으로 반대 세력 탄압 → 신 국가 보안법 통과, 경향 신문 폐간 • 진보당 사건 조작(1958) : 조봉암을 간첩 혐의로 사형

↓

4 · 19 혁명 (1960)	배경	이승만 정부의 독재 정치와 부정 · 부패, 경기 침체와 실업자 증가, 3 · 15 부정 선거
	과정	마산 의거 → 김주열 시신 발견 → 고려대 학생 시위(4.18) → 전국 확산 → 학생과 시민의 참여와 희생 → 대학 교수단의 시국 선언 및 시위(4.25) → 이승만 하야
	의의	독재 정권을 타도한 최초의 민주주의 혁명

↓ 허정 과도 정부 수립 → 내각 책임제, 양원제 개헌

장면 내각 (제2 공화국)	민주당 집권	대통령 – 윤보선, 국무총리 – 장면
	정책	경제 개발 5개년 계획 수립, 독재 정권 유산의 청산 과제
	민주화의 진전	언론의 활성화, 노동 운동, 교원 노조 운동, 학생 운동 활발히 전개
	통일 운동	학생 · 혁신 세력 중심 → 중립화 통일론, 남북 협상론 등
	한계	• 부정선거 책임자 처벌 및 통일 문제 등에 대한 소극적 자세, 경기 침체의 지속 • 민주당 정권의 내부 갈등(구파↔신파) → 당면 과제 해결 능력 부재

5·16 군사 정변 (1961)	배경	• 사회 혼란과 무질서, 6·25 전쟁 이후 군부 세력의 성장 • 장면 정부의 군대 감축 추진에 따른 군부의 불만 고조
	과정	박정희 중심의 군부 세력 정권 장악 → 군사 혁명 위원회 설치 → 혁명 공약 발표, 계엄령 선포 → **국가 재건 최고 회의** 설치(의장 박정희) → 군정 실시
	군사 정권의 정책	• 반공 체제 강화, 정치 활동 정화법 제정, 부정 축재자 처벌 • 농어촌 고리채 정리와 화폐 개혁, 경제 개발 5개년 계획 추진(1962) • 민정 이양 : 민주 공화당 창당 → 대통령 중심제, 단원제 개헌 → 박정희 5대 대통령 당선(1963)

↓

박정희 정부 (제3 공화국)	국정 지표	조국 근대화와 민족 중흥 표방, 경제 개발 5개년 계획 추진
	한·일 국교 정상화 (1965)	• 배경 : 경제 개발에 필요한 자금 확보, 미국의 수교 요구 • 내용 : 김종필·오히라 메모(1962) → 차관 제공 합의 • 문제점 : 식민지 지배에 대한 보상과 일본의 사죄 문제 미해결 • 반발 : 6·3 항쟁 전개(1964) → 계엄령, 위수령 선포 → 한·일 협정 체결(1965)
	베트남 파병 (1965~1973)	• 배경 : 브라운 각서 → 미국의 경제적 지원과 군사적 원조를 약속받고 참전 • 영향 : 경제 성장의 계기 마련
	3선 개헌 (1969)	박정희의 집권 연장을 위한 변칙적 개헌(국민투표로 확정) → 박정희 7대 대통령 당선(1971)

↓

유신 체제 (제4 공화국) (1972)	배경	• 대외적 : 닉슨 독트린 → 냉전 완화의 국제 정세, 주한 미군의 감축 결정 • 대내적 : 박정희의 독재와 경제 침체에 따른 국민 불만 고조 → 야당의 지지율 증가, 7·4 남북 공동 성명 결렬
	성립 과정	10월유신 선포(1972.10.17) → 비상계엄 선포 → 국회 해산, 정치 활동 금지 → 헌법 개정(1972.11.20) → 박정희의 대통령 당선(1972.12.23)
	유신 헌법	• 대통령 권한 극대화 : **긴급조치권**, 국회의원 1/3 추천권(유신정우회), 국회 해산권 • 대통령 선출 : **통일주체국민회의** → 간접 선거, 임기 6년, 중임 제한 철폐
	성격	'한국적 민주주의'라는 이름 아래 민주주의를 말살한 권위주의 통치 체제
	유신 체제 반대 운동	개헌 청원 100만인 서명 운동(1973) → 민청학련 사건(1974) → 3·1 민주 구국 선언(1976) → 긴급 조치로 탄압
	유신체제 붕괴 (1979)	• 배경 : 2차 석유 파동, 중화학 공업에 대한 과잉 중복 투자 → 경제 위기 심화 • 과정 : YH 무역 사건(1979) → 김영삼 의원직 제명 → 부·마 항쟁 → 10·26 사태(박정희 피살) → 최규하 대통령 선출

12 · 12 사태 (1979)		전두환 · 노태우 등 신군부 세력이 계엄 사령관 체포 → 군권 · 정치적 실권 장악

↓

서울의 봄 (1980. 5)		유신 헌법 폐지, 신군부 퇴진, 계엄해제 요구 → 시민 · 학생의 대규모 시위 → 비상계엄 전국 확대

↓

5 · 18 광주 민주화 운동 (1980)	배경	신군부의 5 · 17 계엄 확대, 민주 인사와 학생 지도부 체포
	전개	광주 학생과 시민의 시위 → 계엄군 무차별 발포 → 광주 시민군 조직 → 계엄군의 무력 진압(5.27)
	의의	1980년대 민주화 운동의 토대 마련, 반미 감정 고조

↓   국가보위 비상대책 위원회 설치(1980) : 정권장악 → 최규하 대통령 사퇴 → 전두환 대통령 선출(1980.8)

전두환 정부 (제5 공화국)	신헌법 제정	대통령 선거인단에 의한 간접선거, 7년 단임의 대통령 중심제로 개헌(1981) → 국회 해산 → 민주 정의당 창당 → 전두환 대통령 선출
	국정 지표	정의 사회 구현, 복지 사회 건설
	강압 통치	국가보위비상대책위원회 → 삼청 교육대 설치, 언론 통폐합, 공직자 숙청
	유화 정책	교복 · 두발 자유화, 통행금지 해제, 과외금지, 해외여행 자율화, 3S 정책

↓

6월 민주 항쟁 (1987)	배경	• 전두환 정부의 강압 통치에 저항하는 민주화 운동의 활성화 • 야당과 재야 세력의 대통령 직선제 개헌 운동(1986) → 1천만 개헌 서명 운동
	전개	박종철 고문치사 사건 → 4 · 13 호헌 조치 → 이한열 사망 → 6 · 10 국민 대회 개최 → 6월 민주 항쟁의 전국적 확산
	결과	노태우의 6 · 29 선언 → 5년 단임의 대통령 직선제 개헌(1987.10)

↓

제6 공화국	노태우 정부	• 정계개편 : 88년 총선 결과 → 여소야대 정국 형성 → 3당 합당 → 민주 자유당 창당 • 정책 : 부분적 지방자치제 실시, 5공 청문회, 북방 정책, 남북한 유엔 동시 가입
	김영삼 정부 (문민 정부)	• 고위 공직자 재산 등록제, 금융 실명제, 지방 자치제 전면 실시, IMF 외환 위기 • 역사 바로 세우기 운동 : 12 · 12사태, 5 · 18 광주 민주화 운동 진상 조사
	김대중 정부 (국민의 정부)	• 선거에 의한 최초의 여 · 야 정권 교체, 외환위기 극복 • 대북 화해 · 협력 정책 : 남북 정상 회담, 6 · 15 남북 공동 선언 발표(2000)
	노무현 정부	2차 남북 정상 회담(2007) → 10 · 3 공동 선언 발표

※ 대한 민국 헌법의 변화

민주주의 발전	공화국	헌법 개정	정부 형태	대통령	국회
4·19 혁명 5·16 정변 유신 헌법 5·18 광주 민주 항쟁 6월 민주 항쟁	제1공화국 (이승만정부)	제헌 헌법 48. 7. 17	대통령 중심제	국회 간선제 4년 중임	단원제 임기2년
		1차 개헌(발췌개헌) 52. 7. 7		국민 직선제	양원제 민의원(4년) 참의원(6년)
		2차 개헌(사사오입 개헌) 54. 11. 29		국민 직선제 중임 제한 철폐	
	제2공화국 (장면정부)	3차 개헌 60. 6. 15	내각 책임제	국회 간선제 5년 중임	
		4차 개헌 60. 12. 29			
	제3공화국 (박정희정부)	5차 개헌 62. 12. 29	대통령 중심제	국민 직선제 4년 중임	단원제 임기4년 비례 대표제
		6차 개헌(3선개헌) 69. 10. 27		국민 직선제 3선 허용	
	제4공화국 (유신체제)	7차 개헌(유신헌법) 72. 12. 26		통일주체국민회의 간선제	유신정우회 6년 무제한
	제5공화국 (전두환정부)	8차 개헌 80. 10. 27		선거인단 간선제 7년 단임	단원제 임기4년 비례 대표제
	제6공화국	9차 개헌 87. 10. 29		국민 직선제 5년 단임	

확인 학습

정답: P. 393

1. 이승만이 6·25 전쟁 중에 정권 연장을 위해 불법적으로 실시했던 헌법 개헌은?

2. 이승만이 국가 보안법을 적용하여 조봉암을 탄압한 사건은?

3. 이승만 정부의 3·15 부정 선거를 계기로 일어난 최초의 민주주의 혁명은?

4. 5·16 군사 정변 이후 박정희 군사 정권이 설치한 최고 권력 기구는?

5. 한·일 국교 정상화를 반대하면서 일어난 전 민족적인 저항 운동은?

6. 유신 체제에서 대통령의 선출 방식과 대통령의 대표적인 권한 3가지는?

7. 1979년 YH 무역 사건 이후 김영삼 의원직 제명을 계기로 일어난 민주화 운동은?

8. 전두환 신군부 세력에 저항하여 일어난 1980년대 민주화 운동의 토대가 되었던 사건은?

9. 전두환 신군부가 정권 장악 이후 설치한 최고 권력 기구는?

10. 4·19 혁명을 계기로 등장한 장면 정부의 정치 체제는?

11. 전두환 정부에 저항하여 대통령 직선제 개헌을 쟁취한 대표적인 민주화 운동은?

12. 남북한 유엔 동시 가입이 이루어진 6공화국의 정부는?

13. 최초의 남북 정상 회담을 개최하였던 6공화국의 정부는?

14. 역사 바로 세우기 운동, IMF 외환 위기와 관련된 정부는?

15. 브라운 각서, 한국의 경제 성장의 계기 마련과 관련되어 일어난 박정희 정부의 정책은?

1. 1960년에 일어난 4 · 19 혁명과 관련된 설명으로 옳지 <u>않은</u> 것은?

① 3 · 15 부정 선거를 계기로 시작되었다.

② 김주열의 죽음을 계기로 전국적으로 확산되었다.

③ 이승만이 하야하고 대통령 직선제 개헌이 이루어졌다.

④ 독재 정권을 타도한 최초의 민주주의 혁명이었다.

2. 다음 중 연결이 잘못된 것은?

① 발췌 개헌 – 내각책임제, 양원제 개헌

② 사사오입 개헌 – 대통령 중임 제한 철폐

③ 3선 개헌 – 박정희 정권 연장을 위한 개헌

④ 12 · 12 사태 – 전두환 군사 정권 수립

3. 박정희 정부 당시 한 · 일 협정과 관련된 설명으로 옳지 <u>않은</u> 것은?

① 김종필 · 오히라 메모에 의해 구체적인 협상안이 만들어졌다.

② 경제 성장에 필요한 자금 확보 마련을 목적으로 추진되었다.

③ 한 · 일 협정에 반발하여 6 · 3 항쟁이 전개되었다.

④ 식민지 지배에 대한 보상과 사죄 문제가 해결되었다.

4. 다음 중 유신 체제와 관련된 설명으로 옳지 <u>않은</u> 것은?

① 닉슨 독트린 발표와 냉전 완화의 국제 정세의 변화를 배경으로 성립되었다.

② 국민의 기본권과 정치 활동을 보장하는 범위 내에서 헌법 개헌이 이루어졌다.

③ 통일 주체 국민 회의를 통한 간접 선거로 대통령을 선출하였다.

④ 대통령은 초헌법적 권한인 긴급 조치권을 바탕으로 정권을 유지하였다.

5. 다음 중 유신 체제 붕괴와 관련이 <u>없는</u> 것은?

① 5 · 18 민주화 운동   ② Y · H 무역 사건

③ 2차 석유 파동   ④ 10 · 26 사태

6. 1987년 6월 민주 항쟁과 관련된 설명으로 옳지 <u>않은</u> 것은?

① 대통령 직선제 개헌 운동과 대학생 고문 치사 사건을 배경으로 전개되었다.

② 전두환 대통령의 4 · 13 호헌 조치와 이한렬의 죽음을 계기로 격화되었다.

③ 6 · 29 선언이 발표되고 5년 단임의 대통령 직선제 개헌이 이루어졌다.

④ 부산과 마산에서 학생과 시민이 중심이 되어 대규모 반정부 시위가 전개되었다.

7. 다음 (가)와 (나) 사이의 시기에 일어난 역사적 사실로 옳지 <u>않은</u> 것은?

> (가) 친애하는 동포 여러분! 은인자중하던 군부는 금일 행동을 개시하여 국가의 행정. 입법. 사법의 3권을 완전히 장악하고 이어 군사 혁명 위원회를 조직하였습니다.
>
> (나) 오늘날과 같은 국면에 처해서는 마땅히 새로운 체제로의 일대 유신적 개혁이 있어야 하겠습니다. 이에 나는 부득이 정상적 방법이 아닌 비상조치로서. 우리 실정에 가장 알맞은 체제 개혁을 단행해야 하겠다는 결심을 하기에 이르렀습니다.

① 진보당 사건   ② 경제 개발 5개년 계획 추진
③ 한 · 일 협정   ④ 베트남 파병

8. 다음 자료에 나타난 (가), (나)와 관련된 사실 중에서 옳은 것을 모두 고르시오.

> (가) 몽매한 무지와 편협 그리고 집권과 데모의 제지. 학생 살해. 재집권을 위한 독단적인 개헌과 부정 선거 등은 이 나라를 말살하는 행위인 것이며 악의 오염을 더욱 증가시키는 것 이외에 무엇이 되겠는가.
>
> (나) 헌법 개정의 주체는 오로지 국민이다. 국민 이외의 어느 누구도 이 신성한 권리를 대행하거나 파기할 수 없다. 그러므로 국민적 의사를 전적으로 묵살한 4 · 13 폭거는 시대적 대세인 민주화를 거스르려는 음모요. 국가 권력의 주인인 국민을 향한 도전장이 아닐 수 없다.

> ㄱ. (가)는 내각 책임제의 헌법 개정으로 이어졌다.
> ㄴ. (가) 당시에 시민들은 대통령 선거의 재실시를 요구하였다.
> ㄷ. (나)를 막기 위해 당시 정권은 계엄령을 선포하였다.
> ㄹ. (나)를 계기로 여당과 야당 간의 정권 교체를 이루어졌다.
> ㅁ. (가)와 (나)는 학생 사망 사건으로 시위가 격화되었다.

① ㄱ, ㄴ, ㄷ   ② ㄱ, ㄴ, ㅁ
③ ㄴ, ㄷ, ㄹ   ④ ㄴ, ㄹ, ㅁ

9. 다음은 6공화국과 관련된 내용이다. 그 설명이 <u>잘못된</u> 것은?
① 5년 단임의 대통령 직선제 개헌과 관련있다.
② 노태우 정부 당시에는 유엔 동식 가입을 이루었다.
③ 김영삼 정부는 최초의 남북 정상 회담을 개최하고 6 · 15 공동 선언을 발표하였다.
④ 김대중 정부는 선거에 의한 최초의 여 · 야 정권 교체를 이루었다.

10. 다음 빈 칸에 들어갈 사건으로 바른 것을 고르면? `2012 기출`

> 4 · 19 혁명 → 5 · 16 군사 정변 → 〈　　　　　〉 → 3선 개헌

① 6월 민주 항쟁   ② 한 · 일 협정
③ 유신 체제   ④ 7 · 4 남북 공동 성명

정답 및 해설

1. 정답 ③

오답풀이 ③ 4·19 혁명 이후 이승만은 하야하고, 내각책임제와 양원제의 개헌이 이루어졌다.

2. 정답 ①

오답풀이 ① 발췌개헌은 1952년에 이승만이 대통령에 당선되기 위하여 야당 의원을 감금하고 대통령 직선제 개헌을 통과시킨 불법 개헌이다.

3. 정답 ④

오답풀이 ④ 한·일 협정 체결 당시에 일본 정부는 공식적으로 식민지 지배에 대한 보상과 사죄를 하지 않았다.

4. 정답 ②

오답풀이 ② 유신 체제는 국민의 기본권을 침해하고 자유로운 정치 활동을 통제한 권위주의적인 독재체제였다.

5. 정답 ②

해설 ②③④ 2차 석유 파동에 따른 경제 침체로 YH 무역 사건(1979)이 발생하였으며, 그 영향으로 부·마 민주 항쟁과 10·26 사태(박정희 암살, 1979)가 발생하여 유신 체제는 붕괴되었다.

오답풀이 ① 5·18 민주화 운동(1980)은 전두환 신군부의 탄압에 저항하여 일어났다.

6. 정답 ④

오답풀이 ④ 부·마 항쟁에 대한 설명으로 부·마 항쟁(1979년)은 박정희 유신 체제에 저항하여 일어난 사건이다.

7. 정답 ①

해설 자료에서 (가)는 5·16 군사 정변(1961), (나)는 유신 체제 성립(1979)이다. ② 1962년 5·16 군사 정권이 추진하였다. ③ 1965년, ④ 1964년

오답풀이 ① 진보당 사건은 1958년에 일어났다.

8. 정답 ②

해설 ② 자료에서 (가)는 4·19 혁명, (나)는 6월 민주 항쟁이다. ㄱ. 4·19 혁명 이후에는 내각책임제의 개헌이 이루어졌다. ㄴ. 4·19 혁명은 3·15 부정 선거를 계기로 일어났으며, 당시 시민들은 재선거 실시를 요구하였다. ㅁ. 4·19 혁명에서는 김주열의 죽음, 6월 민주 항쟁에서는 박종철과 이한열의 죽음을 계기로 시위가 더욱 격화되었다.

오답풀이 ㄷ. 6월 민주 항쟁 당시에는 계엄령이 선포되지 않았다. ㄹ. 6월 민주 항쟁 이후에 여당의 노태우가 대통령으로 당선이 되어 여야 간의 정권 교체는 이루어지지 않았다.

9. 정답 ③

오답풀이 ③ 최초의 남북 정상 회담과 6·15 공동 선언을 발표한 것은 김대중 정부이다.

10. 정답 ②

해설 ② 5·16 군사 정변(1961)과 3선 개헌(1969) 사이에 일어난 사건은 한·일 협정(1965)이다.

오답풀이 ① 1987년, ③ 1972년, ④ 1972년

③ 통일 정책과 평화 통일의 과제

1 북한 체제와 북한의 변화

(1) 김일성 독재 체제의 강화

　1) 초기의 권력 구조 : 갑산파(김일성), 연안파(김두봉), 남로당(박헌영), 소련파(허가이)의 연립 형태

　2) 김일성 유일 체제의 확립 과정

1950년대	남로당계 숙청(1955) → 8월 종파 사건(1956) → 소련파와 연안파 숙청
1958년	일반 주민에 대한 사상 검토 사업 실시 → 김일성 중심의 통치 체제 확립
1960년대	주체사상을 북한 통치 이념 → 유일사상 체계화(1967)
1970년대	사회주의 헌법 제정(1972) : 김일성 독재 권력 체제 제도화, 국가 주석제 도입

　3) 사회주의 경제 건설

5개년 경제 계획 (1957~1961)	모든 농지의 협동 농장화, 개인 상공업 금지, 사유 재산 불인정, 중공업 우선 정책 실시
천리마 운동(1958)	최대한의 노동력 동원을 통한 생산량의 증대 → 북한 주민들의 노동 부담 강화
3대 혁명 소조 운동	1970년대 중반 → 새로운 사상, 기술, 문화 창조

(2) 북한의 변화

　1) 김정일 체제의 출범

　　① 1980년대 : 조선 노동당 6차 대회(1980) → 김정일 후계 체제 확립

　　② 1990년대 : 김정일 국방 위원장 취임 → 김일성 사망(1994) 후 유훈 통치 → 헌법개정(1998)
　　　→ 주석직 폐지, 김정일이 국방 위원장 자격으로 북한 통치

　2) 변화하는 북한

　　① 배경 : 사회주의 국가 붕괴로 인한 외교적 고립, 교역 상대국의 상실, 지속적인 경제난

　　② 경제적 변화

　　　㉠ 나진 · 선봉 자유 무역 지대 설치 공포(1991)

　　　㉡ 외국인 투자법 제정(1992) → 제한적 경제 개방 정책 실시

　　　㉢ 중국의 단둥과 북한의 신의주에 경제 특구 설치 합의(2001)

　　③ 외교의 변화

　　　㉠ 남북한 동시 유엔 가입(1991)

　　　㉡ 미국과의 관계 정상화 추진 → 제네바 기본 합의서 체결(1994)

　　　㉢ 김대중 정부의 대북 화해 · 협력 정책에 호응 → 금강산 관광 사업, 남북 정상 회담

➋ 통일 정책과 남북 교류

(1) 남북한의 대치(1950 · 60년대)

이승만 정부	철저한 반공 정책, 북진 통일론, 진보 세력의 평화 통일론 탄압
장면 정부	• 유엔 감시하의 남북한 총선거 주장, 북한과의 대화에는 소극적 자세(선건설 후통일) • 학생 · 혁신 세력은 중립화 통일론, 남북 협상론 주장 → '가자 북으로 오라 남으로'
박정희 정부	• '선건설 후통일론', 강력한 반공 정책 실시 • 1960년대 북한 군부 강경파에 의한 대남 도발로 남북 간 갈등 고조(1 · 21 사태, 울진 · 삼척 무장 간첩 사건, 푸에블로 호 사건)

(2) 남북 대화의 출발

1) 배경 : 1970년대 초 냉전 체제 완화와 평화 공존의 국제 정세, 남북한의 경제적 어려움

2) 전개 과정(박정희 정부)

8 · 15 선언(1970)	선의의 체제 경쟁 제안, 평화 정착, 남북 교류 협력 등 주장
남북 적십자 회담 (1971.9)	이산가족 재회를 위한 남북 적십자 회담 제안 → 7차에 걸쳐 본 회담 개최
7 · 4 남북 공동성명 (1972)	• 3대 통일 원칙 합의 : **자주적 · 평화적 통일, 민족적 대단결** • 남북 조절 위원회 구성 → 공동 성명에 대한 남북한 사이의 해석 문제로 대화 중단 • 남북한은 모두 7 · 4 남북 공동 성명을 정치적 이용 → 독재 체제 구축 • 남한 – 유신 체제, 북한 – 사회주의 체제의 공식화에 이용
6 · 23 평화 통일 선언 (1973)	남북한 유엔 동시 가입 제안, 호혜 평등의 원칙 아래 공산권 국가에 대한 문호 개방 제시

(3) 1980년대 통일 방안

1) 남한(전두환 정부) : 남북 고향 방문단(1985, 최초의 이산가족 상봉), 예술단 교환 공연(1985), 민족 화합 민주 통일 방안 제시(1982.1)

2) 북한 : 고려 연방제 통일 방안 제시(1980.10)

※ 남북한의 통일 방안

구분	남한	북한
명칭	민족 공동체 통일 방안	고려 민주 연방 공화국 창립 방안

통일 과정	• 화해 협력 단계
	• 남북 연합 단계 : 남북 연합 헌장 채택
	  남북 연합 기구 구성 및 운영
	• 통일 국가 완성 단계 : 국민 투표로 통일
	  헌법 확정 총선거 실시
		• 남한의 국가 보안법 폐지, 주한 미군 철수
		• 고려 민주 연방 공화국 수립
		• 최고 민족 연방 회의 구성
		• 연방 상설 위원회 설치

과도 체제	남북 연합(1민족 2국가 2체제 2정부)	–
최종 국가 형태	1민족 1국가 1체제 1정부	1민족 1국가 2체제 2정부
특징	민족 사회 건설 우선 : 민족 통일 → 국가 통일	국가 체제 조립 우선 : 국가 통일 → 민족 통일

(4) 탈 냉전 시대의 남북 관계

1) 배경 : 사회주의 체제의 붕괴로 인한 북한의 외교적 고립 위기, 민주화 운동의 확산에 따른 통일 열기 고조

2) 남북 관계의 진전

노태우 정부	• 7·7 특별 선언(1988) : 북한을 공동 번영을 추구하는 민족 공동체의 일원으로 인식 • 한민족 공동체 통일 방안(1989) : 자주, 평화, 민주의 원칙 아래 민족 공동체 회복을 위한 남북 연합이라는 중간 단계 설정 → 민주 공화제의 통일 국가 수립 • 남북 고위급 회담 시작(1990) → 남북한 유엔 동시가입(1991.9) → 남북 기본 합의서 채택(1991.12) → 한반도 비핵화에 관한 공동 선언(1992)

김영삼 정부	• 남북 정상 회담 개최 합의 → 김일성 사망으로 무산(1994.7) → 조문 파동 → 남북 관계 악화
	• 민족 공동체 통일 방안(1994) : 화해·협력 → 남북연합 → 통일국가 완성의 3단계 통일 방안 제시
	• 남북 경제 교류 지속 : 나진·선봉 자유 무역 지대의 자유시 건설 참여, 식량 지원
	• 제네바 기본 합의서(1994.10) ─┌ 미국 : 북한에 중유 공급
	                             ├ 남한 : 경수로 건설 지원
	                             └ 북한 : 핵안정 협정 이행, NPT(핵무기 확산금지 조약) 잔류
	• 한반도 에너지 개발 기구(KEDO)에 참여 → 북한 신포 지역에 경수로 건설

김대중 정부	• 대북 화해·협력 정책 : 남북 정상 회담(2000) → 6·15 남북 공동 선언 발표 • 남북 교류·협력 활성화 : 금강산 관광사업, 이산가족 방문단 교환, 경의선 복구 사업, 개성공단 설치
노무현 정부	2차 남북 정상 회담(2007) → 남북 관계의 발전과 평화, 번영을 위한 선언

(5) 국제 정세의 변화와 평화 통일의 과제

1) 국제 정세의 변화 : 냉전 체제의 붕괴(1980년대 후반) → 소련 해체, 독일 통일, 동유럽 공산권 붕괴, 중국과 수교(1992) → 평화 통일 기반 조성

2) 평화 통일의 과제

① 남한의 흡수 통일론에 대한 북한의 반감, 남한 내에서 북한과의 통일에 대한 의견 차이 극복

② 한반도에서의 전쟁 가능성 완화 및 제거, 남북한 신뢰와 민족 동질성 회복

 확인 학습

정답: P. 393

1. 박정희 정부 당시에 남북이 최초로 통일의 원칙을 합의한 선언과 3대 통일 원칙은?

2. 최초로 이산가족 상봉이 이루어진 시기는?

3. 북한의 통일 방안의 명칭은?

4. 노태우 정부가 유엔 동시 가입 이후 남북의 교류와 협력 활성화를 중심으로 발표한 선언은?

5. 김대중 정부 당시 6·15 공동 선언 발표를 계기로 남북이 공동으로 추진했던 대표적인 정책 4가지는?

1. 자주 · 평화 통일, 민족적 대단결의 3대 통일 원칙을 천명하고 남북 당국이 통일 문제 협의 후 남북 조절 위원회를 설치하기로 합의한 회담은? `2004 기출`

   ① 1970년 8 · 15 선언
   ② 1971년 남북 적십자 회담
   ③ 1972년 7 · 4 남북 공동 성명
   ④ 1973년 6 · 23 평화 통일 선언

2. 2000년 6 · 15 공동 선언의 내용으로 맞는 것은? `2007 기출`

   ① 남북 이산 가족 상봉 최초 실시
   ② 개성 공단 설치와 경의선 복구 사업 시작
   ③ UN 동시 가입
   ④ 남북 상호 불가침 조약

3. 다음 (가), (나) 문서에 대한 설명으로 옳지 않은 것은?

   > (가) 첫째, 통일은 외세에 의존하거나 외세의 간섭을 받음이 없이 자주적으로 해결하여야 한다.둘째, 통일은 서로 상대방을 반대하는 무력 행사에 의거하지 않고 평화적 방법으로 실현하여야 한다.셋째, 사상과 이념, 제도의 차이를 초월하여 우선 하나의 민족으로서 민족적 대단결을 도모하여야 한다.
   >
   > (나) 남과 북은 나라의 통일을 위한 남측의 연합제 안과 북측의 낮은 단계의 연방제 안이 서로 공통성이 있다고 인정하고, 앞으로 이 방향에서 통일을 지향시켜 나가기로 하였다.

   ① (가) – 남과 북에서 정치 권력의 강화에 이용되었다.
   ② (가) – 통일 3대 원칙이 남북 당국 간에 최초로 합의되었다.
   ③ (나) – 남북 정상이 평양에서 만나 합의하였다.
   ④ (가), (나) – 합의 직후 각각 이산 가족 상봉이 실현되었다.

4. 다음은 어느 정부 때의 사실이다. 이 시기의 통일 노력으로 옳은 것은?

   > • 북방 외교를 추진하여 소련 및 동유럽 공산 국가들과 수교하였다.
   > • 5 · 18 민주화 운동 진압에 대한 진상과 언론 탄압에 대한 진상을 규명하기 위해 청문회를 열었다.

   ① 분단 이후 처음으로 남북 정상 회담이 개최되었다.
   ② 남북 고위급 회담에서 남북 기본 합의서를 채택하였다.
   ③ 남북한 당국은 통일의 3대 원칙을 담은 공동 성명을 발표하였다.
   ④ 우리 정부는 개성 공단 설치 등 북한과 경제 협력을 추진하였다.

5. 다음 내용을 발생한 시기 순으로 바르게 나열한 것은?

   > ㄱ. 남북한 유엔 동시 가입
   > ㄴ. 6 · 15 남북 공동 선언
   > ㄷ. 남북 관계 발전과 평화 번영을 위한 선언
   > ㄹ. 금강산 관광 시작
   > ㅁ. 제네바 기본 합의서

   ① ㄱ - ㄴ - ㄷ - ㄹ - ㅁ
   ② ㄱ - ㅁ - ㄹ - ㄴ - ㄷ
   ③ ㄹ - ㄱ - ㄴ - ㄷ - ㅁ
   ④ ㄹ - ㄴ - ㄱ - ㅁ - ㄷ

정답 및 해설

1. 정답 ③

[해설] ③ 7·4 남북 공동 성명(1972)은 남북 분단 이후에 남북이 최초로 통일 원칙을 합의하고 자주적·평화적 통일. 민족적 대단결의 3대 통일 원칙을 발표하였다. 또한 통일을 추진하기 위하여 남북 조절 위원회를 설치하기로 하였으며, 남북 상설 직통 전화 설치도 합의하였다.

2. 정답 ②

[해설] ② 6·15 공동 선언을 계기로 남북한은 개성 공단 설치. 경의선 복구 사업, 이산가족 상봉, 금강산 육로 관광 등 여러 방면에서의 교류를 적극 추진하였다.

[오답풀이] ① 전두환 정부(1985). ③ 노태우 정부(1991). ④ 박정희 정부(1973)

3. 정답 ④

[해설] 자료에서 (가)는 7·4 남북 공동 성명, (나)는 6·15 공동 선언이다. ① 7·4 남북 공동 성명은 당시 남북한에서 정치권력 강화에 이용되어 남한에서는 박정희 유신 체제. 북한에서 김일성 주석체제가 각각 성립되었다. ② 7·4 남북 공동 성명의 3대 통일 원칙은 남북 간에 최초로 통일 원칙을 합의한 것이었다. ③ 6·15 공동 선언은 2000년 평양에서 열린 남북 정상 회담에서 합의하여 발표되었다.

[오답풀이] ④ 7·4 남북 공동 성명 이후에는 이산가족 상봉이 이루어지지 않았다.

4. 정답 ②

[해설] ② 자료는 노태우 정부 때의 사실이다. 노태우 정부는 1991년에 유엔 동시 가입을 실현한 후에 남북 기본 합의서를 채택하였다.

[오답풀이] ①④ 김대중 정부. ③ 박정희 정부의 7·4 남북 공동 성명(1972년)

5. 정답 ②

[해설] ② ㄱ. 남북한 유엔 동시 가입(1991. 노태우 정부) − ㅁ. 제네바 기본 합의서(1994. 김영삼 정부) − ㄹ. 금강산 관광 시작(1998. 정주영 소떼 방북 계기) − ㄴ. 6·15 남북 공동 선언(2000. 김대중 정부) − ㄷ. 2차 남북 정상 회담(2007. 노무현 정부의 10·4 선언)

4 경제 발전과 사회·문화의 변화

◼1 광복 이후의 경제 혼란과 전후 복구

(1) 광복 이후의 경제 혼란

1) 경제 구조의 차이 : 남한 – 농업·경공업, 북한 – 전력·중화학 공업, 지하 자원 풍부

2) 경제 혼란 : 전력 공급 부족, 실업자 급증, 일제의 화폐 남발(통화량 급증), 생필품과 식량 부족 → 물가 폭등

3) 미 군정의 경제 정책 : 3·1제 소작료, 미곡 자유화 정책 → 미곡 수집제

(2) 이승만 정부의 경제 정책과 농지 개혁

1) 경제 정책의 기본 방향

　① 농업·공업의 균형 발전, 귀속 재산의 정부 인수

　② 소작 제도 철폐와 경자유전의 원칙 확립, 사회 보장 제도 실시

2) 재정 확충 : 한·미 경제 원조 협정 체결(1948), 귀속 재산 처리법 제정

3) 농지 개혁(1949) : 지주 중심의 토지 소유 폐지 → 유상 매입·유상 분배 → 농민 중심의 토지 소유 구조 확립

(3) 전후 복구와 경제 정책

1) 전쟁의 피해 : 생산 시설 파괴, 군사비 증가 → 재정 적자 확대, 물가 폭등

2) 경제 재건 : 미국의 원조에 의존 → 사회 기간 시설 보수

3) 귀속 재산 처리

개념	일제 시대 일본 또는 일본인 소유의 재산 → 기업체, 농경지, 광산, 선박, 점포 등
미군정기	신한공사가 관리 → 미군정이 귀속 농지를 비롯하여 일부 처분
과정	귀속 재산 처리법 제정(1950) → 이승만 정부가 6·25 전쟁 이후 본격 불하
결과	정·경 유착 폐단 → 1950년대 독점 자본(재벌 기업) 형성, 다수의 민간 기업 성장

4) 미국의 경제 원조(1950년대)

목적	미국 내 과잉 생산 방지, 전쟁 피해 복구, 경제난으로 인한 공산주의화 방지
특징	식량 및 생필품, 면화·설탕·밀가루 등 소비재 산업의 원료에 집중
영향	공업 부분의 불균형 심화, 삼백 산업의 발달, 농산물 가격 폭락

2 경제 성장과 자본주의의 발전

(1) 경제 개발 5개년 계획 추진

1) 장면 정부 : 경제 개발 5개년 계획 수립 → 5 · 16 군사 정변으로 중단

2) 박정희 정부 : 경제 개발 5개년 계획 추진

특징	정부 주도, 수출 주도형 성장 중심의 경제 정책, 공업 우선 정책, 외국 자본 도입
1960년대(1 · 2차)	노동 집약적 경공업 중심의 수출 산업 육성, 사회 간접 자본의 확충
1970년대(3 · 4차)	중화학 공업 육성, 새마을 운동 병행
성과	국민 생활수준 향상, 아시아의 신흥 공업국으로 성장
문제점	• 정부 주도 : 재벌 중심의 경제 구조, 정 · 경 유착 • 외국 자본에 의존 : 대외 의존도 심화, 외채 급증 • 수출 중심 : 농촌 피폐, 산업 불균형 심화 • 성장 중심 : 저임금 · 저곡가 정책 → 빈부 격차 심화

(2) 1980년대 이후의 경제

전두환 정부	경제 위기	중화학 공업의 과잉 투자, 제 2차 석유 파동(1979), 정치적 불안정
	경제안정화정책	중화학 투자조정 및 부실기업 정리, 시장경제의 자율성 도모, 자본 자유화 정책
	1980년대 중반 이후	저금리 · 저유가 · 저달러의 3저 호황으로 고도 성장
김영삼 정부	시장 개방	세계 무역 기구(WTO) 출범, 농산물 수입 개방, 경제 협력 개발 기구(OECD) 가입
	IMF 외환위기	• 원인 : 금융권 부실, 재벌의 방만한 기업 운영, 외국 자본의 이동 → IMF 관리 체제 • 영향 : 기업 간 구조 조정, 실업자 증가, 국가 신인도 추락, 외국 자본의 투자 활발
김대중 정부	신자유주의 경제 정책 바탕 → 기업 · 금융 · 공공 · 노동 등 4대 부문 개혁	

(3) 한국 경제의 과제

① 선진 자본주의 국가의 경제적 압력과 지역 중심의 경제 장벽 극복을 위한 경쟁력 강화

② 지속적인 경제 발전과 미래 경쟁력 확보

③ 중국을 비롯한 개발 도상국과의 세계 시장에서의 치열한 경쟁 대비

④ 재벌 중심의 경제 구조 개혁

❸ 사회 변화와 사회 문제

(1) 산업화에 따른 사회의 변화

1) 도시화의 진전 : 농가 인구의 도시 유입으로 급격한 인구 증가 → 주택·교통·실업·환경·도시 빈민 문제 등 발생
2) 농촌의 변화 : 1960년대 공업화 정책과 저곡가 정책 → 도시·농촌 간 소득 격차 심화
   ① 새마을 운동(1970년)
      ㉠ 근면·자조·협동 바탕 → 정부 주도의 농어촌 근대화와 소득 증대 사업
      ㉡ 농어촌 생활환경 개선에 주력 → 지붕 개량, 아스팔트 도로
      ㉢ 전국적 의식 개혁 운동으로 발전
   ② 농촌의 당면 과제 : 농산물 시장 개방, 농가 부채 증가 → 위기감 고조
3) 산업 노동자 증가 : 노동 운동 활성화

1970년대	• 박정희 정부의 저임금 정책, 열악한 노동 환경, 노동 3권 행사 제한 • 전태일 분신 사건(1970)을 계기로 노동 운동 본격화 → YH 무역 사건(1979)
1980년대	6월 민주 항쟁 이후 노동 운동 폭발적 증가 → 민주적 노동조합의 결성 요구
1990년대	민주노총 결성(1995), 노사정 위원회 구성(1998)

(2) 사회 보장 제도의 발전 : 국민 연금 제도(1988), 전 국민 의료 보험(1989), 사회 보장 기본법 제정(1995)

(3) 시민 운동과 환경 보전 운동

1) 시민 운동의 배경 : 1980년대 이후 민주화 진전, 경제 발전에 따른 중산층의 형성
2) 환경 운동 : 환경 파괴 행위에 대한 감시와 저지, 환경부 설치
3) 여성 운동 : 남녀 고용 평등법(1987), 가족법 개정(1991), 여성부 출범(2001)

전태일의 유서

…… 저희들은 근로 기준법의 혜택을 조금도 못 받으며 더구나 2만 여명을 넘는 종업원의 90%이상이 평균 18세의 여성입니다. 기준법이 없다고 하더라도 인간으로서 어떻게 여자에게 하루 15시간의 작업을 강요합니까? 미싱사의 노동이라면 모든 노동 중에서 제일 힘든 노동으로, 여성들은 견뎌 내지를 못합니다. 또한, 3만여 명 중 40%를 차지하는 시다공들은 평균 연령 15세의 어린이들로서 육체적으로 정신적으로 성장기에 있는 이들은 회복할 수 없는 결정적이고 치명적인 타격을 입습니다. 전부가 다 영세민의 자녀들로서 굶주림과 어려운 현실을 이기려고 하루에 70원 내지 100원의 급료를 받으며 1일 15시간의 작업을 합니다. …… 저희들의 요구는 …… 1일 15시간의 작업을 1일 10~12시간으로 단축해 주십시오. 1개월 휴식 2일을 늘려서 일요일마다 휴일로 쉬기를 원합니다. 건강 진단을 정확하게 하여 주십시오. 시다공의 수당을 50% 인상하십시오. 절대로 무리한 요구가 아님을 맹세합니다. 인간으로서 최소한의 요구입니다.

❹ 현대 문화의 동향

(1) 교육의 발전

미 군정기	미국식 민주주의 이념과 교육 제도 도입, 6-3-3 학제 도입
이승만 정부	초등학교 의무 교육 실시, 중등·고등 교육 기관 확충
박정희 정부	교육에 대한 국가의 통제 강화, 국민 교육 헌장 선포, 중·고등학교 무시험제 실시
전두환 정부	과외 전면 금지, 대학 입학 본고사 폐지, 졸업 정원제 실시

(2) 언론 활동

미 군정기	좌·우익 신문의 대립 → 우익 신문이 언론계 주도
이승만 정부	신문 발행 허가제 실시, 국가 보안법을 통해 언론 통제 강화
박정희 정부	박정희 독재에 항거하는 언론 탄압(프레스 카드제 등) → 언론 자유 수호 선언(1971)
전두환 정부	언론 통폐합, 비판적 언론인 구속·해직 → 6월 민주 항쟁 이후 언론의 자유 확대
1990년대	언론과 권력 기관 유착, 상업주의 경향 심화, 인터넷 등 다양한 언론 매체 등장

(3) 문예 및 체육 활동과 대중 문화

1) 문예 : 민족·민중의 현실을 문학이나 예술 활동과 결합하려는 움직임 등장
2) 체육 : 엘리트 선수 육성, 국민의 통합과 관심 유도 및 정권의 위상 제고 수단
3) 대중 문화 : 서구 문화의 급속한 유입 → 대중문화 확산 → 가치관의 혼란과 전통 문화의 위축

확인 학습

정답: P. 393

1. 해방 이후 남북한에서 실시한 토지(농지) 개혁의 각각의 기본 원칙은?

2. 이승만 정부가 6·25 전쟁 이후 국가 재정 확보를 위해 실시하였던 귀속 재산 처리의 결과를 3가지 서술하시오.

3. 6·25 전쟁 이후 미국의 경제 원조를 계기로 발달한 삼백 산업은 무엇인가?

4. 박정희 정부의 경제 개발 5개년 계획의 특징과 문제점을 각각 서술하시오.

5. 저금리, 저유가, 저환율의 3저 호황으로 경제 성장을 이룬 정부는?

6. 1970년 박정희 정부의 저임금 정책과 열악한 노동 환경을 배경으로 일어난 노동 운동 사건은?

7. 김영삼 정부 당시 IMF 외환 위기가 일어나게 된 배경과 결과를 서술하시오.

8. 박정희 정부가 농어촌 근대화와 소득 증대를 표방하면서 전개되었던 정책은?

1. 다음은 해방 이후 현대 사회의 경제 상황과 관련된 내용들이다. 이 중에서 옳은 것은?

① 미 군정에 의해 설치된 신한 공사를 중심으로 농지 개혁이 완료되었다.

② 이승만 정부는 국가 재정 확보를 위해 귀속 재산 처리법을 집행하였다.

③ 6 · 25 전쟁 후에 미국의 경제 원조로 중화학 공업이 발달하였다.

④ 장면 정부에서는 경제 개발 5개년 계획을 추진하여 경제적 성장을 이루었다.

2. 다음 노래가 등장한 시기의 경제 발전에 대한 설명으로 옳은 것을 모두 고르시오.

- 월남에서 돌아온 새까만 김 상사 이제서 돌아왔네월남에서 돌아온 새까만 김 상사 너무나 기다렸네
- 새벽종이 울렸네 새 아침이 밝았네너도 나도 일어나 새마을을 가꾸세살기 좋은 내 마을 우리 힘으로 만드세

ㄱ. 저곡가 정책으로 도시와 농촌 간 소득 격차가 심화되고 농촌 인구의 도시 이주 현상이 발생하였다.

ㄴ. 세계 무역 기구(WTO) 가입과 농산물 시장의 개방으로 농촌 경제가 어려움을 겪었다.

ㄷ. 저유가, 저환율, 저금리의 3저 호황으로 비약적인 경제 성장을 이루었다.

ㄹ. 노동 집약적 경공업 중심의 경제 정책을 추진하였다.

① ㄱ, ㄴ
② ㄱ, ㄹ
③ ㄴ, ㄷ
④ ㄷ, ㄹ

3. 새마을 운동과 관련된 설명으로 옳지 않은 것은?

① 근면 · 자조 · 협동을 근본 정신으로 내세웠다.

② 농촌의 외형적인 변화에만 치중하였다는 비판을 받았다.

③ 이 사업은 점차 전국적인 의식 개혁 운동으로 확산되었다.

④ 자영농 중심의 근대적 토지 소유 관계 확립이라는 농민들의 요구를 수용한 것이다.

4. 6 · 25 전쟁 이후 미국의 경제 원조와 관련된 설명으로 옳지 않은 것은?

① 농산물의 수입을 자유화하는 조치가 취해졌다.

② 국내 농산물 가격의 하락으로 농업 생산 기반이 약화되었다.

③ 제당, 제분, 방적 등의 삼백 산업이 발달하였다.

④ 농산물 판매 대금의 일부는 한국 정부의 예산으로 사용되었다.

5. 박정희 정부(1960년대~70년대)의 경제 정책 및 경제 상황에 대한 설명으로 옳지 않은 것은?

① 수출 · 성장 중심, 정부 주도의 경제 정책을 추진하였다.

② 수출 경쟁력을 높이기 위한 저임금 · 저곡가 정책으로 인하여 빈부의 격차가 심화되었다.

③ 경제 협력 개발 기구(OECD)에 가입하여 국가 경쟁력을 높였다.

④ 베트남 파병과 중동 건설의 특수를 통해 경제 성장을 이루었다.

6. 김영삼 정부의 IMF 외환 위기와 관련된 설명으로 옳지 <u>않은</u> 것은?

① 중화학 공업에 대한 과잉 중복 투자가 직접적인 원인이 되었다.

② 금융권의 부실, 대규모 외국 자본의 이동 등도 주요 원인으로 작용하였다.

③ IMF 외환 위기를 계기로 기업 간의 구조 조정이 이루어져 실업자가 증가하였다.

④ 김대중 정부는 IMF 외환 위기를 극복하기 위하여 금 모으기 운동을 전개하였다.

정답 및 해설

1. 정답 ②

해설 ② 이승만 정부는 국가 재정 확보를 위하여 일제 강점기의 일본 정부 또는 일본인 소유의 재산(귀속 재산)을 처리하는 귀속 재산 처리법(1950)을 제정하고 6·25 전쟁 이후에 실시하였다.

오답풀이 ① 농지 개혁은 이승만 정부에 의해 완료되었다. ③ 6·25 전쟁 이후 미국의 경제 원조로 제당, 제분, 면방직 등 소비재 산업이 발달하였다. ④ 장면 정부는 경제 개발 5개년 계획을 수립하였으나, 5·16 군사 정변으로 붕괴되어 실행에 옮기지 못하였으며, 박정희 5·16 군사 정권에 의해 1962년부터 추진되었다.

2. 정답 ②

해설 ② 자료는 베트남 파병(1964)과 새마을 운동(1970)과 관련된 노래로서 박정희 정부와 관련된 사실이다. ㄱ. 박정희 정부는 1960년대에 외화 획득을 위한 수출 장려 정책으로 저곡가 정책을 실시하여 농촌의 빈곤을 초래하여 도시와 농촌 간의 소득 격차가 심화되었으며, 그 영향으로 농촌 인구의 도시 이주 현상이 급증하였다. ㄹ. 1960년대 박정희 정부는 노동력에 의존하는 노동 집약적 경공업(섬유·가발·신발) 중심의 경제 정책을 추진하였다.

오답풀이 ㄴ. 김영삼 정부(1990년대) ㄷ. 전두환 정부(1980년대)

3. 정답 ④

오답풀이 ④ 자영농 중심의 근대적 토지 소유 관계 확립은 1950년부터 추진된 이승만 정부의 농지 개혁에 의해서 이루어진 결과이다.

4. 정답 ①

오답풀이 ① 농산물 수입 개방은 1990년대 김영삼 정부부터 본격적으로 실시되었다.

5. 정답 ③

오답풀이 ③ 경제 협력 개발 기구(OECD) 가입은 김영삼 정부 때의 사실이다.

6. 정답 ①

오답풀이 ① IMF 외환위기는 1997년에 금융권의 부실 운영과 재벌 기업의 방만한 기업 운영이 원인이 되어 일어났다. 중화학 공업에 대한 과잉 중복 투자 정책으로 인하여 경제 침체를 초래한 것은 1970년대 후반 박정희 정부 당시의 사실이다.

VIII. 현대 사회의 발전

1. 대한민국의 수립

1. 카이로회담   2. 얄타회담   3. 한반도의 임시 정부 수립, 미·소 공동 위원회 설치, 5년간 신탁통치
4. 조선 건국 준비 위원회   5. 여운형, 김규식   6. 제주 4·3 사건   7. 3정보까지 토지 소유 제한, 유상매입, 유상 분배
8. 애치슨 선언   9. 이승만의 반공 포로 석방

2. 민주주의의 시련과 발전

1. 발췌개헌   2. 진보당 사건   3. 4·19 혁명   4. 국가재건 최고회의   5. 6·3 항쟁
6. 긴급조치권, 국회의원 1/3 추천권, 국회해산권   7. 부·마 항쟁   8. 5·18 광주 민주화 운동   9. 국가보위 비상 대책 위원회
10. 내각책임제, 양원제   11. 6월 민주 항쟁   12. 노태우 정부   13. 김대중 정부   14. 김영삼 정부   15. 베트남 파병

3. 통일 정책과 평화 통일의 과제

1. 7·4 남북 공동 성명, 자주적·평화적 통일, 민족적 대단결   2. 전두환 정부(1985)   3. 고려 연방제 통일 방안
4. 남북 기본 합의서   5. 이산가족 상봉 정기적 실시, 금강산 관광 본격적 실시, 개성공단 설치, 경의선 철도 복구

4. 경제 발전과 사회·문화의 변화

1. 남한–유상매입·유상분배, 북한–무상몰수·무상분배
2. 국가 재정 확충, 다수의 민간 기업 성장, 재벌 기업의 등장, 정·경 유착의 폐단   3. 제당, 제분, 면방직
4. 특징–정부 주도, 수출·성장·공업 중심의 정책, 외국 자본에 의존, 문제점–재벌 중심의 경제 구조, 정·경 유착, 대외 의존도 심화, 외채 급증, 농촌 피폐, 산업 불균형 심화, 저임금·저곡가 정책→빈부 격차 심화   5. 전두환 정부   6. 전태일 분신 자살
7. 배경–금융권 부실, 재벌의 방만한 기업 운영, 외국 자본의 이동, 결과–기업 간 구조 조정, 실업자 증가, 국가 신인도 추락, 외국 자본의 투자 활발   8. 새마을 운동

IX

기출문제

1. 고대 국가와 그 풍속이 바르게 연결된 것은?

① 고구려 – 소도   ② 옥저 – 데릴사위제

③ 동예 – 동맹   ④ 부여 – 영고

2. 다음의 유물이 사용되던 시기의 모습으로 옳지 <u>않은</u> 것은?

① 농경과 목축을 통한 생산이 시작되었다.

② 동굴, 막집 등에 살며 이동생활을 했다.

③ 간석기와 낚시, 바늘 등의 뼈 도구가 있다.

④ 사람들은 강가나 바닷가에 주로 살았다.

3. 다음 내용에 보이는 사회의 모습에 해당하지 <u>않는</u> 것은?

> • 사람을 죽인 자는 사형에 처한다.
> • 상처를 입힌 자는 곡물로 배상한다.
> • 남의 물건을 훔친 자는 노비로 삼는다.

① 성리학적 유교 윤리를 중요시했다.

② 사람들의 생명과 재산을 중시하였다.

③ 농경사회를 배경으로 하고 있다.

④ 권력과 경제력의 차이가 있었다.

4. 다음의 "흥수아이"가 살았을 시기의 생활상에 관한 설명으로 옳은 것을 모두 고른 것은?

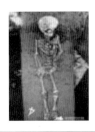 

> ㄱ. 뼈바늘, 가락바퀴 등을 이용한 원시적 수공업이 등장하였다.
> ㄴ. 동굴이나 바위그늘, 또는 강가에 막집을 짓고 거주하였다.
> ㄷ. 지상가옥이 일반화되고, 널무덤 · 독무덤 형태의 무덤이 확산되었다.
> ㄹ. 짐승과 물고기를 잡아먹었으며, 식물의 열매나 뿌리도 채취하였다.

① ㄴ, ㄷ   ② ㄴ, ㄹ   ③ ㄱ, ㄴ, ㄷ   ④ ㄱ, ㄴ, ㄹ

5. 신라가 통일 이후 실시한 정책으로 옳은 것을 모두 고른 것은?

> ㄱ. 관료전 지급   ㄴ. 불교 공인
> ㄷ. 국학 설립   ㄹ. 율령 반포

① ㄱ, ㄴ   ② ㄱ, ㄷ
③ ㄴ, ㄷ   ④ ㄴ, ㄹ

6. 발해의 고구려 계승의식을 보여주는 사례로 옳은 것은?

① 일본에 보낸 국서에 '고려', '고려국왕'이라는 명칭을 사용했다.
② 상경용천부는 고구려 수도의 모습을 본떠 만들었다.
③ 중앙에는 왕 밑에 3성과 6부가 있었다.
④ 정효공주 무덤을 벽돌로 만들었다.

7. [나라 – 문학 – 예술작품]이 바르게 연결된 것은?

① 백제 – 구지가 –    ② 고구려 – 황조가 –

③ 고려 – 도솔가 –    ④ 조선 – 가시리 –

8. 다음 무령왕릉이 만들어졌을 당시의 상황에 관한 설명으로 옳은 것은?

① 중국의 동진으로부터 불교를 받아들여 왕실의 권위를 높였다.
② 22담로제가 실시되었고 왕족을 파견해 지방을 통치하였다.
③ 김흠돌의 난을 계기로 진골 귀족세력이 숙청당하였다.
④ 장보고가 청해진을 중심으로 해상무역을 장악하였다.

9. 한반도의 정세가 지도와 같았던 시기의 사실로서 옳은 것은?

① 광개토대왕의 군대가 신라에 주둔하였다.

② 신라에서 김씨들의 왕위 세습이 확립되었다.

③ 화랑도를 국가적인 조직으로 개편하여 인재를 양성하였다.

④ 백제와 신라가 동맹을 맺어 고구려에 대항하였다.

10. 두 유물을 통해 알 수 있는 것으로 옳은 것은?

금동미륵보살 반가상   목조 미륵보살 반가상

① 한반도와 일본열도 사이에 많은 교류가 있었다.

② 임진왜란 이후로 많은 유물이 일본으로 도난당했다.

③ 교류의 단절로 인하여 다른 재료로 비슷하게 불상이 제작되었다.

④ 동일한 양식의 불상을 중국으로부터 하사받은 것이다.

11. 밑줄 친 부분과 같은 일이 일어나게 된 직접적인 원인으로 옳은 것은?

> (공민왕이) 일개 승려에 불과하던 신돈에게 국정을 맡겼다. 신돈은 "오늘날 나라의 법이 무너져 나라의 토지
> 와 악한 자들의 토지를 힘 있는 자들이 모두 빼앗고 양민을 자신의 노예로 삼고 있다. 그러므로 백성은 병들
> 고 나라의 창고는 비어 있으니 큰 문제가 아닐 수 없다. …"   —『고려사』—

① 이자겸은 왕실과 혼인관계를 맺으면서 권력가가 되었다.

② 각 지역에 독립적인 세력을 가진 호족들이 등장하였다.

③ 원(元)의 세력을 등에 업은 권문세족이 성장하였다.

④ 세도 가문이 권력을 독점하면서 뇌물로 관직을 사고파는 일이 많아졌다.

12. 모 방송국에서 외교 담판으로 유명한 서희를 주인공으로 한 드라마를 제작하고자 할 때, 등장할 수 없는 장면은?

① 과거를 통해 관직에 진출한 관리와의 대화

② 전시과에 따라 토지를 하사받는 서희의 모습

③ 목화 밭 사이를 지나 소손녕에게 가는 서희 일행

④ 개혁안을 올리는 최승로를 바라보는 서희의 모습

13. 다음 내용과 관련된 고려 무신 정권기 천민의 반란은?

> 경인년과 계사년 이래 천한 무리에서 높은 관직에 오르는 경우가 많이 일어났으니, 장군과 재상이 어찌 종자가 따로 있으랴? 때가 오면 누구나 할 수 있을 것이다.

① 김보당의 난   ② 망이 · 망소이의 난

③ 전주 관노의 난   ④ 만적의 난

14. 고려시대의 가족생활에 관한 설명으로 옳지 않은 것은?

① 재산은 자녀에게 균등하게 분배하여 상속하였다.

② 양자(養子)를 들여 집안의 대를 잇게 하는 것이 보편화되었다.

③ 과부의 재혼이 일반적이었으며, 그 자식도 사회적 차별을 받지 않았다.

④ 남녀 구별 없이 태어난 순서에 따라 호적에 기재되었다.

15. 다음 사실로 알 수 있는 조선의 정치적 특징은?

> • 의정부는 3정승의 합의에 의해 정책을 결정하였다.
> • 사간원은 왕이 바른 정치를 하도록 일깨워주었다.
> • 관리의 비리를 감찰하는 사헌부가 있었다.

① 국왕권의 강화   ② 관리 등용의 공정성 확보

③ 권력의 독점과 부정을 방지   ④ 문벌 귀족의 정치 참여 보장

16. 세종대왕 때 일어난 일로 옳은 것을 모두 고른 것은?

> ㄱ. 집현전 설치   ㄴ. 4군 6진 설치
> ㄷ. 호패법 실시   ㄹ. 경국대전 완성

① ㄱ, ㄴ   ② ㄱ, ㄷ

③ ㄴ, ㄷ   ④ ㄴ, ㄹ

17. 조선의 과거 제도에 관한 설명으로 옳지 <u>않은</u> 것은?

① 상급 관리가 될 수 있는 주된 방법이었다.

② 정기시험은 원칙적으로 3년마다 실시했다.

③ 양반 신분에게만 응시할 자격이 주어졌다.

④ 문과와 무과 및 잡과 등의 시험이 있었다.

18. 다음 사회계층에 관한 설명으로 옳은 것은?

> • 조선시대 기술직이나 행정 실무에 종사하였다.(의술 · 통역 · 산술 · 법률)
> • 조선 후기 경제 변동에 부응하여 부를 축적하고 전문적 지식을 쌓았다.

① 양반과 상민의 중간 신분에 해당하였으며 시사(詩社)를 결성하기도 하였다.

② 신분은 양인이면서 천인들이 해야 할 일을 맡았다.

③ 유향소를 구성하여 수령을 보좌하고 향촌 사회의 풍속을 바로 잡았다.

④ 각종 국역 면제 특권을 가졌으며, 경제적으로는 지주층에 속한다.

19. 조선시대 대외관계 중 그 내용이 <u>잘못</u> 연결된 것은?

① 나선정벌(羅禪征伐) – 효종 대 여진 정벌

② 신미양요(辛未洋擾) – 고종 대 미국의 강화도 공격

③ 대마도 정벌(對馬島 征伐) – 세종 대 왜구 근거지 소탕

④ 병자호란(丙子胡亂) – 인조 대 청의 조선 침입

20. 다음 그림이 그려진 시기의 경제상황에 관한 설명으로 옳지 <u>않은</u> 것은?

① 곡식, 채소, 담배 등의 상품작물이 경작되었다.

② 광산 개발이 장려되었다.

③ 도시에는 대상인이 등장하였다.

④ 이앙법(모내기법)이 시작되어 생산량이 증가하였다.

21. 서원(書院)의 기능으로 옳은 것을 모두 고른 것은?

> ㄱ. 소과에 합격한 생원 · 진사 이상이 입학 대상이 되었다.
> ㄴ. 봄 · 가을에 향음주례(鄕飮酒禮)를 거행하였다.
> ㄷ. 학문의 연구와 선현(先賢)에 대한 제사를 받드는 것이 주된 목적이었다.
> ㄹ. 공자(孔子)와 그 제자 및 대유(大儒)들의 제사를 받들었다.

① ㄱ, ㄷ   ② ㄱ, ㄹ
③ ㄴ, ㄷ   ④ ㄴ, ㄹ

22. 다음 글에 관한 설명으로 옳은 것은?

> "우리는 이에 우리 조선(朝鮮)의 독립국(獨立國)임과 조선인(朝鮮人)의 자주민(自主民)임을 선언하노라. 이로써 세계만방에 알려 인류가 평등하다는 큰 뜻을 밝히며, 이로써 자손만대에 일러 민족이 스스로 생존하는 바른 권리를 영원히 누리게 하노라. 반만년 역사의 권위를 의지하여 이를 선언함이며, 2천만 민중의 충성을 합하여 이를 선명함이며, 민족의 한결같은 자유 발전을 위하여 이를 주장함이며, 인류 양심의 발로에 기인한 세계 개조의 큰 기운에 순응해 나기기 위하여 이를 제기함이니…"

① 일본의 가혹한 식민통치에 대하여 무장 항일 운동의 실천을 촉구하는 독립신문의 사설이다.
② 유학생들이 동경(東京)에서 조선의 독립을 요구하며 내건 2 · 8 독립선언의 결의문이다.
③ 을사조약이 체결되자, 장지연이 황성신문에 게재한 '시일야방성대곡(是日也放聲大哭)'의 내용이다.
④ 종교계를 중심으로 한 민족대표 33인이 발표한 3 · 1 독립선언서이다.

23. 다음은 수원화성과 정약용이 제작한 거중기이다. 이 시설과 장치가 만들어질 당시의 역사적 사실로 옳지 <u>않은</u> 것은?

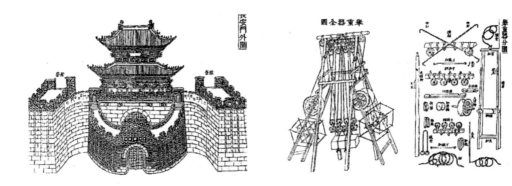

① 친위부대인 장용영을 설치하여 왕권을 강화하였다.
② 국토경영의 효율성을 높이기 위하여 「동국여지승람」을 편찬하였다.
③ 영조의 탕평책(蕩平策)을 계승 · 강화하였다.
④ 규장각에 젊은 학자들을 모아 학문과 정책을 연구하도록 하였다.

24. 일제강점기 신간회(1927년~1931년)에 관한 설명으로 옳은 것은?

① 을사조약 후 독립협회의 전통을 이은 기독교계의 인사들이 조직한 항일 비밀결사단체이다.

② 상해임시정부가 독립운동의 자금을 지원할 목적으로 조직한 단체이다.

③ 일본 제품을 배격하고 국산품을 애용하자는 운동을 전개한 단체이다.

④ 민족주의자와 사회주의자가 힘을 합쳐 조직한 전국적인 민족운동단체이다.

25. 1894년 조선은 일본의 간섭 아래 정치 · 행정 · 사법 · 경제 · 신분과 관련된 대대적인 개혁을 단행하였고, 이를 갑오개혁(갑오경장)이라고 한다. 갑오개혁(갑오경장)에 관한 설명으로 옳지 <u>않은</u> 것은?

① 군국기무처를 설치하여 개혁을 추진하였다.

② 과거제도를 정비하여 새로운 관리를 임용하였다.

③ 개국기원을 사용하여 청과의 종속관계에서 벗어났다.

④ 양반 · 상민이나 문반 · 무반의 차별 등을 없앴다.

1. (   )에 들어갈 인물을 순서대로 옳게 나열한 것은?

> • 고기(古記)에 이런 말이 있다. 옛날 환인의 아들 (   )이 천부인 3개와 3,000의 무리를 이끌고 태백산 신단수 아래에 내려왔는데, 이를 신시라 하였다.
> • 시조 동명성왕은 성이 고씨이며, 이름은 주몽이다. …… 부여의 (   )이 태백산 남쪽에서 한 여자를 만나게 되어 물으니 (   )의 딸 유화라 하였다.

① 단군, 하백, 금와왕　　　　　② 환웅, 금와왕, 하백
③ 환웅, 하백, 금와왕　　　　　④ 단군, 금와왕, 하백

2. 선사 시대 대표적 유물의 연결로 옳은 것은?
① 구석기 시대 – 비파형 동검　　② 신석기 시대 – 고인돌
③ 신석기 시대 – 반달(형) 돌칼　　④ 청동기 시대 – 미송리식 토기

3. 선사 시대에 관한 설명으로 옳지 <u>않은</u> 것은?
① 구석기 시대 사람들은 불의 사용법을 알게 되었다.
② 신석기 시대에 비로소 토기를 사용하게 되었다.
③ 신석기 시대에 가락바퀴나 뼈바늘을 만들어 썼다.
④ 청동기 시대에 이르러 비로소 토테미즘이 출현하였다.

4. 다음 설명에 해당하는 유적은?

> 1971년에 발견되었다. 많은 부장품이 무덤 안에서 출토되었는데, 왕과 왕비의 신분을 알 수 있는 유물이 발견되었다. 연대가 확실하게 알려진 무덤이다.

① 무령왕릉　　　　　　　　② 황남대총
③ 천마총　　　　　　　　　④ 광개토왕릉

5. (   )에 들어갈 나라를 순서대로 옳게 나열한 것은?

> (   ) : 질 좋은 철을 생산하여 낙랑군 및 왜와 활발하게 무역을 하며 성장했으나 중앙집권 국가로 발전하지는 못하였다.
> (   ) : 후기 가야연맹을 주도하였으나 백제와 신라의 압력으로 위축되었다.

① 금관가야, 대가야　　　　② 금관가야, 고령가야
③ 대가야, 금관가야　　　　④ 대가야, 고령가야

6. 인물에 관한 설명으로 옳지 <u>않은</u> 것은?

① 원효는 십문화쟁론을 저술하였다.

② 의상은 화엄일승법계도를 저술하였다.

③ 원측은 세속오계를 만들었다.

④ 혜초는 왕오천축국전을 저술하였다.

7. 백제의 대외관계에 관한 설명으로 옳지 <u>않은</u> 것은?

① 4세기 근초고왕 때 백제는 낙랑군과 대방군, 그리고 말갈족을 북으로 몰아내고 영토를 넓혔다.

② 5세기 고구려의 공격을 받아 한성이 함락되자 수도를 웅진으로 옮겼다.

③ 6세기 무령왕은 중국 남조의 양나라와 화친하였고, 왜국과 밀접한 관계를 맺었다.

④ 6세기 성왕은 사비로 천도하고 신라 진흥왕과 연합하여 한강유역을 회복하였다.

8. 통일신라 시대의 유학에 관한 설명으로 옳지 <u>않은</u> 것은?

① 원성왕 때 독서삼품과가 설치되었다.

② 강수가 화왕계를 지었다.

③ 신문왕 때 국학이 설치되었다.

④ 최치원이 계원필경을 저술하였다.

9. 다음에서 설명하는 발해의 왕은?

> 9세기 전반에 통치한 왕으로 이 시기에 발해는 대부분의 말갈족을 복속시키고 요동지역으로 진출하였다. 남쪽으로는 신라와 국경을 접할 정도로 넓은 영토를 차지하였고, 지방제도도 정비하였다.

① 선왕   ② 문왕

③ 고왕   ④ 무왕

10. 고려시대의 대장경에 관한 설명으로 옳지 <u>않은</u> 것은?

① 초조대장경은 부처님의 힘을 빌려서 거란족을 물리치기 위해 현종 때 제작하기 시작하였다.

② 초조대장경은 그 경판(經板)을 부인사에 보관했는데 몽골의 침입 때 불타버리고 말았다.

③ 의천이 간행한 속장경은 교종과 선종에 관한 동아시아 각국의 불경을 집대성한 것이다.

④ 팔만대장경은 일본의 불교발전에 기여를 하였다.

11. 위화도 회군을 전후하여 일어난 일로 옳지 <u>않은</u> 것은?

① 공민왕은 명으로부터 돌려받은 쌍성총관부에 철령위를 설치하였다.

② 이성계는 4불가론을 내세워 요동 정벌을 반대하였다.

③ 이성계는 위화도 회군 이후 우왕을 쫓아내고 창왕을 옹립하였다.

④ 최영은 요동정벌을 단행하여 8도도통사가 되었다.

12. 각 국가별 지방제도에 관한 설명으로 옳지 <u>않은</u> 것은?

　① 고구려 – 지방통치를 위해 22담로를 설치

　② 통일신라 – 전국을 9주로 나누고 5소경을 설치

　③ 고려 – 전국을 5도와 양계로 나누고 3경을 설치

　④ 조선 – 전국을 8도로 나누어 관찰사를 파견

13. 고려시대에 제작된 역사서는?

　① 고려사　　　　　　　　　② 동국통감

　③ 동국사략　　　　　　　　④ 제왕운기

14. 조선왕조실록에 관한 옳은 것을 모두 고른 것은?

> ㄱ. 임진왜란 이전에는 4부를 만들어 춘추관, 전주, 성주, 충주 사고에 보관하였다.
> ㄴ. 사초(史草), 시정기 등을 바탕으로 편찬하였다.
> ㄷ. 고종실록과 순종실록은 기전체 역사서로 총독부에서 편찬하였다.
> ㄹ. 임진왜란 때 전주사고본만이 남고 나머지는 소실되었다.

　① ㄱ, ㄴ　　　　　　　　　② ㄴ, ㄷ

　③ ㄱ, ㄴ, ㄹ　　　　　　　④ ㄱ, ㄴ, ㄷ, ㄹ,

15. 조선 과학기술의 발달에 관한 설명으로 옳지 <u>않은</u> 것은?

　① 토지 측량 기구인 인지의와 규형을 제작하였다.

　② 화기 제작과 그 사용법을 정리한 총통등록을 간행하였다.

　③ 치료 예방법과 7백종의 국산 약재를 정리한 향약구급방을 세종 때 간행하였다.

　④ 우리나라 역사상 최초로 서울을 기준으로 천체 운동을 계산한 칠정산을 만들었다.

16. 조선시대 경제상에 관한 설명으로 옳은 것을 모두 고른 것은?

> ㄱ. 조선 후기 국내 상업은 발달했으나 청나라와의 무역은 관무역과 사무역이 모두 금지되어 위축되었다.
> ㄴ. 개인의 광산개발이 조선 초기에는 허용되었으나 조선 후기에는 금지되었다.
> ㄷ. 조선 후기 화폐 사용이 활발해졌으나 전황(錢荒)이 발생하는 부작용도 있었다.
> ㄹ. 조선 초기 관리에게 준 과전(科田)은 소유권이 아니라 수조권을 지급한 것이다.

　① ㄱ, ㄴ　　　　　　　　　② ㄱ, ㄹ

　③ ㄴ, ㄷ　　　　　　　　　④ ㄷ, ㄹ

17. 다음 내용과 관련된 것은?

> 조선시대 최고(最高)의 국립 교육기관으로 입학 자격은 생원, 진사를 원칙으로 하였다. 도서관으로 존경각을 두었다.

① 향교　　　　　　　　　② 성균관
③ 서원　　　　　　　　　④ 동약

18. 다음을 발생한 순서대로 옳게 나열한 것은?

> ㄱ. 옥포해전　　　ㄴ. 명량해전　　　ㄷ. 한산도대첩　　　ㄹ. 노량해전

① ㄱ → ㄴ → ㄹ → ㄷ　　　② ㄱ → ㄷ → ㄴ → ㄹ
③ ㄷ → ㄱ → ㄴ → ㄹ　　　④ ㄷ → ㄹ → ㄱ → ㄴ

19. 다음 내용과 관련된 인물에 관한 설명으로 옳지 <u>않은</u> 것은?

> 이제 농사짓는 사람은 토지를 가지게 하고, 농사짓지 않는 사람이 토지를 가지지 못하게 하려면 여전제(閭田制)를 실시해야 한다. 산골짜기와 시냇물의 지세를 기준으로 구역을 획정하여 경계를 삼고, 그 경계선 안에 포괄되어 있는 지역을 1여(閭)로 한다.

① 경세유표를 저술하였다.
② 마과회통을 저술하였다.
③ 아방강역고를 저술하였다.
④ 열하일기를 저술하였다.

20. 영조와 정조 시대의 사회상에 관한 설명으로 옳지 <u>않은</u> 것은?
① 초계문신제도를 시행하였다.
② 시전 상인이 가지고 있던 금난전권이 폐지되었다.
③ 군역의 부담을 줄여주기 위하여 균역법을 시행하였다.
④ 주자소를 설치하고 처음으로 계미자를 주조하였다.

21. 다음에서 설명하는 책을 저술한 인물은?

> 조선 영조 때 집필 된 책으로 각 지역의 자연 환경과 물산, 풍속, 인심 등을 서술하고 어느 지역이 살기 좋은 곳인가를 논하였다.

① 김정호　　　　　　　　② 이긍익
③ 이중환　　　　　　　　④ 한백겸

22. 다음 중 가장 먼저 발생한 사건은?

① 안재홍, 정인보 등이 조선학 운동을 전개하여 민족중흥을 제창하였다.

② 여운형이 중심이 되어 건국동맹의 지하조직을 전국적으로 결성하였다.

③ 안창호 등은 신민회를 조직하여 국권회복을 위한 애국 계몽운동을 전개하였다.

④ 고등교육기관으로서 대학을 설립해야 한다는 취지 아래 한규설, 이상재 등이 민립대 설립기성회를 조직하였다.

23. 아관 파천 전후에 나타난 열강의 이권 침탈에 관한 설명으로 옳지 <u>않은</u> 것은?

① 미국은 운산 금광 채굴권 등의 이권을 차지하였다.

② 영국은 기문도를 점령하고 서울과 인천을 연결하는 철도부설권을 차지하였다.

③ 일본은 서울과 부산을 연결하는 철도부설권을 차지하였다.

④ 러시아는 삼림벌채권 등의 이권을 차지하였다.

24. 다음 내용을 모두 포함하는 것은?

> • 귀천의 구별 없이 인재를 뽑아 등용한다.
> • 연좌법을 모두 폐지하여 죄인 자신 외에는 처벌하지 않는다.
> • 남녀의 조혼을 엄금하여, 남자는 20세, 여자는 16세가 될 때부터 혼인을 허락한다.
> • 과부의 재혼은 귀천을 막론하고 그 자유에 맡긴다.

① 갑오개혁의 개혁안   ② 찬양회의 여성통문

③ 갑신정변 14개조 정령   ④ 관민공동회의 헌의 6조

25. 동학농민운동에 관한 설명으로 옳지 <u>않은</u> 것은?

① 고부군수 조병갑의 탐학에 반발하여 일어났다.

② 지조법을 실시하고 혜상공국을 폐지하였다.

③ 농민군이 전주성을 점령하자 정부와 농민군 사이에 전주화약이 맺어졌다.

④ 청과 일본이 개입하면서 청·일 전쟁이 발발하였다.

정답

1. ②	2. ④	3. ④	4. ①	5. ①	6. ③	7. ①	8. ②	9. ①	10. ③	11. ①	12. ①	13. ④	14. ③
15. ③	16. ④	17. ②	18. ②	19. ④	20. ④	21. ③	22. ③	23. ②	24. ①	25. ②			

1. 고려의 대외 관계를 시대순으로 바르게 나열한 것은?

> ㄱ. 강감찬은 귀주에서 거란의 침략을 막아냈다.
> ㄴ. 서희는 거란의 소손녕과 외교적 담판을 하여 강동6주를 획득하였다.
> ㄷ. 몽고는 저고여의 피살을 핑계로 고려를 침략하였다.
> ㄹ. 윤관의 건의에 따라 별무반을 조직하여 여진족을 몰아내고 동북 9성을 쌓았다.

① ㄱ → ㄴ → ㄷ → ㄹ   ② ㄴ → ㄱ → ㄷ → ㄹ
③ ㄴ → ㄱ → ㄹ → ㄷ   ④ ㄹ → ㄱ → ㄴ → ㄷ

2. 다음 내용의 인물과 관련이 없는 것은?

> 그는 당나라에 유학하여 빈공과에 합격하고, 이름을 날린 뒤 고국에 돌아와 자신의 뜻을 펴보려 했으나, 출세하지 못하고 외직으로 나가 태수가 되었다. 시무책(時務策) 10개조를 올렸으나 받아들여지지 않았다.

① 골품제라는 신분제 때문에 정치활동에 제약이 많았다.
② 3최(崔) 중 한 사람으로 문집 계원필경 20권을 저술하였다.
③ 득난이라고도 하여 진골 다음가는 일반 귀족 신분이었다.
④ 북원(원주)지방의 도적 집단을 규합하여 호족이 되었다.

3. 고구려의 남하정책과 관련이 없는 사실은?

① 백제 문주왕이 웅진으로 도읍을 옮겼다.
② 5세기 중반 충북 중원군에 고구려비가 건립되었다.
③ 신라와 백제는 동맹을 맺었다.
④ 관산성 전투에서 성왕이 전사하였다.

4. 발해에 관한 설명으로 옳지 않은 것은?

① 중앙 정치조직은 정당성, 선조성, 중대성으로 편성되었다.
② 중앙군인 9서당에는 고구려와 말갈 출신이 함께 편제되었다.
③ 5경은 전략적 요충지에 설치되었고, 지방행정의 중심에는 15부를 두었다.
④ 무왕 때 영토 확장에 힘을 기울여 동북방의 여러 세력을 복속하고 북만주 일대를 장악하였다.

5. 고려의 인쇄술에 관한 설명으로 옳은 것은?

① 의천은 대장도감을 설치하여 소위 '속장경'을 편찬하였다.
② 해인사에 보관 중인 팔만대장경은 거란의 침입 때인 현종 때 만들어졌다.
③ 상정고금예문은 서양의 최초 금속활자보다 200여년 앞선 것이다.
④ 청주 흥덕사에서 직지심체요절을 1234년에 금속활자로 인쇄하였다.

6. 삼국시대 대외 관계에 관한 설명으로 옳은 것은?

① 고구려 미천왕은 낙랑군을 축출하여 대동강 유역을 차지하였다.

② 백제 동성왕은 수군을 정비하여 중국 요서지방에 진출하였다.

③ 신라 내물왕은 백제를 통해 중국 전진과 외교관계를 맺었다.

④ 전기 가야연맹은 백제와 왜의 공격을 받아 연맹이 무너졌다.

7. 고려 성종 때 최승로의 시무책에 관한 설명으로 옳은 것을 모두 고른 것은?

ㄱ. 유교 사상을 치국의 기본으로 삼아 사회개혁과 새로운 문화의 창조를 추구하였다.

ㄴ. 태조 ～ 경종에 이르는 5대 왕의 치적 평가를 통해 교훈으로 삼았다.

ㄷ. 후세의 국왕, 공후, 왕비, 대관들이 사원을 증축하지 못하게 하였다.

ㄹ. 시무책 28조 모두가 전해진다.

ㅁ. 연등회, 팔관회의 과도한 노역 등 불교의 폐단을 지적하였다.

① ㄱ, ㄴ, ㄷ   ② ㄱ, ㄴ, ㅁ

③ ㄴ, ㄷ, ㄹ   ④ ㄴ, ㄹ, ㅁ

8. 다음의 무덤이 만들어진 시대에 관한 설명으로 옳은 것은?

① 붉은 간토기, 바퀴날 도끼 등을 사용하였다.

② 혈연을 바탕으로 씨족을 기본 단위로 한 부족사회였다.

③ 창원 다호리 유적지에서 붓이 출토되었다.

④ 주요 농기구로 돌보습, 돌낫 등이 있다.

9. 다음의 유물이 등장하는 시대 생활상에 관한 설명으로 옳은 것은?

• 평양 남경 유적의 탄화된 좁쌀

• 강원 고성 문암리의 덧무늬 토기

① 조, 보리, 콩 등 밭작물과 벼농사를 본격적으로 지었다.

② 뗀석기와 뼈 도구를 가지고 사냥과 채집을 하였다.

③ 움집 중앙에 화덕이 설치되고, 출입문은 남쪽에 내었다.

④ 거푸집을 이용하여 비파형 동검을 만들었다.

10. 고려 초기 중앙집권 체제를 구축하기 위해 시행한 정책을 바르게 나열한 것은?

① 노비안검법 – 음서제

② 백관의 공복 제정 – 광덕 연호 사용

③ 기인제 – 정동행성 설치

④ 과거제 – 교정도감 설치

11. 고려시대 경제에 관한 설명으로 옳지 <u>않은</u> 것은?

① 나전칠기, 서적, 자기, 인삼, 먹 등을 송나라에서 수입하였다.

② 민전은 매매 · 상속 · 증여가 가능한 토지였고, 국가에 10분의 1의 조를 부담하였다.

③ 숙종 때에는 동전과 활구라는 은전을 만들었으나 널리 유통되지 못하였다.

④ 조세의 원활한 운반을 위해 전국에 13개 조창을 설치하고 조운제를 운영하였다.

12. 백제 사비 시대의 문화를 엿볼 수 있는 유적지가 <u>아닌</u> 곳은?

① 무령왕릉   ② 정림사지

③ 궁남지   ④ 능산리고분

13. 조선의 중앙 통치 체제에 관한 설명으로 옳지 <u>않은</u> 것은?

① 한성부에서는 서울의 치안과 행정을 담당하였다.

② 승정원은 왕의 명령을 출납하는 비서기관이었다.

③ 의금부에서는 왕명에 의해 중대한 사건의 죄인을 다스렸다.

④ 삼사로 불린 사헌부, 홍문관, 춘추관은 왕권을 견제하였다.

14. 다음 나라의 풍습에 관한 설명으로 옳은 것은?

> 삼국지 위서 동이전에는 다음과 같이 전한다. 이 나라는 구릉과 넓은 못이 많아서 동이지역 중에서 가장 넓고 평탄한 곳이다. – 중략 – 사람들 체격이 매우 크고, 성품이 강직하고 용맹하며, 근엄하고 후덕하여 다른 나라를 노략질하지 않았다. 한편, 왕 아래 마가, 우가, 저가, 구가 등의 관리가 있었다.

① 추수감사제인 동맹이라는 제천 행사가 있었다.

② 10월에 무천이라는 제천 행사가 있었다.

③ 민며느리제라는 결혼 풍속이 있었다.

④ 12월에 영고라는 제천 행사가 있었다.

15. 어느 박물관의 철기시대 전시실에 들어갔다. 전시실에서 볼 수 있는 유물을 모두 고른 것은?

> ㄱ. 오수전   ㄴ. 빗살무늬 토기   ㄷ. 독무덤
> ㄹ. 가락바퀴   ㅁ. 슴베찌르개

① ㄱ, ㄴ   ② ㄱ, ㄷ

③ ㄴ, ㄹ   ④ ㄷ, ㅁ

16. 다음에서 설명하고 있는 상인의 명칭은?

- 생산자와 소비자를 이어주는 역할을 한 행상이었다.
- 이들을 보호하기 위한 기관으로 혜상공국이 설치되었다.
- 일정 지역 안이나 전국적인 장시를 무대로 활동하였다.

① 사상　　　　　　　　　　② 공인
③ 보부상　　　　　　　　　④ 객주 · 여각

17. 다음이 설명하는 군사 기구는?

- 임진왜란 중에 설치한 군사기구
- 포수 · 사수 · 살수의 삼수병으로 편제

① 장용영　　　　　　　　　② 어영청
③ 총융청　　　　　　　　　④ 훈련도감

18. (　　　　)에 들어갈 지도는?

　조선 후기에는 중국을 통해 전래된 서양의 과학기술을 수용하여 과학 기술면에서도 큰 진전이 있었다. 이 시기에 전래된 (　　　)는 세계지도로서 이를 통해 지리학에서 보다 과학적인 지식을 가지게 되었고, 조선 사람들의 세계관이 확대될 수 있었다.

① 혼일강리역대국도지도　　② 곤여만국전도
③ 대동여지도　　　　　　　④ 동국지도

19. 조선 세종 때 만들어진 것은?
① 칠정산　　　　　　　　　② 계미자
③ 동의보감　　　　　　　　④ 원각사지 10층석탑

20. 갑오개혁기 홍범 14조의 내용으로 옳은 것을 모두 고른 것은?

　ㄱ. 토지를 평균하여 분작한다.
　ㄴ. 공사채를 막론하고 지난 것은 모두 무효로 한다.
　ㄷ. 조세의 과징과 경비의 지출은 모두 탁지아문에서 관할한다.
　ㄹ. 나라의 총명한 젊은이들을 파견하여 외국의 학술과 기예를 전습한다.

① ㄱ, ㄴ　　　　　　　　　② ㄱ, ㄷ
③ ㄴ, ㄹ　　　　　　　　　④ ㄷ, ㄹ

21. 다음 내용의 인물과 관련이 있는 것은?

> 그는 왕이 성군이 되기를 바라는 뜻에서 10개의 도표(圖表)와 그에 대한 체계적인 해설이 있는 글을 저술하였다. 여기에서 제1태극도는 우주의 생성 원리를, 제8심학도는 마음 수련법을 구체적으로 제시하고 있다.

① 동호문답과 성학집요를 저술하였다.
② 지행합일의 실천성을 강조하는 양명학을 연구하였다.
③ 유성룡, 김성일 등의 영남학파에 영향을 끼쳤다.
④ 주자의 학문 체계를 비판하여 사문난적으로 몰렸다.

22. 1910년대 국내에서 조직된 독립 운동 단체를 모두 고른 것은?

> ㄱ. 권업회   ㄴ. 독립의군부   ㄷ. 대한광복회   ㄹ. 경학사

① ㄱ, ㄴ   ② ㄱ, ㄹ   ③ ㄴ, ㄷ   ④ ㄷ, ㄹ

23. (   )에 들어갈 실학자는?

> (   )은 한 가정의 생활을 유지하는 데 필요한 규모의 토지를 영업전으로 정한 다음, 영업전은 법으로 매매를 금지하고 나머지 토지만 매매를 허락하여 점진적으로 토지균등을 이루도록 하는 한전론(限田論)을 주장하였다.

① 이익   ② 정약용
③ 유형원   ④ 홍대용

24. 다음이 설명하는 단체는?

> • 만민공동회와 관민공동회를 개최하였다.
> • 중국 사신을 맞던 영은문 자리에 독립문을 세웠다.
> • 강연회와 토론회 등을 통하여 민중에게 근대적 지식과 국권 · 민권 사상을 고취시켰다.

① 신민회   ② 신간회
③ 대한협회   ④ 독립협회

25. 조선 후기의 농업에 관한 설명으로 옳지 <u>않은</u> 것은?
① 담배, 인삼과 같은 상품 작물이 재배되었다.
② 밭고랑에 곡식을 심는 견종법이 보급되었다.
③ 농사직설, 금양잡록과 같은 농서가 간행되었다.
④ 농법 개량으로 노동력이 절감되어 광작이 성행하였다.

1. ( )에 들어갈 내용을 옳게 나열한 것은?

> • 신석기 시대에는 대자연의 모든 만물에 영혼이 있다고 믿는 (가)이 등장하였다.
> • 청동기 시대의 (나)은 중국 요령성 지역에서 집중적으로 출토되고 있지만, 한반도 남부에서도 많이 확인되었다.

① 가 – 토테미즘, 나 – 세형 동검　　② 가 – 애니미즘, 나 – 비파형 동검

③ 가 – 샤머니즘, 나 – 반달돌칼　　④ 가 – 토테미즘, 나 – 명도전

2. 구석기 유적으로 옳지 <u>않은</u> 것은?

① 양양 오산리 유적　　② 연천 전곡리 유적

③ 공주 석장리 유적　　④ 상원 검은모루 유적

3. 삼국과 일본의 문화 교류 내용으로 옳지 <u>않은</u> 것은?

① 백제의 노리사치계는 불교를 전해주었다.

② 신라는 조선술과 축제술 등을 전해주었다.

③ 백제의 왕인은 천자문과 논어를 전해주었다.

④ 고구려의 담징은 천문학과 역법을 전해주었다.

4. 2015년 7월 세계유산위원회(World Heritage Committee)가 유네스코 세계유산목록에 등재하기로 결정한 '백제 역사 유적 지구'에 포함되지 <u>않는</u> 것은?

① 공주 수촌리 고분군　　② 공주 공산성

③ 부여 부소산성　　④ 익산 미륵사지

5. 백제시대의 왕과 주요 업적을 연결한 것으로 옳은 것은?

① 근초고왕 – 서기 편찬　　② 문주왕 – 사비 천도

③ 무령왕 – 동진과 교류　　④ 성왕 – 미륵사 창건

6. 삼국 시대 금석문 자료에 관한 설명으로 옳은 것은?

① 사택지적비를 통해 백제인들의 유학 사상을 알 수 있다.

② 단양 적성비를 통해 진흥왕 대의 정복 사업을 알 수 있다.

③ 임신서기석을 통해 신라인들이 도교를 숭배했음을 알 수 있다.

④ 광개토왕릉비를 통해 장수왕의 평양 천도 사실을 알 수 있다.

7. 고구려와 당의 전쟁에 관한 내용으로 옳은 것을 모두 고른 것은?

> ㄱ. 고구려는 요서지방을 선제공격하였다.
> ㄴ. 양만춘은 안시성에서 당군을 격퇴하였다.
> ㄷ. 연개소문은 당의 침략에 대비하기 위해 천리장성을 축조하였다.
> ㄹ. 을지문덕은 당 태종에 의한 2차 침입 때 살수대첩으로 막아내었다.

① ㄱ, ㄴ   ② ㄱ, ㄹ

③ ㄴ, ㄷ   ④ ㄷ, ㄹ

8. 신라의 전통적인 왕호가 <u>아닌</u> 것은?

① 이사금(尼師今)   ② 대대로(大對盧)

③ 차차웅(次次雄)   ④ 거서간(居西干)

9. 호족에 대한 고려 태조의 정책으로 옳지 <u>않은</u> 것은?

① 귀순한 호족에게 왕씨 성을 주었다.

② 유력한 호족의 딸을 왕비로 맞이하였다.

③ 공을 세운 호족들을 공신으로 책봉하였다.

④ 향리의 자제를 개경에 불러 사심관으로 삼았다.

10. 고려시대의 토지 종류와 그 대상을 연결한 것으로 옳은 것은?

① 과전 – 농민   ② 민전 – 향리

③ 공해전 – 관청   ④ 내장전 – 군인

11. 신진 사대부에 관한 설명으로 옳지 <u>않은</u> 것은?

① 조선 왕조 건국의 주역이 되었다.

② 성리학을 수용하여 학문적 기반으로 삼았다.

③ 최고의 정치 기구로 교정도감을 설치하였다.

④ 공민왕의 개혁정치 과정에서 정계진출이 확대되었다.

12. 묘청의 난에 관한 설명으로 옳지 <u>않은</u> 것은?

① 윤관에 의해 진압되었다.

② 풍수도참설이 이용되었다.

③ 금나라 정벌을 주장하였다.

④ 칭제건원(稱帝建元)을 주장하였다.

13. 고려시대의 팔관회에 관한 설명으로 옳은 것을 모두 고른 것은?

> ㄱ. 불교와 유교가 융합된 행사였다.
> ㄴ. 태조의 훈요 10조에서 강조되었다.
> ㄷ. 매년 정월 대보름에 전국적으로 거행되었다.
> ㄹ. 주변국의 상인과 사신들이 와서 조공을 바쳤다.

① ㄱ, ㄷ   ② ㄴ, ㄹ
③ ㄷ, ㄹ   ④ ㄴ, ㄷ, ㄹ

14. 조선 전기 정치상황에 관한 설명으로 옳은 것을 모두 고른 것은?

> ㄱ. 정도전은 민본적 통치규범을 마련하여 재상 권한을 축소시켰다.
> ㄴ. 성종은 사병을 혁파하고 호패법을 실시하였다.
> ㄷ. 세종은 의정부 서사제를 채택하여 왕의 권한을 분산시켰다.
> ㄹ. 태종은 6조 직계제를 채택하고 사간원을 독립시켜 대신들을 견제하였다.

① ㄱ, ㄴ   ② ㄱ, ㄹ
③ ㄴ, ㄷ   ④ ㄷ, ㄹ

15. 조선시대 관리 등용제도에 관한 설명으로 옳지 <u>않은</u> 것은?
① 무과 예비 시험으로 소과가 있었다.
② 잡과는 분야별로 합격 정원이 있었다.
③ 과거, 음서, 천거를 통해 관리를 선발하였다.
④ 권력의 집중과 부정을 막기 위해 상피제를 실시하였다.

16. 조선 정조 대에 편찬된 법전은?
① 속대전   ② 경국대전
③ 대전통편   ④ 대전회통

17. 조선 전기 문화상에 관한 설명으로 옳은 것은?
① 정간보의 창안   ② 향약구급방의 편찬
③ 판소리와 탈춤의 성행   ④ 오주연문장전산고의 편찬

18. 다음의 내용과 관련된 것은?

> 조선시대 전국 8도에 각각 임명되었으며, 감찰권, 행정권, 사법권, 군사권을 가진 중요한 직책이었다.

① 갑사(甲士)   ② 삼사(三司)
③ 관찰사   ④ 암행어사

19. 조선 후기 인물과 작품이 바르게 연결된 것은?

① 강희안 – 송하보월도　　　② 김정호 – 대동여지도

③ 안 건 – 몽유도원도　　　④ 이상좌 – 고사관수도

20. 조선 후기 사회모습에 관한 설명으로 옳은 것을 모두 고른 것은?

> ㄱ. 경제적으로 몰락한 양반들은 잔반이 되었다.
> ㄴ. 혼인 후 남자가 여자 집에서 생활하는 경우가 많았다.
> ㄷ. 부농층이 공명첩을 구매하여 신분 상승을 꾀하였다.
> ㄹ. 서얼 출신들이 규장각 검서관으로 등용되기도 하였다.

① ㄱ　　　　　　　　　　② ㄴ, ㄷ

③ ㄴ, ㄹ　　　　　　　　④ ㄱ, ㄷ, ㄹ

21. 독립협회에 관한 설명으로 옳지 <u>않은</u> 것은?

① 개화파 지식인들이 중심이 되어 설립하였다.

② 회원자격에 제한을 두지 않아 사회적으로 천대받던 계층도 참여하였다.

③ 지방에도 지회가 조직되어 전국적인 단체로 발전하였다.

④ 황국협회와 협력하여 개혁을 추구하였다.

22. 조선 후기 경제상황에 관한 설명으로 옳지 <u>않은</u> 것은?

① 대규모 경작의 성행

② 타조제에서 도조제로 변화

③ 직파법에서 이앙법으로 변화

④ 해동통보의 보급과 성행

23. (　　　　)에 들어갈 내용으로 옳은 것은?

> 일제는 근대적 토지 소유 관계 확립을 명분으로 (　　　　)을/를 실시하여 식민지 경제 정책의 기반을 마련하였다.

① 방곡령　　　　　　　② 회사령

③ 국가 총동원법　　　　④ 토지 조사 사업

24. 다음에서 설명하는 책을 저술한 인물은?

> 1895년 간행된 책으로 서양의 여러 나라를 돌아보면서 듣고 본 역사, 지리, 산업, 정치, 풍속 등을 기록하였다.

① 김윤식　　　　　　　② 박은식

③ 유길준　　　　　　　④ 최남선

25. 다음의 내용과 관련된 사건으로 옳은 것은?

> • 청과의 의례적 사대 관계를 폐지하고 입헌 군주제적 정치 구조를 지향하였다.
> • 혜상공국을 폐지하여 자유로운 상업의 발전을 꾀하였다.
> • 지조법을 실시하고 호조로 재정을 일원화 하였다.

① 갑신정변
② 갑오개혁
③ 임오군란
④ 105인 사건

1. 고조선 사회에 관한 설명으로 옳지 <u>않은</u> 것은?

① 순장 풍습이 존재하였다.

② 형벌과 노비가 존재하였다.

③ 사유재산을 중시하고 보호하였다.

④ 소도라는 신성 지역이 존재하였다.

2. 구석기 문화에 관한 설명으로 옳은 것은?

① 석기인 격지, 팔매돌, 밀개는 조리 도구이다.

② 움집에 거주하였으며 난방을 위한 화덕이 있었다.

③ 석기 제작 기법은 간석기에서 뗀석기로 발전하였다.

④ 연천 전곡리 유적에서 주먹도끼 등의 유물이 출토되었다.

3. 다음 유적지와 관련된 시대에 관한 설명으로 옳지 <u>않은</u> 것은

> • 양양 오산리   • 부산 동삼동
> • 봉산 지탑리   • 인천 소이도

① 가락바퀴를 이용하여 고기잡이를 하였다.

② 종교적인 필요에 의해 조개껍데기 가면이 제작되었다.

③ 진흙을 빚어 불에 구워 만든 빗살무늬토기를 사용하였다.

④ 탄화된 곡식이 출토되어 식량 생산 단계였음을 알 수 있다.

4. 다음 기록에 해당하는 국가에 관한 설명으로 옳은 것은?

> 큰 산과 깊은 골짜기가 많고 평원과 연못이 없어서 계곡을 따라 살며, 골짜기 물을 식수로 마셨다. 좋은 밭이 없어서 힘들여 일구어도 배를 채우기는 부족하였다. 사람들의 성품은 흉악하고 급해서 노략질하기를 좋아하였다.
> – 삼국지 위서 동이전 –

① 책화라는 제도가 존재하였다.

② 서옥제라는 풍습이 존재하였다.

③ 행정구획인 사출도가 존재하였다.

④ 신지, 읍차 등의 지배자가 존재하였다.

5. 삼국시대 예술에 관한 설명으로 옳은 것은?

① 천마도는 솔거가 그렸다.

② 12악곡은 왕산악이 지었다.

③ 거문고는 우륵이 만들었다.

④ 방아타령은 백결선생이 지었다.

6. 삼국의 관등제도에 관한 설명으로 옳지 <u>않은</u> 것은?

① 고구려의 관등조직은 '형' 계열과 '사자' 계열로 분화 편제되었다.

② 백제는 16관품을 세 단계로 구분하고 공복 색깔로 구별하였다.

③ 신라는 골품에 따른 관등의 제한을 두었는데 이를 득난이라 한다.

④ 삼국의 관등 정비는 중앙집권적인 국가를 형성하기 위한 조치였다.

7. 6세기 중엽 관산성 전투에 관한 설명으로 옳은 것을 모두 고른 것은?

> ㄱ. 신라와 백제의 동맹이 깨졌다.
> ㄴ. 백제의 공격에 의해 김무력 장군이 전사하였다.
> ㄷ. 신라는 한강 하류 유역의 지배를 공고히 하게 되었다.

① ㄱ, ㄴ   ② ㄱ, ㄷ

③ ㄴ, ㄷ   ④ ㄱ, ㄴ, ㄷ

8. 고구려와 수 · 당 전쟁 과정을 순서대로 바르게 나열한 것은?

> ㄱ. 고구려 영양왕의 수 요서지방 공격
> ㄴ. 연개소문의 보장왕 옹립
> ㄷ. 을지문덕 장군의 살수 대첩 승리
> ㄹ. 당 태종의 안시성 공격

① ㄱ → ㄴ → ㄷ → ㄹ   ② ㄱ → ㄷ → ㄴ → ㄹ

③ ㄷ → ㄹ → ㄴ → ㄱ   ④ ㄷ → ㄱ → ㄹ → ㄴ

9. 통일신라의 지방행정에 관한 설명으로 옳은 것은

① 정복한 국가의 귀족들을 소경으로 이주시켜 감시하였다.

② 지방관 감찰을 위해 관리를 파견하는 상수리 제도를 실시하였다.

③ 행정적 기능보다 군사적 기능을 강화하여 전국을 9주로 나누었다.

④ 경주의 지역적 편협성을 보완하기 위해 고구려와 백제 지역에 5소경을 설치하였다.

10. 고려시대의 대간제도와 관련 있는 기구는?

① 어사대   ② 중추원

③ 도병마사   ④ 동녕부

11. 통일신라시대 말기에 관한 설명으로 옳지 <u>않은</u> 것을 모두 고른 것은?

> ㄱ. 웅주 도독 김헌창이 반란을 일으켰다.
> ㄴ. 군진 세력은 유력한 중앙 귀족 세력 중 하나이다.
> ㄷ. 선종 9산문은 경상도를 중심으로 분포되었다.
> ㄹ. 북원의 양길, 완산의 견훤 등이 대표적인 반란군이다.

① ㄱ, ㄷ   ② ㄱ, ㄹ
③ ㄴ, ㄷ   ④ ㄴ, ㄹ

12. 고려 태조가 시행한 정책으로 옳은 것을 모두 고른 것은?

> ㄱ. 지방 호족의 자제를 뽑아 인질로 개경에 머물게 하였다.
> ㄴ. 왕에 대한 충성도를 기준으로 토지를 나누어 주었다.
> ㄷ. 《계백료서》를 지어 군주로서 지켜야 할 교훈을 남겼다.
> ㄹ. 신라 경순왕이 귀순해 오자 그를 경주의 사심관으로 삼았다.

① ㄱ, ㄴ, ㄷ   ② ㄱ, ㄴ, ㄹ
③ ㄱ, ㄷ, ㄹ   ④ ㄴ, ㄷ, ㄹ

13. 고려의 경제 제도에 관한 설명으로 옳지 <u>않은</u> 것은?

① 한인전은 6품 이하 관리의 자제에게 지급하였다.
② 국가 재정 확충을 위하여 소금 매제를 시행하였다.
③ 민전은 매매, 상속, 기증, 임대 등이 가능한 토지였다.
④ 양계의 조세는 13개 조창에 의해 개경으로 운송되었다.

14. 고려 무인집권기에 설치된 기구에 관한 설명으로 옳지 <u>않은</u> 것은?

① 대장경을 간행하기 위해 교장도감을 설치하였다.
② 사병기관인 도방을 설치하여 신변을 경호하였다.
③ 문인들의 전문적인 지식을 활용하기 위해 서방을 설치하였다.
④ 반대 세력을 제거하고 비위를 감찰하기 위해 교정도감을 설치하였다.

15. 조선 시대 중인 신분에 해당하지 <u>않는</u> 것은?

① 향리   ② 역관
③ 도고   ④ 서리

16. 조선 전기 통치 체제 정비와 관련된 사실을 순서대로 바르게 나열한 것은?

> ㄱ. 호패법 실시   ㄴ. 직전법 실시   ㄷ. 집현전 설치

① ㄱ - ㄴ - ㄷ   ② ㄱ - ㄷ - ㄴ
③ ㄴ - ㄱ - ㄷ   ④ ㄷ - ㄱ - ㄴ

17. 조선 전기 천문학의 발달과 관련이 있는 것을 모두 고른 것은?

> ㄱ. 간의   ㄴ. 칠정산   ㄷ. 시헌력   ㄹ. 인지의

① ㄱ, ㄴ   ② ㄱ, ㄹ
③ ㄴ, ㄷ   ④ ㄷ, ㄹ

18. 조선 시대 공납의 폐단을 해결하기 위해 제시된 방안으로 옳은 것을 모두 고른 것은?

> ㄱ. 방납   ㄴ. 환곡제   ㄷ. 수미법   ㄹ. 대동법

① ㄱ, ㄴ   ② ㄱ, ㄹ
③ ㄴ, ㄷ   ④ ㄷ, ㄹ

19. 조선 후기 그림에서 나타난 새로운 경향으로 옳지 않은 것은?

① 우리의 자연을 사실적으로 그리는 화풍이 등장하였다.
② 안견 등 화원 출신 화가들의 작품 활동이 활발하였다.
③ 서양화의 기법을 반영하여 사물을 실감나게 표현하였다.
④ 서민들의 생활과 감정이 잘 나타나는 민화가 유행하였다.

20. 다음에 해당하는 국왕의 업적으로 옳은 것은?

> 1789년 아버지인 사도세자의 묘를 당시 수원 읍성이 있던 지역으로 옮겼다. 그 대신 수원 읍성은 오늘날의 수원으로 옮기고 이름을 화성부라 하였다.

① 장용영 설치   ② 별기군 설치
③ 금위영 설치   ④ 훈련도감 설치

21. 조선 후기 상품 화폐 경제의 발달에 관한 설명으로 옳지 않은 것은?

① 철전인 건원중보를 만들었으며, 삼한통보, 해동통보 등의 동전도 사용하였다.
② 개성의 송상은 전국에 지점을 설치하고 대외 무역에도 깊이 관여하여 부를 축적하였다.
③ 동전의 발행량이 늘어났지만 제대로 유통되지 않아 동전 부족 현상이 발생하기도 했다.
④ 상품 매매를 중개하고 운송, 보관, 숙박, 금융 등의 영업을 하는 객주와 여각이 존재하였다.

22. 다음 농민 봉기에 관한 설명으로 옳은 것은?

> 임술년(1862년) 2월 19일. 진주민 수만 명이 머리에 흰 수건을 두르고 손에는 몽둥이를 들고 무리를 지어 진주 읍내에 모여 서리들의 가옥 수십 호를 불사르고 부수어. 그 움직임이 결코 가볍지 않았다.   − 임술록 −

① 농민 자치 조직인 집강소를 설치하여 개혁을 주장하였다.
② 경상 우병사인 백낙신의 수탈에 반발하여 일으킨 것이다.
③ 만적 등 천민의 신분 해방 운동을 촉진하는 요인이 되었다.
④ 홍경래의 지휘 아래 영세 농민, 중소 상인 등이 합세하였다.

23. 민립대학 설립 운동이 시작된 시기에 해당하는 일제 통치 정책으로 옳은 것은?

① 창씨개명을 강요하였다.
② 헌병경찰제를 실시하였다.
③ 산미증식계획을 실시하였다.
④ 황국신민화 정책을 실시하였다.

24. 신민회의 활동으로 옳은 것을 모두 고른 것은?

> ㄱ. 만민공동회 개최   ㄴ. 연통제 실시
> ㄷ. 대성학교 설립   ㄹ. 독립군 기지 건설

① ㄱ, ㄴ   ② ㄱ, ㄷ
③ ㄴ, ㄹ   ④ ㄷ, ㄹ

25. 광복 직후 정부 수립을 위한 활동을 순서대로 바르게 나열한 것은?

> ㄱ. 남북협상회의 개최
> ㄴ. 조선건국준비위원회 결성
> ㄷ. 신탁통치반대 국민총동원위원회 결성

① ㄱ - ㄴ - ㄷ   ② ㄱ - ㄷ - ㄴ
③ ㄴ - ㄷ - ㄱ   ④ ㄷ - ㄴ - ㄱ

1. 부여에 있었던 4조목의 법에 관한 내용으로 옳지 <u>않은</u> 것은?

① 간음을 한 자는 사형에 처한다.

② 남에게 상해를 입힌 자는 곡물로써 배상한다.

③ 살인자는 사형에 처하고 그 가족은 노비로 삼는다.

④ 남의 물건을 훔쳤을 때에는 물건 값의 12배를 배상한다.

2. 다음 (   )에 들어갈 내용으로 옳은 것은?

> 처음으로 (   )를/을 제정하였다. 삼한을 통합할 때 조정의 관료들과 군사들에게 그 관계(官階)의 높고 낮음은 논하지 않고, 그 사람의 성품과 행동이 착하고 악함과 공로가 크고 작은가를 참작하여 차등 있게 주었다.—
>
> 『고려사』—

① 역분전   ② 구분전

③ 공음전   ④ 시정전시과

3. (가), (나)에 들어갈 내용이 바르게 짝지어진 것은?

> 묘청 등이 아뢰기를 "(가)의 임원역 땅을 보니 음양가가 말하는 대화세(大華勢)입니다. 만약 궁궐을 세워 여기에 임하시면 천하를 합병할 수 있을 것이요, (나)가 폐백을 가지고 스스로 항복할 것이며 36국이 다 신하의 나라가 될 것입니다." 하였다.
>
> —『고려사』—

① (가) 서경, (나) 금 나라   ② (가) 서경, (나) 요 나라

③ (가) 남경, (나) 요 나라   ④ (가) 남경, (나) 송 나라

4. 밑줄 친 그의 업적으로 옳은 것은?

> 그는 고구려의 내정이 불안한 틈을 타서 신라와 연합하여 일시적으로 한강 유역을 부분적으로 수복하였지만, 곧 신라에게 빼앗기고 자신도 신라를 공격하다가 관산성에서 전사하고 말았다.

① 웅진으로 천도하였다.

② 미륵사를 창건하였다.

③ 지방의 22담로에 왕족을 파견하였다.

④ 중앙 관청을 22부로 확대 정비하였다.

5. 다음 시를 지은 고구려의 인물과 관련된 사건으로 옳은 것은?

> 신묘한 계책은 천문을 꿰뚫어 볼 만하고 오묘한 전술은 땅의 이치를 다 알았도다. 전쟁에서 이겨 공이 이미 높아졌으니 만족함을 알거든 그만두기를 바라노라.

① 안시성에서 당 나라 군대를 격퇴하였다.

② 살수에서 수 나라 군대를 물리쳤다.

③ 아차산성 전투에서 전사하였다.

④ 천리장성을 축조하였다.

6. 신라에 있었던 사건을 시기 순으로 바르게 나열한 것은?

> ㄱ. 율령의 반포　　　　ㄴ. 국호를 '신라'로 변경
> ㄷ. 고령의 대가야 정복　　ㄹ. 황룡사 9층탑 건립

① ㄱ → ㄴ → ㄷ → ㄹ　　　　② ㄴ → ㄱ → ㄷ → ㄹ
③ ㄷ → ㄹ → ㄱ → ㄴ　　　　④ ㄹ → ㄷ → ㄴ → ㄱ

7. 고려시대의 사회 상황으로 옳지 <u>않은</u> 것은?

① 궁궐의 잡무를 맡은 남반이 있었다.
② 도살업에 종사하는 계층을 백정이라 하였다.
③ 물가 조절을 위한 상평창이라는 기관이 있었다.
④ 죄 지은 자를 본관지로 보내는 귀향이라는 형벌이 있었다.

8. 다음 (　　)에 들어갈 내용으로 옳은 것은?

> 일제는 (　　)를 탄압하기 위해 총독 암살 음모를 꾸며하였다고 사건을 조작하여 민족 지도자 수백 명을 체포, 투옥하고 그 중에서 105인을 재판에 회부하였다.

① 근우회　　　　② 신간회
③ 신민회　　　　④ 대한자강회

9. 삼국시대의 문화에 관한 설명으로 옳은 것을 모두 고른 것은?

> ㄱ. 백제에서는 지방에 경당을 세워 청소년에게 한학을 가르쳤다.
> ㄴ. 고구려에서는 수도에 태학을 세워 유교 경전과 역사서를 가르쳤다.
> ㄷ. 신라에서는 청소년이 유교 경전을 공부했음을 임신서기석을 통해 알 수 있다.
> ㄹ. 신라에서는 5경 박사와 의박사, 역박사 등을 두어 유교 경전과 기술학을 가르쳤다.

① ㄱ, ㄴ　　　　② ㄱ, ㄹ
③ ㄴ, ㄷ　　　　④ ㄷ, ㄹ

10. 고려시대의 대장경에 관한 설명으로 옳지 <u>않은</u> 것은?

① 현종 때 대장경을 처음으로 만들기 시작하였다.
② 대장경은 경·율·논 삼장의 불교 경전을 총칭하는 것이다.
③ 초조대장경은 부인사에 보관하였는데 몽고의 침입 때 불에 탔다.
④ 여진의 침입으로부터 왕실을 보호하기 위해 명종 때부터 대장경을 다시 조판하기 시작하였다.

11. 다음 사건을 시기순으로 바르게 나열한 것은?

> ㄱ. 고려의 건국   ㄴ. 발해의 멸망
> ㄷ. 후백제의 건국   ㄹ. 경순왕의 고려 귀순

① ㄱ → ㄴ → ㄷ → ㄹ   ② ㄴ → ㄷ → ㄱ → ㄹ
③ ㄷ → ㄱ → ㄴ → ㄹ   ④ ㄹ → ㄷ → ㄱ → ㄴ

12. 밑줄 친 이 시대의 생활상으로 옳은 것은?

> 이 시대의 사람들은 돌을 가는 기술을 터득하면서 도구의 형태와 쓰임새가 다양해졌다. 또 진흙으로 그릇을 빚어 불에 구워서 만든 토기를 사용하여 음식물을 조리하거나 저장할 수 있게 되었다.

① 농경을 시작하였다.
② 세형동검을 제작하였다.
③ 거친무늬 거울을 사용하였다.
④ 불을 사용하는 방법을 처음으로 알게 되었다.

13. 통일 신라의 통치제도에 관한 설명으로 옳지 않은 것은?
① 감찰기구인 사정부를 두었다.
② 국자감이라는 교육기관을 설치하였다.
③ 관리 채용을 위하여 독서삼품과를 실시하였다.
④ 집사부에는 시중이라는 관직이 설치되어 있었다.

14. 고조선에 관한 설명으로 옳은 것은?
① 상, 대부, 장군 등의 관직이 있었다.
② 신지, 읍차 등의 족장 세력이 있었다.
③ 사자, 조의, 선인 등의 관리가 있었다.
④ 마가, 우가, 저가, 구가 등의 관리가 있었다.

15. 조선 후기 경제의 모습으로 옳지 않은 것은?
① 공납의 전세화   ② 영정법의 실시
③ 삼림령의 공포   ④ 상품 작물의 재배

16. 다음 사건을 시기 순으로 바르게 나열한 것은?

> ㄱ. 만민공동회 개최   ㄴ. 임오군란
> ㄷ. 우정국 신설   ㄹ. 아관파천

① ㄱ → ㄹ → ㄷ → ㄴ   ② ㄴ → ㄷ → ㄹ → ㄱ
③ ㄷ → ㄴ → ㄱ → ㄹ   ④ ㄹ → ㄱ → ㄴ → ㄷ

17. 조선 전기 문화에 관한 설명으로 옳은 것은?

① 유득공은 발해고에서 발해의 역사를 본격적으로 다루었다.

② 이중환은 택리지에서 지리적 환경 및 풍속을 자세히 조사하였다.

③ 김정호는 대동여지도에서 산맥, 하천과 함께 도로망을 자세히 표시하였다.

④ 정초는 농사직설에서 우리나라 농토와 현실에 알맞은 농사짓는 법을 소개하였다.

18. 조선시대 정치기구와 그 기능의 연결이 옳지 <u>않은</u> 것은?

① 중추원 ― 관리 비행 감찰

② 승문원 ― 외교 문서 작성

③ 춘추관 ― 역사 편찬 및 보관

④ 한성부 ― 수도 치안 담당

19. 조선 전기에 제작된 역사서로 옳은 것은?

① 삼국유사   ② 금석과안록

③ 고려사절요   ④ 오주연문장전산고

20. 다음의 내용과 관련된 것으로 옳은 것은?

> 조선시대 서리, 잡학인, 신량역천인, 노비 등이 소속되어 유사시에 대비하게 한 예비군의 일종이다.

① 갑사   ② 삼수병

③ 신보군   ④ 잡색군

21. 조선 전기에 관한 설명으로 옳은 것을 모두 고른 것은?

> ㄱ. 상정고금예문을 강화도에서 금속 활자로 인쇄하였다.
> ㄴ. 사상의학을 확립한 동의수세보원을 간행하였다.
> ㄷ. 주자소를 설치하고 구리로 계미자를 주조하였다.
> ㄹ. 소리의 장단과 높낮이를 표현할 수 있는 정간보를 창안하였다.

① ㄱ, ㄴ   ② ㄱ, ㄹ

③ ㄴ, ㄷ   ④ ㄷ, ㄹ

22. 조선시대 통신사에 관한 설명으로 옳은 것을 모두 고른 것은?

> ㄱ. 매년 정기적으로 파견하였다.
> ㄴ. 일본의 요청에 의해 파견이 이루어졌다.
> ㄷ. 조선의 선진문화를 전파하는 역할을 하였다.

① ㄷ   ② ㄱ, ㄴ

③ ㄱ, ㄷ   ④ ㄴ, ㄷ

23. 조선시대 유향소에 관한 설명으로 옳은 것을 모두 고른 것은?

> ㄱ. 향촌 자치를 위하여 설치한 기구이다.
>
> ㄴ. 소과 합격자를 입학 대상으로 하였다.
>
> ㄷ. 백성을 교화하고 수령의 자문에 응하였다.
>
> ㄹ. 중등교육기관으로 성현에 대한 제사를 담당하였다.

① ㄱ, ㄷ   ② ㄱ, ㄹ

③ ㄴ, ㄷ   ④ ㄴ, ㄹ

24. 다음의 업적과 관련된 왕으로 옳은 것은?

> • 속대전을 편찬하였다.
>
> • 지나친 형벌이나 악형을 금지하였다.
>
> • 백성의 부담을 줄여주기 위해 균역법을 시행하였다.

① 성종   ② 숙종

③ 영조   ④ 정조

25. 다음의 내용과 관련된 것으로 옳은 것은?

> 영국인 베델이 발행인으로 참여하여 통감부의 극심한 통제에도 불구하고 일본의 침략에 반대하는 논설을 실어, 민족의 여론을 불러일으키는 데 커다란 공헌을 하였다.

① 독립신문   ② 제국신문

③ 황성신문   ④ 대한매일신보

정답

| 1. ② | 2. ① | 3. ① | 4. ④ | 5. ② | 6. ② | 7. ② | 8. ③ | 9. ③ | 10. ④ | 11. ③ | 12. ① | 13. ② | 14. ① |
| 15. ③ | 16. ② | 17. ④ | 18. ① | 19. ③ | 20. ④ | 21. ④ | 22. ④ | 23. ① | 24. ③ | 25. ④ | | | |

1. 밑줄 친 시대의 유물로 옳은 것은?

> _____ 사람들은 열매 채집, 사냥, 물고기 잡이로 식량을 구했고, 이동 생활을 하면서 동굴이나 바위 그 늘에서 살았다.

① 덩이쇠   ② 주먹도끼
③ 비파형 동검   ④ 빗살무늬 토기

2. 다음 중 신석기 시대의 유적을 모두 고른 것은?

> ㄱ. 연천 전곡리   ㄴ. 상원 검은모루 동굴
> ㄷ. 서울 암사동   ㄹ. 양양 오산리

① ㄱ, ㄴ   ② ㄴ, ㄷ
③ ㄷ, ㄹ   ④ ㄴ, ㄷ, ㄹ

3. 고대의 여러 나라에 관한 설명으로 옳지 <u>않은</u> 것은?

① 부여에서는 흉년이 들면 책임을 물어 왕을 폐위하기도 하였다.
② 옥저에서는 가족이 죽으면 가매장을 했다가 뼈를 추려 커다란 목관에 안치하였다.
③ 동예는 10월에 동맹이라는 제천 행사를 벌였다.
④ 삼한에서는 제사와 정치가 분리되어 있었다.

4. 고대 여러 왕의 업적을 설명한 것으로 옳지 <u>않은</u> 것은?

① 고구려 소수림왕은 진대법을 제정하여 빈민을 구제하였다.
② 백제 근초고왕은 고국원왕을 전사시키고 지금의 황해도 일대를 차지하였다.
③ 신라 지증왕은 국호를 신라로 정하고 우경을 장려하였다.
④ 발해 무왕은 일본과 교류하고 당의 산둥 지방을 공략하였다.

5. 다음 사건을 시기 순으로 바르게 나열한 것은?

> ㄱ. 진흥왕이 대가야를 병합하였다.
> ㄴ. 김춘추가 당 태종과 군사동맹을 맺었다.
> ㄷ. 장수왕의 군대가 백제의 한성을 함락하였다.
> ㄹ. 성왕이 신라와 연합하여 한강 하류지역을 차지하였다.

① ㄱ → ㄴ → ㄷ → ㄹ   ② ㄴ → ㄷ → ㄹ → ㄱ
③ ㄷ → ㄹ → ㄱ → ㄴ   ④ ㄹ → ㄱ → ㄴ → ㄷ

6. 발해의 지방통치에 관한 설명으로 옳은 것은?

① 고구려 유민의 인구가 말갈족보다 많아 통치가 수월하였다.

② 토인이라고 불린 고구려 유민이 촌장을 맡았다.

③ 9주 5소경의 지방제도를 실시하였다.

④ 2군 6위의 군대를 주둔시켜 지방을 통제하였다.

7. 밑줄 친 인물에 관한 설명으로 옳은 것은?

> _____ 가(이) 말하기를, "신라는 사람을 쓰는 데 신분을 따져서 그 족속이 아니면 뛰어난 재주와 큰 공이 있어
> 도 한계를 넘지 못한다."라고 하고, 몰래 배를 타고 당나라로 갔다.　　　　　　　　　　－『삼국사기』－

① 승려로서 당나라에서 선종을 공부하였다.

② 육두품 출신으로 골품제도에 대해 불만을 가졌다.

③ 왕자 출신으로 나중에 태봉을 세웠다.

④ 해도 출신으로 귀국 후 청해진을 설치하였다.

8. 다음 유적에 관한 설명으로 옳지 <u>않은</u> 것은?

① 중국 남조 문화의 영향을 받았다.

② 무덤에서 묘지석이 발견되었다.

③ 왕과 왕비가 합장되었다.

④ 사비 시기에 만들어진 돌방무덤이다.

9. 통일신라의 경제제도에 관한 설명으로 옳은 것은?

① 금성(경주)에 동시, 서시, 남시의 시장이 있었다.

② 신문왕 때 실시된 녹읍 제도는 멸망할 때까지 지속되었다.

③ 성덕왕 때 관료전 제도를 폐지하고 정전 제도를 실시하였다.

④ 주전관을 두고 해동통보, 동국통보를 발행하였다.

10. 고려의 정치기구에 관한 설명으로 옳지 <u>않은</u> 것은?

① 중서문하성이 최고의 정무기구였다.

② 상서성은 상서도성과 6부로 구성되었다.

③ 중추원은 국방, 대외문제를 논의하는 회의 기구였다.

④ 당, 송 제도의 영향을 받았으나 고려 독자의 기구도 있었다.

11. 고려 시기 불교계에 관한 설명으로 옳은 것은?

① 의상이 지방에 화엄종 사찰을 설립하였다.

② 균여가 귀법사에서 법상종을 부흥시켰다.

③ 의천이 돈오점수를 주창하며 천태종을 개창하였다.

④ 지눌이 수선사를 결사하고 불교 개혁운동을 펼쳤다.

12. 고려 무신 정권 시기 중 정중부~이의민의 집권기에 관한 설명으로 옳지 <u>않은</u> 것은?

① 집권한 무신 사이에 치열한 권력 투쟁이 벌어졌다.

② 이규보 등의 문신이 대거 등용되었다.

③ 무신 집권자에 반대하여 조위총이 반란을 일으켰다.

④ 중방을 통해서 집단지도체제가 운영되었다.

13. 고려의 대외항쟁에 관한 설명으로 옳은 것은?

① 서희가 거란 장수 소손녕과 담판을 벌여 북서 4군을 확보하였다.

② 강감찬이 귀주에서 여진족을 크게 물리쳤다.

③ 윤관이 별무반을 이끌고 거란을 정벌하여 동북 9성을 설치하였다.

④ 김윤후와 처인 부곡의 주민들이 힘을 합쳐 몽골 살리타의 군대를 물리쳤다.

14. 조선 후기 문화에 관한 설명으로 옳은 것을 모두 고른 것은?

> ㄱ. 민화와 진경산수화가 유행하였다.
> ㄴ. 의학 백과사전인 의방유취를 간행하였다.
> ㄷ. 금속활자로 상정고금예문을 인쇄하였다.
> ㄹ. 중인층의 시인들이 시사를 조직하여 활동하였다.

① ㄱ, ㄴ   ② ㄱ, ㄹ

③ ㄴ, ㄷ   ④ ㄷ, ㄹ

15. 조선시대 인재 선발 제도에 관한 설명으로 옳지 <u>않은</u> 것은?

① 소과는 생원시와 진사시를 말한다.

② 기술관을 뽑는 시험으로 잡과가 있었다.

③ 정기 시험으로 증광시와 알성시가 있었다.

④ 문과 식년시의 초시는 각 도의 인구 비례로 선발하였다.

16. 조선시대 편찬된 서적에 관한 설명으로 옳지 <u>않은</u> 것은?

① 경국대전은 이전, 호전, 예전, 병전, 형전, 공전으로 구성된 법전이다.

② 국조오례의는 길례, 가례, 빈례, 군례, 흉례를 정리한 의례서이다.

③ 고려사절요는 고려시대 역사를 정리한 기전체 역사서이다.

④ 동국통감은 고조선부터 고려 말까지의 역사를 정리한 편년체 역사서이다.

17. 조선 후기 경제에 관한 설명으로 옳은 것은?

① 금양잡록과 농사직설을 간행하여 보급하였다.

② 민영수공업에 비해 관영수공업이 발달하였다.

③ 저화와 조선통보를 보급하였으나 유통이 부진하였다.

④ 민간인에게 광산 채굴을 허용하여 광산 개발이 활발해졌다.

18. 조선 전기 과학기술의 발달에 관한 설명으로 옳은 것을 모두 고른 것은?

ㄱ. 물시계인 자격루를 제작하였다.

ㄴ. 국왕의 행차를 위해 한강에 배다리를 놓았다.

ㄷ. 최초로 백리척을 사용하여 동국지도를 제작하였다.

ㄹ. 고구려의 천문도를 바탕으로 천상열차분야지도를 돌에 새겼다.

① ㄱ, ㄴ   ② ㄱ, ㄹ

③ ㄴ, ㄷ   ④ ㄷ, ㄹ

19. 조선시대 영조의 업적으로 옳은 것은?

① 영정법 실시   ② 현량과 시행

③ 장용영 설치   ④ 노비안검법 실시

20. (　　)에 들어갈 내용으로 옳은 것은?

(　　)는(은) 중종 때 조광조 등 사림세력이 처음 시행한 이후 전국적으로 확산되었다. 조선 사회의 풍속을 교화하는 데 많은 역할을 하였으며, 향촌의 질서 유지와 치안을 담당하는 등 향촌 사회의 자치 기능을 수행하였다.

① 의창   ② 향교

③ 향약   ④ 환곡

21. 조선시대 지방행정에 관한 설명으로 옳지 <u>않은</u> 것은?

① 전국 8도에 관찰사를 파견하였다.

② 향리는 행정 실무를 맡아 수령을 보좌하였다.

③ 수령은 왕의 대리인으로 행정·사법·군사권을 가졌다.

④ 속현과 향·부곡은 주현을 통해 중앙 정부의 통제를 받았다.

22. 조선시대 균역법의 시행에 관한 설명으로 옳지 <u>않은</u> 것은?

① 농민은 1년에 군포 2필을 부담하게 되었다.

② 어장세와 선박세의 수취를 균역청에서 관할하였다.

③ 지주에게 결작으로 토지 1결당 미곡 2두를 부담시켰다.

④ 일부 상류층에게 선무군관이라는 칭호를 주고 군포 1필을 부과하였다.

23. (   ) 시기에 발생한 사건으로 옳은 것은?

> 봉오동 전투 → (   ) → 참의부 · 정의부 · 신민부 조직

① 간도 참변   ② 만보산 사건

③ 한국광복군 창설   ④ 상해 대한민국 임시정부 수립

24. 밑줄 친 인물이 실시한 정책으로 옳은 것은?

> _____는(은) 붕당의 근거지로 인식되어 온 서원을 47개만 남기고 철폐하였으며, 전국에 척화비를 세우고 통상수교를 거부하는 정책을 확고하게 유지하였다.

① 삼수병으로 편성된 훈련도감을 설치하였다.

② 무예도보통지를 편찬하여 병법을 정리하였다.

③ 대전통편을 편찬하여 통치 규범을 재정비하였다.

④ 비변사를 폐지하고 의정부의 기능을 회복하였다.

25. (   )에 들어갈 인물은?

> (   )는(은) 우리 민족의 정신을 '혼'으로 파악하였으며, 한국통사와 한국독립운동지혈사를 저술하여 일제의 불법적인 침략을 규탄하였다.

① 박은식   ② 백남운

③ 신채호   ④ 정인보

정답

1.②	2.③	3.③	4.①	5.③	6.②	7.②	8.④	9.①	10.③	11.④	12.②	13.④	14.②
15.③	16.③	17.④	18.②	19.정답없음	20.③	21.④	22.①	23.①	24.④	25.①			

1. 고조선 시대의 청동기 문화를 대표하는 유물 · 유적으로 옳지 <u>않은</u> 것은?

① 명도전   ② 비파형 동검
③ 미송리식 토기   ④ 고인돌(탁자식)

2. 다음은 무엇에 관한 설명인가?

> 통일신라의 중앙군으로 고구려와 백제인은 물론 말갈인까지 포함하여 편성하였다

① 10위   ② 10정
③ 9서당   ④ 2군 6위

3. 장수왕의 업적으로 옳지 <u>않은</u> 것은?

① 평양 천도   ② 영락 연호 사용
③ 백제 한성 함락   ④ 광개토 대왕릉비 건립

4. 발해 5경 중 현재의 북한 지역에 설치되었던 것은?

① 중경 현덕부   ② 동경 용원부
③ 상경 용천부   ④ 남경 남해부

5. 신라 선덕여왕 때 만들어진 것으로 옳지 <u>않은</u> 것은?

① 첨성대   ② 황룡사
③ 분황사   ④ 황룡사 9층탑

6. 다음 ( )에 들어갈 인물로 옳은 것은?

> 가야 출신의 ( )은(는) 가야금을 만들고 12악곡을 지었는데, 대가야 멸망 전에 신라에 투항하였다. 진흥왕의 사랑을 받던 그는 국원소경(충주)으로 가서 여러 제자를 길러 가야 음악을 신라에 전하는데 기여하였다.

① 우륵   ② 왕산악
③ 옥보고   ④ 백결선생

7. 밑줄 친 '그'에 해당하는 인물은?

> 그의 아버지는 원성왕과의 왕위 다툼에서 패하였다. 그는 웅주(공주)를 근거로 반란을 일으켜 국호를 장안, 연호를 경운이라고 했다.

① 이자겸   ② 김보당
③ 김헌창   ④ 조위총

8. 백제의 부흥운동에 참여한 인물로 옳지 <u>않은</u> 것은?

① 복신   ② 도침
③ 검모잠   ④ 흑치상지

9. 밑줄 친 '이 나라'에 관한 설명으로 옳지 <u>않은</u> 것은?

> 이 나라의 성은 평지성과 산성으로 나뉘는데, 국내성은 평지성, 환도산성(산성자 산성)은 산성에 해당한다.

① 5부족 연맹을 통하여 발전하였다.
② 귀족 대표자 회의인 제가회의가 있었다.
③ 10월에는 동맹이라는 제천행사가 있었다.
④ 384년 처음으로 동진에서 불교를 받아들였다.

10. 다음 중 금관이 발견된 유적을 모두 고른 것은?

> ㄱ. 장군총   ㄴ. 천마총   ㄷ. 정효공주묘   ㄹ. 황남대총

① ㄱ, ㄷ   ② ㄱ, ㄹ
③ ㄴ, ㄷ   ④ ㄴ, ㄹ

11. 다음 사건을 발생시기가 앞선 순으로 바르게 나열한 것은?

> ㄱ. 경대승 도방정치   ㄴ. 묘청 서경천도 운동
> ㄷ. 최충헌 교정도감 설치   ㄹ. 삼별초 대몽항쟁

① ㄱ → ㄴ → ㄹ → ㄷ   ② ㄱ → ㄷ → ㄴ → ㄹ
③ ㄴ → ㄱ → ㄷ → ㄹ   ④ ㄴ → ㄷ → ㄹ → ㄱ

12. 고려시대에 건립된 건축물로 옳지 <u>않은</u> 것은?

① 구례 화엄사 각황전   ② 예산 수덕사 대웅전
③ 안동 봉정사 극락전   ④ 영주 부석사 무량수전

13. 다음 사건을 발생시기가 앞선 순으로 바르게 나열한 것은?

> ㄱ. 건원중보(철전) 주조   ㄴ. 삼국사기 편찬
> ㄷ. 상정고금예문 인쇄   ㄹ. 직지심체요절 간행

① ㄱ → ㄴ → ㄷ → ㄹ   ② ㄱ → ㄷ → ㄹ → ㄴ
③ ㄴ → ㄱ → ㄹ → ㄷ   ④ ㄷ → ㄴ → ㄱ → ㄹ

14. 조선 전기의 경제 상황에 관한 설명으로 옳은 것은?

    ① 저화, 조선통보가 발행되었다.

    ② 상평통보가 전국적으로 유통되었다.

    ③ 조세와 지대의 금납화가 이루어졌다.

    ④ 시중에 동전이 부족한 전황이 발생하였다.

15. 조선시대 교육기관에 관한 설명으로 옳지 <u>않은</u> 것은?

    ① 서원과 서당은 사립 교육 기관이었다.

    ② 성균관의 입학자격은 생원과 진사를 원칙으로 하였다.

    ③ 잡학은 해당 기술 관청에서 직접 교육을 담당하였다.

    ④ 중앙에 향교를 두고 지방에 서학, 동학, 남학, 중학의 4부 학당을 두었다.

16. 다음 (　　)에 들어갈 내용으로 옳은 것은?

> 남곤, 심정 등과 같은 공신들은 중종반정 이후 개혁을 추진하던 조광조 일파를 모함하여, 죽이거나 유배를 보냈다. 이 사건을 (　　　　)라고 한다.

    ① 무오사화　　　　　　　　　　② 갑자사화

    ③ 기묘사화　　　　　　　　　　④ 을사사화

17. 다음의 업적과 관련된 왕으로 옳은 것은?

> • 직전법 실시　　　　• 진관체제 실시　　　　• 경국대전 편찬 시작

    ① 태조　　　　　　　　　　　② 태종

    ③ 세종　　　　　　　　　　　④ 세조

18. 조선 후기에 만들어진 것은?

    ① 악학궤범　　　　　　　　② 인왕제색도

    ③ 향약집성방　　　　　　　④ 혼일강리역대국도지도

19. 조선의 통치기구에 관한 설명으로 옳은 것을 모두 고른 것은?

> ㄱ. 춘추관은 역사서의 편찬과 보관을 맡았다.
> ㄴ. 장례원은 수도의 행정과 치안을 담당하였다.
> ㄷ. 사간원은 노비 문서의 관리와 노비 소송을 맡았다.
> ㄹ. 승정원은 왕의 비서기관으로 왕명의 출납을 담당하였다.

    ① ㄱ, ㄴ　　　　　　　　　② ㄱ, ㄹ

    ③ ㄴ, ㄷ　　　　　　　　　④ ㄷ, ㄹ

20. 다음 ( )에 들어갈 농업서로 옳은 것은?

> 조선 후기 신속은 (   )에서 이앙법과 그 밖의 벼농사 농법을 자세히 소개하였다.

① 농사직설　　　　　　　　② 농상집요
③ 농가집성　　　　　　　　④ 농정신편

21. 조선 후기 저자와 역사서의 연결이 옳지 <u>않은</u> 것은?

① 유득공 – 발해고　　　　　② 안정복 – 동사강목
③ 한치윤 – 해동역사　　　　④ 이종휘 – 연려실기술

22. 다음 ( )에 들어갈 인물로 옳은 것은?

> (   )은 실학자로서 '의산문답', '임하경륜' 등을 저술하고, 성리학의 극복과 지전설을 주장하였다.

① 이익　　　　　　　　　　② 홍대용
③ 유수원　　　　　　　　　④ 박지원

23. 밑줄 친 '이 단체'에 속한 인물로 옳지 <u>않은</u> 것은?

> <u>이 단체</u>는 신채호에게 의뢰하여 작성한 조선 혁명 선언을 활동 지침으로 삼아 일제 요인 암살과 식민통치 기관 파괴에 주력하였다.

① 윤봉길　　　　　　　　　② 나석주
③ 김익상　　　　　　　　　④ 김상옥

24. (가)와 (나) 사이에 있었던 사건으로 옳은 것을 모두 고른 것은?

> (가) 고부군수 조병갑의 횡포로 농민들이 고부관아를 습격하였다.
> (나) 외세의 개입으로 사태가 악화될 것을 우려한 농민군과 관군은 전주화약을 맺었다.

> ㄱ. 전라도 삼례에서 교조신원운동이 일어났다.
> ㄴ. 농민군이 황토현 전투에서 관군을 격파하였다.
> ㄷ. 공주 우금치 전투에서 농민군은 크게 패하였다.
> ㄹ. 정부는 진상조사를 위해 이용태를 안핵사로 파견하였다.

① ㄱ, ㄴ　　　　　　　　　② ㄱ, ㄷ
③ ㄴ, ㄹ　　　　　　　　　④ ㄷ, ㄹ

25. 다음에서 설명하는 단체는?

> • 민족주의 세력과 사회주의 세력의 민족 유일당 운동으로 창립되었다.
> • 광주학생 항일운동 당시 진상조사단을 파견하고 대규모 민중 대회를 개최하려고 하였다.

① 신민회　　　　　　　　　② 신간회
③ 보안회　　　　　　　　　④ 권업회

01. 다음과 같이 생활한 시대에 널리 사용한 도구는?

> 사람들은 동굴이나 바위 그늘에서 살며 무리를 이루어 사냥감을 찾아다녔다.

① 반달 돌칼   ② 비파형 동검
③ 주먹도끼   ④ 돌괭이

02. 다음 중 신석기 시대에 사용한 토기를 모두 고른 것은?

> ㄱ. 빗살무늬 토기   ㄴ. 미송리식 토기
> ㄷ. 붉은 간토기   ㄹ. 덧무늬 토기

① ㄱ, ㄴ   ② ㄱ, ㄹ
③ ㄴ, ㄷ   ④ ㄷ, ㄹ

03. 삼한에 관한 설명으로 옳지 <u>않은</u> 것은?
① 변한에서는 철을 화폐처럼 사용하였다.
② 마한에서는 농경이 발달하고 벼농사를 지었다.
③ 진한에는 편두의 풍속이 있었다.
④ 변한에서는 다른 읍락의 생활권을 침범하면 노비와 소, 말로 변상하게 하였다.

04. 삼국 시대에 편찬된 역사책이 <u>아닌</u> 것은?
① 서기   ② 국사
③ 신집   ④ 화랑세기

05. 밑줄 친 '그'에 해당하는 인물은?

> 그는 불교 서적을 폭넓게 섭렵하고, 모든 것이 한마음에서 나온다는 일심 사상을 바탕으로 다른 종파들과 사상적 대립을 조화시키고 분파 의식을 극복하려고 하였다.

① 자장   ② 원효
③ 의상   ④ 원광

06. 발해 무왕 때의 역사적 사실에 관한 설명으로 옳은 것은?
① 발해를 정식 국호로 삼았다.
② 당의 산둥 반도를 공격하였다.
③ 수도를 중경에서 상경으로 옮겼다.
④ 당의 제도를 본떠 3성 6부제를 정비하였다.

07. 신라 하대에 관한 설명으로 옳지 <u>않은</u> 것은?

① 중앙 귀족들 사이에 권력 다툼이 빈번해졌다.

② 지방에는 새로운 세력으로 호족이 등장하였다.

③ 교종과 선종의 통합 운동이 활발하게 전개되었다.

④ 승려의 사리를 봉안하는 승탑이 유행하였다.

08. 다음 사건을 발생 시기가 앞선 순으로 바르게 나열한 것은?

> ㄱ. 관산성 전투   ㄴ. 매소성 전투
> ㄷ. 황산벌 전투   ㄹ. 안시성 전투

① ㄱ→ㄴ→ㄷ→ㄹ

② ㄱ→ㄹ→ㄷ→ㄴ

③ ㄴ→ㄱ→ㄹ→ㄷ

④ ㄴ→ㄷ→ㄱ→ㄹ

09. 삼국의 통치 체제에 관한 설명으로 옳지 <u>않은</u> 것은?

① 삼국 초기에 연맹을 구성한 각 부의 지배자는 독자적으로 자신의 영역을 통치하였다.

② 백제는 좌평을 비롯한 16등급의 관리가 있어 나랏일을 맡아보았다.

③ 관등제와 관직 체계의 운영은 신분제에 의해 제약을 받았다.

④ 신라에서 집사부 시중은 귀족회의를 주관하며 왕권을 견제하였다.

10. 고려의 국왕에 관한 설명으로 옳은 것은?

① 광종은 연등회와 팔관회를 부활시켰다.

② 공민왕은 원의 간섭에서 벗어나 황제를 칭하였다.

③ 인종은 왕권을 강화하기 위해 서경으로 천도하였다.

④ 성종은 주요 지역에 지방관을 파견하였다.

11. 다음 상소문과 관련된 내용으로 옳은 것은?

> 창고는 비고 나라의 쓰임새는 부족하며 녹봉은 날로 감소하니 선비를 장려할 길이 없습니다. …(중략)… 사전을 혁파하여 풍속을 바로잡고 민생을 넉넉히 하며, 널리 축적하여 나라의 용도에 두루 쓰이게 하십시오.
>
> ―「고려사」―

① 전시과 제도의 문란에서 비롯된 문제를 지적하였다.

② 교정도감을 설치하여 문제를 해결하려 하였다.

③ 고려 왕조를 지키려는 세력이 토지 제도의 개혁 방안을 제시한 것이다.

④ 개인에게 수조권을 주는 제도를 폐지하여 문제를 해결하였다.

12. 고려의 문화와 사상에 관한 설명으로 옳지 <u>않은</u> 것은?

① 토착 신앙과 불교, 유교 등 다양한 신앙과 사상이 공존하였다.

② 북방 민족의 문화에 비해 한족의 문화를 높이 평가하였다.

③ 국사와 왕사 제도를 두어 불교에 국교의 권위를 부여하였다.

④ 고려 말 성리학자들은 이(理)와 기(氣)의 관계에 관한 연구를 심화하였다.

13. 고려의 지방 사회에 관한 설명으로 옳은 것은?

① 향·소·부곡민은 천민 신분으로 과거를 볼 수 없었다.

② 소의 주민은 왕실에 소속된 농장을 관리하였다.

③ 지방 고을은 주현(主縣)과 속현(屬縣)으로 구분되었다.

④ 향리는 중인 신분으로 제술과에 응시할 수 없었다.

14. 다음 중 삼별초가 항쟁한 곳을 모두 고른 것은?

| ㄱ. 강동성 | ㄴ. 귀주성 | ㄷ. 용장산성 | ㄹ. 항파두성 |

① ㄱ, ㄴ   ② ㄱ, ㄹ

③ ㄴ, ㄷ   ④ ㄷ, ㄹ

15. 다음과 관련된 조선의 사회 현상으로 옳지 <u>않은</u> 것은?

> 아버지와 아들, 손자는 단일한 기가 서로 전하는 관계이니 살아서는 한집에 살고자 하고 죽어서는 같은 묘역에 묻히고자 한다.

① 향음주례 확산   ② 묘지 분쟁 빈발

③ 동성 촌락 형성   ④ 남귀여가혼 쇠퇴

16. 조선시대 붕당에 관한 설명으로 옳지 <u>않은</u> 것은?

① 척신 정치의 잔재 청산과 이조 전랑 임명 문제를 둘러싸고 동인과 서인으로 분열하였다.

② 효종의 적장자 자격 인정 여부를 둘러싸고 서인과 남인 사이에 예송논쟁이 전개되었다.

③ 영조는 노론과 소론의 강경파를 등용하여 서로 견제하게 하는 탕평책을 실시하였다.

④ 사람과 짐승의 본성이 같은지 여부를 둘러싸고 노론이 낙론과 호론으로 나뉘었다.

17. 다음 도자기를 유행 시기가 앞선 순으로 바르게 나열한 것은?

| ㄱ. 순청자 | ㄴ. 청화백자 | ㄷ. 분청사기 | ㄹ. 상감청자 |

① ㄱ→ㄷ→ㄹ→ㄴ   ② ㄱ→ㄹ→ㄴ→ㄷ

③ ㄱ→ㄹ→ㄷ→ㄴ   ④ ㄴ→ㄷ→ㄹ→ㄱ

18. 다음 중 조선 후기 개혁 정책에 관한 설명으로 옳은 것을 모두 고른 것은?

> ㄱ. 모든 양반에게 선무군관포를 거두었다.
> ㄴ. 토산물 공납을 토지에 부과하는 대동법을 실시하였다.
> ㄷ. 시전 상인의 금난전권을 일부 품목만 남겨두고 철폐하였다.
> ㄹ. 토지의 비옥도와 풍흉의 정도에 따라 전세를 차등 있게 거두었다.

① ㄱ, ㄴ   ② ㄱ, ㄹ
③ ㄴ, ㄷ   ④ ㄷ, ㄹ

19. 조선 후기의 경제에 관한 설명으로 옳은 것은?

① 관영 수공업이 확대되었다.
② 자작농이 증가하고 지주가 감소하였다.
③ 의주를 중심으로 평안도 지역에서 인삼을 재배하여 청에 수출하였다.
④ 국가에서 개인의 광산개발을 허용하고 세금을 거두었다.

20. 조선의 신분제에 관한 설명으로 옳지 <u>않은</u> 것은?

① 법제적인 신분 제도는 양인과 천인으로 구분하는 양 · 천제였다.
② 백정은 법제상 양인이지만 관습적으로는 천인으로 취급되었다.
③ 서얼은 무과와 잡과에 응시할 수 있었다.
④ 노비는 가족을 구성할 수 있었으나 재산은 주인의 소유가 되었다.

21. 조선 태종의 정치에 관한 설명으로 옳지 <u>않은</u> 것은?

① 사병을 혁파하였다.
② 6조의 기능을 강화하였다.
③ 호패법을 실시하였다.
④ 경국대전 편찬을 시작하였다.

22. 조선 시대 건축에 관한 설명으로 옳은 것은?

① 인공적인 기교를 부린 정원 건축이 발달하였다.
② 현존하는 궁궐의 정전(正殿)은 익공 양식으로 건축하였다.
③ 일본의 과학기술을 적용하여 제작한 기구로 수원 화성을 축조하였다.
④ 안채와 사랑채로 구분된 주택 구조가 발달하였다.

23. 3 · 1운동에 관한 설명으로 옳지 <u>않은</u> 것은?

① 아시아 각국의 민족운동에 자극이 되었다.
② 일제가 무단 통치에서 문화 통치로 바꾸는 계기가 되었다.
③ 비폭력, 무저항주의로 출발하였으나 점차 폭력적인 양상을 띠었다.
④ 비타협적 민족주의자와 사회주의자가 주도하였다.

24. 다음 설명과 관련된 조약으로 옳은 것은?

> 개화 정책의 일환으로 신식 군대인 별기군을 창설한 이후, 신식 군인에 비해 구식 군인에 대한 대우가 열악하였다. 이에 구식 군인들의 불만이 폭발하여 임오군란이 일어났다.

① 강화도조약   ② 제물포조약
③ 한성조약   ④ 을사조약

25. 조선 건국 준비 위원회에 관한 설명으로 옳은 것을 모두 고른 것은?

> ㄱ. 조선 건국 동맹을 바탕으로 결성하였다.
> ㄴ. 치안대를 설치하여 질서 유지에 힘썼다.
> ㄷ. 김성수, 송진우 등이 주도하였다.
> ㄹ. 이승만을 주석으로, 여운형을 부주석으로 추대하였다.

① ㄱ, ㄴ   ② ㄱ, ㄹ
③ ㄴ, ㄷ   ④ ㄷ, ㄹ

부록

① 고고학 용어

개정 용어	개정 이전 용어	개정 용어	개정 이전 용어
가락바퀴	방추차(紡錘車)	모줄임 천장	말각 조정식 천정(抹角藻井式天井)
가지무늬 토기	채문 토기(彩文土器)	민무늬 토기	무문 토기(無文土器)
간석기	마제 석기(磨製石器)	바위 그림	암각화(岩刻畵)
갈판	연석(碾石)	바퀴날 도끼	환상 석부(環狀石斧)
거친무늬 거울	조문경(粗文鏡)	바탕흙	태토(胎土)
거푸집	용범(鎔范)	반달 돌칼	반월형 석도(半月形 石刀)
검은 간 토기	흑도(黑陶)	받침돌	지석(支石)
고인돌	지석묘(支石墓)	번개무늬	뇌문(雷文)
구덩무덤	토장묘(土葬墓)	벽돌무덤	전축분(塼築墳)
구덩식	수혈식(竪穴式)	보습	이선(犁先)
굴식	횡혈식(橫穴式)	붉은 간 토기	홍도(紅陶)
낚시바늘	조침(釣針)	빗살무늬 토기	즐문 토기(櫛文土器)
널길	연도(羨道)	뼈 단지	골호(骨壺)
널무덤	토광묘(土壙墓)	뼈 연장	골기(骨器)
널방	현실(玄室)	뿔 연장	각기(角器)
눕혀묻기	앙와장(仰臥葬)	상돌	상석(床石)
덧널무덤	목곽묘(木槨墓)	선돌	입석(立石)
덧띠 토기	점토대 토기(粘土帶土器)	수레 토기	차형 토기(車形土器)
덧무늬 토기	태선 융기문 토기(太線隆起文土器)	오리 토기	압형 토기(鴨形土器)
독무덤	옹관묘(甕棺墓)	움집터	수혈 주거지(竪穴住居址)
돋새김	양각(陽刻)	이른 민무늬 토기	원시 무문 토기(原始無文土器)
돌널무덤	석관묘(石棺墓)	잔석기	세석기(細石器)
돌덧널무덤	석곽분(石槨墳)	저장 구덩	저장혈(貯藏穴)
돌무지 덧널무덤	적석 목곽분(積石木槨墳)	조개더미	패총(貝塚)
돌무지무덤	적석총(積石塚)	짐승 토기	동물형 토기(動物形土器)
돌방무덤	석실분(石室墳)	집터	주거지(住居址)
돌짐승	석수(石獸)	집 토기	가형 토기(家形土器)
두벌묻기	세골장(洗骨葬)	칠무늬 토기	채문 토기(彩色土器, 彩文土器)
둘레돌	호석(護石)	팽이 토기	각형 토기(角形土器)
둥근바닥	원저(圓底)	홈자귀	유구석부(有溝石斧)
뚜껑돌(덮개돌)	개석(蓋石)	화덕 자리	노지(爐址)

② 국사 연표

세기	우리 나라 연대	우리 나라 주요 사항	시대	중국	서양	다른 나라 연대	다른 나라 주요 사항
B.C.	약 70만 년 전	(구석기 문화)	고	(은) (주)	고	3000년경	이집트 문명 시작
	8000년경	(신석기 문화)				2500년경	황허 문명 시작
	2333	단군, 아사달에 도읍(삼국유사)					
	2000년경	청동기 문화의 전개				1800년경	함무라비 왕, 메소포타미아
		고조선의 발전					통일
						6세기경	석가 탄생
	400년경	철기 문화의 보급		춘추		551년경	공자 탄생
	194	위만, 고조선의 왕이 됨		전국		334	알렉산더 대왕, 동방 원정
	108	고조선 멸망, 한군현 설치				221	진(秦)의 중국 통일
						206	한의 건국
				진		27	로마, 제정 시작
						4	크리스트 탄생
A.D.			대	한	대	25	후한의 건국
	194	고구려, 진대법 실시				166	로마 사절 중국에 옴
	260	백제(고이왕), 16관등과 공복				220	후한 멸망, 삼국 시대 시작
		제정		삼국			
				시대		280	진(晉)의 중국 통일
300	313	고구려, 낙랑군 멸망시킴				313	로마, 크리스트교 공인
	372	고구려, 불교 전래, 태학 설치.				316	5호 16국 시대
		백제, 동진에 사절을 보냄				317	동진의 성립
	384	백제, 불교 전래		진		325	니케아 종교 회의
			사		사	375	게르만 민족, 대이동 개시
400	405	백제, 일본에 한학 전함				395	로마 제국, 동서로 분열
	427	고구려, 평양 천도				439	중국, 남북조 성립
	433	나·제 동맹 성립(백제 비류				476	서로마 제국 멸망
		왕과 신라 눌지왕)				486	프랑크 왕국 건국
	498	결혼 동맹 체결(백제 동성왕		남			
		과 신라 소지왕)		북			
		백제, 탐라 복속		조			
500	502	신라, 우경 실시		시		529	유스티니아누스 법전 편찬
	503	신라, 국호와 왕호를 정함		대			베네딕트 교단 성립
	520	신라, 율령 반포, 백관의 공복	회		회		몬테 카시노 수도원 창설
		제정				537	콘스탄티노플의 성 소피아
	527	신라, 불교를 공인					성당 건립

	536 신라, 연호 사용(건원)			579 마호메트 탄생
	538 백제, 도읍을 사비성으로 옮김			589 수, 중국 통일
	545 신라, 국사 편찬	고		
	552 백제, 일본에 불교 전함			
600	612 고구려, 살수 대첩	수	중	610 이슬람교 창시
	624 고구려, 당으로부터 도교 전래			618 당의 건국
	645 고구려, 안시성 싸움 승리	대		622 헤지라(이슬람 기원 원년)
	647 신라, 첨성대 건립			629 현장, 인도 여행, 대당 서역
	660 백제 멸망			기를 씀
	668 고구려 멸망			645 일본, 다이카 개신
	676 신라, 삼국 통일			671 당의 의정, 불경을 구하러
	682 국학을 세움	당		인도 여행
	685 9주 5소경 설치			
	698 발해의 건국	사	세	
700	722 신라, 정전 지급			712 당, 현종 즉위
	751 불국사와 석굴암을 세움			755 당, 안사의 난
				771 카롤루스 대제, 프랑크 왕국 통일
	788 독서 삼품과 설치			
800	828 장보고, 청해진 설치			829 잉글랜드 왕국 성립
	834 백관의 복색 제도를 공포	회		843 베르됭 조약
	888 신라, 삼대목 편찬			862 러시아 건국
				875 황소의 난
900	900 견훤, 후백제 건국			907 당 멸망, 오대의 시작
	901 궁예, 후고구려 건국			916 거란 건국
	918 왕건, 고려 건국	오	사	946 거란, 국호를 요라 함
	926 발해 멸망			
	935 신라 멸망			
	936 고려, 후삼국 통일	중	대	
	956 노비 안검법 실시			
	958 과거 제도 실시			
		세		960 송의 건국
		북		962 오토 1세, 신성 로마 황제 대관
	976 전시과 실시			987 프랑스, 카페 왕조 시작
	983 전국에 12목 설치, 3성 · 6부 ·	사	송	
	7시를 정함			
	992 국자감 설치			
	993 거란의 제1차 침입(서희 담판,		(요)	
	강동 6주 획득)			
	996 철전(건원중보)의 주조	회	회	
1000				
	1009 강조의 정변			

연도	사건 (고려)				연도	사건 (세계)
	1010 거란의 제2차 침입		북		1037 셀주크 투르크 제국 건국	
	1019 거란의 제3차 침입, 귀주 대첩		송		1054 크리스트 교 동서로 분열	
	1076 전시과 개정, 관제 개혁				1066 노르망디 공 윌리엄, 잉글랜드 정복	
	1086 의천, 교장도감을 두고 속장경을 조판	중	(요)	중	1069 왕안석의 신법	
					1095 클레르몽 종교 회의	
	1097 주전도감 설치				1096 십자군 원정(~1270)	
1100	1102 해동통보 주조					
	1107 윤관, 여진 정벌				1115 금의 건국	
	1126 이자겸의 난				1125 금, 요를 멸망	
	1135 묘청의 서경 천도 운동				1127 북송 멸망, 남송 시작	
	1145 김부식, 삼국사기 편찬					
	1170 무신 정변				1163 프랑스, 노트르담 성당 건축 시작	
	1179 경대승, 도방 정치		(금)		1192 일본, 가마쿠라 막부 세움	
	1196 최충헌 집권	세		세		
	1198 만적의 난					
1200			남		1206 칭기즈칸, 몽고 통일	
	1219 몽고와 통교				1215 영국, 대헌장 제정	
	1231 몽고의 제1차 침입					
	1232 강화 천도		송			
	1234 금속 활자로 상정고금예문 간행				1241 신성 로마 제국, 한자 동맹 성립	
	1236 고려 대장경 새김(~1251)				1254 대공위 시대(~1273)	
					1271 원 제국 성립	
	1270 개경으로 환도, 삼별초의 대몽 항쟁	사		사	1279 남송 멸망	
	1274 여ㆍ원의 제1차 일본 정벌				1299 마르코 폴로, 동방견문록 출판	
1300			원		1302 프랑스, 삼부회 성립	
	1304 안향의 주장으로 국학에 대성전 세움				1309 교황, 아비뇽에 유폐	
	1314 만권당 설치				1321 단테, 신곡 완성	
	1359 홍건적의 침입(~1361)				1337 일본, 아시카가 막부 성립	
	1363 문익점, 원에서 목화씨 가져옴				1339 영국, 프랑스 백년 전쟁 (~1453)	
					1356 황금 문서 발표	
	1376 최영, 왜구 정벌	회		회	1368 원 멸망, 명 건국	
	1377 최무선의 건의로 화약 무기 제조(화통도감 설치), 직지심체요절 인쇄		명			
	1388 위화도 회군					
	1389 박위, 쓰시마 섬 정벌					
	1392 고려 멸망, 조선의 건국					

447

연도	우리나라			연도	세계
	1394 한양 천도				
1400	1402 호패법의 실시				
	1403 주자소 설치				
	1411 한양에 5부 학당 설치			1405	정화의 남해 원정(~1433)
	1413 조선 8도의 지방 행정 조직을 완성, 태조 실록을 편찬	명			
	1418 세종 즉위				
	1419 이종무의 쓰시마 정벌				
	1420 집현전 확장				
	1423 고려사 편찬				
	1426 3포 개항				
	1433 4군 설치	중		1429	잔 다르크, 영국군을 격파
	1437 6진 설치				
	1441 측우기 제작				
	1443 훈민정음 창제	세	중		
	1446 훈민정음 반포				
	1466 직전법 실시		세	1450	구텐베르크, 활판 인쇄술 발명
	1469 경국대전 완성	사		1453	비잔틴 제국 멸망
			세	1455	장미 전쟁(~1485)
				1492	콜럼버스, 아메리카 항로 발견
	1498 무오사화	회		1498	바스코 다가마, 인도 항로 발견
1500			사		
	1504 갑자사화				
	1510 3포 왜란			1517	루터의 종교 개혁
	1512 임신약조 체결		회	1519	마젤란, 세계 일주(~1522)
	1519 기묘사화			1524	독일의 농민 전쟁
	1543 백운동 서원 세움	명		1536	칼뱅의 종교 개혁
	1545 을사사화				
	1554 비변사 설치				
	1555 을묘왜변				
	1582 마리, 제주도 표착			1562	위그노 전쟁(~1598)
	1592 임진왜란, 한산도 대첩			1588	영국, 무적 함대 격파
	1593 행주 대첩				
	1597 정유재란				
1600		근		1598	낭트 칙령 발표
	1608 경기도에 대동법 실시	대			
	1609 일본과 기유약조 체결	사		1600	영국, 동인도 회사 설립
	1610 동의보감 완성	회		1616	후금의 건국
	1623 인조 반정	의		1618	독일, 30년 전쟁(~1648)
	1624 이괄의 난	태			
	1627 정묘호란	동			
	1628 벨테브레, 제주도 표착				

연도	한국사			세계사	연도	세계사
1631	정두원이 명에서 천리경, 자명종, 화포 등 수입				1628	영국, 권리 청원 제출
1635	영정법 실시					
1636	병자호란					
1645	소현 세자가 청에서 과학, 가톨릭교 등 서양 서적 수입				1642	청교도 혁명(~1649)
1653	하멜, 제주도 표착, 시헌력 채택				1644	명 멸망, 청, 중국 통일
1658	제2차 나선 정벌				1651	크롬웰, 항해 조례 발표
1659	호서 지방에 대동법 실시		근			
1662	제언사 설치	근				
1678	상평통보의 주조					
1680	경신환국(경신대출척)	대				
1689	기사환국		대		1688	명예 혁명
1694	갑술환국	사			1689	청·러시아, 네르친스크 조약, 영국, 권리장전 발표
1696	안용복, 독도에서 일인 쫓아냄					
1708	전국적으로 대동법 시행	회				
1712	백두산 정계비 건립					
1725	탕평책 실시	의				
1750	균역법 실시				1740	오스트리아 계승 전쟁
1763	고구마의 전래		사		1762	루소, 민약론 발표
1776	규장각 설치				1765	와트, 증기 기관 완성
1784	이승훈의 천주교 전도	태			1776	미국, 독립 선언
1785	대전통편 완성		청			
1786	서학을 금함	동				
1791	신해박해				1789	프랑스 혁명, 인권 선언
1801	신유박해					
1811	홍경래의 난					
1831	천주교 조선 교구 설치				1814	빈 회의(~1815)
1839	기해박해				1830	프랑스, 7월 혁명
1860	최제우, 동학 창시				1832	영국, 선거법 개정
1861	김정호, 대동여지도 제작		회		1840	아편 전쟁(~1842)
1862	임술 농민 봉기				1848	프랑스, 2월 혁명
1863	고종 즉위, 흥선 대원군 집권				1850	태평 천국 운동
1865	경복궁 중건(~1872)				1858	무굴 제국 멸망
1866	병인박해, 병인양요, 제너럴 셔먼 호 사건	근			1860	베이징 조약
1868	오페르트 도굴 사건	대			1861	미국, 남북 전쟁(~1865)
1871	신미양요	사			1863	링컨, 노예 해방 선언
1875	운요 호 사건	회			1868	일본, 메이지 유신
					1869	수에즈 운하 개통

1700

1800

연도	한국사				세계사
	1876 강화도 조약, 조·일 수호 조규 부록과 통상 장정의 체결				1871 독일 통일
					1878 베를린 회의
	1879 지석영, 종두법 실시				
	1881 영남 만인소, 신사 유람단 및 영선사 파견, 별기군 창설				
	1882 임오군란, 미·영·독 등과 통상 조약 체결		근		1882 독일, 오스트리아, 이탈리아 삼국 동맹 성립
	1883 한성 순보 발간, 전환국 설치 원산 학사 설립, 태극기 사용	근			
	1884 우정국 설치, 갑신정변				1884 청·프랑스 전쟁(~1885)
	1885 거문도 사건, 배재 학당 설립 서울 – 인천 간 전신 개통, 광혜원 설립				1885 청·일, 텐진 조약 체결
	1886 육영공원, 이화 학당 설립	대	청	대	
	1889 함경도에 방곡령 실시				
	1894 동학 농민 운동, 갑오개혁				1894 청·일 전쟁(~1895, 시모노세키 조약 체결)
	1895 을미사변, 유길준, 서유견문 지음				
	1896 아관 파천, 독립 신문 발간, 독립 협회의 설립				1896 제1회 올림픽 대회
	1897 대한 제국의 성립				1898 청, 무술개혁, 퀴리 부처, 라듐 발견
	1898 만민 공동회 개최	사			1899 헤이그 평화 회의, 의화단 운동
	1899 경인선 개통				
1900	1900 만국 우편 연합 가입			사	
	1902 서울 – 인천 간 장거리 전화 개통				1902 제1차 영·일 동맹
	1903 YMCA 발족				
	1904 한·일 의정서, 제1차 한·일 협약(한·일 협정서, 고문 정치) 체결, 경부선 준공, 보안회 조직	회			1904 러·일 전쟁(~1905, 포츠머스 조약 체결)
	1905 제2차 영·일 동맹, 가쓰라·태프트 밀약 체결, 을사조약(제2차 한·일 협약, 통감 정치) 체결, 천도교 성립		중	회	
	1906 통감부 설치		화		
	1907 국채 보상 운동, 헤이그 특사 파견, 고종 황제 퇴위, 군대 해산, 신민회 설립		민		1907 삼국 협상 성립
			국		
	1908 의병, 서울 진공 작전				

연도	한국사			연도	세계사
1909	일본, 청과 간도를 안봉선과 교환, 안중근 이토 처단, 나철 대종교 창시		근		
1910	국권 피탈	근			
1912	토지 조사 사업 시작(~1918)			1911	신해 혁명
1914	대한 광복군 정부 수립	중		1912	중화 민국의 성립
1916	박중빈, 원불교 창시		대	1914	제1차 세계 대전, 파나마 운하 개통
1919	2·8 독립 선언, 3·1 운동, 대한 민국 임시 정부 수립, 대한 애국 부인회 조직			1917	러시아 혁명
1920	홍범도, 봉오동 전투, 김좌진, 청산리 대첩, 간도 참변, 조선·동아 일보 창간, 산미 증식 계획(~1933)	대		1918	윌슨 대통령, 14개조의 평화 원칙 발표
				1919	베르사유 조약, 5·4 운동
				1920	국제 연맹 성립
1921	자유시 참변, 조선어 연구회 조직		화	1921	워싱턴 회의
1922	어린이날 제정, 조선 물산 장려회 조직	사	사		
1923	민립 대학 설립 운동				
1925	미쓰야 협정				
1926	6·10 만세 운동				
1927	신간회 조직				
1929	광주 학생 항일 운동			1927	난징에 국민 정부 수립
1932	이봉창, 윤봉길 의거			1929	세계 경제 공황
1933	한글 맞춤법 통일안 제정	회	민	1931	만주 사변
1934	진단 학회 조직		국		
1936	손기정, 베를린 올림픽 대회 마라톤 우승, 표준어 제정		회	1935	독일, 재군비 선언
1938	한글 교육 금지			1937	중·일 전쟁
1940	민족 말살 정책 강화, 한국 광복군 결성			1939	제2차 세계대전(~1945)
1942	조선어 학회 사건			1941	대서양 헌장 발표 태평양 전쟁(~1945)
1945	8·15 광복	현	현	1943	카이로 선언
1946	제1차 미·소 공동 위원회 개최			1945	얄타 회담, 포츠담 선언, 일본 항복, 모스크바 3국 외상 회의
1947	유엔 한국 임시 위원단 구성	대	대	1946	파리 평화 회의, 미·소 공동 위원회 개최(~1947)
1948	5·10 총선거 실시, 대한 민국 정부 수립			1947	마셜 플랜
1950	6·25 전쟁	사	사	1948	세계 인권 선언, NATO 성립
1952	평화선 선언, 발췌 개헌안 통과			1950	유엔, 한국 파병 결의
1953	휴전 협정 조인, 제1차 통화 개혁 실시	회	회	1952	미국, 수소 폭탄 실험 성공
1954	사사 오입 개헌안 통과			1954	인도차이나 휴전 성립

1957	우리말 큰사전 완간			SEATO 성립
1960	3 · 15 부정 선거, 4 · 19 의거,		1956	이집트, 수에즈 운하 접수
	제2공화국 수립			헝가리, 폴란드 반공 의거
1961	5 · 16 군사 정변			
1962	제1차 경제 개발 5개년 계획		1961	소련, 유인 인공 위성 발사
	(~1966), 공용 연호 서기로 변경	현	1962	쿠바 봉쇄 핵실험 금지 협정
1963	제3공화국 수립(박정희 정부)			
1964	미터법 실시			
1965	한 · 일 협정 조인, 베트남 파병		1964	미국, 레인저 7호로 달 표면 촬영
1966	한 · 미 행정 협정 조인			성공
1967	5 · 3 대통령 선거, 6 · 8 국회			
	의원 선거, 제2차 경제 개발	중	1967	제3차 중동 전쟁
	5개년 계획			
1968	1 · 21 사태, 국민 교육 헌장			
	선포		1968	체코슬로바키아 민주화 선언에
1969	3선 개헌	대		소련군 개입
1970	새마을 운동 시작, 경부 고속		1969	아폴로 11호 달 착륙
	도로 개통, 8 · 15 선언.			
1971	4 · 27 대통령 선거, 5 · 25 국회			
	의원 선거			
1972	제3차 경제 개발 5개년 계획			
	(~1976), 7 · 4 남북 공동 성명,		1972	닉슨, 중국 방문
	남북 적십자 회담. 10월 유신,			
	제4공화국 수립			
1973	6 · 23 평화 통일 선언	사		
1974	남북 상호 불가침 협정 제의,		1973	제4차 중동 전쟁. 전세계
	평화 통일 3대 기본 원칙 선언,			유류 파동
	북한 땅굴 발견			
1975	대통령 긴급 조치 9호 발표	국		
1976	판문점 도끼 만행 사건		1975	베트남 멸망
			1976	UN, 팔레스타인 건국 승인안
1977	기능 올림픽 세계 제패, 제4차			채택
	경제 개발 5개년 계획(~1981)		1977	SEATO 해체
	한국 등반대, 에베레스트 등반	회		
	성공. 수출 100억 달러 달성			
1978	자연 보호 헌장 선포			
			1978	요한 바오로 2세, 교황에
				즉위, 미국 · 중국 국교 정상화
1979	10 · 26 사태, 12 · 12 사태		1979	이란의 회교도 혁명, 중동 평화
				조약 조인, 소련, 아프가니스탄
				침공
1980	5 · 18 광주 민주화 운동			

(세로 구분선 표시: 현 대 사 국 회 / 현 대 사 회)

연도	한국			세계	연도
1981	제5공화국 수립, 세계 기능 올림픽 4연패, 1988년 세계 올림픽 서울 개최 결정, 1986년 아시안 게임 서울 개최 결정, 수출 200억 달러 달성	현	현	이란 · 이라크 전쟁	1980
1982	민족 화합 · 민주 통일 방안 제의, 정부, 일본에 역사 교과서 왜곡 내용 시정을 요구			미국, 왕복 우주선 콜럼비아 호 발사	1981
1983	KAL기 피격 참사, 아웅산 사건, KBS, 이산 가족 찾기 TV 생방송			제1회 뉴델리 회의	1982
1984	LA 올림픽에서 종합 순위 10위 차지	중		국제 조종사 협회 연맹, 60일간 소련 취항 중단 결정 미국, UNESCO 탈퇴	1983
1985	남북 고향 방문단 상호 교류			영국 · 중국 · 홍콩 반환 협정 조인	1984
1986	서울 아시아 경기 대회			멕시코시티 대지진	1985
1987	6 · 29 선언	대	대	필리핀 민주 혁명, 소련, 체르노빌 원전 사고	1986
1988	한글 맞춤법 고시, 제6공화국 출범, 제24회 서울 올림픽 대회			미 · 소 INF 폐기 협정 조인	1987
1989	헝가리 · 폴란드 등 동구권 국가와 수교, 한민족 공동 체제 통일 방안 제안			이란 · 이라크 종전	1988
1990	소련과 국교 수립			베를린 장벽 붕괴, 루마니아 공산 독재 정권 붕괴	1989
1991	남북한 유엔 가입			독일 통일	1990
1992	중국과 국교 수립	사	사	발트 3국 독립	1991
1993	김영삼 정부 출범, 대전 엑스포, 금융 실명제 실시			소 연방 해체, 독립 국가 연합(CIS) 탄생	1992
1994	북한 김일성 사망, 정부 조직 개편			우루과이 라운드 타결, 북미 자유 무역 협정 체결	1993
1995	지방 자치제 전면 실시, 구 총독부 건물 해체 시작, 한국, 유엔 안보리 비상임 이사국으로 피선	국		이스라엘과 요르단, 평화 협정 체결	1994
				세계 무역 기구 출범	1995
1997	케도(KEDO), 북한 신포 지역에 원자력발전소 착공, IMF 구제 금융 신청			중국, 덩 샤오핑 사망, 영국 중국에 홍콩 반환	1997
1998	김대중 대통령 취임	회	회	인도네시아 수하르토 퇴진, 영국, 북아일랜드 분쟁 종식	1998
				포르투갈, 마카오 중국에 반환 미국, 파나마 운하 반환 유럽 단일 통화 유로 출범	1999
2000	6 · 15 남북 공동 선언			러시아 푸틴 대통령 당선 미국 부시 대통령 당선	2000
2001	남북 분단 사상 첫 이산가족 서신 교환 인천 국제 공항 개항			미국 9 · 11 테러 참사 사건	2001
2002	'2002 월드컵' 개최				
2003	노무현 대통령 취임				

MEMO